Anonymous

Die Kolonie - Organ für die äusseren und inneren Angelegenheiten

der französischreformirten Gemeinden

Anonymous

Die Kolonie - Organ für die äusseren und inneren Angelegenheiten
der französischreformirten Gemeinden

ISBN/EAN: 9783743642157

Hergestellt in Europa, USA, Kanada, Australien, Japan

Cover: Foto ©ninafisch / pixelio.de

Weitere Bücher finden Sie auf **www.hansebooks.com**

Januar 1880.   IV. Jahrgang.

DIE KOLONIE.

Organ für die äusseren und inneren Angelegenheiten der französisch-reformirten Gemeinden.

Redigirt von W. Bonnell in Berlin.

Erscheint monatlich einmal. Preis pro Quartal 75 Pf.

Abonnements werden angenommen bei W. Bonnell in Berlin N., Lottum-Str. 14 und bei jeder Post-Expedition.

An unsere Leser!

Die von dem Herrn Oberlehrer Dr. Muret in Berlin begründete Zeitschrift: „Die Kolonie", beginnt heute ihren vierten Jahrgang. Der jetzige Herausgeber erbittet für sich dieselbe Theilnahme, wie sie seinem Vorgänger entgegen gebracht worden. Er wird bestrebt sein, dieses Blatt in einer der hohen Sache würdigen und angemessenen Weise fortzuführen. — Es ist diese Zeitschrift für das kolonistische Haus, für die Familien unserer Kolons bestimmt. Sie soll das Interesse an der Geschichte unserer Kolonie lebendig erhalten; indem sie den Nachkommen den Glauben, die Treue, die Beständigkeit der Väter zeigt, wird sie die alte Anhänglichkeit und Liebe zur Kolonie nähren, das Gefühl der Zusammengehörigkeit wach rufen, und durch Hinweisung auf die fast zweihundertjährigen Institutionen unserer Gemeinde ein Verständniss ihrer Einrichtungen herbeiführen. Die Fragen, welche in der Gegenwart die Herzen bewegen können, sollen wie bisher eine maassvolle und sachgemässe Erörterung finden. — Es ist nur ein kleiner Kreis von Männern, welcher die Wiederbelebung und Unterhaltung des Blattes auf sich genommen, in der Ueberzeugung, dass es in der Kolonie noch Herzen genug giebt, welche bereit sind, solch Unternehmen nach Kräften zu unterstützen. Wir zweifeln nicht, dass sich diese Erwartung auch erfüllen wird, und hoffen, dass sich neben den alten Freunden unsers Blattes auch bald neue finden werden, welche persönliche Opfer nicht scheuen, wenn es gilt, das kolonistische Bewusstsein zu heben und zu fördern.

Und so möge die Zeitschrift von neuem ihre Wanderung antreten. Der bisherige Erfolg hat dargethan, dass sie für unser kolonistisches Leben als ein Bedürfniss empfunden wird, und wenn sie auch ferner willige Aufnahme und freundliche Theilnahme findet, wird der Segen nicht ausbleiben, welchen wir von ihr erhoffen.

Die Kirche der französischen Gemeinde zu Schwedt.

An der Oder, auf halbem Wege zwischen Küstrin und Stettin, liegt das Städtchen Schwedt. Heute eine eben nicht bedeutende Provinzialstadt, war Schwedt bis 1788 Residenz eines kleinen Markgrafenthums. Aus dieser Zeit hat sich der Ort eine gewisse vornehme Erscheinung bewahrt. Noch steht das Schloss, in welchem die Fürsten Hof hielten; noch ergötzt uns sein Garten durch freundliche Pracht, und „in diesem besonders der schöne Bogengang von auserlesenen Lindenbäumen, dergleichen man selten so gleichförmig finden wird." (Beschreibung etc. 1786). Die Strassen sind breit und gerade, die Landschaft, „an der Oder und von den andern Seiten überaus reizend," zeigt lange, schattige Kastanien-Alleen, die Stadt selbst noch zahlreiche Gebäude, welche ihren Ursprung der kurzen markgräflichen Herrschaft verdanken. Zu diesen gehört auch das Gotteshaus der französischen Gemeinde. — Wir kommen vom Bahnhofe und durchschreiten zunächst eine unlängst angelegte, staubige und schattenlose Vorstadt. Bald lenkt sich unser Blick auf das gewölbte Dach eines zur Hälfte hinter Gärten und Mauern versteckten Gebäudes, welches wir leicht als Kirche erkennen. Die Kuppel wird gefällig abgeschlossen durch einen „Thurm mit einer Uhr und drei Glocken," die Spitze zeigt Wetterfahne und Markgrafenkrone. Bald erreichen wir die Schlossfreiheit, „die vornehmste Strasse der Stadt, mit Bäumen bepflanzt, ein vortrefflicher Spaziergang." Den Hintergrund nimmt das hellglänzende, von vier Thürmen flankirte Schloss ein; zur linken aber, hart am Thore und durch hohe Bäume beinahe verborgen, finden wir die kleine massive Kirche, deren Dach und Thurm uns schon von ferne begrüssten. Es ist das Gotteshaus der französischen Gemeinde. Wir treten näher. Das Kirchlein erscheint auf den ersten Anblick als ein regelmässiger Rundbau (in Wirklichkeit ist sie ovalförmig); die Fenster sind hoch, die Thüren breit, und über einer derselben — es ist die, durch welche sonst der Markgraf mit dem Hofstaate seinen Eingang nahm, seit lange beständig geschlossen — finden wir folgende Aufschrift: Templum deo ter optimo maximo ex voto dicatum a Friderico Henrico principe Borussiae et March. Brand. MDCCLXXVII. Diese Worte sagen uns, dass Markgraf Friedrich Heinrich den Bau dieses Kirchleins im Jahre 1777 beschloss — „um einem vordem abgelegten Gelübde gerecht zu werden." Wir fügen hinzu, dass die Kirche 1779 vollendet, „alsdann der französischen Gemeinde geschenkt," und am 29. August desselben Jahres durch den ersten Gottesdienst feierlich eingeweiht wurde. Die Gemeinde besteht heute noch. Volle hundert Jahre sind nun seit dem Tage der Einweihung vergangen; die Gemeinde hat es sich, obwohl gerade in grosser äusserer Bedrängniss, nicht nehmen lassen, im vergangenen Sommer das Jubiläum ihres Gotteshauses festlich zu begehen. Es giebt diese Feier uns Veranlassung, über den Bau des Kirchleins, und über das Geschlecht, welchem es seine Gründung verdankt, mehreres zu berichten; was die Geschichte der Gemeinde selbst anbetrifft, so müssen wir uns heute mit einigen Andeutungen begnügen.

Der dreissigjährige Krieg hatte den Wohlstand Schwedt's, das vordem schon Hauptort einer kleinen Herrschaft unter den Grafen von Hohenstein gewesen, von Grund aus vernichtet. Von Schweden und Kaiserlichen war in Stadt und Umgegend fürchterlich gehaust worden, und als endlich der Friede dem langen Unheil ein Ziel setzte, zählte man von 211 Häusern, die vor dem Kriege bestanden, nur noch 43 bewohnte; alle übrigen lagen wüst, in Schutt oder verödet. Die Einwohnerschaft war bis auf 200 Familien gesunken, ein wildes Geschlecht, verdorben durch den langen

Krieg und beständige Bedrängniss und Sorge. Nur langsam erholte sich der Ort; mehrmals wechselte bald nach dem Kriege sein Besitzer. Nach dem Aussterben derer von Hohenstein (1609) war Schwedt als erledigtes Lehen an das kurfürstliche Haus gefallen und als Leibgedinge zunächst an die Grossmutter, dann an die Mutter des grossen Kurfürsten verliehen worden. Dieser aber verpfändete nach seiner Mutter Tode die Herrschaft an einen reichen, schlesischen Grafen; 1670 aber nahm die Kurfürstin Dorothea, durch Hergabe der Pfandsumme, die Herrschaft Schwedt für sich und ihren ältesten Sohn Philipp Wilhelm in erblichen Besitz. Kurfürstin Dorothea war ihren neuen Unterthanen eine milde und fürsorgliche Herrin. Sie erleichterte die Lasten, welche die Bürger bedrückten, hob die noch bestehende Dienstbarkeit auf, und als im Jahre 1684 eine grosse Feuersbrunst den Ort in Asche legte, liess sie die Stadt nach einem neuen Plane mit breiten und regelmässigen Strassen wieder aufbauen. Ihr verdankt auch die französische Gemeinde ihre Gründung. Es kamen die ersten Einwanderer kurz vor und bald nach dem Potsdamer Edicte. Alle Stände und Handwerke waren unter ihnen vertreten. „Allerhand kunsterfahrene und unterschiedene Bequemlichkeiten wurden von ihnen mit in's Land gebracht, so man zuvor nicht gehabt." Zu den Schwedter Kolonisten kamen bald (1689) Pfälzer, und diesen vor allen dürfte die Begründung des Tabacksbaues zu verdanken sein, der noch heute in der Umgegend von Schwedt die Eigenthümlichkeit der Bodencultur ausmacht. Anno 1703 betrug die Anzahl der kolonistischen Familien (wahrscheinlich mit den Pfälzern) in Schwedt 68, in dem benachbarten Vierraden 52 Familien. Um 1719 und 20 wanderten französische Kolonisten aus Angermünde, Bergholz, Gramzow, und gewiss auch aus Schwedt, nach Dänemark wieder aus, in Besorgniss der Aufhebung ihrer Privilegien, und gründeten in Fridericia eine neue, bald blühende Kolonie; alle Bemühungen, sie wieder zur Rückkehr zu bewegen, waren umsonst. Das Kirchenbuch, 1688 angelegt, ist, wenn wir nicht irren, bis in die Mitte der dreissiger Jahre unseres Jahrhunderts in französischer Sprache geführt worden; Gottesdienst und Predigt sollen seit 1790 deutsch sein. Die Kolonisten benutzten fast ein ganzes Jahrhundert hindurch die Stadtkirche in Gemeinschaft mit der lutherischen Gemeinde.

Dorothea war die zweite Gemahlin Friedrich Wilhelms. Er hatte sich mit ihr 1668 vermählt; auf die Entschliessungen ihres Gemahls übte sie einen bedeutenden Einfluss und gebrauchte diesen, um den alternden Kurfürsten zur Abfassung eines ihren eigenen Söhnen günstigen Testamentes zu bestimmen. Nach diesem sollte der Nachfolger, Kurfürst Friedrich III (nachmaliger König Friedrich I), der Sohn der Luise Henriette, mit seinen vier Stiefbrüdern gewissermassen die brandenburgischen Lande theilen. Dieses Testament stiess Friedrich jedoch um und bewog die Brüder, durch anderweitige Entschädigungen auf ihr Erbrecht Verzicht zu leisten. Dorothea starb 1689. Durch den Vertrag zu Potsdam (1692) erhielt eben jener Philipp Wilhelm, der älteste der Brüder, die Herrschaft Schwedt als ein Markgrafenthum. Das Geschlecht Dorotheas überlebte diese kaum hundert Jahre; die Nachkommen ihres zweiten Sohnes ernteten in den Kriegen des grossen Friedrich Ruhm, Wunden und einen frühzeitigen Tod; der letzte von ihnen starb schon 1762, ohne rechtmässige Erben zu hinterlassen. Die beiden jüngsten Söhne Dorotheas starben kinderlos. Nur dem Hause Philipp Wilhelms, des ältesten der Brüder, war eine längere Dauer beschieden. Nach wenig ruhmvoller Regierung erlosch es 1788; dann wurde Schwedt wieder mit den übrigen Landestheilen vereinigt. Nur Philipp Wilhelm, der erste Markgraf, hat sich den Ruf eines vortrefflichen Fürsten erworben. Er starb schon 1711. Seine beiden Söhne und Nachfolger aber waren nicht besser und nicht schlechter als die meisten andern kleinen Tyrannen ihrer Zeit; der hohenzollerschen Abstammung haben sie sich nicht würdig erwiesen. Was ihr Haus sonst auszeichnete: militärische Tüchtigkeit, ein ernstes Bewusstsein der Regentenpflichten, das alles war ihnen im geringsten Masse zugetheilt. Dafür führte der älteste, Friedrich Wilhelm, ein wildes und wüstes Leben, chikanierte seine Unterthanen bis aufs Blut, so dass er sich häufige Zurechtweisungen von Seiten der königlichen Vetter zuzog, verschwendete sein Geld in theuren Bauten und hielt einen so mächtigen Wildstand, dass die Klagen über Wildschaden bis zum Throne Friedrichs II. drangen und dort nicht ungehört verhallten. Unter Friedrich Heinrich aber, dem dritten und letzten Markgrafen und Bruder des vorigen, wurde Schwedt „das lustige Städtlein an der Oder". Während seine treffliche, von ihm geschiedene Gemahlin in der Verbannung zu Kolberg ihre Tage vertrauerte, begann der bereits 62jährige Fürst ein Leben in Saus und Braus. Ein Fest folgte dem andern; zu Hofe und in der Stadt ging es immerdar lustig und fröhlich zu; es war als wollte das absterbende Geschlecht mit Pfeifen und Geigen aus der Welt scheiden. Bis 1788 währte dieser Taumel; dann starb der Markgraf, fast 80 Jahre alt. — Markgraf Friedrich Wilhelm erbaute 1733 für die deutsch-reformirte Gemeinde in dem einen Flügel des Schlosses eine (noch heute bestehende) Kirche. In der „Geschichte der Stadt und Herrschaft Schwedt von Dr. G. Thomae 1873" ist angedeutet, Friedrich Wilhelm habe noch den Bau einer zweiten Kirche, und zwar auf dem Flinkenberge, einem winkligen und unregelmässigen Platze, im Auge gehabt. Auf einem von Thomae veröffentlichten Plane des alten Schwedt hat der Maler, dem Markgrafen zu Liebe, diese doch erst projectirte Kirche als schon wirklich vollendet aufgeführt, und merkwürdiger Weise zeigt diese Darstellung mit dem unter Friedrich Heinrich geschaffenen Bauwerk grosse Aehnlichkeit. Dieser beschloss die Einrichtung eines Gotteshauses, der heutigen französischen Kirche, im sechsten Jahre seiner Herrschaft. Was ihn zu diesem Bau gedrängt haben mag, ist unschwer zu errathen. Er wollte ein Erbbegräbniss herstellen für sein Geschlecht, als dessen letzten er sich erkannte, und das „ex voto" der Kirchenaufschrift deutet vielleicht auf ein dem Bruder oder einem andern Verwandten gegebenes Versprechen. Thomae erinnert bei Gelegenheit dieses „ex voto" an die alte Geschichte, wie Markgraf Friedrich Heinrich, dem ein besonders hoher Muth nicht eigen gewesen, in der Mollwitzer Schlacht vor dem sausenden Blei in einem Graben Schutz gesucht und in der Todesangst das Gelübde gethan habe, für seine Rettung sich durch einen Kirchenbau dankbar zu erweisen. Wahrlich, doch eine zu boshafte Erklärung des „ex voto", welche noch dazu der historischen Grundlage durchaus entbehrt. Friedrich Heinrich konnte in der Mollwitzer Schlacht nicht Feigheit, sondern nur Ungeschicklichkeit in der Führung der ihm anvertrauten Truppen vorgeworfen werden. Stünde der Bau der Kirche mit dem Tage von Mollwitz wirklich in irgend einem Zusammenhange, so hätte der prunkende Markgraf, dessen Namen oder Namenszug das kleine Gebäude dreimal aufweist, nicht versäumt, auf jenes Ereigniss wenigstens durch ein Emblem hinzuweisen. Die Hauptsache war: er wollte sich und seiner Familie ein Erbbegräbniss erbauen, und wählte zu diesem einen der schönsten Plätze, welchen er in seiner Residenz finden mochte, die Schlossfreiheit. Dass er die fertige Kirche schliesslich der französischen Gemeinde übergab, war natürlich, denn diese, bis zum Jahre 1779 ohne Gotteshaus, war auch die einzige Gemeinde, welche das Geschenk brauchen konnte. — Noch bei Lebzeiten des Markgrafen wurde das Grabgewölbe seiner Bestimmung übergeben; die fürstlichen Särge, welche bisher unter der Stadtkirche standen, brachte man in den neuen Raum.

Ein Bericht aus dem Jahre 1786 sagt: „Unter der französischen Kirche ist ein Gewölbe, worinnen man die beiden Särge siehet, welche Markgraf Friedrich Wilhelm für sich und seine Gemahlin aus einem einzigen in seiner Herrschaft auf dem Felde bei Schwedt gefundenen grossen Granitsteine hat anfertigen lassen." Friedrich Heinrich selbst wollte aber nicht im dunklen Gewölbe neben dem Bruder ruhen, nein, oben in der Kirche selbst bestimmte er sich das Grabmal, in dem hohen luftigen Raume, wo die Sonnenstrahlen so freundlich durch die hohen Fenster spielten, und das Rauschen der Kastanienbäume zu ihm dringen konnte. Als nun der hohe Herr die Augen geschlossen, senkte man nur vorläufig den Leichnam in die Gruft. 1794 legte man ihn in einen mächtigen Sarg von schönem karrarischem Marmor, der noch heute oben in der Kirche neben dem Altar steht, und schloss ihn mit einem Deckel, dessen Gewicht 40 Centner betragen soll.

So viel über Gründung der Kirche. Doch treten wir auf einige Augenblicke in das Innere. Uns empfängt ein ungemein heller, freundlicher Raum von hoher Wölbung, alles im weissen Anstrich und ohne Schmuck noch Zierat. Zur rechten das „Fürstenchor", durch Glasfenster abgesperrt; uns gegenüber in einiger Höhe die kleine Orgel. König Friedrich Wilhelm III. soll sie der Kirche auf Bitten ihres alten Predigers Chodowiecki geschenkt haben. Zur rechten vom Altare finden wir den grossen Marmorsarg mit den Gebeinen des letzten Markgrafen, zur linken einen andern gewöhnlicheren Steinsarg ohne Inhalt, „welchen man der Symmetrie halber aufgestellt." Eine hölzerne Wand hinter Altar und Kanzel grenzt die Sakristei ab, zu der aber von aussen kein Zugang führt. Ueber der Kanzel zeigt sich ein einfach verschlungenes *FH*. — Hundert Jahre hat nun die Gemeinde die Kirche in Besitz. Gerade die letzten Jahre waren für sie eine Zeit grosser Prüfung. Bald nach einander starben Prediger Reboul und sein Amtsnachfolger; seit dieser Zeit ist die Heerde ohne Hirten, der Gottesdienst zumeist mit der deutsch-reformirten Gemeinde vereinigt. Es soll versucht worden sein, eine Verschmelzung beider Gemeinden herbeizuführen, in der Weise nämlich, dass die französiche Gemeinde Selbständigkeit und eigene Seelsorge aufgäbe und sich der verwandten Schlossgemeinde einverleibte. Vorläufig scheint solche Gefahr, die nicht zum ersten Male an die Gemeinde herangetreten, abgewendet; wie wir hören, ist schon ein neuer Prediger für die Stelle designirt. Für den Bestand und die Existenz der Gemeinde ist aber der Besitz der Kirche von hoher Bedeutung gewesen; ohne ein eigenes Gotteshaus wäre sie längst schon eingegangen, es kam das fürstliche Geschenk eben noch zur rechten Zeit, um die schon absterbenden Glieder um einen würdigen Mittelpunkt zu gruppieren. Die Kirche, und zwar zum grössten Theile sie allein, hat bis hierher die Gemeinde gerettet, sie wird dieselbe auch noch ferner zusammenhalten. Hoffen wir nur, dass die Gemeinde nicht schliesslich zu Grunde gehe, weil sie, wie eben jetzt, sich Jahre lang ohne eigenen Prediger behelfen muss. — So ist das Kirchlein ein wirklicher Wohlthäter der Gemeinde geworden, und dieser Umstand erhöht das Interesse für das Geschlecht, welchem es seine Entstehung verdankt. Es hat dieser kleine Bau auch eine historische Bedeutung. Der Zweig unseres Herrscherhauses, welcher in seinem Anfange schon störend eingriff in alle bisherige Tradition, dem zu Liebe ein sonst so scharfsinniger Fürst das hohenzollersche Hausgesetz (Untheilbarkeit des Landes) umzustossen versuchte und somit die Früchte seiner eigenen kraftvollen Regierung bedrohte, dieses Geschlecht fand hier nach kurzer und ruhmloser Herrschaft seine Ruhestätte. Nichts erinnert mehr an sie, als die Gebäude, welche sie errichtet, und von diesen ist unser Kirchlein, wenn auch nicht das prächtigste, so doch das würdigste.

Das französische Hospital in Berlin.
Von Dr. Muret.

Ueber diese älteste Stiftung unserer Gemeinde sind uns eigenthümlicher Weise nur wenige dürftige Nachrichten aus der ersten Zeit ihres Bestehens aufbewahrt worden; ja sogar in Bezug auf das eigentliche Stiftungsjahr derselben herrscht ein seltsames Dunkel.

Vielleicht möchte es nicht uninteressant sein, zunächst einen Blick auf das Terrain zu werfen, auf dem vor 200 Jahren unser Hospital sich aus bescheidenen Anfängen entwickelte; es wird uns nicht leicht werden, uns einen klaren Begriff von dem Aussehen der damaligen Gegend zu verschaffen.

Schon zu Ende des 16. Jahrhunderts befand sich ausserhalb der berliner Wälle und Befestigungen, vor dem Spandauer Thore, an der Spree, da wo heute noch Garten und Schloss Monbijou liegen, ein kurfürstlicher Garten.*) Diesen schenkte der grosse Kurfürst seiner Gemahlin Luise, als dieselbe 1657 dort eine Meierei anzulegen beabsichtigte. Sie erwarb zunächst noch die angrenzenden Gärten, und verwandelte dieselben vom heutigen Monbijouplatz bis zur heutigen Artilleriestrasse in ein Vorwerk, dessen Produkte sie auf die Berliner Märkte zum Verkauf brachte. Nach ihrem Tode kam dies Vorwerk, welches die Kurfürstin durch Ankauf der Wiesen und Aecker diesseits und jenseits der Spree noch ganz bedeutend erweitert hatte, in den Besitz der Kurfürstin Dorothea, der zweiten Gemahlin des grossen Kurfürsten. Im Jahre 1673 parcellirte diese die zu dem Vorwerk gehörigen Aecker und Wiesen auf der linken Seite der Spree zu einem Preise von 1 Gr. 6 Pf. die Quadratruthe**), während auf dem Friedrichswerder 3 Gr. für die Quadratruthe bezahlt worden waren. Da ausser den Privilegien den Anbauenden noch weitere Beihülfe zum Bau gewährt wurde, so entstanden in diesem und den nächsten Jahren die Hauptstrassen der neustädtschen Vorstadt (der späteren Dorotheenstadt), d. h. die Linden, die Mittelstrasse und die letzte Strasse (jetzige Dorotheenstrasse). Diese neue Vorstadt wurde durch einen Wall und Graben, der sich längs der heutigen Behrenstrasse hinzog, mit den alten Festungswerken vereinigt und durch die Weidendammer-Brücke mit den Ländereien des Vorwerks verbunden. Der Theil von der jetzigen Georgenstrasse, damals ein schmaler Wiesendamm, der den Namen Katzensteig führte, bis zur Spree, wo sich längs des Weidendammes bis zur Pommeranzen-Brücke (der jetzigen Friedrichsbrücke) Befestigungen hinzogen, war ein tiefliegendes nasses Wiesenland, das noch lange unbebaut blieb. Der Theil auf der rechten Seite der Spree, zwischen dieser und der alten Chaussee nach Spandow (der jetzigen Oranienburgerstrasse) gehörte auch zum Vorwerk der Kurfürstin, und enthielt am Spreeufer einige Ziegeleien. Derselbe wurde ebenfalls parcellirt, und an der Weidendammer-Brücke mit einigen Häusern bebaut. An der Stelle, wo Friedrich der Grosse 1764 die jetzige Kaserne des 2. Garderegiments erbauen liess, entstand damals der Kirchhof für die werdende Dorotheenstadt. Die andere Seite der damaligen Dammstrasse (der jetzigen Friedrichstrasse) blieb noch längere Zeit unbebaut. Dieser Theil, von der noch nicht regulirten Panke durchschnitten, war jenseits derselben Stadtweide unter dem Namen Bullenwiese, enthielt an den höheren Stellen einige Gärten, war aber meist ein nasser Wiesengrund, auf dem sich, besonders hinter den jetzigen Häusern 132—136, mehrere

---
*) Nicolai: Beschreibung der königl. Residenzstädte Berlin u. Potsdam I. 42; Fidicin: Berlin 81 u. 87.
**) Nicolai: I p. 167.

Fischteiche befanden. Die alte Spandower Heerstrasse führte etwa in der Verlängerung der jetzigen Oranienburgerstrasse durch das heutige Grundstück der Artillerie-Kaserne, und an derselben lagen inmitten eines Gartens einige Häuser, die zum kurfürstlichen Vorwerk gehörten. Da die seit 1672 bestehende und sich stets vergrössernde französische Gemeinde einer Stätte für ihre armen Kranken nöthig bedurfte, so scheint die Kurfürstin derselben eins dieser Gebäude schon vor der eigentlichen Einwanderung zu einem Krankenhaus eingeräumt zu haben; auch hat sie wohl den hauptsächlichsten Antheil zu den Kosten dieser Anstalt getragen.

Ueber alles dies scheinen aber keine Schriftstücke mehr vorhanden zu sein. Da jedoch bereits im Jahre 1686 ein Hospitalprediger de la Grave erwähnt wird,[*]) so muss diese Stiftung doch schon im Jahre 1686 eine Ausdehnung gehabt haben, welche die Seelsorge eines besonderen Geistlichen nöthig machte. Die königliche Verordnung[**]) vom 19. Februar 1715 führt zu einer Zeit, die der Gründung noch sehr nahe lag, das Jahr 1686 als Stiftungsjahr unseres Hospitals an; dagegen finden wir an dem neuen Hospitalgebäude die Jahreszahl 1687. Wahrscheinlich hat sich das Konsistorium für diese Jahreszahl entschieden, weil muthmasslich in diesem Jahre das Grundstück von der Kurfürstin der Gemeinde als Eigenthum überwiesen wurde. Die Hospitalberichte geben darüber keine Aufklärung. Auffällig erscheint es jedenfalls, dass über alle diese Vorgänge aus der ersten Zeit dieser Stiftung keine Urkunden mehr vorhanden sind. In den Akten des französischen Konsistoriums wird das Hospital, als schon vorhanden, zum ersten Mal 1687 erwähnt, indem dort berichtet wird, „es sei im Werke, das Hospital, in welchem die französischen Kranken sich befinden, niederzureissen, um die Materialien zu einem andern Zwecke zu verwenden". Der Prediger Abbadie und der Ancien de Grama wurden daher zum Minister von Grumkow deputirt, um sich seine Fürsprache zu erbitten, da das Konsistorium die Absicht hatte, ein Gesuch an die Kurfürstin zu richten, damit der Gemeinde das Haus erhalten bliebe. Der Prediger de Gaultier und der Ancien Monnot erhielten denn auch eine Audienz bei der Kurfürstin in Potsdam, wobei die hohe Frau ihnen die tröstliche Zusicherung gab, dass sie keineswegs beabsichtige, der Gemeinde das zum Hospital dienende Haus zu entziehen, dass sie vielmehr die Absicht habe, das ganze Grundstück der Gemeinde zum Eigenthum zu überweisen. Wahrscheinlich ist dies auch noch in demselben Jahre geschehen.

Neben dem Hospital wurde nun auch an der Stelle der jetzigen Gärten, sich bis zur Strasse hinziehend, ein Kirchhof angelegt, der über ein Jahrhundert bestand. Im Jahre 1789 beschloss man, erst nach Verlauf von 6 Jahren wieder eine Leiche auf dem Hospitalkirchhof zu beerdigen; als aber nach Ablauf dieser Frist eine gründliche Untersuchung ergab, dass die Benutzung des Kirchhofes noch nicht geschehen könnte, beschloss man den Kirchhof zu schliessen, und das Terrain durch Anbau von Gemüse und Cichorien zu verwerthen. Die verstärkten General-Versammlungen vom 26. Oktober und 7. November 1795 erklärten sich damit einverstanden, und am 15. Mai 1809 nahm die Versammlung der Familienhäupter Kenntniss von dieser Anordnung. Die letzte Beerdigung auf dem Kirchhofe des Hospitals fand im September 1794 statt. Es war die Leiche des Vaters des General-Sekretärs Mila. Gegen die angebotene Bezahlung von 30 Thalern ward die Genehmigung gegeben, die Leiche daselbst an einer besonderen Stelle zu bestatten.[***]) (Forts. folgt).

---

[*]) Erman: Mémoires etc. VIII p. 318. [**]) Mylius C. C. M. VI 283. [***]) Reglements etc. (deutsch) 1876 p. 301.

Vermischtes.

§ Am 6. November fand die öffentliche Rechnungslegung des französischen Waisenhauses statt. Wie zu der Rechnungslegung der École de Charité, war die Gemeinde auch zu dieser dreimal durch den Kirchenzettel eingeladen worden. Beide Rechnungslegungen wurden wie üblich im Hospiz abgehalten. Zu der Rechnungslegung des Waisenhauses waren 3 *chefs de famille* erschienen. Nachdem sich die Direktionsmitglieder eingefunden hatten, wurde die Handlung durch ein kurzes Gebet des Moderateurs, Herrn Prediger Doyé, eröffnet, worauf der langjährige Schatzmeister der Anstalt, Herr Präsident Gamet, eine gedrängte Uebersicht über das Vermögen der Stiftung, deren Einnahmen und Ausgaben gab, und die Dokumente der Direktion zur Prüfung vorlegte. Monita waren von den Revisoren, die übrigens nicht erschienen waren, nicht gezogen worden. Die Verlesung des vorjährigen Protokolls fand nicht statt, dagegen wurde das Protokoll der gegenwärtigen Rechnungslegung zum Schluss verlesen und von den Direktions-Mitgliedern unterschrieben, worauf ein kurzes Schlussgebet gesprochen wurde.

Aus der Rechnungslegung ging hervor, dass das Vermögen der Anstalt mit Einschluss der Immobilien am Beginn des Rechnungsjahres 535696 M. betrug, sich somit seit dem Jahre 1875 um 6000 M. vermehrt hatte. In dem abgelaufenen Rechnungsjahre konnten wieder 18000 M. in 4½ % Staatsanleihen dem Vermögen hinzugefügt werden, so dass dasselbe nun 553696 M. beträgt. Ausserdem wurde ein dem Favre'schen Legat angehöriges Sparkassenbuch über 434 M. 42 Pf. vorgelegt.

† Mit dem 1. November dieses Jahres schied aus ihrer Stellung als Vorsteherin des „kleinen Hospitals," die sie 27 Jahre lang inne gehabt, Fräulein Pauline Bonnell, um in den wohlverdienten Ruhestand zu treten. Die grossen Verdienste, welche sie sich um die Pflege und Erziehung der ihr anvertrauten Zöglinge (der jüngsten unsers Hospices) erworben, hat die Behörde bei Gelegenheit ihrer Emeritirung in würdiger und wohlwollender Weise anerkannt. Hunderte von einstigen Zöglingen, denen sie die Mutter ersetzte, bewahren ihr ein dankbares und ehrendes Gedächtniss. Alle ihre Freunde und Verehrer werden sich mit uns in dem Wunsche vereinigen, dass sie sich der Tage der Ruhe und Erholung, welche ihr nach einem arbeitsamen und mühevollen Leben beschieden sind, in Gesundheit und Frieden erfreuen möge. Es begleitet sie die dankbare Erinnerung aller, denen sie jemals Helferin und Beratherin gewesen.

Am 1. November 1879 beging der Musiklehrer des Hospice, Herr Klewitz, das 25 jährige Jubiläum seiner Thätigkeit in der genannten Anstalt. Die Behörde liess den Tag nicht vorübergehen, ohne der Verdienste des Herrn Klewitz in ehrenvoller Anerkennung zu gedenken.

☐ In hiesigen Zeitungen hat man von der an massgebender Stelle herrschenden Absicht gesprochen, unsere Kirche auf dem Gensdarmenmarkte umzubauen und ihr eine Gestalt zu geben, welche sich besser und würdiger der edlen Bauart des zu ihr gehörenden Thurmes anschlösse. Wir wissen nicht, wie weit dieses Project gediehen, auch nicht, ob unsere kirchliche Behörde von einem solchen überhaupt schon Kenntniss erhalten. Die Kirche, wie sie jetzt erscheint, ist nicht schön und steht weder mit dem Thurme, noch mit der Umgebung des Platzes in Einklange. Dies alles geben wir von Herzen gerne zu, aber doch bleibt dieses kleine unscheinbare Gotteshaus für uns Kolonisten eine theure Erinnerung. Die Kirche ist nämlich nach dem Muster der Kirche zu Charenton bei Paris gebaut. Nur in Charenton, nicht in Paris selbst, war der Reformirten der Hauptstadt die Ausübung ihres Gottesdienstes gestattet, und das auch erst seit dem Jahre 1606. Den französischen Reformirten erschien das Bethaus zu Charenton als eine Hauptstätte ihres Kultus. Wenn eine Umgestaltung des Gebäudes wirklich beliebt werden sollte, so würden wir wünschen, dass es mit möglichster Schonung des Bestehenden geschähe, damit der Kolonie ein bedeutungsvolles historisches Denkmal erhalten bleibe.

Vereinsnachrichten der Réunion.

7. Januar 1880. Vortrag. (Restaur. Keller, Rosenthaler-Str. 39. 8½ Uhr Abends).
16. u. 30. Jan. Sitzung. (Rest. Gärtner, Mittel-Str. 65. 8½ Uhr Abends).
23. Jan. Familien-Abend. (Deigmüller, Alte Jakob-Str. 48a. 8½ bis 2 Uhr).

Briefkasten.

Herrn S., Charlottenstr. Den Bericht über die Gemeinde-Versammlung am 5. Mai 1879 werden Sie in der nächsten Nummer finden. Die drei ersten Jahrgänge der Kolonie sind noch in einigen Exemplaren vorräthig.

Zur Anmeldung des Abonnements dient beiliegende Postkarte.

Februar 1880.

IV. Jahrgang.

DIE KOLONIE.

Organ für die äusseren und inneren Angelegenheiten der französisch-reformirten Gemeinden.

Redigirt von W. Bonnell, Rector in Berlin.

Erscheint monatlich einmal. Preis pro Quartal 75 Pf.

Abonnements werden angenommen bei W. Bonnell in Berlin N., Lottum-Str. 14 und bei jeder Post-Expedition.

Die Kirche der Wüste.

Wer einmal Gelegenheit hatte, die Sakristei der Friedrichstädtischen Kirche*) zu betreten, ist gewiss angenehm überrascht worden durch die sinnige Weise, wie man in diesem Raume die Geschichte unserer Kirche in der Erinnerung der Nachkommen lebendig erhält. Wir finden hier, neben der Büste des grossen Kurfürsten, die Bildnisse der übrigen preussischen Regenten, zahlreiche Portraits von Geistlichen, aber auch zwei kleine, durch ihren künstlerischen Werth nicht allzusehr auffallende Darstellungen, welche uns die trübste Zeit unserer Kirche, die Tage der Verfolgung und furchtbaren Bedrängnis, in bester Anschaulichkeit vergegenwärtigen. Das eine**) dieser beiden zuletzt erwähnten Bilder wollen wir zum Ausgange unserer Schilderung wählen.

Wir sehen in eine felsige, öde, von jedem erfrischenden Pflanzenwuchse entkleidete Gegend. Links und rechts erheben sich zwei Felsen steil aus der Ebene, indem sie zwischen sich noch eben Raum genug zu einer engen und tiefen Schlucht übrig lassen. Im Hintergrunde wird die Landschaft durch einige Hügel abgeschlossen, deren einer die Ueberreste einer mittelalterlichen Burg trägt. In dem dunklen und tiefen Schatten des Engpasses aber, zum Theil auch in dem hell von den scharfen Strahlen der Mittagssonne erleuchteten Felde, in welches die Schlucht ausläuft, erblicken wir

---

*) Auf dem Gensd'armen-Markte zu Berlin. Siehe auch: „Jahrgang 1873, S. 62: „die Friedrichstädtische Kirche."

**) Dieses von uns gemeinte Bild ist, nachdem es so manches Jahr hindurch verhältnissmässig wenigen bekannt gewesen, vor nunmehr sieben Jahren seiner unverdienten Verborgenheit entrückt worden. Der Verein „Réunion," liess es durch eine vortrefflich gelungene Lithographie vervielfältigen, und schon finden wir es in zahlreichen kolonistischen Familien. Wir können es uns nicht versagen, aus dem damals verfassten erklärenden Beiworte einige Sätze anzuführen: „Wir sind überzeugt, dass sich noch in unserer Kolonie die alte Hingabe an unsere gemeinsame Mutter findet, dass uns noch der Glaubensmuth unserer Väter, ihre durch nichts zu erschütternde Standhaftigkeit, ihre alle Schrecken der Verfolgung und Anfeindung überwindende Glaubenstreue zur Rührung und Begeisterung erheben können; und darum glauben wir auch, dass wir Herzen finden, denen dieses Bild Freude erweckt, deren Liebe zu unserer Kolonie es stärkt, und die ihm einen Ehrenplatz einräumen werden. Es wird, wenngleich stumm, doch laut genug zu uns reden von jenen Zeiten der Leiden und Drangsale, die unsere Väter zu bestehen hatten, es wird uns fester in uns selbst machen, und uns fester ketten an unsere theure Gemeinde."

eine dichtgeschaarte Gruppe von Männern und Frauen, zumeist in der städtischen Kleidung aus der Mitte des vorigen Jahrhunderts. Auf eine kurze Strecke können wir zwei Landstrassen überschauen, welche in den Hohlweg münden; sie sind von zahlreichen Wanderern belebt, während auf der Höhe der Felsen einzelne Gruppen als Wachtposten ausgestellt erscheinen. Den Mittelpunkt der Versammlung aber bildet ein Geistlicher, welcher von einer tragbaren Kanzel aus zu der Menge redet, und dessen Worten die ihn umdrängende Gemeinde mit sichtlicher Andacht lauscht. So das Bild, versuchen wir nun seine Deutung. Einige Sätze mögen uns über Zeit, Ort und Zweck dieser Versammlung unterrichten. Der Maler versetzt uns in die Mitte des vorigen Jahrhunderts, in das Jahr 1750. Der Schauplatz ist die Umgebung von Nimes, einer Stadt im südlichen Frankreich. Die auf dem Bilde sichtbare Felsschlucht heisst Lecque, und hier versammelte sich oft genug die aller ihrer Gotteshäuser beraubte, hartbedrängte Gemeinde von Nimes,*) um „in der Wüste", den Augen der Häscher verborgen, durch die Predigt ihrer Seelsorger im Glauben gestärkt, in ihrer Trübsal getröstet, mit immer neuer Treue und Beständigkeit ausgerüstet zu werden. Und eine solche gottesdienstliche Versammlung stellt unser Bild dar. Durch königliches Gesetz ist sie verboten; daher flüchten sich die treuen Bekenner des Evangeliums in die Einöde; mit der Strafe der Galeeren, ja mit Todesstrafe sind die Theilnehmer bedroht, und Todesstrafe ist dem celebrirenden Geistlichen gewiss. Bei einem Zusammenströmen so vieler Menschen ist es schwer, das Geheimnis der Versammlung zu bewahren; Verrath und Entdeckung sind immerdar zu befürchten; nothdürftig sucht man sich vor plötzlicher Ueberraschung durch aufgestellte Wächter zu schützen. — Wir schliessen dieser kurzen Erklärung zunächst noch Folgendes an: Dieser Ort der Versammlung, so nahe bei Nimes, allen Einwohnern der Stadt bekannt und noch heut von Reisenden vielfach aufgesucht, wurde erst in den letzten Jahren der Regierung Ludwigs XV, in der Zeit verhältnissmässiger Duldung, zur Feier des Gottesdienstes benutzt. Die Reformirten nannten den Hohlweg: „Die Sommerkirche", kurzweg „den Tempel". Für die „Winterkirche" war ein anderes, nicht weit davon liegendes Terrain gewählt, der Abhang eines Hügels, nahe am Cadereau, einem steinigten Bache, und geschützt vor dem in diesen Gegenden furchtbaren Nordwinde. In der Nähe befand sich ein Bauernhaus, das einer protestantischen Familie gehörte, in welchem die Aeltesten nach dem Gottesdienste zusammenkamen, um die Scherflein der Armen zu zählen.

„Die Kirche der Wüste", solche Ueberschrift haben wir unserer Schilderung gegeben, und dieser Name bezeichnet am besten den Zustand der französischen reformirten Kirche von der Aufhebung des Edikts von Nantes (1685) bis zum Gesetze von 1787, dem ersten, welches die Reformirten anerkannte. Um 1700 hielt man die evangelische Kirche in Frankreich vernichtet; 400,000 Bekenner des Evangeliums, unter ihnen mehr als 500 Geistliche, hatten die Heimath verlassen. Eine grausame Gesetz-

---

*) Die Stadt Nimes im südl. Frankreich ist von jeher ein Hauptort des französischen Protestantismus gewesen, ja, die Reformirten behaupteten sich hier trotz der grausamsten Bedrückung in erheblicher Anzahl. Die erste französische Revolution brachte auch diesem mit dem Blute vieler Bekenner getränkten Boden Frieden und Duldung. Doch nicht für immer! das südliche Blut ist wild und leicht erregbar; der schroffe Gegensatz zwischen Katholiken und Protestanten, durch so lange Jahre hindurch mit fanatischer Wuth genährt, blieb bestehen unter der Decke scheinbarer Ruhe und führte noch öfter, besonders 1815, zu blutigen Gewaltthaten. Heute zählt die Stadt unter 62000 Seelen beinahe 16000 Protestanten, ist Sitz eines reformirten Consistoriums, hat eine grosse protestantische Kirche und sechs evangelische Bethäuser, ein protestantisches Lehrerinnen-Seminar, eine Vorbereitungsanstalt für die evangelische Seelsorge und eine protestantische Bibliothek.

gebung nahm den Zurückbleibenden Tempel und Schulen, beraubte sie aller kirchlichen und bürgerlichen Existenz. Das letzte Aufleuchten selbständiger Kraft schien mit dem Ausgange des Kamisarden-Krieges*) erstickt; es folgte ein Jahrhundert beispielloser Verfolgung. Sobald aber die ersten Donner der Revolution Freiheit der Religion verkündeten, finden wir in allen Theilen Frankreichs eine grosse Zahl reformirter Gemeinden und eine blühende reformirte Kirche. Wie erstand sie so plötzlich? Ein volles Jahrhundert hatte man nichts von ihr gehört; man glaubte sie ausgerottet, vernichtet. Ja, sie hatte ihr Dasein durch die wildesten Stürme gerettet; stolz und neubelebt trat sie wieder vor die erstaunten Augen des katholischen Frankreich.

Hören wir, wie solche Erhaltung möglich wurde. In Heide und Wüste, in Wald und Gebirge kamen die Gläubigen zusammen, meist bei Nacht, häufig aus weiter Ferne, bisweilen kaum hundert an der Zahl, dann auch zu Tausenden, ja Zehntausenden. Beim Scheine der Fackeln vereinigte ein geordneter Gottesdienst mit Gesang, Gebet und Predigt, wie es die Regel ihres Kultus vorschrieb, die gequälte und geängstete Heerde; die heilige Feier des Abendmahles richtete die betrübten Herzen wieder empor, und Kraft und Stärke trugen die armen verfolgten Seelen dann heimwärts in ihre Häuser, ihre Hütten. Solche Versammlungen in der Wüste waren die Feste der Reformirten. Niemals vielleicht war ein Fest an dem glänzenden Königshofe von Versailles mehr ein Gegenstand der Vorbereitung, und vor allem der Ungeduld, als diese arme, schlichte Zusammenkunft, die vielleicht den Prediger aufs Schaffot, die Männer auf die Galeeren, die Frauen in die Gefängnisse oder Klöster, und das lebenslang, bringen konnte, und ach, so oft, so oft, auch wirklich brachte. Die gottesdienstlichen Versammlungen allein aber hätten die reformirte Kirche Frankreichs wohl nicht retten, hätten die Gemeinden nicht vor Verwilderung, unklarer Schwärmerei und endlichem Untergange bewahren können ohne eine straffe, heimlich, aber energisch durchgeführte Kirchenzucht. Die Strenge derselben wuchs mit den zunehmenden Leiden der Verfolgung. Kaum mögen wir es glauben, wenn wir hören, wie genau diese „Kirche der Wüste" die charakteristischen Formen der reformirten Disciplin bewahrte, wie sie ihre Consistorien, Aeltesten, Armenpfleger besass und eifrig über Leben und Wandel ihrer Glieder wachte. Solches aber wurde nur möglich durch die Gnade Gottes, welche ihr Seelsorger gab, die treu und beständig in den denkbar schwierigsten Verhältnissen, in immer gleicher Liebe und Hingebung ihrer Pflicht warteten. Können wir uns wirklich ein anschauliches Bild machen von dieser Kraft, diesem Ernste, von diesem Muthe in fortwährender Erwartung eines martervollen und schmachvollen Todes, von solcher Hingebung an den Beruf, wie sie die Seelen dieser treuesten Hirten durchflammte? Wissen wir, was es bedeuten mag, ohne Haus noch Heimath, ohne eine bleibende Stätte, rechtlos, in Acht und Bann, ewig wandernd, immer flüchtend, gehetzt, gejagt wie wilde Thiere des Waldes, so ein ganzes Leben hindurch in Geduld, Liebe, Sanftmuth, unter Entbehrungen schlimmster Art das geistliche Amt üben, helfend, tröstend, ermahnend, strafend, und doch nie lässig werden im Dienste des Herrn? Auf diese Pastoren der Wüste passt das Wort der Schrift, Ebräer 11, 36—38: „Sie haben Spott und Geisseln erlitten, dazu

---

*) Siehe die drei letzten Nummern des Jahrganges 1877. Die reformirten Bewohner der Cevennen widerstanden, nach der gewaltsamen Aufhebung des Edikts von Nantes, ihren Drängern. Als (1702) Misshandlungen sie aufs äusserste trieben, warfen sie „ihre nackte Brust den französischen Marschällen entgegen," so dass das Toben eines schrecklichen Bürgerkrieges, in welchem Hunderttausend für ihren Glauben bluteten, die sonst so friedlichen Thäler erfüllte.

Bande und Gefängnis. Sie sind gesteiniget, zerhackt, zerstochen, durch's Schwert getödtet; sie sind umhergegangen mit Mangel, mit Trübsal, mit Ungemach. Deren die Welt nicht werth war, sind im Elend gegangen in den Wüsten, auf den Bergen, und in den Klüften und Löchern der Erde." In den verschiedensten Verkleidungen zogen die Prediger von einer Gemeinde zur andern; hier hielten sie eine Versammlung ab, dort leiteten sie eine Synode, tauften, trauten, ordinirten, waren aufmerksam auf die Armenpflege, sammelten Collecten für die Gefangenen, wachten über das Leben der Reichen, und dies alles unter beständiger Gefahr der Entdeckung, immer auf der Flucht, stets ruhelos, selten unter einem schützenden Dache weilend, meist in Wäldern und Einöden, in den Höhlen der Berge und in heimlichen Thälern und Schluchten. 1700 gab es in ganz Frankreich nur einen reformirten Prediger, Jaques Roger. 39 Jahre lang übte er sein Amt, wie wir es zu schildern versucht; da erst fiel er durch Verrath in die Hände seiner Feinde und starb am Galgen. 1713 trat Antoine Court als Prediger auf; man nennt ihn „den Wiederhersteller des Protestantismus in Frankreich." Unter den verwilderten Gemeinden schuf er neue Zucht und Ordnung, richtete die Disciplin wieder auf und sorgte durch Gründung eines theologischen Seminars (natürlich im Auslande, in Lausanne, 1727) für die Heranbildung eifriger und, worauf es bei der drohenden Zerfahrenheit vorzüglich ankam, tüchtig wissenschaftlich geschulter Prediger. Und glaube man nur nicht, dass je nachher ein Mangel an Geistlichen eingetreten wäre. Stets fanden sich junge Männer, welche, wie Court sagte, in sich den Beruf zum Märtyrerthum spürten, in Lausanne fleissig studierten und dann mit dem *Brevêt de potence*, „dem Patent auf den Galgen", als Pastoren der Wüste in die Heimath zurückkehrten. 1715 finden wir 6 active Prediger, 1763 dagegen 62. Viele der Pastoren endeten unter der Hand des Henkers, als der letzte der junge Pastor Rochette zu Toulouse. Keiner unter allen Predigern ist aber so berühmt geworden wie Paul Rabaut. Am längsten von allen wartete er seines Amtes; mit beispielloser Kühnheit trotzte er allen Gefahren und entging ihnen mit wunderbarem Glücke, sah das Ende der Verfolgung und starb als lebensmüder Greis in seinem Hause zu Nimes, — in seinem Hause, o süsses Wort für den, der in seinem Leben niemals ein Heim besessen. 54 Jahre war er Prediger gewesen, ehe er in einem „Gotteshause" zu seiner Gemeinde sprechen konnte. Mit seiner Person nehmen wir für heute Abschied von „der Kirche der Wüste". Nachdem wir sie im Allgemeinen geschildert, werden wir uns bemühen, in der Folgezeit ihre Geschichte durch Einzelbilder zu vervollständigen.

Das französische Hospital in Berlin.
Von Dr. Murel.

(Fortsetzung.)

Das Gebäude des Hospitals, das, wie schon erwähnt, bereits 1687 zum Abbruch bestimmt war, mag wohl nach den nothwendigsten Reparaturen den Anforderungen nur in dürftiger Weise genügt haben, und nur die mangelnden Mittel mögen eine Erweiterung oder einen Neubau bis zum äussersten Termine hingehalten haben. Es konnten in der ersten Zeit nur 30 Personen Aufnahme finden.*) Der Kurfürst unter-

---

*) Erman: Mémoire historique sur la fondation de l'église fr. de Berlin 1772 p. 41.

stützte die Stiftung nach Kräften, bewilligte ihr Brennholz und besoldete den Arzt und den Chirurgen.

Der ältere der beiden der Kolonie später von Staatswegen gehaltenen Armenärzte, dem die Parochie der Neustadt mit ihrem Zubehör und die Friedrichstadt von der Grabenstrasse bis zur Krausenstrasse überwiesen war, hatte gleichfalls für das Hospital und das Kinderhospital zu sorgen.*) Im Jahre 1848 wurde der Kolonie das vom Staate bisher gezahlte Gehalt für ihre Armenärzte entzogen mit Ausnahme für den Arzt und Chirurgen des Hospitals. Erst durch die Verfügung vom 9. November 1857 wurde die Weiterzahlung des Gehaltes der Armenärzte aus Staatsfonds wieder genehmigt,**) und da nach der neuen Gesetzgebung die Wundärzte nicht mehr als Armenärzte fungiren konnten, so wurde bei dieser Angelegenheit (18. März 1858) die bisherige Verfassung des Krankenwesens völlig neu organisirt, die Stadt in 5 Bezirke eingetheilt und für jeden Bezirk ein praktischer Arzt als Armenarzt angestellt.

Eine besondere Hospitalpredigerstelle existirte in der ersten Zeit nicht; es wurden vielmehr einzelne der in Berlin anwesenden Geistlichen, für welche man augenblicklich keine Stelle hatte, vorübergehend gegen eine geringe Besoldung vom Kurfürsten mit der Verwaltung dieses Amtes betraut.†) In dieser Eigenschaft amtirten am Hospital: David de la Grave 1686, David Ancillon (fils) 1689, Henri Charles Bancelin 1691, le Sage 1696, Brouset 1699, Olivier Favin 1700 und Pierre Crégut bis 1733.

Als im Jahre 1715 die königliche Ordre††) vom 19. Februar, durch welche das Konsistorium vollständig neu organisirt und die Eintheilung der Gemeinde in 3 Parochien angeordnet wurde, die Aufhebung der Hospitalpredigerstelle verfügte und die seelsorgerische Thätigkeit am Hospital einem Geistlichen der Dorotheenstadt überwies, remonstrirte das französische Konsistorium gegen alle diese Anordnungen und suchte besonders die Unentbehrlichkeit eines besonderen Hospitalgeistlichen nachzuweisen. Obwohl, wie aus der an das Oberkonsistorium gerichteten Antwort des Königs hervorgeht, diese Einwände kurz abgewiesen wurden, so scheint es doch, als ob die Anordnungen dieser Verfügung nur in Bezug auf die Parochialeintheilung, dagegen nicht in Beziehung auf die Umgestaltung des Konsistoriums und die Aufhebung der Hospitalpredigerstelle zur Ausführung gekommen sind, da, wie aus Erman's Mittheilung erhellt, Prediger Crégut bis zu seinem Tode 1733 dieses Amt verwaltete. Nach ihm wurde als Hospitalprediger Fr. Luc. Ancillon angestellt und demselben auf dem Hospitalgrundstück selbst eine Wohnung angewiesen.

Inzwischen hatte die Baufälligkeit des Gebäudes wohl den höchsten Grad erreicht, so dass ein Neubau auch der dringend nothwendigen Vergrösserung wegen nicht mehr aufgeschoben werden konnte. So wurde denn in den Jahren 1732—1734 das neue Hospitalgebäude aufgeführt, dasselbe, das erst vor einigen Jahren bis auf einen kleinen Theil dem jetzigen Prachtbau weichen musste. Der jetzige Inspektor des Hospitals, Herr Larché, hat dieses nun verschwundene Hospitalgebäude in einer hübschen Aquarelle dem Gedächtnis der Nachkommen erhalten.

Gleichzeitig erbaute man eine besondere Kapelle. Dieselbe wurde am 14. Juni 1733 durch einen feierlichen Gottesdienst eingeweiht, bei welchem der Modérateur der Hospitalcommission, Prediger Pellontier, da der Hospitalprediger Crégut in dem Jahre gestorben war, predigte und das Abendmahl austheilte.

---

*) Reglements etc. (deutsch) 1876 p. 73.   **) Reglements etc. (deutsch) p. 289.
†) Erman: Mémoires etc. VIII. 318.   ††) Mylius C. C. M. VI. 270.

Schon sehr früh scheint mit dem Hospital, das ja gleichzeitig ein Krankenhaus für Stadtarme war, auch eine Krankenstation für Kinder verbunden gewesen zu sein, der auch gesunde Kinder überwiesen werden mussten, welche im zarten Alter verwaist oder sonst verlassen waren, und in späteren Jahren auch solche Kinder, die noch nicht das Aufnahmealter für das Waisenhaus oder die *École de Charité* hatten. Die Anstalt stand unter einem Inspektor *(surveillant)*, der verheirathet sein musste. Derselbe hatte nicht nur die Kinder und die ihm untergebenen Personen zu überwachen, sondern war auch verpflichtet, die Kinder zu unterrichten, während der Hospitalgeistliche denselben den Religionsunterricht zu ertheilen hatte.*) Kleine noch zu nährende Kinder wurden auch sammt den Müttern aufgenommen, und letztere zu einer passenden Arbeit angehalten. Ueberhaupt mussten die grösseren Kinder, gleich wie die gesunden und nicht zur Gartenarbeit verwendeten Hospitaliten, in einer Fabrik thätig sein, dort Seide spinnen und andere Arbeiten verrichten. Da auch die Schule im Kinderhospital dem Konsistorium einen Ertrag abwarf,**) so geht daraus hervor, dass dieselbe auch von auswärtigen zahlenden Schülern besucht war.

(Forts. folgt.)

Die reformirte Gemeinde zu Leipzig.†)

I. Die Anfänge.

1. Als am zweiten Weihnachtstage des Jahres 1686 in der Stadt Halle an der Saale die erste französisch-reformirte Communion gefeiert wurde, nahmen an derselben auch mehrere Glaubensgenossen Theil, welche in Leipzig ansässig waren, und weder die Beschwerlichkeit der Reise, noch die Kälte des Winters gescheut hatten, um bei der Feier gegenwärtig sein zu können. Die Anzahl derjenigen Franzosen, welche sich bis Ende dieses Jahres in Leipzig angesiedelt hatten, war übrigens gering; von einiger Bedeutung erst wurde die Niederlassung, als sich von 1688 an reiche Kaufleute in dem Messorte etablirten. Es waren nun besonders Mitglieder der Hallischen Kolonie, welche sich in Leipzig sesshaft machten, zunächst aber nur so, dass sie ihr Domicil in Halle behielten, dort auch die Familie beliessen und in Leipzig Comptoire und Kaufhallen errichteten. Die Bürgerschaft war den neuen Ankömmlingen nicht besonders zugethan; man legte ihnen Schädigung des Handels zur Last und gab dem Aerger über ihre gefährliche Concurrenz in einer Eingabe „über die Ursachen des Rückganges des Leipziger Handels" in folgenden Worten Ausdruck: „Wozu nunmehr auch viel von den aus Frankreich entwichenen Hugenotten sich hier einfinden, deren etliche in Halle und andern benachbarten Orten sich zwar niederlassen, aber nichts desto weniger ihre Schreibstube allhier haben, wodurch denn endlich vollends die hiesigen Bürger in die Enge getrieben, zu allen Abgaben untüchtig und nothwendig zu grunde gerichtet werden." Trotz der aus diesem Schreiben leicht vorauszusehenden Unfreundlichkeit des Empfanges erschienen immer mehr Kolonisten, bald auch mit Fa-

---

*) Reglements (deutsch) 1870 p. 230—234; 194. **) Reglements (deutsch) 1876 p. 45.
†) Benutzt ist: Geschichte der reformirten Gemeinde in Leipzig von ihrer Begründung bis zur Sicherung ihres Bestandes 1700—1725, von Albrecht Kirchhoff (Leipzig, Kirchhoff & Wigand 1874) — ein nach archivalischen Quellen bearbeitetes, durchaus gediegenes und verdienstvolles Werk, welches wie die früher schon rühmlichst erwähnte Arbeit von Tollin über die Frankfurter Gemeinde, in keiner kolonistischen Bibliothek fehlen sollte.

milie. Vor 1700 noch kam aus Halle Jaques Dufour, ein zwanzigjähriger junger Mann, in Languedoc geboren. In Halle hatte er am Weihnachtstage 1692 Kirchenbusse thun müssen, weil er in Frankreich, freilich gezwungen, am katholischen Gottesdienste Theil genommen. Den Kaufleuten folgten bald andere Stände; ebenfalls aus Halle wanderte ein Sprachlehrer Galliard ein, welcher der Hallenser Kirchenzucht mehrfach zu schaffen gemacht hatte und für sich und seine Wittwe der Leipziger Gemeinde eine Last wurde. — Obwohl nun nach und nach immer mehr Franzosen sich in Leipzig ansiedelten, bildeten sie doch keine eigene Gemeinde, sondern rechneten sich selbst zur Hallenser Gemeinde, und wurden auch von dem dortigen Consistorium als Glieder seiner Gemeinde betrachtet. Im Jahre 1695 veranstaltete man in allen französischen Kolonien Brandenburgs eine Collecte für die auf den Galeeren zu Marseille schmachtenden Reformirten. Diese Collecte wurde in Halle von der Kanzel verkündigt, hiervon den Leipzigern durch den Pastor Vimielles Anzeige gemacht, und der gemeinsame Ertrag (210 Thaler) abgeschickt und glücklich den armen Gefangenen zugestellt. Dieselbe Collecte ergab in Leipzig allein im Jahre 1702: 400 Thaler, 1708 dann 334 Thaler, 1710 wieder 349 Thaler, so dass die eine einzige Gemeinde innerhalb acht Jahren „für die Gefangenen auf den Galeeren" über 1000 Thaler zusammenbrachte.

2. In Kursachsen, zu welchem ja Leipzig gehörte, herrschte das strengste orthodoxe Lutherthum. Nicht nur in den Köpfen oder in den Herzen, es hatte hier politische Bedeutung und allein staatliche Geltung; Bekenner anderer Confessionen (Reformirte und Katholiken) erhielten nur schwer den Genuss der bürgerlichen Rechte, noch schwerer die Erlaubnis zur Ausübung ihres Gottesdienstes. Leipzig war damals schon etwas duldsamer, als die übrigen sächsischen Städte, z. B. Dresden, und musste es sein, wegen seiner vielfachen Handelsinteressen. Schon vor 1664 wurde für verstorbene Katholiken die sogenannte ehrliche Bestattung und die kleine halbe Schule (Currende) bewilligt. Am 23. August 1696 wurde die verstorbene Ehefrau des Refugié Jaques Couvres in Stötteritz begraben mit „Gesang und Glockenklang, auf E. Hochlöblichen Consistorii in Leipzig Vergünstigung, doch wurden lauter Busslieder dabei gesungen." Das war 1696. 1719 aber hegte das lutherische Consistorium tiefen Unmuth über die Reformirten ihrer Stadt, und dafür musste nun die Familie Couvres in Stötteritz büssen. Als diese damals wieder eine Beerdigung hatte, musste dieselbe in der Stille „ohne Sang und Klang" geschehen, nicht einmal die Busslieder wurden verstattet. — In den Tagen, in welchen wir die Anfänge der Leipziger Kolonie zu suchen haben, war es keinem reformirten Prediger erlaubt, irgend eine Amtshandlung in der Stadt auszuüben. Beiderseits reformirte Paare liessen sich in Anhalt oder in Halle trauen; zu den Ehen zwischen Reformirten und Lutheranern war dagegen ein ausdrücklicher Dispens des lutherischen Consistoriums erforderlich.

Die erste Verehelichung eines Reformirten mit einer Lutheranerin fand 1698 statt. Bei Gelegenheit dieser Heirath, welche erst nach vielem Bedenken des lutherischen Consistoriums wirklich zu Stande kam, musste der reformirte Theil sich verpflichten, „nicht zu hindern, dass die Kinder in der lutherischen Religion erzogen würden, auch sich keines widrigen Exercitii Religionis privati zu unterfangen", womit, wie Kirchhoff richtig bemerkt, selbst die reformirte Hausandacht untersagt war. Auch bei der Taufe der Kinder gab es Aergerniss. In einer *Supplique* an den Kurfürsten (sub. 17. 7br. 1700) klagen „die Reformirte Kauffleuth in Leybzig" also: „Des Gottesdienstes müssen wir fast müssig gehen; reformirte Prediger aber anzuhören fällt uns daher schwer, indem wir jedesmal auf die fünf Meil und bis nach Halle darnach zu reisen haben. Segnet uns Gott mit Kindern, so giebt es nicht wenig Verdruss; denn obwohl die Herren Geistlichen solche zur Taufe annehmen, so müssen wir doch die bei uns gewohnten Ceremonien entrathen, und darf keiner, so unserer Religion zugethan ist, ob es gleich auch der Grossvater oder die Grossmutter wäre, der Handlung als Zeuge beiwohnen." Lange, noch 1726, waren den Reformirten die öffentlichen Schulen verschlossen. Auch die Theilnahme an der Abendmahlsfeier blieb den Reformirten versagt, und solches Verbot wurde mit wahrhaft unchristlicher Härte durchgeführt. „Leget Gott einen oder den andern auf das Siechbett," heisst es in der oben angeführten Bittschrift, „oder fordert er ihn gar aus dieser Zeitlichkeit ab, so muss der Patient trostlos liegen und der Communion des heiligen Nachtmals müssig gehen, ob er gleich noch so gross Verlangen darnach trüge." In einem Todtenschein für einen Reformirten vom Jahre 1724 bemerkt der betreffende lutherische Geistliche, dass der Verstorbene das heilige Abendmahl verlangt habe, „weil er sich aber zum Reformirden Glauben bekannte, habe ich ihm solches nicht gereichet;" doch hat er mit ihm gebetet. Wo fanden nun die Leipziger Reformirten ihre kirchliche Erbauung? Die Reicheren konnten häufige Reisen nach Halle wohl möglich machen, und zu den acht Communionstagen des Jahres fanden sie sich dort auch regelmässig ein; ein grosser Theil der Kolonisten musste sich aber mit privaten Bet- und Erbauungsstunden begnügen. Dieser Hausgottesdienst wurde wenigstens in Leipzig von den Behörden nicht gestört, während er in Dresden unter dem Prediger Roy der strenggläubigen Stadt Aerger und Anstoss verursachte. — So sehen wir noch am Ende des 17. Jahrhunderts die Leipziger Kolonie im Zustande grosser Unsicherheit; alles schwankend und ungewiss, nichts gesetzlich anerkannt, das Bestehende nur mit Widerstreben geduldet. Es schien zweifelhaft, ob in diesem Reiche des orthodoxen Lutherthums die feste Begründung einer reformirten Gemeinde möglich sein würde — ein eigenthümlicher Versuch zu einer solchen wurde aber jetzt gerade gemacht.

(Forts. folgt).

Où peut-on être mieux!*)

Das Lied, welches also beginnt, ist Lieblingslied der Kolons; kaum wird je ein kolonistisches Fest begangen, auf welchem es nicht gesungen würde. Als kolonistisches Erbtheil geht es von Generation auf Generation, erklingt auf jedem Réfuge-Feste, und doch sind wohl nur sehr wenige Kolons, welche zu sagen wissen, woher dieses Lied stammt, wer es gedichtet, wer komponirt hat. Wir sind so glücklich, über den Ursprung des Liedes einige werthvolle Angaben machen zu können. Wir verdanken diese den sorgfältigen Forschungen des Herrn Challier zu Berlin. Herr Challier hat vor allem die Melodie in ihrer Echtheit und Reinheit wieder hergestellt und durch eine gefällige Ausgabe des Liedes — es ist dies die erste Ausgabe des Liedes überhaupt in Deutschland — dem kolonistischen Publikum zugänglich gemacht. Den Ergebnissen seiner Untersuchung entnehmen wir Folgendes:

---

*) Où peut-on être mieux! Quatuor célèbre de l'Opéra „Lucile". Chanson populaire avec accompagnement de Piano. Pr. Mk. 0,50. Berlin, C. A. Challier & Co., Leipzigerstr. 56.

Die Melodie und die erste Strophe des Liedes gehört der Oper: „Lucile" an. Dieselbe ist komponirt im Jahre 1769 von André Erneste Modeste Grétry (geb. 17. Februar 1741 zu Lüttich, gest. 24. September 1813 zu Ermenonville in J. J. Rousseau's Eremitage), bekanntlich einem der berühmtesten französischen Opernkomponisten. Das Textbuch zur Oper ist von Jean François Marmontel gedichtet (geb. 11. Juli 1723, gest. 31. December 1799).

„Lucile" ist eine einaktige lyrische Oper mit vielem Dialog. Zu dem grossen Erfolge der Oper trug wesentlich das Quartett: *„Où peut-on être mieux"* bei. Es ist ein Solo-Quartett, gesungen von einem Sopran (Lucile), einem Tenor (dem Bräutigam der Lucile) und zwei Bässen (den Vätern von Braut und Bräutigam). Durch ganz Frankreich und Belgien ist die Melodie dieses Quartetts als „Volkslied" gezogen, freilich vielfach verunstaltet, wie die vorhandenen und variirenden Ausgaben beweisen. Herr Challier hat die Original-Partitur der Oper aus dem Jahre 1769 einsehen können und so ist es ihm möglich geworden, eine wirklich treue Ausgabe in einstimmigem Arrangement herstellen zu lassen. So wie das Lied jetzt vor uns liegt, ist die Melodie getreu nach dem Original, statt für 4 Stimmen, einstimmig übertragen. Wir hoffen, dass diese Ausgabe des Liedes zur weitesten Verbreitung desselben in unsern kolonistischen Familien die Anregung geben wird. — Nur die erste Strophe des Liedes entstammt, wie schon bemerkt, der Oper „Lucile" und ist von Marmontel gedichtet. Die 2., 3. und 4. Strophe sind von einem unbekannten Dichter hinzugefügt worden, vielleicht, ja wahrscheinlich bei Gelegenheit eines Réfuge-Festes in Berlin. Wann? wissen wir leider nicht. Wir bitten, so einer unserer Leser Aufschluss geben könnte über die beiden noch ungelösten Fragen: „Wer hat Strophe 2, 3 und 4 gedichtet", und „seit welcher Zeit ist das Lied ein Festlied der Kolonie", um freundliche Zuschrift.

Das Séminaire de théologie in Berlin.

Vier Kolonie-Pfarren sind seit längerer oder kürzerer Zeit unbesetzt, resp. unbesetzbar. Die betr. Kolonie-Gemeinden kümmern, verwahrlosen oder gehen ein. So geht allmälig die Kolonie unter. Warum? Weil nicht das nöthige Geld flüssig gemacht wird, die Kolonie-Prediger überall standesgemäss zu besolden. Wie viel Kolonie-Prediger kenne ich auf deutschen Stellen, sog. reformirten und sog. lutherischen. Heute, wo in der Landeskirche ebenfalls ein so grosser Mangel an geistlichen Kräften ist, wer will es da den in Kolonie-Gemeinden nicht gewählten Geistlichen verdenken, wenn sie in der Landeskirche dem Reiche Gottes dienen? Um nun aber die Kolonien zu erhalten, d. h. die Pfarren besetzbar zu machen, gehört zunächst, dass die Pfarr-Gehälter aufgebessert werden. Das hat die Magdeburger Kolonie bei meiner Berufung gethan: zum ganz unauskömmlichen Regierungsgehalt bringt die Gemeindekasse 2400 Mk. auf. In ähnlicher Weise müssen die andern Gemeinden die etwa unauskömmlichen Pfarrgehälter bessern — oder eben eingehen und aus der Liste der Kolonie-Gemeinden verschwinden. — Sodann muss, da es in Preussen und weithin in Deutschland keine reformirten Fakultäten mehr giebt, das *Séminaire de théologie* in Berlin allseitig kräftiger unterstützt werden. Man streitet herum, ob Talar oder nicht Talar? Wichtiger ist es doch, ob Prediger oder nicht Prediger? Ohne *Séminaire* giebt es bald keine Kolonie-Prediger mehr. Meine Magdeburger Gemeinde hat daher ihre ehemaligen Beiträge für das *Séminaire de théologie* wieder aufgenommen und am 22. Januar 1879 auf eine Reihe von Jahren je 100 M. aus der Gemeindekasse für das Berliner *Séminaire* bewilligt. Sollte das nicht ein etatsmässiger Jahres-Posten in allen Kolonie-Gemeinde-Kassen werden? — Das Dritte wäre, die Synode müsste dafür sorgen, dass jeder Kolonie-Candidat sofort nach absolvirtem dritten Examen in der Kolonie auch irgend eine standesgemässe und auskömmliche Stellung erhält. Und das liesse sich auf mancherlei Weise erzielen.

Tollin.

Französisch-reformirte Prediger-Wittwen-Kasse.

Als ich vor dreidreiviertel Jahren mein hiesiges Amt antrat, äusserte ich gehörigen Orts den Wunsch, bei der brandenburgischen reformirten Prediger-Wittwen-Kasse, zu der ich fünfzehn Jahre beigesteuert hatte, verbleiben zu dürfen. Es wurde mir dies Gesuch durch alle Instanzen abgeschlagen. Auch erhielt ich keinen Pfennig Beitrag heraus. Die oberste Kirchenbehörde vertröstete mich dahin, ich hätte ja durch diesen Tausch keinen Schaden; sei ich doch seitdem der „sehr wohl situirten Kolonie-Prediger-Wittwen-Kasse" beigetreten. Ich versuchte es nun, der sächsischen reformirten Prediger-Wittwen-Kasse mich anzuschliessen, die neben der besonderen Prediger-Wittwen-Kasse jeder einzelnen reformirten Gemeinde hier besteht. Auch hier wurde ich zurück- und auf die „reiche" Kolonie-Wittwen-Kasse verwiesen. Ich war neugierig auf diese „wohl situirte", „reiche" Kasse, und erstaunte nicht wenig, als ich erfuhr, dass eine Prediger-Wittwe der Kolonie, und wenn sie noch so viel Kinder hätte, vierteljährlich 35 Mk. 38 Pf. erhält. Ist das eine Summe, die man einer Standesperson anbieten darf als eine amtliche, namhafte Unterstützung? Was soll eine Prediger-Wittwe bei den jetzigen Theuerungsverhältnissen mit 47 Thl. jährlich zuerst bestreiten? Es ist himmelschreiend! —

Ich sah es für meine Pflicht an, wo und soweit sich Gelegenheit bot, mich für diese arme Kasse zu verwenden. In allen Kolonie-Gemeinden war früher für diese Prediger-Wittwen-Kasse Charfreitag und am Todtenfest eine öffentliche Kirchen-Collecte gesammelt worden. Warum hat man sie unterlassen? Ist es nicht Pflicht in den Kolonien, allüberall sie wieder einzuführen? — Für Magdeburg that ich es sofort. Die hiesige Gemeinde zählt 268 Seelen. Es kamen ein 1876: 12,51 M., 1877: 25,00 M. + 27,65 M., 1878: 32,00 M. + 31,05 M., 1879: 44,80 M. + 29,90 M. Es sind das Scherflein. Aber wenn jede Kolonie in derselben Weise vorginge und auf je 268 Seelen dieselben Summen einkämen, so würde allmälig die Kasse aufgebessert werden. Unsere Gemeinde hat durch einmüthigen Beschluss des Presbyteriums der Wittwe meines Vorgängers auf Lebenszeit 450 Mk. zugesichert. Möchte doch jede einzelne Kolonie-Gemeinde in der Weise für die Wittwe ihres Predigers sorgen, dass auf je 268 Seelen ein Jahresbeitrag von 450 Mk. käme, sei es aus der Kirchen-, sei es aus einer andern geeigneten Kasse. Endlich aber wurde meine Gemeinde auch dahin für den Jammer unserer Prediger-Wittwen erwärmt, dass das Presbyterium beschloss, aus Gemeinde-Fonds für jene Prediger-Wittwen-Kasse noch obenein jährlich einen Zuschuss zu bewilligen. 1877 gab Magdeburg 25 Mk., 1878 25 Mk., 1879 25 Mk. Thäten das in gleicher Maasse andere Gemeinden auch, dem schlimmen Schaden wäre abgeholfen. Man klagt über Prediger-Mangel in der Kolonie. Hier helfe man zuerst; dann werden nicht so oft Kolonie-Prediger gezwungen sein, andern Gemeinden zu dienen. *Noblesse oblige.*

Tollin.

Aus der Provinz.

Angermünde. Der Prediger an der französich-reformirten Gemeinde zu Angermünde, Herr Lic. theol. Dr. phil. Matthieu, hat vor kurzem seitens der theologischen Fakultät zu Leipzig die höchste akademische Würde eines Doctors der Theologie erhalten. Je seltener im Allgemeinen diese Würde von deutschen Universitäten ertheilt wird, desto mehr dürfte die dem Herrn Dr. Matthieu widerfahrene Auszeichnung als ein freudiges Ereigniss auch von sämmtlichen Gliedern der hiesigen französisch-reformirten Kirche begrüsst werden. — Herr Dr. Matthieu hat sich bekanntlich durch zahlreiche wissenschaftliche Publikationen und insbesonders durch die Verbreitung der Kenntniss der Schriften Calvins in Deutschland und Nord-Amerika seit einer Reihe von Jahren in der theologischen Welt einen Namen gemacht.

Magdeburg. Kolonie-Stiftungen bei Gelegenheit der goldenen Hochzeitsfeier unseres geliebten Kaiser-Paares. Unsere Hohenzollern haben so viel gethan für unsere Kolonie, dass es sich ganz von selbst verstand, die Kolonie würde eine einzig-artige Feier, wie die goldene Hochzeit unseres geliebten Kaiserpaares, im Sinne unseres erlauchten Königs zu allerlei wohlthätigen Stiftungen benutzen. Es wäre interessant zu erfahren, welcher Art und wie mannichfaltig diese Stiftungen gewesen sind. Da es sich hier um Stoff handelt für einen künftigen Geschichtsschreiber unserer zeitgenössischen Kolonie, so ist es ganz gleichgültig, womit der Bericht anfängt. In Magdeburg also gab die französische Kolonie durch Beschluss des Presbyterii aus dem Jahresüberschuss 3000 (dreitausend) Mark für die Erweiterung des hier in Segen bestehenden Klosters Augustini, einer Anstalt, in der alte brave verarmte Bürger, meist evangelischer Konfession, als Hospitaliten aufgenommen und unter trefflicher Hauszucht in fester Hausordnung gut und reichlich verpflegt werden. Durch diese Stiftung ist unter Zustimmung des Klostervorstands und des Magistrats uns urkundlich das Recht gesichert, eine Stelle im Kloster St. Augustini mit einem hiesigen französischen Kolonisten zu besetzen. Demnach ist es ein Werk der Pietät gegen unsere geliebten Hohenzollern, der Anerkennung der vortrefflichen Armenpflege unserer guten Stadt Magdeburg und der dauernden Fürsorge für unsere etwa verarmten Kolonie-Bürger, ganz im Sinne der ersten Stifter unserer französischen Armen-Kasse. — Was stifteten bei der Gelegenheit die Kolonieen von Berlin, Stettin, Königsberg, Elbing, Danzig, Potsdam, Prenzlau u. s. w.?

Magdeburg, den 5. Januar 1880.

H. Tollin.

Schenkungen, Vermächtnisse. Am 3. Mai 1877 schenkte der von einer schweren Krankheit durch Gottes Hülfe wieder genesene Juvelier Presbyter Chevalier der Magdeburger Kolonie zu Haustaufen ein schönes Etui mit Taufbecken und Taufkanne und zu Hauscommunionen Kelch, Flakon, Patene und Oblatenschachtel.

Der am 23. Oktober 1879 verstorbene Rittergutsbesitzer Ferdinand Maquel, der 44 Jahre Presbyter der Magdeburger Kolonie gewesen war, vermachte derselben testamentarisch 2000 Mk.

Gemeindesachen.

Gemeindeversammlung am 5. Mai 1879 in der Friedrichstädtischen Kirche zu Berlin. Die Versammlung wurde um 6¼ Uhr von Herrn Prediger Nessler durch ein Gebet in französischer Sprache eröffnet; anwesend waren 52 Personen. Nach Bildung eines Büreaus (Vibeau, Rosenfeld, Brandt, d'Hargues) theilte der Generalsecretair Herr Coulon mit, dass die vorschriftsmässigen Formalitäten für die Versammlung erfüllt worden wären. Es hätten zwei durch 30 chefs de famille verstärkte Versammlungen am 31. März und 15. April stattgefunden und den Vorlagen zugestimmt. Es wären dann durch eine dreimalige Abkanzlung und Bekanntmachung durch den Kirchenzettel die chefs de famille zu dieser Versammlung geladen worden, nachdem auch das Provinzial-Consistorium am 23. April seine Genehmigung ertheilt hätte.

1. Es handelte sich um eine Abänderung des § 27 Kap. 37 der Reglements, die auf die Woche vor Palmsonntag festgesetzte Rechnungslegung der *École de Charité* betreffend. Derselbe sei seit etwa 25 Jahren nicht mehr befolgt worden, da man der Ansicht gewesen, dass mit der Bewilligung der durch das Hospice geschaffenen Einrichtungen auch die nothwendigen Consequenzen bewilligt seien, und die Rechnungslegung der *École de Charité* mit der des Hospice im Zusammenhange stünde. Nachdem aber der evang. Oberkirchenrath in einem Specialfalle die Abänderung des § verfügt, so wolle man jetzt diese formelle Abänderung vornehmen und den § 27 dahin ändern, dass der Termin der Rechnungslegung auf den Oktober eines jeden Wirthschaftsjahres verlegt werde. Die Aenderung wird angenommen.

2. Eine weitere Vorlage betrifft die Aenderung des § 16 des kirchlichen Regulativs vom 4. Oktober 1875, die Gebühren des Küster bei Taufen und Trauungen betreffend. Diese haben den Antrag gestellt, diese Gebühren durch eine Gehaltserhöhung abzulösen. Das Konsistorium schlägt nun zum Zwecke der Durchführung der Ablösung vor, diesen § 16 ganz zu streichen. Nach kurzer Diskussion genehmigt die Versammlung diesen Vorschlag.

3. Neubau des Hauses Kloster-Str. 43 und des Treppenhauses der Berliner Klosterkirche. Ueber diesen Bau referirt Herr Gaillard und legt die betreffenden Zeichnungen vor. Das baufällige Haus Kloster-Str. 43 soll mit dem Treppenhause der Kirche verbunden werden, ohne dass hierdurch der Kircheneingang beschränkt werde. Die Strassenfront von 100 Fuss Länge und 37½ Fuss Tiefe soll mit einem Mittel- und einem Seitenflügel verbunden, der Kellerraum zu einem Ledergeschäft eingerichtet werden, das Erdgeschoss soll 3 Geschäftsräume enthalten, und die 3. Etage je 2 Wohnungen zu 3 Zimmern etc. Der Bau soll unten in itirter Sandstein, oben Backsteinrohbau sein, und erfordert derselbe 180000 Mk. Der Ertrag ist folgendermassen angenommen: Im 3. Stock: 2 Wohnungen à 1800 Mk. = 3600 Mk.; im 2. Stock: 2 Wohnungen à 2100 Mk. = 4200 Mk.; im 1. Stock: 2 Wohnungen à 2550 Mk. = 5100 Mk. Erdgeschoss: 3 Geschäftslokale à 2250 Mk. = 6750 Mk.; Kellereien 1635; Summa des Ertrages: 21285 Mk. Dieser Ertrag würde einen Ueberschuss von 12300 Mk. für die Armenkasse ergeben. Nachdem Herr Hasslinger den Antrag nochmals empfohlen, einige Anfragen gestellt und Bedenken über die Höhe der angenommenen Miethe geäussert waren, wurde die Vorlage einstimmig angenommen.

4. Das Haus Jüdenhof 8 ist höchst baufällig; die Polizei verlangt der Feuergefährlichkeit wegen eine Durchfahrt. Man will nun das Haus derartig umbauen, dass daneben ein neues Treppenhaus aufgeführt wird, wodurch die Wohnungen sowie auch die Sakristei etwas vergrössert werden, und wohl auch ein Zimmer für den Konfirmations-Unterricht gewonnen wird. Erforderlich sind für den Bau 18000 Mk., die nach längerer Diskussion einstimmig bewilligt werden. Die Versammlung wird durch Gebet geschlossen.

Nach dem letzten Hospitalbericht für das Jahr 1878 betrugen die Ausgaben für das Hospital 25831,28 M. (darunter 14655,15 M. für Lebensmittel). Der Kopf kostete im Allgemeinen (ohne Wohnung) 258,31 M. und an Nahrungsmitteln 146,55 M. Dazu hatten zugeschossen: Der Don Anonyme 28,90 M., der Don Autem 480 M., das Legat v. d. Heydt 375 M. und das Konsistorium 2006,50 M., so dass der Kirchenkasse der Kopf 206,65 M. Zuschuss kostete. Die Einnahmen des Hospitals aus Kollekten, Zinsen, Miethen, Legaten, Geschenken, Eintrittsgeldern, Verkauf von Werthen und zurückgezahlten Darlehnen, durch Erwerb einer Hypothek betrugen an Wertpapieren 31500 M. und baar 22602,85 M., so dass der Hospitalfonds am 31. Dez. 1878 angewachsen war auf 25500 M. in Wertpapieren und 24015,29 M. baar. Diesen Einnahmen stehen 19000 M. in Wertpapieren und 23936,02 M. in baar entgegen; darunter zum Neubau des Hospitals 17806,52 M. und für Beschaffung des Inventars 21385,30 M. Der Hospitalfonds betrug demnach am Ende des Jahres 1878 an Wertpapieren 7500 M. und 790,29 M. baar. Der Neubau des Hospitals erforderte im Jahre 1877 eine Summe von 185042,06 M.

und 178996,52 M. für 1878; da nach Angabe des Berichtes noch zu zahlen sind circa 461,42 M., so hat der Neubau (ohne Inventar) 36450 M. erfordert. An Geschenken hat das Hospital im Jahre 1778 erhalten 918,15 M. und an Legaten 7577,50 M.

Der Jahresbericht der französischen Holzgesellschaft für den Winter 1878/79 ist erschienen, und aus demselben zu ersehen, dass das Stammkapital, das nach dem letzten Bericht 15×249,80 Mk. betrug, unverändert geblieben ist; das Reservekapital dagegen sich durch die Zinsen um 90 Mk. und durch den Ankauf von Werthpapieren um 67,55 Mk. vermehrt hat, und nun 3491,86 Mk. beträgt. Die laufenden Einnahmen der Gesellschaft betrugen 14793,05 Mk., die Ausgaben 10776,35 Mk. Der Ueberschuss von 4016,70 Mk. wurde dem Reservefonds zurückgezahlt. Mittels dieser Ausgabe hat die Gesellschaft 1562 Kbm Brennholz vertheilt und 1771,50 Mk. Fuhrlohn gezahlt, und zwar 1) an 185 Personen oder Familien der französischen Gemeinde 752 Kbm, 2) an 99 Wittwen von Mitgliedern der französischen Gemeinde, die deutschen Ursprungs sind, 404 Kbm, 3) an 69 Frauen oder Wittwen Deutscher, die vor ihrer Verheirathung der französischen Gemeinde angehörten, 276 Kbm, 4) an drei Wittwen von Katholiken, die vor ihrer Verheirathung der französischen Gemeinde angehörten, 12 Kbm, 5) an 50 empfohlene Personen oder Familien 118 Kbm. Beiträge waren im Winter 1878/79 eingegangen 5171,85 Mk., bestehend aus 362 Mk. vom königlichen Hause, 171,16 Mk. aus Vermächtnissen, 3120,19 Mk. Staatszuschuss, zahlbar durch die Staatskasse, 45 Mk. aus der Kasse des Ministeriums des Innern, 30 Mk. von der Ressource zur Unterhaltung, und 1443,50 Mk. von einzelnen Wohlthätern. In diesem Winter werden die Holzkarten vertheilt: In der Berliner Parochie durch Herrn Prediger Villaret, Raupachstr. 11, Herrn Landré, Grossbeerenstr. 88, Herrn Drège, Friedrichstr. 61. In der Friedrichstädtischen Parochie durch Herrn Berg, Friedrichstr. 174, Herrn Haslinger, Königgrätzerstr. 19. In der Luisenstädtischen Parochie durch Herrn C. Mathieu, Stallschreiberstr. 54, Herrn L. Mathien, Neue Grünstr. 38.

Vereinsnachrichten der Réunion.

Mittwoch, 4. Februar: Vortrag. (Restaur. Keller, Rosenthaler-Str. 39. 8½ Uhr Abends).
Freitag, 13. und 27. Februar: Sitzung. (Rest. Gärtner, Mittel-Str. 65. 8½ Uhr Abends).
Freitag, 20. Februar: Familien-Abend. (Deigmüller, Alte Jakob-Str. 48a. 8½–2 Uhr).

Briefkasten.

Das Wiedererscheinen der Kolonie ist allseitig mit herzlicher Freude begrüsst worden. Indem wir für diesen Beweis der Theilnahme und Zustimmung danken, wiederholen wir die schon im Jahrg. 1875, S. 27 ausgesprochene Bitte: „Mittheilungen, die Geschichte oder das Gemeindeleben französisch-reformirter Kirchen betreffend, bitten wir der Redaktion unseres Blattes zugehen zu lassen." Die eingegangenen Bestellungen auf frühere Jahrgänge oder Nummern der Kolonie sind von der Redaktion der betreffenden Ausgabe-Stelle überwiesen worden. Ein ganzer Jahrgang kostet 3 Mk., die einzelne Nummer 0,30 M. — H. Kantor Z. i. Schmgd. Wir haben Ihnen 0,36 Mk. zu gut geschrieben. — H. Ammon hier: Besten Dank für die Einsendung. — Lej. in Tegel: Mit Dank richtig erhalten 0,75 M. — Verschiedene Abonn.: Wir versenden die Zeitung fortan in Couverts. — H. Fr. P's. („Vallette") u. Frl. Ad. W. in R.: Besten Dank für die freundliche Theilnahme. — In Schwedt s. O. hat Herr Frégewitze die Einziehung der Beiträge und Vertheilung der Zeitung freundlichst übernommen. Wir erwarten eine Nachricht aus Schwedt über den Stand der Kirchenangelegenheit. Vielleicht berichtet uns H. Bll. od. H. Ros? Das Schicksal der dortigen Gemeinde wird hier mit warmer Theilnahme verfolgt — *H. S. Die Mitglieder der Réunion gelten auch, ohne dass sie die Zeitung besonders bestellt hätten, als Abonnenten derselben und erhalten das Blatt regelmässig zugeschickt. Es sei denn, dass die Zeitung besonders abbestellt wird.* (Siehe auch die unten stehende Anmerkung über Einziehung der Abonnements.) *Bei der grossen Anzahl der Exemplare, welche im Januar versandt worden sind, ist es doch vorgekommen, dass der und jener, leider sogar nächste Bekannte, auch Mitglieder der Réunion die Zeitung nicht erhalten haben. Solche Versehen sind eben unvermeidlich; wir bitten nachträglich um Entschuldigung und liefern auf Wunsch die erste Nummer nach.*

Im Laufe des Februar werden wir den Abonnementspreis für „die Kolonie" durch einen Boten gegen Quittung einziehen lassen. Den geehrten Abonnenten, welche den Betrag gleich für das ganze Jahr 1880 zu entrichten wünschen, wird der Bote Jahres-Quittungen verabfolgen, den übrigen Quartals-Quittungen. Es kann der Redaktion natürlich nur angenehm sein, würde ihr Unkosten und viele Umstände ersparen, wenn die geehrten Abonnenten den „Jahresbetrag" entrichten wollten. Doch wird dieses in das Belieben der Einzelnen gesetzt, der geäusserte Wunsch aber freundlicher Berücksichtigung empfohlen. Zu besonderem Danke aber würden wir uns den geehrten hiesigen Abonnenten verpflichtet fühlen, welche uns den Betrag per Post bis zum 15. Februar einschicken. Wird der ganze „Jahresbetrag" durch die Post eingesandt, gestatten wir hiesigen Abonnenten einen Abzug von 20 Pf.; die Einsendung des Quartals-Abonnements geschieht aber auf Kosten der Absender.

Verantwortlicher Redakteur und Verleger: W. Bonnell, Luttumstr. 14. — Druck von M. Driesner, Berlin C., Klosterstr. 72.

März 1880.   **DIE KOLONIE.**   IV. Jahrgang.

Organ für die äusseren und inneren Angelegenheiten der französisch-reformirten Gemeinden.

Redigirt von W. Bonnell, Rector in Berlin.

Erscheint monatlich einmal. Preis pro Quartal 75 Pf.

Abonnements werden angenommen bei W. Bonnell in Berlin N., Lottum-Str. 14 und bei jeder Post-Expedition.

INHALT: Die franz. Kolonie zu Prenzlau von Prediger Reclam. — Das franz. Hospital in Berlin von Dr. Muret. III. — Die Aufbesserung der franz. Pfarrgehälter von Dr. theol. Matthieu. — Aus der Provinz. — Vereinsnachrichten. — Berichtigung. — Briefkasten.

Die französische Kolonie zu Prenzlau.
Von Prediger Reclam in Prenzlau.

Im Jahre 1687 liess sich in Prenzlau eine ansehnliche Zahl Réfugiés nieder, zeichnete sich auch hier, wie an anderen Orten durch ihren Gewerbefleiss aus und brachte besonders den Getreide- und Tabaksbau in unserer Gegend auf einen rationellen Standpunkt. Diese aus ihrem Vaterlande flüchtig gewordenen, ihres evangelischen Glaubens wegen verfolgten, in der Fremde mit offenen Armen aufgenommenen Franzosen hielten am 19. Juni 1687 hier ihren ersten Gottesdienst in der ihnen nach kurfürstlicher Verordnung vom hiesigen Magistrat für diesen Zweck eingeräumten Heiligen-Geist-Hospital-Kirche. Für die Benutzung derselben hatte die Kolonie nichts zu zahlen, für den Gebrauch der Orgel aber einen jährlichen Kanon von 8 Rthlr. an das Hospital zu entrichten. Das aus dem Prediger und 8 Kirchenvorstehern zusammengesetzte Presbyterium übte die geistliche Gewalt in der Gemeinde aus. Anfangs hatte die Kolonie drei Prediger, dann zwei und endlich einen. Im Jahre 1710 raffte die Pest mehr als 60 Personen aus der Kolonie hinweg, andere verzogen aus Furcht vor der Seuche oder aus Mangel an Unterhalt aus der Stadt. Anfangs hielten sich alle in der Umgegend Prenzlau's wohnenden Kolonisten zur hiesigen Gemeinde, bis sie nach und nach zur eigenen Gemeindebildung fortschritten und mit eigenen Predigern versorgt wurden. Ursprünglich hatte die Kolonie auch ihre eigene Gerichtsbarkeit, einen Richter, der zugleich dasselbe Amt bei den Kolonieen in Strassburg und Pasewalk verwaltete und Mitglied des hiesigen Magistrats war, einen Assessor und einen Gerichtsdiener. Der letzte Richter war der Justizrath Charles André Hugo, am 23. Februar 1850 im 81. Lebensjahre verstorben; er war auch *Ancien* bis zu seinem Tode. Als die unter den *Grands Mousquetairs* befindlichen Reformirten ebenfalls aus Frankreich vertrieben waren und in der Mark Brandenburg Aufnahme fanden, wurden aus ihnen zwei Compagnieen zu Pferde unter dem eben genannten Namen errichtet, von denen die erste, deren Oberst der Kurfürst selbst war, ihr

Standquartier in Prenzlau erhielt und also die hiesige französische Kolonie beträchtlich vermehrte. Diese Militärs trugen eine scharlachrote, reich mit Gold besetzte Uniform, braune und weisse Federn auf dem Hute. Die Gemeinen in dieser Compagnie, lauter Edelleute, hatten Lieutenants-Rang in der Armee. — Eine Ordre über ordnungsmässige Verwaltung der Armen- und Kirchen-Kasse, wie über die Anlegung der Tauf-, Trau- und Sterbe-Register vom 8. Mai 1698, unterzeichnet Frédéric und contrasigniert Paul von Fuchs, bewirkte, dass die Kirchen-Register in französischer Sprache geführt und bei jedem einzelnen Falle von dem Prediger und einem *Ancien* unterzeichnet wurden.

Die Prediger, die von der Gründung der Gemeinde hierselbst an bis heute im Amte waren, sind folgende: Vom Jahre 1687 bis 1720 Jaques Constantin, *natif de Nismes en Languedoc, mort 15. Novembre 1720*. — Vom Jahre 1688 bis 1714 Abel Bonafoux, *natif de Castelnau de Bressai en Languedoc en France, mort 11. Août 1714.* — Vom Jahre 1702 bis 1710 Barthélemy Lesage, *natif de Autun dans la province de Bourgogne en France, mort 7. Octobre 1710*. — Vom Jahre 1713 bis 1727 Jérémie de la Grange, *natif de Nérae en Guienne en France, mort 23. Février 1727.* — Vom Jahre 1721 bis 1728 Pierre de Combles. — Vom Jahre 1729 bis 1831 Boistiger und Charles Jordan. — Vom Jahre 1732 bis 1739 Perreault und Antoine Martin, letzterer *natif de Aluis en Languedoc, mort 9. Novembre 1758.* — Vom Jahre 1740 Antoine Martin und R. A. Bocquet. — Vom Jahre 1742 bis 1758 Antoine Martin und Manasse Ancillon, letzterer *natif de Berlin, mort 12. Octobre 1759 agé de 62 ans.* — Vom Jahre 1759 bis 1767 Robert. — Vom Jahre 1766 bis 1770 Robert und de Convenant. — Im Jahre 1770 Maréchaux. — Vom Jahre 1771 bis 1796 Guillaume Toussaint, *natif de Stettin, mort 5. Novembre 1796 agé de 53 ans.* — Vom Jahre 1796 bis 1798 Centurier. — Vom Jahre 1798 bis 1822 Pascal, wurde nach Berlin an die dortige Kloster-Kirche berufen und verstarb daselbst. — Vom Jahre 1822 bis 1832 Lorenz, wurde nach Potsdam an die franz.-ref. Kirche versetzt und verstarb daselbst. — Vom Jahre 1832 bis heute Jean Jules Philipp Reclam, geboren in Berlin am 11. October 1804, wurde von seinem Vater, dem Prediger an der Louisenstadt und Professor am *Collège Français*, François Guillaume Reclam, am 15. April 1832 (Sonntag Palmarum) unter Assistenz des Archidiaconus an St. Marien Schirmer und des Predigers Souchon in Strassburg, vor seiner Gemeinde ordiniert und introduciert und ist heute noch im Amte bei seiner ersten Gemeinde.

Seit der Gründung der Gemeinde im Jahre 1687 bis heute sind in derselben getauft 2889 Kinder, confirmiert vom Jahre 1823 an, wo erst die Register geführt wurden, 483 Kinder, getraut 659 Paare, gestorben 2443 Personen. Die jetzige Seelenzahl der Gemeinde beträgt laut Familien-Liste 320.

Die Gemeinde hatte anfangs die Heilige-Geist-Hospital-Kirche vom Magistrat zur Benutzung für ihren Gottesdienst erhalten, später wurde in derselben auch die deutschreformirte Gemeinde aufgenommen. Da die Kirche nicht recht in Stand gehalten wurde und sich nicht mehr für einen evangelischen Gottesdienst eignete, erbaten sich die beiden reformirten Gemeinden im Jahre 1852 die in der Klosterstrasse gelegene, zum früheren grauen Kloster gehörige, ausser Gebrauch und verfallene Kirche, Eigenthum mit den daran stossenden Gebäuden des Bau-Inspectors Ilse, Schwiegervaters des Professors am hiesigen Gymnasio Buttmann, von des Königs Majestät zum Geschenk und wurde ihnen in Gnaden verliehen. Da die beiden reformirten Gemeinden arm sind, musste erst unter vielen Beschwerden, wozu Jahre gehörten, die erforderliche Ausbausumme und auch die für Erwerbung der Orgel beschafft werden. Endlich war die Kirche soweit hergestellt, dass sie am 25. Oktober 1865 eingeweiht und dem Gottesdienst übergeben werden konnte. Die Einweihung geschah durch den General-Superintendenten Hoffmann und den Consistorial-Rath Fournier. Die Kirche ist sehr schön, ist 144 Fuss lang, 37½ Fuss tief, 46 Fuss bis zum Scheitel der Kreuz-Kuppel hoch, massiv von geschlagenen Feldsteinen, auch der Thurm massiv mit Glocke, welche der *Ancien* William schenkte. Die Kirche hat eine geräumige Sakristei hinter dem Altare, eine Kanzel von Cement mit den Figuren der Apostel Matthaeus, Johannes, Petrus und Paulus, und eine sehr gute Orgel. Der Kanzel gegenüber ist ein Parkett für die *Anciens*. Die Kirche besitzt 4 silberne vergoldete Abendmahls-Kelche, eine silberne Patene und eine Weinkanne von englischem Zinn in antiker Form. Die Gemeinde besitzt diese Kirche in Gemeinschaft mit der deutsch-reformirten Gemeinde hierselbst.

Die französische Gemeinde hat ein Armenhaus, in welchem der Küster eine freie Wohnung nebst Garten hat, ausserdem sind noch in demselben 8 Wohnungen für Arme aus der Kolonie zu einem sehr billigen Mietszins. Das Haus wurde von David Bettac an das *Consistoire* für die Armen geschenkt am 9. Oktober 1743. Am 31. Januar 1778 schenkte Jean Lejeune dem *Consistoire* einen vor dem Thore gelegenen Garten zum Niessbrauch für den Prediger. Derselbe wurde am 5. Januar 1879 für 360 Mark verkauft und erhält der Prediger die Zinsen dieses Verkaufkapitals. Im Jahre 1843 wurde das von der Gemeinde acquirirte Predigerhaus für 6000 Mark verkauft, da die Räumlichkeiten nicht mehr ausreichten und eine nötig gewordene Reparatur mit Anbau unzweckmässig erschien. Der Prediger erhält als Miets-Entschädigung die Zinsen dieses Kapitals. Die Gemeinde participiert an der städtischen Armenpflege und besitzt ausserdem noch eine besondere kirchliche Armenpflege, auch wird ihr seitens der königlichen Regierung in dem Sanitäts-Rath und Kreisphysikus Lindow ein eigener Armenarzt gehalten. Auf dem städtischen allgemeinen Kirchhof haben die Glieder der französisch-reformirten Gemeinde freie Grabstätten. Es ist ein zweiter Friedhof mit Leichenhaus und Kapelle und Wohnung für den Totengräber auf dem hohen Ufer des Uckersees angelegt, da auf ersterem, der unmittelbar an die Stadt stösst, aus Gesundheits-Rücksichten nur noch Erbbegräbnisse vorgenommen werden dürfen. Dieser aber ist seiner Anlage und Schönheit wegen ausgezeichnet und dient jetzt zur Hauptpromenade für die Einwohner. Auch der neue Kirchhof ist in jeder Beziehung würdig und schön, und ist nicht genug die Pietät der Einwohner für die Gräber ihrer Verstorbenen zu rühmen. Im Jahre 1868 ging auf Anordnung der Königlichen Regierung die Schule der Gemeinde ein wegen zu geringer Zahl reformirter Kinder; die lutherischen wurden in die Stadtschulen verwiesen, der Lehrer wurde emeritiert und das Schulhaus am 6. Februar 1870 für 5280 Mark verkauft. Die Gemeinde besitzt eine Gemeinde-Bibliothek, die aus 200 Bänden besteht und Bücher aus dem Felde der Mission, der biblischen Geschichte und Geographie und Naturgeschichte, Predigten berühmter Kanzelredner und Jugendschriften enthält.

Leider verringert sich mit jedem Jahre die Zahl der Kolonisten, wie überall, so auch hier, und ist die Besorgnis wohl begründet, die Kolonie möchte sich in nicht allzuferner Zeit entweder mit der deutsch-reformirten Gemeinde vereinigen, oder ganz auflösen. Möchte dann wenigstens unter den noch vorhandenen Abkömmlingen der Réfugiés der feste Glaube und die fromme Sitteneinfalt der Väter sich erhalten.

Das walte der liebe Gott in seiner Gnade! —

Das französische Hospital in Berlin.

Von Dr. Muret.

III. Das kleine Hospital; die Marmite; die Bäckerei; die Hospital-Kommission und die *dames directrices*; das Pensionat.

Die Anstalt, die den Namen *hôpital des enfants* führte, später auch, besonders in Bezug auf den übrig gebliebenen Theil derselben, *petit hôpital* genannt wurde, erforderte, wie aus den bezüglichen Reglements zu ersehen ist, die ganze hingebende Thätigkeit des *survaillant* und seiner Frau. Obgleich, heisst es z. B. im § 23 des bezüglichen Kapitels,[*)] der Aufseher seine ganze Zeit dem Wohle der ihm anvertrauten Anstalt widmen soll, so ist ihm doch erlaubt, des Sonntags und an den Mittwochs- und Sonnabends-Nachmittagen in seinen eigenen Angelegenheiten zu seiner Erholung auszugehen; aber dann muss seine Frau bei den Kindern bleiben, wie er bei denselben bleiben muss, wenn seine Frau ausgeht. Besonders beschwerlich war aber seine Thätigkeit, weil, wie es scheint, diese Stiftung ursprünglich als eine Art Besserungsanstalt für verwahrloste Kinder und junge Leute errichtet worden war. So heisst es in den Reglements:[**)] § 1. Das Kinderhospital ist mit Genehmigung des Hofes errichtet worden, um eine Besserungsanstalt zu sein für junge Leute, welche noch nicht eingesegnet sind. § 2. Die Obrigkeit hat zugleich genehmigt, dass die Compagnie ins Kinderhospital Lehrlinge aufnehme, die zwar schon eingesegnet sind, die aber während ihrer Lehrzeit dieses Zuchtmittels bedürfen. § 3. In dieser Anstalt, aber in einer besonderen Abtheilung derselben, finden auch die kranken Kinder Aufnahme, und zwar sowohl die der Stadtarmen, wenn die Anciens-Diacres sie derselben überweisen, als auch die der frommen Stiftungen, wenn sie daselbst nicht gehörig verpflegt werden können, und die Direktionen die Aufnahme solcher Kinder beantragen. § 4. Das Kinderhospital dient schliesslich dazu, denjenigen Kindern eine vorläufige Aufnahme zu gewähren, welche der Compagnie plötzlich zur Last fallen, und für welche nicht sogleich ein geeignetes Unterkommen gefunden wird. § 5. Keins der Kinder, von welchen in §§ 1—2 die Rede ist, kann ohne die Genehmigung der Generalversammlung in dieses Haus aufgenommen werden. Diese allein hat das Recht der Aufnahme, sowohl in Betreff der Kinder von einzelnen Gemeindegliedern, nachdem der Antrag der Eltern oder Vorgesetzten des Kindes geprüft worden ist, als auch in Beziehung auf die Zöglinge unserer Institute, wenn die Direktionen den Antrag stellen, und wenn für die Kinder in der Anstalt selbst nicht hinreichende Zuchtmittel vorhanden sind. Auch Nicolai[†)] schreibt im vorigen Jahrhundert über unser Hospital: Endlich werden auch junge liederliche Leute, welche noch nicht zur Kommunion gegangen sind, auf Verlangen der Eltern oder Vormünder, auf eine Zeitlang zur Zucht hierher gesetzet.

Später diente das Kinderhospital nur zur Aufnahme kranker Kinder und solcher, die noch nicht das Alter hatten, dass sie dem Waisenhause oder der *Ecole de Charité* überwiesen werden konnten. Seit 1844 befindet sich diese Anstalt als Theil des Hospiz im Gebäude des letzteren, welches gleichfalls in einem Theil des früheren Hospitalgartens erbaut ist, unter Aufsicht des Erziehungs-Inspektors dieser Anstalt, und unter specieller Obhut einer Pflegerin. Zu bedauern ist nur, dass, während das Kinderhospital auch uneheliche Kinder aufnimmt, deren Erziehung ja in der Regel

---

*) Reglements (deutsch) p. 233.   **) Reglements (deutsch) p. 55.   †) Nicolai: II. p. 673.

am schlechtesten berathen ist, die beiden andern Anstalten solche abzuweisen genötigt sind, woher es kommt, dass dergleichen Kinder, wenn sie das siebente Jahr erreicht haben, aus dem Hospiz entlassen werden.*)

Zwei andere Schöpfungen der Gemeinde befanden sich längere Zeit auf dem Hospitalgrundstück, die Armenbäckerei und die Suppenanstalt, letztere bekannt unter dem Namen „*la Marmite*". Diese letztere Stiftung datiert schon aus dem Jahre 1699. Auf Anregung des Hofarztes de Gaultier wurde diese Anstalt durch die Bemühungen und milden Gaben einer Anzahl barmherziger Damen geschaffen, und hatte den Zweck, erkrankten Armen, Greisen und Wöchnerinnen Bouillon und Fleisch, deren Herstellung dem Leiter der Bäckerei übertragen war, zu liefern. Mit Aufhebung der Bäckerei im Jahre 1873 musste die Marmite als selbständige Anstalt aufhören, da es sich nicht ermöglichen liess, das Fleisch in einem Gemeinde-Institute zu kochen, auch die Entfernungen der Wohnungen der Hilfsbedürftigen von der Bäckerei einzelnen diese Wohlthat entzog, oder in ihrem Werte verringerte. Was früher in natura gespendet wurde, dazu wird jetzt, um es selbst zu beschaffen, eine Geldspende aus der Kasse der Marmite gewährt, die auf Grund des Beschlusses vom 24. Oktober 1855 befugt ist, Geschenke und Legate anzunehmen.**) Im Jahre 1876 verfügte die Marmite über ein Kapital von 23000 M.

Die Bäckerei befand sich zu Anfang des vorigen Jahrhunderts auf dem Gensd'armenmarkt neben der Friedrichstädtischen Kirche, welche bekanntlich von einem Kirchhofe umgeben war. Als Friedrich der Grosse in den Jahren 1780—85 an dieser und der deutschen Kirche die Türme erbauen liess, musste der Kirchhof eingehen und wurde nach dem Oranienburger Thore verlegt; auch die dort befindliche Bäckerei musste entfernt werden und wurde an einer andern Stelle des Platzes auf königliche Kosten neu erbaut. (Nicolai II 203, III 681). Wann dieselbe von hier entfernt und nach der Mauerstrasse verlegt wurde, wo sie sich, mündlichen Mittheilungen nach, lange Zeit befunden hat, habe ich ebenso wenig feststellen können, wie das Jahr ihrer Verlegung nach dem Hospitalgrundstück; es mag dies in den dreissiger Jahren unseres Jahrhunderts geschehen sein. Als man sie 1873 wegen anderweitiger Verwendung des betreffenden Gebäudes eingehen liess, schloss das Konsistorium mit der Berliner Actien-Brotfabrik einen Kontrakt, wonach diese sich verpflichtete, gegen einen festgesetzten Preis das Brot in tadelloser Beschaffenheit, in Stücken in der vom Konsistorium vorgeschriebenen Form, zu den bestimmten Zeiten, an die bestimmten Orte zu liefern, so dass die Vertheilung der Brote in derselben Weise wie früher stattfinden kann.***) In den Jahren 1873—75 erforderte die Vertheilung des Brotes an Arme durchschnittlich eine Summe von 2349 M.

Wenden wir uns nun zum eigentlichen Hospital zurück, dessen Verwaltung einer besonderen Kommission des Konsistoriums überwiesen wurde. Nach den Reglements†) besteht dieselbe aus einem Prediger und 8 Anciens-Diacres, und versammelt sich wöchentlich einmal (Donnerstags). Alle Prediger sollen der Reihe nach während eines Jahres in dieser Kommission den Vorsitz führen. Diese Bestimmung, über deren Aenderung die Reglements von 1876 in ihren Zusätzen nichts enthalten, wird nicht mehr befolgt, da dieselben Prediger, wie aus den Hospitalberichten erhellt, 3—4 Jahre den Vorsitz der Kommission führen. Im Jahre 1806 wurden 3 *dames directrices*††) für

---

*) Reyer: Geschichte der fr. Kolonie p. 217; Reglements (1876) p. 99. **) Reglements (1876) p. 299.
***) Reglements (1876) p. 302. †) Reglements (1876) p. 212. ††) Reglements (1876) p. 220.

das Hospital ernannt, die nach einem für dieselben bearbeiteten Reglement für den Ankauf von Gemüse, Butter, Käse etc. nach Rücksprache mit der Kommission zu sorgen haben, die Wäsche überwachen und die Krankenstuben inspicieren. Jetzt sind deren vier am Hospital in Thätigkeit.

Im Jahre 1806 erhielten die Gebäude des Hospitals durch den Anbau des jetzt noch vorhandenen Infirmarin-Gebäudes, der eigentlichen Krankenstation, eine bedeutende Erweiterung. In einem Teil des Gebäudes wurde im Jahre 185? (die genaue Jahreszahl festzustellen, ist mir nicht gelungen) eine Anstalt für bevorzugte Pensionärinnen, über welche eigenthümlicher Weise die Reglements von 1876 keine Silbe enthalten, eingerichtet; dieselbe wird gewöhnlich mit dem Namen „das Pensionat" bezeichnet. Dasselbe gewährt einer Anzahl Damen aus den besseren Ständen gegen eine bestimmte Einzahlung eine stille Wohnstätte; auch ist jeder dieser Damen ein Stück des gegenüberliegenden Gartens zur Benutzung überwiesen. Diese Stiftung wurde 1872—73 bedeutend erweitert; gleichzeitig wurde das Vordergebäude Friedrichstrasse 129 neuerbaut, wozu die chefs de famille am 30. Juli 1873 die geforderte Summe bewilligt hatten. Das Pensionat erhielt dadurch 50 freundliche, saubere Zimmer, und dem Hospitalgeistlichen wurde in der früheren Bäckerei eine Wohnung eingerichtet, da er seine Wohnung im Vorderhaus hatte räumen müssen. Es wurden ferner durch die Erbauung eines zweiten Stockwerkes über dem alten Pensionat und der früheren Bäckerei dem Pensionate noch 26 weitere Räume hinzugefügt.

Das eigentliche Hospitalgebäude, das nun auch schon ein Alter von 140 Jahren hatte, entsprach den zeitgemässen Anforderungen durchaus nicht mehr, so dass schon seit längerer Zeit ein zweckmässiger Neubau desselben in Aussicht genommen war; leider gestatteten aber die Mittel der Gemeinde es nicht diesen Gedanken zur Wirklichkeit zu machen. Da zeitigte der Notstand einen glücklichen Gedanken, und der erste Hospitalbericht vom Jahre 1855 legte es den Gemeindegliedern dringend an das Herz, durch eine jährliche Kirchenkollekte, durch Anbringung von Hospitalbüchsen an den Kirchthüren, durch laufende Beiträge, durch Geschenke und Legate das Hospital, ähnlich wie die andern Institute, mit einem eigenen Fonds auszustatten, um mit der Zeit aus ihm ein neues Hospital zu erbauen, die Bedürfnisse desselben zu bestreiten und die kirchliche Armenkasse zu entlasten. Die Grundlage zu diesem Hospitalfonds wurde durch den Ertrag der am Totenfest 1855 gesammelten Kollekte gelegt.

Die Aufbesserung der französischen Pfarrgehälter.

Herr Prediger Lic. Tollin zu Magdeburg hat in der Februar-Nummer dieses Blattes mehrfach einen Punkt berührt, der ohne Zweifel in den weitesten Kreisen die ernsteste Beachtung verdient: die zeitige Unbesetzbarkeit von vier französischen Pfarrstellen in der Provinz Brandenburg. Wem von uns wäre dieselbe nicht in der That schon schwer aufs Herz gefallen? Von im Ganzen nur 19 Kolonie-Pfarrstellen in der Monarchie 4 zur Zeit und zum Teil schon seit Jahren unbesetzt, resp. unbesetzbar! Was für ein trauriges Verhältnis! Wie gross auch der Theologenmangel in der deutsch-evangelischen Landeskirche sein mag, ein so schreiendes Missverhältnis ist dort fürwahr bei weitem noch nicht zu Tage getreten.

Um die Kolonieen zu erhalten, d. h. die Pfarren besetzbar zu machen, dringt Herr Lic. Tollin mit Recht an erster Stelle darauf, dass die Gemeinden nach dem Vorgang der Magdeburger Kolonie, die zu dem Regierungsgehalt ihres Pfarrers aus der Gemeindekasse jährlich 2400 M. beisteuert, die meist unauskömmlichen Pfarrgehälter aufbessern. In der That, wenn unsre Kolonie-Geistlichen meist so situiert sind, dass sie von ihrem kärglichen Jahreseinkommen kaum die notdürftigsten Lebensbedürfnisse bestreiten können, so ist es weder diesen Herren zu verdenken, wenn sie sich nach besser dotierten deutschen Stellen umsehen, noch kann man sich überhaupt darüber verwundern, wenn niemand mehr Theologie bei uns studiert, resp. sich in unserm *Séminaire de théologie* kontraktlich verpflichtet, der französischen Kirche lebenslang zu dienen, oder aber bei etwaigem Austritt aus derselben die dem Institute verursachten Unterhaltungs- und Verpflegungs-Kosten mit 450 M. pro Jahr, wo wir nicht irren, zurückzuerstatten. Diese Erkenntnis bricht sich denn auch in immer weiteren Kreisen Bahn, zumal auch in Berlin, wo doch sonst im allgemeinen das kolonistische Bewusstsein in schärfster Ausprägung sich bis auf die neuste Zeit erhalten hat. Galt es dort früher so zu sagen als Ehrensache für die kolonistischen Prediger und Kandidaten, unter allen Umständen der Kirche der Väter treu zu bleiben, so dass beispielsweise der selige Dr. Marot, kurz nachdem er das Pfarramt an der Neuen Kirche in Berlin angetreten hatte, von einem unsrer Geistlichen (so viel wir wissen, war es Erman) bei einer gelegentlichen Begegnung auf der Strasse in allerdings nicht missverständlichem Scherze, aber doch immerhin im unverkennbaren Tone des Vorwurfs mit den Worten angeredet wurde: „*De nos sacris autels infâme déserteur*"; galt es selbst schon für anstössig, wenn ein französischer Prediger oder Kandidat auch nur gelegentlich und ausnahmsweise eine deutsche Kanzel betrat, so dass der verewigte Dr. Couard, weiland Pfarrer an St. Georgen in Berlin, sich als Kandidat sogar deswegen vor dem Berliner Consistoire zu verantworten hatte, wobei er allerdings vor den gestrengen Herren durch seine Berufung auf I. Cor. III, 21—23 Gnade fand, — heut zu Tage wird es keinem unserer Geistlichen mehr vorübelt, wenn er sich auf eine deutsche Stelle begiebt. Ja, unsere Berliner Gemeinden haben seit anderthalb Dezennien sogar nur solche Prediger gewählt, die entweder eine französische Stelle verlassen, oder überhaupt nur deutsche Pfarrämter verwaltet hatten. „*Primum vivere*", das gilt eben, wie für männiglich, so auch für jeden Prediger, und wir haben bei der Unauskömmlichkeit unserer meisten Pfarrgehälter wahrlich keine Ursache, diejenigen unserer Geistlichen mit dem Interdikt und Bann zu belegen, die von der Not gedrängt ihre Gaben und Kräfte in den Dienst der deutsch-evangelischen Schwesterkirche stellen. Es folgt daraus noch keineswegs, dass diese Herren „*infâmes déserteurs*" sind, zumal ja der Uebergang in ein deutsches Pfarramt, bei der in Preussen zu rechtbestehenden Union, durchaus nicht etwa einen Konfessionswechsel notwendig involviert. Immerhin bleibt es in hohem Grade zu wünschen und mit allen Mitteln anzustreben, dass unsere Geistlichen unserer Kirche erhalten werden, resp. unsren angehenden Theologen nicht von vornherein die Lust genommen werde, den Dienst am Evangelium in unsren Gemeinden zu versehen. Und dazu ist, wie gesagt, vor allem erforderlich, dass, wie bereits in Magdeburg und unsres Wissens auch in Berlin und in Stettin geschehen, die unauskömmlichen Pfarrgehälter in einem den Zeitbedürfnissen entsprechenden Masse aufgebessert werden.

Wer aber soll die Mittel dazu hergeben? Unsere Gemeinden — das müssen wir Herrn Lic. Tollin entgegen halten — wenigstens die uckermärkischen Kolonieen, die hier vorzugsweise in Betracht kommen dürften, sind vielfach, wo nicht grösstentheils, wenig bemittelt, auch bereits von den vorgesetzten Behörden zur Erhöhung ihrer Pfarrgehälter auf das den Geistlichen gesetzlich zustehende Minimal-Einkommen herangezogen worden. Unsere Armen- resp. Kirchenkassen sind meist nicht minder insolvent, schliessen ihre Jahresrechnungen in der Regel mit sehr geringen Barbeständen ab und haben zudem doch principaliter und in erster Linie für die Bedürfnisse der Diakonie in den Parochieen aufzukommen. Der Staat endlich hat bereits neuerdings in etwas geholfen und kann in seiner Lage der Gesetzgebung nicht mehr thun, als er gethan hat. Was bleibt da übrig? Unseres Erachtens nur das Eine, dass unsere französischen Gemeinden in der Nähe und Ferne sich zusammenthun und die hochwichtige Angelegenheit als eine das Gesamt-Interesse der Kolonie berührende in die Hand nehmen, und dass die reicheren Gemeinden den Aermeren zu Hilfe kommen und denselben von ihrem Ueberflusse darreichen, was, wie zur Erhaltung der betreffenden Einzelgemeinden, so zum Fortbestand des Ganzen dringend erforderlich ist. Vielleicht dürfte zu diesem Zweck es sich empfehlen, bei Sr. Majestät dem Kaiser auf dem geordneten Instanzenwege dahin vorstellig zu werden, dass in sämtlichen französischen Kolonie-Gemeinden der Monarchie alljährlich zu einer ein für allemal festgesetzten Zeit eine Kirchen- und Haus-Kollekte zum besten der kärglich dotierten französisch-reformirten Pfarrstellen eingesammelt werde. Einen Zwang lassen sich unsere Gemeinden erfahrungsmässig nur ungern gefallen; wo es sich dagegen um freie Liebesgaben handelt, da findet man meist willige Herzen und offene Hände. Es findet zwar von 2 zu 2 Jahren schon eine ähnliche Kollekte für Provinzial-Kirchenzwecke im allgemeinen statt. Allein abgesehen davon, dass von dem Ertrage jener Sammlungen voraussichtlich nur wenig für unsere Pfarrstellen abfallen dürfte, glauben wir doch so viel *esprit de corps* bei unseren kolonistischen Gemeindegliedern voraussetzen zu dürfen, dass sie schon um deswillen zu der von uns in Anregung gebrachten neuen Kollekte mit Freuden und nach Kräften beisteuern würden, als hier recht eigentlich das Wort des Apostels in Betracht kommt (Gal. VI, 10): „Lasset uns Gutes thun an Jedermann, allermeist aber an des Glaubens Genossen." Täuschen wir uns nicht: mit den Kolonie-Predigern stehen und fallen auch unsere Kolonie-Gemeinden. Bleiben unsere Pfarren in der Provinz unbesetzt, so gehen die betreffenden Gemeinden ein, und auch die Berliner Kolonie wird dann mit der Zeit Gefahr laufen, für ihre jetzt noch viel begehrten Stellen keine Bewerber mehr zu finden.

Angermünde. Dr. theol. Matthieu.

Aus der Provinz.

Angermünde. Es ist neuerdings der Wunsch gegen uns ausgesprochen worden nach einer kurzen Uebersicht über die dermalige Besetzung der zur französisch-reformierten Inspection unserer Provinz gehörigen Pfarrstellen, nebst Angabe, welche von diesen Stellen zur Zeit unbesetzt sind, und welche Vakanzen etwa noch demnächst bevorstehen. Wir lassen demgemäss für die geschätzten Leser der „Kolonie" hier nachstehende Uebersicht folgen:

1. Parochie Potsdam: Pfarrer Coulon.
2. „ Fr. Buchholz mit Bernau: Pfarrer Bonnet.
3. „ Gross-Ziethen: Pfarrer Devaranne.
4. „ Angermünde mit Parstein: Pfarrer Dr. theol. et phil. Matthieu.
5. „ Schwedt: Vacat. (Vicarius perpetuus: Schlosspfarrer Schlacke, deutsch-reform.)
6. „ Gramzow: Pfarrer Sauvage. (Tritt binnen Kurzem, unseres Wissens am 1. April d. J., in ein deutsches Pfarramt ein.
7. „ Prenzlau: Pfarrer Reclam.
8. „ Battin: Vacat. (Vic. perp.: Pfarrer William zu Bergholz).
9. „ Bergholz: Pfarrer William.
10. „ Strasburg: Vacat. (Vic. perp.: Pfarrer Bettac, deutsch-reformirt.)

Strasburg ist seit Michaelis v. J., Schwedt seit zwei, Battin sogar seit drei Jahren unbesetzt. Herr Kandidat Péronne, der in kurzem sein Militärjahr absolviert haben wird, dann aber noch die Prüfung *pro ministerio* und, irren wir nicht, auch das sogenannte Kultur-Examen zu bestehen hat, dürfte zunächst als Prädikant für eine der verwaisten Gemeinden herangezogen werden: Bleiben dann aber, nach dem Abgang des Herrn Pfarrers Sauvage in Gramzow, immer noch drei Stellen zu besetzen. „Die Ernte ist gross, und der Arbeiter sind wenige. Bitten wir den Herrn der Ernte, dass er Arbeiter sende in seine Ernte!

Dr. theol. Matthieu.*)

*) Indem wir Herrn Dr. Matthieu für die freundliche Uebersendung obiger Uebersicht unsern ergebenen Dank aussprechen, berichtigen wir zugleich einen in der vorigen Nummer uns entgangenen Irrtum: „Nicht von der theologischen Fakultät in Leipzig, sondern von der zu Jena" ist Herrn Prediger Matthieu die Würde eines Doctors der Theologie verliehen worden."

Vereinsnachrichten der Réunion.

Mittwoch, 3. März: Vortrag. (Restaur. Keller, Rosenthaler-Str. 39. 8½ Uhr Abends).
Freitag, 12. März: Sitzung. (Restaur. Gärtner, Mittel-Str. 65. 8½ Uhr Abends).
Freitag, 19. März: Familien-Abend. (Deigmüller, Alte Jakob-Str. 48a. 8½—2 Uhr).

Die Mitglieder der Réunion werden zu einer regen Teilnahme an den Sitzungen aufgefordert. An den Vortrags-Abenden haben auch Damen Zutritt und sind Gäste willkommen.

Berichtigung: Der S. 19 Z. 5 erwähnte Presbyter der Magdeb. Kolonie heisst Naquet (nicht Naquel).

Briefkasten.

N. Wegen des Liedes: „Où peut-on être mieux" müssen Sie sich direct an die Verlagsbuchhandlung wenden: Berlin, C. A. Challier & Co., Leipzigerstr. 56. — Hrn. T. Die Redaktion der Kolonie ist natürlich von Herzen gern bereit, ausserordentliche Beiträge anzunehmen a) für das *Séminaire de théologie* in Berlin, b) für die Kolonie-Prediger-Wittwen-Kasse. Wir wollen auch versuchen, ob sich für obige Zwecke in der Réunion öffentliche Vorträge arrangieren lassen. — Hrn. T. d. S. Wir geben uns alle Mühe, der „neuen Rechtschreibung" gerecht zu werden; einige Schnitzer werden natürlich immer noch mit einlaufen.

Verantwortlicher Redakteur und Verleger: W. Bonnell, Lottumstr. 14. — Druck von M. Driesner, Berlin C., Klosterstr. 12.

April 1880.   IV. Jahrgang.

DIE KOLONIE.

Organ für die äusseren und inneren Angelegenheiten der französisch-reformirten Gemeinden.

Redigiert von W. Bonnell, Rektor in Berlin.

Erscheint monatlich einmal. Preis pro Quartal 75 Pf.

Abonnements werden angenommen bei W. Bonnell in Berlin N., Schwedter-Str. 257 und bei jeder Post-Expedition.

INHALT: Die reformirte Gemeinde zu Leipzig II, 1. — Das franz. Hospital in Berlin von Dr. Muret. IV. — Das Kriegerdenkmal auf dem franz. Kirchhofe von R. Beccard in Berlin. — Hugenotten-Litteratur von Pred. Lorenz. I. II. 1—4. — Die Statistik der Berliner franz.-reform. Gemeinde von Dr. Muret. I. — Vermischtes. — Vereinsnachrichten. — Berichtigung.

Die reformierte Gemeinde zu Leipzig.

II. Die Reformierten in Stötteritz.

1. Südöstlich von Leipzig und kaum eine kleine Wegstunde entfernt, liegt das Dorf Stötteritz, heute ein freundlicher Ort mit einigen Landhäusern. Um 1685 zeigte Stötteritz noch zahlreiche Spuren des grofsen Krieges. Verschiedene Feuerstellen lagen wüst; von den beiden Gutshöfen war der eine verfallen, außerdem durch alte Steuerreste arg verschuldet. Die Bewirtschaftung scheint lange schon eine mangelhafte, der Ertrag gering gewesen zu sein. Da meldete sich 1687 für dieses Gut ein Käufer in der Person eines vornehmen Refugié aus dem Languedoc. Joseph August du Cros, so nannte er sich, erstand Stötteritz von dem damaligen Besitzer Samuel Cruciger um 9000 Thaler. Dieser Preis war für das vernachlässigte Gut vielleicht viel zu hoch, und du Cros nicht so vermögend, um die ersten Kosten einer rationellen Bewirtschaftung vollkommen decken zu können. Er verkaufte, wahrscheinlich nicht ohne bedeutende Opfer, Stötteritz wieder 1696. Nun wäre an der kurzen Geschichte des Kaufes und Verkaufes an sich nichts Merkwürdiges, wenn sich mit solchem Handel nicht einige interessante Episoden verknüpft hätten, die im innigen Zusammenhange mit der Gründung der Leipziger Kolonie stehen. Sie machen auch so recht die Schwierigkeiten deutlich, welche mit der Einrichtung reformierter Gemeinden in dem streng lutherischen Kursachsen verbunden waren. Ein „Stimmungsbild" nennt sie Kirchhoff, den Versuch eines einzelnen, die Union „*in nuce*" für sich und einen kleinen Kreis praktisch zu verwirklichen.

Du Cros war ein Hugenotte, also reformierten Glaubens. Als solchem konnte ihm die Ansässigmachung auf kursächsischem Territorium so ohne weiteres nicht gestattet werden. Die bürgerlichen Behörden erhoben wirklich Schwierigkeiten und riefen die Entscheidung des Kurfürsten an. Diese wäre, auf Verwendung hoher Gönner, nicht ungünstig für du Cros ausgefallen, wenn nicht der bisherige Gebrauch, mehr noch die allgemeine Stimmung, ihr entscheidendes Wort mit in die Wagschale gelegt hätten. Konnten doch weder Reformierte noch Katholiken das Bürgerrecht erwerben, „doch wäre es (in Dresden nur) Reformierten unverwehret, Häuser zu kaufen, welche sie aber nicht selbst, sondern nur durch gewisse Lehnträger in Lehn bekommen." Wollte also du Cros den Kauf aufrecht erhalten, so mußte er sich zu Zugeständnissen in betreff der Religion herbeilassen. Und das that er. Im Gegensatze zu den strengen Anschauungen seiner Zeit beurteilte er die Gegensätze beider protestantischen Konfessionen milde, wenigstens fand er keine durchaus trennenden Unterschiede. Er trat mit den geistlichen Behörden in Verhandlungen, und da er in diesen nicht säumte, die lutherische Lehre als reine evangelische anzuerkennen, so gestattete man, obwohl ein gewisses Mißtrauen gegen die Aufrichtigkeit seiner Überzeugungen keineswegs getilgt war, seine Zulassung zum lutherischen Abendmahl. Am Sonntage Oculi 1689 nahm er an der Kommunion in Stötteritz zum ersten, aber auch zugleich zum letzten male teil, und am 12. April desselben Jahres bestätigte ein kurfürstliches Dekret den Gutskauf. Wie die Verhältnisse damals lagen, müssen wir diese Teilnahme an der lutherischen Kommunion auch als einen Übertritt zur lutherischen Lehre betrachten. So war die Meinung der Zeit, und man hätte erwarten können, daß sich du Cros über die Bedeutung dieses Schrittes vollkommen klar gewesen wäre. Er unternahm es aber, sich mit den allgemein gültigen Ansichten in Widerspruch zu setzen, ein immer gefährliches Beginnen, an dem kräftigere Naturen, als er war, zu grunde gehen. In seinen von den Zeitgenossen nicht gebilligten oder nicht verstandenen unionistischen Anschauungen verwahrte er sich entschieden gegen die Annahme, als sei er vom Glauben der Väter abgefallen. So erklärte er später: „Er habe sich allerdings der lutherischen Kirche angeschlossen, ohne jedoch seine bisherigen Überzeugungen abgeschworen und verworfen zu haben, da in allem zum Wesen des christlichen Glaubens Gehörigen beide Kirchen von gleicher Reinheit der Lehre seien," und ein anderes Mal dem ihn verhörenden Pfarrer von Stötteritz: „er wäre nicht lutherisch," und auf die Frage, warum er denn in der Kirche kommuniziert: „die reformierten Prediger hätten ihn also informiert, daß er solches gar wohl thun könnte, es würde auch im Würtembergischen also gehalten." Jedenfalls trug ihm die Sache auf beiden Seiten weder Ehre noch Dank ein. Ein unter dem 20. April 1690 über ihn erstatteter Bericht beschuldigte ihn, „daß er noch weiter ein Calvinist und die erfolgte Belehrung mithin unter falschen Vorwänden erschlichen sei." Aber auch von den reformierten Glaubensgenossen blieben Vorwürfe nicht aus. „Von unterschiedenen Cavalieren," so klagt du Cros, „habe ich müssen hören, ich wäre von meiner Religion abgefallen. Bärenhäuter reden mir das nach!"

Es ist anzunehmen, daß du Cros von seiten der lutherischen Geistlichkeit nach seiner wenn auch nur äußerlichen Anbequemung an das allein gültige Bekenntnis unbelästigt geblieben wäre, wenn er nicht, gleich nach der Bestätigung des Gutskaufes, die Gründung einer reformierten Kolonie in Stötteritz versucht hätte. Du Cros war ein thätiger und unternehmender Mann. Als solchen hatte ihn der Markgraf Christian Ernst von Baireuth schätzen gelernt. 1685 war er in die Dienste dieses fürstlichen Herrn getreten und bei der Anlage der französischen Kolonieen in dessen Landen,*) auch zu diplomatischen Sendungen verwandt worden. Und so zufrieden bewies sich der Markgraf mit ihm, daß er von diesem mit reichem Grundbesitz beschenkt ward.

---

*) Jahrgang 1877 (III) S. 75: Erlangen.

Sein Glück aber war nicht von langer Dauer; noch 1686 fiel er in Ungnade. Ohne Untersuchung noch Urteil entsetzte ihn Christian Ernst seiner Würden, nahm ihm Gut und Vermögen, konfiszierte selbst das persönliche Besitztum der Frau und wies den Unglücklichen aus dem Lande, „weil er mit der Kron Frankreich in schädlichem Einvernehmen wider das Interesse des Markgrafen gestanden habe." Ein harter, nicht bewiesener und gewifs ungerechtfertigter Vorwurf! An der fürstlichen Mifsgunst aber hatte du Cros sein Lebenlang zu büfsen; er blieb ein halbruinierter Mann, wenn ihm auch der Kurbrandenburgische Hof eine beständige Teilnahme treulich bewahrte und sein Unternehmen in Sachsen durch allezeit warme Fürsprache unterstützte. Welchen Fortgang dasselbe nahm und wie es schliefslich an der Ungunst der Verhältnisse zu grunde ging, werden wir im nächsten Abschnitte erkennen.

Das französische Hospital in Berlin.
Von Dr. Morel.

IV. Der Hospitalfonds; der Neubau des Hospitals wird beschlossen, der Bauplan festgesetzt; der Bau; äufsere Erscheinung des neuen Gebäudes; der grofse Speisesaal mit seinen Gemälden.

Die Grundlage zu dem Hospitalfonds wurde, wie schon erwähnt, durch den Ertrag der am Totenfest 1855 gesammelten Kollekte gelegt. Der kleine Anfang nahm einen günstigen Fortgang durch Geschenke und Legate; besonders aber liefsen die Eintrittsgelder des Pensionats diesen Fonds so ansehnlich anwachsen, dafs er nach 20 Jahren, zu ende des Jahres 1875, bereits eine Höhe von 362,000 M. erreicht hatte. Die Hospitalkommission machte daher im Einverständnis mit dem Rendanten des Hospitalfonds im November 1875 dem Konsistorium den Vorschlag, im Oktober 1876, wo der Pachtvertrag bezüglich des Hospitalgartens ablief, den Neubau des Hospitals in angriff zu nehmen. Das Konsistorium genehmigte den Vorschlag und beauftragte die Baukommission, unter Hinzuziehung einiger Mitglieder der Hospitalkommission die vorbereitenden Schritte für die Ausführung des Planes zu beraten und das Ergebnis der Beratung dem Konsistorium vorzulegen. Der von der Special-Kommission nach gründlicher Prüfung entworfene und von hinzugezogenen Sachverständigen als praktisch anerkannte Bauplan wurde am 9. August 1876 zum zweck der Bewilligung der Baugelder den Familienhäuptern vorgelegt. Über diese Versammlung ist bereits eingehend in der Kolonie 1876 p. 69 berichtet worden. Nach diesem Plane sollte der Neubau im Garten hinter dem alten Hospital mit der Hauptfront nach Süden zu stehen kommen, und aus einem Doppelquergebäude 166 Fufs lang und 50' tief, so wie aus zwei Doppelflügeln, je 91' lang und 44½' tief, in 2 Etagen, nebst einem gewölbten Souterrain für Wirtschafts- und Vorrats-Räume bestehen. In bezug auf die aufzunehmenden Hospitaliten, Pensionäre, Kranken und Siechen sollte das Hospital ganz nach den bestehenden Grundsätzen eingerichtet werden, so dafs schwere Geisteskranke und Personen, welche an ansteckenden Krankheiten leiden, wie bisher der Charité oder städtischen Heilanstalten überwiesen werden sollten. Im ganzen sollte das Gebäude aufser 2 getrennten Krankensälen, 2 Konferenzzimmern, einer Inspektorwohnung, einem Bureau, einem Speisesaal, einem Kapellensaal und einer Leichenhalle, 82 einfenstrige und 26 zweifenstrige Zimmer enthalten. Selbstverständlich waren Gas- und Wasserleitung, sowie Badeeinrichtungen in Aussicht genommen. Das Gebäude sollte als Rohbau ausgeführt, mit Schiefer gedeckt und mit steinernen Treppen versehen werden. Für die Heizung wurden Kachelöfen mit luftdichten Thüren und einer Ofenröhre, mit einer eisernen Platte zum erwärmen der Speisen, in Aussicht genommen.

Diesem Plane entsprechend wurde somit der Bau ausgeführt, für den die Gemeinde 375,000 M. einstimmig bewilligt hatte. Leider gestatten es die übermäßig knapp gehaltenen Einleitungen zu den Hospitalberichten der letzten Jahre nicht, dem fortschreitenden Bau in seinen Einzelheiten zu folgen und anzugeben, in welchen Dingen man etwa gezwungen war, von dem Bauplan abzuweichen. Wir entnehmen daraus nur, daß am 5. Juli 1877 das Fest der Grundsteinlegung, und am 26. Juli desselben Jahres das Richtfest gefeiert wurde. Weshalb diese beiden Feste, die den Beginn und den vorläufigen Abschluß eines Baues zu bezeichnen pflegen, in ein und demselben Monat gefeiert wurden, das ist aus dem Berichte nicht zu ersehen. Der in dem Bericht für das Jahr 1876 erwähnte Zuschuß von 30,000 M., den die Waisenhausdirektion dem Neubau zugewendet haben soll, ist wohl aus besondern Gründen nicht gezahlt worden. An welchem Tage des Jahres 1877 das neue Gebäude bezogen wurde, ist aus dem Bericht nicht zu ersehen; nach meinen Erkundigungen geschah es im Oktober 1877.

Auf dem der Gemeinde bekannten, für eine derartige Stiftung vorzüglich geeigneten Platz, zwischen dem freiliegenden Hospiz und dem ausgedehnten Thierarzneischul-Garten mit seinem herrlichen Baumschmuck, erhebt sich das neue Hospitalgebäude in eben so freier wie anmuthiger Lage. Dasselbe ist vom Maurermeister Heinrich und dem Zimmermeister und Architekten Soedel und Cabanis erbaut. Es ist ein heller Backsteinbau in schönen Verhältnissen und stattlicher äußerer Erscheinung, in einer Höhe von 2 Etagen mit 2 Seitenflügeln, die rechtwinkelig auf den Haupt- und Mittelteil gerichtet, einen durch Gaskandelaber gezierten, und wie die ganze Umgebung durch die Freigebigkeit und Hingabe der Herren Mathieu und Brandt mit schönen Anlagen geschmückten Vorhof umschließen. Das Frontispiz des Gebäudes trägt die Inschrift: „*Hôpital français*" zwischen den Jahreszahlen 1687 und 1878. An den Seitenpfeilern des Mittelportals stehen die in gebrannten Thon ausgeführten Statuen des großen Kurfürsten und Friedrichs des Großen, und auf dem Thürgebälk zwischen ihnen liest man die Inschrift aus der Bergpredigt: *Bienheureux sont les miséricordieux, car la miséricorde leur sera faite. Ev. Matth. V., 7*. In diesem Mittelbau, den, ebenso wie die damit zusammenhängenden Flügel, breite, lichte Korridore, auf welche sich die Zimmer öffnen, in allen Stockwerken durchziehen, liegt im Erdgeschoß, die Mitte der Länge einnehmend, der große Speisesaal, von dessen Decke zwei mächtige Kronleuchter herabhängen, und dessen Wände mit 4 großen, in dunkle Holzrahmen gefaßte Gemälde aus der Koloniegeschichte geziert sind. Die Maler derselben sind Schüler des Akademie-Direktors Anton v. Werner, nämlich: Wendling, Hochhaus und Fischer-Körlin. Wendling malte die beiden schmalen Bilder für die Seitenwände des Saals. Das zur Rechten zeigt die Überreichung der verlorengegangenen Schenkungsurkunde des Hospitalgrundstückes durch die Kurfürstin Dorothea an einen Prediger der Gemeinde, um welchen die Armen, denen die Stiftung zu gute kommen soll, versammelt sind. Der die Urkunde in Empfang nehmende Geistliche trägt die Züge des 1876 verstorbenen Predigers Palmié, der vor seinem Hinscheiden in den Jahren 1873—1876 Vorsitzender der Hospitalkommission gewesen war. Ebenso sind in der Umgebung der Kurfürstin der ehemalige Minister Ancillon und der verstorbene Stadtrat Lejeune verewigt. An der Wand zur Linken befindet sich von demselben Künstler ein anderes Bild, dessen Schilderung wir im folgenden Abschnitte geben.

Das Kriegerdenkmal auf dem französischen Kirchhofe.
Von R. Beccard in Berlin.

Um denjenigen Mitgliedern unserer Gemeinde, welche in den Kriegen 1864, 1866 und 1870 mit ihrem Herzblut den feindlichem Boden tränkten und weit von uns in fremder Erde ihre letzte Ruhestätte fanden, ein treues Andenken zu bewahren, ist auf dem französischen Kirchhofe hierselbst, Liesen-Str., ein einfaches und geschmackvolles Kriegerdenkmal errichtet worden. Ungefähr in der Mitte des Hauptganges, im Schatten prächtiger Lindenbäume aufgestellt, wird es jedem Besucher des Friedhofes sofort sichtbar. Es ist von F. Ackermann in Weißenstadt (im Fichtelgebirge) gefertigt und besteht aus einem Obelisken von rotem Granit, welcher von einem viereckigen, mit Hellebarden geschmückten gußeisernen Gitter umgeben ist. Ein vergoldeter Lorbeerkranz zeigt die Jahreszahlen 1864—1871. Die vier Flächen des Postamentes sind mit Inschriften in französischer Sprache versehen; an der Nordseite: *A ses membres morts pour le Roi et la Patrie l'église française du refuge de Berlin. Le 2. Septembre 1876*; an der Südseite: *Sois fidèle jusqu'à la mort et je te donnerai la couronne de vie.* Die Ost- und Westseite aber tragen folgende Namen:

1864. De Convenant, Jean Ecc. Ed. Wed. Enseigne.
1866. Hugo, Max, Lieutenant.
Drège, Albert Ed. Herm., Chasseur.
Gré, Alexandre, Soldat.
1870/71. Brauns, Othon, Capitaine.
Hugo, Hermann, Lieutenant.
de Reclam, Fréd. Guill--- Ch., Lieutenant.
Claude, Désiré M. Victor, Enseigne.
Sarre, George Edouard, Sousofficier.
Harnier, Ernest Fréd., Soldat.
Bonnin, Louis Fr. Gust., Soldat.

Das Denkmal macht trotz seiner Einfachheit einen höchst gefälligen Eindruck und ist eine Zierde unseres Kirchhofes. Es ehrt in würdigster Weise das Andenken unserer gefallenen Krieger; in seiner schlichten Erscheinung wird es immerdar ein treuer Zeuge bleiben von der in unserer Kolonie herrschenden patriotischen Gesinnung.

Hugenotten-Litteratur.
(Von Prediger Lorenz in Prenzlau).

I.

Die Geschichte der französisch-reformierten Kirche birgt in sich eine reiche und heilige Erbschaft, welche die alten Hugenotten uns, ihren späten Nachkommen, hinterlassen haben. Wer die Väter, Begründer und Verfechter unserer Kirche genauer betrachtet, wie sie mit Ernst und Eifer darnach ringen, das Wort Gottes richtig zu erfassen, wie sie fest und mutig ausharren in allen Kämpfen und Verfolgungen, wie sie Gut und Blut, Freundschaft und Vaterland opfern um das Kleinod des Glaubens treu zu bewahren, der fühlt sich mächtig ergriffen von dem Geiste dieser Hugenotten-Helden, dem Geiste unerschütterlich festen evangelischen Glaubens. Dieser Geist thut uns allen not, den Einzelnen, wie den Gemeinden. Man glaube doch ja nicht, daß reiche Geldmittel, milde Stiftungen, weise ersonnene Verfassungsformen ausreichen, um ein kirchliches Gemeinwesen zu erhalten. Nur der Geist treuen opferwilligen Glaubens, der einst unsere Kirche gegründet hat, vermag es, ihr dauernden Bestand zu gewährleisten. Aber wie viele Mitglieder giebt es heute in unsern Kolonie-Gemeinden, welche sich eingehender mit der Geschichte der französisch-reformierten Kirche beschäftigen, um solchen Geist in sich zu wecken und zu pflegen? Manch einer ruht auf den Lorbeeren der Väter, der keine Ahnung davon hat, wie schwer dieselben einst errungen wurden.

Was du ererbt von deinen Vätern hast,
Erwirb es, um es zu besitzen!

Möchten doch alle Kolonisten dieses Dichterwort wohl beherzigen und anwenden auch in bezug auf die Geschichte unserer Kirche!

Um nun zu eingehender Beschäftigung mit der Geschichte der französisch-reformierten Kirche Anleitung zu geben, beabsichtigen wir unter dem gemeinsamen Titel: „Hugenotten-Litteratur" eine längere Reihe von Artikeln zu bringen, in welchen wir auf einzelne wichtige und interessante Werke aus dem reichen Schatze dieser Litteratur aufmerksam machen werden. Wir wollen aber nicht durch ausführliche Inhaltsangaben das Lesen der genannten Werke entbehrlich machen, unsre Besprechungen werden vielmehr absichtlich kurz sein; unser Zweck ist erreicht, wenn der freundliche Leser aus jedem Hinweis auf solch ein Werk die Mahnung heraushört: „Nimm und lies; es ist ein Segen darin!"

II.

1. Wenn es sich zunächst darum handelt, einen allgemeinen Überblick über die Geschichte der Hugenotten zu gewinnen, so ist für diesen Zweck vor allem zu empfehlen:

De Félice: *Histoire des protestants de France depuis l'origine de la réformation jusqu'au temps présent. 5ième édition. Paris 1856.*

Dieses Werk, welches übrigens auch in deutscher Übersetzung vorhanden ist, beruht auf sehr gründlichen Studien, ist in seinen Angaben durchaus zuverlässig und giebt auf 668 Seiten ein gedrängtes, aber vollständiges Bild der geschichtlichen Entwicklung der französisch-reformierten Kirche von 1521 bis 1856.

2. Für uns Kolonisten vielleicht noch interessanter ist ein zweites Werk:

Weifs: *Histoire des réfugiés protestants de France depuis la révocation de l'édit de Nantes jusqu'à nos jours. 2 vol. Paris 1853.*

Während De Félice fast ausschliefslich sich mit der reformierten Kirche in Frankreich selbst beschäftigt, schildert Weifs das Geschick der in das Ausland geflüchteten Hugenotten und ihrer Nachkommen. Weifs, Professor am Lyceum Bonaparte in Paris, hat persönlich Holland, England und die Schweiz bereist und die dortigen Archive durchforscht; für Deutschland, Dänemark, Rufsland, Amerika ist er durch amtliche Berichte der kaiserlich-französischen Gesandtschaften auf das entgegenkommendste unterstützt worden; so war er in der Lage, eine umfassende Geschichte der Begründung, der Entwicklung und des gegenwärtigen (1853) Zustandes aller überhaupt vorhandenen französisch-reformierten Kolonieen zu geben. Dieses ausgezeichnete Werk, welches in seiner Art auch bis heute noch unübertroffen ist, verdient von jedem Kolonisten aufs eifrigste studiert zu werden.

3. Unter den in deutscher Sprache geschriebenen Werken steht obenan:

Leop. von Ranke: Französische Geschichte, vornehmlich im 16. und 17. Jahrhundert. 6 Bände. 4. Auflage. Leipzig 1877.

Ranke bekennt sich in einer seiner Vorreden zu dem Grundsatz, dafs man in der Theorie Staat und Kirche wohl scheiden könne, dafs aber im praktischen Leben und in der Geschichtsschreibung eine solche Trennung unmöglich sei. — Dem entspricht auch das vorgenannte Werk. Zunächst giebt es von Meisterhand entworfen die politische Geschichte Frankreichs; daneben aber schildert es mit liebevollem Verständnis und in lichtvoller Darstellung die Geschicke der französisch-reformierten Kirche. Dieses meisterhaft geschriebene Werk, wenn es auch durch neueste Forschungen in Einzelheiten vielleicht überholt worden ist, (wie wir dies z. B. in betreff der St. Bartholomäus-Nacht später nachzuweisen gedenken), — ist und bleibt doch immer eine Perle in der Hugenotten-Litteratur.

4. Unter den ziemlich zahlreichen Büchern, welche die wissenschaftlichen Ergebnisse der drei vorgenannten Werke für die gröfseren Kreise der Gebildeten zu popularisieren suchen, verdient besondere Beachtung:

Buch: Zwanzig Vorlesungen über die Geschichte der Reformation in Frankreich. Elberfeld 1859.

Der Verfasser, Lehrer an der Hauptschule zu Bremen, hat daselbst im Winter 1858—59 vor einem ausgewählten Zuhörerkreise diese Vorträge gehalten, welche die Entwicklung der französisch-reformierten Kirche während der ganzen Zeit vom ersten Auftreten der Reformation in Frankreich 1521 bis zum Toleranz-Edikt von 1787 behandeln. Diese Vorträge sind aus den besten Quellenwerken geschöpft und nach Form und Inhalt gleich vortrefflich. Wir meinen, es könne kein Kolonist dieselben lesen, ohne mächtig ergriffen zu werden von dem Hauche warmer Begeisterung für die Kirche der Hugenotten, der dieses schöne Buch von Anfang bis Ende durchweht. —

Die Statistik der Berliner franz.-ref. Gemeinde.

Von Dr. Muret.

I.

Die Auswanderung der Hugenotten war nicht eine plötzliche; sie umfasst etwa eine Zeit von 70 Jahren. Die Schätzung der Zahl der Ausgewanderten, die sich nach allen Ländern Europas und auch nach Amerika begaben, variiert bei dem Mangel genauer Zählungen, und dem wechselnden Wohnsitz Vieler von ihnen, ganz bedeutend. Nach einigen verliessen 3—400000, nach anderen sogar 800000 Franzosen ihr Vaterland.

Uns interessieren in erster Linie nur diejenigen von ihnen, die in Brandenburg-Preussen Aufnahme fanden. Ancillon[1]) giebt die Zahl der im Brandenburgischen anwesenden französischen Kolonisten auf 12297 an, wobei jedoch die zahlreichen Militärpersonen, sowie diejenigen Kolonisten, die sich an solchen Orten niedergelassen hatten, wo sich keine selbständige Gemeinde befand, nicht mitgezählt sind. Andere Schätzungen [Nicolai[2]) giebt für 1700 13200 an] weichen hiervon ab, und gehen wie Erman[3]) bis auf 25000. Nach den von Beheim-Schwarzbach[4]) auf grund archivalischer Quellen mitgeteilten Tabellen, die freilich auch, wie in früheren Jahrgängen der „Kolonie" nachgewiesen, vielfache Lücken und Irrtümer enthalten, ist die Zahl der Refugiés in den Jahren 1697 = 10580, 1700 = 14842 und 1703 = 15770 angegeben. Mit Hinzurechnung der Militärpersonen und der zerstreut wohnenden Kolonisten mag die Gesamtzahl aller Refugiés zu jener Zeit wohl in runder Summe 20000 betragen haben. Nach den erwähnten Listen der Staatsarchive verteilen sich diese 15770 nicht militärische Réfugiés im Jahre 1703 folgendermafsen: Angermünde 114, Berlin 5689, Bernau 92, Brandenburg 117, Buchholz 78, Burg 172, Amt Chorin 502 (Schmargendorf 18 Familien, Lüdersdorf 7 Familien, Brodowin 6 Familien, Kleinziethen 18 Familien, Grofsziethen 151 Familien, Paarstein 14 Familien, Chorin 6 Familien), Cleve 33, Cottbus 34, Duisburg 31, Emmerich 39, Frankfurt a/O. 217, Amt Gramzow 501 (Gramzow 6 Familien, Mechau 22 Familien, Briest 8 Familien, Fredersdorf 11 Familien, Melzow 4 Familien, Hammelspring 12 Familien), Halberstadt 164, Halle 691, Hamm 26, Königsberg 501, Köpnick 40, Amt Löcknitz 860 (Bergholz 41 Familien, Pleuwen 8 Familien, Zerrentin 10 Familien, Rossow 31 Familien, Grimm 11 Familien, Fahrenwalde 18 Familien, Battin 12 Familien, Wodow 15 Familien, Baggermühle 10 Familien, Wallmow 7 Familien, Schmöllen 14 Familien), Magdeburg 1375, Malchow 78, Müncheberg 129, Neuhaldensleben 127, Neustadt a. Dosse 56, Prenzlau 528, Rheinsberg und Umgegend[5]) 216, Schwedt 68, Soest 37, Spandow 93, Stargard 218, Steudal 240, Strafsburg 284, Vierraden 52, Wesel 491.

Wenden wir uns nun zu Berlin. Auch hier sind die Angaben des vorigen Jahrhunderts, sowohl über die Einwohnerzahl, wie über die Zahl der Kolonisten, vielfach verschieden; es sind eben nur Schätzungen. Berlin hatte in nachfolgenden Jahren:

Jahr	Einwohner		Refugiés	
1697 etwa	22000	Einwohner (mit Militär), darunter	4292	Refugiés,
1700	28500	„	5689	„
1703	?	„	5689	„
1750	113289	„	6292	„
1760	95245	„ (ohne Militär),	6051	„
1770	133520	„ (mit Militär),	5594	„
1780	140625	„	5336	„
1781	142375	„	5259	„
1782	143068	„	5370	„
1783	144224	„	5304	„
1784	145021	„	5168[6])	„
1790	189343	„	4713	„
1800	172132	„	3928	„
1801	176709	„	4688[7])	„
1804	182157	„	4225[8])	„

---

[1]) *Histoire de l'Etablissement des François refugiez, dans les Etats de S. A. E. de Brandebourg* 1690. [2]) Nicolai, Beschreibung von Berlin etc. 1876 I. 255. [3]) Erman, Mémoires etc. II. 36. [4]) Hohenzollernsche Kolonisationen p. 493—511. [5]) Kolonie 1877 p. 34, 46. [6]) Nicolai I. 241. [7]) Lorating, Beschreibung der Kurmark Brandenburg. [8]) Bassewitz, Kurmark Brandenburg 1806 p. 10 und 337.

So wenig kontrollierbar auch die für die Seelenzahl unserer Gemeinde angegebenen Zahlen sind, und da ein irgendwo begangener Fehler sich höchst wahrscheinlich auch auf die folgenden Jahre übertragen hat, so ersicht man doch aus dieser Zusammenstellung, daß sich die Zahl unserer Gemeindeglieder im vorigen Jahrhundert wohl durch die Aufnahme neuer Mitglieder auf der Durchschnittsziffer von gegen 5000 erhalten hat.

Das statistische Material über die Seelenzahl unserer Gemeinde aus der ersten Hälfte dieses Jahrhunderts habe ich leider nicht auftreiben können; ich komme daher in dem folgenden Abschnitte gleich zu den letzten Jahren.

Vermischtes.

Nachtrag zu dem Artikel: Die französische Kolonie zu Prenzlau. Der Seite 22 erwähnte Prediger Jordan ist Charles Etienne Jordan, 1700 in Berlin geboren. Seinem thätigen Geiste sagte der beschränkte Wirkungskreis in Prenzlau nicht zu, und so begab er sich nach dem Tode seiner Gattin im März 1732, seine Stellung aufgebend, mit dem Freiherrn von Knyphausen auf Reisen durch Frankreich, England und Holland. Dem Kronprinzen, nachmaligen König Friedrich II., empfohlen, berief ihn dieser zur Unterhaltung „*et pour les commissions littéraires*" als Lector und Bibliothekar im September 1736 an den Hof nach Rheinsberg. Dort nannte er Jordan seinen Hephästion. Im Jahre 1740, bald nach der Thronbesteigung seines königlichen Gönners, wurde Jordan zum Geheimrat und Kurator sämtlicher Universitäten des Landes, 1744 aber von der Akademie der Wissenschaften zu ihrem Vize-Präsidenten ernannt. Berlin hatte ihm auch vortreffliche Polizeieinrichtungen zu verdanken; besonders steuerte er dem Bettel durch Einrichtung eines Arbeitshauses. Jordan starb schon am 21. Mai 1745, innigst betrauert von dem Könige, welcher oft an seinem Schmerzenslager verweilte.

Reclam.

Mitteilungen aus dem letzten Kirchenzettel. 1. Vom 14. März ab ist der Eingang zur Klosterkirche in der Klosterstraße. 2. Das Konsistorium hat von einem Gemeindemitglied ein Geschenk von 1500 M. erhalten zum Zweck der Gründung eines Prediger-Wittwen-Hauses. 3. Die Kollekte für die *École de char.* am Palmsonntag hat ergeben M. 105. 20. (Nach Nicolai II 679 bestand ein französisches Prediger-Wittwen-Haus, zu dem König Friedrich Wilhelm I. Platz und Baumaterialien geschenkt hatte, in der Kochstr. Dasselbe wurde schon im vorigen Jahrhundert verkauft. (5000 Thlr.)

Vereinsnachrichten der Réunion.

Freitag, 9. und Freitag, 23. April: Sitzung. (Restaurant Gärtner, Mittel-Str. 65. 8½ Uhr Abends).

Mitglieder der Réunion, welche ihre Wohnung gewechselt haben, werden um eine bezügliche Mitteilung an den Sekretär des Vereins, Herrn Bureau-Assistenten Guiard, Strafsburger-Strafse 14, ersucht.

Diejenigen Abonnenten unserer Zeitung, von denen unser Bote den Abonnementspreis bisher noch nicht eingefordert hat, werden um gefällige Einsendung desselben gebeten. Dieselbe Bitte richten wir an die auswärtigen Abonnenten.

(Siehe übrigens das Schlufswort in der Februar-Nummer).

Meine Adresse ist jetzt: Schwedter-Str. 257. Schulgebäude. Bonnell.

Berichtigung: Der S. 19, Zeile 5 erwähnte Presbyter der Magdeburger Kolonie heifst **Maquet** (nicht Maquel, auch nicht Naquet).

Verantwortlicher Redakteur und Verleger: W. Bonnell, Schwedterstr. 257. — Druck von M. Driesner, Berlin, Klosterstr. 13.

Mai 1880.   **DIE KOLONIE.**   IV. Jahrgang.

Organ für die äusseren und inneren Angelegenheiten der französisch-reformierten Gemeinden.

Redigiert von W. Bonnell, Rektor in Berlin.

Erscheint monatlich einmal. Preis pro Quartal 75 Pf.

Abonnements werden angenommen bei W. Bonnell in Berlin N., Schwedter-Str. 237 und bei jeder Post-Expedition.

INHALT: Die reformierte Gemeinde zu Leipzig II, 2. — Das franz. Hospital in Berlin von Dr. Muret V. (Schluſs.) — Hugenotten-Litteratur von Prediger Lorenz in Prenzlau III, 5—16 (Calvin). — Die Statistik der Berliner franz.-ref. Gemeinde von Dr. Muret. II. — Vereinsnachrichten.

Die reformierte Gemeinde zu Leipzig.

II. Die Reformierten in Stötteritz.

2. Es geschah wahrscheinlich nicht ohne Einwirkung von seiten der Leipziger Reformierten, daſs der Gutsherr von Stötteritz, du Cros, in wirklich selbständiger Weise auf seiner Besitzung die Gründung einer calvinistischen Gemeinde versuchte. Gleich nach der Bestätigung des Ankaufes sammelte er zu Hofediensten und zur Bewirtschaftung des Ackers eine Anzahl Glaubensgenossen um sich, Franzosen, Wallonen und Pfälzer, bis 1690 20 Köpfe. Unter den ersten Ansiedlern befand sich auch der schon wiederholt genannte Couvres, „ein Mann, der Toback gepflanzet", in dem Kirchenbuche anfänglich der Tabacksmann, dann Tabacksspinner, schlieſslich Tabacks-Fabriqueur genannt. In das Brandenburgische durchreisenden Hugenotten gewährte du Cros zeitweilig Aufenthalt und die notwendigste Unterstützung. Schon der nicht zu vermeidende Umstand, daſs die Lutheraner die bisher von ihnen eingenommenen Hofwohnungen räumen und sich in dem ungastlichen Dorfe unbequem einrichten muſsten, dann aber auch die Bevorzugung der Kolonisten bei Vergebung der Wirtschaftsarbeiten, endlich — als Hauptsache — der Unterschied der Konfession, erregte schon im Anfang eine mit der Zeit sich steigernde Abneigung gegen die Ankömmlinge. Man haſste sie als solche, welche den ganzen Erwerb an sich rissen, und miſsachtete sie, weil sie eben Calvinisten waren. Sogar ihre brünette Gesichtsfarbe erregte Anstoſs; die Leute von Stötteritz schalten sie: „schwarze Kerls". Bis in das Gotteshaus trug sich diese Miſsstimmung. Als die Reformierten die Kirche besuchten, kam es hier zu ärgerlichen Auftritten. „Diejenigen seiner Leute", erzählt du Cros, „welche auf sein Ansuchen in die Kirche gegangen, wären gestoſsen und gedrängt und so übel traktieret worden, daſs sie davon geblieben; auf seine Beschwerden hierüber wäre niemals Abhilfe geschehen." Da richtete du Cros auf seinem Hofe tägliche Familienbetstunden ein. Er fürchtete aber eine Belästigung derselben seitens des lutherischen Konsistoriums in Leipzig und war nun so kühn (oder so un-

vorsichtig), direkt in Dresden um Erlaubnis anzusuchen, „dass die zu Stötteritz sich aufhaltenden reformierten Franzosen in ihren Häusern oder auf seinem Gute Betstunden mit Absingung der gewöhnlichen Psalmen halten mögen." Nun aber brach das Unwetter gegen ihn los. Lange schon hatte man mit scheelen Augen das heimliche Eindringen der calvinistischen Ketzerei in die festeste Burg des Luthertums bemerkt; nun kam die Gelegenheit, dem tiefen Groll einmal gehörigen Ausdruck zu geben. Das Leipziger Konsistorium ward angewiesen, kein reformiertes *exercitium religionis* zu dulden, zu gleicher Zeit aber ward gegen du Cros ein förmlicher Inquisitionsprozeſs zur Feststellung seines Bekenntnisstandes eröffnet. Dieser Prozeſs nahm für ihn einen ungemein ungünstigen Verlauf; seine lutherische Rechtgläubigkeit ward angefochten, er selbst der Heuchelei beschuldigt, durch die er die Bestätigung des Gutskaufes nur erschwindelt habe. Dieses Urteil war für seine bürgerliche Existenz von schwerster Bedeutung und muſste in seinen Konsequenzen zur Aufhebung des Kaufkontraktes führen. Die bisher geleisteten Abzahlungen, alles, was du Cros zur Hebung des Gutes gethan, die Früchte mehrjähriger angestrengter Thätigkeit waren dann verloren. Solchem Aeuſsersten zu begegnen, lenkte er ein; er untersagte seinen Leuten den Hausgottesdienst und lieſs bei dem täglichen Morgen- und Abendgebete ein lutherisches Gesangbuch gebrauchen. Darüber ward nun aber seine eigene kleine Gemeinde, die in Einseitigkeit des Bekenntnisses den Lutheranern durchaus nichts nachgab, unwillig; ein Teil der Kolonisten verlieſs damals Stötteritz. Endlich, da das geistliche Gericht immer schärfer gegen ihn auftrat, that du Cros den letzten schmerzlichsten Schritt: er löste seine Kolonie auf und entlieſs die Reformierten. 1691 lebte nur noch eine reformierte Dame bei ihm. Doch aber ging diese Episode nicht ganz spurlos vorüber. Der Tabacksmann Jakob Couvres blieb im Orte und setzte, wie nach ihm seine Söhne noch bis 1748, sein Gewerbe fort. Er kaufte sich später mit Grundbesitz an, scheint aber wenig Glück gehabt zu haben, denn wir finden ihn 1718 auf dem Leipziger Rathause in Schuldarrest. Notgedrungen muſste er sich äuſserlich der lutherischen Kirche anschlieſsen und seine Kinder in Stötteritz taufen lassen, führte diese aber nach Begründung der Leipziger reformierten Gemeinde wieder dem Bekenntnisse der Väter zu. — Auch nach der Auflösung seiner Kolonie fand du Cros keine Ruhe; es fehlte nicht viel, daſs er des Gutes doch noch verlustig ging, bis sich Friedrich III. von Brandenburg erfolgreich für ihn verwandte. Ueberdrüssig aller Chikanen, überlieſs er die Besitzung einem Pächter und ging auf Reisen. Nach einigen Jahren verkaufte er Stötteritz wieder und hiermit endet für uns seine Geschichte.

Das französische Hospital in Berlin.
Von Dr. Murel.

V. (Schluſs). Die Gemälde des Speisesaales; der Kapellensaal; die Küche und die Krankensäle; Einweihung des Gebäudes.

Das Bild an der Wand zur Linken, auch von Weudling gemalt, stellt eine bekannte Anekdote aus dem Familienleben des groſsen Kurfürsten dar. Der Maler hat dazu den dem dritten Bande der Erman'schen Memoiren beigegebenen Kupferstich Chodowiecki's benutzt. Die dargestellte Scene knüpft sich an Pierre Formery, der schon 1687 den Titel Hof-Büchsenschäfter erhielt, und wegen seiner Geschicklichkeit auch in vielen andern Dingen, wegen seines feinen Geschmackes und vorzugsweise wegen seiner Redlichkeit bei Hofe in hohen Ehren stand. Eines Tages wurde er zur Kurfürstin beschieden, die ihn oft mit Aufträgen beehrte, um ihm die Kronjuwelen zur Aufarbeitung zu übergeben. In diesem Augenblick wurde der gichtkranke Kurfürst auf einem Rollstuhl in das Zimmer seiner Gemahlin gefahren, und seine Blicke drückten einiges Befremden aus über das grofse dem Künstler geschenkte Vertrauen; die Kurfürstin beruhigte aber ihren Gemahl mit den Worten: „Aber es ist ja ein Réfugié." Das Bild ist dem Maler trefflich gelungen. Im langen gelbseidenen Schlafrock sitzt der Kurfürst auf seinem Rollstuhl, den 2 im Hintergrunde stehende Diener so eben in das Zimmer geschoben haben, neben dem Tisch, an dem die Kurfürstin Platz genommen hat und eben dem Künstler, der die Züge des verstorbenen Juwelier Godet trägt, einen kostbaren Schmuck hinreicht. Fischer-Körlin malte das eine der beiden gröfseren figurenreichen Bilder neben der Eingangsthür, und zwar dasjenige, welches die Aufnahme der Kolonisten durch den grofsen Kurfürsten darstellt. Es zeigt den Fürsten, neben ihm seine Gemahlin, umgeben von ihrem Gefolge, auf einer Schlofsterrasse, von der man in die freundliche Landschaft hinausblickt, die Notablen der Flüchtlinge empfangend, die ihm von einem Geistlichen, der unter seiner Allongenperrücke die Züge des verstorbenen Ober-Konsistorialrates Dr. Fournier trägt, vorgestellt werden. Der im Hintergrunde stehende Prediger soll den verstorbenen Prediger Roland darstellen. Das letzte Bild, von Hochhaus gemalt, stellt jene letzte Sitzung des französischen Konsistoriums, am 2. März 1874, in dem alten Konsistorialgebäude in der Niederlagstrafse vor, welcher bekanntlich der Kronprinz beiwohnte, der auch den Mittelpunkt des Bildes bildet. In der Uniform des ersten Garde-Regiments sitzt der Prinz vor dem Tische, während sein persönlicher Adjutant, Oberst Mischke, hinter seinem Stuhle steht. Ihm gegenüber auf der Erhöhung steht der Moderateur jener Sitzung, Herr Prediger Tournier, neben dem sitzenden und schreibenden Generalsekretär Coulon, und weiter vor befindet sich, gleichfalls stehend, der Stellvertreter desselben, Herr Geh. Legationsrat Jordan. Im Vordergrunde links sehen wir die Prediger Nessler, Barthélemy und Cazalet. Am Tische, oder sonst im engen Raum gruppiert, befinden sich: der Sekretär des Diakonats, Herr Mathieu, die Herren Hasslinger, Drège, Sarre, Violet, Le Coq, Beccard, Bertrand, Biermann, Souchay, Gaillard etc. Der Maler hat die undankbare Aufgabe, eine Versammlung schwarzbefrakter Herren in einem engen Raum künstlerisch zu gruppieren, so gut, wie es eben die gebotenen Verhältnisse zuliefsen, gelöst, obwohl die Portraitähnlichkeit im Allgemeinen viel zu wünschen läfst, und der Entfaltung seines künstlerischen Talentes wohl recht hinderlich gewesen sein mag. Zu den Seiten des Gemäldes zur Rechten stehen auf Konsolen die Büsten Friedrich Wilhelms III. und Friedrich Wilhelms IV., und gegenüber zu beiden Seiten des andern Wendlingschen Bildes die in Terracotta von March ausgeführten riesigen Statuen des Kaisers und des Kronprinzen. Dem Eingang gegenüber hängt die Photographie des Herrn Gaillard; darüber befindet sich die Büste des grofsen Kurfürsten, und zwischen den Fenstern die der Kaiserin und der Kronprinzessin.

Im Hauptgeschofs über dem Speisesaal liegt der einfach gehaltene, flachgedeckte Kapellensaal, an dessen einer Seitenwand die Orgel, an der andern die Kanzel mit dem Altar davor errichtet ist, so wie ein weifser Kachelofen, der überaus störend wirkt. Es ist dies wohl der einzige Raum des neuen Gebäudes, den man sich anders wünschen möchte. Zu erwähnen ist noch die nach den neuesten Erfahrungen eingerichtete geräumige, saubere Wirtschaftsküche im Souterrain. Auch die freundlichen, sauberen Krankensäle mit den daneben liegenden Badeeinrichtungen dürfen nicht vergessen werden.

Nach dem Hospitalbericht vom Jahre 1878 hat der Neubau 364500 M. gekostet, somit die bewilligte Summe von 375000 M. noch nicht erreicht; dagegen forderte die Neubeschaffung des Inventars noch eine Summe von 21385,30 M. und für den Ausbau des stehengebliebenen Gebäudes, für Regulierung des Platzes etc. werden noch weitere Summen nötig geworden sein. Der Hospitalfonds war bereits am Ende des Jahres 1878 auf 75000 M. zusammengeschmolzen. Die gesteigerten Bedürfnisse des Instituts und die würdige Erhaltung des schönen Gebäudes veranlassen aber die Hospitalkommission, es den begüterten Mitgliedern unserer Gemeinde dringend an das Herz zu legen, in ihrer Wohlthätigkeit in bezug auf das Hospital nicht zu ermüden, und wir wollen es dem Institute wünschen, dafs nach neuen 25 Jahren der eigene Fonds der Anstalt wieder soweit angewachsen sein möge, um allen ihren Anforderungen, die jetzt gegen 26000 M. betragen, aus eigenen Mitteln genügen zu können.

Nächst den vielen Wohlthätern, durch deren Gaben der Neubau in verhältnifsmäfsig so kurzer Zeit ermöglicht worden ist, sind die vielen angestrengten Bemühungen der Hospitalkommission dankend von der Gemeinde anzuerkennen, und dem Rentier, Ancien Gaillard, ist dieselbe für seine unermüdliche Thätigkeit in der Leitung und Ueberwachung des Baues zu besonderem Danke verpflichtet.

Ueber alle Gaben hat die Hospitalkommission in ihren Berichten mit gewissenhafter Sorgfalt Buch geführt; derjenige aber, der eine kurze Geschichte der Anstalt geben wollte, vermag es nicht, alle einzelnen Gaben hier aufzuführen, und kommt daher in die peinliche Lage, durch Herausgreifen einzelner Geber vielleicht andere zu verletzen, da ja selbst die kleinste Gabe den Geber ehrt, und zur Erreichung des Zweckes mitgeholfen hat.

Am Sonntag, den 15. December 1878, fand die feierliche Einweihung des neuen Hospitals statt. Da diese Feierlichkeit im letzten Hospitalbericht nur eine kurze Erwähnung gefunden hat, so will ich, damit der denkwürdige Tag im Gedächtnis der Gemeindeglieder nochmals aufgefrischt werde, aus den Referaten der Zeitungen hier das Wichtigste darüber mitteilen. Der damals noch nicht regulierte Platz vor dem neuen Gebäude war zur Feier des Festes mit hohen Flaggenstangen und Fahnen in den preufsischen und deutschen Farben geschmückt worden. In dem gleichfalls festlich geschmückten Kapellensaal versammelten sich um 12 Uhr die Mitglieder des Konsistoriums und die geladenen Personen. Die Stuhlreihen waren hauptsächlich von Damen besetzt; die Herren standen an den Wänden umher. Nur die vordersten Stuhlreihen vor der mit Palmen und exotischen Gewächsen dekorierten Kanzel waren für die Spitzen der Gemeindevertretung und die zu dem festlichen Akte geladenen Ehrengäste reserviert. Hier sah man den Polizeipräsidenten v. Madai, den Probst Brückner, den Konsistorial-Präsidenten Hegel, den Stadtverordneten-Vorsteher Strafsmann, den Stadtrath Gilow und Andere. In Folge der Trauer, welche der königliche Hof wegen des Todes der Grofsherzogin von Hessen angelegt hatte, hatten kurz vor Beginn der Feier der Kronprinz und die Kronprinzessin ihr Erscheinen absagen lassen. Mit dem Liede: „Allein Gott in der Höh' sei Ehr'" etc. nahm der Gottesdienst seinen Anfang, worauf der Konsistorial-Assessor, Hr. Prediger Cazalet, neben dem Hospitalgeistlichen Hrn. Prediger Barthélemy vor dem Altar stehend, das Wort ergriff, und unter Zugrundelegung des Textes: 2. Mos. 20, V. 24: „denn an welchem Orte ich meines Namens Gedächtnis stiften werde, da will ich zu dir kommen, und dich segnen," eine gedrängte Uebersicht über die Gründung und Entwicklung der Kolonie gab. Hierauf folgte die Weihe der Kapelle zu einer Stätte christlichen Gottesdienstes und der Geräthe des Altars zu Geräthen gottesdienstlichen Gebrauches, so wie ein knieend vor dem Altar gesprochenes Gebet. Hierauf las Hr. Prediger Barthélemy die übliche Liturgie, die gleichfalls mit einem inbrünstigen Gebete schlofs. Nachdem nun die Gemeinde die beiden ersten Verse des Chorals: Lobe den Herrn etc. gesungen, hielt derselbe von der Kanzel die eigentliche Festrede über 1. Mos. 28, 17: „Wie heilig ist diese Stätte! Hier ist nichts anders, denn Gottes Haus, und hier ist die Pforte des Himmels." Mit einem Dankgebet und dem dritten Vers des Chorals: „Nun danket alle Gott" etc. schlofs die erhebende Feier.

Der Kaiser hatte in Anerkennung der dem Hospital und speciell dem Neubau desselben geleisteten Dienste durch den Polizei-Präsidenten dem Sanitätsrat Dr. Lapierre, dem langjährigen treuen Anstaltsarzt, den roten Adlerorden, und dem Ancien Herrn Gaillard den Kronenorden 4. Klasse überreichen lassen. Im Speisesaal fand nach vollendeter Feier eine festliche Speisung der Hospitaliten statt.

Noch mag schliefslich nicht unerwähnt bleiben, dafs am 3. Januar 1879 Ihre Majestät die Kaiserin dem neuen Hospital einen Besuch abstattete. Von der ganzen Kommission und Herrn Prediger Cazalet empfangen und geleitet, widmete die hohe Frau eine Stunde der Besichtigung des neuen Gebäudes, besonders der Krankensäle, einzelner Stuben und der Küche.

Inzwischen ist die Umgebung des neuen Hospitals durch geschmackvolle Anlagen verschönert, und der noch stehen gebliebene Teil des alten Gebäudes ausgebaut und vermiethet worden. Hier hat auch der Portier sein Zimmer, von wo aus er das erst kürzlich hergestellte geschmackvolle Eingangsthor zu überwachen hat.

Hugenotten-Litteratur.
(Von Prediger Lorenz in Prenzlau.)

III.

„Was Luther für Deutschland,
Das war Calvin für sein Volk:
Der Ihrer Manu Gottes!"

Dieses Dichterwort kennzeichnet kurz und bündig die Bedeutung Calvins. In der That, unter den Vätern und Begründern der reformierten Kirche überragt Calvin um Hauptes Länge alle übrigen. Es kann niemand das Wesen und die Geschichte der französisch-reformierten Kirche verstehen, der nicht zuvor den grofsen Genfer Reformator in seinem Leben, Lehren und Wirken einem eingehenden Studium unterzogen hat.

Für das Studium Calvins bilden nun die Hauptquelle seine eigenen Werke. Bei seinen Lebzeiten als einzelne Arbeiten gedruckt und wiederholt aufgelegt, oder als gehaltvolle Briefe, zündenden Geistesblitzen gleich, in die meisten Länder Europas hinausgesandt, oder als Predigten, Gutachten und Ratschläge teils in der eigenen Bibliothek niedergelegt, teils in den Archiven zahlreicher Kirchen als kostbare Schätze aufbewahrt, sind dieselben später zu Gesamtausgaben, deren eine in Genf 1617, die andere bessere in Amsterdam 1671 erschien, doch noch sehr unvollständig. Erst der neuesten Zeit und vorzüglich deutschem Fleifse war es vorbehalten, eine wirkliche Gesamtausgabe aller noch erhaltenen Werke Calvins zu veranstalten, wie sie der weltgeschichtlichen Bedeutung des grofsen Mannes und den wissenschaftlichen Anforderungen und Hilfsmitteln unserer Zeit entspricht. Diese Ausgabe erscheint unter dem Titel:

5. Joannis Calvini opera quae supersunt omnia etc. ediderunt Baum, Cunitz, Reufs, theologi argentoratenses. Brunsvigae.

Vom Jahre 1863 bis 1879 sind 21 Bände erschienen. Die Bände I—Xa enthalten alle dogmatischen Schriften; die Bände Xb—XXI die vollständige Sammlung aller von Calvin und an denselben geschriebenen Briefe; die später erscheinenden Bände werden seine exegetischen und homiletischen Schriften bringen. Der zuletzt erschienene Band XXI enthält als Schluss der Briefsammlung eine Lebensgeschichte Calvins von Nicolas Calladon, sodann eine zweite von Beza, endlich die mit ausserordentlicher Sorgfalt zusammengetragenen und alles vorhandene geschichtliche Material erschöpfenden Annales Calviniani, welche alle irgendwie denkwürdigen Thatsachen aus dem Leben Calvins endgültig feststellen und deshalb jedem späteren Biographen des Reformators zur unentbehrlichen Grundlage aller weiteren Forschungen dienen werden.

Während nun aber diese Gesamtausgabe der meist in lateinischer, teilweise auch in französischer Sprache geschriebenen Werke Calvins ausschliesslich der gelehrten Forschung zu dienen bestimmt ist, giebt es eine erhebliche Anzahl von Schriften, sowohl in französischer als auch in deutscher Sprache, welche dem gebildeten Publikum das Leben und die geschichtliche Bedeutung Calvins zur Anschauung zu bringen suchen, oder solche, welche dem evangelischen Christen einzelne Werke Calvins teils in Uebersetzungen, teils in Bearbeitungen zur Belehrung und Erbauung vorführen.

Aus der Zahl dieser Werke heben wir als besonders lesenswert hervor:

6. Merle-d'Aubigné: *Histoire de la réformation en Europe au temps de Calvin*. Vol. 1—7. Paris 1863—1876.

Dies Werk giebt eine Geschichte der Reformation aller derjenigen Länder, auf welche Calvins Einfluss sich erstreckt hat; der Mittelpunkt des ganzen Werkes bleibt Calvin selbst, der nach allen Seiten seiner umfassenden Wirksamkeit geschildert wird. Dieses grossartig angelegte Werk, für dessen Wert allein die Thatsache angeführt werden mag, dass es in mehr als zweihunderttausend Exemplaren verkauft worden ist, wird noch ergänzt durch eine zweite kleinere Schrift desselben Verfassers:

7. Merle-d'Aubigné: *Jean Calvin, un des fondateurs des libertés modernes*. Paris 1868. in welchem die kulturhistorische Bedeutung Calvins in geistreicher Weise denen vorgehalten wird, die in demselben nur den Vertreter eines finstern und beschränkten Fanatismus erblicken wollen.

Als Meisterwerke knapper aber geistreicher Darstellungskunst sind unter den in französischer Sprache geschriebenen Biographieen noch zu nennen:

8. Bungener: *Calvin, sa vie, son oeuvre et ses écrits*. Paris 1862.

9. Guizot: *Les vies des quatre grands chrétiens français*. Paris 1875. Vol. I. St. Louis. — Calvin.

In Deutschland war, abgesehen von dem kleinen Kreise der reformierten Gemeinden, Calvin lange Zeit gänzlich unbekannt. Die lutherische Rechtgläubigkeit begnügte sich meistens damit, ihn zu verlästern, ohne ihn zu studieren. Von der Gesinnung, mit der man Calvin und die reformierte Kirche im 16. und 17. Jahrhundert betrachtete, mögen folgende Büchertitel Zeugnis ablegen:

Calvinischer Bettlersmantel, beschrieben von Struthiomontanum.

Calvinisch Gasthaus, zur Narrenkappen genannt, beschrieben durch Joh. Praetorius. 1593.

Nicolai: Spiegel des bösen Geistes, der sich in der Calvinisten Büchern reget und kurtzumb für einen Gott will geehret sein. 2 Th. Frankfurt 1599.

Gespräch Kuntz Knollens Calvinischen und Friderich Böswirths Catholischen von einer newen jesuitischen Mordthat, so sie im Lager bey Rosshaupt an dem Mansfelder zu begehen willens gewest sein sollen. Amberg 1621.

Calvino — turcismus i. e. calvinisticae perfidiae cum mahumetana collatio et dilucida utriusque sectae confutatio. 1603.

Im 18. Jahrhundert wich der fanatische Hass, welcher sich in solchen Büchertiteln nur all zu deutlich ausspricht, allmählich dem allgemein verbreiteten Indifferentismus; die Unwissenheit in betreff Calvins währte aber unverändert fort. Das erste nennenswerte wissenschaftliche Werk, welches in deutscher Sprache über Calvin geschrieben ist, erschien erst gegen Mitte unseres Jahrhunderts; es wurde verfasst von Paul Henry, seiner Zeit Prediger an der französisch-reformierten Friedrichstadt-Kirche in Berlin und trägt den Titel:

10. Paul Henry: *Das Leben Johann Calvins*. 3 Bände. Hamburg 1835—1844.

Mit grossem Fleisse und unter erheblichen persönlichen Opfern hat Henry die bis dahin ungedruckten auf Calvin bezüglichen Urkunden besonders des Genfer Archivs hervorgesucht und zu einem umfassenden Werke vereinigt. Ihm war die Gabe kritischer Sichtung und ansprechender Darstellung versagt, was besonders in seiner kleineren, in einem Bande veröffentlichten Biographie des Reformators augenfällig zu Tage tritt; aber als Quellensammlung hat sein gröfseres Werk doch eine bleibende, wissenschaftliche Bedeutung. — Als Anerkennung für seine Leistung erhielt Henry von der Herzogin Helene von Orléans, der er ein Exemplar übersandt hatte, die grofse goldene Medaille für Kunst und Wissenschaft, welche er später der Kolonie zu Berlin vermachte und die noch heute daselbst aufbewahrt wird.

Die Mängel, welche Henry's Arbeit noch an sich trug, sind überwunden in dem folgenden Werke:

11. Stähelin: Johannes Calvin; Leben und ausgewählte Schriften. Elberfeld 1863. 2 Bd.

Dasselbe bildet den IV. Teil des umfangreichen Sammelwerkes, welches von Hagenbach herausgegeben ist unter dem gemeinsamen Titel:

12. Hagenbach: Leben und ausgewählte Schriften der Väter und Begründer der reformierten Kirche. Elberfeld 1853 ff.

Dieses ganze, überaus lehrreiche Werk, besonders aber auch die Arbeit Stähelins über Calvin, ist nach Inhalt und Form gleich vortrefflich und verdient in jeder Hugenotten-Familie als ein Hausschatz gehegt und fleifsig gelesen zu werden.

Unter den kleineren Arbeiten dieser Art mögen ferner noch erwähnt werden:

13. Th. Pressel: Johann Calvin. Elberfeld 1864 und
14. Dr. Marriott: Das Leben des Johannes Calvin. Stuttgart.

Dieses letztere Büchlein giebt auf 72 Seiten, zum Preise von 25 Pfennigen, eine so ansprechende Lebensgeschichte Calvins, dafs dasselbe wohl dazu benutzt werden könnte, jedem Konfirmanden-Kinde in den Kolonie-Gemeinden als wirklicher Schatz mit auf den Lebensweg gegeben zu werden. —

Ueber den Wert historischer Romane läfst sich streiten. Wer dieser Art der Dichtung eine Berechtigung zuerkennt, der wird sicher mit Freuden lesen das Buch:

15. Th. König: Calvin, kulturhistorischer Roman. 3 Bände. Leipzig 1861.

Endlich sei hier noch zum Schlufs ein hochbedeutsames Werk erwähnt:

16. F. W. Kampschulte: Johann Calvin, seine Kirche und sein Staat in Genf. Erster — einziger — Band. Leipzig 1869.

Kampschulte, ordentlicher Professor der Geschichte an der Universität Bonn, war Katholik. Dafs er, obgleich Katholik, doch mit hingebender Liebe das Leben Calvins studiert und dasselbe mit unparteiischer Wahrhaftigkeit, oft mit begeisterter Anerkennung dargestellt hat, das ist die besondere Bedeutung dieses vortrefflichen Werkes. Leider ist nur der erste Band erschienen; während der Arbeit ist der Verfasser gestorben; aber auch dieser erste Band ist von grofsem Interesse. „Das Werk Calvins in Genf bildet die letzte Phase einer dreifachen Revolution, durch welche in den ersten Decennien des sechzehnten Jahrhunderts die drei alten Träger der Gewalt einer nach dem andern überwältigt wurden. In der ersten unterlag der Herzog von Savoyen den vereinigten Vertheidigern der kirchlichen und bürgerlichen Freiheit; die zweite führte den Sturz des Bischofs von Genf herbei und liefs die evangelische Bürgerschaft als Alleinherrscher zurück; die dritte endete mit der Unterwerfung dieser Bürgerschaft unter den Willen Calvins." Demgemäfs hat Kampschulte den reichen Inhalt des ersten Bandes in vier Bücher abgeteilt. Das erste schildert die Herstellung der Unabhängigkeit Genfs, das zweite die Einführung der Reformation, das dritte erzählt die Jugendgeschichte Calvins und seine und der Stadt Schicksale von der ersten Wirksamkeit des Reformators bis zu seiner Rückkehr aus der Verbannung, das vierte endlich stellt die Grundlegung der neuen Ordnung dar. Grofsartig und ewig denkwürdig erscheint hier der Mann, der ohne eine andere Amtsgewalt als die eines evangelischen Predigers, durch die Energie seines Willens und die Macht seiner wenig liebenswürdigen Persönlichkeit einem sonst lebensfrohen Volke ein strenges kirchlich-politisches Gesetz auferlegt und aus dem kleinen Genf jene „Stadt des Geistes" macht, die in der Geschichte der christlichen Kirche neben Jerusalem, Rom und Wittenberg für alle Zeiten eine Ehrenstelle einnehmen wird.

Von der Gröfse Calvins empfängt man grade durch das Werk von Kampschulte einen überzeugenden Eindruck: Der Verfasser ist Katholik, das fühlt man auf jeder Seite; aber selbst gegen seinen Willen mufs er sich beugen vor der gewaltigen Persönlichkeit jenes Gottesmannes. „Seines Geistes hat er eben auch einen Hauch verspürt."

Die Statistik der Berliner franz.-ref. Gemeinde.
Von Dr. Muret.

II.

Wenn man auch die fast unübersteiglichen Schwierigkeiten berücksichtigt, die die genaue Feststellung der Seelenzahl einer Gemeinde macht, welche über ganz Berlin zerstreut ist, deren Bevölkerung, besonders seit der Freizügigkeit, vielfach fluktuiert, so müssen wir doch darauf aufmerksam machen, dafs alle von amtlicher Stelle ausgehenden Bekanntmachungen mit ihren Zahlen von Geschichtsschreibern und Statistikern ohne Bedenken als richtig hingenommen werden, und ohne weiteres in geschichtliche oder statistische Arbeiten übergehen, da nur bei der sorgfältigsten vergleichenden Zusammenstellung Rechenfehler zu entdecken sind, tiefer liegende Fehler aber garnicht aufgedeckt werden können.

Schon in der Kolonie 1875 p. 51 und 1877 p. 28 habe ich auf einige Bedenken in den statistischen Bekanntmachungen unseres Konsistoriums hingewiesen, und der Kirchenzettel No. 7 (15. Febr. 1880), der die statistische Übersicht des Jahres 1879 bringt, veranlafst mich nochmals darauf zurückzukommen.

Für das Jahr 1878 (Kirchenzettel No. 3 1879) ist die Zahl der Gemeindeglieder mit 5870 angegeben. Im Jahre 1879 sind 150 Taufen und 143 Todesfälle, so wie die Aufnahme von 26 Personen verzeichnet; die Gemeinde wäre somit um 33 Seelen gewachsen, betrüge somit 5903 Personen; wir finden deren aber 6015 angegeben. Wo kommen die 112 Personen plötzlich her? Im Jahre 1878 waren in der Gemeinde 428 Witwen, im Jahre 1879 sind deren 524 verzeichnet; ihre Zahl hat sich somit um 96 vermehrt. Da im Laufe des Jahres 1879 nur 9 Familien aus 26 Köpfen bestehend als aufgenommen verzeichnet sind, unter denen doch höchstens einige Witwen sein könnten, so können die 96 Witwen doch wohl nur durch den Tod von der entsprechenden Zahl verstorbener verheirateter Männer entstanden sein; es sind aber im Jahre 1879 überhaupt nur 67 Männer als verstorben angegeben. Ferner sind für das Jahr 1878 verzeichnet: hommes 1315, garçons maj. 463 und garçons min. 958, also im Ganzen 2736 männliche Mitglieder der Gemeinde; für das Jahr 1879 finden wir dagegen 2724, also 12 weniger, obwohl 81 männliche Taufen und 72 Todesfälle angegeben, die männlichen Mitglieder also um 9 gewachsen sein müfsten. Die Zahl der weiblichen Gemeindeglieder für 1878 ist 2706 und für 1879 ist sie mit 2767 verzeichnet, es hätte also eine Zunahme von 61 weiblichen Personen statt finden müssen; es sind aber getauft 69 und gestorben 71, woraus sich eine Abnahme von 2 ergäbe. Die Aufnahme der 26 Personen, von denen wir freilich nicht wissen, wieviel von ihnen männlich oder weiblich, ist für die Richtigkeit der Zahlen ohne Einflufs, ja würde den Fall der männlichen Mitglieder noch verschlimmern. — Minorenne weibliche Wesen waren 1878 in unserer Gemeinde 989; im Jahre 1879 finden wir 1020, also 31 mehr. Wie schon gesagt sind 69 weibliche Gemeindeglieder geboren und 71 gestorben, dieselben müfsten also um 2 abgenommen haben. Wo kommen nun die 33 weiblichen Wesen her, da im ganzen nur 26 Personen aufgenommen sind?

Im folgenden Artikel stelle ich nach den betreffenden Kirchenzetteln die Hauptdaten der Jahre 1867—1879 zusammen, und füge zum Schlufs die Seelenzahl bei, wie sie sich, wie jeder leicht nachrechnen kann, aus den Vorjahren ergeben müfste. Für 7 Jahre war dies freilich nicht möglich, da das französische Konsistorium, wie aus der Tabelle ersichtlich, für die Jahre 1867 und 1877 die Seelenzahl nicht angegeben hat und für die Jahre 1874, 1875, 1876 die Zahl der Aufgenommenen fehlt. Wollte man annehmen, was aber wohl gesagt worden wäre, dafs in diesen Jahren gar keine Aufnahmen stattgefunden hätten (für 1876 würde es stimmen), so wäre immerhin die Zahl für 1874 und 1875 falsch.

Vereinsnachrichten der Réunion.

Freitag, 14. und Freitag, 28. Mai: Sitzung. (Restaurant Gärtner, Mittel-Str. 65. 8½ Uhr Abends).

Am Freitag, 14. Mai findet um 7½ Uhr Abends vor der Sitzung die Rechnungslegung und in der Sitzung die Vorstandswahl statt.

Am Sonnabend, 22. Mai Nachmittags Familien-Zusammenkunft in der Unions-Brauerei, Hasenheide.

Juni 1880.   IV. Jahrgang.

DIE KOLONIE.

Organ für die äusseren und inneren Angelegenheiten der französisch-reformierten Gemeinden.

Redigiert von W. Bonnell, Rektor in Berlin.

Erscheint monatlich einmal. Preis pro Quartal 75 Pf.

Abonnements werden angenommen bei W. Bonnell in Berlin N., Schwedter-Str. 257 und bei jeder Post-Expedition.

INHALT: Ancillon, von Schul-Inspektor d'Hargues in Berlin. I. — Die Réunion. — Hugenotten-Litteratur von Pred. Lorenz in Prenzlau. IV, 17, V, 18—28. — Gemeindesachen. — Vermischtes. — Die Statistik der franz.-ref. Gemeinde zu Berlin von Dr. Muret. III (Schluſs). — Vereinsnachrichten. — Berichtigung von Irrtümern im Artikel: das Hospital. — Fragekasten.

Jean Pierre Frédéric Ancillon,
geb. 30. April 1767, gest. 19. April 1837.
(Von Schul-Inspektor d'Hargues in Berlin.)

Die Geschichte der französischen Kolonie ist reich an bedeutenden Männern, die der Kirche, dem Gemeindeleben Gestaltung gaben und über die engere Gemeinschaft hinaus dem Staate, der sie schützend aufgenommen, durch ihre geistigen Gaben und ihre Bildung die Wolthaten zurückzuzahlen suchten. Nicht selten ist es, daſs wir eine solche Bedeutendheit durch ganze Familiengeschlechter sich fortpflanzen sehen.

Zu dieser Gruppe von hervorragenden Persönlichkeiten gehört das Geschlecht der Ancillon. David Ancillon, der Ältervater dieses Geschlechts, wanderte nach der Aufhebung des Edikts von Nantes aus Metz seines Glaubens wegen aus; dem Sohne Charles Ancillon, geb. 1659, vertraute der groſse Kurfürst die *surintendance* oder *inspection supérieure* der Akademie der Adligen in Berlin an, um in seinem „lieben und vielgeliebten" Charles Ancillon — Rescript vom 20. August 1687 — den andern Direktoren und Lehrern ein Muster aufzustellen. Charles Ancillon war ferner einer der Mitbegründer der Berliner Akademie der Wissenschaften; er war auch Gesandter in der Schweiz und starb als Polizei-Direktor in Berlin 1715. Ein Enkel von ihm war Louis Frédéric Ancillon, welcher die Trauerrede über Friedrich II. in der Kirche zu Potsdam hielt. Kurz nach dem Tode des Königs wurde er in die Akademie der Wissenschaften aufgenommen und war 26 Jahre lang, wie es von ihm heiſst, „ein Licht" in der philosophischen Klasse.

Ein Sohn von Louis Frédéric Ancillon war Jean Pierre Frédéric Ancillon, dessen Leben und Wirken wir eingehender hier zu schildern versuchen. Zu diesem Zwecke ziehen wir aus der Vergessenheit ein Schriftstück hervor, welches gleich nach seinem Tode in der Spenerschen Zeitung (1837 Nr. 100) erschien. Wie dasselbe damals zu den Mitlebenden von der Bedeutung des Verstorbenen sprach, so ist es auch heute noch wohl geeignet, uns und den späteren Geschlechtern ein

Bild des Mannes vorzuführen, welches durch die Ursprünglichkeit und Frische der Zeichnung sich auszeichnet.

1767 bis 1810.

· Friedrich Ancillon (Jean Pierre Frédéric) ward geboren zu Berlin am 30. April 1767 (nicht, wie in den meisten biographischen Notizen steht, 1766, was er selbst im „gelehrten Berlin" berichtigt), wo sein Vater Louis Frédéric Ancillon Prediger bei der französischen Kolonie war. Dessen Vater (Charles Ancillon), ein Rechtsgelehrter, der in Metz zur Zeit des Widerrufs des Edikts von Nantes lebte, war seinem Vater, dem *Ministre du St. Évangile*, David Ancillon, nach Berlin gefolgt, und hier zuerst mit der Leitung der Kolonie-Gerichte beauftragt, dann zum Ambassade-Rat ernannt und Historiographen des Königs befördert worden. Alle diese Mitglieder der Familie haben sich durch schriftstellerische Thätigkeit und eine seltene Wirksamkeit in ihren Amtsverhältnissen ausgezeichnet.

Unter den Augen seines geistreichen Vaters ausgebildet, gewann Ancillon eine besondere Vorliebe für historische Forschungen, und diese steigerte sich noch mehr, als er nach einer, damals zur theologischen Bildung als unerläßlich angesehenen Reise nach Genf, Paris besuchte, wo die Revolution im ausbrechen begriffen war. Ancillon wohnte den ersten Scenen dieses ungeheuren Dramas bei. In dem durchaus deutschen, d. h. tiefen Gemüt des jungen Reisenden konnten diese Belehrungen, durch den ewigen Uebergang in die Extreme, nichts anderes, als einen tiefen Eindruck hinterlassen, und gerade sie sind höchst wahrscheinlich der Anlaß gewesen, daß Ancillon sich mit allem Eifer daran machte, die Wurzeln des Uebels zu erspähen, an dem ihm augenscheinlich die menschliche Gesellschaft zu kranken schien. Verhältnisse brachten ihn mit Mallet du Pau zusammen, und durch ihn wurde dem Verblichenen ein Blick in das innere Treiben der Parteien gestattet, der ihn ganz die Sache kennen lehrte, welche jene gleißnerischen Menschen unter dem Deckmantel der Menschenliebe und dem Köder der unausführbaren „Menschenrechte" verfochten. Sein klarer Geist mußte den Abgrund erkennen, dem solches Treiben nur zuführen konnte, zugleich aber, daß mit Gewalt gegen dasselbe nicht anzukämpfen ist, und daß man nur durch Festhaltung des Rechts und unbeugsame Festigkeit gegen alle Ankämpfe des Bösen dem Uebel entgegenzuwirken vermag. So leitete ihn die Erfahrung in die Bahn der Mäßigung und einer seltenen Gleichheit, die man oft als Willenlosigkeit und Schwäche verschrieen hat, ohne zu berücksichtigen, daß mehr Charakterstärke dazu gehört, um, trotz aller Anreizungen, mäßig und fest zu bleiben, und durch Ausdauer das vorgesteckte Ziel zu erreichen, als mit der Macht, und unbekümmert über die Folgen, gegen den Unverstand anzukämpfen. Ancillon wurde bei seiner Rückkehr als *Ministre du St. Évangile* bei der Friedrich-Werderschen Kirche angestellt, und bald darauf im Jahre 1791 zur Einsegnung des ehelichen Bundes des Herrn v. A. und der Frau v. K. nach Rheinsberg beschieden; ein Umstand, der hervorgehoben werden muß, ·weil seine ganze Laufbahn vielleicht durch denselben bestimmt wurde. Bis dahin nämlich hatte er sich nur den Ruf eines beredten Kanzelredners erworben, doch hätte es lange dauern können, eho diese Rednergabe, welche der Verstorbene in so hohem Grade besaß, höheren Orts bekannt wurde. Der Einsegnungsrede wohnte aber der Prinz Heinrich, Bruder Friedrichs des Großen, bei; nach wenig Minuten fand sich der ergraute Held so innig bewegt, daß er, zu dem jungen Redner sich hingezogen fühlend, ihm nicht nur wohlwollender Gönner wurde, sondern ihn sogar in seine intimste Gesellschaft zuließ. Ancillon vereinte nämlich in seiner

Kanzelberedtsamkeit Eigenschaften, die ihn vielleicht höher stellten als die berühmtesten franz. Kanzelredner Bourdaloue und Massillon, ja, Bossuet nicht ausgenommen. Seine Sprache war höchst gewählt, sein Vortrag wohlklingend und ergreifend, seine Art der Darstellung scheinbar ganz ungekünstelt, daher ungemein klar; was aber alles übertraf, war das rege Gemüt, das den Zuhörer bis in das innerste ergriff, ihn fortriſs und eine Ueberzeugung weckte, die nur durch Klarheit und innere Ueberzeugung des Redners selbst erzielt werden kann. Dies, unterstützt von seiner würdigen und imponierenden Persönlichkeit, sowie von den gemütlichen Zügen seines Antlitzes, das lebendig sprechende Augen noch ausdrucksvoller machten, konnten die Wirkung nicht verfehlen. Auch ist es nicht zu leugnen, daſs seine Wirksamkeit als Seelsorger vom höchsten Segen begleitet war, und Viele, noch heute (1837) dankend sich so mancher Rede erinnern, die ihrem Streben zum Guten die Richtung gab. So oft er sprach, war die freilich an sich nicht sehr groſse Kirche so übermäſsig erfüllt, daſs man aus Vorsicht Nottrager einzuziehen sich genötigt sah.*)

Doch genügte dieser Thätigkeitskreis weder dem Staate, der ihn nun hatte kennen gelernt, noch ihm selbst, und so wurde ihm der ehrenvolle Auftrag, in der *académie militaire*, einer Schule, aus welcher Preuſsen seine Feldherren und seine Diplomaten hervorgehen lassen wollte, einen Lehrstuhl als Professor der Geschichte einzunehmen. Immer mehr drängten sich inzwischen in Europa die Ereignisse, immer klarer traten die konsequenten Folgen der von ihm studierten französischen Umwälzung hervor. Ancillon fühlte nun das Bedürfnis, auch mit der Feder dem Bösen zu begegnen, und im Jahre 1794 trat er daher als Schriftsteller in eine neue Laufbahn, die ihm so groſse Erfolge, zugleich aber auch die Dornenkrone bringen sollte, die sie nur denen bietet, deren Bestrebungen heilsam und auf die Dauer der Zeit berechnet sind. Sein blühender Stil erregte allgemeine Aufmerksamkeit, die Gründlichkeit seiner Auseinandersetzungen überzeugte, und somit war jedes Werk, das er der Oeffentlichkeit übergab, der Gegenstand vielfacher Prüfungen, die der Wahrheit immer mehr Bahn brachen. Seine litterarischen Arbeiten hier zu nennen, wäre überflüssig; man findet sie von ihm selbst in dem „gelehrten Berlin" zusammengestellt, und von den letzten, dort nicht erwähnten wird sich später Gelegenheit finden, einiges nachzubringen. Hier sei nur angeführt, daſs der Baron Dacier in Paris in seinem Berichte über die Fortschritte der Geschichte und Litteratur seit 1789, an den Kaiser der Franzosen 1808 (20. Febr.) sich zu folgendem Eingeständnis gezwungen sieht:

„Ancillon setzt die Kette fort, deren erster Ring Leibnitz war. Ein würdiger Erbe eines so groſsen Namens, zeigt er durch sein Beispiel, daſs der Zweck der wahren Philosophie dahin geht, die Wahrheiten zu vervielfältigen, nicht sie zu zerstören; daſs sie ihre Hauptkraft aus dem Verein des Gemüts mit den Grundsätzen schöpft, und daſs sie gern ihre ersten Eingeweihten unter den erhabensten Geistern sucht."

So fanden Ancillons Bestrebungen die ihnen nicht allein zukommende, sondern die der Menschheit so heilsame Anerkennung. Eine so merkwürdige Erscheinung muſste ihre besondern Gründe haben, und diese sind nicht schwer aufzufinden, wenn man weiſs, daſs dem bewährten Manne nie die Person, immer nur die Sache bei allen seinen Auseinandersetzungen vorschwebte; daſs daher eine eigene Milde auch da, wo er tadeln muſste, obwaltete, daſs Niemand bereitwilliger war, das Gute anzuerkennen auch in dem, was er allgemein verwarf; daſs er uneigennützig in seinen

---

*) Ueber die Friedrich-Wedersche Kirche, welche hier gemeint ist, in der nächsten Nummer.

Ansichten im höchsten Grade, die unbeschränkteste Selbständigkeit bewahrte, und dafs ihm daher nie der bitterste Neid einen unedlen Beweggrund unterzuschieben vermochte. Wo es dennoch versucht wurde, hat gleich das Schicksal es gewollt, dafs die That unmittelbar seine Vertheidigung übernahm, und wenige Menschen haben daher wie er nur ihren Verdiensten die Auszeichnungen zu verdanken, welche ihn aufsuchten.

Schon im Jahre 1803 war er zum Historiographen des preufs. Staates ernannt worden, und 1804 wählte ihn die Akademie zu ihrem Mitgliede in der philosophischen Klasse, deren Sekretär er von 1804—1814 war, wo ihn überhäufte Geschäfte, wie gleich ersichtlich werden soll, zum Niederlegen dieser Stelle nötigten. Seit 1803—1804 gab er zu Berlin sein grofses Werk heraus: „*tableau des révolutions du système politique depuis la fin du quinzième siècle*", das unbedenklich eine der bedeutendsten Emanationen der Zeit ist, an welcher mehrfache, unter den Augen des Verfassers nötig gewordene Ausgaben das Interesse der Mitwelt bekundeten, die aber Ancillons Namen auf die späteste Nachwelt bringen wird. Merkwürdig genug hatten die zu diesem Werke nötigen Studien die auch in den tiefsten Unglücksperioden Preufsen nie schwankende Ueberzeugung geweckt, es müsse und werde dereinst anders werden. Er bewies aber in demselben einen so richtigen und tief eindringenden Blick in die Gebrechen der menschlichen Gesellschaft, eine so klare Einsicht in Alles, was Not thut, um die ihr geschlagenen Wunden zu heilen, eine so innige Ueberzeugung, auf Thatsachen gegründet, dafs nicht Institutionen die Wohlfahrt der Völker gründen, sondern allein die zum handeln berufenen Menschen, deren lebendiges Eingreifen heilsam das Fortschreiten auf der Bahn der Erkenntnis und des Rechtes zu allen Zeiten feststellte, dafs des Staates Oberhaupt, den überall nur das Wohl seiner Völker beseelt, und der stets mit bewunderungswürdigem Takt das Richtige zu erkennen weifs*), aus freiem Antriebe, nur auf Veranlassung I. M. der hochseligen Königin ihn für den Mann erkannte, der allein die Erziehung des Thronerben zum Wohl seiner Völker leiten könnte, zu der er daher Ancillon im Jahre 1810 berief und der dieser bis 1818 vorstand. — Hier tritt ein neuer Abschnitt in seinem Leben ein, der uns den Verewigten in ganz neuen Verhältnissen zeigt, und seine ganze Kraft in Anspruch nahm, weshalb er denn auch aus seiner stillen, segensreichen Wirkung hervortrat, um die Weltbühne zu betreten. Ancillon fühlte ganz die Wichtigkeit seines neuen Berufes und die ungeheure Verantwortung, die er übernahm. Der Verfasser des Emil war an der Praxis gescheitert, Ancillon lag ob, durch die That zu beweisen, dafs seine Theorie auf richtigen Prämissen beruhte, und dafs seine Lehren nicht leere Hirngespinste waren, wie die des berühmten Genfers. Er fühlte zugleich, dafs die Folgen seines Wirkens in die späteste Nachwelt für Millionen hinausreichen würden, und daher die Ergebnisse der Folgezeit von der Entwicklung der Regenten-Tugenden seines erhabenen Zöglings unzertrennlich waren. Ancillon umfafste den ihm anvertrauten Königssohn**) mit der ganzen Liebe, deren sein Herz in so unerschwinglichem Mafse fähig war; er lehrte ihn den Menschen lieben und achten und fand empfänglichen Boden für den ausgestreuten Samen. Welche Früchte dieser Boden getragen hat, kennt die Welt und darf hier nicht erörtert werden. Gewifs aber ist, dafs seine Theorie sich auf das glänzendste bewährte, und dafs Segenswünsche noch lange ihm in das stille Grab nachfolgen werden. — Die natürliche Folge konnte nicht ausbleiben, dafs nämlich das Herz seines Zöglings sich dem

---

*) Friedrich Wilhelm III. Der Artikel ist (1837) noch zu dessen Lebzeiten geschrieben.
**) Nachmaligen König Friedrich Wilhelm IV.

besonders zuwendete, der ihn für die Liebe zum Menschen so empfänglich gemacht hatte. Auch gestaltete sich die Zuneigung und das Vertrauen des Schülers bald zur Freundschaft des Mannes, und wahrlich ehrend für beide so innig verwandte Gemüter war es, den Thron-Erben Preufsens seinen bejahrten Erzieher auf dem Sterbebette pflegen und der letzten Ruhe übergeben zu sehen. Jede Thräne, die aus dem Auge des Fürsten an diesem so schmerzlichen Grabe entquoll, war eine neue Bürgschaft des Glückes der Völker.

Die Réunion.

In den Apriltagen des Jahres 1868 war es, dafs sich eine kleine Zahl kolonistischer Herren zusammenfand, die ihre Ansichten über das Leben in unserer Gemeinde in ernsten und anregenden Gesprächen gegenseitig austauschten. Was damals allen, die überhaupt sehen wollten, leicht erkennbar war, kam in diesen freien Vereinigungen in ungezwungenster Weise zum Ausdrucke. Man konnte sich nicht darüber täuschen, dafs der alte kolonistische Geist in der grofsen Masse mehr und mehr entschwinde, dafs, je weiter man in eine gewisse Sphäre hinabstieg, die Spuren der Erinnerung an eine grofse ruhmvolle Vergangenheit immer dürftiger und seltener wurden, dafs endlich das Bewufstsein eines gemeinsamen geistigen Bandes sich zum erschrecken gelockert habe. Die Erfahrungen, welche man so mitteilte und zusammenstellte, waren wol im stande, das Herz mit Wehmut und Trauer zu erfüllen. Schien es doch beinahe, als gliedere sich die Kolonie in zwei scharf getrennte Gruppen. Da waren die Mitglieder des Konsistoriums und der verschiedensten kolonistischen Korporationen, zum teil Geschlechtern entsprossen, die seit Jahrhunderten Last und Mühe der Verwaltung auf sich genommen, deren Namen in der Geschichte unserer Gemeinde allezeit einen ausgezeichneten und ehrenvollen Klang gehabt. In diesem Bereiche, freilich hatte sich kolonistisches Wesen und Denken, das Gedächtnis an die Geschichte der Kolonie treu bewahrt. Diesem Kreise gegenüber, welcher nicht nur den alten Glanz der Kolonie, sondern auch diese selbst bei allen schicklichen Gelegenheiten (Gemeindeversammlungen, Sitz in den Behörden, Réfuge-Fest) ganz, ganz allein repräsentierte, stand eine grofse Masse gegenüber, welche die Vorteile der Gemeinschaft einheimste. Hier — wir referieren aus der Stimmung jener Tage — hier klang es nur: „Die Kolonie ist reich, ist unerschöpflich reich, hat ungeheuer viel Geld für die Not in jeder Gestalt. Also gieb her, Kolonie, öffne deinen vollen Säckel, reiche dar, so viel du hast, spende, spende! mehr, mehr! Wir haben ein Recht, es zu fordern, wir gehören ja zur Kolonie!" Zahlreiche Beispiele wurden angeführt über die Unverschämtheit und Undankbarkeit vieler unserer Armen. Diese Haltung derselben mufste um so mehr auf das lebhafteste bedauert werden, als kaum in unsern Landen eine zweite Gemeinschaft gefunden werden mag, die so reichlich ihren Armen spendet wie unsere Kolonie. Welche Gemeinde, so fragte man, hat eine *École de charité*, eine Anstalt, die 3, 4 Kinder derselben Familie an ihren pflegenden Busen nimmt, sie nährt, kleidet, unterrichtet, nicht Waisenkinder, sondern Kinder, deren Eltern noch leben, aber verarmt, verkommen, in Elend oder Schande sind, eine Anstalt, welche die Kinder der Armut oder einer verlotterten Familie entreifst und zu gesitteten Menschen zu erziehen strebt! Und so giebt es tausend andere Dinge. Da wird Holz angefahren für die rauhe Kälte des Winters, der Mutter, welche um das neugeborene Kindlein bangt, kräftige Speise dargereicht. Hier erhält ein junger strebsamer Handwerker die Mittel zur Begründung seiner Existenz, dort der Kranke das Lager, auf welchem er genesen oder in Frieden sterben mag, der Greis eine Wohnstätte für die letzten Jahre seines Daseins. Und die Männer, welche die Last aller dieser Geschäfte, unendlich schwerer Geschäfte, auf sich nehmen, schaffen und arbeiten nicht um Lohn oder Gewinn, nein, einzig in dem Bewufstsein, dafs es ihre kolonistische Pflicht sei, im Dienste der Kolonie thätig zu sein, so Gott ihnen Kraft, Fähigkeit und Gelegenheit gegeben, und so schaffen sie 6, 12 und mehr Jahre, ihre besten Mannesjahre hindurch, bis ihr Haupt sich bleicht und der Tod die Feder aus der müden Hand nimmt. Und für so viel Mühe, so viel Arbeit oft dieser schreiende Undank, diese Gier nach mehr, diese Faulheit, sich mit dem, was Barmherzigkeit und Liebe dargereicht, zu einer würdigeren Existenz emporzuarbeiten! Soll denn unsere liebe, teure Kolonie nicht mehr sein als ein

Haus, wo man nichts anderes thut, als hier Almosen austeilt, dort die Hände ausstreckt, sie zu empfangen? kann sie durch nichts anderes mehr zusammengehalten werden als durch die Motive des Brotkorbes und Geldsackes? Was durch den Mund der Leute geht, sobald sie von der Kolonie zu reden beginnen, es ist immer nur der eine, eine Refrain: „O, die Kolonie ist reich!"

So lauteten die Unterhaltungen an jenen Aprilabenden. Die kolonistischen Männer nun, welche sie führten, gehörten keinem der beiden bisher berührten Kreise an. Weder waren sie Mitglieder des Konsistoriums, noch solche, welche auf Almosen warteten; doch freie, selbständige Bürger waren sie, die für ihre Gemeinde ein warmes Herz in der Brust trugen; das Gefühl gemeinsamer Interessen, so meinten sie, müsse edlen Wurzeln entkeimen; ein Glaube, eine Kirche, eine Geschichte müsse das Band sein, welches die Gemeinde an einander schliefse. So viele hätten vergessen, was es in Wahrheit bedeute, „ein Kolonist sein." Das sollten sie wieder erfahren und kennen lernen. Es sei falsch, wenn man sage: der grofse irdische Reichtum werde die Kolonie in alle Ewigkeit hinein retten. Geld und Gut allein thun es auch nicht, das sei ja doch nur ein äufseres Bindemittel; der kolonistische Geist müsse lebendig bleiben, es mufs für uns ein Schmuck, eine Ehre sein, ein Kolonist zu heifsen, und wenn dieser Geist vollends abstirbt, dann: „Lebe wohl, Kolonie!"

Die Männer, welche so überlegten und sprachen, dachten zunächst an die Brüder ihres Standes, des Mittelstandes. Diesem Stande ist in unserer Gemeinde ein eigenes Los gefallen. Seit Einrichtung der reformierten Kirche hier ergänzen sich unsere kolonistischen Behörden einzig durch Kooptation, d. h. bei vakant werdenden Ämtern wählt nicht die Gemeinde, sondern die Behörde. Wie ganz natürlich, bewegt sich die Wahl nur in bekannten Familien, die immer demselben reichen und angesehenen Stande zugehören, und wirklich sind die Verpflichtungen der verschiedenen Ämter meist von der Art, dafs sie nur von vermögenden Personen, welche über ihre Zeit unbeschränkt verfügen dürfen, in anspruch genommen werden können. Nach dieser Seite hin kommt also der Mittelstand, der Kaufmann, der Gewerbtreibende, der Beamte gar nicht in betracht. Zu den Almosenempfängern gehört er aber auch nicht, im gegenteil, er nährt sich selbständig von dem Geschick seiner Hände oder der Arbeit seines Verstandes. Man braucht ihn also nicht, kennt ihn nicht; er lebt in der Kolonie ohne Anteil an der Verwaltung zu haben, ohne Teilnehmer der Wolthaten zu sein. Viele aus diesem Kreise haben mit der Kolonie gar kein anderes Berührung, als dafs ihr Geburts- und Konfirmationstag in den Kirchenbüchern vermerkt steht, und dafs man ihr Gedächtnis einfach in den Registern streicht, wenn die Kirchhofsthür sich vor ihnen aufthut. Diese zum teil durch unsere Verfassung dem Mittelstande aufgezwungene Gleichgiltigkeit ist für die Ausbildung seines kolonistischen Bewufstseins von übelster Bedeutung gewesen. Gerade in diesem Stande, diesem ehrenwerten, braven Stande, dessen fortgeschrittene Bildung nicht den kleinsten Anteil an der Gröfse unseres Vaterlandes hat, in diesem eigentlichen Mark und Kern jeder andern Gemeinde ist die Unkenntnis über Leben, Geschichte und Einrichtung unserer Kolonie eine allgemeine. Man weifs, dafs man zur Kolonie gehört, ist in einer französischen Kirche konfirmiert und getraut worden, das ist oft alles. Den Gottesdienst besucht man wegen der weiten Entfernungen nicht allzuhäufig, vielleicht gar nicht. So war es in unserer Gemeinde vor zehn, zwölf Jahren, und manche Leser unseres Blattes werden aus eigener, persönlicher Erfahrung bestätigen, dafs es heute nicht viel besser ist. Und so sehr war unser Mittelstand in ein Nichts versunken, so sehr der Gedanke von der Zweiteilung der Kolonie in Fleisch und Blut übergegangen, dafs die Réunion, in welcher zuerst der Mittelstand zum Ausdruck kam, einmal mit den Worten abgethan werden konnte: „Pah, kleine Leute, alle abhängig von uns!" Die kolonistischen Männer nun, welche jene Unterhaltungen geführt, verstanden genug von der Geschichte ihrer Gemeinde, um begierig zu sein, mehr zu erfahren, und kannten die Institutionen der Kolonie so weit, dafs sie einsahen, eine allgemeine Kenntnis derselben würde für eine Entfaltung und Erfrischung des kolonistischen Lebens nicht ohne Bedeutung sein. Das Gebiet, auf dem allein sie wirken konnten, mufste ihr eigner Stand sein, dessen völlige Verborgenheit sie schmerzlichst bedauerten und von dessen Erwärmung für das kolonistische Interesse sie den reichsten Segen für die Allgemeinheit erwarteten. Man beschlofs die Gesellschaft zu erweitern und erliefs zu diesem Zwecke einen Aufruf, welcher von dem reichsten Erfolge begleitet war und in die bis dahin tote und starre Masse Leben und Bewegung brachte. Die Zahl der Teilnehmer wuchs mit jedem Abende; Leute, welche seit ihrer Geburt zur Kolonie gehörten, kamen jetzt erst zum Bewufstsein, „dafs sie doch auch eigentlich Kolons wären." Sie lauschten mit Eifer den Erzählungen aus der Geschichte ihrer Väter, vernahmen mit Erstaunen, daſs unsere Kirche eine Verfassung habe, welche man die Réglements nennt, und erfuhren zum ersten male, daſs sie als selbständige Glieder der Gemeinde auch einige, wenn auch sehr bescheidene Rechte in derselben ausüben dürften. Die bisher ungezwungenen Unterhaltungen machten, wegen der Menge der Teilnehmer, bald eine straffere Disciplin notwendig; man gründete schlieſslich einen Verein, den man „Réunion" nannte, und gab ihm Statuten, dessen erste Paragraphen also lauten:

Der Zweck des Vereins Réunion ist im wesentlichen darauf gerichtet, das Gefühl der Zusammengehörigkeit unter den Mitgliedern der französisch-reformierten Gemeinde wieder zu beleben und dieselben durch möglichst spezielle Kenntnisnahme der Institutionen der Kolonie zu einer thatsächlichen Beteiligung an dem öffentlichen Leben innerhalb derselben zu führen.

Die Mittel und Wege zur Erreichung des ad 1 formulierten Zweckes sollen durch gemeinschaftliche Besprechungen aufgesucht und erörtert werden, und versammeln sich die Mitglieder zu diesem Zwecke zweimal monatlich, und zwar an dem zweiten und vierten Freitag jeden Monats.

Mitglied des Vereins kann ein jeder werden, der nach seiner Abstammung väterlicher- oder mütterlicherseits zur französischen Kolonie gehört, mündig, und Mitglied der hiesigen französisch-reformierten Gemeinde ist.

So trat die seitdem oft genannte Réunion in's Leben, ein Ereignis in unserer Kolonie, dessen Wirkungen nicht mit heute oder morgen verschwinden werden. Von allen, welche es gut meinten mit unserer Kolonie, wurde die Gründung mit herzlicher Freude begrüſst. Und wirklich, wenn man das Leben in der Réunion beobachtete, hatte man auch Ursache, sich zu freuen. Da kamen nach des Tages Last die wackern Herren zusammen, suchten die Geheimnisse und Rätsel der Réglements zu entziffern, oder hörten mit Aufmerksamkeit von dem Märtyrium der Väter, wie sie, um die Freiheit des Glaubens zu retten, das schöne, sonnige Frankreich verlassen hätten, hinausgewandert wären in das Elend, um schlieſslich diese kalte, nasse, unwirtliche Niederung zu erreichen, wo die Menschen so roh, die Sitten so wild, die Äcker so unfruchtbar geschienen; wie sie hier die Fluren mit Fleiſs und Mühe bearbeitet, Dörfer gebaut, Kirchen gegründet, durch reiche Gaben der Not und Armut in ihrer Mitte gesteuert hätten — alles dies hörten unsere wackern Mitglieder der Réunion und freuten sich der Erzählung und jubelten in ihren Herzen: „Ja, ich bin auch ein Kolon!" Die damals getroffenen Einrichtungen hat der Verein bis auf den heutigen Tag bewahrt. Zweimal im Monat vereinigen sich die Herren zu ernsten Gesprächen über kolonistische Verhältnisse; einmal gestattet man den Damen Zutritt zu einem Vortrage über kolonistische Geschichte, einmal noch im Monate vereinigt man die Familien zu einer geselligen Unterhaltung. Aus der Zeit der Gründung wollen wir nur mit einer kleinen Anekdote nicht zurückhalten. Unsere Leser, die fleiſsig unsere Gottesdienste besuchen, entsinnen sich vielleicht, ein oder das andere Mal nach der Predigt von der Kanzel eine Verkündigung ungefähr folgenden Inhaltes vernommen zu haben: „An dem und dem Tage findet im Sitzungssaale des Hospiz die Rechnungslegung des Waisenhauses statt und werden die Familienhäupter zu derselben eingeladen." Wer hat von dieser Einladung vor der Gründung der Réunion wol jemals Gebrauch gemacht? Kurze Zeit nach Einrichtung des Vereins wurde beschlossen, die erste stattfindende Rechnungslegung zu besuchen, um von dem in der Gemeinde erstandenen Geiste der thätigen Teilnahme unserer Behörde ein sichtbares, und, wie man glaubte, willkommenes Zeugnis zu geben. Man ging also zur Rechnungslegung. Zunächst Verhandlungen mit dem Thürsteher, welcher an die ergangene Einladung nicht recht glauben wollte. Beim endlichen Entrée Erstaunen auf der einen Seite, weil man Gäste sah, die man wohl gebeten, aber nicht erwartet hatte, einige Verlegenheit andererseits, indem man doch merkte, daſs man durch sein Erscheinen Aufsehen erregte. Die Rechnungslegung nahm, nachdem beide Parteien ihrer Gefühle Herr geworden, ihren Anfang und gesetzmäſsigen Verlauf und war bald am Ende. Doch jetzt neue Verlegenheit. Hatten die Zuhörer das Recht, décharge zu erteilen? Man blätterte die Annalen durch nach ähnlichen Beispielen, man blätterte und suchte immer weiter rückwärts; einige entdeckte der damalige Sekretär, es war der freundliche, nun entschlafene Direktor Bonnell, ein in längst vergangener Vorzeit zurückliegendes, gleichartiges Ereignis, und indem er darauf verwies, sagte er in seiner friedlichen, ruhigen, ganz leise von Humor durchklungenen Weise: „So etwas ist seit 50 Jahren nicht passiert." Nun, seit diesem ersten Début hat man sich beiderseits an den Besuch der Rechnungslegungen gewöhnt. Die von der Kanzel zu verkündende Einladung ist schon mehr als eine leere Formel. Mitglieder der Gemeinde erscheinen regelmäſsig zu den Rechnungslegungen. Wie das Recht des Eintritts zu diesem Akte unserer Verwaltung, hat die Réunion auch nach andern Seiten hin die sehr eng bemessenen Rechte der Gemeinde zu wahren und zu benutzen gesucht, in dem Vertrauen, daſs die treue Ausübung solcher Rechte eine geeignete Hilfe sei, um das kirchliche Leben in der Gemeinde, das Interesse an der Gemeinde zu heben und zu fördern. Aus diesem Grunde trat sie auch ein für die Abschaffung der Kooptation und Einführung freier Wahlen der Behörden durch die Mitglieder der Gemeinde. Die Agitation nach dieser Seite hin hat viel böses Blut gemacht und uns leider einige Miſsgunst zugezogen, und doch können wir uns durchaus nicht zu der Meinung bekehren, daſs unser Streben ein unrechtes, und die Wählbarkeit der Mitglieder des Konsistoriums durch die Gemeinde gleichbedeutend sein könnte mit dem Verderben oder dem Untergange der Kolonie. Bei Gelegenheit dieser Händel ist viel thörichtes und unnützes Zeug gegen uns zusammengetragen worden. Aus den so klar ausgesprochenen Tendenzen unseres Vereins geben uns unsere Bestrebungen mit logischer Konsequenz hervor; wir wollen eine Hebung des kolonistischen Lebens, und jenen nach dem Vorgange in deutschen Gemeinden erhobene Anspruch halten wir wenigstens in Berlin, wo das kolonistische Leben durch räumliche Schwierigkeiten ohnehin arg beeinträchtigt wird, für ein rechtes Mittel zu diesem Zwecke. Ich denke, wir haben schon so manches aufzuweisen, was uns doch als besser hinstellen könnte, als ein künstlich gemachtes Gerede es gern möchte. Jedes Blatt unserer Zeitschrift zeigt wol deutlich genug, wes Geistes Kinder wir sind. So schaffen und sorgen wir ruhig und rüstig weiter, wissen wir doch, daſs es Herzen genug giebt, welche unsern Tendenzen Beifall zollen und unsere Bemühungen gern und willig anerkennen.

Hugenotten-Litteratur.
(Von Prediger Lorenz in Prenzlau).

IV.

Die Werke Calvins haben hervorragende Bedeutung nicht nur, weil sie eine Hauptquelle für die Geschichte des groſsen Reformators und seiner Zeit sind, sondern besonders auch darum, weil sie sich auch heute noch für die praktischen Bedürfnisse der evangelischen Kirche mit groſsem Segen verwerten lassen. Wem es um Wachsthum in der Erkenntnis und um Erbauung aus dem göttlichen Worte zu thun ist, dem können die Werke Calvins, sowol seine Auslegungen biblischer Bücher wie seine tiefsinnigen dogmatischen Abhandlungen, aufs beste empfohlen werden als eine unerschöpfliche Fundgrube christlicher Wahrheit. Aus diesem Grunde sind wiederholt einzelne Werke Calvins übersetzt und bearbeitet worden, um als Erbauungsbücher für evangelische Christen zu dienen. Aus der Zahl solcher Bearbeitungen wollen wir hier nur hervorheben die folgenden von Herrn Dr. theol. Matthieu, Prediger der französisch-reformierten Gemeinde zu Angermünde, veröffentlichten Schriften:

17a. Johann Calvin: Vom Abendmahl des Herrn; in deutscher Übersetzung mit erklärenden Anmerkungen von Dr. Matthieu. Pasewalk, Brauno 1858.
  b. Die Bergpredigt unseres Herrn und Heilandes Jesu Christi, erklärt von Joh. Calvin, deutsch bearbeitet von Dr. Matthieu. Berlin, Sauvage 1863.
  c. Die Geburts- und Kindheitsgeschichte unseres Herrn und Heilandes Jesu Christi, erklärt von Joh. Calvin, deutsch bearbeitet von Dr. Matthieu. Cleveland, Ohio, Nord-America. Evang. reform. Buchverein. II. Aufl. 1877.

V.

Um Calvin, als den Hauptbegründer der französisch-reformierten Kirche, gruppiert sich eine gröſsere Anzahl von geschichtlichen Persönlichkeiten, seine Vorläufer und Lehrer, seine Beschützerinnen und Freunde, seine Mitarbeiter und seine Gegner, welche alle mehr oder weniger auf des Reformators Leben und Wirken Einfluſs geübt haben und deshalb unser Interesse in Anspruch nehmen. Auf diese Umgebung des Reformators führt uns einer der kundigsten Forscher und Kenner der Reformationszeit mit folgendem Werke:

18a. Jules Bonnet: récits du seizième siècle. Paris, Grassart 1864, auch deutsch erschienen unter dem Titel:
  b. Lebensbilder aus der Reformationszeit von Jules Bonnet, deutsch bearbeitet von Dr. Morschmann. Berlin, Reimer 1864.

In ansprechender Darstellung giebt dieses Buch folgende einzelne Lebensbilder: 1. Die letzten Lebenstage Fabry's von Etaples, des Lehrers von Calvin, in welchem Bilde zugleich die Königin Margaretha von Navarra, die edle Beschützerin der Hugenotten, und ihr Hof zu Nerac geschildert wird. 2. Calvin am Hofe zu Ferrara bei der Herzogin Renata von Este, der Mutter der aus Göthes Drama bekannten Prinzessin Eleonore; sodann Calvin auf der Flucht im Thale von Aosta. 3. Die häuslichen und freundschaftlichen Verhältnisse Calvins; in diesem Bilde werden besonders berücksichtigt Idelette de Buren, Calvins Ehefrau, ferner Carl von Jonvillers, sein treuer Sekretär, endlich Wilhelm Farel, Peter Viret und Theodor von Beza, seine vieljährigen Freunde und Mitarbeiter. 4. Das folgende Bild schildert das Leben und Sterben des evangelischen Spaniers Juan Diaz und damit zugleich die Beziehungen Calvins zum spanischen Protestantismus. 5. Das letzte Bild endlich macht uns bekannt mit der Familie Curione in Basel und läfst uns diesen edlen italienischen Verbannten lieb gewinnen, der — in jener Zeit ein seltenes Beispiel echt evangelischer Toleranz — sich gedrungen fühlte, für Servet gegen Calvin seine Stimme zu erheben.

Wer über die hier nur kurz angeführten, für die Geschichte der Hugenotten aber überaus wichtigen Persönlichkeiten sich noch genauer zu unterrichten wünscht, findet ausführliche Belehrung in folgenden Werken:

19. **Graf**: Jacobus Faber Stapulensis; ein Beitrag zur Geschichte der Reformation in Frankreich. Gotha, Perthes 1852.
20. **C. Schmidt**: *Gérard Roussel, prédicateur de la reine Marguerite de Navarra*. Strafsburg 1845.
21a. **Pressel**: Johanna von Albret, Königin von Navarra, Tochter der Königin Margaretha von Navarra. Berlin, Grieben 1868.
    Dieses Buch ist wesentlich nur eine freie Bearbeitung des französischen Werkes:
  b. **Th. Muret**: *Histoire de Jeanne d'Albret, reine de Navarre*. Paris, Grassart 1862.
22. **Renata**, Herzogin von Ferrara. Ein Lebensbild aus dem Zeitalter der Reformation. Mit Vorwort von W. von Giesebrecht. Gotha, Perthes 1869.
23. **Strack**: Renata von Este, mit Beziehung auf die Reformationsgeschichte Frankreichs und Italiens, sowie auf das Drama Torquato Tasso von Göthe, geschildert. Berlin, Wiegand und Grieben 1869.
24. **C. Schmidt**: Wilhelm Farel und Peter Viret. Elberfeld, Friderichs 1860.
25. **Junod**: *Farel, réformateur de la Suisse romande*. Neuchâtel 1865.
26. **J. Cart**: *Pierre Viret, le réformateur vaudois*. Biographie. Lausanne 1864.
27. **Heppe**: Theodor Beza. Leben und ausgewählte Schriften. Elberfeld, Friderichs 1861.

In betreff Farels sei hier noch darauf aufmerksam gemacht, dafs bei Gelegenheit seines dreihundertjährigen Sterbetages, den 13. September 1865, welcher in den reformierten Kirchen der Schweiz überall festlich begangen wurde, der bekannte Buchdrucker Dr. Fick in Genf ein fast verloren gegangenes Werk desselben, in der Form und mit den Typen des Originals wieder abdrucken liefs. Dieses interessante typographische Meisterwerk erschien unter dem Titel:

28. *Du vray usage de la croix de Jésus-Christ par Guillaume Farel, suivi de divers écrits du même auteur. Genève, imprimerie de Fick 1865.*

Gemeindesachen.

Der Bericht über die *École de charité* für das Jahr 1879 liegt uns vor und entnehmen wir aus demselben Folgendes: Die Anstalt zählt 81 Kinder, nämlich 47 Knaben und 34 Mädchen. (Hiervon von französischen Müttern 6 Kinder, sämtlich mit deutschen Namen; aus der Provinz 5.) Unter diesen 81 Kindern sind neu aufgenommen: 6 Knaben, 4 Mädchen. Es starben 2 Mädchen. Die Einnahmen betrugen Mk. 40142,96,[*]) (hierunter Zuschufs der Regierung mit Mk. 3820,78, Kollektengelder Mk. 150,56), Mk. 2337,01 mehr als 1878. Dagegen betrugen die Ausgaben: Mk. 37612,96 (hierunter zum Unterricht der Konfirmanden, für Schul- und Lehrzwecke Mk. 2426,60), Mk. 1030,02 mehr als 1878. „Die barmherzige Liebe unserer Voreltern", heifst es in dem Berichte, „hat die *École de charité* auch mit Kapitalien

---

*) Die Einrichtung des Einnahme-Kontos in dem Bericht hat mehrfach die irrtümliche Annahme verursacht, dafs die Zusammenrechnung falsch sei. Es sind aber nur die nummerierten Einnahmen 1—7 und dazu der Bestand von 1878 im Betrage von Mk. 1802,01 zu addieren, nicht aber der Bestand am 31. Decbr. 1879 mit Mk. 2530, dann ergiebt sich die Einnahme von Mk. 40142,96.

ausgestattet, deren Zinsen zum besten solcher männlichen Zöglinge verwendet werden dürfen, welche die Anstalt schon verlassen haben. So sind wir im Besitze des Don Favre, der alle 2 Jahr einem ehemaligen Zöglinge, der ein Handwerk gelernt hat, mehrere Jahre gewandert ist und sich eines guten Leumunds erfreut, Mk. 600 zur Etablierung eines eigenen Geschäfts bietet (ist 1879 vergeben worden). So haben wir den Don Böhme, aus dem besonders begabte Zöglinge zu ihrer weiteren Ausbildung unterstützt werden, und aus dem wir z. B. die Pension für solche Knaben zahlen, welche die Präparandenanstalt in Köpnick besuchen" (1879 sind aus dem Don Böhme Mk. 401,60 vergeben worden). Die Geschenke für die Anstalt sind reichlich geflossen: Zur Fahrt nach Potsdam Mk. 30, (mit Dampfschifffahrt auf der Havel, Besuch von Sanssouci; in dem Garten eines andern Wohlthäters wurden die Kinder mit Äpfeln und Blumen erfreut). Bücher, 161 Weihnachtsgaben, ein ausgeputzter Weihnachtsbaum. Puppen und Spielsachen für das *petit hôpital*, 50 Pfund Wurst, 1 Tonne Bier, Kuchen. Unter den gefeierten Festen wollen wir das eine nur erwähnen: die große Promenade nach Tegel. Auf 7, mit Fahnen geschmückten Kremsern fuhren die Kinder dahin; das schönste Wetter begünstigte sie, Spaziergänge in dem prächtigen Walde, zu Humboldt's Gruft, an den Tegeler See wurden gemacht, allerlei Spiele gespielt, mit der Armbrust nach einem Vogel geschossen und vor allem der festlichen Bewirtung alle Ehre angethan. Manche Glieder unserer Gemeinde hatten die gute alte Koloniesitte, dieses Kinderfest mitzufeiern, wieder in's Leben gerufen und freuten sich über den Anstand und das frische fröhliche Leben der Zöglinge. — Wir setzen die Schlußworte des Berichtes hinzu und wollen die in diesen ausgesprochene Bitte hiermit bestens unterstützen.

„Für entlassene weibliche Zöglinge unserer Anstalt sind durchaus keine Mittel zur Unterstützung vorhanden.

Und doch wird so oft um unsere Hilfe gebeten. Da ist eine Bonne, die sich Geld gespart hat, um sich zur Erzieherin auszubilden. Sie kommt nach Berlin, besucht das Lehrerinnenseminar, aber 3 oder 6 Monat vor dem Examen gehen ihre Ersparnisse zu Ende. Sie muß den Plan aufgeben und wieder eine Stelle als Bonne annehmen.

Da ist ein Mädchen unserer Anstalt, die schwerhörig ist, also wohl Schwierigkeiten haben dürfte, in dienender Stellung sich ihren Lebensunterhalt zu erwerben. Wir hätten ihr gern die Möglichkeit verschafft, zur Nätherin und Ausbesserin sich auszubilden. Zu diesem Zweck ward uns das Amalienstift empfohlen. Aber die Pension kostet monatlich Mk. 15, die wir nicht beschaffen können. So müssen wir sie also ihrem Schicksal überlassen.

Solche und ähnliche Fälle machen uns das Herz schwer und drängen uns, den lieben Gemeindegliedern die Sache vorzulegen und dabei das Josephswort ihnen in die Erinnerung zurückzurufen: „Gedenke meiner, wenn es dir wohlgeht, und thue Barmherzigkeit an mir!"

Es mag wohl manchen Kolonisten geben, der nicht abgeneigt wäre, für die Bedürftigen seiner Gemeinde etwas zu thun, wenn er nur wüßte, wo es am meisten not thut. Nun, er bringe uns sein Scherflein dar zur Gründung eines Don für entlassene weibliche Zöglinge der *École de charité*, und seine Gabe wird Segen bringen." —

Vermischtes.

Die „Réunion" begann mit Monat Mai ein neues Vereinsjahr (ihr dreizehntes). Ein Rückblick auf das vergangene Jahr giebt Zeugnis, wie treu die Réunion den ihr durch die Statuten auferlegten Pflichten nachzukommen bemüht gewesen ist. Die Sitzungsabende, zweimal im Monat, wurden durch ernste Besprechungen ausgefüllt. Das 100jährige Jubiläum der Schwedter Kirche gab Gelegenheit, der in arger Bedrängnis lebenden dortigen Gemeinde Glückwunsch und Teilnahme auszusprechen. Für die mit Januar 1880 wieder ins Leben getretene Zeitschrift: „Die Kolonie" bestimmte der Verein die notwendige Unterstützung. Die Bibliothek wurde durch Ankauf wertvoller, wissenschaftlicher Werke, wie sie für das Studium der kolonistischen Geschichte unentbehrlich sind, nach kräften vermehrt. An den Vortragsabenden — nur im Winter und einmal im Monat — hielten Vorträge, meist über kolonistische oder nahe verwandte Gegenstände, die Herren Beccard, Dr. Muret, d'Hargues jun. und Bonnell. Diese Vortragsabende, zu denen die ganze Familie Zutritt hat, waren vor allem fleißig besucht. Es hat sich die Sitte herausgebildet, nach den Vorträgen noch in geselliger zwangloser Unterhaltung sich eines längeren Zusammenseins zu erfreuen. Hier nähern sich die kolonistischen Familien zu traulichen Gesprächen, und es wird eine Vereinigung zu stande gebracht, die bei den räumlichen Schwierigkeiten unserer Grofsstadt sonst fast unmöglich wäre. Einmal im Monat feierte der Verein seinen sogenannten Familien-Abend, ein heiteres Fest mit Tanz, an welchem die Jugend zu ihrem Rechte kommt. Für diese Abende wählen wir im Winter ein gröfseres Restaurant (Deigmüller, Alte Jakobstr.), das zu dem betreffenden Abende dem Verein allein reserviert bleibt. Wie sonst immer, sind auch im letzten Winter durch unsere Familien Freunde und Verwandte zu diesen Vergnügungen als gern gesehene Gäste eingeführt worden. In den Sommermonaten, wo die Vortrags- und Familien-Abende ausfielen, vereinigten wir uns monatlich einmal mit unsern Familien in passenden Lokalitäten der schönen Umgebung unserer Hauptstadt. Einmal wählten wir Schöneberg als Ziel unseres Ausfluges, dann Moabit, an dessen neuem sehenswerten Parke wir uns erfreuten; ein anderes Mal noch führten uns Wagen bis nach Schildhorn an die grünen Ufer der Havelseeen. Im Juni 1879 feierte der Verein sein elftes Stiftungsfest zu Johannisthal mit Kremserfahrt, Abendtisch und Ball, Spiel und Musik im frischen duftigen Walde und fröhlicher Heimfahrt; zur Feier des Edictes von Potsdam vereinigte uns der November zu einem einfachen Abendtische. Die am 14. Mai stattgefundene Rechnungslegung der Réunion erwies ein durchaus günstiges Resultat. Als Vorstand für das Jahr 1880-81 wurden gewählt: Schul-Inspektor d'Hargues und Inspektor des Hospiz Becen als Vorsitzende, Oberlehrer Dr. Muret als Bibliothekar, Kanzlei-Rat Tifsot dit Sanfin und Fabrikherr Eger als Kassierer, Bureau-Assistent Guiard und Rektor Bonnell zu Sekretären des Vereins.

Am 5. April d. J. war es Frl. Klara Stender vergönnt, ihr 25jähriges Jubiläum als Erzieherin des Hospiz zu begehen. Die Damen und Herren der Direktion nahmen an der Feier teil, und Herr Prediger Doyé hielt die Festrede über das Wort der Schrift: „Weide meine Lämmer!" Die Verehrung, deren sich Fräulein Stender erfreut, gab sich in herzlichen Gratulationen kund. Wir haben uns diesen seiner Zeit angeschlossen und wünschen, dafs Fräulein Stender noch recht lange Freudigkeit und Lust des Berufes erhalten bleibe, wünschen ihr ein weiteres gesegnetes Wirken im Dienste unserer Gemeinde und zum Heil unserer Kinder im Hospiz.

Eben bei Beendigung dieser Nummer wird uns die Nachricht überbracht von dem nach langem Leiden erfolgten Abscheiden des Kaufmanns und Hoflieferanten Herrn Bellair. Wir teilen diese uns tief berührende Trauerbotschaft kurz mit und werden in dem nächsten Blatte einen Nekrolog des um die Réunion und um die Gründung dieser Zeitschrift hochverdienten Mannes bringen, dem in der Kolonie ein immerdar gesegnetes Andenken bewahrt bleiben wird.

Die Statistik der Berliner franz.-ref. Gemeinde.
Von Dr. Muret.

III. (Schlufs).

In den Jahren 1871 und 1872 ist ferner die Aufnahme von 17 Familien, ohne Angabe der Kopfzahl, verzeichnet.

	1867	1868	1869	1870	1871	1872	1873	1874	1875	1876	1877	1878	1879
Geburten	139	165	180	170	113	151	130	146					
Taufen									121	112	144	133	150
Todesfälle	158	151	135	174	186	185	138	125	149	107	165	125	143
Aufgenommene	58	50	43	64	17 Familien		36	?	?	?	49	32	26
Seelenzahl nach Angabe	?	6828	6847	6813	6730	6778	6822	6918	6963	6968	?	5870	6015
Seelenzahl nach Berechnung				6916	6907					6806		6996	7036	5903

Abgesehen von der erwähnten Lückenhaftigkeit dieser amtlichen Tabelle, zeigt dieselbe aber auch, wie ich schon für das Jahr 1879 nachgewiesen habe, viele Fehler. Ich möchte nur den auffallendsten derselben anführen. Da 1876 mit einer Seelenzahl von 6968 abschlofs, und den Angaben nach die Gemeinde 1877 einen Zuwachs von 28 Seelen erhalten hat, so müfste die für 1877 nicht angegebene Seelenzahl 6996 betragen, und wäre 1878 durch Zuwachs von 40 Seelen auch 7036 angewachsen. Statt dessen finden wir aber nur 5870 angegeben. Wo sind die fehlenden 1166 Gemeindeglieder geblieben?

Endlich noch einiges über die Gruppierung dieser amtlichen Angaben. Schon die erste Rubrik ist eine ziemlich bunte und nicht recht verständliche; sie lautet: *chefs de famille, femmes mariées, séparées ou célibataires* (Familienhäupter, verheiratete, geschiedene Frauen, unverheiratete Damen). Was versteht das Konsistorium hier erstens unter *chefs de famille?* Sind es nur die wirklichen Häupter einer Familie, d. h. die verheirateten Männer, oder gehören hierher auch eine Anzahl Unverheirateter? Sind es die mit gewissen Rechten ausgestatteten *chefs de famille* der Reglements, also auch die wählbaren und wahlberechtigten Gemeindeglieder? Und wenn das letztere der Fall sein sollte, nach welchem Princip findet der Übergang in diese Rubrik aus der Rubrik der *garçons majeurs* statt? Was sind ferner die *femmes célibataires* die unverheirateten Damen, und wann werden die *filles majeures* zu solchen? Ist z. B. eine ältere Dame, die als Wirtschafterin oder in einer sonstigen Stellung fungiert, eine *dame célibataire* oder eine *fille majeure*? Wie ist es möglich, alle hierher gehörigen vielfachen Fälle genau zu kontrollieren? Nun soviel möchten alle solche Fragen wol zeigen, dass diese Rubriken nicht klar angeben, was sie etwa angeben sollen. Wie ist es ferner trotz aller hingebenden Arbeit möglich, die Minorennen von den Majorennen genau zu scheiden? Schliefslich, welchen Wert haben alle diese viele Arbeit erfordernden Angaben, deren Richtigkeit man dennoch anzuzweifeln genötigt ist?

Nun zum Schlufs noch einen Wunsch. Für die Gemeinde und auch für den Geschichtschreiber würde es vollkommen genügen, wenn aufser den gesondert verzeichneten Taufen, Todesfällen etc. die statistische Übersicht nur enthielte:

    Männliche Gemeindeglieder: a) verheiratet:
                                b) unverheiratet:
    Weibliche Gemeindeglieder: a) verheiratet:
                                b) geschieden:
                                c) Witwen:
                                d) unverheiratet:
                                     Summa:

Ferner wäre es freilich erwünscht und wichtig, aufserdem noch die Zahl der *chefs de famille* zu erfahren, d. h. derjenigen Gemeindeglieder, die berechtigt sind, bei Gemeindeversammlungen, Predigerwahlen etc. ihre Stimmen abzugeben, die zur Verstärkung der Generalversammlung herangezogen werden, und als Mitglieder in das Konsistorium oder in die betreffenden Direktionen eintreten können; mit einem Worte: die wählbaren und wahlberechtigten Gemeindeglieder. Dazu ist aber erstens eine bis jetzt fehlende genaue Definition des Begriffes *chef de famille* erforderlich, und zweitens müfsten für diese Personen genaue Listen vorhanden sein, wie sie in den Réglements also vorgeschrieben sind: „Die Kompagnie muss mit einer vollständigen, alphabetisch geordneten Generalliste der Familienhäupter der Parochie versehen sein (R. I. 9 § 18). Es ist eine Generalliste sämtlicher Familienhäupter der Kolonie anzufertigen. In dieser Liste ist bei jeder Person zu verzeichnen, zu welcher Parochie sie gehört, und ob sie für den Dienst eines Ancien oder Ancien-Diarre geeignet ist oder schon in einem dieser Aemter der Kirche gedient hat (R. I. 10 § 6)." Ist eine solche Liste vorhanden, so wäre ja die gewünschte blofse Angabe der Gesamtzahl der *chefs de famille*, sogar parochienweis, eine sehr leichte.

Vereinsnachrichten der Réunion.

Freitag, 11. Juni: Sitzung. (Restaurant Gärtner, Mittel-Str. 65. 8½ Uhr Abends). Die Sitzung am 25. Juni fällt aus. — Ueber die Feier und Einrichtung des im Juni stattfindenden Stiftungsfestes wird den Mitgliedern besondere Nachricht zugehen.

Berichtigung von Irrtümern im Artikel: Das Hospital.

    p. 7 Zeile 24 von oben de Gruma statt de Grama.
    p. 13   „   2 von unten Pelloutier statt Pellontier.
    p. 24   „   4 von oben surveillant statt survaillant.
    p. 26   „   6 von oben Infirmerie statt Infirmerin.

Fragekasten.

Herrn P. T. hier. Sie fragen, wann die Rechnungslegung des französischen Konsistoriums für das Jahr 1879 stattfindet oder ob, wie verlautet, eine solche schon stattgefunden hat. Die Rechnungslegung für 1877 fand statt am 27. November 1878 (Kirchenzettel 45 und 46), die für das Jahr 1878 am 23. April 1879 (Kirchenzettel 14 und 15). Eine weitere Anzeige ist seitdem durch die Kirchenzettel nicht veröffentlicht; also wird die Rechnungslegung noch stattfinden. — Herr F. G. erinnert daran, dafs bei den öffentlichen Rechnungslegungen für die *École de charité* und das Waisenhaus die Gemeinde durch die betreffende Bekanntmachung nach dem Saale des Hospitals statt nach dem Hospiz bestellt sei. Es ist dies ein Irrtum im Kirchenzettel, der leider sechs Mal nach einander vorgekommen ist. Bei der Kürze der Zeit, die jene Rechnungslegungen in anspruch nehmen, kann es geschehen, dafs jemand, welcher erst fälschlich nach dem Hospitale geht, nach Schlufs der Rechnungslegung am richtigen Orte eintrifft. — Herrn Fr. Paul. Sie sehen aus dieser Nummer, wie schnell Ihr Wunsch sich erfüllt hat. Die gefällige Angabe über Ihre Aufnahme in die hiesige Gemeinde (1876) ist ein neuer Beweis für die in den Artikeln des Herrn Dr. Muret aufgestellte Behauptung, dafs die Statistik unserer Gemeinde nicht ganz zuverlässig erscheint.

Juli 1880.   IV. Jahrgang.

DIE KOLONIE.

Organ für die äusseren und inneren Angelegenheiten der französisch-reformierten Gemeinden.

Redigiert von W. Bonnell, Rektor in Berlin.

Erscheint monatlich einmal. Preis pro Quartal 75 Pf.

Abonnements werden angenommen bei W. Bonnell in Berlin N., Schwedter-Str. 257, und bei jeder Post-Expedition.

INHALT: Rudolf Bellair. — Noch ein Beitrag zur Geschichte des französischen Hospitals in Berlin. — Hugenotten-Litteratur von Prediger Lorenz in Prenzlau VI, 29—33. — Vermischtes. — Vereinsnachrichten.

Rudolf Bellair.

Die Geschichte des Menschen ist sein Charakter.
Goethe.

Der unerbittliche Tod hat ein reiches Menschenleben abgerufen. Am 26. Mai erlag Rudolf Bellair einem längeren schweren Leiden. In den besten Mannesjahren ist er dahin gerafft. Sein Heimgang wird nicht nur beweint und beklagt von seiner tief trauernden Familie, der Witwe und den Kindern; auch unsere Gemeinde hat einen schweren Verlust erlitten, und im engeren Kreise ist es die Réunion, welcher eine tiefe Wunde geschlagen ist. Die Reihen lichten sich. Auch wir haben einen edlen Mann begraben. Fest und unwandelbar war sein Charakter; freundlich und liebenswürdig sein Sinn; wohlthätig und stets zum helfen bereit sein Herz. Hoch in Ehren wird sein Andenken bei uns bleiben.

Die Geschichte des Menschen ist sein Charakter.

Rudolf Bellair wurde am 11. August 1823 in Danzig geboren. Er war der jüngste Sohn eines Beamten, sein Vater konnte ihm weiter nichts mitgeben als eine gute Schulbildung. Als 15jähriger Knabe verließ er seine Vaterstadt und trat in Berlin als Lehrling in ein Galanterie- und Kurzwarengeschäft ein. Nach Beendigung seiner Lehrzeit wurde er zum Militär ausgehoben und diente seine Zeit in Brandenburg ab. Hierauf kehrte er wieder ins Geschäftsleben zurück und conditionierte in verschiedenen Städten, überall seines Fleißes und seiner Rechtschaffenheit wegen geachtet.

Im Jahre 1848 folgte er einem Aufruf zum Eintritt in ein Freikorps für die Schleswig-Holsteinsche Armee und machte den ganzen Feldzug mit. Er erwarb sich in demselben durch seine Bravour das Verdienstkreuz und das Offizierpatent.

Pflichttreue und gerechter Sinn kennzeichneten ihn auch hier in seiner Stellung als Offizier und Rechnungsführer des 5. Jägerkorps. Als das Freikorps aufgelöst wurde, trat er in die preufsische Armee zurück und arbeitete noch einige Zeit bei der Intendantur. Er nahm seinen Abschied, um sein ferneres Fortkommen und sein Lebensglück in dem erlernten Fache zu suchen. Bei einem Besuche seiner Familie lernte er einen Kapitän kennen, der ihn als Begleiter nach London zur Weltindustrie-Ausstellung mitnahm, 1851. Dieser Schritt war für sein späteres Leben von grofser Bedeutung. Er erhielt in der Verwaltung der Ausstellung zunächst einen kleinen Posten, nachdem aber seine Fähigkeit und seine umsichtige Thätigkeit erkannt waren, bekam er eine Anstellung als Quartier-Chef. Hier erwarb er sich die Mittel, um nach beendigter Ausstellung zu seiner weiteren Ausbildung nach Paris zu gehen. Dann besuchte er Rom, wo sein grofses Interesso für die Kunst die reichste Nahrung fand. Er arbeitete in dem galvanoplastischen Kunstinstitut des Prof. Dr. Emil Braun. Von Rom zurückgekehrt, conditionierte er noch einige Zeit und etablierte sich in Berlin im Jahre 1854.

Dies ist in kürze der Gang und die Entwicklung des äufseren Lebens unseres teuren Entschlafenen. Nicht minder reich ist aber auch die innere Seite seines Lebens. Er war ein Mann der echten christlichen Gottesfurcht. Das Wol seiner Gemeinde, unserer französischen Kolonie war ihm Herzenssache. Er wurde zu den Ehrenämtern in derselben berufen und war im Anfang der 70er Jahre Ancien. — Als sich in der Gemeinde ein frisches, fröhliches Leben regte, aus dem die Gründung unserer Réunion hervorging, schlofs er sich mit ganzer Hingebung dem Bestreben unseres Vereins an, der jahrelang die Ehre hatte, ihn seinen zweiten Vorsitzenden zu nennen. Die Begründung unserer Zeitschrift „Die Kolonie" begrüfste er nicht nur mit Freuden, sondern auch äufsere Mittel gewährte er zu ihrer Förderung. Ueberall, wo die Zwecke des Vereins es erheischten, da spendete er gern und reichlich. Nachzurühmen hat ihm aber der Verein ganz besonders, dafs er in der Ungunst der Zeit treu und fest auch hier ein tapferer Kämpfer war und blieb.

Hoch in Ehren wird sein Andenken bei uns bleiben. d'H.

Noch ein Beitrag zur Geschichte des französischen Hospitals in Berlin.

In einer Reihe von Artikeln hat der Herr Dr. Muret den Lesern unserer Zeitschrift eine Geschichte des französischen Hospitals in Berlin vorgeführt, welche derselbe aus allen ihm zugänglichen Quellen, gedruckten, wie ungedruckten, mit grofser Sorgfalt zusammengestellt hat, und welche deshalb auch allseitig mit lebhaftem Interesse aufgenommen worden ist. Da aber der Herr Verfasser selbst an mehreren Stellen es beklagt hat, dafs seine Quellen nicht immer ausgereicht haben, um alle Einzelheiten festzustellen, so wird es unsern Lesern vielleicht nicht unwillkommen sein, wenn wir aus bisher unbenutzten Quellen hiermit noch einen kleinen Beitrag zur Geschichte des französischen Hospitals bringen.

Um die Mitte unseres Jahrhunderts, bis zum Jahre 1853, befand sich das Hospital in einem wenn auch nicht vernachlässigten, so doch sehr dürftigen Zustande; das Haus war alt und baufällig, die inneren Räume eng, eingewohnt und unansehnlich; auch die sogenannten Pensionaire waren dürftig gestellt; für Mitglieder der Kolonie, welche, aus den gebildeten Familien hervorgegangen, sich nach einer stillen Zufluchtstätte für ihr Alter sehnten, war das damalige Hospital in keiner Weise einladend; ein Fundations-Kapital war nicht vorhanden, die Unterhaltungskosten mufsten aus der allgemeinen Armenkasse gedeckt werden; den Gemeinde-Mitgliedern war ein Einblick in die Verhältnisse und Bedürfnisse des Hospitals völlig verschlossen, denn alljährliche Berichte über dasselbe wurden damals noch nicht veröffentlicht.

Den Wendepunkt zum Besseren bezeichnet der 7. Februar 1853. An diesem Tage beehrte die hochselige Königin Elisabeth von Preufsen die Wohlthätigkeits-Anstalten der Kolonie mit ihrem Besuche. Bei dieser Gelegenheit sprach die hohe Frau mit Recht ihre Verwunderung darüber aus, dafs, während den Waisenkindern der Kolonie eine ungewöhnliche Sorgfalt gewidmet würde, um ihnen eine frohe und für die Zukunft gesegnete Jugendzeit zu bereiten, für die hilflosen alten und kranken Gemeinde-Mitglieder verhältnismäfsig nur sehr dürftig gesorgt würde. Dieses ernste Wort wahrhaft landesmütterlicher Fürsorge war die erste Veranlassung zu der nunmehr glücklich durchgeführten Erneuerung des Hospitals, und deshalb soll der Name dieser hochherzigen Fürstin in der Geschichte unserer Anstalt nicht mit Stillschweigen übergangen werden.

Unter den Männern, welche damals die öffentlichen Angelegenheiten der Kolonie zu leiten hatten, war das Wort der Königin Elisabeth niemandem mehr zu Herzen gegangen, als dem verstorbenen Prediger Lorenz, zu jener Zeit Pfarrer an der Friedrichstadt-Kirche und Inspektor des *Séminaire de théologie*. Es darf in Wahrheit gesagt werden, dafs es hauptsächlich das Verdienst dieses Mannes ist, dafs jenes Wort nicht umsonst gesprochen blieb, sondern sich als ein kräftiger Anstofs zu neuer Lebensbethätigung in der Kolonie erwies. Im Jahre 1854 trat der Prediger Lorenz in den Vorstand des Hospitals ein mit dem festen Entschlusse und mit dem schon damals klar entworfenen Plane, nicht die vorhandene Anstalt in althergebrachter Weise nur notdürftig weiterzuführen, sondern sie von Grund aus zu erneuern und umzugestalten. Drei Aufgaben waren es, welche er als der Lösung dringend bedürftig bezeichnete: 1) einen vollständigen Neubau des Hauses, welcher allen Anforderungen unserer Zeit entspräche; 2) die Beschaffung einer ausreichenden Dotation der Anstalt zur Entlastung der Armenkasse; 3) die Erweiterung der Anstalt durch Errichtung eines Pensionates, in welchem Mitglieder der besseren Stände eine stille und angenehme Zufluchtsstätte für ihr Alter finden könnten.

Als der Prediger Lorenz mit diesem Plane hervortrat, stand er zunächst ganz allein, ja er mufste vielfach den heftigsten Widerspruch erdulden. Es war damals in der Kolonie eine ziemlich verzagte Stimmung weit verbreitet. Die Einnahmen hatten sich von Jahr zu Jahr verringert, die Ausgaben waren gestiegen, ein alljährlich sich vergröfserndes Deficit erweckte ernstliche Besorgnisse für den Bestand der Kolonie. Damals wurde als höchste Weisheit die Ansicht gepriesen, dafs die Kolonie sich einschränken müsse: „Man lasse einige Prediger-Stellen eingehen, man verkaufe eine oder zwei Kirchen, man lege sich auch sonstige Beschränkung bei allen Ausgaben auf, so allein sei der völlige Zusammenbruch zu vermeiden," — dies war die oft wiederholte Losung jener Tage. Dafs solche verzagte Stimmung durch die weitausschauenden Pläne des Prediger Lorenz, welche zunächst gradezu unausführbar erschienen, zum Widerspruch gereizt wurde, begreift sich leicht. Dieser aber liefs sich nicht irre machen. Wie er klar erkannte, dafs der Untergang der Kolonie unvermeidlich sei, wenn die Glieder derselben sich durch Verzagtheit zur Unthätigkeit verleiten ließen, so war es ihm feste Ueberzeugung, daß in der Kolonie noch viele geistige und materielle Lebenskräfte schlummerten, die nur geweckt und auf ein gemeinsames Ziel gerichtet sein wollten, um auch jetzt noch Neues zu begründen, das sich würdig den Stiftungen der Väter anreihte. In diesem Sinne wirkte er, und sein Wort zündete allmählich. In den beiden Sekretären des Hospital-Vorstandes, Dr. Tollin und Ober-Tribunalssekretär Heidenreich, fand er eifrige und hingebende Mitarbeiter. Bald war auch die General-Versammlung des französischen Konsistoriums so weit gewonnen, daß sie beschloß, von der hergebrachten Ordnung, wonach jeder Prediger nur e i n Jahr lang die Leitung der Hospital-Angelegenheiten führen sollte, zu Gunsten des Prediger Lorenz abzuweichen. Man überließ ihm den Vorsitz der Hospital-Kommission noch drei Jahre hindurch, um ihm so Gelegenheit zu geben, die Ausführbarkeit seiner Vorschläge praktisch zu beweisen. Nun galt es, die sämtlichen Gemeinde-Mitglieder zu gewinnen. Auf Antrag des Prediger Lorenz wurde vom Jahre 1855 ab am Gedächtnisfeste der Verstorbenen alljährlich eine Kollekte für das Hospital eingesammelt, bei welcher Gelegenheit die Bedürfnisse dieser Stiftung von den Kanzeln herab den Gemeinden an das Herz gelegt werden konnten. Auf seinen Antrag wurden an sämtlichen Kirchenthüren Büchsen befestigt zur Einsammlung von Gaben für das Hospital, wobei es nicht allein auf diese Gaben abgesehen war, sondern besonders auch darauf, daß allsonntäglich allen Gemeinde-Mitgliedern das Vorhandensein einer Anstalt ins Gedächtnis gerufen wurde, welche allein durch die opferwillige Liebe der Gemeinde erhalten und zu rechtem Gedeihen geführt werden konnte. Auf seinen Antrag wurde endlich beschlossen, alljährlich einen Bericht über das Hospital drucken zu lassen, durch welchen der Gemeinde von der weiteren Entwickelung dieser Anstalt fortlaufend Kenntnis gegeben werden sollte.

Die drei ersten Berichte über die Jahre 1855, 1856 und 1857 sind vom Prediger Lorenz verfaßt. Der erste sucht im allgemeinen das Interesse der Gemeinde zu wecken und betont die Notwendigkeit der Ansammlung eines Hospitalfonds; der zweite entwickelt ausführlicher den Plan für die durch Einrichtung des Pensionats in Aussicht genommene Erweiterung des Hospitals; der dritte Bericht meldet, — allerdings ohne das Datum genau anzugeben, — die thatsächlich Michaelis 1857 erfolgte Eröffnung der Abteilung für bevorzugte Pensionärinnen, die ausdrücklich als „erster Schritt zur Erneuerung des ganzen Hospitals" bezeichnet wird, er giebt auf Seite 6 und 7 die Aufnahme-Bedingungen für solche Pensionärinnen ausführlich an, und weist endlich nach, daß durch die Einrichtung dieses Pensionats nicht nur den Insassen desselben eine sehr dankenswerte Wolthat zugewendet, sondern auch dem Hospitalfonds eine Quelle erheblicher und sicher fließender Einnahmen eröffnet worden war.

Als der Prediger Lorenz mit Ablauf des Jahres 1858 die Leitung des Hospitals anderen Händen übergab, da durfte er mit Dank gegen Gott scheiden aus einer Stätte reich gesegneter Wirksamkeit. Ein Hospitalfonds war gegründet und in vier Jahren auf den Betrag von über einundzwanzigtausend Mark angewachsen; neben den alten Anstalten des eigentlichen Hospitals und des Krankenhauses war eine neue Stiftung, das Pensionat, ins Leben gerufen, und endlich war die völlige Erneuerung des ganzen Hospitals als eine festbeschlossene Sache in sichere Bahnen geleitet.

Seitdem sind zweiundzwanzig Jahre verflossen, ein langer Zeitraum für den einzelnen Menschen, aber eine kurze Spanne Zeit für den Bestand einer Gemeinde. Was im Jahre 1854 noch als unausführbarer Plan bekämpft wurde, heute steht es in schönster Wirklichkeit vollendet vor unsern Augen. Man hat in dem neuen Hospitale manchen Gönner und Förderer der Kolonie im Bilde verherrlicht oder bei der Einweihungsfeier mit Worten gepriesen; der verstorbene Prediger Lorenz ist weder im Bilde noch mit Worten berücksichtigt worden. Mag es darum sein; wir leben in einer schnell vergessenden Zeit, und jeder rechte Prediger weifs, dafs er seinen Lohn nicht auf Erden zu erwarten hat. — Die Mitglieder der Kolonie aber mögen aus diesem kurzem Beitrag zur Geschichte des Hospitals — dies ist der Zweck unseres Artikels — die Wahrheit entnehmen und beherzigen: Eine evangelische Gemeinde braucht an ihrem selbsteigenen Bestande nicht zu verzagen; so lange sie am Glauben fest und in der Liebe thätig bleibt, macht sie immer aufs neue die Erfahrung:

„Wir wissen, dafs unsre Arbeit nicht vergeblich ist in dem Herrn!"

Hugenotten-Litteratur.
(Von Prediger Lorenz in Prenzlau).

VI.

Den Übergang von den Freunden und Anhängern zu den Gegnern Calvins wollen wir machen mit Bonivard, dem durch Lord Byron's Dichtung berühmten Gefangenen von Chillon. Franz von Bonivard, Prior des am Thore von Genf gelegenen Klosters von St. Victor, mehr Humanist als wirklich gläubiger Reformierter, war in den Kämpfen der Stadt Genf mit dem Herzog von Savoyen in des letzteren Gefangenschaft geraten und mufste von den sechs Jahren seiner Haft die letzten vier in dem bekannten Pfeilergewölbe des Schlosses Chillon unter dem Wasserspiegel des Genfer Sees zubringen. Nach seiner Befreiung im J. 1536 kehrte er nach Genf zurück, woselbst er zum offiziellen Historiker der Reformation ernannt wurde und bis an sein Ende verblieb. Da er aber das Leben eines eingefleischten Epikuräers führte, so wurde er bald als das *enfant terrible* der Genfer Reformation angesehen und von der strengen Sittenpolizei des Konsistoriums fort und fort gemafsregelt, so einmal, weil er auf offener Strasse mit einem Sträufschen hinterm Ohr gesehen worden, ein andermal, weil er im Wirtshause mit dem Psalmenübersetzer Clément Marot eine Flasche Wein geleert und dabei Domino gespielt hatte. — Calvin verbot den Druck der von Bonivard ausgearbeiteten Geschichte, doch ist dieses Werk, sowie andere kleinere Schriften desselben Verfassers, durch Herrn G. Revilliod in Genf herausgegeben worden, und es verdienen, wenn wir von den mehr theologischen Abhandlungen absehen, besonders die folgenden Schriften eingehend studiert zu werden, weil sie von dem Leben und Treiben, von den Anschauungen und der Sprache der genfer Bürger zur Zeit der Reformation ein überaus anschauliches Bild liefern.

29a. Chroniques de Genève par François Bonivard, publiées par Gustave Revilliod. 2 vol. impr. par Fick, Genève.
    b. Advis et devis de l'ancienne et nouvelle police de Genève par Fr. Bonivard.
    c. Histoire de quatre Jacobins de Berne, hérétiques et sorciers, qui y furent brûlés, par F. Bonivard, publiée par G. Revilliod.

Dem Bonivard stehen innerlich in vieler Beziehung nahe die Libertiner, jene Mitglieder der Gegenpartei Calvins, welche als alte genfer Bürger sowohl aus politischen wie aus religiösen Gründen dem Franzosen Calvin und seinen Anhängern, meist französischen und italienischen Flüchtlingen, durchaus feindlich gesinnt waren. Diese Libertiner haben fleifsige, fast leidenschaftliche Verteidiger gefunden in den beiden genfer Gelehrten Galiffe, Vater und Sohn, deren auf die Geschichte Genfs und Calvins bezüglichen Werke derjenige nicht unberücksichtigt lassen darf, der ein völlig unparteiisches Urteil über die Geschichte der französischen Reformation gewinnen will. Wir führen hier als besonders wichtig nur an von dem Sohne Galiffe, Professor in Genf:

30a. Besançon Hugues, libérateur de Genève, par Galiffe.
   b. Quelques pages d'histoire exacte, soit les procès criminels intentés à Genève en 1547 pour haute trahison contre Ami Perrin, ancien sindic, conseiller et capitain général de la république et contre son accusateur Laurent Maigret dit le magnifique, suivis de quelques considérations sur l'état des partis politiques et religieux sous Calvin: les Calvinistes français, les Libertins et de l'historique de la défaite de ce dernier parti en 1555.
   c. Nouvelles pages d'histoire exacte, soit le procès de Pierre Ameaux, suivi de nouveaux éclaircissements sur l'état des partis religieux et politiques sous Calvin.

Diese Schriften sind zunächst in den „mémoires de l'Institut national genevois" erschienen, sodann aber auch schon ins Deutsche übertragen worden. Die zuletzt genannte Schrift von Galiffe führt uns auf den berühmtesten Gegner Calvins, den als Ketzer verbrannten, unglücklichen Michael Servet, mit dessen Prozess auch Galiffe sich beschäftigt. Die äußere Geschichte des Lebens und des Todes von Servet war auch bisher schon ziemlich genügend bekannt; eine gründliche Darstellung seines Lehrsystems so wie seines Charakters fehlte bisher gänzlich. Früher mußte man sich begnügen mit Werken wie die folgenden:

31. Mosheim: Versuch einer unparteiischen und gründlichen Ketzergeschichte. Band II.: Geschichte des Michael Serveto. Helmstädt 1746—1750.
32. Trechsel: Die protestantischen Antitrinitarier. Heidelberg 1844.

Daß diese Werke aber keineswegs genügend und erschöpfend, sondern durchaus oberflächlich waren, ist erst klar zu Tage getreten durch die wirklich erschöpfenden Schriften des Prediger H. Tollin, zur Zeit Pfarrer der französisch-reformierten Gemeinde zu Magdeburg. Mit hingebender Liebe und unermüdlicher Ausdauer hat Tollin das Leben und die Werke Servets zum Gegenstand langjähriger Studien gemacht und dann in einer ganzen Reihe von Schriften, die zwar äußerlich getrennt, innerlich aber ein zusammenhängendes Ganze bilden, eine nach allen Seiten erschöpfende Darstellung von Servets Leben, Lehre und Charakter gegeben. Nun erst erkennen wir Servet als einen Calvins würdigen Gegner, und der traurige Prozess in Genf wird zu einer großartigen weltgeschichtlichen Tragödie. Nach Tollins Darstellung ist Servet der Vorläufer und Vertreter der modernen Theologie. Wie weit dies zutrifft, und besonders wie weit überhaupt Servets Ansichten vor den klaren Aussprüchen des göttlichen Wortes bestehen können, dies läßt sich so leicht nicht entscheiden, und wir meinen, daß auch durch Tollins erschöpfende Darstellung der Lehre Servets nach dieser Seite hin die Akten des Prozesses noch nicht geschlossen sind. Aber selbst wenn Servet in mancher Beziehung geirrt hätte, so ist ihm doch unzweifelhaft ein schweres Unrecht geschehen, denn auch der irrende Mensch, so lange er ein aufrichtig suchender ist, hat ein göttlich verbürgtes Anrecht auf sanftmütige und schonungsvolle Behandlung. Jac. 5, 19. 1 Thess. 5, 14. Hätte nun ein lutherischer Forscher es unternommen, das dem Servet angethane Unrecht durch eine späte Ehrenrettung zu sühnen, so wäre zu befürchten gewesen, daß solche Ehrenrettung Servets zu einem Pamphlet gegen Calvin ausgeartet wäre; Tollin hat sich darin als echter Reformierter erwiesen, daß er bei aller Liebe für Servet die schuldige Pietät gegen Calvin allezeit aufs beste gewahrt hat. — So begründen denn die Schriften Tollins eine neue Epoche in der Auffassung Servets; dem Verfasser aber haben sie den Ruhm eines gründlichen und unparteiischen Forschers auf dem Gebiete der Kirchengeschichte eingetragen, und mit Recht sind einzelne dieser Schriften ins Französische, Englische, Ungarische und Schwedische übersetzt worden.

Indem wir die kleineren Abhandlungen, welche meist in wissenschaftlichen Zeitschriften veröffentlicht wurden, übergehen, nennen und empfehlen wir hiermit die folgenden ausführlichen Schriften:

31a. Tollin: Das Lehrsystem Michael Servets genetisch dargestellt. Bd. I—III. Gütersloh 1876—1880.
   b. Tollin: Charakterbild Michael Servets. Berlin, Habel 1876.
   c. Tollin: Luther und Servet. Berlin, Mecklenburg 1875.
   d. Tollin: Melanchthon und Servet. Berlin, Mecklenburg 1876.
   e. Tollin: Butzer und Servet. Berlin, Mecklenburg 1880.

Vermischtes.

(Auf eine Anfrage). Ueber die Entstehung des Namens Moabit schreibt Nicolai 1786 (I, 58): „Das Moabiterland ist eine Reihe Häuser (dieselben sind im Hypothekenbuche des Amtes Mühlenhof verzeichnet, und stehen unter dessen Jurisdiktion) an der Spree hinter den Pulvergebäuden, 238 Ruthen lang, und mit den dazu gehörigen Gärten 32 Ruthen breit. Die ersten Gebäude wurden schon unter Friedrich I. errichtet, hernach wurden hier auf Befehl König Friedrich Wilhelms für die Franzosen Häuser erbaut, um den Seidenbau darin zu treiben. Es wohnten auch Arbeits- und Ackerslente daselbst. Jetzt sind aufserdem daselbst Landhäuser verschiedener Privatpersonen. Wegen des sandigen Bodens, der nachher durch Kultur so sehr verbessert worden ist, nannten die Franzosen diesen Platz aus Spott *la terre maudite* oder *Terre des Moabites*. Dies der Ursprung des Namens.

Aehnlich äufsert sich Fidicin (Berlin historisch und topographisch dargestellt 1852; p. 112—113). Derselbe schreibt noch ebendaselbst: „Jenseit Moabit liegt ein kleines Vorwerk, Martiniken oder der Rhabarberhof genannt. Der erste Name entstand unter dem früheren Besitzer, der Petitmartin, auch Martinchen genannt wurde. Rhabarberhof liefs es, seitdem Friedrich II. mit einigen seiner Lieblingspferde eine Rhabarberkur daselbst vornehmen liefs. Hier sollen die ersten Kartoffeln bei Berlin gebaut sein."

Die französische Kolonie unter König Friedrich Wilhelm I von Preufsen 1713—1740. Man kennt die Abneigung dieses Monarchen gegen alles Französische. Solche zu seinen Zeiten einzig dastehende Eigentümlichkeit machte in den ersten Jahren seiner Regierung die in den brandenburgischen Landen wohnenden Réfugiés auch wirklich besorgt um ihre Existenz und den Fortbestand der vordem erhaltenen Privilegien. Einige Familien der Uckermark wanderten damals nach Dänemark aus, wo bei Fridericia die Gründung einer französischen Kolonie versucht werden sollte. Der König befürchtete mit recht aus einer Fortsetzung dieser Gährung Nachteilo für seine Staaten und bestrebte sich ernstlich, die aufgeregten Gemüter zu beruhigen. Durch Patent vom 9. März 1719 ernannte er ein Kollegium unter dem Namen des „*grand directoire*" oder „*Conseil français*", „welcher für das allgemeine Wol der Kolonieen sorgen, die Stellen besetzen, die Gnadengehalte austeilen und den Handel und die Manufakturen, kräftiglich unterstützen sollte." 1720 erneuerte er alle von seinen Vorfahren den Réfugiés erteilten Privilegien, ja, dehnte sie sogar auf diejenigen aus, welche sich noch ferner in seinen Staaten niederlassen würden, versicherte die Réfugiés seiner besonderen Gnade und erklärte, sie in allen ihren Rechten schützen zu wollen. Durch solche Mafsnahmen wurde die Aufregung bald gestillt, und die Folgezeit bewies, dafs die Réfugiés an ihm einen wolwollenden und gütigen Beschützer hatten. Den Pensionsétat der Geistlichen erhöhte er auf 15000 Thaler; 1721 stiftete er die Stettiner, 1723 die Potsdamer Kolonie. In der Berliner Gemeinde förderte er 1726 den Bau der Klosterkirche, 1727 der Kirche in der Köpenicker Vorstadt, 1733 der Hospitalkirche. Bei der Erteilung von Lieferungspatenten für die Armee wurden die Réfugiés begünstigt. Der Einweihung der Kirche in der Klosterstrafse wohnte er in eigener Person bei. Er liebte es, die Gärten, welche die Réfugiés in dem Köpenicker und Frankfurter Viertel angelegt hatten, zu besuchen. In seine Regierung fällt auch die Stiftung des Waisenhauses; der König gab zu dem Bau Materialien, Holz und Kalk. In der Kochstrafse überwies er Platz und Baumaterialien mit einer ansehnlichen Summe Geldes, um ein Wohnhaus für die französischen Prediger-Witwen zu errichten. Dieses Haus wurde später für 5000 Thaler verkauft und die Zinsen, nach Abzug der von dem Konsistorium gemachten Vorschüsse, unter die darum nachsuchenden Prediger-Witwen verteilt.

Urkunde über die Wiederaufnahme eines Réfugié in die Kirche 1689. Nicht allen treuen Bekennern des Evangeliums gelang es, bei Aufhebung des Edikts von Nantes die Grenzen gewinnen und die Freiheit des Glaubens retten zu können. Unter dem Drucke einer unbarmherzigen Bedrängnis beugten sich viele der Gewalt und bekannten äufserlich mit dem Munde, was ihrem Herzen doch immerdar fremd blieb. Wem dann nach Jahren noch Flucht und Rettung glückte, streifte in der Fremde bald die lose Hülle des römischen Bekenntnisses wieder ab, um sich dem Glauben und der Kirche der Väter wieder anzuschliefsen. Ein solcher Wiedereintritt in das reformierte Bekenntnis geschah freilich nicht, ohne dafs die Konsistorien die Sachlage geprüft, Ableistung eines neuen Gelübdes gefordert, Kirchenbufse für den Abfall vom reinen Glauben auferlegt hätten. Die Rücksicht auf die Verhältnisse, unter denen der Abfall durchgesetzt worden, wird wol den Wiedereintritt nicht zu sehr erschwert haben. Daß es aber ohne einige Züchtigung selten abging, beweist manches Beispiel. 1701 kam Jaques Dufour, 1674 in Languedoc geboren, nach Halle an der Saale. Auch er gehörte zu denen, welche sich in der Heimat der katholischen Lehre angeschlossen. Als er nun hier in Halle seine Wiederaufnahme in die Kirche nachsuchte, mußte er zunächst am ersten Weihnachtstage 1700 öffentlich Kirchenbuße thun.

Im „*Bulletin de la société de l'histoire du protestantisme français*," finden wir Band 4, Seite 3 (Jahrgang 1856) ein Zeugnis reformierter Geistlichen über den Wiedereintritt eines jungen Mannes in die Kirche der Väter, das wir in Uebersetzung wiedergeben. Der ganze Passus lautet also:

„Ein Prediger der französischen Kirche zu Berlin, einer unserer Mitarbeiter, Herr Andrić, hat uns folgendes Schriftstück übermittelt. Er erhielt es von einem Abkömmlinge desjenigen, den es betrifft. Es ist ein Zeugnis der Wiederaufnahme in den Schoß der Kirche, ausgefertigt für einen neu bekehrten und reuigen Réfugié, und lautet also:

Z e u g n i s.

Die Unterzeichneten, französische Prediger und zur Zeit als Flüchtlinge in Helvetien lebend, beurkunden, daß Pierre Fraissinet, Kaufmann aus Montagnac in Nieder-Languedoc, 20 Jahr alt, vom hohem Wuchs und hellblonden Haaren, wegen der Verfolgung Frankreich verlassen hat, um in der Fremde Gott dienen zu können mit Freiheit des Gewissens, und um die Sünde wieder gut zu machen, welcher or sich schuldig bekennt, indem er mit dem Munde und aus Menschenfurcht unsere heilige Religion verleugnete. Er hat, so lange er in diesem Lande wohnt, Reue und Buße bewiesen, und ist in den Schoß der Kirche wieder aufgenommen worden, nachdem er das Gelübde abgelegt, in unserem Glauben zu leben und zu sterben. Darum empfehlen wir ihn der Gnade Gottes und dem Wolwollen unserer Brüder.

Geschehen zu L a u s a n n e , den 17/27 Mai 1689.
(Folgen die Unterschriften von 4 Predigern.)

Eine Notiz aus Stettin vom 15. December 1847 besagt, daß obiges Zeugnis bis zu diesem Zeitpunkte sich im Besitze eines Herrn F. H. Fraissinet befand."

Das französische Hospiz hier in der Friedrichstr. 129 setzt sich zusammen aus drei vordem von einander getrennten Anstalten, der École de charité, dem Waisenhaus und dem Kinderhospital. Letzteres, auch petit hôpital genannt, gehörte früher zum Hospital und lag auch auf dem Grundstücke desselben. Das Waisenhaus war vordem in der Charlottenstr., Ecke der Jägerstr., die École de charité aber mit den Knaben in der Jägerstr., mit den Mädchen in der Klosterstr. Seit 1844 sind alle drei Anstalten in demselben Raume vereinigt. Die verschiedenen Zöglinge (des Waisenhauses, der École de charité) erhalten dieselbe Erziehung und Schulbildung, gleiche Nahrung und Kleidung, sind äußerlich weder getrennt noch von einander zu unterscheiden. Die Direktionen aber der Anstalten bestehen noch heute für sich und verwalten ihre Kapitalien gesondert. Die Aufnahmebedingungen sind für jede der Anstalten verschiedene. Zur einheitlichen Leitung der Gesamtanstalt ist eine General-Direktion geschaffen worden. Wir haben also in dieser einzigen Anstalt drei gesonderte Direktionen. — Es ist mithin nicht richtig, das Hospiz kurzweg als Waisenhaus zu bezeichnen, wie es häufig genug geschieht. Die oben angegebene Gliederung aber ist nicht allen Kolons bekannt, und wir sind eben zu diesem Artikel veranlaßt worden, weil das in voriger Nummer mitgeteilte Referat über den Bericht der École de charité für 1879 eine Aufrage bei uns über jene Anstalt verursacht hat. In dem dem letzten Kommunalblatte beigegebenen Verwaltungs-Bericht der städtischen Schul-Deputation pro 1879 finden wir angegeben S. 1 unter Elementarschulen, Anmerkung 3, c, auch folgende: Schule für beide Geschlechter im Kinderhospital der franz. Gemeinde. Das Kinderhospital hat bis dato keine Schule, höchstens wol eine Spielschule, wenn man die unschuldige Beschäftigung der kleinen Bursche und Mädchen einmal so nennen will. Es ist wol die Schule des Hospiz gemeint. Die Einrichtung desselben erscheint also auch in behördlichen Kreisen nicht einmal klar erkannt.

Vereinsnachrichten der Réunion.

Die Sitzungen im Juli fallen aus; die nächste Sitzung findet am 27. August statt.

Am 16. Juli unternimmt der Verein eine Landpartie; näheres bei Herrn Eger, Krautstr. 38/39.

Am 14. August Familienzusammenkunft bei Gratweil in der Hasenhaide.

August 1880.   IV. Jahrgang.

DIE KOLONIE.

Organ für die äusseren und inneren Angelegenheiten der französisch-reformierten Gemeinden.

Redigiert von W. Bonnell, Rektor in Berlin.

Erscheint monatlich einmal. Preis pro Quartal 75 Pf.

Abonnements werden angenommen bei W. Bonnell in Berlin N., Schroeder-Str. 217, und bei jeder Post-Expedition.

INHALT: „Die Liebe ist des Gesetzes Erfüllung." Ein Tag aus dem Leben unseres Hospiz. — Das theologische Seminar der französisch-reformierten Gemeinde zu Berlin. Von Dr. Muret. — Die reformierte Gemeinde in Leipzig. III. Die Begründung 1. — Vermischtes. — Vereinsnachrichten.

„Die Liebe ist des Gesetzes Erfüllung."
Ein Tag aus dem Leben unseres Hospiz.

Warm und heiter scheint die Sonne am Morgen des 30. Juni d. J. vom wolkenlosen Himmel hernieder. Eben schlägt es 7 Uhr, und aus dem Hause grofse Friedrich-Strafse No. 129 treten zwei Scharen nett und sauber gekleideter Kinder. Lustig flattern im leichten Morgenwinde die weifsen Schürzen der Mädchen, und weithin leuchten die hellen Turnanzüge der Knaben. — Es sind die Zöglinge unseres lieben Hospiz. Aber wohin denn schon so früh? — Nun, die Liebe, die ja nimmer aufhört, sie feiert auch heut wieder ein Fest. —

Vielen, aber wol nicht allen Gliedern unserer Gemeinde ist es bekannt, dafs die grofse Güte und Freigebigkeit des Herrn Rechnungsrats Gain nun schon zum sechsten Male den Kindern unserer Anstalt die Mittel zu einer Fahrt nach Potsdam gewährt. — Wir begleiten also die Zöglinge auf ihrem Wege zum Bahnhofe. Munter schreiten sie zu; denn das Herz ist leicht und der Magen nicht leer. Erstes und zweites Frühstück ist bereits verzehrt, und ein tüchtiges Butterbrot in der Tasche trägt noch zum gröfseren Behagen bei. — Wir haben die eigentliche Stadt schon hinter uns, und ein prächtiger Weg, bepflanzt mit Linden, die in ihrem reichen Blütenschmucke einen köstlichen Wolgeruch ausströmen, führt uns zum Bahnhof. Hierselbst empfängt uns Herr Inspektor Beccu, der vorausgeeilt war; die Herren Prediger Doyé, Cazalet, Barthélemy, Frl. Klasse, Ehrendame der Anstalt, Frau Inspektor Beccu, Frl. Esperstedt, Haushälterin des Herrn Gain, sowie sämtliche Lehrer und Erzieher der Zöglinge nehmen ebenfalls an der Partie teil. — Nun besteigen Kinder und Erwachsene die Wagen; die Signalglocke ertönt zum dritten Mal, und fort braust der Zug. — Kaum glaubt man die Reise begonnen, und schon sind wir in Potsdam. Die Zöglinge ordnen sich paarweise, und wir begeben uns nach der langen Brücke. — „Ah, da ist schon unser Schiff!" tönt es aus aller Munde. Ja, der Dampfer liegt bereits vor Anker und qualmt uns aus seinem mächtigen Schlot ein warmes Willkommen entgegen. Unter Freude und Jubel besteigen die Kinder das Fahrzeug; die Erwachsenen lassen sich noch schnell ein Butterbrot, vielleicht auch einen kühlen Trunk munden, und: — „Auf, Matrosen, die Anker gelichtet!" Anfangs geht die Fahrt langsam; jetzt aber arbeitet die Maschine mit voller Kraft; majestätisch fliegt der Dampfer dahin. Zu unserer Rechten und Linken entrollt sich ein reizendes Panorama. Hier lugt aus dem saftigen Grün das liebliche Babelsberg hervor; dort läßt uns ein Durchblick die Schönheiten von Glienicke ahnen; weiterhin taucht aus den Fluten die Kirche von Sakrow empor, und dort wieder winkt die stille, lauschige Bucht von Moorlake zur Einkehr. Wir schiffen bei der Pfauen-Insel vorüber, befahren den mit reizenden Villen bekränzten Wann-See und machen so eine Lustfahrt von mehreren Stunden. Von Zeit zu Zeit richtet einer der Mentoren einige erläuternde Worte, die Umgebungen betreffend, an die Zöglinge, oder es ertönt ein munteres Lied. Mittlerweile ist es 11½ Uhr geworden; unsere Zeit ist abgelaufen, und wir landen rechts von der Meierei. Bedächtig, fast ängstlich, oder trippelnd, polternd und lachend — je nach der Last der Jahre, wird das schwankende Brett überschritten, das uns zu Lande führt. Glücklich sind Alle hinüber, und nun geht's den Pfingstberg hinauf, um sich von dort aus des wundervollen Rundblicks zu erfreuen. — Im „Elysium", einem Gasthofe am Fuße besagten Berges, ist das Essen für uns schon lange bereitet worden. Da prangen auf einem Tische sechs Tienen mit den köstlichsten Kirschen, dazu 130 der zartesten Blumensträußchen. Jedes Kind und alle Erwachsene erhalten ein Bouquet, und die Kirschen sollen den Zöglingen nach dem Kaffee schon schmecken. Aber wer ist denn der Geber solcher Herrlichkeiten? Die Liebe und wieder die Liebe in der Menschenbrust. — Frau Professor Du Bois Reymond, die in der Nähe des Pfingstberges ihre Besitzung hat, und durch deren Gärten wir bei den vorjährigen Potsdamer Partieen geführt, und bei welcher Veranlassung die Kinder stets mit Früchten und Blumen beschenkt wurden, sie war auch diesmal die liebevolle Spenderin der lieblichen Gaben. — Doch nun zu den reichlich bestellten Tafeln! Herr Prediger Doyé spricht das Tischgebet, und Jung und Alt greift tapfer zu, denn — „Seeluft zehrt". Muntere Scherze würzen das Mahl; der Ton ist ein gehaltener, aber durchaus ungezwungener. Herr Prediger Cazalet bringt in kurzen, inhaltreichen Worten einen Toast auf seine Majestät den Kaiser aus, und aus den frischen Kehlen der Jugend tönt ein Hoch, das unser vielgeehrter Landesvater auf seinem schönen Babelsberg hätte hören müssen, wenn er sich gegenwärtig daselbst aufhielte. Die Mahlzeit schließt mit einer Ansprache des Herrn Prediger Barthélemy. Derselbe feiert in schlichten, herzgewinnenden Worten das Andenken an den Urheber des heutigen Freudentages, den Herrn Rechnungsrat Gain; ein donnerndes Hoch Aller ist die Erwiderung darauf. —

Unmittelbar nach Tisch brechen wir wieder auf und begeben uns, Sanssouci durchschreitend, nach dem „neuen Palais." Auf Vermittelung des Hofmarschall-Amtes geruhte Seine kaiserliche Hoheit, der Kronprinz, den Zöglingen und übrigen Teilnehmern der Partie eine Besichtigung der Prunkgemächer seines Palastes zu gestatten. Der Kastellan führt uns, die nötigen Erklärungen gebend, durch die wunderbar schönen Räume, geheiligt durch das Andenken seines ersten Besitzers, des großen Friedrich. Im Muschelsaale, dem Gipfelpunkte alles Schönen und Kunstvollen besagten Palastes, angekommen, wird uns die überraschende und erfreuende Meldung, daß Seine kaiserliche Hoheit beabsichtige, die Anwesenden persönlich zu begrüßen. Ein elektrischer Funke läuft durch die Versammlung; die Zöglinge werden zum Gesange aufgestellt, und kaum ist intoniert, so tritt auch schon der hohe Herr ein. In huldvollster und herablassendster Weise redet Seine kaiserliche Hoheit mit den einzelnen Persönlichkeiten, läfst sich von Knaben und Mädchen einige Lieder: „Heil Dir im Siegerkranz" — „Où peut-on être mieux?" — „Alles schweige, jeder neige" u. s. w., vorsingen und richtet noch einige leutselige Worte an die Kinder. —

Wir machen nun noch, von einem Hofgärtner geführt, einen Gang durch die zum Palais gehörenden Gärten und kommen endlich um 5 Uhr bei der Station Wildpark an. Grofse und Kleine sind erschöpft; denn es ist heifs, und das Sehen und Bewundern macht müde. Aber nur einige Augenblicke Geduld. Da winken schon Kuchenkörbe! Flinke Hände greifen hurtig zu; Bretzeln werden verteilt; die Kellner bringen den Kaffee; Jung und Alt läfst sich nieder und nun wird der dampfende Mokka, diese Freude jedes deutschen Herzens, geschlürft. Bald kommen auch die oben erwähnten Kirschen an die Reihe, und nicht wenig trägt der Genufs derselben zur Erhöhung der jugendlichen Stimmung bei. Nach dem Vesper ergehen sich die Kinder nach ihrem Gefallen; sie singen, bekränzen sich Hüte und Mützen, oder bringen die Überreste von Kuchen und Obst in Sicherheit. Aber — „scheint die Sonne noch so schön — einmal mufs sie untergehen!" Wir rüsten zum Aufbruch. Dort braust auch schon der Zug heran; ein kurzes Durcheinander, noch ein Tücherschwenken, ein jauchzendes Lebewohl, und fort gehts nach Berlin. Auf der Rückfahrt wird tüchtig, so recht aus Herzenslust, gesungen, überhaupt das Erlebte noch einmal durchgelebt; manch Köpfchen freilich sinkt schon seitwärts. Schlafe ruhig, kleines Menschenkind, das Ankunfts-Signal wird dich schon erwecken. —

Es ist nach 9 Uhr abends; das Hospiz birgt wieder alle seine Insassen; betritt im Geiste die Schlafsäle, lieber Leser; ruhig athmend, vielleicht träumend von dem Vergangenen findest Du die jugendlichen Schläfer. Einen schönen Tag haben sie gefeiert; die Liebe hat ihnen solchen verschafft, und die Erinnerung an die in heitrer Jugendlust verlebten Stunden wird ein freundlicher Begleiter bleiben ein ganzes langes Jahr hindurch. O, die ihr da draufsen in der bewegten, geschäftigen Welt einherwandelt, kaum mögt ihr ermessen, wie wohl unseren lieben Zöglingen ein solcher Tag der Freude, der Abwechselung thut; ja, „die Liebe ist des Gesetzes Erfüllung."

Schlaft ruhig denn, ihr kleinen Burschen und Mädchen, träumt von all den Schönheiten, welche ihr heut geschaut und erfahren; und wenn ihr morgen erwachet, dann frisch wieder an die Werktagsarbeit. Wie heute, so allezeit hütet und pflegt euch die Liebe, die Liebe, welche sich der Waisen, der Armen und Verlassenen annimmt, und von der es in unserer teuren Kolonie heifst: „Sie höret nimmer auf."

Das theologische Seminar der franz.-reform. Gemeinde zu Berlin.
Dr. Muret.

Das Bestehen der einzelnen franz.-reformierten Gemeinden, ja der Kolonie überhaupt, ist eng verknüpft mit dem Vorhandensein von kolonistischen Geistlichen. Diese Überzeugung hat der Verein „Réunion" schon vor vielen Jahren ausgesprochen, und nach ihr hat er seine Kraft eingesetzt, als es sich um die Verminderung der Berliner Geistlichen handelte, wenngleich diese Überzeugung als ideal und unpraktisch bekämpft wurde. Nun, die damals im entgegengesetzten Lager, besonders in den Kreisen des französischen Konsistoriums, vertretene Ansicht, daſs durch das Schicksal der auswärtigen Gemeinden dasjenige der Berliner Gemeinde nicht berührt werde, die ja durch die grofsartigen Stiftungen und ihren Besitz allein gesichert sei, diese Ansicht scheint in der letztern Zeit wankend zu werden, und mehrfache Anzeichen sprechen dafür, daſs man auch in diesen Kreisen einzusehen beginnt, daſs der Verfall der Provinzialgemeinden der Anfang vom Verfall der Berliner Gemeinde ist, und daſs dahin gestrebt werden müsse, letztere mit kolonistischen Geistlichen zu versorgen.

Die Lösung dieser Frage steht in enger Verbindung mit dem hiesigen theologischen Seminar, von dem Herr Pred. Lic. Tollin in der Februarnummer der Kolonie sagt: „Ohne Séminaire giebt es bald keine Kolonie-Prediger mehr." Ob der Mangel an Zöglingen dieser Pflanzstätte von Kolonie-Geistlichen in der vielleicht nicht mehr zeitgemäſsen Organisation und Leitung dieser Anstalt begründet ist, wie vielfach verlautet, oder ob das Ziel, Kolonie-Geistliche heranzubilden in einer anderen Weise, etwa durch einen Stipendienfonds, besser zu erreichen sein möchte, das bedarf einer eingehenderen Beleuchtung, hier mag vorerst folgen, was ich von der Entwicklung dieser Stiftung habe in Erfahrung bringen können.

Die jungen Leute, die sich dem geistlichen Stande widmen wollten, erhielten im vorigem Jahrhundert, nachdem sie auf dem hiesigen Collège vorgebildet waren, ihre theologische Weiterbildung durch die Geistlichen der Gemeinde. Ihr Studiengang und die abzulegenden Prüfungen wurden durch ein Reglement vom 13. Nov. 1736 (Mylius C. C. M. VI. 618) geordnet. Diese Verordnung bildet die Grundlage des Kapitels 4, Abschnitt II. der Reglements (1791), welches von den Proposants und Kandidaten handelt. Die Änderungen, welche dieses Kapitel notwendigerweise erfahren haben muſs, sind leider, wie viele andere Änderungen in der 1876 vom franz. Konsistorium veranstalteten deutschen Ausgabe der Reglements nicht angegeben. Die Mittel zu dieser Amtsvorbereitung wurden durch die Renten eines von dem Herrn d'Horguelin zu diesem Zwecke gestifteten Kapitals von 1000 Thalern und aus einem jährlichen königlichen Zuschuſs von 50 Thalern bestritten. Mit dieser Einnahme wurde zur Zeit der Prediger Bocquet entschädigt, für den Unterricht in der Theologie und Kirchengeschichte, womit er vom Könige betraut worden war.

Die Mängel dieser Vorbereitung der Geistlichen veranlaſste das franz. Konsistorium auf einen Plan des Oberkonsistorialrates d'Anières, die Gründung eines theologischen Seminars betreffend, einzugehen. Nachdem es sich mit den Presbyterien der Provinzialkolonieen in Verbindung gesetzt hatte, um einen Beitrag zu den Kosten des Unternehmens zu erlangen, wurde die Angelegenheit den Familienhäuptern vorgelegt, und von diesen angenommen. Die auswärtigen Gemeinden hatten sich bereit erklärt, nach Kräften zu diesem wichtigen Unternehmen beizusteuern. In dieser Hinsicht finden wir besonders erwähnt die Gemeinden von Magdeburg, Stettin, Halle, Frankfurt a/O. und Angermünde. Nachdem nun auch die Einwilligung des Oberkonsistoriums erfolgt war, und man die Leitung der neuen Anstalt dem damaligen Direktor des Collège, dem Oberkonsistorialrat Erman anvertraut hatte, konnte das Seminar durch eine feierliche Eröffnungsrede des letzteren, die auch im Druck erschienen ist, in der Werderschen Kirche am 5. Juli 1770 mit 3 Zöglingen eröffnet werden. „Es verbanden sich zwar, wie es in der Biographie Erman's von Cate 1804 heiſst, die Prediger der franz. Gemeinde gemeinschaftlich zum Unterricht der Seminaristen; allein Unterricht, Mühwaltung, Verantwortlichkeit und das tausendfache

Heer der kleinen namenlosen, mit jedem Tage zurückkehrenden Details, ruhte bald allein auf Erman's Schultern! —

Im Jahre 1772 ist die Zahl der Zöglinge schon 9, und im Jahre 1786 sogar 13, wie aus nachstehenden Angaben Nicolai's (Beschreibung von Berlin etc. II, 749) hervorgeht: „Mit dem franz. Gymnasium ist seit 1770 ein theologisches Seminarium verbunden, dessen Absicht es ist, Geistliche für die franz. Kolonieen in des Königs Staaten zu erziehen. Es werden junge Leute von 12 Jahren und darüber darin aufgenommen, entweder umsonst, oder für eine mäfsige Pension; die Pensionen sind zwischen 40 und 80 Thaler. Im Jahre 1784 trugen dieselben 680 Thaler ein, und die Kosten des Seminars waren 750 Thaler. Den Rest schiefst das Konsistorium zu. Die jungen Leute wohnen in dem dazu gewidmeten Teil des franz. Kirchenhauses auf dem Werder, unter beständiger Aufsicht, speisen auch daselbst. Sie nehmen an dem Unterricht im Gymnasium Anteil, und bekommen aufserdem besonderen unentgeltlichen Unterricht von 3 Predigern in den ihnen nützlichen und nötigen Wissenschaften. Sie bleiben im Seminarium, bis sie zu Predigern berufen werden. Die Anzahl ist jetzt 13. Jährlich wird eine Relation vom Séminaire in 4° gedruckt und umsonst ausgeteilt. Die Direktoren dieser Anstalt werden von dem franz. Konsistorium ernennet. Sie bestehen aus angesehenen Personen der Kolonie, sowohl weltlichen als geistlichen Standes. Einer derselben ist der Oberkonsistorialrat Erman, unter dessen besonderer Aufsicht die Seminaristen stehen, und der daher auch in dem Hause wohnt. Es ist beim Seminarium auch eine Bibliothek von ungefähr 2300 Bänden."

Zu dieser Mitteilung Nikolai's wäre zu bemerken, dafs unter den erwähnten Direktoren die Kommission für das Seminar zu verstehen ist, welche nach den Reglements (I, Kap. 35, § 9 No. 113) aus zwei Predigern, einem Ancien und einem Ancien-Diacre, so viel es thunlich ist, wissenschaftlich gebildeten Männern, und zwei gleichfalls wissenschaftlich gebildeten Familienhäuptern bestehen soll. Ob diese Kommission heute noch besteht und wie sie zusammengesetzt ist, vermag ich nicht anzugeben, da, wie in den Reglementszusätzen (Regl. 1876 p. 291) vom Konsistorium angeführt wird, ein neues Reglement für das Seminar unter dem 11. Februar 1856 von der General-Versammlung bestätigt worden ist. Dasselbe soll nach jener kurzen Bemerkung aus 3 Teilen bestehen, von denen der erste in 22 Paragraphen das allgemeine Reglement, der zweite in 16 Paragraphen die Instruktion für den Inspektor des Seminars und der dritte in 12 Parapraphen die Hausordnung enthält.

Warum, fragen wir wohl nicht mit Unrecht, ist dieses neue Reglement vom Jahre 1856 nicht vorschriftsmäfsig abgedruckt und so der Gemeinde veröffentlicht worden, da doch das 1876 schon seit 20 Jahren veraltete Reglement für das Seminar in aller Ausführlichkeit übersetzt ist und im Abdruck 7 volle Druckseiten einnimmt? Wie kommt ferner die General-Versammlung dazu, ein neues Reglement für das Seminar zu bestätigen, da die § 1—6 ohne Zustimmung der zusammenberufenen *chefs de famille* nicht geändert werden durften? Ob dies neue Reglement die Bestätigung des Königlichen Provinzial-Konsistoriums gefunden hat, wird ebenfalls nicht mitgeteilt.

Ferner in bezug auf die von Nikolai erwähnte Bibliothek möchte erstens die angegebene Zahl der Bände zu berichtigen sein. Der Gründer und erste Verwalter der betreffenden Bibliothek, der Oberkonsistorialrat, schreibt über dieselbe in der von ihm bei Gelegenheit des zweihundertjährigen Bestehens der Berliner Gemeinde verfafsten Jubelschrift: „Auf Grund einer Aufforderung an die Familienhäupter und Gelehrten dieser Hauptstadt, das Seminar mit Büchern zu beschenken, die ihm nützlich sein könnten, ist eine Sammlung entstanden zahlreicher und gewählter, als man hoffen konnte. Die Zahl der Bände beträgt schon ungefähr 4000."

Seitdem sind 108 Jahre verflossen, und die Bibliothek, welche bedeutende litterarische Schätze und Seltenheiten enthalten soll, und jedenfalls Alles, was in bezug auf die Koloniegeschichte gedruckt worden ist, enthält, leider aber der weiteren Benutzung unzugänglich ist, wird sicherlich in dieser langen Zeit durch Geschenke und Ankäufe gewaltig angewachsen sein. Existiert über dieselbe ein sorgfältiger Katalog, und in welcher Weise hat das Konsistorium bisher ihren Bestand kontrolliert?

Nach dem ursprünglichen Statut des Seminars durften nur junge Leute nach zurückgelegtem zwölften Jahre aufgenommen werden, die sich selbst oder die ihre Eltern für das Predigeramt bestimmt hatten. Die Aufnahme geschah nach gründlicher Prüfung durch die General-Versammlung, und der Vorgeschlagene mufste wenigstens zwei Drittel der Stimmen für sich haben. Die Zahl der Zöglinge war auf 15 beschränkt. Dieselben wurden entweder von dem Institut vollständig erhalten, oder sie hatten eine bestimmte Pension zu zahlen. Für die Studien- und Haus-Ordnung war ein ausführliches Reglement entworfen. In § 9 No. 15 derselben heifst es: Diejenigen, welche unentgeltlich die Wolthat des Seminars bis zum Alter von 18 Jahren genossen haben, und in welchen sich Talente und glückliche Anlagen für das Predigeramt bemerkbar machen, müssen sich feierlich verpflichten, den Kirchen in den Königlichen Landen vorzugsweise vor denen fremder Länder zu dienen oder das Seminar zu verlassen. — Auch diese Verpflichtung ist wol verändert worden, da ja unter Umständen, wenn der Betreffende eine deutsche Stelle annimmt, eine Rückzahlung der verursachten Unterhaltungs- und Verpflegungskosten verlangt wird.

Mit der Gründung der Universität zu Berlin 1810 trat eine neue Epoche für das Seminar ein; denn seit dieser Zeit müssen die Zöglinge ihre Studien auf der Universität absolvieren, bevor sie zum theologischen Examen zugelassen, und zu einem Amte befördert werden. Die Aufgabe des Inspektors besteht seit der Zeit wol nur in der Überwachung der jungen Leute und in der Leitung der Studien derselben. Auch erhalten die Zöglinge noch besonderen französischen Unterricht.

Die Einnahmen des Seminars waren im Jahre 1876: die Zinsen des Grundkapitals von 23100 Mk. à 4% im Betrage von 924 Mk., ein jährlicher Regierungszuschufs von 300 Mk., aus dem königlichen Stipendienfonds 150 Mk., Beiträge auswärtiger Gemeinden etwa 100 Mk.; also im Ganzen 1474 Mk., wozu noch etwaige Rückzahlungen traten.

Als Ausgaben waren pro 1876 angenommen:

    Die Erhaltung von 3 Zöglingen à 880 Mk. . . . 2640 Mk.
    Wohnungsmiete . . . . 450 „
    Prediger Tournier für den französischen Unterricht 144 „
    Prediger Cazalet für das Inspektorat . . . . . 600 „
                                           3834 Mk.

Hiernach hat in dem fraglichen Jahre jeder der 3 Zöglinge 1278 Mk. gekostet; bei nur einem Zöglinge würden sich die Unterhaltungskosten für denselben sogar auf 2074 Mk. erhöhen; ja wenn kein Zögling vorhanden ist, so würden die Ausgaben für Wohnung und Inspektorat immerhin noch 1050 Mk. betragen, also fast die ganzen Einnahmen des Seminars aufzehren.

Die reformierte Gemeinde in Leipzig.

III. Die Begründung.

1. Je weiter wir Kirchhoffs Darstellung folgen, desto deutlicher treten die Schwierigkeiten hervor, mit denen die werdende Gemeinde um ihre Existenz gegen Unduldsamkeit und Mifsgunst zu ringen hatte. Es ist zu verwundern, dafs die „reformierten Kaufleuthe in Leipzig" nicht dennoch schliefslich an dem Gelingen verzweifelten. Die Stimmung des Kurfürsten freilich war ihnen nicht ungünstig; diesem aber, der bei seiner Krönung als König von Polen zum Katholizismus übergetreten war, waren durch die ständische Verfassung die Hände gebunden. Ob Papist, ob Calvinist, nichts von alledem sollte in dem lutherischen Sachsen Fufs fassen, und dazu hafste man die Reformierten noch viel mehr wie die Katholischen. — Einem Günstlinge des Fürsten, dem Grofs-Kanzler Grafen von Beichlingen, fiel das Loos zu, zwischen den wolwollenden Absichten seines Monarchen und den Wünschen der Reformierten zu vermitteln. Dazu kam die Hilfe einer Baronin von Rechenberg, einer ehemaligen Favoritin Augusts, nun im Gefolge des Grofskanzlers, und das Geldbedürfnis eines verschwenderischen Hofes, der sich mit dem nordischen Kriege (gegen Schweden unter Karl XII.) in furchtbare Lasten gestürzt sah. Als Beichlingen 1700, im September, in Leipzig anwesend war, um bei einheimischen und fremden Kaufleuten Gelder aufzutreiben, liefs er den Reformierten andeuten, „dafs eine Willfahrung seines Ansinnens das Mittel zur Erlangung freier Religionsübung sein würde." Da brachten 13 reiche Mitglieder der Gemeinde (Seite 63 seines Werkes nennt Kirchhoff die Namen) ein Geschenk — anständiger Weise Darlehen genannt — von 7000 Thl. zusammen, das wol gänzlich in Beichlingens Tasche geflossen ist. Als Gegenleistung wünschte man: „Gestattung des Gottesdienstes in einer Stuben, bis dafs sich ein Platz ermitteln lasse, auf dem die Petenten auf eigene Kosten ein Kirchlein erbauen und erhalten könnten, das Recht der freien Wahl von reformierten Predigern, wogegen die Zahlung der Stolgebühren an die lutherische Geistlichkeit versprochen wurde, aufserdem noch die Gewährung eines besonderen Platzes auf dem Gottesacker und die Gestattung der Beerdigung ihrer Toten daselbst." Im Vertrauen auf die Versprechungen des damals allmächtigen Günstlings wählte die kleine Gemeinde ihren ersten Prediger, Pierre Butini aus Genf, der schon im December 1700 in Leipzig eintraf. Vorläufig war dessen Wirksamkeit eine höchst beschränkte und durchaus private; denn die Verhandlungen mit Beichlingen hatten nur den Wert von Präliminarien, deren Bestätigung durch den Landesherrn und vor allem durch die Stände aufsergewöhnlich lange auf sich warten liefs. Endlich, doch erst im Spätsommer 1701, erfolgte ein kurfürstliches Dekret, welches „die meisten der vorgetragenen Bitten gewährte, die Religionsübung jedoch ausdrücklich auf eine private beschränkte, das Recht zu Trauungen nur bewilligt, wenn beide Teile reformierte wären, und dieselbe Beschränkung bei Taufen auferlegte." Es heifst in diesem Dekrete: „Wir haben den reformierten Kaufleuten in Leipzig das privatum exercitium religionis reformatae kraft dieses dergestalt verstattet, dafs dieselben auf ihre Unkosten einen oder mehr reformierte Prediger annehmen, durch solche die Trauungen, wenn beide Teile reformierte, verrichten, auch solchen Falls die Kinder taufen, Patienten besuchen, und insgemein den Gottesdienst mit Predigen, Singen und Beten, Ausspenden des heiligen Nachtmahls und anderen geistlichen Verrichtungen ungehindert exercieren lassen mögen, jedoch dieses alles also, dafs es nicht publice, sondern in einem Pri-

vathause geschehen, auch den Stadtgeistlichen an ihrer Gebührnis hierdurch nichts genommen, sondern denselben von allen Taufen, Hochzeiten, Begräbnissen und dergleichen das Gehörige zugleich entrichtet werde. Wie wir denn auch gnädigst zufrieden sind, dafs ihnen gegen gebührende Abfindung ein gewisser Platz auf dem Gottesacker zugewiesen und dahin die Toten, obgleich nicht mit den sonst gewöhnlichen Leichenprocessionen und Ceremonieen, dennoch in Begleitung zweier oder dreier Kutschen der nächsten Anverwandten zu begraben nachgelassen werde. Wir befehlen gnädigst, ihr wollet hierzu die benötigte fernere Verfügung ergehen lassen, damit solches alles zu Werke gerichtet, die Supplikanten auch im übrigen bei ihrem Handel und Gewerbe ruhig gelassen und geschützet, auch sonsten ungewöhnlich nicht gravieret werden mögen." Zu diesem letzteren Passus des Dekrets (wir finden es vollständig unter den Beilagen, VI S. 392) macht Kirchhoff die Bemerkung: „eine Zusicherung, die erst 1767 unter Aufwendung schwerer Kosten zur vollen Wahrheit geworden ist."

Vermischtes.

Das Berl. Tageblatt schreibt in No. 324. Ein hundertjähriges Jubiläum. Heute, am 14. Juli, sind hundert Jahre verflossen, dafs der Grundstein zu dem Turme des auf dem Gendarmenmarkte sich erhebenden französischen Doms gelegt wurde. Der Hauptmann v. Gontard hatte nach Friedrichs des Grofsen eigener Idee die Risse sowohl zu diesem, als auch zu dem Turme der nahegelegenen deutschen Kirche gezeichnet und den Bau bis zum 28. Juli 1781 geführt, an welchem Tage nicht allein dieser Turm Risse bekam und einzustürzen drohte, sondern auch der Turm der deutschen (Neuen) Kirche wirklich einstürzte. Unger vollendete dann den Bau beider Türme. Der Hauptplan ist von den beiden Marienkirchen auf dem Platze del Popolo in Rom genommen, nur dafs die hiesigen Türme noch mit runden Säulengängen versehen wurden. Der Bau wurde 1785 beendigt. Die Zierraten an dem Turme sind von Sartori und Föhr nach Chodowieckis und Rodes Entwürfen ausgeführt. Die ganz oben auf der Kuppel stehende 15 Fufs hohe, von Kupfer getriebene und vergoldete Figur stellt die triumphierende Religion dar; sie tritt mit einem Fufse auf einen Totenkopf, hält in der Linken das Evangelium und in der Rechten einen Palmzweig. Die Figur ist nach Melchior Kamblys Angabe von dem Klempnermeister Joh. Heinr. Hühler in Potsdam gearbeitet, und von diesen Beiden sind auch die Rosetten an der Kuppel. An der oberen Figur geht ein, nach Achards und Herzs Angabe, vom Schmiedemeister Reichard verfertigter Blitzableiter hinunter. — Was nun die Feier der Grundsteinlegung selbst betrifft, so berichtet darüber die „Vossische Zeitung" vom Sonnabend, 15. Juli 1780, kurz Folgendes: „Gestern Morgen wurde der Grundstein zur Erbauung des neuen Kirchturms der französischen Kirche auf der Friedrichstadt, welche Se. Majestät der König zur Verzierung der Kirche auf Höchstdero eigene Kosten bauen lassen, von zwei Kindern des französischen Waisenhauses, unter Direktion der Herren Kirchenvorsteher mit den dabei gewöhnlichen Formalitäten gelegt. Der hiesige Graveur, Herr Koppin, hat zum Andenken dieser Feierlichkeit eine Medaille in Elfenbein auf Schiefergrund, und zwar mit so vieler Kunst verfertigt, dafs sie den Beifall aller Kenner verdient. Des Künstlers Lob wird dadurch um so mehr erhoben, weil er diese Medaille umsonst verfertigt hat. Die Abbildung davon ist von Herrn Professor Krüger in Kupfer gestochen und wird zum Besten der Armen verkauft." — Ein Exemplar dieser Denkmünze wird noch in der Sakristei der Kirche bewahrt.

Vereinsnachrichten der Réunion.

Am 14. August Familienzusammenkunft bei Gratweil in der Hasenhaide.
Freitag, 27. August: Sitzung. (Restaurant Gärtner, Mittel-Str. 65. 8½ Uhr Abends).

September 1880. IV. Jahrgang.

DIE KOLONIE.

Organ für die äusseren und inneren Angelegenheiten der französisch-reformierten Gemeinden.

Redigiert von W. Bonnell, Rektor in Berlin.

Erscheint monatlich einmal. Preis pro Quartal 75 Pf.

Abonnements werden angenommen bei W. Bonnell in Berlin N., Schönedier-Str. 257, und bei jeder Post-Expedition.

INHALT: Die französisch-reformierte Kolonie-Gemeinde Parstein von Dr. Matthieu. — Kirchenbufse von Lic. Tollin. — Hugenotten-Litteratur von Prediger Lorenz in Prenzlau VII, 32—37. — Vermischtes. — Gemeindesachen. — Vereinsnachrichten.

Die franz.-reform. Kolonie-Gemeinde Parstein.*)
Von Dr. theol. et philos. Matthieu.

Die französische Kolonie-Gemeinde zu Parstein datiert nach den Kirchenbüchern ihren Ursprung vom Jahre 1691, wo etwa 30 Flüchtlingsfamilien, namentlich aus dem Hennegau und aus der Pfalz, sich in Parstein und den benachbarten Ortschaften Lüdersdorf, Oderberg, Bölkendorf, Neukünkendorf, Gellmersdorf und Brodowin niederliefsen und, wie es scheint, auch alsbald zu einer Kirchengemeinde zusammenschlossen. Die Parsteiner Gemeinde war verhältnismäfsig klein, und mag es vielleicht diesem Umstande mit zuzuschreiben sein, dafs dieselbe in der ersten Zeit keinen eigenen Pfarrer hatte. Bis zum Jahre 1706 wurden die geistlichen Amtshandlungen von dem Prediger Pélorce zu Angermünde und zum geringeren Teil von dem Pfarrer Reignier zu Grofs-Ziethen verrichtet. Die zu taufenden Kinder wurden sogar meist, trotz der immerhin nicht unbeträchtlichen Entfernung von ca. 1½ Meilen, nach Angermünde gebracht, woraus wohl geschlossen werden kann, dafs die Gemeinde Parstein in den ersten Jahren ihres Bestehens auch noch keinen eigenen regelmäfsigen Gottesdienst gehabt hat.

Der erste Pfarrer der Gemeinde war
de la Charrière, von 1706—1715.

Es folgten demselben:
Louis Fabri, 1715—1738;
Bovet, 1739—1740; (seitdem in Gramzow);
Blanboy (Blanbois), 1741—1747; (nachher in Neu-Haldensleben);

---

*) Parstein, Dorf in der Uckermark, zwischen Angermünde und Oderberg gelegen. In der Nähe der grofse Parsteiner See.

Benjamin Barthélemy, 1748—1754; (am 4. August durch den Angermünder Prediger Humbert introduziert; hielt seine Antrittspredigt über Philipp. IV, 13; — 1754 nach Strasburg in der Uckermark versetzt);

Auguste Jassoy, 1755—1783; (hielt seine Antrittspredigt am 2. Februar über I. Thess. V, 23; gestorben am 7. October 1783);*)

Jean Samuel Violet, 1785—1794; (am 21. August durch Prediger Tourte in Angermünde in Vertretung des erkrankten Predigers Théremin zu Gramzow eingeführt; 1794 nach Angermünde versetzt);

Pierre Chrétien Violet, 1794—1797; (hat sich am ersten Pfingstfeiertage, 8. Juni, selbst introduziert);

Heidenreich, 1798—1800; (am 10. Juni durch Pfarrer Centurier in Grofs-Ziethen installiert; 1800 nach Stargard berufen);

G. Centurier, 1803—1810; (am 11. Juli durch seinen Vater unter Assistenz seines Schwagers, des Predigers Violet in Battin introduziert; 1810 nach Bergholz versetzt);

de la Pierre, 1811—1814; (nachmals Pfarrer in Battin);

H. Violet, 1817—1821.

H. Violet, der letzte ortsangesessene Pfarrer von Parstein, mufste wegen Gemütskrankheit seine Funktionen einstellen und wurde zunächst von seinem Vater, dem Prediger J. S. Violet im Amte vertreten. Nach dem im Jahre 1832 erfolgten Tode des Letzteren wurde dann Pfarrer Violet jun., da seine Krankheit inzwischen von den Aerzten für unheilbar erklärt worden, mit einer jährlichen Pension von 140 Thlr. emeritiert und die Seelsorge der Gemeinde Parstein, weil nach Abzug des Emeriten-Anteils das noch übrig bleibende Pfarrgehalt zur Besoldung eines Adjuncten nicht hinreichte, dem Pfarrer Souchon zu Angermünde unter Assistenz des Predigers Ammon zu Grofs-Ziethen übertragen. Diese Einrichtung ist auch unter den Nachfolgern Souchon's und Ammon's bis zu dem erst im Jahre 1867 im französischen Hospiale zu Berlin erfolgten Tode des Emeritus H. Violet beibehalten worden. Im Jahre 1869 hat darauf die Vereinigung der Gemeinde als *mater conjuncta* mit der französisch-deutsch-reformierten Parochie Angermünde-Schmargendorf stattgefunden.

Ihren Gottesdienst hielt die Gemeinde nachweislich seit dem Jahre 1706, wie es noch heute geschieht, in der Kirche der deutsch-evangelischen Ortsgemeinde, und scheint derselbe lange Zeit hindurch sich einer fast allgemeinen Teilnahme erfreut zu haben. Wenigstens war die Zahl der Abendmahlsgäste eine geradezu beträchtliche. Dieselbe belief sich noch um die Mitte des vorigen Jahrhunderts, bei einer Seelenzahl von ungefähr 160, auf jährlich 250—300, im Jahre 1753 auf 366, etwa das Dreifache der heutigen Kommunikanten bei ziemlich gleicher Seelenzahl, wobei allerdings in Betracht zu ziehen ist, dafs die früher zweimalige Abendmahlsfeier zu Ostern, zu Pfingsten, im Herbst und zu Weihnachten in neuerer Zeit auf eine nur einmalige in jedem Vierteljahr beschränkt worden ist. Es wurde übrigens sonntäglich Vormittags in Parstein gepredigt, später überdies Nachmittags katechesiert, und waren die Gemeindeglieder in den umliegenden Ortschaften (Annexen) wie noch heute angewiesen, sich nach Parstein zur Kirche zu begeben.

---

*) Prediger Jassoy wurde 1762 nach Stargard berufen, nahm den Ruf auch an und hielt am 31. Oktober seine Abschiedspredigt über II. Cor. II, 14, wie das Protokollbuch besagt. Seltsamerweise ist er aber schon im Juni 1763 wieder Pfarrer in Parstein, nachdem inzwischen Prediger Humbert in Angermünde die Pfarrgeschäfte verwaltet hatte. Was ihn nach so kurzer Zeit bewogen, die Stelle in Stargard aufzugeben und nach Parstein zurückzukehren, ist aus den Akten nicht ersichtlich.

Das Consistoire der Gemeinde bestand außer dem Pfarrer als Vorsitzendem aus vier Anciens, drei für Parstein und einen für Lüdersdorf. Dasselbe übte, wie aus den Sitzungs-Protokollen hervorgeht, strenge Kirchenzucht und ließ sich außerdem insbesondere die Armenpflege angelegen sein. Die gewährten Unterstützungen waren freilich verhältnismäßig nur gering, da die Armenkasse lange Jahre hindurch kein Kapital-Vermögen besaß, und das Presbyterium mithin lediglich auf die nach den Gottesdiensten sowie bei kirchlichen Amtshandlungen eingehenden milden Gaben angewiesen war, die bei der Armut der meisten Gemeindeglieder*) immerhin nur spärlich einliefen. Auch wurden aus der Armenkasse noch andere kirchliche Bedürfnisse, wie Reparaturen am Pfarrhause u. dgl. bestritten. Gegenwärtig besitzt die genannte Kasse ein Vermögen von nahezu 3000 Mk. in Hypotheken und festverzinslichen Staatspapieren. — Die Zahl der Anciens ist auf drei (zwei für Parstein und einen für Lüdersdorf) herabgesetzt.

An kirchlichen Grundstücken besaß die Parsteiner Kolonie ehedem ein Pfarrhaus (frühere Kossäthenstelle) nebst Wöhrde (Feld, Acker) von 2 Morgen 91 ☐Ruthen Flächen-Inhalt, und außerdem ein Küsterhaus, in welchem sich außer der Wohnung des Kantors die französische Schule befand. Letzteres ist, als im Jahre 1821 die Verschmelzung der reformierten mit der lutherischen Ortsschule erfolgte,**) für 400 Thlr. verkauft und der Erlös mit Genehmigung der Königl. Regierung zu Potsdam der kirchlichen Armenkasse einverleibt worden. — Das Pfarr-Etablissement ist im Jahre 1871, nach Vereinigung der französischen Parochieen Parstein und Angermünde zu einem Pfarrsystem, für 843 Thlr. veräußert und die Kaufsumme unter Zustimmung der Gemeinde dem in Angermünde anzusammelnden Fonds behufs künftiger Beschaffung eines Pfarrhauses für den gemeinschaftlichen Prediger überwiesen worden. Seitdem hat die Kolonie in Parstein keine kirchlichen Grundstücke mehr. — Der Kirchhof ist wie das Kirchengebäude***) simultan.

Die Unterhaltung des Pfarrhauses hat übrigens, wie die Akten ergeben, wiederholentlich zu Streitigkeiten und Ärgernissen Anlaß gegeben, da manche Gemeindeglieder sich weigerten, zu den Kosten desselben ihren pflichtmäßigen Beitrag zu entrichten und es erst auf Klagen bei den vorgesetzten Behörden und auf Zwangsmaßregeln ankommen ließen. Bezeichnend ist in dieser Beziehung ein Bericht des Pfarrers Blanbois und der Anciens Jean Becar, Mercier und Lorent an den König vom 20. Januar 1747, dessen Inhaltsangabe folgendermaßen lautet: „*Rapport que le Pasteur et les anciens de l'Eglise Françoise de Parstein font au Roi des scandales qui règnent dans la dite Eglise, avec la très-humble demande, que Sa Majesté y remédie et leur accorde en même tems vingt écus des reliquats pour la maison pastorale, dont l'entretien a depuis longtems occasionné des désordres scandaleux.*" Die Beschwerde des *Consistoire* richtet sich namentlich gegen die Brüder Jacob und André Benoit, die in dem Aktenstück in jedenfalls nicht mißverständlicher Weise als „*rebelles*" und „*mutins*" bezeichnet werden.

---

*) Der „*grande pauvreté de la plupart des chefs de famille*" wird wiederholentlich in Berichten und Eingaben des Consistoire Erwähnung gethan.
**) Das Regierungs-Rescript betreffend die von dem Königlichen Unterrichts-Ministerium „definitiv" genehmigte Vereinigung der beiden Schulen datiert vom 16. September 1821.
***) Fidicin: „Die alte Ortskirche nebst Turm mußte im Jahre 1735 abgetragen und neu aufgebaut werden. Beim Abbruche des steinernen Altars fanden sich noch die in einer Höhlung aufbewahrt gewesenen „Knöchlein" des Schutzpatrons der Kirche vor." (Anm. d. Herg.)

Da die Parsteiner Pfarrstelle mehrfach längere Zeit unbesetzt war,*) und es wegen der geringen Dotation derselben**) meist schwer hielt, einen Geistlichen für die Gemeinde zu erwerben, so waren bereits in den Jahren 1810 und 1833 Versuche gemacht worden, eine Vereinigung der Parsteiner Kolonie mit der benachbarten französisch-deutsch-reformierten Parochie Angermünde-Schmargendorf herbeizuführen. Diese Versuche scheiterten jedoch, so gut sie auch gemeint sein mochten, an verschiedenen Hindernissen, und es gelang wie gesagt erst im Jahre 1869, nach dem zwei Jahre zuvor erfolgten Ableben des Emeritus Violet, das Projekt zur Ausführung zu bringen.***) Das bezügliche Umpfarrungsdekret des Königlichen Provinzial-Konsistoriums und der Königlichen Bezirks-Regierung d. d. Berlin und Potsdam den 25. September 1869 ordnet an, „dafs die seit nahezu einem halben Jahrhundert von dem jedesmaligen reformierten Pfarrer zu Angermünde interimistisch verwaltete französisch-reformierte Kirchengemeinde Parstein-Lüdersdorf mit den combinierten deutsch- und französisch-reformierten Kirchengemeinden Angermünde und Schmargendorf unter dem für diese drei Gemeinden fortan gemeinschaftlichen Pfarramt zu Angermünde definitiv als besondere Muttergemeinde vereinigt wird."

Seitdem findet nun in Parstein alle vierzehn Tage, am 1. und 3. Sonntag des Monats, und aufserdem an den zweiten Festtagen — jedesmal um 9 Uhr Morgens — Predigtgottesdienst statt. An den übrigen Sonn- und Festtagen wird die Predigt durch den Küster abgelesen.

Das heilige Abendmahl wird, wie schon bemerkt, viermal im Jahre gefeiert: gleich nach Ostern, kurz vor der Ernte, Anfang October und im Advent. Die Vorbereitung (Beichte) wird mit dem Kommunion-Gottesdienste verbunden. Nach Beendigung der Abendmahlsfeier wird eine kirchliche Katechisation mit den Konfirmanden und den Konfirmierten der letzten Jahre gehalten.

Der Katechumenen-Unterricht wird an den Predigt-Sonntagen nach dem Gottesdienste jedesmal zwei Stunden, und aufserdem im Sommersemester noch zweimal monatlich an einem Wochentage erteilt. Die Konfirmation erfolgt Ostern und Michaelis (am Palmsonntage und am letzten Sonntage im September) in Angermünde.

Zu sämtlichen Amtshandlungen, Taufen, Trauungen und Beerdigungen hat der Pfarrer, wenn dieselben nicht gerade an einem Predigtsonntage begehrt werden, sich nach Parstein zu begeben und — so weit es sich um Beerdigungen handelt — die Kosten des Fuhrwerks für seine Beförderung an Ort und Stelle zu bestreiten. — Die Lüdersdorfer Gemeindeglieder sind verpflichtet, den Prediger von Parstein abholen zu lassen, oder aber ihm ein Viertheil der Fuhrkosten für die direkte Fahrt von Angermünde nach Lüdersdorf zu erstatten.****)

---

*) Vgl. das oben mitgeteilte Prediger-Verzeichnis.

**) Das Einkommen der Stelle belief sich noch im Jahre 1779, einem Bericht des damaligen Predigers Jassoy zufolge, auf nur 200 Thlr. Gegenwärtig beträgt das Gehalt aus der Königl. Regierungs-Hauptkasse 1125 Mk., wozu noch ca. 144 Mk. Zinsen von dem Ablösungs-Kapital einer Forstservitut-Rente, sowie 45 Mk. Fuhrkosten-Entschädigung aus der Kirchen-(Armen)-Kasse kommen.

***) Die Vereinigung wäre wohl auch 1869 noch nicht zu Stande gekommen, wenn die Gemeinde Parstein nicht andernfalls genötigt gewesen wäre, das inzwischen fast gänzlich verfallene Pfarrhaus neu aufzubauen.

****) Da seit einigen Jahren Lüdersdorf Eisenbahn-Station ist, so ist diese Verpflichtung in neuster Zeit fast gegenstandslos geworden. Es versteht sich von selbst, dafs die dortigen Amtshandlungen so gelegt werden, dafs der Pfarrer für die Hin- und Rückfahrt die betreffenden Bahnzüge benutzen kann, und eine Entschädigung für das Fahrbillet verlangt derselbe wegen der Geringfügigkeit des Objektes in der Regel nicht.

Die Kantor- und Küstergeschäfte werden von dem Lehrer der kombinierten Ortsschule, der auch zugleich lutherischer Küster ist, wahrgenommen. Derselbe bezieht dafür jährlich 90 Mk. teils aus der Königlichen Regierungs-Hauptkasse zu Potsdam, teils aus dem *fonds extraordinaire* und dem *fonds des intérêts* der französischen Kolonie, und überdies 30 Mk. von dem Prediger für die abzuhaltenden Lesegottesdienste. An Accidenzien stehen ihm pro Taufe und Aufgebot je 38 Pfennige und für das Einladen bei Beerdigungen (Leichenbitten) 9 Pf. pro Familie zu.

Gern würden wir dem obigen Prediger-Verzeichnis hier zum Schlusse noch eine Übersicht der Kantoren der Gemeinde folgen lassen. Es ist uns jedoch nicht möglich gewesen, eine solche aus den uns zur Verfügung stehenden amtlichen Dokumenten zusammenzustellen,*) wie denn unsere Mitteilungen überhaupt, trotz aller auf die Sammlung und Sichtung des bezüglichen Materials verwandten Sorgfalt und Mühe, durchaus nicht auf Vollständigkeit Anspruch machen können.

Möge die Darstellung ihrer Mängel ungeachtet eine freundliche Aufnahme und nachsichtige Beurteilung finden.

Angermünde, im August 1880.

Kirchenbuße.
Von Lic. theol. Tollin in Magdeburg.

Auf S. 63 fgd. der Kolonie d. J., Juli-No., wird von der Kirchenbuße geredet. Selten, heißt es, ging sie ohne Züchtigung ab. Es wird dabei vornehmlich an die Fälle gedacht, wo ein Hugenott dem römischen „Götzendienst" beigewohnt und so, nach damaliger Anschauung, das zweite Gebot öffentlich übertreten hatte.

Nun aber ist in den ersten Jahrzehnten nach der Aufhebung des Edikts von Nantes nicht ein Fall constatiert, wo man ohne öffentliche Züchtigung solch' einen Missethäter in den Frieden der Kirche wieder aufgenommen hätte.

In den meisten Fällen verlangte der reumütige „Götzendiener" die öffentliche Strafe für sich als sein Recht. Das Gesetz Gottes, die Ordnung der hugenottischen Kirche, der Frieden der Einzelgemeinde und das Gewissen des Unglücklichen wirkten zusammen bei der öffentlichen Sühne. Und mit der *Confession de foi* und der *Discipline des églises reformées de France* stimmte auch in der neuen deutschen Heimath Glauben und Gewissen der Reformierten, wie sie sich aussprachen in dem Heidelberger Katechismus Fr. 97. 98. 82. 85. Die damalige Kirchenzucht war ein Akt der christlichen Selbsterhaltung, des sittlichen Ernstes und der heiligen Liebe.

Zur steten Erinnerung an den heilig-verzehrenden Ernst, der unsere Väter beseelte, wäre es sehr willkommen, aus den Kirchenbüchern des siebenzehnten Jahrhunderts die Fälle der Kirchenbuße und öffentlichen Liebeszucht herauszuheben. Man könnte sich zunächst auf die Stellungnahme der Gemeinden zum römischen Katholicismus beschränken.

In den Presbyterial-Registern der Magdeburger französischen Kolonie heißt es gleich auf der ersten Seite:

„Heut am 4. Juli (1686) hat Pierre Fareitre aus Montpellier Genugthuung geleistet *(fait réparation).*

„Heut am 7. November (1686) hat Bernard Chollet, genannt la Vigne, Soldat im Regiment der Kurfürstin, die römischen Irrtümer abgeschworen."

---

*) Gelegentlich werden Dufresne, Boileau, Abraham Charlé (1751), Abraham Mathieu (1753) und Ferdinand Mathieu (1804) als „*chantres*" und „*lecteurs*" erwähnt. Abraham Mathieu starb als Emeritus am 26. Februar 1802 im Alter von 70 Jahren.

„Heut am 13. November (1686) haben die Herren Samuel und N. N. de Sainte Faste, zwei Brüder, Genugthuung geleistet."

Bald darauf führt das Magdeburger Kirchenbuch fort:

„Heut am 23. September (1687) hat Jean Gardes aus Montvaillant in den Cevennen, Daniel Plattier aus St. Vincent Barray im Vivarets, und Abraham Gaussard aus Nismes Genugthuung geleistet."

Und im neuen Register von 1688 steht gleich als *Acte premier:* „Herr Moyse Cormuel aus Metz in Lothringen, welcher das Unglück *(le malheur)* gehabt hatte, der in jenem Lande und in ganz Frankreich ausgebrochenen Verfolgung zu unterliegen, indem er die Dogmen der römischen Religion unterzeichnete, ist, nachdem er Beweise seiner Reue gegeben, in den Frieden der Kirche aufgenommen worden durch Herrn Ducros, Diener *(ministre)* dieser Kirche, diesen Sonntag morgen den vierzehnten Oktober 1688 nach Ausgang der Predigt."

Auch die Frauen mußten öffentlich Kirchenbuße thun. „Charlotte Peletier, aus Fouar in Poitou, Frau des verstorbenen Goldschmieds Paul Bonnaud, die das Unglück gehabt hatte, der zu diesen letzten Zeiten in Frankreich ausgebrochenen Verfolgung zu unterliegen, indem sie die Dogmen der römischen Kirche unterzeichnete, ist, nachdem sie Beweise ihrer Reue gegeben, in den Frieden der Kirche aufgenommen worden durch Herrn Valentin, Diener *(ministre)* dieser Kirche, diesen Sonntag morgen, den sechsten Oktober 1689 nach Ausgang der Predigt."

Ja selbst die Sünden der Kinder wurden nicht ausgenommen von der Sühne durch öffentliche Kirchenbuße:

Am 21. Mai 1693 stellte sich dem Presbyterium der französisch-reformierten Gemeinde von Magdeburg ein Jacques Champain, nunmehr 26 Jahre, Schuhmacher seines Zeichens, aus Dupont Omer in der Normandie gebürtig, der, nach dem frühen Tode seines reformierten Vaters, als kleines Kind von seiner katholischen Mutter katholisch erzogen worden war. Als gefangener französischer Soldat nach Magdeburg geführt, hatte er, nach fleißigem Besuch der französisch-reformierten Kirche, den Predigern seinen Wunsch mitgeteilt, zur französischen Kolonie übertreten zu dürfen. Das Presbyterium willigte ein unter der Bedingung, daß er öffentlich die römischen Irrtümer abschwor *(son abjuration publique des erreurs de la Religion romaine).* Und der Soldat war froh.

„Am Sonntag, den 28. Mai 1693, nach der Morgenpredigt stellte sich Jacques Champain der versammelten Gemeinde, schwor öffentlich, die Hand zu Gott erhoben *(la main levée à Dieu),* die Irrtümer der römischen Kirche ab und erklärte, daß er unsere Gemeinschaft *(notre communion)* sich erkoren habe, in welche er aufgenommen worden ist durch Herrn Flavard, den Diener *(ministre)* unserer Kirche."

Doch sogar diejenigen, die nie reformiert gewesen waren, mußten sich der öffentlichen Abschwörung der römischen Irrtümer unterwerfen.

„Herr Michel Riccio, Sohn des Dominico Riccio, und Demoiselle Dominicio Anna Sanfelici, gebürtig aus der Stadt Neapel, römisch-katholisch von Geburt, hatten das Presbyterium gebeten, zugelassen zu werden zur Abschwörung der Irrtümer und des Götzendienstes des Papismus und unsere Religion ergreifen *(embrasser)* zu dürfen.

„Nachdem sie nun vom Herrn Prediger Valentin eine ziemlich lange Zeit *(pendant un assez long temps)* unterrichtet und geprüft worden waren, und nachdem das Presbyterium sich von ihrem Lebenswandel und ihren Sitten, seit dem Tage wo sie ihm vorgestellt hatten, informiert, beschloß die Compagnie sie aufzunehmen und sie zu bitten *(priés),* die zur Annahme unserer Religion erforderliche *(requise)* Abschwörung zu vollziehen. Und nach der Abendpredigt hat Herr Prediger Valentin die erforderlichen Bitten und Ermahnungen an sie gerichtet. Darauf hat er, Riccio, mit lauter Stimme alle Irrtümer und Abgöttereien des Papismus abgeschworen und gelobt zu leben und zu sterben in unserer Communion." (8. December 1695.)

Jener sittlich-heilige Ernst unserer Väter giebt zu denken. Damals, wo es nur Eine Wahrheit gab und die Hugenotten überzeugt waren, diese Eine zu besitzen und zu schützen, werden bei den vierteljährlichen Doppelcommunionen 2, 3, 4, auch 700 Communikanten und darüber quartaliter gezählt, bei der kleinen Magdeburger französischen Kolonie. Im Jahre 1699 betrugen die Jahreseinnahmen der *deniers des pauvres* nur 530 Thlr., die Zahl der Communikanten aber 4522. Und jetzt? — Nicht das Geld macht eine Gemeinde lebensfähig, sondern Glaube und Liebe.

Hugenotten-Litteratur.

(Von Prediger Lorenz in Prenzlau).

VII.

Calvin und seinen Mitarbeitern gebührt zwar mit Recht der Name der Väter und Begründer der französisch-reformierten Kirche; indessen haben doch noch viele andere ausgezeichnete Männer treulich arbeiten und wacker kämpfen müssen, bis unsere teure Kirche ihren gesicherten Bestand und ihren scharf ausgeprägten geschichtlichen Charakter in Bekenntnis und Kirchenverfassung und Kultus gewann. Im Mai des Jahres 1559, als blutige Verfolgungen über die Reformierten Frankreichs ausgebrochen waren, traten die Prediger der reformierten Kirche „unter Verachtung der Furcht eines gewissen Todes", wie der katholische Geschichtsschreiber de Thou rühmend hervorhebt, in der Vorstadt Saint-Germain in Paris zu der ersten National-Synode zusammen, und hier gleichsam in des Löwen Höhle versammelt, vereinbarten sie in 40 Artikeln das Glaubensbekenntnis und in anderen 40 Artikeln die Verfassung der reformierten Kirchen Frankreichs. Beide Urkunden tragen den Geistesstempel Calvins, doch ist die Formulierung der einzelnen Artikel nach reiflicher Beratung der Synode wol hauptsächlich durch den Pariser Prediger Antoine de Chandieu erfolgt. Das Glaubensbekenntnis, welches nach dem treffenden Worte Calvins „mit dem Blute der Märtyrer" unterzeichnet worden ist, wurde bei dem Religionsgespräche zu Poissy 1561 dem Könige Karl IX. überreicht; es wurde sodann auf der National-Synode zu La Rochelle 1571 von allen Mitgliedern unterschrieben, besonders auch von den Häuptern der reformierten Partei, wie z. B. dem Prinzen von Condé und dem Admiral Coligny, und es ist seitdem von allen Pastoren und allen Ältesten der französisch-reformierten Gemeinden unterzeichnet worden. Somit muſs es als eine Pflicht aller Mitglieder unserer Kirche bezeichnet werden, sich mit dieser ehrwürdigen Urkunde bekannt zu machen. Die *confession de foi faite d'un commun accord par les églises réformées de France* ist oftmals abgedruckt; den älteren für den gottesdienstlichen Gebrauch bestimmten Psalmen- und Gesangbüchern ist sie häufig als Anhang beigefügt worden; wir erwähnen hier nur die von Paul Henry, seiner Zeit Prediger an der Friedrichstadt-Kirche zu Berlin, besorgte Ausgabe, welche eine geschichtliche Einleitung, den französischen Text der *confession de foi* und der *discipline* und endlich eine deutsche Übersetzung derselben enthält:

32. Dr. Paul Henry: Das Glaubensbekenntnis der französisch-reformierten Kirche. Berlin 1845.

Die *discipline ecclésiastique des églises réformées de France* ist, wie oben gesagt, in ihrer ursprünglichen Form entworfen worden auf der ersten National-Synode zu Paris im Jahre 1559. In dieser Form findet sie sich in der eben genannten Schrift von Henry abgedruckt. In ihrem letzten Artikel enthielt sie die Bestimmung: „Diese hier enthaltenen Disciplinar-Artikel sind nicht also unter uns festgestellt, daſs sie nicht könnten geändert werden, wenn der Nutzen der Kirche es verlangen sollte; aber es wird nicht in der Macht des Einzelnen stehen, dies ohne die Zustimmung der General-Synode zu thun." Dem entsprechend wurde die *discipline* später Gegenstand vielfacher Beratungen der nachfolgenden National-Synoden, und hierbei ist sie nach den gemachten Erfahrungen und den zu Tage getretenen Bedürfnissen der Kirche mehrfach erweitert und vervollständigt worden. Über diese Verhandlungen der französisch-reformierten National-Synoden berichtet das höchst interessante Werk:

33. Félice: *histoire des synodes nationaux des églises réformées de France*. Paris 1864.

Weitere lehrreiche Mitteilungen hierüber finden sich in den beiden folgenden Werken:

34. Th. Ittigii: historia synodorum nationalium a reformatis in Gallia habitarum. Lips. 1705.
35. Lechler: Geschichte der Presbyterial- und Synodalverfassung. Leiden 1854.

Die so allmählich festgestellte *discipline* wurde zunächst in Abschriften verbreitet; jedes *consistoire* war verpflichtet, eine solche Abschrift bereit zu halten, um dieselbe den neu aufzunehmenden Mitgliedern zur Unterschrift vorzulegen. Später wurde dieselbe durch den Druck veröffentlicht. Unter den verschiedenen älteren Ausgaben, deren Exemplare übrigens sehr selten und deshalb schwer aufzutreiben sind, heben wir hier besonders hervor:

36. d'Huisseau: *La discipline des églises de France ou l'ordre par lequel elles sont conduites et gouvernées*. 12°. Genève 1667.

Das Werk erschien später in sehr vermehrter Auflage unter dem Titel:
37. *La discipline ecclésiastique des églises réformées de France, avec les observations des Synodes nationaux sur tous ses articles.* Amsterdam 1710.

Wichtig und lehrreich ist der Inhalt dieses bedeutenden Werkes. In einer Vorrede wird die Geschichte der *discipline* und ihrer Herausgabe behandelt; weiter findet sich eine Übersicht über sämtliche National-Synoden der französisch-reformierten Kirche; sodann folgte die *discipline* selbst und zwar in der Weise, dafs zu jedem einzelnen Artikel eine Reihe von Bemerkungen hinzugefügt ist, in welchen die Verhandlungen aller General-Synoden, soweit sie sich auf den betreffenden Artikel bezogen haben, ausführlich berichtet wird. Hieran schliesst sich bei jedem Artikel ein Nachweis, dafs der Inhalt desselben den Lehren der Bibel und den Grundsätzen der alten Kirchenväter entspricht. Endlich am Schlufs des ganzen Werkes findet sich die *discipline* der reformierten Kirche der Niederlande angefügt.

Aus diesem reichen Inhalte gewinnt man ein lebensvolles Bild der Verhandlungen der National-Synoden; man beobachtet die alten Hugenotten in ihren geistigen Kämpfen gegen katholischen Aberglauben und Mifsbrauch, sowie gegen Irrungen und Unordnungen der eigenen Gemeinden; man erstaunt zu sehen, wie so viele Fragen, welche die kirchlichen Parteien unserer Zeit bewegen und erregen, schon damals aufgeworfen, eingehend erörtert und mit vieler Weisheit entschieden worden sind, und man begreift es endlich, weshalb die reformierte Kirche diese so mühevoll vollendete Verfassung, die sich in den Zeiten der Verfolgung glänzend bewährte, später wie einen Augapfel gehütet und deren treue und gewissenhafte Befolgung allen Gliedern unserer Kirche zur heiligen Pflicht gemacht hat.

Vermischtes.

1. In Elberfeld erscheint: Reformierte Kirchenzeitung, herausgegeben von H. Calaminus, Pastor in Elberfeld. Die No. 34 enthält: Presbyteriale Aufsicht über den Lebenswandel der Gemeindeglieder, von Pastor Lic. Tollin in Magdeburg. Es ist dies ein Artikel, auf den wir noch zurückzukommen gedenken.

2. Am Freitag, den 27. August, fand die grofse Promenade unseres Hospiz nach Pankow statt und verlief, von dem schönsten Wetter begünstigt, zu allseitiger Zufriedenheit der kleinen und grofsen Teilnehmer.

Gemeindesachen.

Mitteilung aus dem Kirchenzettel: Die Rechnungslegung des Konsistoriums für das Jahr 1879 wird stattfinden: Mittwoch, den 15. September, 5 Uhr Nachmittags (im Sitzungssale des Konsistoriums, Adlerstr. 9). Die *chefs de famille* werden zu dieser Sitzung eingeladen.

Vereinsnachrichten der Réunion.

Freitag, den 10. September und Freitag, den 17. September: Sitzung der Réunion. (Restaurant Gärtner, Mittel-Str. 65. 8½ Uhr Abends).
Der erste Vortragsabend findet am 15. October (nicht am 1. October) statt.

Die auswärtigen Abonnenten der Zeitung werden um Einsendung der noch restierenden Beiträge für die Zeitung oder für Nachlieferungen ergebenst gebeten.

Berichtigung von Druckfehlern.
S. 68 Zeile 3 von unten lies Catel statt Cate.
S. 69 Zeile 2 von unten lies Oberkonsistorialrat Erman statt Oberkonsistorialrat.

Oktober 1880. IV. Jahrgang.

DIE KOLONIE.

Organ für die äusseren und inneren Angelegenheiten der französisch-reformierten Gemeinden.

Redigiert von W. Bonnell, Rektor in Berlin.

Erscheint monatlich einmal. Preis pro Quartal 75 Pf.

Abonnements werden angenommen bei W. Bonnell in Berlin N., Schwedter-Str. 257, und bei jeder Post-Expedition.

INHALT: D. Chodowiecki von W. Chodowiecki. — Nachträge zu dem Artikel: „Die Parsteiner Kolonie." — Hugenotten-Litteratur von Prediger Lorenz in Prenzlau, VIII, 38. — Kooptation oder freie Wahl? von .*. — Noch etwas Statistik aus der franz.-reform. Gemeinde Berlins von Dr. Muret. — Allgemeines Reglement, betreffend das theologische Seminar, mit Register der Zöglinge von 1770—1851. — Gemeindesachen. — Vereinsnachrichten. — Fragekasten.

Daniel Chodowiecki.
(Von W. Chodowiecki in Gross-Lichterfelde bei Berlin).

Unter den Männern, welche an der geistigen Arbeit des vergangenen Jahrhunderts in hervorragender Weise beteiligt waren, ist Daniel Chodowiecki eine der interessantesten Erscheinungen. Wenn schon sein künstlerisches Wirken ihm die allgemeine Beachtung aller Kulturländer gesichert hat, so hat sein Lebenslauf noch ein besonderes Interesse für Berlin und die französische Kolonie, der er angehörte. Es erscheint daher zweckmässig, sein Andenken an dieser Stelle in der Form einer kurz gefassten Lebensskizze zu ehren.

Daniel Chodowiecki wurde am 16. October 1726 zu Danzig geboren, wo sein Vater Gottfried den Kornhandel betrieb. Danzig gehörte in der ersten Hälfte des vorigen Jahrhunderts noch zum Königreich Polen und fiel erst im Jahre 1793, durch die zweite Teilung Polens, an die Krone Preussen. Die Eltern und Voreltern Daniels waren Protestanten. Das Geschlecht selbst ist dem Königreiche Polen entsprossen.

Der Vater Daniel Chodowiecki's war der erste des Geschlechts, welcher sich dem Kaufmannsstande widmete, für welchen er auch seinen Sohn erzog, denselben aber in seinen Mussestunden im Zeichnen unterrichtete. Durch diese Anleitung, wie wenig künstlerisch sie auch gewesen sein mag, wurde schon frühzeitig die Neigung des Knaben zur Kunst erweckt. Viel trug auch dazu bei das Beispiel seines älteren Bruders Gottfried, welcher Letztere sich ausschliesslich mit der Miniatur-Malerei beschäftigte. Während seiner Lehrzeit hatte Daniel wenig Musse, sich im Zeichnen und Malen zu üben, aber er benutzte jede freie Stunde, mit seinem Bruder um die Wette zu arbeiten, opferte seiner Neigung sogar heimlich mehrere Stunden der Nacht. Er zeichnete, wo er ging und stand, und wenn ihm das Material dazu fehlte, zeichnete er mit dem Finger in die hohle Hand, um das Gesehene seinem Gedächtnis einzuprägen und es später aufs Papier zu bringen.

So brachte er es zu einer recht hübschen Fertigkeit, und wenn er mit diesen Übungen auch noch nicht auf dem Wege war, ein Künstler zu werden, er bekam wenigstens eine sichere Hand und übte den Formensinn. Da ihm indes die Gelegenheit fehlte, sich an Musterbildern zu üben und hierdurch seine Mängel zu verbessern, der Trieb aber, seine Gedanken zu versinnlichen, immer mächtiger erwachte, so fand er auf einmal in der Nähe, was er so fern glaubte: es war die Natur in ihren äufseren Erscheinungen, die er zum Muster nahm. Zunächst zeichnete er den Laden, in welchem ihn seine Berufsthätigkeit fesselte, mit den Käufern und seiner Prinzipalin; dann eine Tischgesellschaft, und auf solche Weise fanden sich die mannigfachsten Vorwürfe für seinen brennenden Eifer. Nach seiner Lehrzeit war er genötigt die Handlung zu verlassen, da die Geschäfte zu schlecht gingen. Er kehrte zu seiner Mutter zurück und suchte, da sein Vater indessen gestorben war, seinen Lebensunterhalt soviel als möglich durch Zeichnen und Malen zu erwerben. Zu diesem Zwecke kopierte er, trotz seines dadurch gekränkten Stolzes, Zeichnungen und Miniaturbilder seines Bruders Gottfried, welche der Letztere, schon seit einiger Zeit in Berlin ansässig, von dort schickte und später zum Nutzen seines Bruders zu verwerten suchte. Alles dieses gab einem tüchtigen Streben nach Vollkommenheit keine Befriedigung, und Daniel sehnte sich fort von seiner Heimat. Er wollte auch nach Berlin, dort glaubte er in der Fülle des Schönen schwelgen zu können, dort glaubte er Alles vereinigt, dessen ein angehender Künstler bedarf, um das Ziel seines Strebens zu erreichen. Sein Wunsch sollte bald erfüllt werden. In Berlin lebte ein Bruder seiner Mutter, welcher ihn kommen liefs, um von ihm, wie von seinem Bruder Gottfried, den möglichsten Nutzen zu ziehen. Beide Brüder malten nun für Rechnung des Onkels, und Daniel besorgte zugleich den kaufmännischen Teil des Geschäfts, er führte die Bücher und bezog die Messen. Seine Erwartungen bezüglich einer rein künstlerischen Fortbildung wurden zunächst getäuscht, er fand Berlin sehr arm an ihm zugänglichen Kunstwerken sowohl, wie sich auch für jetzt noch keine Gelegenheit bot, mit tüchtigen Künstlern bekannt zu werden. Je älter er wurde, desto drückender empfand er den Mangel einer guten Schule und erkannte die Unmöglichkeit, auf diesem Wege ein Künstler zu werden. Im Jahre 1754 endlich gelang es ihm, sich gänzlich frei zu machen, und mit Genugthuung konnte er seiner Mutter melden, dafs er sich auf gütliche Weise mit seinem Onkel auseinandergesetzt habe, dafs die freundlichsten Beziehungen zwischen ihnen bestehen blieben, und er ferner noch im Hause des Onkels wohnen werde. Lange indessen dauerte auch dieses Verhältnis nicht, da er sich schon im Jahre 1755 mit Jeanne Barez, der ältesten Tochter eines sehr geschätzten Berliner Goldstickers, verheiratete und durch diese Ehe in Beziehung zur französischen Kirche trat, der er für die Folge bis an sein Lebensende angehörte.

Mit seiner Verheiratung beginnt nunmehr erst Daniels Lebenslauf als Künstler, und man kann durch ein genaues Studium seiner Werke erkennen, wie er sich ganz aus sich selbst entwickelte, wie er mit ernstem Willen sich über ungünstige Verhältnisse erhob und in der gewählten Laufbahn endlich das Ziel erreichte.

Die Kunstentwickelung fand im vergangenen Jahrhundert einen sehr unfruchtbaren Boden, es fehlte an Allem, was für das Aufblühen junger Talente notwendig und erforderlich ist. Vorzüglich Berlin bot ein Bild der Verarmung, und die wenigen Erscheinungen, welche geeignet waren, ein künftiges Wiederaufblühen hervorzubringen, waren vorübergehend und kamen vom Auslande. Von der Natur hatte man sich weit entfernt, an Stelle derselben wurde die Antike zum Vorbild genommen, und so entstand in der Malerei, wie auch in der Literatur jene antikisierende Richtung, von welcher sich selbst die größten Geister nicht losmachen konnten. Alles erschöpfte sich in Allegorieen und in symbolischen Darstellungen. Daneben machte sich die alberne Schäferpoesie so recht behaglich breit und beherrschte mit ihrer Unnatur die Mode der Zeit. Das Zeitalter Ludwig des Vierzehnten reflektierte noch einmal zu uns herüber, führte aber meist nur zu verblafsten Nachahmungen jener Prachtentfaltung und jener verschwenderischen Fülle, ohne welche die französische Renaissance bei uns nur ein armseliges Dasein fristen konnte. In diese Zeit hinein fiel das Streben eines Künstlers, welcher sich allein die Natur zum Muster nahm, welcher nicht nur ihre äufserlichen Erscheinungsformen nachahmte, sondern mit feinem Blick und sicherer Hand das innere Seelenleben der Menschen zeichnete. Das war der geniale Zug in dem Streben Daniels, dem er später so grofse Erfolge zu danken hatte, und der ihn weit über seine Zeitgenossen erhob. Es fehlte nicht an Männern, welche die eigentümliche Begabung des jungen Künstlers erkannten und ihm nützlich waren; unter ihnen ist Rode zu nennen, der Direktor der Akademie. Dieses Institut war indessen gänzlich in Verfall geraten, und Rode richtete in seinem Hause einen Kursus ein, welcher jungen Künstlern Gelegenheit gab, nach der Natur zu zeichnen. Bei diesen Übungen war Daniel einer der eifrigsten. Nebenbei suchte er sich die Technik der Ölmalerei anzueignen und machte darin mehrere Versuche. Das Vorbild der grofsen italienischen Meister lag ihm fern, da sein Streben mehr auf das charakteristische gerichtet war, als auf Formenschönheit und Farbenpracht. Näher lagen ihm die Eigenschaften der niederländischen Genremaler, von denen er sich manches Nützliche aneignete, aber auch ihre Schwächen zu vermeiden wusste. Stets auch vermied er es in Nachahmung der Manier irgend einer Richtung oder Schule zu verfallen, er blieb immer naturwahr und originell. Ob er Maler war, ob Kupferstecher — beide Bezeichnungen sind unzutreffend; er wurde ein geistreicher Zeichner und als solcher die hervorragendste Erscheinung in der Kunst seines Jahrhunderts.

Die Mittel zur Verbreitung und Vervielfältigung seiner Werke gaben ihm Zufall und Notwendigkeit an die Hand. Der Holzschnitt, das zweckmäßigste Mittel zur Verbreitung geistreicher Original-Zeichnungen und Compositionen, war gänzlich untergegangen. Erst in unserem Jahrhundert wurde seine Zweckmäfsigkeit wieder erkannt, und so ist er uns jetzt unentbehrlich geworden. Das einzige Mittel seiner Zeit war die Radierung, welche aber bei aller Freiheit dem Künstler immer noch den Zwang des doppelten und dreifachen Ätzens der Kupferplatte auferlegt, wobei sehr häufig Feinheiten der Zeichnung verloren gehen. Wie Daniel in Allem Autodidakt war, so auch in der Behandlung der Radiernadel und Kupferplatte. Er liefs sich die Mühe, über fehlgeschlagene Versuche hinwegzukommen, nicht verdriefsen und fand in dieser Technik das Mittel zur Verbreitung seiner Arbeiten. Zu den ersten Blättern, welche allgemeine Aufmerksamkeit erregten, gehört das im Auftrage des französischen Konsistoriums gestochene Titelblatt zu dem kolonistischen Gesangbuche: „Les Pseaumes de David." Durch die starke Verbreitung des Buches wurde sein Name sehr bald bekannt und berühmt. Er erhielt Aufträge von allen Seiten; meist von Buchhändlern, welche Illustrationen zu geschichtlichen Werken und Romanen bei ihm bestellten. Für eigene Rechnung radierte er viele Blätter, auf denen er das Leben und die Sitten jener Zeit schilderte; er wusste in rührendster Weise das Familienleben darzustellen, aber auch mit beifsender Satyre die Unsitten seiner Zeit zu geifseln.

Nachträge zu dem Artikel: Die Parsteiner Kolonie.

I. Bei einigen der in diesem Artikel erwähnten Ortschaften macht auch Fidicin in seinem berühmten Werke: „die Territorien der Mark Brandenburg, Band IV, 1864" in Betreff der Kolonie-Gemeinden einige Angaben, die teils unrichtig, teils ungenau sind. Wir geben zunächst den Text genau nach Fidicin und werden die von Herrn Dr. Matthieu uns zur Verfügung gestellten Berichtigungen anschliefsen.

Parstein (S. 229). Die Einwohnerschaft wurde seit 1687 durch die Ansiedelung französisch-reformierter Flüchtlinge vermehrt. In diesem Jahre liefsen sich 3 französische Familien nieder, welche sich zur Kirche in Angermünde hielten. Im Jahre 1699 waren sie auf 22 Familien angewachsen und erhielten einen eigenen Pfarrer, Namens Sarre, dem 1706 Lacharriere folgte. Der Gottesdienst wurde damals in der lutherischen Ortskirche gehalten und hatte die Gemeinde 60—80 Kommunikanten und bildete, wie noch jetzt, eine Tochtergemeinde von Angermünde.

Lüdersdorf (S. 223), 1 Meile nordöstlich von Oderberg. Die dortigen französisch-reformierten Einwohner waren früher zu Parstein eingepfarrt, bilden jetzt aber eine Tochtergemeinde von Schmargendorf.

Neu-Künkendorf (S. 220). ³/₄ Meilen südöstlich von Angermünde. Die französisch-reformierten Einwohner bilden eine Tochtergemeinde von Parstein.

Brodowin (S. 200), 1 Meile nordöstlich von Oderberg. Die französisch-reformierten Einwohner bilden eine Tochtergemeinde von Grofs-Ziethen.

Schmargendorf (S. 232), ³/₄ Meilen südöstlich von Angermünde (im 13. Jahrhundert Marggravendorf, seit dem 15. Jahrhundert Smarkendorf; die heutige Schreibweise erst üblich seit dem vorigen Jahrhundert); Während des 30jährigen Krieges verödete das Dorf fast gänzlich und wurde später grofsenteils durch französisch-reformierte Einwohner wieder besetzt, welche jetzt eine Tochtergemeinde von Angermünde bilden.

II. Im Anschlufs an meinen Aufsatz über die französische Kolonie in Parstein in der September-Nummer d. J. mache ich darauf aufmerksam, dafs die Angaben Fidicin's in seinem Buche: Die Territorien der Mark Brandenburg, Band IV, Kreis Angermünde, S. 178 ff. in einigen Punkten der Berichtigung bedürfen.

Zunächst ist Parstein (S. 229) niemals „Tochtergemeinde von Angermünde" gewesen. Ehe die dortige Kolonie ihren eigenen Pfarrer hatte, wurden die geistlichen Amtshandlungen teils von Angermünde, teils von Grofs-Ziethen aus besorgt. Dies Verhältnis dauerte mit einer kurzen Unterbrechung von etwa einem Jahre, während dessen Pfarrer de Serre (nicht „Sarre")*) die Gemeinde bediente, bis zum Jahre 1706. Von da an war Parstein selbständige Mutterkirche und ist ebenso auch 1809 als besondere Muttergemeinde mit den kombinierten deutsch- und französisch-reformierten Kirchengemeinden Angermünde und Schmargendorf vereinigt worden.

Ebenso ist Lüdersdorf (S. 223) niemals Tochtergemeinde „von Schmargendorf" gewesen, war vielmehr allezeit und ist noch jetzt zu Parstein eingepfarrt. Schmargendorf ist ja selbst, wie S. 232 richtig bemerkt wird, Tochtergemeinde und als solche nach Angermünde eingepfarrt.

Ungenau ist endlich, was S. 200 über Brodowin und S. 220 über Neu-Künkendorf gesagt ist. Die französisch-reformierten Einwohner jener beiden Ortschaften bilden nicht Tochtergemeinden von Grofs-Ziethen resp. Parstein, gehören vielmehr wegen ihrer sehr geringen Zahl zu den sog. Versprengten, die das Recht haben, sich der nächstgelegenen französischen Kolonie-Gemeinde anzuschliefsen. Wie aus dem Parsteiner Kirchenbuche hervorgeht, haben überdies die Brodowiner Kolonisten in älterer Zeit die geistlichen Amtshandlungen — wenigstens zum Teil — in Parstein vollziehen lassen. Die Neu-Künkendorfer haben sich neuerdings vorwiegend zur Angermünder Gemeinde gehalten. Schon seit Jahren ist jedoch in Neu-Künkendorf keine französische Familie ansässig.

Angermünde. Dr. theol. Matthieu.

---

*) De Serre wird ein einziges Mal im Kirchenbuche, anläfslich einer im März 1700 in Parstein vollzogenen Taufe als „pasteur du dit lieu", sonst aber nirgends erwähnt. Immerhin ist derselbe, wie Fidicin richtig angiebt, der erste ortsangesessene Kolonie-Pfarrer von Parstein gewesen, und bitte ich demgemäfs das von mir aufgestellte Prediger-Verzeichnifs zu berichtigen.

Hugenotten-Litteratur.

(Von Prediger Lorenz in Prenzlau).

VIII.

Es ist bekannt, welch eine grosse Macht neben der evangelischen Predigt auch das geistliche Lied in der Reformationszeit geübt hat. „Das deutsche Volk hat sich die Reformation ins Herz hineingesungen." Für die evangelische Kirche war das Lied zugleich ein fröhliches Bekenntnis und eine Quelle der Belehrung, zugleich ein lieblicher Schmuck und eine schneidige Waffe. Mit Recht ist deshalb die lutherische Kirche stolz auf die gleichsam unermessliche Fülle ihrer geistlichen Lieder; aber auch unsere französisch-reformierte Kirche hat keine Ursache, sich einer ihr vielfach aber mit Unrecht zum Vorwurf gemachten Armut an geistlichen Liedern zu schämen; gerade die Forschungen der neuesten Zeit haben aus dem Schutte der Vergangenheit reiche Schätze französisch-reformierter Kirchenlieder ans Licht gezogen. Die alten Hugenotten waren erfüllt von begeisterter Sangeslust; sie haben ihre frommen Lieder erschallen lassen in ihren gottesdienstlichen Versammlungen, bei ihren Kriegszügen und Kämpfen, in den Kerkern und auf den Galeeren, ja sie haben gesungen, bis das Schwert des Henkers oder das Feuer des Scheiterhaufens ihnen den Mund geschlossen hat. Nachdem man die Hugenotten gemordet, wollte man auch ihre Lieder ausrotten; und der französische Staat so wie die katholische Kirche eröffneten einen planmäfsigen und durch alle Zeiten bis heute beharrlich fortgesetzten Vertilgungskrieg, wie überhaupt gegen alle Schriften der Reformierten, so besonders auch gegen die Liedersammlungen derselben. Was ist uns nun trotz aller Anstrengungen der Feinde davon erhalten geblieben? — Zunächst die Psalmensammlung, welche noch heute den Hauptteil des Kirchengesanges in den französisch-reformierten Gemeinden ausmacht. Diese Psalmensammlung rührt von dem damals hochgefeierten Dichter Clément Marot her. Schon im Januar 1540 hatte derselbe auf Veranlassung des Königs Franz I. dem Kaiser Carl V. bei dessen Besuch in Paris eine Bearbeitung von 30 Psalmen überreicht. Im Jahre 1541 erschien die erste Ausgabe zu Paris im Druck, wurde zwar von der Sorbonne verboten, aber im nächsten Jahre — merkwürdiger Weise — gleichzeitig in Rom auf Veranlassung des Papstes durch Theodor Brust nachgedruckt und in Genf durch Calvin mit Musik und der Genfer Liturgie vermehrt herausgegeben. Nachdem Marot 1544 zu Turin gestorben war, wurde der Rest der Psalmen von Beza bearbeitet; im Jahre 1552 erschien zum ersten Male der vollständige Psalter, mit Beza's schöner poetischen Anrede „an die Kirche unsers Herrn." Der 1562 als Märtyrer gestorbene Prediger von Rouen, Augustin Marlorat, schrieb zu jedem Psalm ein kurzes Gebet, welches sich in den älteren Ausgaben meist noch abgedruckt findet. Endlich vollendete im Jahre 1565 der als Musiker und Lehrer Palestrina's hochberühmte Claude Goudimel, welcher später als Hugenot in der Bartolomäusnacht 1572 zu Lyon seinen Tod fand, die Ausstattung aller Psalmen mit Musik in vierstimmigem Satz.

Indem wir es uns versagen, auf die Geschichte der französischen Psalmensammlung, ihre wiederholte Ueberarbeitung und ihre zahlreichen Ausgaben hier weiter einzugehen, empfehlen wir nur noch ein Werk, welches in betreff dieses Gegenstandes von besonderem Interesse ist, nämlich:

38. Riggenbach: Der Kirchengesang in Basel seit der Reformation. Mit neuen Aufschlüssen über die Anfänge des französischen Psalmengesanges. Basel 1870.

Aufser den Psalmenbearbeitungen sind nun aber von den alten Hugenotten selbständige Dichtungen, geistliche Lieder, *cantiques* oder *chansons spirituelles*, in grosser Menge verfafst, zuerst mündlich oder in Form von Flugblättern verbreitet und später zu kleineren oder gröfseren Sammlungen vereinigt worden. Zur Zeit ihrer Entstehung waren diese Lieder von grofsem Einflufs für die Verbreitung der reformatorischen Gedanken im Volke; hierfür zeugen die zahlreichen stets sehr bald vergriffenen Auflagen, die von den Dichtern dieser Lieder, als den treuen Mithelfern der Reformatoren, besorgt wurden; hierfür zeugen besonders auch die unablässigen Verfolgungen, welche von Seiten der Katholiken gegen alle der Ketzerei verdächtigen Lieder veranstaltet wurden. (*Bulletin de la Société de l'histoire du Protestantisme* t. 11 p 18).

In den Stürmen der Hugenotten-Verfolgungen waren diese Liedersammlungen immer seltener geworden; jene kostbaren Zeugnisse von der Glaubensinnigkeit und dem Todesmute unserer Väter schienen verloren, so dafs man in jüngster Zeit von katholischer Seite wagen konnte, unter dem Titel eines *recueil de poesies calcinistes* ein schändliches Pamphlet zu veröffentlichen, welches nur darauf berechnet schien die Ehre der alten Hugenotten zu verunglimpfen. Dem gegenüber sind nun durch Henri-Léonard Bordier nach den sorgfältigsten Studien und den mühevollsten Nachforschungen in öffentlichen und Privatbibliotheken die echten alten Lieder der Hugenotten gesammelt und neu herausgegeben worden unter dem Titel:

39. *Le chansonnier huguenot du XVIe siècle.* 2 tomes. Paris, librairie Tross, 1870.

Das Werk enthält zunächst in einer interessanten Vorrede die Veranlassung seiner Entstehung und die Geschichte der hugenottischen Poesie; es giebt weiter eine alphabetisch geordnete Übersicht aller überhaupt erhaltenen Lieder, deren Zahl etwa 650 beträgt; dann folgt eine Auswahl von etwa 100 Liedern eingeteilt als 1. *chants religieux*, 2. *chants polémiques*, 3. *chants de guerre*, 4. *chants de martyre*; den Beschlufs bildet endlich eine überaus lehrreiche *bibliographie de la chanson protestante*.

Wenn man die Geschichte dieser Lieder genauer kennt, wenn man erwägt, wie sie einst von den Bekennern unter tausend Gefahren gedichtet und gesungen wurden, wie sie dann durch den Hafs der Gegner gänzlich vertilgt schienen und nach drei Jahrhunderten doch wieder aus dem Staube der Bibliotheken zu neuem Leben erstanden sind, um Zeugnis abzulegen von dem Glauben unserer Väter, dann mufs man wahrlich sich tief ergriffen fühlen von dem wunderbaren Walten unsres Gottes, und als Enkel der alten Hugenotten stimmt man unwillkürlich ein in das Psalmenwort: „Sie haben mich oft gedränget von meiner Jugend auf, so sage Israel, sie haben mich oft gedränget von meiner Jugend auf, aber sie haben mich nicht übermocht."

Kooptation oder freie Wahl?*)

Nach dem Schlusse des auf Seite 52 dieses Jahrganges der „Kolonie" abgedruckten Berichtes über die Réunion und ihre Wirksamkeit ist ein Gegenstand lebhafter Verhandlung auch die Frage gewesen, ob die kirchlichen Behörden der Kolonie noch fernerhin durch Kooptation ergänzt werden oder aus freier Wahl der Gemeinde-Mitglieder hervorgehen sollen. — Für alle, welche sich mit dieser Frage beschäftigt haben, dürfte es interessant sein zu erfahren, welche Bestimmungen die *discipline ecclésiastique des églises réformées de France* hierüber enthält und welche Verhandlungen über diese Frage schon auf den ersten National-Synoden der französisch-reformierten Kirche von den alten Hugenotten geführt worden sind. Aus dem untengenannten Werke,**) über dessen Bedeutung der in voriger Nummer enthaltene Artikel der Hugenotten-Literatur zu vergleichen ist, übersetzen wir deshalb wörtlich, was folgt.

Kapitel III, Artikel 1.

„An den Orten, wo die Ordnung der „*Discipline*" noch nicht eingeführt ist, werden die Wahlen sowohl der Ältesten wie der Diakonen vollzogen durch gemeinsame Abstimmung der Gemeinde mit den Pastoren; aber wo die *Discipline* schon eingeführt ist, soll es dem Consistorium mit den Pastoren zustehen, unter besonderen Gebeten die geeignetsten Männer zu wählen. Und zwar ihre Wahl geschehen im Consistorium mit lauter Abstimmung, und werden denjenigen, welche gewählt sein werden, ihre Amtsverrichtungen im Consistorium vorgelesen werden, damit sie wissen, wozu man sie gebrauchen will. Wenn sie zustimmen, so wird man sie sodann der Gemeinde abkündigen an zwei oder drei Sonntagen, damit auch die

---

*) Unsere Leser werden wissen, dafs die im obigen Aufsatze mit grofser Wärme vertretenen Ansichten nicht die unsrigen sind. Der Verfasser meint es gut mit unserer Zeitschrift und ist unsern Bestrebungen zugethan. Um so höher schätzen wir sein grades offenes Wort. „Wahrheit gegen Freund und Feind". Es wäre auch engherzig, wollten wir nicht einer abweichenden Meinung ein freies Wort gönnen. Gerade in dieser Frage gliedert sich die Kolonie in zwei Gruppen; die verschiedenen Ansichten aber über dieselbe Sache brauchen nicht gleich zur Feindschaft, Lieblosigkeit, Härte des Urteils zu führen, am allerwenigsten in einer Gemeinschaft, die sich rühmt, eine kirchliche zu sein. Wir nennen uns Brüder; warum kann nicht auch dann, wenn beide Teile zur Erreichung desselben Zieles verschiedner Ansicht sind über das rechte Mittel, eine gegenseitige brüderliche Gesinnung bewahrt werden in Rede und Urteil?

**) D'Huisseau: *La discipline ecclésiastique des églises réformées de France, avec les observations des Synodes Nationaux sur tous ses articles.* 2. édit. Amsterdam 1710.

Zustimmung der Gemeinde hinzutrete. Und wenn bis zum dritten Sonntage kein Widerspruch erfolgt, so werden sie öffentlich eingeführt werden, wobei sie vor der Kanzel stehen, mit feierlichen Gebeten, und werden so in ihre Ämter eingesetzt werden, indem sie das Glaubensbekenntnis und die kirchliche *Discipline* unterzeichnen; wenn aber Widerspruch vorhanden ist, so wird die Angelegenheit im Consistorium untersucht werden, und wenn man sich dort nicht darüber einigen kann, so wird das Ganze der Kreis-Synode oder der Provinzial-Synode überwiesen werden."

Soweit die Bestimmungen der *Discipline*; sodann folgen in dem genannten Werke die Bemerkungen der National-Synoden, aus welchen wir nur die folgenden für unsere Frage wichtigsten hervorheben.

Der Hauptinhalt des vorstehenden Artikels stammt aus der ersten National-Synode von Paris 1559. Die Worte: „ihre Wahl wird geschehen im Consistorium mit lauter Abstimmung" rühren her von der Synode von Montauban 1594. Die obengenannte Synode von Paris 1559 fordert, „dass die Ältesten und Diakonen das Glaubensbekenntnis und die kirchliche *Discipline* unterzeichnen und öffentlich geloben, sie zu halten."

„Was die Wahl der Ältesten und Diakonen anbetrifft, so war einige Unordnung in einer einzelnen Kirche vorgekommen, worüber die Synode von Vertueil 1567 folgende Entscheidung traf. Die Versammlung (der National-Synode) sei benachrichtigt, dass in einer gewissen Kirche wegen des Murrens einiger Glieder der Gemeinde gegen das Consistorium, welche sich nämlich den Zurechtweisungen des Consistoriums nicht unterwerfen wollten, das Consistorium, um dieses Murren zu beendigen, beschlossen hätte, die Wahl des neuen Consistoriums der Abstimmung der Gemeinde zu überlassen, was sie (die Versammlung der National-Synode) sehr schlecht und gefahrvoll gefunden habe; sie habe deshalb beschlossen, dass diese Kirche ermahnt würde, sich den anderen anzuschliessen in der Befolgung der *Discipline*, nämlich dass die Ältesten und Diakonen durch das Consistorium erwählt und sodann der Gemeinde präsentiert würden um eingeführt zu werden."

„Auf der folgenden Synode von La Rochelle 1571 erklärt die Versammlung, — weil eine Kirche der Isle de France sich dieser Bestimmung nicht unterwerfen wollte, obgleich sie mehrmals ermahnt worden war, die Wahl, welche sie von der Gemeinde abhängen lassen wollte, dem Consistorium zu übertragen, — dass ihr seitens der Synode ein Schreiben geschickt werden solle, um sie zu ermahnen, sich der in den Kirchen Frankreichs angenommenen Ordnung der *Discipline* zu fügen; und dass wenn einzelne Gemeinde-Mitglieder noch gehört und belehrt sein wollten, sie sich an die Provinzial-Synode wenden sollten." — „Dieselbe Synode von La Rochelle 1571, benachrichtigt, dass es einige Kirchen gäbe, welche bei der Wahl der Ältesten ein der *Discipline* widersprechendes Verfahren anwendeten, indem sie Geistliche umherschickten, um einzeln die Stimmen der Gemeinde zu sammeln, verwirft und missbilligt alle diese Massnahmen und ermahnt diese Kirchen, sich der üblichen Ordnung zu fügen gemäss dem Artikel der *Discipline* über diesen Gegenstand; wenn nicht, so würden diese Kirchen öffentlich zurechtgewiesen werden. —

Auf der Synode von Alez 1620 werden die Bewerbungen lebhaft getadelt, welche in einigen Kirchen bei der Wahl der Ältesten vorgenommen waren." —

„Auf der Synode von London 1659 hatten die Deputierten der Provinz Dauphiné berichtet, dass einige Älteste bei Ihrer Einführung in das Amt der Ältesten sich geweigert hatten, sich zu erheben, wie dies in dem betreffenden Artikel vorgeschrieben ist; jene Deputierten hatten gefragt, ob man die Befolgung dieser Vorschrift bei der Einführung der Ältesten dem Belieben derjenigen überlassen sollte, welche zu diesem Amte berufen wären, die Versammlung der National-Synode befiehlt, dass der Inhalt des Artikels von allen beobachtet werden müsse, und die Provinz Dauphiné wird getadelt, weil sie geduldet habe, dass er verletzt worden sei." —

Indem wir hiermit unsere Mitteilungen aus dem obengenannten Werke beendigen, erlauben wir uns nur noch einige selbsteigene Bemerkungen hinzuzufügen.

Die Wahl der Ältesten durch Kooptation seitens des Consistoriums ist eine Grundbestimmung, welche der ganzen *Discipline* ihren eigentümlichen Charakter und ihren besonderen Wert verleiht. Die alten Hugenotten haben, wie die oben angeführten Beispiele zeigen, mit grösster Entschiedenheit die treue Befolgung gerade dieser Bestimmung immer betont; und wenn die gegenwärtigen Mitglieder des Consistoriums der berliner Kolonie für Aufrechterhaltung dieser Bestimmung eingetreten sind, so haben sie unzweifelhaft im Geiste der alten Hugenotten gehandelt und die Pflicht erfüllt, welche sie bei ihrer Einführung als Älteste durch Unterschrift der *Discipline* feierlich und ausdrücklich übernommen hatten.

Die Sache hat aber noch eine ganz andere Seite. Der Bestand besonderer Kolonie-Gemeinden in Preussen ist kirchenrechtlich gesichert durch die neue Kirchengemeinde- und Synodal-Ordnung vom 10. Sept. 1873, in welcher es im § 48 alin. 1 heisst: „Die Vorschriften dieses Abschnitts finden keine Anwendung auf diejenigen französisch-reformierten Gemeinden, in welchen ein nach Vorschrift der *discipline des églises réformées de France* gebildetes *consistoire* oder Presbyterium besteht." — Wollten nun die Kolonie-Gemeinden selbst die Grundbestimmungen der *Discipline* aufgeben, so würden die kirchlichen Oberbehörden unzweifelhaft gesetzlich und moralisch berechtigt sein zu fragen: „Wozu dann überhaupt noch besondere Kolonie-Gemeinden?" Nein, nur kein Sturmlaufen gegen die *Discipline!* Sonnenklar und unzweifelhaft scheint es uns, dafs alle, denen der Bestand der Kolonie am Herzen liegt, mit vereinten Kräften dafür eintreten müssen, dafs die Bestimmungen der *Discipline* treu und gewissenhaft befolgt werden. Darauf weist die ruhmvolle Vergangenheit der französisch-reformierten Kirche hin, denn den mit besonderer Weisheit entworfenen Bestimmungen ihrer *Discipline* hat diese Kirche es vornehmlich zu verdanken, dafs sie alle Stürme der Verfolgung siegreich überdauert hat; darauf weist ebenso die kirchenrechtliche Stellung der Kolonie in der Gegenwart hin: Der Sturz in die Tiefe ist unvermeidlich, wenn man mit eigener Hand den Zweig absägt, auf welchem man sitzt.

Noch etwas Statistik aus der franz.-reform. Gemeinde Berlins.

(Von Dr. Muret)

In den diesjährigen April-, Mai- und Juni-Nummern der „Kolonie" habe ich das statistische Material über unsere Gemeinde, soweit die mir zugänglichen Quellen es gestatteten, zusammengestellt, und den Beweis geführt, dafs die von unserm Konsistorium jährlich durch den Kirchenzettel veröffentlichten statistischen Mitteilungen nicht nur Lücken, sondern selbst grofse Unrichtigkeiten enthalten. Es ist dies im höchsten Grade zu bedauern, da die gegebenen Zahlen die amtlichen Angaben einer Behörde sind, und somit von vielen Personen, die über Kolonieverhältnisse geschrieben haben, als sicher übernommen sind und oft zu recht falschen Schlüssen geführt haben.

Inzwischen ist das 3. und 4. Heft des im Auftrag der städtischen Deputation für Statistik vom Direktor des hiesigen städtischen statistischen Büreaus, R. Böckh, bearbeiteten Werkes über die Berliner Volkszählung von 1875 erschienen. Dasselbe bestätigt nicht nur meine Behauptung in bezug auf das fragliche Jahr, sondern liefert auch noch einige für unsere Gemeindeglieder interessante Tabellen, von denen ich unten zwei mitteile.

Auch in diesem Werke sind die älteren Angaben über unsere Gemeinde ungenau. Dieselben sind eben nicht der Ausdruck direkter sorgfältiger Zählungen, sondern stammen aus den früher erwähnten Quellen und schliesslich aus den Angaben der damaligen französischen Konsistorien.

Uns interessiert zunächst die Zählung im Jahre 1875, bei der die Zählkarten neben „Religionsbekenntnis" den Zusatz diesmal hatten: „Bei zur Dom-, Garnison-, Parochial-, Böhmischen-, Französischen Gemeinde Gehörigen ist das zutreffende Wort zu unterstreichen." Die Zählung ergab für unsere Gemeinde eine Seelenzahl von 4177, während die statistische Bekanntmachung unseres Konsistoriums für dasselbe Jahr 6963 angiebt, also ein Plus von 2786 gegen die amtliche Zählung aufweist. Wenn man auch annehmen wollte, dafs bei dieser Zählung einzelne Mitglieder unserer Gemeinde sich nur als Reformierte oder Evangelische verzeichnet hätten ohne nach Vorschrift „Französische Gemeinde" zu unterstreichen, so kann die Zahl derselben doch unmöglich eine Höhe von 2786 erreichen. Es will mir danach scheinen, dafs unsere Kirchenlisten etwa 2000 Mitglieder mehr führen, als wirklich vorhanden sind. Diese Ansicht erhält noch dadurch eine Stütze, dafs nach den statistischen Angaben unseres Konsistoriums unsere Gemeinde im Jahre 1878 (wie schon in der Juni-Nummer nachgewiesen) 7086 Seelen haben mufste, während dasselbe Konsistorium für 1878 plötzlich nur 5870 aufführt, somit 1196 Mitglieder ohne weitere Angabe des Grundes gestrichen hat.

Nachstehende 2 Tabellen, aus genanntem Werk über die Volkszählung für 1875 ausgezogen, werden ebenfalls das Interesse unserer Leser in Anspruch nehmen. Die erstere zeigt die männlichen und weiblichen Mitglieder der französisch-reformierten Gemeinde nach den Stadtteilen geordnet; die andere weist die in Berlin Gebornen, sowie die in den einzelnen Jahren von auswärts Zugezogenen auf.

I. Mitglieder der franz.-ref. Gemeinde in Berlin im Jahre 1875.

Stadtteile	männlich	weiblich	Beide Geschlechter zusammen
Berlin	58	53	111
Alt-Cöln	35	52	87
Neu-Cöln	9	14	23
Friedrichswerder	33	46	79
Dorotheenstadt	45	60	105
Königsplatz	10	14	24
Friedrichstadt	212	271	483
Friedr.-Vorst. ob.	50	73	123
„ „ unt.	31	40	71
Schöneberg. Vorst.	55	112	167
Tempelhof. Vorst.	66	83	149
Luisenstdt jus. d C.	113	147	260
„ dss. d. C.	316	374	690
Stralauer Viertel	156	182	338
Königs-Viertel	73	82	155
Spandauer Viertel	212	313	525
Rosenthal. Vorst.	128	171	299
Oranienbg. Vorst.	95	119	214
Friedr.-Wilhelmst.	35	29	64
Moabit	33	35	68
Wedding	72	70	142
	1837	2340	4177

II. Zuzug der auswärts geborenen Mitglieder der franz.-ref. Gemeinde.

	männl.	weibl.	zus.	Zuzug berl. Bevölkerung überhaupt.
In Berlin geboren	1359	1630	2989	362184
1871—1875	138	155	293	212382
1866—1870	83	127	210	88066
1861—1865	70	92	162	59065
1856—1860	44	77	121	36702
1851—1855	27	48	75	19637
1846—1850	29	52	81	16958
1841—1845	21	31	52	11276
1836—1840	21	37	58	9462
1831—1835	15	22	37	4986
1826—1830	7	20	27	4298
1821—1825	9	24	33	2590
1816—1820	5	9	14	1393
1811—1815	2	5	7	597
1806—1810	2	3	5	259
1801—1805	1	2	3	92
1800 u. darunt.		2	2	60
Jhr. nicht angegeb.	4	4	8	4445
überhaupt:	478	710	1188	472258
			4177	906858

Allgemeines Reglement, betreffend das theologische Seminar.

Zweck des Seminars.

§ 1. Der Zweck des theologischen Seminars ist, jungen Leuten, die sich zum geistlichen Stande berufen fühlen und der französisch-reformierten Kirche in Preußen dienen wollen, die zum Studium der Theologie ihnen nötige Unterstützung zu gewähren und sie durch Leitung und Überwachung ihrer Studien für das geistliche Amt nach den Grundsätzen der französisch-reformierten Kirche auszubilden.

Ressort der Anstalt.

§ 2. Das Seminar hängt von der Kompagnie ab, welche zur Leitung und Beaufsichtigung desselben eine besondere Kommission, bestehend aus zwei Predigern, zwei Kirchenvorstehern und zwei Familienhäuptern, alljährlich ernennt. Diese Kommission hat von einer jeden im Seminar vorgefallenen oder beabsichtigten Veränderung die Kompagnie sofort in Kenntnis zu setzen und über die Bedürfnisse und Leistungen der Anstalt beim Jahresschlusse einen Bericht abzustatten.

Inspektor.

§ 3. Zum Inspektor des Seminars erwählt die Kompagnie einen Geistlichen, der in der Anstalt wohnen muß und nach der ihm zu teil werdenden Instruktion die Zöglinge zu leiten und zu beaufsichtigen hat.

Kosten der Anstalt.

§ 4. Die Kompagnie trägt sämtliche Kosten der Anstalt und sorgt für Anschaffung und Erhaltung des zum Seminar gehörigen Inventariums. Der Inspektor hat das Verzeichnis sämtlicher Gegenstände durch Ab- und Zuschreiben in Ordnung zu halten.

Zahl der Zöglinge.

§ 5. Die Zahl der Zöglinge ist auf sechs festgesetzt, von welchen drei gratis und drei gegen eine von der Kompagnie zu bestimmende Pension aufgenommen werden, welche in die Kasse der Kompagnie gezahlt wird.

Erfordernisse zur Aufnahme in das Seminar.

§ 6. In das Seminar können nur junge Leute aufgenommen werden, die der Kolonie angehören und zum Mindesten für Secunda des französischen Gymnasiums reif sind.

§ 7. Einer jeden Aufnahme soll die sorgfältigste Prüfung des Aufzunehmenden vorangehen, wobei namentlich darauf Rücksicht zu nehmen ist, ob derselbe aus innerem Berufe den geistlichen Stand erwählt, ob er körperlich und geistig für denselben befähigt ist, ob er bisher einen sittlichen Lebenswandel geführt hat, und ob er nicht in solchen Verbindungen steht, die eine nachteilige Einwirkung auf seine Charakterbildung auszuüben drohen. Mit dieser Prüfung wird die für das Seminar bestellte Kommission und der Seminar-Inspektor beauftragt und die Kompagnie entscheidet durch Stimmenmehrheit über die Aufnahme der in Vorschlag gebrachten jungen Leute.

§ 8. Vor der Aufnahme ins Seminar wird mit dem Aufzunehmenden ein Kontrakt geschlossen, den nicht nur der Aufzunehmende, sondern auch dessen Vater oder Vormund mit obervormundschaftlicher Genehmigung zu unterzeichnen haben, und in welchem der Kompagnie das Recht zugesichert wird, den Zögling nach sechs Monaten wieder zu entlassen, wenn er den gehegten Erwartungen nicht entspricht.

Ausstattung der Zöglinge beim Eintritt.

§ 9. Bei dem Eintritte in die Anstalt haben die Zöglinge mitzubringen: 1. ein Bett nebst eiserner Bettstelle und doppelten Überzügen, 2. einen silbernen Eßlöffel, 3. ein Paar Messer und Gabel, 4. ein Tischtuch und 6 Servietten, 5. ein halbes Dutzend Handtücher. Bei ihrem Austritte nehmen sie das Bett incl. Bettstelle und Überzüge, sowie die Handtücher mit sich. Die übrigen Gegenstände verbleiben der Anstalt und werden, wenn sie noch brauchbar sind, von dem Inspektor dem Inventarium derselben zugeschrieben.

Bekleidung.

§ 10. Während ihres Aufenthalts im Seminar haben die Zöglinge für ihre Bekleidung, Leibwäsche, Bücher, Papier etc. selbst zu sorgen.

Freie Station.

§ 11. Die Zöglinge erhalten in der Anstalt: Wohnung, Beköstigung, Reinigung und kleine Ausbesserung der Wäsche, sowie Licht und Heizung.

Die Wohnung besteht aus zwei Arbeitszimmern für je drei Zöglinge, von welchen das eine eine Treppe hoch, das andere zwei Treppen hoch sich befindet, und einem gemeinschaftlichen Schlafsaale.

Krankheitsfälle.

§ 12. In leichten Krankheitsfällen übernimmt die Anstalt die Pflege, bei langwierigen Krankheitszuständen werden die Zöglinge, wenn es thunlich ist, den Eltern zugeschickt. Jedoch muß die Seminarkommission von einem jeden Falle dieser Art in Kenntnis gesetzt werden und die Zustimmung erteilt haben. Die Kosten für Medicin haben die Zöglinge oder deren Verwandte zu tragen, und wer einen andern Arzt benutzt als den Arzt der Kolonie, hat auch für die Bezahlung des Arztes zu sorgen.

Bildungsgang.

§ 13. Die Zöglinge besuchen als Gymnasiasten das französische Gymnasium, als Studenten die Universität.

§ 14. Um einen stufenmäßigen Gang in der Ausbildung der Studierenden zu erzielen, hat der Inspektor vor dem Beginn eines jeden Semesters mit Genehmigung der Kommission die Vorlesungen auszuwählen, die die Studierenden im Laufe des Semesters auf der Universität zu besuchen haben, und um den Besuch der Vorlesungen zu kontrollieren und die Zöglinge in dem Verständnisse derselben zu fördern, hat er mit ihnen Repetitionen anzustellen.

§ 15. Außer dem Unterrichte auf dem französischen Gymnasium und der Universität empfangen die Zöglinge in der Anstalt Musik- und Singunterricht, damit sie die für einen Geistlichen nötige Kenntnis der Chorale und Psalmen erlangen.

Bibliothek.

§ 16. Die Bibliothek des Seminars steht den Zöglingen zur Benutzung frei, jedoch können sie nur mit Erlaubnis des Inspektors Bücher erhalten und dürfen sie dieselben niemals an Fremde verleihen.

Prüfungen.

§ 17. Damit die Kommission die Leistungen der Zöglinge kennen lerne, werden ihr die Censuren der Gymnasiasten, sowie die Testierbogen der Studierenden vorgelegt, und die Studierenden von Zeit zu Zeit einer Prüfung unterworfen.

§ 18. Nach Ablauf des ersten Studienjahres haben die Studierenden das Proposantenexamen zu bestehen. Im 2. und 3. Studienjahre haben sie vier Predigten auszuarbeiten und zu halten, zu welchen das Konsistorium die Texte giebt und jedesmal zwei Prediger zu Censoren ernennt. Nach Ablauf des dritten Studienjahres haben sie das examen pro candidatura zu bestehen, worauf sie die Anstalt verlassen.

§ 19. Ergiebt es sich, dafs ein Zögling zu wenig begabt ist, oder durch Trägheit und Unsittlichkeit sich der Unterstützung der Kirche unwürdig gemacht hat, so ist der Kompagnie davon Anzeige zu machen, damit er entlassen werde.

Rückerstattung der Kosten.

§ 20. Wer nach dem Austritt aus der Anstalt die Theologie aufgiebt oder ohne Genehmigung der Kompagnie ein Predigtamt bei einer nicht französisch-reformierten Gemeinde annimmt, ist verpflichtet, die Kosten, welche sein Aufenthalt im Seminar verursacht hat, der Kompagnie zurückzuzahlen.

Verpflichtungen der Kandidaten nach ihrem Abgange vom Seminar.

§ 21. Die Kandidaten, welche auf dem Seminar ihre Ausbildung erhalten haben und in Berlin verbleiben, sind verpflichtet, bei Erkrankungen der Geistlichen oder in anderweitigen Notfällen nicht nur zu predigen, sondern auch im Seminar und in der Pépinière in betreff der Repetitionen und des Unterrichts, sowie im Hospice in bezug auf den Konfirmandenunterricht hilfreiche Hand zu leisten und werden diejenigen, die sich hierbei willig und tüchtig erweisen, bei der Verteilung der Stipendien in angenehmer Weise berücksichtigt werden.

Schlufs.

§ 22. Es ist wünschenswert, dafs die früheren Zöglinge des Seminars, wenn sie ein Pfarramt in der Provinz erhalten, von Zeit zu Zeit in einer hiesigen französischen Kirche predigen, damit die hiesigen Gemeinden sie in ihrer weiteren Entwicklung als Prediger kennen lernen, und damit die Geistlichen der Provinz Gelegenheit finden, sich den Gemeinden für eintretende Vacanzfälle in angemessener Weise zu empfehlen.

Gelesen und genehmigt in der Sitzung am 11. Februar 1856.

gez. Ed^d HUMBERT,
Secrétaire.

ANHANG.
Register der Zöglinge des Séminaire.
(1770—1851).

1. F. Remy, eingetreten am 2. Juli 1770. 2. P. Chifflard, am 2. Juli 1770. 3. J. P. Catteau. 4. B. Provençal, am 1. October 1770. 5. J. P. Roland, am 1. Februar 1771. 6. Fr. Bandesson, am 18. November 1771. 7. A. Wall, am 18. November 1771. 8. P. Dautal, am 15. Januar 1772. 9. Jean Louis Cabrit, am 27. April 1772. 10. Samuel Durieux, am 1. Juni 1772. 11. David Chazelon, am 29. Mai 1773. 12. George Gaspard Matthieu Gabain, am 23. August 1773. 13. Samuel Henri Catel, am 1. Juli 1774. 14. Paul Frédéric Schlick, am 2. Januar 1776. 15. Daniel August Chodowiecki, am 2. Januar 1777. 16. Frédéric Tourte, am 23. Juni 1777. 17. Jean Henri, am 25. August 1777. 18. Jean Pierre Jacob, am 25. August 1777. 19. Charles Lambert, am 25 August 1777. 20. Isaac Frédéric Bonte, am 25. August 1777. 21. Pierre Louis Maréchaux, am 8. Januar 1778. 22. François Maréchaux, am 8. Januar 1778. 23. Jacques Papin, am 7. Mai 1778. 24. Jean Samuel Violet, am 6. November 1778. 25. Guillaume Mila, am 6. November 1778. 26. Charles Guillaume Théremin, am 28. Mai 1781. 27. Jean Pierre Frédéric Ancillon, am 19. October 1781. 28. Henri Frédéric Mathis, am 3. December 1781. 29. Jean Michel Palmié, am 3 December 1781. 30. Jean Charles Henri Fort, am 18. April 1782. 31. Jean Guillaume Lombard, am 6. Januar 1783. 32. Samuel Le Canal, am 6 Januar 1783. 33. Charles Guillaume Vilaret, am 6. Januar 1783. 34. Jean Pierre Cournon, am 1. April 1783. 35. Jean François Le Brun, am 7. April 1783. 36. Paul Isaac Pascal, am 5. Juli 1784. 37. Jean Jacob Ariand, am 14. August 1784. 38. Antoine Guillaume Lattel, am 30. August 1784. 39. Isaac Henri Chodowiecky, am 14. October 1784. 40. Louis Balan, am 14. October 1784. 41. Jean Louis Saunier, am 9. October 1786. 42 Pierre Frédéric Geisaler, am 8. November 1786. 43. François Bock, am 8. November 1786 44. Jean Louis Dihm, am 1. November 1786. 45. François Louis Bourier, am 13. October 1787. 46. David Louis Bourguet, am 13. October 1787. 47. Frédéric Guillaume Reclam, am 5. Januar 1788. 48. Jean Nicolaus Pourroy, am 3. April 1788. 49. Louis Alloncherry, am 2. September 1788. 50. Louis Roqueste, am 16. October 1788. 51. Pierre Chrétien Violet, am 16. October 1788. 52. Pierre Roux, am 16. October 1788. 53 Paul Laurens, am 21. April 1789. 54. Jean Pierre Darandon, am 8. November 1790. 55. Corneille Reuscher, am 8. November 1790. 56. Pierre Henri Remy, am 8. November 1790.

57. Guillaume Saint Paul, am 8. November 1790. 58. Guillaume Henri Reclam, am 8. November 1790. 59. Pierre Louis Chazelon, am 8. November 1790. 60. Jean Charles Henri Heidenreich, am 16. Mai 1791. 61. Guillaume Balan, am 5. November 1792. 62. Jean Avienne, am 5. November 1792. 63. François Louis Reuscher, am 5. November 1792. 64. Guillaume Centurier, am 5 November 1792. 65. Charles Louis Guillaume Sandrart, am 5. November 1792. 66. François Auguste Riquet, am 5. November 1792. 67. Theodor Armant Marc Poiret, am 2. September 1793. 68. Jacques Challier, am 2. September 1793. 69. Jean Godefroy Legrom, am 1. September 1794. 70. François Thérèmin, am 16. October 1794. 71. Auguste Ferdinand Villaret, am 14. November 1796. 72. Louis Godefroi Blanc, am 14. November 1796. 73. Jean Samuel Chambeau, am 16. Mai 1797. 74. Charles Francesen, am 6. Januar 1798. 75. Charles Louis St. Martin, am 8. Januar 1799. 76. Jean Henri Millenet, am 8. Januar 1799. 77. Louis Vien, am 6. Januar 1800. 78. Auguste Edouard Guillaume Lambert, am 29. Juni 1801. 79. François Louis Henri Ducros, am 29. Juli 1801. 80. Etienne Benjamin Robert, am 9. December 1801. 81. Pierre Henri Auguste de Salviati, am 21. Juni 1802. 82. Guillaume Stiefelius, am 20 Juni 1802. 83. Frédéric Guillaume Thérèmin, am 6. September 1802. 84. Charles Auguste Thérèmin, am 6. September 1802. 85 Jean Marc de la Pierre, am 21. Februar 1803. 86. Etienne Henri Barez, am 16 Mai 1803. 87. Henri Violet, am 27. November 1804. 88. Louis Roquette, am 21. April 1805. 89. Frédéric Chrétien Girardet, am 23. Juni 1805. 90. George Ferdinand Jordan, am 20. October 1805. 91. Jean Samuel Lion am 16. September 1807. 92. Chrétien Louis Conard, am 6. Juni 1811. 93. Auguste Guillaume Louis Desmarets, am 6. Juni 1811. 94. Charles Henri Louis Fontane, am 6. Juni 1811. 95. Charles Louis Hock, am 6. April 1812 96. Charles Daniel Roquette, am 26 April 1813. 97. Auguste Fournier, am 7. April 1816. 98. Edouard François Nicolas Tollin, am 2. Januar 1817. 99. Jules Papin, am 18. Juni 1819. 100. Auguste Frédéric Ammon, am 7. Februar 1821. 101. Adolphe Frédéric Souchon, am 10 April 1822. 102. Charles Louis Barthélemy, am 2. April 1823. 103 Louis Guillaume Daniel Détroit, am 1. April 1824. 104 Jean Charles Theodore Guillaume Lorenz, am 29. April 1825. 105. Charles Louis Ferdinand Tournier, am 6. Januar 1826. 106. Raphaël Benjamin Albert Lionnet, am 10. October 1827. 107. Charles Louis Reboul, am 31. December 1828. 108. Louis Philippe Sy, am 2. Februar 1831. 109 Adolphe Détroit, am 18. October 1832. 110. Theophile Albert Cazalet, am 1. December 1832. 111. Jean Robert Fontaine, am 9 October 1834. 112. Adolphe Coste, am 23. April 1840. 113. Charles Roland, am 18. April 1841. 114. Albert Jules Schnatter, am 2. Mai 1843. 115. Louis Emil Robert Villaret, am 1. Januar 1847. 116. Louis Frédéric Eugène Matthieu, am 16. April 1849. 117. Othon de Bourdeaux, am 1. Mai 1850. 118. Guillaume Doyé, am 15. October 1851.

Gemeindesachen.

1) Herr Drège hat sein Amt als Schatzmeister der Kolonie niedergelegt. Sein Nachfolger ist Herr Wibeau.

2) a. Die Rechnungslegung der Ecole de Charité für das Jahr 1879 findet statt: Dienstag, den 12. October, 4 Uhr Nachmittags im Saale des Hospiz.

b. Die Rechnungslegung des Hospiz für das Jahr 1879 findet statt: Dienstag, den 19. October, 4 Uhr, im Saale des Hospiz.

Die *chefs de famille* werden zu diesen Sitzungen eingeladen.

Vereinsnachrichten der Réunion.

In den nächsten Sitzungen schon werden den Verein folgende Punkte beschäftigen: „Der Modus der Renforcierung; die Wahl der Revisoren für die Rechnungslegungen in der Kolonie, das Séminaire, die Pépinière, die Zählung der Kolonie-Mitglieder."

Der erste Vortrag findet statt: Freitag, d. 15. October, im Saale von Bötzow, Alte Schönhauser-Str. 23/24. (Besonderer Aufgang für die Mitglieder der R.) Der Vortragende ist: Herr Referendar d'Hargues.

Sitzungen: Freitag, d. 8. October (Tages-Ordnung: Der Modus der Renforcierung) und Freitag, d. 22 October: Beide Sitzungen Restaur. Gärtner, Mittel-Str. 65. 8½ Uhr Ab.

Fragekasten.

§§ Herr Prediger Villaret wohnt vom 1. October d. J. an Klosterstr. 43, III.

Anfrage: Herr Godet, der lange Jahre hindurch das Amt als *Gardien des régistres* verwaltet hat, ist gestorben. Wer ist jetzt *Gardien des régistres?* Vertretungsweise soll es Herr Thieme gewesen sein; hat dieser Herr das Amt nun definitiv übernommen oder ist ein anderer Herr gewählt worden? — Im Kirchenzettel soll hierüber noch nichts veröffentlicht sein; vielleicht giebt uns einer unserer Leser sichern Bescheid; wegen der Beschaffung von Trau- und Taufscheinen ist die Sache als solcher von allgemeinem Interesse. — Herrn S. Wir werden versuchen, in der nächsten No. ein Referat über die bis dahin abgehaltenen Rechnungslegungen zu bringen. Frl. R. Sie irren sich, das von Ihnen bezeichnete Portrait gleich im ersten Saale der diesjährigen Kunstausstellung ist das unseres verstorbenen Bellair.

November 1880.   IV. Jahrgang.

DIE KOLONIE.

Organ für die äusseren und inneren Angelegenheiten der französisch-reformierten Gemeinden.

Redigiert von W. Bonnell, Rektor in Berlin.

Erscheint monatlich einmal. Preis pro Quartal 75 Pf.

Abonnements werden angenommen bei W. Bonnell in Berlin N., Schwedter-Str. 257, und bei jeder Post-Expedition.

INHALT: Daniel Chodowiecki, II. von W. Chodowiecki. — Nachtrag zu dem Artikel: „Die Parsteiner Kolonie." — Hugenotten-Litteratur von Prediger Lorenz in Prenzlau IX, 40—49. — Wanderversammlungen. — Die Gemeinde zu Schwedt. — Die Renforcierung. — Vermischtes. — Gemeindesachen. — Vereinsnachrichten. — Inserat. — Briefkasten.

Daniel Chodowiecki.
(Von W. Chodowiecki in Gross-Lichterfelde bei Berlin.)

II. Die Buchhändler und Verleger fanden bei solcher künstlerischen Ausstattung ihrer Verlagswerke so gut ihre Rechnung, daſs der Künstler mit Bestellungen überhäuft wurde und sehr schnell arbeiten muſste. Viele Werke wurden nur der Stiche wegen gekauft und würden niemals im Druck erschienen sein, wenn sie nicht wenigstens mit einer Titel-Vignette von Daniel Chodowiecki's Erfindung geschmückt gewesen wären. Es blieb nicht aus, daſs der Künstler in Folge seiner so viel gesuchten und geschätzten Thätigkeit in persönliche Beziehungen mit den hervorragendsten Männern seiner Zeit trat. Man suchte seine Freundschaft, und wer sie fand, hatte auch die Genugthuung, in ihm nicht allein den Künstler, sondern auch den Menschen zu schätzen. Eine so durch und durch tüchtige Natur hatte für Jeden einen beachtenswerten Zug. Der König, als ihm der Künstler zum ersten Male vorgestellt wurde, war angenehm überrascht durch das fliessende und elegante Französisch, mit dem ihm Daniel aufwarten konnte; der geringste Mann erfreute sich seiner leutseligen Beachtung, wie der Notleidende seiner Hilfe. Die Züge von Herzensgüte und Menschenliebe, welche er in so rührender Weise in seinen Werken zu schildern wuſste, sie kamen ihm aus tiefster Seele, denn er war im wahren Sinne des Wortes ein Vater der Armen. Wo seine Mittel nicht hinreichten, da half seine Kunst, und nicht gering ist die Anzahl der Zeichnungen und Stiche, durch deren Erlös er uneigennützig die Armut unterstützte.

Verschiedene gemeinnützige Institute fanden fortwährend an ihm einen Wohlthäter. Bei Gelegenheit der groſsen Wasserflut zu Frankfurt an der Oder, 1785, wo Prinz Leopold von Braunschweig durch seine Menschenliebe in den Fluten sein Leben verlor, verfertigte er zur Unterstützung der Unglücklichen eine Platte, die er selbst abdrucken und verkaufen lieſs, und der Ertrag des gelösten Geldes betrug, nach den vorhandenen Listen, 1795 Thaler 22 Groschen, welche Summe er, ohne

Abzug für Unkosten, an die Behörde zur Verteilung überschickte. Ein ähnliches Resultat erzielte er mit einer Platte zum Besten der abgebrannten Ruppiner. Für die Armen seiner Kirche gab er jährlich 300 Thaler, uneingerechnet der Unterstützungen, welche nicht so allgemein bekannt wurden.

Bedeutende Geldgeschenke machte er dauernd seiner Mutter, welche er auch zweimal in Danzig besuchte. Eine dieser Reisen machte er von Berlin aus zu Pferde und zeichnete ein vollständiges Tagebuch, welches in den Besitz der Bibliothek der Akademie der Künste in Berlin übergegangen ist. Alles was ihm sowohl während der Reise, als auch während seines Aufenthalts in Danzig beachtenswert erschien, ist in dieser Sammlung von 108 getuschten Blättern enthalten.

Die hinterlassene Familie seines Bruders Gottfried unterstützte er auf das sorgfältigste und gab seinem ältesten Neffen bei dessen Verheiratung 2000 Thaler, seinen eigenen 5 Kindern zur Beihilfe ihres eigenen Hausstandes jährlich 400 Thaler. Der französischen Kirche diente er als *Ancien Diacre* und als *Cassier de la Boulangerie*, als *Receveur*, und versah gern diese zeitraubenden Geschäfte.

Viel nahm ihn auch die Korrespondenz in Anspruch, denn er lebte in dem Jahrhundert des Briefwechsels. Es ist Vieles davon erhalten geblieben, so u. A. sein Briefwechsel mit dem Dresdener Hofmaler Graff, welcher sich durch sein ganzes Leben zieht und die interessantesten Aufschlüsse über die Entstehung seiner wertvollsten Arbeiten giebt. Schellenberg, mit dem er innig befreundet war, sagt von ihm: „Sein Herz ist viel schöner als seine trefflichen Arbeiten."

Einem Manne, der so gesucht war wie er, der sich in Deutschland einen so ausgebreiteten Ruf erworben hatte, konnte es natürlich nicht an Bekanntschaften fehlen. Diese aber legten ihm eine Menge Verbindlichkeiten auf, wobei es nicht an Aufträgen fehlte, die er besorgen sollte. Er beantwortete nicht nur die vielen an ihn gerichteten Briefe, sondern befriedigte auch auf das Gewissenhafteste das Anliegen eines Jeden. Seine Dienstfertigkeit wurde daher oft in Anspruch genommen.

Die besten und gesuchtesten seiner Werke hier aufzuführen wäre ein unzweckmäßiger Versuch. Ihre Anzahl ist zu bedeutend und des Vortrefflichen zu viel, um eine kleine Auswahl davon zu notieren. Der Engelmann'sche Katalog giebt ein Verzeichnis seiner gestochenen Blätter in einem Werke von mehr als 500 Seiten. Die gesamte Anzahl der Blätter oder Darstellungen, welche Chodowiecki gestochen hat, beträgt 2075 auf 978 Platten. Die hinterlassenen Zeichnungen, Porträts, Miniatur- und Oelgemälde zusammengefaßt, werden diese Zahl noch bei weitem übersteigen.

Ein so reiches Schaffen ermöglichte der Künstler neben seinem unermüdlichen Fleiße nur durch seine dauerhafte Gesundheit. Bis in sein spätes Lebensalter arbeitete er bis tief in die Nacht hinein, oft bei strenger Winterkälte in ungeheiztem Zimmer. Um den Schlaf zu bekämpfen, setzte er sich dann angekleidet, die Perücke auf dem Kopf, einige Stunden in seinen Lehnstuhl und war bei anbrechendem Morgen wieder an seinem Arbeitstische. Durch Besuche ließ er sich nicht stören; er liebte es, bei der Arbeit zu plaudern, und oft hatte er eins seiner Enkelkinder auf dem Schoß, während er zeichnete oder in Kupfer radierte. Auf Spaziergängen und Landpartieen begleitete ihn stets sein Skizzenbuch. Er zeichnete auf der Straße stehend, ja sogar auf dem Pferde sitzend, die Zügel im Munde haltend. Meist strebte er danach, von einem versteckten Standpunkte aus menschliche Gruppen und Figuren zu zeichnen, da er sie so in der natürlichsten ungezwungensten Haltung nachbilden konnte. Sobald Jemand merkt, daß er gezeichnet wird, ist es meist mit der natürlichen Haltung vorbei. So erzählt er selbst, daſs er oft Figuren und Gruppen, welche sich im Nebenzimmer befanden, durchs Schlüsselloch gezeichnet habe. Durch solche Uebungen, welche er bis in sein spätes Alter fortsetzte, erreichte er eine Sicherheit im Ausdruck und eine Schärfe der Charakteristik, welche unübertroffen blieben. Seine Darstellungen haben niemals etwas Gesuchtes, theatralisch Aufgestelltes, sie sprechen immer klar und deutlich erkennbar und geben das, was er ausdrücken wollte. Von unendlichem Reiz sind seine Familienscenen, da er in ihnen schildern konnte, was ihn unmittelbar selbst bewegte und rührte.

Mit groſser Hingebung waltete er seines Lehramtes in der Akademie, welche ihn im Jahre 1764 zum Rektor erwählt hatte, und wirkte hier sein Beispiel in anregendster Weise, da er selbst stets mit den Schülern gemeinschaftlich nach der Natur zeichnete, was meines Wissens weder vor noch nach ihm in ähnlicher Weise betrieben worden ist. Im Jahre 1797 wurde er nach Rode's Tode zum wirklichen Direktor der Akademie ernannt. Im Jahre 1798 hatte er noch die Ehre, daſs ihm die Kunst-Akademie zu Siena das Diplom als Ehrenmitglied übersandte.

Bis vier Wochen vor seinem Tode war er thätig und arbeitsam; dann überfiel ihn ein hitziges Fieber, woran er den 7. Februar 1801 starb. Seine Gattin, die ihm sieben Kinder geboren, wovon ihn zwei Söhne und drei Töchter überlebten, war schon im Jahre 1785 gestorben.

Die hinterlassenen Werke Daniel Chodowiecki's sind in den Händen weniger Sammler vollständig vorhanden. Kleinere Sammlungen sind weiter verbreitet, Handzeichnungen und Oelbilder im Besitze von Kunst-Instituten und der Familie. Im groſsen Publikum ist sein Name wenig gekannt, desto höher wird er in der Künstlerwelt geschätzt, und wo sich die Gelegenheit findet, auf ihn hingewiesen. Der Verein Berliner Künstler ehrte sein Andenken durch ein lebensgroſses Bild, welches von Professor A. Menzel gemalt, seinen Sitzungssaal schmückt.

Auf dem alten französischen Kirchhofe vor dem Oranienburger Thor ist seine Grabstätte, die leider kein Denkmal schmückt, und Niemand weiſs heut die Stelle anzugeben, an welcher seine irdischen Ueberreste zur Ruhe bestattet wurden.

Nachtrag zu dem Artikel: Die Parsteiner Kolonie.

III. Die ersten Kirchenregister weisen vornehmlich folgende Familien auf:

Philippe André und seine Ehefrau Jeanne Marie Laurant.
Esaïe Becar aus Venerolle und Chrétienne Jamin aus Vam (Voams) bei Mons.
Jean Becard und Marie Bouillon.
Philippe Becar und Marie Masse aus der Pfalz.
Jean Bétac und Marie Cupre (in Bölkendorf).
Fremin Bouillon und Anne Laurant.
Jacob la Cour und Susanne Melan aus der Pfalz.
Simon Cornet aus Vam und Elisabeth Becard aus Venerolle.
Vincent de Frisse (Frise) aus Vam und Jeanne Laurant (in Gellmersdorf.)
Guillaume de Frisse und Jeanne Gilbert.
Daniel Gence und Marie Vandame.
Jacques Girot und Cathérine Huart aus Vam.
Jean Huard (Hoart) aus Carignan bei Mons und Françoise Issaac (Isaac).

Humbert **Issaac** und Marie **Gauffrier**.
Jean **Issaac** und Marguerite **Flaman** (in Lüdersdorf).
Augustin **Laurant** aus Vam und Marie **Feu** aus Doui bei Mons.
Jacob **Laurant** und Cathérine **Gervais** (in Künkendorf).
Pierre **Laurant** und Lorance **Flaman**.
Pierre **Levèque** aus Havre de Grace en Normandie und Cathérine **Zirach** (in Lüdersdorf).
Jean **Mahy** und Marguerite **André**.
Pierre Philippe **Mercier** und Marie **Ouard**.
Pierre de **Pierre** aus Hopach bei Manheim u. Anne **Michellet** aus Douzy bei Sédan.
Jacob **Pourceaux** (Pourceau) aus Manheim und Elisabeth **Nicolle** ebendaher (in Brodowin).
Pierre **Quantineau** und Marie **Logier**.
Jean **Samin** und Florence **Gauffrier** aus Vam.
Jacques **Villain** und Jeanne **Villain** (in Brodowin).
Jean **Villain** und Susanne **Depierre** (in Künkendorf).
Jérôme **Villain** und Marguerite **Pourceau** (in Brodowin).
Nicolas **Villain** und Cathérine **André** (in Brodowin).
Jacob **Zeller** aus der Pfalz und Jeanne **Feu** aus Doui bei Mons.

In den Taufregistern der ersten anderthalb Dezennien werden überdies unter den aufgeführten **Paten** noch vorzugsweise folgende Gemeindeglieder erwähnt: Jean Becar, Jean Benoy (Bénoit), Simon Cornet, Michel Cram, Jean Dersein, Guillaume, Jean und Pierre Gauffrier, Philippe Samin, — Marguerite André, Marguerite und Marie Anne Cornet, Judith de la Croix, Marguerite Feu, Anne Fosse, Marie Huart, Marguerite Masse und Anne Pourceau.*)

Hugenotten-Litteratur.
(Von Prediger Lorenz in Prenzlau).

IX.

Zur Vervollständigung des vorigen Artikels, welcher sich mit der religiösen Poesie der Hugenotten beschäftigte, nennen wir hier noch folgende drei Werke, nämlich:

40. **Bovet**: *Histoire du Psautier des églises réformées.* Paris, Grassart, worin eine eingehende Darstellung der ganzen geschichtlichen Entwicklung der Psalmensammlung gegeben wird.

41. **Douen**: *Clément Marot et le Psautier huguenot. Étude historique, littéraire, musicale et bibliographique contenant les mélodies primitives des Psaumes et des spécimens d'harmonie de Clément Jannequin, Bourgeois, J. Louis, Jambe-de-Fer, Goudinel, Grassot. 2 vol.* Paris. Grassart,
ein mit bewundernswürdigem Fleiße und umfassendster Sachkenntnis geschriebenes Werk, welches den Gegenstand nach allen Beziehungen erschöpfend darstellt, besonders aber über die musikalische Seite der Sache wertvolle Mitteilungen bringt.

---

*) Von allen diesen Namen sind in dem heutigen Familien-Register von Paratein nur noch folgende, zum Teil mit einigen Veränderungen in der Schreibart, vertreten: Beccard, Bénoit, Cantignon (vermutlich aus Quantineau entstanden), Dersein, Goffrier, Laurent, Mercier, Ouart, Samain und Villain. — Hinzugekommen sind im Laufe der Zeit die Namen: Baudin, Cholé, Devil, Devantier, Klamann, Koehler, Matthieu, Péronne, Pringal, Rossignol, Talman und Tourbier.

42. Frossard: *Trois chansons protestantes du siècle passé.* Paris. Grassart, ein Buch, welches uns drei interessante Proben protestantischer Poesie aus dem vorigen Jahrhundert vor Augen führt.

Neben der Bibel, den grofsen dogmatischen Schriften der Reformatoren, der mündlichen Predigt der Geistlichen und der religiösen Poesie sind endlich für die Verbreitung der Reformation in Frankreich besonders wichtig gewesen die Tractate, kürzere belehrende und erbauliche Schriften, welche von den Reformatoren oder ihren Gehilfen und Schülern verfafst, meist in kleinstem Formate gedruckt und in unglaublich grofser Anzahl durch ganz Frankreich verbreitet wurden. Die erste zum Zweck der Tractaten-Verbreitung bestimmte Gesellschaft wurde von Hugenotten, die um ihres Glaubens willen aus Frankreich vertrieben waren, ums Jahr 1524 in Basel gegründet. Der Ritter Anemond de Coct und Michel Bentin waren hierbei besonders thätig, während der Reformator Farel ihnen ratend und helfend zur Seite stand. Einen noch mächtigeren Aufschwung nahm die Tractaten-Verbreitung bald darauf unter Calvin in Genf. Im Jahre 1525 liefsen die Prinzessinnen Margaretha von Valois und Renata von Frankreich das Neue Testament in kleinem Formate abdrucken. Diese Ausgabe verbreitete sich in ganz Frankreich mit aufserordentlicher Geschwindigkeit. „Studenten und Edelleute," so erzählt Calvin, „verkleideten sich als Colporteure, und unter dem Vorwande, Waren zu verkaufen, boten sie allen Gläubigen die Waffen zum heiligen Glaubenskampfe." Die Grenzen Frankreichs und Savoyens wurden nun streng überwacht, der Verkauf solcher Tractate bei Todesstrafe verboten, aber Dank dem opferwilligen Todesmute jener Colporteure nahm das Werk Gottes ungehindert seinen Fortgang. Im Juli 1528 schrieb der Bischof von Chambery an den Papst: „Euer Heiligkeit wird von der verdammungswürdigen Ketzerei unterrichtet sein, die von allen Seiten durch adlige Schriftenverbreiter (*porte-livres*) auf uns eindringt. Unsere Diöcese würde ganz verderbt sein, wenn der Herzog nicht zwölf von den Herren hätte enthaupten lassen, die jenes angebliche Evangelium ausgestreut hatten. Trotz alledem fehlt es nicht an Schwätzern, die diese Bücher lesen und sie um keinen Preis herausgeben wollen." Ein andrer Katholik schreibt: „Man hätte glauben sollen, dafs während der Jahre, in welchen das Land mit Scheiterhaufen bedeckt war, sich der Eifer der Genfer Mission einigermafsen abgekühlt hätte. Aber keineswegs! Mit einer Regelmäfsigkeit, die von dem allen garnichts zu wissen schien, ging sie nach wie vor ihren Weg weiter." So haben denn in der That neben den Predigern und den Bekennern auch die Colporteure von Tractaten eine grofse Anzahl von Märtyrern geliefert. Von der Tractatensache handeln folgende beiden Werke:

43. Gaberel: *les grands jours de l'Église réformée. Quatre conférences.* Paris. Grassart, welches Werk auch in deutscher Übersetzung 1862 in Jena erschienen ist.

44. Thelemann: Märtyrer der Traktatsache aus der Reformationszeit. Barmen 1864.

Über die Märtyrer aus den ersten Zeiten der französisch-reformierten Kirche vergleiche man folgende Werke:

45. *Les cinq écoliers sortis de Lausanne, brûlés à Lyon. édit. nouv. par* Fick.

Dieser Originalbericht ist dann überarbeitet und erweitert in dem Buche:

46. Martin: *Cinq étudiants de l'Académie de Lausanne brûlés vifs à Lyon sur la place des Terreaux le 16. mai 1553. Etude historique.* Paris. Grassart.

47. Cuvier: *Ephémérides des martyrs protestants offertes, en souvenir du 3e jubilé de l'Église réformée de France célébré le 29. mai 1859, aux chrétiens de cette église.*

Das umfassendste Werk über die älteren Märtyrer der französisch-reformierten Kirche rührt her von Jean Crespin, Advokat am Pariser Parlament, der, zum Protestantismus übergetreten, im Jahre 1548 nach Genf floh und dort seine *Histoire des martyrs* verfafste. Das Werk wurde durch Claude Baduel in das Lateinische, und durch Paul Crocius ins Deutsche übersetzt. Die vollständigste durch wichtige Aktenstücke vermehrte Ausgabe ist die in Genf 1619 in Folio — 861 Blätter enthaltend — erschienen. Die älteren Ausgaben sind alle sehr selten; es ist deshalb mit Dank anzuerkennen, dafs dies wichtige Werk neuerdings 1837 von C. Bonifas und E. Petitpierre in neuer Auflage mit Einleitung und Anmerkungen in zwei starken Bänden wieder herausgegeben worden ist. Der vollständige Titel der besten älteren Ausgabe lautet:

48. Jean Crespin: *Histoire des martyrs persécutez pour la vérité de l'Evangile depuis le temps des apôtres jusqu'à présent, comprise en XII. livres.* Genève. 1619.

Der Titel der ersten deutschen Übersetzung giebt den reichen Inhalt dieses Werkes noch etwas genauer an:

49. Grofs Martyrbuch und Kirchen-Historien, darinnen glaubensbekandnussen ... vieler heyliger Märtyrer beschrieben werden, welche ... bifs aufs jahr 1597 in Teutschland, Frankreich, Engelland, Hispanien, America ... umb der Evangelischen warheit willen verfolget, gemartert, und hingerichtet worden; jetzund aus französischer in teutsche sprache gebracht durch P. Crocium. Hanaw 1606. 1721 Seiten.

Dies Werk ist eine unerschöpfliche Fundgrube von Nachrichten über die alten Hugenotten und ihre traurigen Schicksale. Die Verfolgungen in Frankreich, die der Verfasser zum Teil selbst mitangeschaut, werden mit einer oft grauenerregenden Anschaulichkeit geschildert; aber kein Nachkomme der Hugenotten wird dieses Buch lesen können, ohne von innigster Bewunderung für den Glaubensmut und die Todesfreudigkeit unserer Väter ergriffen zu werden. —

S. 87, Zeile 15 von unten, mufs es heifsen: Synode von Louden, 1659, nicht Synode von London.

Wanderversammlungen.

Herrn S. V., hier.

Geehrter Freund! Sie fragen in Erinnerung eines früheren Gespräches, was ich eigentlich mit dem der Réunion schon wiederholt, und jetzt von neuem gemachten Antrage in bezug auf „Wanderversammlungen" eigentlich bezwecke. Die Sache ist folgende.

Ihre eigene Erfahrung wird die leidige Thatsache nur bestätigen, dafs, so warm sich ein Teil unserer Kolonisten den Angelegenheiten ihrer Kirche nimmt, in dem unverhältnismäfsig gröfsern anderen Teile wenig mehr vorhanden ist als eine ganz oberflächliche Kenntnis unserer Institutionen. Hiermit aber hängt das schon oft getadelte geringe Interesse an dem Wohl und Wehe der Kolonie eng zusammen; es existiert in vielen Fällen eine Gleichgiltigkeit, die abscheulich genannt werden mufs. Seit 1868 hat sich in der „Réunion" wenigstens ein kleiner Bruchteil der hiesigen *chefs de famille* zur gemeinsamen Besprechung kolonistischer Angelegenheiten vereinigt. Mitglieder des Konsistoriums bildeten für ähnliche Zwecke die „Mittwochsgesellschaft". Beide Vereine verfolgen in ihrem Kerne so ziemlich dieselben Ziele. Nur glaube man nicht, dafs sich in ihnen die grofse Menge der *chefs de famille* zusammenfindet; im Gegenteil, die Mehrzahl der Familien hält sich nach wie vor von kolonistischen Angelegenheiten entfernt. Der in beiden Vereinen aber schon seit Jahren zusammenhaltende Stamm müfste zu einem wahrhaften Mittelpunkte werden, aus dem Leben und Bewegung in die träge Masse der Indifferenten und Gleichgiltigen hineingebracht wird. Es giebt so viele ernst gesinnte, für ideale Bestrebungen empfängliche Herren in der Kolonie, deren Interesse zu wecken, deren Kraft zu gewinnen nicht unmöglich sein dürfte. Weshalb bleiben sie hartnäckig von allem fern, was die Kolonie angeht? Es giebt hierfür mancherlei Gründe. Zunächst sind es politische, vor allem aber kommunale Angelegenheiten, welche von den vorhandenen Kräften viele dem Dienste der Kolonie entziehen. Es soll auch nicht bestritten werden, dafs besonders auf dem Gebiete der städtischen Verwaltung sich einem eifrigen und rüstigen Manne ein breites Feld ehrenvoller und befriedigender Thätigkeit darbietet. Die Arbeit in der Kolonie ist schwieriger und erfordert ein hohes Mafs von Aufopferung und Hingabe, verbirgt sich mit ihren Erfolgen in das Dunkel und bringt wenig öffentliche Anerkennung. So mag es kommen, dafs manche schätzenswerte Kraft dem Dienste der Kolonie für immer entzogen bleibt; bedauerlich ist es, dafs sich die meisten unserer Mitglieder auch von dem „Vereinsleben" in der Kolonie entfernt halten. Viele wissen eben zu wenig von den beiden Vereinen, haben vielleicht noch niemals von ihnen gehört; andere wieder haben nicht Lust, oder nicht Zeit, um sich einem Vereine dauernd anschliefsen zu können. Ein Hauptgrund fällt besonders für den Mittelstand bedeutend ins Gewicht. Wir Kolonisten wohnen über ganz Berlin verstreut, vom Centrum aus strahlenförmig ausgedehnt bis an die äufsersten Grenzen des Weichbildes und darüber hinaus. Wie ist es da immer möglich, ein Lokal zu finden, das den bescheidensten Anforderungen in bezug auf die Entfernungen allseitig gerecht wird, ein Lokal, das immer schnell und bequem zu erreichen wäre, besonders in den Abendstunden! Es ist unmöglich, solch Lokal zu finden; einige Mitglieder der Réunion haben sich zu allen Zeiten der guten Sache wegen Kosten und

Opfer genugsam auferlegt und sind treue, regelmäfsige Besucher geblieben; die grofse Mehrzahl ermüdet bei derartigen Schwierigkeiten zu leicht und die Hauptmasse bleibt von Anfang an fern. Es sind dies Hindernisse, die keiner von beiden Vereinen gänzlich heben kann, die zum grofsen Teile die Schuld tragen, dafs unsere Kolonie so wenig in sich geschlossen dasteht. Haben aber beide Vereine schon alles gethan, was möglich scheint, um die draufsen teilnahmlos und träge verharrenden Mitglieder heranzuziehen? Die Réunion hat manches dafür gethan, hält z. B. mit ihren Mitteln die Zeitschrift aufrecht, und sie wird sich bewegen lassen, auch den Versuch der „Wanderversammlungen" in die Hand zu nehmen. Ich denke mir diese also:

Zweimal vielleicht im Winter verläfst die Réunion ihr sonst ständiges Sitzungs-Lokal und schlägt ihr Quartier so recht im Centrum einer der drei Paroissen auf. Hier wird eine Sitzung abgehalten. Zu dieser Sitzung ladet die Réunion durch gedruckte Benachrichtigung sämtliche Mitglieder der Paroisse ein. Eine Liste der Mitglieder ist für jede Paroisse vorhanden und braucht nur alljährlich nach dem neuen Adrefskalender reguliert zu werden; dafs solche allgemeine (in das Haus getragene, nicht durch eine Zeitung veröffentlichte) Einladung möglich und erfolgreich ist, haben frühere Vorgänge dargethan. Es kommen nun zu dieser Sitzung viele ehrenwerte, für Belehrung empfängliche Mitglieder der Kolonie, die niemals daran denken würden, sich einem Vereine anzuschliefsen, einen oder einige Abende im Winter aber gern opfern wollen. Nun wird an solchem Abende ein allgemein interessierender Vortrag geboten, z. B. über das Waisenhaus, über das Hospital, oder aus der Geschichte unserer Kirche, dessen Eindruck ein ungetrübter, reiner, dankbare und innige Empfindungen für die „Kolonie" erweckender sein wird. Nach dem Vortrage bleiben die Kolonisten in geselliger Unterhaltung vereinigt und trennen sich endlich, um sich in der Mehrzahl vielleicht nach einem Jahre erst an demselben Orte und zu ähnlichem Zwecke wieder zu begegnen. Wenn eine solche Versammlung nun im November in der Berliner Paroisse abgehalten wurde, möge sie im Februar in der Luisenstadt zusammentreten, oder nach belieben in der Friedrichstadt.

Es ist dies ein Vorschlag, von dessen Ausführung vielleicht noch andere Männer wie ich einige Vorteile im Interesse der Kolonie erwarten. Es ist durchaus nicht notwendig, dafs diese „Wanderversammlungen" Propaganda machen sollen für „hüben" oder „drüben", für Réunion oder Mittwochsgesellschaft; alles, was sonst zwei Menschen in gegensätzliche Betrachtung setzen kann, mag fern bleiben; diese Versammlungen sollen nur Propaganda machen für die „Kolonie". Sie wären eine Unternehmung, die beide Gesellschaften einig und geschlossen in die Hand nehmen könnten. Ich halte den Gewinn wirklich aller Anstrengungen würdig. Einmal gelingt es uns, für die Mitglieder derselben Paroisse wenigstens einen Vereinigungspunkt zu schaffen; die so im Jahre, im Drange um den Kampf des Daseins, fremd und teilnahmlos an einander vorüber gehen, haben doch an einem Abende des Jahres das Gefühl, einer grofsen Gemeinschaft anzugehören, finden Gelegenheit, sich als Brüder kennen zu lernen, von ihrer Kirche, ihren Institutionen zu vernehmen, gemeinsam sich zu erheben an dem stolzen, ehrwürdigen Bau unserer Kolonie. Wen das Verlangen treibt, der findet dann Gelegenheit, sich dauernd den Bestrebungen beider Vereine anzuschliefsen, er kann nach Stand und Neigung sich hier der Réunion einfügen, dort der Mittwochsgesellschaft. Und wer solches nicht mag, und die grofse Mehrzahl wird selbständig bleiben wollen, in dem zittert und wirkt doch die ganze Empfindung nach; er wird sich seiner besonderen Stellung in Staat und Kirche bewufst, und er fühlt einen Hauch von dem stolzen Bewufstsein, wenn er sich das Bekenntnis ablegen kann: „Ja, ich bin auch ein Kolonist." Und vielleicht entfaltet sich bei diesem oder jenem dieses Bewufstsein zu dem heiligen Gelübde: „Ich will ein Kolonist bleiben, will in jeder Beziehung ein treuer Kolonist werden, der unserer Kirche Ehre macht, der nicht mehr ferne steht, sondern als thätiges und förderndes Glied in die gemeinsame Arbeit eintritt."

Hier haben Sie, geehrter Freund, meinen Plan der „Wanderversammlungen". Es werden diese freilich im Laufe eines Winters von Paroisse zu Paroisse ziehen und somit ein immer etwas verändertes Bild zeigen. Sie sollen aber die „Réunion" als Mittelpunkt, als den Kern und Stamm, als die leitende und den Ton bestimmende Gesellschaft behalten, und werden so den Charakter der Beständigkeit treu bewahren. Sie werden mir den Vorwurf machen: „Ich verspreche mir von dem Erfolge zu viel!" Hierüber noch ein kurzes Wort. Wir haben Arbeits-, Vortrags- und Familien-Abende, endlich unsere Zeitung. Wenn die Mitglieder des Vereins durch alle diese Veranstaltungen selbst zunehmen an kolonistischer Kraft, sei es, dafs sich ihre Kenntnisse erweitern, oder sei es, dafs sich ihr kolonistisches Gefühl stärkt, so ist es ihre mit dem Eintritt in die Réunion übernommene Verpflichtung, solch gewonnenes Gut nicht selbstsüchtig für sich allein zu bewahren, sondern es weiter zu tragen, um in ihren noch fern bleibenden Brüdern dieselben Gedanken und Empfindungen wachzurufen. Es wäre dies ein ideeller Grund, der durch folgende praktische Erwägung noch unterstützt wird. Ein Verein, wenn er so lebenskräftig bleiben soll, dafs er von seinen Gedanken noch andern mitteile, mufs sich hüten, in den Zustand der Starrheit und Abgeschlossenheit zu verfallen. Er mufs nicht nur seine Thore offen halten zum Eintritt, er mufs auch Fühlung behalten mit der Menge, aus welcher er sich rekrutiert. Wenn letzteres nicht geschieht, wird er die schlimmen Folgen bald an seinem eigenen Sein und Leben spüren. Für alle diese ideellen und praktischen Bestrebungen böten die „Wanderversammlungen" ein nicht zu schwieriges Mittel, über dessen Erfolge man geteilter Ansicht sein mag, das man aber doch versuchen kann, nachdem viele andere Wege, sowohl nach der einen wie nach der andern Seite hin, ihr Ziel verfehlt haben.

Die Gemeinde zu Schwedt.

Wer da sehen will, wie in unsern Tagen eine französische Kolonie-Gemeinde zu Grunde geht, der blicke nach Schwedt. Diese zwar kleine, aber in ihren Elementen brave, tüchtige, bis hierher sich als lebensfähig erwiesene Gemeinde ist seit Jahren ohne eigenen Seelsorger. Achtzehn Monate sind fast vergangen, da feierte sie, schon inmitten dieses trostlosen Zustandes, die hundertjährige Jubelfeier der Vollendung ihres Gotteshauses. An diesem Tage der Feier hatte sich einmal wieder nach langer Unterbrechung die Pforte der Kirche aufgethan; Herr Prediger Cazalet hielt die Festpredigt. Dankerfüllt gedachte die Gemeinde der Gnade Gottes, die sie bis hierher geführt; manches Gebet stieg gewifs empor zum Himmel und flehte: „Herr, sende Diener in diesen deinen Weinberg!" Und als gegen Mittag die Festesglocken verhallten, als die Menge sich verlaufen, als alles still wieder wurde drinnen und draufsen, da schlossen sich die hohen Thüren und haben sich, ach, bis heute nicht wieder geöffnet. Wenn am Sonntage die Glocken der Stadt hier und dort ihr Geläut ertönen lassen, das so hell und klar dahinschallt über das weite Oderthal, auf dem kleinen Turme, den noch immer die goldene Krone der Markgrafen ziert, bleibt alles stumm. Mit den andern Kirchgängern wandeln die Kolonisten in die verschiedenen Gotteshäuser, aber als Fremdlinge in der Herde, ohne Geltung noch Recht in den Gemeinden, vielleicht auch ohne einen Platz, wo sie während Gesang und Predigt in Frieden sitzen mögen, und da erklingt in ihren Herzen der alte wehmütige Ruf der Heimatlosen: „Unser Haus ist zur Wüste geworden." Der dieses schreibt, ist einst mit ihnen gewandelt in die Kirche der Väter, damals noch ein Knabe unter den Männern. Wie manches Mal, an schönen Sommertagen, wie im bitterkalten Winter, wo die Steinfliesen des Fufsbodens kälter schienen als alles wie Eis, hat er in dem weifs getünchten Raum gesessen, und in kindlicher Unschuld sich die grofse Sonne in dem Wolkenhimmel über der Kanzel beschaut, bis die Gedanken dann mit den Jahren allmählich ernster wurden, und er eines Tages vor dem Altar kniete und das Bekenntnis seines Glaubens ablegte. Jede Stätte, die in unserer Jugend Bedeutung gehabt, bleibt uns teuer unser Lebenlang, vor allem das Gotteshaus, das wir regelmäfsig besuchen durften. Wer sollte nicht jammern und klagen, sieht er es dann wieder, öde und verlassen? Es ist die Erinnerung an die Schwedter Kirche gewifs für alle nicht ohne einen Hauch von Poesie. Der Eindruck des Innern, das freilich gar keinen Schmuck aufweist, war dennoch, Dank der hohen Fenster und der das Sonnenlicht scharf reflektierenden weifsen Farbe, immer freundlich und anheimelnd. Die beiden grofsen Marmorsärge vor dem Altar regten die Phantasie an. Vor allem wirkte die Umgebung der Kirche. Wenn die warme Frühlingssonne die alten Kastanienbäume auf dem Rasen draufsen mit dem ersten schönsten Grün gefärbt, und die hellen Blütentrauben in anmutiger Pracht an den Zweigen standen wie glänzende Kerzen, dann erschien das niedliche Kirchlein noch reizvoller. Unvergefslich bleibt aus den Kinderjahren der Eindruck, den in solchen Tagen die gedämpften Klänge der Orgel, der feierliche Gesang voller Männerstimmen auf den draufsen im Schatten der freundlichen Bäume Lauschenden hervorbrachte; ehe man noch einen Fufs über die Schwelle gesetzt, war schon das Herz empfänglich und feierlich gestimmt. Doch das ist nun alles vorüber! Stumm und kalt liegt der Bau; den alten Markgrafen in seinem Steinsarge stört kein Summen und Brausen der Orgel, nicht der feierliche Gesang, nicht die laute Rede des Predigers; über die Fenster zieht die Spinne ihr Gewebe, und die Glocken bleiben so ruhig im Stuhle, als hätten sie Klang und Stimme für immer verloren. In ihrem Gebälk baut die Eule ihr Nest und zieht in Ruhe und Frieden die scheue Brut grofs. Wird es immer so bleiben? wir wissen es nicht; wir können, wir wollen nicht die Hoffnung verlieren, dafs die verwaiste Heerde wieder einen Hirten erhalte, dafs die Gemeinde sich wieder in ihrer eigenen Kirche erbaue. Doch wie wird die Gemeinde diese Tage der Prüfung überstehen? Jedenfalls geschwächt, halb zertrümmert, das ist kaum anders zu erwarten. Schon jetzt zerstreut sich die führerlose Schar. Für die verwandte Schlofsgemeinde ist von alters her wenig Sympathie vorhanden, und geringe Neigung geblieben, sich hier anzuschmiegen, und sich einer seelsorgerischen Führung nach dieser Seite hin anzuvertrauen. Ein Teil der Kolonisten hält sich zur Stadtkirche, ein anderer fügt sich wirklich der Schlofskirche ein, ein dritter noch, ohne Führung und bestimmte Neigung, entfremdet sich der Kirche überhaupt. Noch wäre es Zeit die Glieder zu sammeln, und wir wissen, wenn unsere kolonistischen Prediger sich entschliefsen könnten, ab und zu den Gottesdienst in der verwaisten Kirche abzuhalten, dafs dann die Gemeinde vielleicht ausdauern und diese Tage der Not und Haltlosigkeit gewifs besser überstehen würde, als es zur Zeit den Anschein hat. Wenn alles so bleibt, wie es jetzt ist, wenn kein kolonistischer Prediger die Gemeinde ansucht, sie tröstet, stärkt, ermutigt, zur Einigkeit, zum Aushalten ermahnt, dann geht die Gemeinde rettungslos zu Grunde, und unserer Kolonie ein teures Glied unwiederbringlich verloren.

Die Renforcierung.

1. Diese zur Zeit in den Sitzungen unserer Réunion lebhaft erörterte Einrichtung unserer kirchlichen Verfassung besteht wesentlich in Folgendem:

Der General-Versammlung (*assemblée générale*) liegt unter anderem ob: Der Erwerb und Verkauf von Grundstücken, die Bauten und Reparaturen, im allgemeinen jede Ausgabe, welche die Summe von 18 Mk. übersteigt. Aber: Sind die Summen gröfser, und gehören sie nicht zu den laufenden Ausgaben der General-Versammlung, so mufs diese sich um eine bestimmte Zahl von Gemeindegliedern, welche aus allen Parochieen zu wählen sind, verstärken, und zwar um

10) Personen bei Summen von 1500—6000 Mk.
20) Personen „ „ „ 6000—30000 Mk.
30) Personen „ „ „ 30000—60000 Mk.

Übersteigt die Summe aber 60000 Mk., so hat die General-Versammlung sich um 30 *chefs de famille* zu verstärken, um mit diesen zu beraten:

a) ob die Vorlage wichtig, für die Kirche vorteilhaft und möglich ist;
(Notwendigkeit der Vorlage.)
b) ob, ohne dafs die Angelegenheit darunter leidet, die Zusammenberufung der *chefs de famille*, d. h. der gesamten Gemeinde, noch möglich ist.
(Dringlichkeit der Vorlage.)

Wird auf die Dringlichkeit der Vorlage erkannt, so kann die so um 30 *chefs de famille* verstärkte General-Versammlung sie zur Ausführung bringen, ohne die Gemeinde vorher zusammen zu berufen. Unter allen Umständen aber mufs der Gemeinde nachträglich Bericht erstattet und der Grund angegeben werden, welcher eine Befragung derselben verhindert hat. Wird also, nachdem die um 30 *chefs de famille* verstärkte General-Versammlung die Sache beschlossen und ausgeführt hat, die Gemeinde versammelt, so hat sie in dieser Angelegenheit nicht mehr zu beraten, nicht mehr zu beschliefsen, sondern sie steht vor einem *fait accompli*: Sie hat den Bericht zu hören über die Angelegenheit selbst; sie hat die Gründe zu vernehmen, welche eine Befragung der Gemeinde verhindert haben. Welches ist der Modus, nach welchem nun in allen diesen Fällen die Berufung der zur Verstärkung notwendig erachteten Anzahl der *chefs de famille* geschieht? Wahrscheinlich ist er folgender: Es ist für jede Paroisse oder für die gesamte Gemeinde ein Verzeichnis der für Dienste in der Kolonie geeigneten Gemeindeglieder vorhanden. Aus dieser Liste wählt die *Assemblée* der Reihe nach. Wir glauben nur, dafs ein solcher Modus beobachtet wird; es ist durchaus nicht vorgesehen, wie die Wahl zu geschehen hat. Der bisherige Gebrauch ist, wenn er überhaupt eine bestimmte Form angenommen hat, nur durch Herkommen, nicht durch Gesetz geregelt.

Wir denken jetzt vornehmlich an einen Fall zurück, bei dem die *Assemblée* mit einem in solcher Weise geschehenen *fait accompli* vor die Gemeinde trat. Es handelte sich um Aufhebung der französischen Schulen in der Kaiserstrafse, und um den Verkauf des Hauses. Ersteres, nämlich die Aufhebung der Schulen, war gewifs eine Angelegenheit, welche die gesamte Gemeinde interessieren konnte und durfte. Diese war aber leider mit dem Verkaufe des Hauses innig, untrennbar verquickt, und so scheint die Sache von Anfang an als eine pure Geldangelegenheit behandelt worden zu sein. Die um 30 *chefs de famille* renforcierte Versammlung (es waren nicht einmal alle 30 *chefs de famille* erschienen, und „*renforcer*", verstärken, wurde damals und wird noch heute nach dem bestehenden Gebrauche mit „*inviter*", einladen, als dasselbe bedeutend erachtet) beschlofs die Dringlichkeit der Vorlage, das Schulhaus wurde verkauft und in notwendiger Consequenz dieses Beschlusses wurden die Schulen aufgehoben. Der nachdem zusammenberufenen Gemeinde-Versammlung wurde Folgendes mitgeteilt:

1) Die *Assemblée* hat sich um 30 *chefs de famille* verstärkt; 2) Die also verstärkte General-Versammlung hat das Vorteilhafte und die Dringlichkeit der Vorlage anerkannt; hat 3) die Aufhebung der Schulen, den Verkauf des Hauses beschlossen; 4) Es wird von diesem Beschlusse der Gemeinde-Versammlung Kenntnis gegeben. 5) Eine Diskussion hat über diese Angelegenheit nicht mehr stattzufinden.

Nun denke man, wie eine Gemeinde, die ja zu den schlechtesten gehören müfste, wenn Sein oder Nichtsein ihrer eigenen Schule ihr gleichgiltig wäre, über Nacht in die Lage kommt, hören zu müssen: „Die Schulen der Gemeinde sind aufgehoben, die Gemeinde kann an diesem Beschlufs nichts ändern." Es wurde damals von einzelnen Gemeindegliedern noch in der Kirche ein Protest gegen diesen Beschlufs erhoben, der sich besonders gegen die Art des *renforcement* kehrte, da die *assemblée* wohl 30 *chefs de famille* eingeladen hatte, sich aber nicht um diese Anzahl, da nur ein Teil der Eingeladenen erschienen war, verstärkt hatte. Dieser Protest verhallte ungehört, da alle gesetzlichen Formen erfüllt waren, und ein Unterschied von *renforcer* und *inviter* nicht anerkannt wurde. Man sieht aber aus diesem einzigen Erlebnis, wie wenig bei dieser Art des Renforcement die Stimme der Gemeinde zur Geltung kommt. Jedenfalls ist es doch Absicht des Gesetzgebers gewesen, durch das reforcement die Rechte der Gemeinde zu wahren, dem Willen und der Absicht der *assemblée* eine gewisse Einschränkung aufzuerlegen. Diese Absicht wird aber vollständig illusorisch, denn:

1) der *assemblée* steht es frei, aus der vorhandenen Liste der *chefs de famille* zu wählen, wie es will, wen es will; es braucht auch gar keine Liste zu Grunde zu legen.

2) Die Eingeladenen brauchen nach Ansicht des Konsistoriums nicht zu erscheinen; wenn von 30 eingeladenen *chefs de famille* auch Keiner erscheinen sollte, — nach dem bisherigen Usus gilt die Versammlung doch als renforciert.

So kann in den wichtigsten Angelegenheiten — und die Aufhebung der Schulen war eine solche — die Gemeinde vor ein *fait accompli* gestellt werden, ohne mit einem einzigen Gedanken ihre Meinung geäufsert zu haben, noch dazu bei strengster Beobachtung aller gesetzlichen Formen.

Wenn nun die Gemeinde sich sagen mufs, dafs bei den Angriffen gegen die Cooptation vielleicht die ganze Discipline und mit ihr die Kolonie selbst in Frage gestellt werden könnte, so liegt hier die Sache doch anders. Diese Form der Renforcierung könnte ohne Schaden des Ganzen leicht so geändert werden, dafs die Gemeinde wirklich zu ihrem Rechte kommt, und wie dies möglich ist, werden wir in einem 2. Artikel zu zeigen versuchen. Es kommt nur darauf an, dafs das Konsistorium einen Modus der Wahl innehält, bei dem die Gemeinde nicht ganz unthätig bleibt; und einen solchen Modus darf das Konsistorium einschlagen, denn Art und Weise der Wahl ist ihm durch das Réglement vollständig offen gelassen.

Vermischtes.

§. Zu dem Artikel des Herrn Dr. Muret über die Statistik der franz.-reform. Gemeinde Berlins sind uns von befreundeter Seite zwei Erklärungen zugegangen, welche wir zur Klarlegung der in obigen Aufsätzen erwähnten Widersprüche und Irrtümer in Folgendem veröffentlichen. „Die Volkszählung 1875," so berichtet Herr Dr. Muret, „ergab für unsere Gemeinde eine Seelenzahl von 4177, während die statistische Bekanntmachung unseres Konsistoriums für dasselbe Jahr 6963 augiebt, also ein Plus von 2786 gegen die amtliche Zählung aufweist. ... Es will mir scheinen, 1) dass unsere Kirchenlisten etwa 2000 Mitglieder mehr führen, als wirklich vorhanden sind. Diese Ansicht erhält noch dadurch eine Stütze, dass nach den statistischen Angaben unseres Konsistoriums unsere Gemeinde im Jahre 1878 = 7036 Seelen haben musste, während dasselbe Konsistorium für 1878 plötzlich nur 5870 aufführt, 2) somit 1106 Mitglieder ohne weitere Angabe des Grundes gestrichen hat." Die beiden eingegangenen Erklärungen betreffen die unter 1) und 2) gesperrt gedruckten Sätze und lauten also: „1) Der Herr Verfasser hat nach meiner Ansicht übersehen, dass bei der amtlichen statistischen Volkszählung unter „Berlin" ein anderes Gebiet verstanden wird, als was das Berliner Konsistorium der französischen Kolonie unter Berlin zu verstehen hat. Zur Berliner Kolonie-Gemeinde gehören auch die in Charlottenburg, Schöneberg, Tempelhof u. s. w. wohnenden refugiés. Z. B. Es wohnt eine Familie Kurfürstenstr. No. 112, 113, 114 . . . . und gehört zur Berliner Kolonie, wird aber bei jeder Volkszählung als in Charlottenburg ansessig verrechnet. In Schöneberg wohnen mehrere Familien Thomas, die einmal zur französischen Kolonie in Berlin, bei der Volkszählung aber zu Schöneberg gerechnet werden. Wenn dieses Verhältnis berücksichtigt würde, so könnten die Widersprüche zwischen der Zählung des statistischen Bureaus und des französischen Konsistoriums wenigstens zum Teil ausgeglichen werden.

2) Der Umstand, dass nach der Zählung des Konsistoriums die Anzahl der hiesigen Gemeinde-Mitglieder plötzlich um mehr denn 1000 geringer angegeben wurde als in dem Vorjahre, hat folgende Ursache. Es hatte das Konsistorium bemerkt, dass in unsern Büchern viele Personen verzeichnet standen, von denen Niemand etwas wusste, und die zum grossen Teile aus dem vorigen Jahrhundert stammten. Daher ernannte es Ostern 1878 eine Zählungskommission, bestehend aus den Predigern Tournier (als Vorsitzenden), Cazalet und Villaret, und aus den Herren Godet, Arnous, Matthieu I, Beccard, und noch zwei Herren, die mit echt kolonistischer Gründlichkeit ans Werk gingen und anderthalb Jahre lang jeden Mittwoch von 8 bis 1 Uhr arbeiteten. Jeder Name in unsern Kirchenbüchern wurde einer genauen Untersuchung unterzogen. War die Persönlichkeit unbekannt, so suchte man nach etwa bekannten Verwandten, bei denen persönlich Nachfrage gehalten wurde; im äussersten Falle wurde bei dem polizeilichen Meldeamte recherchiert. Die Verstorbenen oder für immer Verzogenen, so wie diejenigen Frauen, die deutsche Männer geheiratet hatten, wurden gestrichen, und die Abwesenden, von denen zu erwarten steht, dass sie einmal wieder nach Berlin zurückkehren werden, als absents notiert und nicht mitgezählt. Auch wurde bei jedem irgendwie geeignet Erscheinenden die Bemerkung hinzugefügt: „Geeignet zum Dienst in der Kolonie." Da ist denn ein grosser Ballast aus unsern Büchern entfernt worden, und ist nun die zuletzt auf dem Kirchenzettel angegebene Zahl der Gemeindeglieder eine möglichst richtige."

Angermünde. Den vielen Verehrern und Freunden des Herrn Predigers Dr. Matthieu wird die Nachricht von Interesse sein, dass derselbe am 30. September sein 25jähriges Amts-Jubiläum feierte. Wenn auch die Feier selbst sich auf den engsten Familienkreis beschränkte, so waren doch die Glückwünsche in grosser Zahl aus Nah und Fern dem allverehrten Jubilar zugegangen. Möge es Herrn Dr. Matthieu vergönnt sein, in steter Gesundheit und Zufriedenheit weitere 25 Jahre in gleich segensreichem Erfolge seinem Amte vorstehen zu können.

Eine freundliche Gabe. (Siehe auch „Reformierte Kirchenzeitung", 1879, 50, Elberfeld). Eine Anzahl von Freunden des Heidelberger Katechismus in Barmen hat es sich zur Aufgabe gemacht, den Gemeinden durch Verbreitung guter Schriften, insbesondere der anerkannten Lehrer unserer Kirche, zu dienen. Die Freunde bieten demgemäss auch den Lesern unserer Zeitschrift, und allen die es wünschen:

„Die geschichtliche Bedeutung Calvins und der Reformation von Genf, von Merle d'Aubigné". Ein Vortrag, gehalten auf der evangelischen Alliance zu Genf. In diesem Vortrag bemüht sich der berühmte Historiker, den vielfach unbekannten und darum verkannten Charakter Calvins in das rechte Licht zu setzen. Dabei leitet ihn der Gedanke, dass Calvins

Lehre die von einander abweichenden Anschauungen der Reformatoren Zwingli, Luther und Melanchthon in einer höhern Einheit zusammenfaßt und das Unvollkommene, das eine jede in ihrer Einseitigkeit hat, durch die Zusammenfassung ergänzt. Darum sei er auch vorzüglich geeignet gewesen, die Einheit der evangelischen Kirche zu bewirken, und der Verfasser schildert mit großer Wärme die unablässigen Bemühungen Calvins zu Herstellung derselben. Das Schriftchen giebt in der bekannten geistreichen, lebendigen Art des Verfassers ein treffliches Bild des Charakters und Wirkens Calvins und lehrt uns den großen Mann wahrhaft lieben. Wir empfehlen unsern Lesern, von der also freundlichst gebotenen Gabe Gebrauch zu machen, und verweisen auf das Inserat am Ende dieser No.

Gemeindesachen.

1) Die Rechnungslegung des Waisenhauses für das Jahr 1879 wird stattfinden: Donnerstag, den 4. November, Nachmittags 4 Uhr, im Sitzungssaale des Hospiz. Die *chefs de famille* sind zu dieser Sitzung eingeladen.

2) Die Direktion des Waisenhauses macht bekannt, daß der Don Favre im Betrage von 600 Mk. zur Verteilung kommen soll. Bewerben um diesen Don können sich ehemalige Zöglinge des Waisenhauses, welche ein Handwerk oder Geschäft gelernt haben und diese Summe zu ihrer Etablierung verwenden wollen. Meldungen bis zum 1. Januar 1880 an die Direktion des Waisenhauses, unter Einreichung der notwendigen Zeugnisse.

3) Vom 7. November an beginnt der Nachmittags-Gottesdienst in der Friedrichstädtischen Kirche auf dem Gensdarmen-Markt um 6 Uhr.

4) Am 31. Oktober, 7. und 14. November wird in der Luisenstädtischen Kirche in der Kommandanten-Str., eines Baues wegen, kein Gottesdienst stattfinden.

Vereinsnachrichten der Réunion.

Vortrag: Freitag, den 5. November, im Saale von Bützow, Alte Schönhauser-Str. 23/24. (Besonderer Anfang für die Mitglieder der R.) Anfang 8½ Uhr.

Sitzungen: Freitag, den 12. November und Freitag, den 26. November. (Tages-Ordnung: „Modus der Renforcierung, Wanderversammlungen"). Beide Sitzungen Restaur. Gärtner, Mittel-Str. 65. 8½ Uhr Abends.

Familien-Abend: 19. November bei Deigmüller, Alte Jacob-Str. 48a. (8½–2 Uhr). Es findet vor Weihnachten kein weiterer Familien-Abend statt, und empfehlen wir deshalb eine rege Beteiligung.

Briefkasten.

Gardien des Régistres ist Herr Thime — nicht Thieme — Stralauer-Str. 40.

Es ist uns folgende Frage zugegangen: „Hat die französisch-reformierte Kirche beim Zustandekommen der Union Eigentümlichkeiten aufgegeben in Lehre oder Kultus, und welches sind diese?"

Der Herausgeber bittet, bis Anfang December die noch fehlenden Abonnementszahlungen freundlichst einschicken oder an den Vortrags- und Sitzungs-Abenden der Réunion an ihn selbst, bei seiner Nichtanwesenheit aber an Herrn Tisset dit Sanfin oder an Herrn Guiard einliefern zu wollen.

Die geschichtliche Bedeutung Calvins.

Ein Vortrag

von

Merle d'Aubigné.

Dieses Schriftchen versendet — gegen Einsendung des entsprechenden Portos, bei 1 Expl. 3 Pf., bei mehreren Exemplaren 10 Pf. — gratis: Ein Freundeskreis des Heidelberger Katechismus durch:

Ernst Schuster in Barmen, kleiner Werth 12b.

Verantwortlicher Redakteur und Verleger: W. Bonnell, Schwedterstr. 257. — Druck von M. Driesner, Berlin, Klosterstr. 72.

Dezember 1880.   IV. Jahrgang.

DIE KOLONIE.

Organ für die äusseren und inneren Angelegenheiten der französisch-reformierten Gemeinden.

Redigiert von W. Bonnell, Rektor in Berlin.

Erscheint monatlich einmal. Preis pro Quartal 75 Pf.

Abonnements werden angenommen bei W. Bonnell in Berlin N., Schwedter-Str. 257, und bei jeder Post-Expedition.

INHALT: Jean Henry von Prediger Lorenz in Prenzlau. — *Fête du refuge.* — Vereinsnachrichten der Réunion. — Mitarbeiter am IV. Jahrgange der Kolonie (1880). — Schlusswort. — Inhalts-Verzeichnis.

Jean Henry.*)

(Von Prediger Lorenz in Prenzlau.)

Am 3. August d. J. haben die Königlichen Museen in Berlin ihr fünfzigjähriges Bestehen gefeiert. Bei dieser Gelegenheit ist eine Festschrift,**) das gemeinsame Werk der an der Spitze der einzelnen Abteilungen stehenden Direktoren, veröffentlicht worden, welche neben einer reichen Fülle der interessantesten Mitteilungen aus der Geschichte der Kunst und ihrer Pflege in Preußen auch einige Nachrichten bringt, die für uns Kolonisten von besonderem Interesse sind.

Zunächst wird pag. 8 berichtet, daß zur Zeit Königs Friedrich Wilhelms I. der gelehrte Mathurin Veissière La Croze, ein ehemaliger Benediktiner, aus der Abtei St. Germain des Préz in Paris entflohen und zur reformierten Konfession übergetreten, welcher sich in Berlin als Mitglied der Kolonie angesiedelt hatte, im Jahre 1697 Bibliothekar wurde und als solcher sein berühmtes Werk: *Le Christianisme des Indes* schrieb, und daß derselbe ferner im Jahre 1717 mit der Verwaltung der Königlichen Altertumssammlungen betraut wurde, in welcher Stellung er mehrere Jahre verblieb und sich besonders auch durch die Entdeckung eines berüchtigten, vom Schloßkastellan und vom Hofschlosser ausgeführten Diebstahls wertvoller Altertümer auszeichnete.

Weiter berichtet die Festschrift pag. 165, daß der an der Königlichen Universitätsbibliothek als Custos fungierende Dr. E. Bonnell,***) — auch ein Mitglied unserer Kolonie, — vom Jahre 1864 bis zu seinem Tode im Jahre 1870 als Nebenamt die Stelle eines Bibliothekars am Museum verwaltete. Von demselben rühmt die Festschrift, daß er, obgleich durch lange Kränklichkeit behindert, in langsamem Fort-

---

*) Die Redaktion fühlt sich dem Herrn Verfasser für diesen Artikel zu aufrichtigem Danke verpflichtet.
**) Zur Geschichte der Königlichen Museen in Berlin. Festschrift zur Feier ihres fünfzigjährigen Bestehens am 3. August 1880. Berlin 1880.
***) Der einzige Sohn des vor einigen Jahren entschlafenen Direktors Bonnell.

schritt den ersten Katalog der Museumsbibliothek angefertigt habe, der, sorgfältig und zuverlässig gearbeitet, noch heute im Gebrauch ist. — Unter den gegenwärtigen Beamten der Königlichen Museen findet sich pag. 171 ein Mitglied der Kolonie, der Dr. Erman, als Direktorial-Assistent im Münz-Kabinett aufgezählt. —

Wichtiger aber noch als diese vereinzelten Notizen sind die ausführlichen Mitteilungen, welche sich auf den Prediger Jean Henry beziehen, und welche eine vollständige Ehrenrettung für diesen seiner Zeit in unbilliger Weise angefochtenen Mann enthalten. Ehe wir auf diese Mitteilungen näher eingehen, sei es uns gestattet, über das Leben Henrys zunächst aus anderen Quellen kurz folgende Daten vorauszuschicken.

Jean Henry, am 27. Oktober 1761 zu Berlin geboren, trat am 25. August 1777 in das theologische Seminar der Kolonie, um sich für den geistlichen Stand vorzubereiten. Nach vollendeten Studien verwaltete er von 1783 bis 1787 das Pfarramt an der damals noch bestehenden französisch-reformierten Gemeinde zu Brandenburg; von 1787 an war er Prediger zu Potsdam, bis er endlich 1795 zum Prediger der französisch-reformierten Gemeinde zu Berlin berufen ward. Durch seine vielseitige Bildung, durch seine oratorische Begabung, besonders aber durch seinen begeisterten Eifer für das Recht und den Bestand der Kolonie-Gemeinden erwarb und erhielt er sich bis an sein Lebensende hohe Achtung und Anerkennung in allen Kreisen der Kolonie. So war er seit dem Jahre 1819 Vorsitzender der damals noch regelmäßig abgehaltenen, später lange Jahre in Vergessenheit geratenen Synoden der französisch-reformierten Gemeinden der Provinz Brandenburg; ebenso war er seit 1823 Mitglied des *Conseil académique*, einer damals noch einflufsreichen Behörde, die dem Direktor des französischen Gymnasiums leitend und ratend zur Seite stand. Von der regen litterarischen Thätigkeit Henrys zeugen die Titel folgender von ihm veröffentlichten Schriften:

1. *Recueil de Pseaumes, Hymnes et Cantiques.* Berlin 1791.
    Seconde édition avec supplément et nouvelle préface. Berlin 1796.
2. *Catéchisme en passages, traduit de l'allemand.* Berlin 1811.
3. *Sermon sur la nécessité et l'importance des vérités religieuses. Prononcé à Paris dans l'Oratoire.* Paris 1814.
4. *Sermon sur la Fête du Refuge.* Berlin 1815.
5. *Sermon sur la Fête séculaire de la Réformation et la Fête annuelle du Refuge.* Berlin 1817.
6. *Considérations sur les Rapports entre l'Eglise et l'Etat, suivies d'un sermon synodal.* Paris 1820.
7. *Sermon sur l'étroite liaison du culte, de la foi et de la morale.* Berlin 1821.
8. *Relation de la Maison des Orphelins, publiée à l'occasion de son jubilé centenaire, célébré le 31. mai 1825.*
9. *Sermon sur le jubilé centenaire de la Maison des Orphelins français prononcé le 31. mai 1825 dans le temple de la Fréléricstadt.*

Im Jahre 1814 hatte der Prediger Théremin zu Gramzow unter dem Titel: „Zuruf an die französische (sic) Gemeinen in der Preufsischen Monarchie, „von einem ihrer ältesten Lehrer. Berlin bei Salfeld 1814." an sämtliche Kolonie-Gemeinden einen Aufruf gerichtet, in welchem er denselben zumutete, sich sobald wie möglich aufzulösen und mit den übrigen evangelischen Ge-

Gegen 4½ Uhr öffnete sich der Hauptsaal, und unter den Klängen einer recht guten Kapelle wurden die Plätze an der Tafel eingenommen. Der erste Toast galt unserm Kaiser; ein dreimaliges begeistertes Hoch, und das aus vollem Herzen gesungene „Heil dir im Siegerkranz" brachte die Gefühle der Verehrung, der Hingabe, der Liebe und des Dankes der Gesellschaft diesem auf den Höhen der Menschheit wandelnden Herrscher gegenüber zum Ausdruck. Da der Herr Prediger Doyé, welcher den Toast auf die Kolonie übernommen hatte, durch einen Trauerfall am Feste Teil zu nehmen verhindert war, und da auch Herr Prediger Nessler, sein Ersatzmann, durch amtliche Thätigkeit abgehalten, erst später erscheinen konnte, so war Herr Bertrand-Britz für die Ausgebliebenen eingetreten. In wenigen markigen Zügen giebt der Redner ein Bild von den Verfolgungen, welche durch Ludwig XV. über unsere Vorfahren heraufbeschworen wurden. Dem französischen Könige gegenüber, welcher grofs genannt wurde wegen des Reichtums, der Gröfse seines Landes, und der Befähigung seines Volkes, stellt er den brandenburgischen Kurfürsten vor die Augen, welcher grofs war durch Manneskraft und Mannestugend, gleich grofs als Feldherr, Staatsmann und Mensch, der grofs war, weil er ein kleines armes Land aus der Unscheinbarkeit emporhob und grofs machte, der grofs war, weil er nur gutes säete, und der deshalb verdient, Dank zu ernten. In beredten Worten führt Redner sodann des Näheren aus, wie der grofse Kurfürst durch das Potsdamer Edikt, welches er als Antwort auf die Aufhebung des Ediktes von Nantes erliefs, dem grofsen Könige einen Fehdehandschuh hinwarf, wie er unbekümmert um den Zorn seines mächtigen Nachbars in liebender Sorge die aus Frankreich ihres Glaubens wegen Vertriebenen nicht nur aufnahm in seine Staaten, sondern ihnen daselbst auch eine Heimat bereitete, wie sodann seine Nachfolger aus dem grofsen Hohenzollernhause seine Erbschaft angetreten haben und nicht müde geworden sind, zu hegen und zu pflegen, was ihr grofser Vorfahr gepflanzt und angesäet hat. „So aber," fährt Redner fort, „wie wir nie die grofsen Wohlthaten vergessen können, welche uns 2 Jahrhunderte hindurch von den Hohenzollern in so unermefslich reichem Mafse erwiesen sind, so wie wir nicht aufhören werden, ihnen dafür zu danken nicht nur in Worten allein, sondern auch in Thaten und Werken, mit unserm ganzen Sein und Haben, mit unserm Gut und Blut, so mufs es auf der andern Seite gerade heute auf diesem Feste mit freudigem Stolze ausgesprochen werden: unsere Vorväter, sie haben sich in jeder Weise dieser Wohlthaten würdig gezeigt. Nicht als Bettler kamen sie in dieses Land, auch wenn sie keine Schätze, keinen Reichtum mitbrachten, nicht als Bettler kamen sie, wenn auch aus dem ungastlichen Frankreich sie nur ihr nacktes Leben gerettet hatten. Sie kamen mit dem reichen Schatze der Arbeitskraft und der Arbeitsfreudigkeit, sie brachten mit eine reiche Erfahrung und grofse Kunstfertigkeit in allen Industriezweigen, sie brachten Verständnis und Sinn für die Künste und Produktivität in denselben, dazu Bildung in den Wissenschaften und einen in Zucht, Sitte und Ordnung erstarkten Sinn, und die Feinheit und Eleganz der Formen. Und diese Schätze haben sie nicht unbenutzt rosten lassen, sie haben damit gearbeitet und gewuchert, und haben damit Zins auf Zins die Wohlthaten zurückgezahlt, welche das preufsische Königshaus stets wie Zins um Zins vergröfserte und vermehrte. — Solchen Blick in die Vergangenheit werfen zu können, ist eine Freude, ist ein Stolz. Jedoch dürfen wir dabei es nicht belassen. Vorwärts auch müssen wir den Blick richten und hinauf: „Was du ererbt von deinen Vätern hast, erwirb es, um es zu besitzen." Streben müssen wir und arbeiten, dafs wir die Schätze unserer Vorfahren erhalten, und nicht nur das, sondern auch, dafs wir sie auch arbeiten lassen wie sie es gethan. Nicht nur müssen wir all das Gute, was sie um anderer Not zu lindern und fremde Thränen zu stillen, geschaffen und hervorgebracht haben, erhalten, wir müssen es vermehren; denn stehen bleiben, heifst hier rückwärts gehen. Vor allem aber müssen wir in uns pflegen und wirken lassen den Geist unserer Väter, das ist der Geist der Zusammengehörigkeit, der Brüderlichkeit, der Geist der Angehörigkeit an unsere Kirche, an unsere Gemeinde, an unsere Kolonie. So wie uns dieser Geist verloren geht, so haben wir aufgehört als Kolonisten zu leben. Lassen wir diesen Geist in uns ersterben, so graben wir uns und unserer Kolonie das Grab. — Deshalb immer hat dieses Fest, welches wir hier heute begehen, so grofsen Wert für uns gehabt, weil es uns wie Kinder einer grofsen Familie zusammenführt, weil es uns Gelegenheit giebt, unsere Zusammengehörigkeit, unsere Zugehörigkeit zur Kolonie nicht nur zu dokumentieren, sondern auch zu fühlen und zu erleben, und weil oft ein einziges, freundschaftlich in diesem Geiste des Festes gewechseltes Wort uns einander näher führt als ein ganzes Jahr, welches wir

kammer zu verpacken. Er begann mit einer Langsamkeit, die nur dadurch entschuldigt wird, dafs man nicht sogleich begriff, wie dringend die Gefahr sei. Am folgenden Tage, auf erneute Mahnung, ging das Verpacken schneller, die Familien Henry und Buttmann waren dabei thätig, dennoch wurden nur die Gemmen, der gröfste Teil der Münzen und eine Kiste mit Kostbarkeiten der Kunstkammer verpackt. Am 19. endlich, immer aufs neue von seinem Vorgesetzten bestürmt, reiste Henry mit diesen Sachen ab, nur von einem Wächter begleitet."

„Alle zurückgelassenen Schätze raubte Napoleon nach französischem Kriegsgebrauch. Denon war mit der Auswahl der nach Paris zu bringenden Beute beauftragt. Derselbe liefs mit seinen Gehülfen Perne und Sieks die Schlösser der Schränke aufbrechen, wie der Kastellan des Schlosses bezeugt. Nachdem der officielle Raub beendet war, kamen kunstliebende französische Generale und Offiziere, und wählten sich Andenken; alles dies ist aktenmäfsig beglaubigt." —

„Als nun im Jahre 1809 eine Ausmittelung alles durch Fahrlässigkeit verlornen Staatseigentums angeordnet ward, führte Wilhelm von Humboldt, als Chef der Sektion des Unterrichts im Ministerium des Innern, die Untersuchung gegen Henry in leidenschaftlicher Weise, wie die Akten ausweisen, und beantragte die Entlassung Henrys — ein sicherlich ungerechtes Urteil, denn die Akten machen den Eindruck, dafs Henry alles gethan hat, was ein unbehülflicher Mann in dieser schwierigen Lage thun konnte. Die Betäubung, in welche die so plötzlich hereinbrechende Katastrophe alle versetzt hatte, läfst die Schuld des Einzelnen verschwinden. Dies erkannte der gerechte und grofssinnige König; Henry blieb in seinem Amte."

So weit der Bericht der Festschrift, welcher durchweg aus den Originalakten der Königlichen Museumsverwaltung geschöpft ist und darum die vollste Glaubwürdigkeit für sich in Anspruch nehmen kann. Für uns ist dieser Bericht von hohem Werte; er enthält eine überzeugende Ehrenrettung für unsern Henry. Henry ist ein durchaus gewissenhafter und pflichttreuer Mann gewesen. Treu hat er unserm Vaterlande, treu hat er unsrer Gemeinde gedient: Möge denn das Gedächtnis dieses Gerechten bei uns allezeit in Ehren bleiben. —

Fête du refuge.

Am Sonntag den 31. October 1880 feierte die Berliner französische Kolonie den Jahrestag ihres Bestehens. Am Vormittage fand in den Kirchen ein Fest-Gottesdienst statt, und Nachmittags hatten sich die Kolons zu einem *dîner fraternel* im „Englischen Hause" versammelt. Während in den letzten Jahren die Beteiligung an dem *fête du refuge* eine immer schwächere geworden war, so dafs schon in den veranstaltenden Kreisen der Gedanke in Erwägung gezogen wurde, man solle ganz aufhören, dieses Fest zu begehen, hatte sich in diesem Jahre wieder eine stattliche Anzahl von Kolonisten zusammengefunden, so dafs jener, wenn auch gerechtfertigte, so doch traurige Gedanke wieder wie durch einen wohlthätigen Zauber in das Reich des Wesenlosen zurückgebannt wurde. — Um 4 Uhr Nachmittags versammelten sich die Festgenossen in den Nebensälen zur Begrüfsung und Bewillkommnung. So manches ehrwürdige Haupt, gebleicht von der Fülle der Jahre, zeigte sich umgeben von der fröhlichen und heiter blickenden Jugend, so mancher, in Kunst und Wissenschaft und Gewerbe hochverdiente Mann hatte sich eingefunden, kolonistische Namen vom besten Klange trafen unser Ohr. Ein reicher Flor von Damen belebte das Bild, in Anmut und Schönheit strahlend, und wenn auch im stolzen und reichen Festgewande, so doch weniger durch äufseren Prunk glänzend, als durch die Eigenschaften des Geistes, des Gemütes und des Herzens leuchtend. Ein echt kolonistischer Charakter war dem Ganzen aufgeprägt.

abdrucken, welchem er die am 29. Oktober 1826 bei der *Fête du Refuge* in der Dorotheenstädtischen Kirche gehaltene Predigt und eine längere Einleitung hinzufügte. in der er auf Seite XIII Mitteilungen über die Entstehung der *Fête du Refuge* machte. Endlich im Jahre 1828 gab er die schon 1815 gehaltene Festpredigt noch einmal heraus, indem er eine an die Mitglieder der Kolonie gerichtete Einleitung hinzufügte, und in einer langen Anmerkung auf Seite 19 sehr nachdrücklich das Studium und die Pflege der französischen Sprache empfahl.

Diese kurzen Andeutungen über die Thätigkeit Henrys mögen genügen, um erkennen zu lassen, welche Stellung derselbe am Anfange unseres Jahrhunderts in der Kolonie einnahm. Während der würdige Mann aber in seiner Gemeinde sich allgemeiner Achtung zu erfreuen hatte, traf ihn in einem seiner Nebenämter unbillige und leidenschaftliche Anfeindung. Er bekleidete nämlich im Nebenamte noch von 1797—1816 die Stelle eines Königlichen Bibliothekars, und er war aufserdem von 1795 an bis zu seinem Lebensende Direktor der Königlichen Antiken-, Münz- und Kunstkammer; und von seinen Verdiensten wie von seinen Leiden in diesem letzteren Amte erzählt nun die obengenannte Festschrift der Königl. Museums-Verwaltung. aus welcher wir nunmehr die bezüglichen Mitteilungen hierunter folgen lassen.

„Im Jahre 1795 wurde Jean Henry, bisher reformierter Prediger in Potsdam. zum Vorsteher des Antiken- und des Münzkabinets, der Kunstkammer und der Naturaliensammlung ernannt. Bald nach seiner Thronbesteigung wollte König Friedrich Wilhelm III. die Sammlungen der wissenschaftlichen Benutzung eröffnen. Die Akademie erhielt die Oberaufsicht, welche sie durch eine aus Meierotto, Gedicke und Hirt bestehende Kommission übte, deren Einwirken jedoch keine Spuren hinterlassen hat. Henry war es, der sich hier die gröfsten Verdienste erwarb. Er erreichte, dafs mit den ihm überwiesenen Sammlungen im Berliner Schlosse auch die noch in Potsdam befindlichen Antiken, Münzen und Gemmen vereinigt wurden. Er wies nach, wie bedenklich die Aufbewahrung dieser Schätze in dem abgelegenen, durch die umgebenden Bäume verdunkelten und feuchten Antikentempel bei Sanssouci sei, wo sie der unwissende Kastellan den Fremden zeigte. Der König befahl denn auch die Vereinigung aller Altertümer, Münzen und Medaillen. Durch Henrys ruhmvolle Energie ward aus allen diesen Bestandteilen ein Ganzes gebildet und in den alten Zimmern der Kunstkammer im Berliner Schlosse aufgestellt. Ein kurzer Bericht Henrys in einer damaligen Berliner Zeitung weist nach, dafs schon zu Ende des Jahres 1798 die Vereinigung und die Anordnung im Grofsen vollendet war. Die Verwaltung so verschiedenartiger Sammlungen, der Antiken, der Münzen, der Kunstkammer und der Naturalien, lag auf Henrys alleinigen Schultern; wie wäre es möglich, so weit auseinander liegende Fächer zu umspannen! Wenn es ihm also an Gründlichkeit in manchen Fachkenntnissen fehlen mufste, so ist sein Fleifs nicht allein, sondern auch seine Einsicht höchlich anzuerkennen. Bereits im Jahre 1805 legte er sogar den Plan zu einer Reorganisation der Sammlungen, zur Gründung eines grofsen Museums vor, welches alle vorhandenen Kunstschätze, auch die damals in den Schlössern zerstreuten Gemälde und antiken Bildwerke, enthalten sollte. Seine Vorschläge sind fast überall verständig; auch sind sie in späterer Zeit im Wesentlichen ausgeführt worden."

„Aber bald sollten alle diese Bestrebungen ein jähes Ende nehmen. Am Morgen des 17. Oktober 1806. drei Tage nach der Schlacht von Jena, erhielt Henry den Befehl, aufs schleunigste das Münzkabinet und die Kostbarkeiten der Kunst-

— 107 —

meinden des Landes zu verschmelzen. Es war damals für die Kolonisten eine schwere Zeit. Die napoleonische Gewaltherrschaft hatte in ganz Deutschland die heftigste Erbitterung gegen die Franzosen wachgerufen; mit unermeßlichen Opfern war endlich das fremde Joch abgeschüttelt worden, aber noch lange nachher blieb alles französische Wesen in Politik und Sprache und Sitte so verpönt und gehaßt, daß mancher Kolonist sich seiner Abstammung schämte und seinen französischen Namen mit der deutschen Uebersetzung desselben vertauschte.*) Von dieser Stimmung war offenbar auch der Prediger Théremin ergriffen, als er den Kolonie-Gemeinden erklärte, daß sie sich durch ihre französische Sprache nur verdächtig und verhaßt machten, und daß es gleichsam eine That patriotischer Selbstverleugnung wäre, wenn sie auf den Gebrauch der französischen Sprache völlig verzichteten und die besonderen französisch-reformierten Gemeinde-Verbände freiwillig auflösten.

Hiergegen veröffentlichte nun Jean Henry noch in demselben Jahre eine umfangreiche Erwiderung unter dem Titel:

Adresse aux églises françaises des états prussiens en réponse à l'écrit qui leur a été adressé en allemand cette année sous le titre d'appel aux communes françaises de la monarchie prussienne par un de leurs plus anciens pasteurs. Berlin 1814.**)

in welcher er die Zumutungen Théremins mit Entschiedenheit zurückwies und die Kolonisten mit beweglichen und begeisterten Worten ermahnte, der Kirche ihrer Väter treu zu bleiben.

Diese Schrift Henry's war von erwünschtem Erfolge begleitet. Bei vielen Kolonisten erwachte wieder das Bewußtsein, daß es Pflicht sei, das heilige Erbe der Väter zu hüten und zu bewahren. Die leitenden Persönlichkeiten in der Kolonie zu Berlin berathschlagten über geeignete Mittel, um das Gefühl der Zusammengehörigkeit in allen Gliedern zu stärken, und so wurde besonders auf den Antrag des damals hochangesehenen Barthélemy — der 34 Jahre hindurch *secrétaire du consistoire* gewesen ist und bei vorzüglicher Begabung seiner Gemeinde mit seltener Hingabe gedient hat, — noch im Jahre 1814 beschlossen, alljährlich ein Fest zur Erinnerung an die Stiftung der Kolonie-Gemeinden zu feiern: so entstand die allen Kolonisten so teure *Fête du Réfuge.*

Aber auch hierbei begnügte sich der Eifer Henry's noch nicht. Im Jahre 1815 und 1817 ließ er die von ihm bei der *Fête du Réfuge* gehaltenen (oben ad 4 und 5 genannten) Predigten drucken und in der Gemeinde verbreiten; im Jahre 1818 veröffentlichte er ein geschichtliches Werk unter dem Titel:

Germon, ou Entretiens d'un père avec ses enfants sur l'histoire de la Réformation, et l'histoire du Réfuge. Berlin 1818.

welches so großen Beifall fand, daß die *Compagnie du consistoire* es im folgenden Jahre auf ihre eigenen Kosten in zweiter Auflage herausgab.***) Im Jahre 1827 ließ er ein schon in Paris erschienenes Werk

Journal de Jean Migault ou malheurs d'une famille protestante du Poitou avant et après la révocation de l'Édit de Nantes.

---

*) *Le Jeune* = Jung, *Berger* = Schäfer, *Boulanger* = Bäcker oder Becker, u. a.

**) Es befindet sich dieses Buch in der Bibliothek der Reunion.

***) Das Werk erhielt noch im Jahre 1818 von der Hand eines Amateurders von Henry, der sich aber nicht nannte, eine eigentümliche geistreiche Ergänzung unter dem Titel: *L'église réfugiée en 1818. Recueil suivie de dialogues des morts et publié à l'occasion de la Grande fête du refuge par Charles German, chapelain.* Berlin 1818.

geschäftsmäſsig neben einander leben. Und so wie ich, wünscht jeder, der es treulich meint mit unserer Kolonie, und muſs es wünschen, daſs dieser Tag mehr und mehr eine Vereinigung aller unserer Familie Kolonie angehörigen Schwestern und Brüder werden möge."

Dieser schwungvoll gesprochene Toast, von dem wir im Vorstehenden einiges wiedergeben zu müssen geglaubt haben, fand volle Beachtung, er fand den Weg zum Herzen, weil er von Herzen kam. An ihn schloſs sich das Lied: *où peut-on être mieux qu'au sein de sa famille*. Darauf empfahl Herr Hasslinger in warmen Worten die Sammlung, welche zu Gunsten verarmter auswärts lebender Kolonisten stattfinden sollte. So wie die Worte des Herrn Bertrand-Britz an das Herz gerichtet waren, appellierte Herr Hasslinger an die Mildthätigkeit der Festgenossen, und auch seine Worte haben ihren Weg richtig gefunden. Die Sammlung ergab 390 Mark. Zum Schluſs wurde auf die Damen getoastet.

Nach beendigtem, durch ernste Reden und heitern Scherz gewürztem Mahle erfreute sich die junge Welt noch lange am Tanze, und erst spät gingen die Festgenossen auseinander, alle mit dem Gefühle, ein schönes Fest gefeiert zu haben, alle erhoben von dem Geiste der Brüderlichkeit und der Eintracht, der sie hierher geführt, und der hier geherrscht hatte.

†††

Vereinsnachrichten der Réunion.

Vortrag: Freitag, den 3. Dezember, im Saale von Bötzow, Alte Schönhauser-Str. 23 24. Besonderer Aufgang für die Mitglieder der Réunion. Anfang präc. 8½ Uhr. Der Vortragende ist Herr Schul-Inspektor d'Hargues.

Sitzung: Freitag, den 10. Dezember. Restaur. Gärtner, Mittelstr. 65. 8½ Uhr Abends.

Es finden im Dezember keine weiteren Sitzungen statt. Auch fällt der Familien-Abend aus.

Mitarbeiter am IV. Jahrgange der Kolonie. (1880.)

R. Beccard, Lehrer in Berlin.
W. Chodowiecki in Groſs-Lichterfelde bei Berlin.
Fr. d'Hargues, städt. Schul-Inspektor und königl. Kreis-Schul-Inspektor, Berlin.
Eugène d'Hargues, Kammergerichts-Referendar, Berlin.
Lorenz, Prediger und königl. Kreis-Schul-Inspektor, Prenzlau.
Matthieu, Dr. theol. und phil., Prediger der franz.-reform. Gemeinde in Angermünde.
Muret, Dr., erster Oberlehrer a. d. Luisen-Schule zu Berlin.
Reclam, Pred. der franz.-reform. Gemeinde zu Prenzlau.
Frl. Klara Stender, Erzieherin im Hospiz.
Tollin, Lic. theol., Prediger an der franz.-reform. Gemeinde zu Magdeburg.

Schlusswort.

Ich kann die letzte Nummer dieses Jahrganges nicht entlassen, ohne in wenigen Worten den Gefühlen des Dankes, welche mein Herz bewegen, einen schwachen Ausdruck zu geben. Ich habe für den bisher nicht ungünstigen Verlauf dieser Unternehmung vielen zu danken. Zunächst freilich richtet sich mein Blick nach oben, zu dem Lenker aller menschlichen Thaten und Schicksale. Er hat mir Mut gegeben, als ich vor nunmehr Jahresfrist beschloſs, auf Andrängen alter, lieber und bewährter Freunde, die Zeitschrift aus ihrem Schlafe zu erlösen. Er verlieh mir die Kraft, vor allem die Freudigkeit, das Steuer des Schifflein sicher zu führen bis zu diesem Ziele. Er schenkte mir endlich Freunde, die gern und willig reiche und köstliche Gaben spendeten. Ich danke nun allen meinen Mitarbeitern für ihre uneigennützige Hilfe, danke zuerst Herrn Dr. Muret, der, nachdem er die Zeitschrift gegründet und mit fast eigenen Kräften drei lange Jahre geführt hatte, dieselbe in neidloser Hingabe meinen noch ungeübten Händen überlieſs. Allen andern geehrten Mitarbeitern glaubte ich nicht besser danken zu können, als daſs ich ihren Namen am Schlusse der No. eine besondere Stelle einräumte. Wenn ich die wertvolle und bedeutende Fülle alles dessen überschaue, was der Zeitung durch ihren Fleiſs zugeflossen ist, so empfinde ich Freude und Stolz über die Teilnahme, die immer noch der alte Ruf: „für die Kolonie", wach ruft. Ich danke den Herren von der Réunion, welche der Zeitschrift mit ihren Geldmitteln, nicht karg und zurückhaltend, sondern freigebig, wie immer auch ich forderte, wieder zum Daseín verhalfen und sie im Laufe des Jahres so unterstützten, daſs ich selbst keinen pekuniären Schaden erlitt. Ich danke allen Abonnenten, welche das Unternehmen mit Vertrauen begrüſsten und treu bisher bei der Fahne blieben. — Ich bitte, der Zeitschrift das Vertrauen allseitig bewahren zu wollen. Es handelt sich wirklich nicht um eitlen Gewinn, um irdisches Geld und Gut; alle die wir je eine Feder für „die Kolonie" aufgesetzt, haben es um Gottes willen gethan. Es gilt unserer teuren französisch-reformierten Kirche; für sie arbeiten und streben wir, „ihr Heil unser Heil, ihre Ehre unsere Ehre!" Und so möge denn der Schluſsstein dieses Baues fallen; mit dem neuen Jahre, so gebe Gott, beginnen wir das Werk auch mit neuem Mute, mit frischer Kraft und lebendiger Zuversicht.   Bonnell.

Inhalts-Verzeichnis.

Ablösung der Gebühren der Küster bei Taufen und Trauungen 19*).
Ancillon, Jean Pierre Frédéric, sein Leben von 1767-1810. Nach einem Bericht aus dem Jahre 1837 veröffentlicht von Fr. d'Hargues. 45-49.
Angermünde. Pred. Matthieu, Dr. der Theol. 18.
An unsere Leser 1.
Aufbesserung der französischen Pfarrgehälter, (Notwendigkeit derselben) von Dr. Matthieu. 26.
Bellair, Rudolf, Nachricht von seinem Tode 55. Nekrolog 57 von d'H.
Besetzung der zur franz.-reform. Inspektion unserer Provinz gehörigen Pfarrstellen. Vakanzen (1880) von Dr. Matthieu 28.
Bild: *Assemblée du protest. de Nimes au désert* 9.
Bonnell, Dr. E., Bibliothekar am Museum 105, Frl. P. B., Vorsteherin im kleinen Hospit. 8.
Chodowiecki, Daniel, ein Lebensbild von W. Chodowiecki 81, 93.
Don Favre. 104. Konkurrenz um denselben pro 1881. 54. Don Böhme 54.
Ecole de charité, Jahresbericht für 1879. 53. Verlegung d. Rechnungslegung 19, dies. 1879 92.
Fête du refuge, 1880 von E. d'H. 109 Entsteh. 107.
Eine freundliche Gabe, geschildert. Bedeutung Calvins von Merle d'Aubigné 103, 104.
Gardien des régistres. 92, jetziger 104.
Gemeinde-Versammlung am 5. Mai 1879. 19.
Henry, Jean, ein Lebensbild von Pred. Lorenz 105.
Holzgesellschaft. Jahresbericht für 1878 20.
Hospital in Berlin von Dr. Muret. Stiftung, Kirchhof desselben 7, ältestes Gebäude 12, Aerzte, Prediger, Bau 1732—34, Kapelle 13, kleines Hospital 24, Marmite, Bäckerei, 11. Kommission 25, *dames directrices*, *Pensionat*, Beschluss des Neubaues 26, 11. Fonds, Bauplan 31, Grundsteinlegung und Richtfest 32, Aeussere Ansicht 32, Gemälde des Speisesaales 32, 38, 39, Kapellensaal 39, Baukosten, Ancien Guillard, Einweihung 40, Auszeichnungen 41, Besuch der Kaiserin 42, noch ein Beitrag zur Gesch. desselben, den Neubau betreffend, das Pensionat 58, Bericht für 1878 19.
Hospiz, Zusammensetzung desselben 64, grosse Promenade 80. Ein Tag aus dem Leben des H. (Die Liebe ist des Gesetzes Erfüllung) von Kl. St. 65.
Hugenotten-Litteratur von Prd. Lorenz. Einleitung 33, allgemeine Geschichte der Hugen. 34, Calvin 41, 42, 43, Calvins Werke, bearbeitet von Matthieu 52, Calvins Vorläufer und Lehrer, Freunde, Mitarbeiter 52, 53, Gegner (Bouivard) 61, Servet, Schriften über ihn von Tollin 62, Bekenntnis, Kirchenverfassung 73, religiöse Poesie der Hugen. 85, 96, Traktate 97, Märtyrer und ihre Geschichte 97.
Jordan, Charles Etienne (1700—1745). 36.
Jubiläum, ein hundertjähriges, Grundsteinlegung des Turmes der französ. Kirche auf dem Gensdarmen-Markte 72.
25jähriges Amtsjubiläum des Dr. Matthieu. 103.
Jubiläum im Hospiz 8, 55.
Kirche der Wüste, Schilderungen a. d. Verfolg.-Gesch. der Reform. in Frankr. im vor. Jahrh. 9.
Kirche auf dem Gensdarmen-Mark. Absicht, dieselbe nach dem Plane des Turmes umzubauen 8.

Kirchenbusse, Schilderungen aus den ersten Zeiten der Magdeburger Kolonie, mit Bezug auf den Artikel: Urkunde u. s. w. von Lic. Tollin 77.
Kirchhoff, Geschichte der Leipziger reform. Gemeinde 14. Anzeige seines Werkes.
Kleine Hospital 24, Ausscheiden des Fräulein Bonnell als Vorsteherin desselben 8.
Die Kolonie unter Fried. Wilh. I. 63.
Kooptation oder freie Wahl? 86.
Kriegerdenkmal auf dem französ. Kirchhofe von Beccard 33.
Leipzig, reform. Gemeinde. Anfänge 14, Reformierte in Stötteritz 29, 37, Begründung 71.
Lied: *Où peut-on être mieux*. Neue Ausgabe von Challier 16, Ursprung 17.
Lorenz, weil. Prediger der franz. Gemeinde in Berlin. Seine Bemühungen u. Verdienste um den Neubau d. Hospitals u. Stiftung d. Pensionats. 60.
Magdeburg. Schenkungen, Vermächtnisse 19, Kolonie-Stiftungen bei Gelegenheit der goldenen Hochzeitsfeier unseres geliebten Kaiserpaares von Tollin 18, Schilderungen aus dem kirchlichen Leben der ersten Zeiten, unter dem Artikel: Kirchenbusse von Tollin 77, Teilnahme an der Prediger-Witwen-Kasse 18, am Séminaire 17.
Martinikenfelde u. Moabit, Entsteh. d. Namen 63.
Matthieu, Dr. 18, Amtsjubiläum 103, Werke Calvins 52.
Neubau des Hauses Klosterstr. 43, des Hospitals 26, 31, 59.
Parstein, Geschichte der französ.-reform. Kolonie-Gemeinde daselbst von Dr. Matthieu 73, Nachtrag 84, (Berichtigung von Fidicin), und 95 (Familien-Namen).
Pensionat 26. Ausführl. Geschichte der Gründ. auf Veranlassung des verstorb. Prdg. Lorenz 60.
Prediger-Witwen-Kasse, Teilnahme von Magdeburg für dieselbe von Tollin 18.
Prediger-Witwen-Haus, Geschenk zum Zweck der Gründung eines solchen 36.
Prenzlau, die französ. Kolonie daselbst von Reclam 21, Nachtrag (Jordan) 36.
Reformierte Kirchenzeitung zu Elberfeld 80.
Renforcierung, Wesen u. Modus derselben 101.
Réunion, Stiftung und Zweck dieses Vereins 49. Vereinsjahr 1879—80, 54.
Statistik der Berliner franz.-reform. Gemeinde von Dr. Muret 35, 44, 56. Noch etwas Statistik, von demselben 88, Zwei Erklärungen zu diesen Artikeln 102, 103.
Séminaire de théologie. Mahnung zur Teilnahme für dasselbe von Tollin, Teilnahme der Magdeburger Kolonie für dasselbe 17, Geschichte u. Einrichtung von Dr. Muret 67, allgem. Reglement 89, Register der Zöglinge v. 1770-1851. 91.
Schatzmeister der Kolonie 92.
Schwedt, Kirche der franz. Gemeinde daselbst 2, zeitige äussere Bedrängnis 100.
Tollin, Werke über Servet 62.
Umbau des Hauses Jüdenhof 8. 19.
Urkunde über die Wiederaufnahme eines Refugié in die Kirche 1689. 63.
Wanderversammlungen. Vorschlag zur Einrichtung derselben 98.
Waisenhaus, Rechnungslegung für 1878 8, für 1879 104.

*) Die Ziffern bezeichnen die Seiten.

DIE KOLONIE.

ORGAN
FÜR DIE ÄUSSEREN UND INNEREN ANGELEGENHEITEN
DER FRANZÖSISCH-REFORMIERTEN GEMEINDEN.

BEGRÜNDET VON DR. ÉD. MURET ZU BERLIN.

IM AUFTRAGE DES VEREINS RÉUNION

HERAUSGEGEBEN

VON

W. BONNELL,
REKTOR ZU BERLIN.

V. JAHRGANG.

DER NEUEN FOLGE 2. BAND.

BERLIN.

1881.

Januar 1881. V. Jahrgang.

DIE KOLONIE.

Organ für die äusseren und inneren Angelegenheiten der französisch-reformierten Gemeinden.

Redigiert von W. Bonnell, Rektor in Berlin.

Erscheint monatlich einmal. Preis pro Quartal 75 Pf.

Abonnements werden angenommen bei W. Bonnell in Berlin N., Schwedter-Str. 257, und bei jeder Post-Expedition.

INHALT: Die Luisenstädtische Kirche in Berlin. — 1881. — Bilder aus der Geschichte der franz.-reform. Kirche I. Vorgeschichte. — Vermischtes. — Aus der Provinz. — Vereins-Nachrichten. — Fragekasten.

Die Luisenstädtische Kirche in Berlin.

Durch einige Auszüge aus dem Kirchenzettel des verflossenen Jahres haben unsere Leser ersehen, dafs die eben genannte Kirche in den letzten Monaten wegen baulicher Veränderungen geschlossen war. In der Weihnachtszeit haben sich die Pforten wieder aufgethan; das Innere des Gotteshauses ist renoviert und gewährt in dem hellen und frischen Schmuck der Farben einen erfreulichen Anblick. Eine so durchgreifende Reparatur bezeichnet im Dasein einer Kirche immer einen gewissen Abschnitt; wir nehmen hierdurch Veranlassung, noch einmal auf die Geschichte des kleinen Tempels zurückzukommen, in der gewissen Überzeugung, dafs solches Unternehmen dem allgemeinen Gefühle entsprechen wird.

1. Die Gründung der Kirche ist eng mit der Stiftung der *Maison de Refuge* verbunden. 1685 hatte sich, nach Aufhebung des Edikts von Nantes, viele Hugenotten nach der Schweiz geflüchtet. Hier ergaben sich Schwierigkeiten für ihre Versorgung; bei der herzlichen Aufnahme, welche die Réfugiés gefunden, waren einzelne Kantone doch nicht reich genug, um nicht die Einwanderung als eine Last zu empfinden. Die Hugenotten fühlten, dafs sie ihren Wohlthätern beschwerlich fielen; sie sahen sich nach einem andern Asyle um, zuerst freilich ziemlich lässig, da sie immer noch auf eine Zurücknahme des Widerrufes warteten. Der Friede zu Ryswik aber (1697), bei dessen Abschlusse der französische König hartnäckig jede Nachsicht ablehnte, raubte ihnen endlich die letzte Hoffnung, die Heimat wiederzusehen, sofern sie nicht zur römischen Kirche übertreten wollten. Dieses Ansinnen wiesen sie von sich, und da sie in der Schweiz nicht bleiben mochten, so suchten sie in den übrigen protestantischen Ländern die Erlaubnis zur Einwanderung und Niederlassung nach. Brandenburg, damals unter der Regierung des Kurfürsten Friedrich, des Sohnes Friedrich Wilhelms, nahm von diesen schweizerischen Flüchtlingen gegen 3000 gastlich und gerne auf. Mit Hilfe einer allgemein ausgeschriebenen und erfolgreichen

Kollekte konnten die Mittel zu ihrer Niederlassung gewährt werden. Viele der Flüchtlinge aber, besonders Greise und Kranke, blieben in Berlin, und für diese wurde in der heutigen Kommandanten-Strafse ein Haus erworben und 1700 als *Maison* oder *Hôtel de refuge* der Bestimmung übergeben: „dafs es den aus der Schweiz Eingewanderten oder ihren Nachkommen zur Zufluchtsstätte dienen solle," mit der Einschränkung jedoch, „dafs, wenn die Mitglieder ausgestorben seien, diese Anstalt mit ihren Einkünften an die andern Réfugiés oder ihre Nachkommen übergehe." Die Einwanderer waren Franzosen und Waldenser aus Piémont, nicht Wallonen, wie fälschlich angenommen wird.

2. Nach Gründung und Einrichtung des Hauses ging man daran, zunächst für die eigenen Bedürfnisse des Asyls eine Kirche zu beschaffen. An das Grundstück grenzte die Besitzung des Amts-Kammerrats de Mérian. Dieser schenkte der *Maison de Refuge* eine in der Gasse stehende Scheune, die alsbald zu einer Kapelle eingerichtet wurde. Es war dies das erste eigene Gotteshaus der Réfugiés in Berlin: seine Einweihung fand am 11. Juli 1700 durch den Prediger Fétison unter grofser Beteiligung der Gemeindeglieder statt. Der Redner hatte seiner Predigt als Text Matthäus 18, 20 zu Grunde gelegt; „Wo zween oder drei versammelt sind in meinem Namen, da bin ich mitten unter ihnen." Der Kirchenbesuch war einige Zeit so grofs, dafs die Geistlichen nur mit einiger Mühe durch die dicht gedrängte Menge die Kanzel erreichen konnten. Vielleicht schon in dieser Zeit entstand für die kleine Kapelle der Name: Melonenkirche, „weil," so sagt ein Bericht aus dem Jahre 1828, „diese Frucht vorzüglich durch die französischen Gärtner hier bekannt wurde." Im Köpnicker Viertel, dem Bezirke der Kirche, waren viel französische Gärtner, wie auch der Mérian'sche Garten nach einander in den Besitz der Franzosen Gustin und Jouanne überging. Der Name „Melonenkirche" läfst sich also immerhin erklären; der aufserdem gebräuchlichen Bezeichnung aber: „Wallonenkirche", fehlt jede historische Unterlage.

3. Erster Prediger der Kirche war Crouzet (1700—1721). Die „*Maison de refuge*", und somit auch die ihr zugehörige Kapelle, war unabhängig vom Konsistorium. Es drohte dieses Verhältnis eine Spaltung in der Kolonie herbeizuführen. Die aus der Schweiz mit eingewanderten Prediger, denen ein Teil des Gottesdienstes überwiesen war, schienen lässig in ihrer Pflicht. Der Kirchenbesuch liefs nach. Dazu kam 1701 und 1705 die Eröffnung der Werderschen und der Friedrichstädtischen Kirche. 1708 schon setzte man in der Kapelle die Abendpredigten ganz aus, und als 1715 eine königliche Ordre die Berliner Gemeinde in drei Paroisses teilte, wurde gleichzeitig die Bestimmung getroffen, dafs die „Kapelle nach dem Tode der Schweizer Prediger eingehen sollte." Auf eine Petition aber, die von 28 *chefs de famille* der Köpnicker Vorstadt ausging, genehmigte Friedrich Wilhelm I. Erhaltung und Neubau des Gotteshauses (1718), ja, erhob dasselbe 1719 zu einer Parochialkirche und das Köpnicker Viertel zur vierten Paroisse. (Unter den jetzt noch bestehenden Kirchen der hiesigen Gemeinde ist die des Hospitals nicht Parochialkirche). Die Ausführung dieses königlichen Befehls aber verzögerte sich noch fast 10 Jahre. Erst 1727 wurde mit dem Bau begonnen. In demselben Jahre übergab die Direktion der *Maison de Refuge* Kirche und Grundstück dem Konsistorium, unter der Bedingung, „dafs dieses das Baukapital von 1500 Thl. (der Bau war einem Unternehmer für 1450 Thl. übertragen worden), sowie die Unterhaltung des Kantors, Küsters und der Kirchendiener, und die sonstigen Ausgaben übernehme." Gleichzeitig wurde die *Maison de Refuge*

nach der großen Friedrich-Straße verlegt, wo sie sich noch heute befindet. Am 21. März 1728 wurde die Kirche durch den Prediger Chion (1718—1738) eingeweiht, hat somit bereits ein hundertjähriges und ein hundertfunfzigjähriges Jubiläum gefeiert. Die bisherige innere Einrichtung datirt aus dem Jahre 1820. Eine Orgel erhielt die Kirche 1795. 1817 wurde ein deutscher Gottesdienst eingeführt. In dem Reskripte vom Jahre 1719 heisst es: „Wir wollen und verordnen, daß erwähnte Kapelle nicht mehr als eine Kapelle, sondern als eine ordinaire französische Kirche und verordnete Paroisse unter dem Namen einer französischen Kirche in der Köpnicker Vorstadt konsideriert werde." Diese durch königlichen Befehl gegebene Bezeichnung wurde in die heute amtlich gebräuchliche „Luisenstädtische Kirche" umgewandelt, als die Köpnicker Vorstadt (1802) durch Kabinets-Ordre den Namen „Luisenstadt" erhielt.

4. An der Luisenstädtischen Kirche haben bisher 30 Geistliche amtiert. Wir nennen unter ihnen den Prediger d'Aulères, dessen Name in der Kolonie nicht vergessen werden darf. Als im Jahre 1746 die niedere Bevölkerung Berlins unter einem allgemeinen Notstande seufzte, und auch von den Kolonie-Armen diese Bedrängnis nicht mehr fern gehalten werden konnte, da faßte dieser ausgezeichnete Mann, dessen Vater schon bei der Gründung der *Maison de Refuge* thätige Hilfe geleistet, den Plan zu einer Stiftung, „die arme, durch die bedrängte Lage ihrer Eltern der Vernachlässigung ausgesetzte Kinder sammeln, für gewissenhaften Unterricht und christliche Erziehung derselben bis zur Einsegnung sorgen, sie bei der richtigen Wahl ihres Berufes durch Rat und That leiten, zu treuen und nützlichen Gliedern der Kirche und des Staates heranbilden sollte." D'Aulères schöner Gedanke fand allgemeine Billigung. Mit Einsetzung aller Kräfte förderte er das Unternehmen, und so entstand die noch heute in Segen wirkende *École de charité*. Ehre deshalb seinem Andenken! Unserm Jahrhunderte schon gehörte François Guillaume Reclam an, dessen Sohn Jean Jules Philippe Reclam seit 1832 (48 Jahre!) der Prenzlauer Gemeinde vorsteht. Aus unseren Tagen behalten wir Prediger Lionnet in treuer Erinnerung. Ihm folgte Prediger Cazalet. Bis zum Jahre 1875 amtierten noch zwei Geistliche an der Kirche. Durch einen Gemeindebeschluß wurde in diesem Jahre aber Prediger Cazalet an die Klosterkirche versetzt. Es verblieb an der Luisenstädtischen Kirche allein Herr Prediger Tournier. Lange Jahre schon wirkt dieser Herr in seiner Paroisse, ein treuer Hirte, der ganz mit seiner Gemeinde lebt und sich einer allgemeinen Liebe und Verehrung erfreut. Er sieht sein Kirchlein, dem die Tage der Prüfung nicht gefehlt haben — hieß es doch vor einigen Jahren, sie solle eingehen —, jetzt im neuen Glanze; mögen ihm, und wir glauben im Sinne seiner Gemeinde zu sprechen, noch viele Jahre segensvoller Thätigkeit beschieden sein.

1881.

In dem Aufsatze über Jean Henry ist die Schrift eines Unbekannten aus dem Jahre 1818 erwähnt worden, welche den Titel führt:

L'église refugiée en 1881. Récit suivi de dialogues des morts, et publié à l'occasion de la 67. Fête de refuge par Charles Germon, Chapellier. Berlin 1881.

Wir haben mittlerweile das merkwürdige Büchlein gelesen, das schon 1818 geschrieben und gedruckt worden ist, und, als eine Art Weissagung, den Zustand der Kolonie für das

Jahr 1881 vorausagt. Ich glaube, daſs der Versuch, die Gedanken des interessanten Werkchens hier wiederzugeben, sich rechtfertigen läſst.

Der Schreiber von 1818 denkt sich also in das Jahr 1881, dessen erste Morgenröte eben über uns aufgegangen. Er führt sich selbst oder einen andern würdigen Herrn der Kolonie redend ein: „Ich bin sehr, sehr alt geworden. In diesem Jahre 1881 werde ich in einigen Monaten mein 91. Jahr erreichen." Enkel und Urenkel, die schon oft aus seinem Munde die Erzählung von dem Ursprunge unserer Kirche gehört, sehen den gegenwärtigen glücklichen Zustand der Kolonie; sie wissen, daſs es eine Zeit gegeben hat, in der ihre Wohlfahrt in Frage gestellt war, und drängen den Greis, über alles das zu berichten, was geschehen und gethan ist, um die Kirche in das jetzige (1881) Glück zu versetzen. „Ja, freilich," beginnt der Greis, „kann man bei einem langen Leben viel erzählen, man hat Betrübendes und Erfreuliches erfahren. Ich habe gesehen, wie das alte Glück verfiel, habe die Kälte der groſsen Menge gesehen, selbst die Abtrünnigkeit Einzelner, aber auch einen unbeugsamen Eifer!" Nun führt er den Stolz der alten Zeit vor, zuerst die Geistlichen seiner Tage: Molière, Palmié, Henry. „Werdet ihr glauben, daſs ihre Kirchen oft leer waren?" Dann die Seelsorger aus der groſsen Epoche unserer Kolonie, in der die wichtigsten Wohlthätigkeitsanstalten unserer Kirche entstanden: D'Aniéres, Erman, Ancillon, Reclam. „Sie sind Männer der Kirche gewesen, mächtig an Thaten und Worten!" Dann die gelehrten Hirten, welche der entstehenden Kirche Ruhm und Glanz verliehen haben: Beausobre, Lenfant, Des Vignoles. Es preist der Greis das Konsistorium als Hüter der Existenz und der Verfassung, die Sekretäre der Compagnie, Barthélemy, die Humbert, in deren Familien das Sekretariat eine Domäne schien. Die groſse Menge aber beklagt er: „Ohne das Konsistorium wäre die Kirche schon lange dahin!" Ungeachtet aller leuchtenden Vorbilder zeigten sich Keime des Verfalles. „Der Fleiſs im Besuche des Gottesdienstes ist das Lebensprinzip einer Kirche; ohne die Gemeinsamkeit des Gottesdienstes und des Gebetes ist sie eine Kirche nur dem Namen nach, ein Körper ohne Glieder. Ach, in dieser Zeit verminderte sich die Zahl der Gläubigen, welche sich in unsern Tempeln vereinigten; es wuchs die der Gleichgültigen und Abtrünnigen. Es waren alle gute Christen, gute Bürger, wer möchte dies bezweifeln. Für ihre eigene Kirche aber waren sie treulose Glieder; und doch hatten sie ihrer Kirche Treue geschworen wie ihrem Gott und ihrem Könige. Diese Verwirrung war schon bis zu dem Punkte gediehen, daſs fast niemand sich mehr Gewissensbisse machte, wenn er die Erbauung anderswo suchte als in seiner Kirche. Dies erscheint euch heute (1881) unbegreiflich, euch, die ihr gewissenhaft bemüht seid, euch alle zu vereinigen wie eine einzige Familie, um Gott zu dienen und euch gemeinsam zu erbauen. Welches waren nun die Ursachen, die solche Vernachlässigung unserer Kirche verschuldeten? Zuerst war es die Sprache unserer Väter. Eine groſse Zahl von Gemeindegliedern hatte sie in der That verlernt, und war berechtigt, sich in den deutschen Kirchen zu erbauen. Aber auch solche, welche das Französische noch sprachen und verstanden, beriefen sich auf diese wohl zu entschuldigende Abtrünnigkeit, um ihre eigene zu rechtfertigen. Man brachte sie zum Schweigen, indem man deutsche Gottesdienste einschaltete, für den ganz deutsch gewordenen Teil der Gemeinde — eine sehr weise Einrichtung, die man zu lange hinausgeschoben hatte. Aber auch diese Maſsnahme fruchtete nichts, auch ferner noch blieben die Kirchen leer, weil diejenigen, welche das Französische recht gut verstanden, Anstoſs nahmen an dem dürftigen Kirchenbesuch. Diese Oede, so meinten sie, lieſse kein Gefühl der Erbauung aufkommen. Man wuſste nicht recht, wie viel Zuhörer eigentlich nötig wären, um den Gottesdienst erbaulich zu machen. Einige wollten sich mit 40 oder 50 begnügen, andere wieder verlangten mindestens 100 und 200. Unser Herr und Heiland war mit dreien zufrieden: Wo zwei oder drei versammelt sind in meinem Namen . . . . Das waren böse Tage! Ich habe sie gesehen, und die Erinnerung an sie bedrückt noch heute mein Herz. Wenn damals der Plan gelungen wäre, die ganze Kirche zu germanisieren, wahrlich, schon längst wäre sie in die deutschen Gemeinden übergegangen, welche sie rund herum umgeben. Aber noch heute sehe ich dich aufrecht, dich, meine Kirche, in dem vormaligen Glanze und so glücklich, wie in den ersten Zeiten deiner Gründung!" Nun kommt der Erzähler auf die zweite Ursache des vor langen Jahren drohenden Verfalles: es sonderte sich eine glaubenseifrige Sekte von der Gemeinschaft ab. „Sie trennten sich von ihrer Herde und ihren Hirten, vereinigten sich in heimlichen Versammlungen, eine eigene Kirche bildend. Ihr Eifer war, wie ohne Wissenschaft, so auch ohne Liebe, denn sie weigerten sich sogar, ihrer Kirche zu dienen. Aber auch dieses ist jetzt vorüber.

Freilich, die Gefahr war grofs. Die Gemeinschaft lockerte sich und es machte sich die Meinung geltend, es wäre am besten, wenn sich die Kolonie auflöste, wenn sie eine reine Wohlthätigkeitsanstalt bliebe, die ja die Nachkommen der Réfugiés unterstützen könnte, wenn sie auch zerstreut unter den deutschen Gemeinden wohnten. Gewifs, die Kolonie wäre unterlegen, wenn nicht in ihrem Schofse ein Kern treuer Glieder, eifriger Vertheidiger ihrer Existenz und ihrer Verfassung vorhanden gewesen wäre. Indessen, wie der Tod jedes Jahr diese kleine Schar verminderte, wäre sie endlich doch erlegen."

Nun erzählt der Greis von zwei Einrichtungen, die vorzüglich den heutigen (1881) sichern und glänzenden Zustand der Kolonie herbeigeführt. Diese Einrichtungen sind: „Der heilige Bund", *(la sainte ligue)* und die grofse französische Schule. Jener, aus einer Gesellschaft junger vornehmer Kolonisten bestehend, hat die Aufgabe gelöst, die Kirche der Väter zu retten, sie zu vertheidigen. Die Teilnehmer hatten sich verpflichtet, die Gottesdienste regelmäfsig zu besuchen, die französische Sprache zu pflegen, durch treuen Anschlufs an die Geistlichen die Sektenbildung zu verhüten, die Zweifler zu widerlegen, die Verzagten zu stärken und neues Vertrauen zur Kolonie in ihnen zu erwecken. Die grofse französische Schule, den geschicktesten Lehrern anvertraut, unter der Aufsicht der Prediger, hat alle Kinder der Kolonie um sich versammelt, sie im Geist und in der Liebe unserer Kirche unterrichtet, mit ihren Erinnerungen genährt, ihnen Kenntnis und Verständnis der französischen Sprache verschafft. Diese beiden Einrichtungen sind nun im Sinne der Heroen unserer Kolonie, eines d'Anières, Erman, Ancillon, Reclam, auch des wackeren Sekretärs der Compagnie, Barthélemy, getroffen worden. Dieses veranschaulicht der zweite Teil des Büchleins: „Die Gespräche der Toten". Hören wir nun noch, wie der Verfasser von 1818 die Kolonie von 1881 schildert:

„Es hat die Kirche ihre erste Jugend wieder gefunden; ihr Reichtum an geistlichen Gaben entspricht der irdischen Wohlfahrt. Alles alte Unrecht ist ausgeglichen. Wieder belebt derselbe Geist des Glaubens, des frommen und liebreichen Eifers, der Geist der Brüderlichkeit alle Nachkommen der Refugiés. Alle rühmen sich ihrer edlen Herkunft und feiern die Voreltern als Bekenner des Glaubens. Alle besuchen unsere Gotteshäuser; die einen, welche die Sprache der Kirche verstehen, sind fleifsig im Anhören der französischen Predigt; die andern, welche das Französische nicht mehr verstehen, eilen zu der deutschen Predigt, welche man für sie eingerichtet. Alle bleiben bei den Geistlichen, die sie sich erwählt haben, und würden Scham empfinden, sie zu verlassen. Alle drängen sich, der Kirche und den Armen zu dienen in der Compagnie des Konsistoriums und in den Direktionen."

Wir schreiben 1881. Sind alle diese Worte volle Wahrheit? Es ist nicht unsere Sache, ein Urteil abzugeben; mache jeder es mit seinem eigenen Gewissen aus, wenn nicht alles so ist, wie es sein sollte.

Französische Schulen, wie der Verfasser sie voraussagt, sind wirklich ins Leben gerufen worden und haben in Segen gewirkt; der Strom der Zeit hat sie hinweggenommen. Sie sind jetzt alle eingegangen bis auf die Schule des Hospiz. Und „der heilige Bund"? Es bestehen zur Zeit zwei Vereine in der Kolonie, welche sich ihre Wohlfahrt angelegen sein lassen. Möge ihr Streben von dem Segen begleitet sein, welche der Verfasser von 1818 von solchem Bündnisse erwartet.

Bilder aus der Geschichte der franz.-reform. Kirche.
(In chronologischer Reihenfolge.)

1. Vorgeschichte.

Frankreich kann als eins der ältesten christlichen Länder gelten. Frühe schon hatte das Christentum hier festen Boden gewonnen; bereits in der Mitte des zweiten Jahrhunderts war es in seinen Städten anerkannt und verbreitet. Eine der gröfsten und bedeutendsten Städte des Landes war Lyon. Photinus soll ihr erster Bischof gewesen sein; sein Nachfolger aber war der berühmte Kirchenlehrer Irenäus (177—202). Unter dem römischen Kaiser Marc-Aurel starben 48 Christen von Lyon der Märtyrertod, als die Erstlinge der gallischen Blutzeugen. Der fromme Glaube umgab lange Zeit die Stätte ihres Todes mit dem Glanze des Wunderbaren. „Man sieht in der unterirdischen Kirche des heiligen Irenäus zu Lyon die

Brunnen, in welche von den Heiden die Leichname der ersten Märtyrer von Lyon geworfen wurden, deren Blut die Erde so rötete, dafs sie seitdem nie wieder dessen Farbe verloren hat. Denn obgleich der ganze Boden ringsherum schwarz ist, bleibt jene immer rot und dient heute als untrügliches Heilmittel allen Kranken, welche sich derselben im Glauben bedienen." Während der Christenverfolgungen unter Valerianus (254—259) starb Saturninus, Bischof von Toulouse, den Märtyrertod; er wurde an den Schweif eines wütenden Stiers gebunden, eine Anhöhe hinabgeschleift und zerschmettert. In Tours baute Bischof Litorius die erste christliche Kirche; sein Nachfolger war Martinus, ein Kriegsmann aus Pannonien. „Unter ihm erleuchtete das Licht des Evangeliums Gallien mit neuen Strahlen."

Besondere Fürsorge und Teilnahme zeigte für Gallien Konstantin der Grofse (306—336). Lange Zeit residierte er zu Trier an der Mosel, und dieser Ort galt damals und noch lange nachher als die Hauptstadt des Landes. Nach einem grofsen Siege über einen Mitkaiser bekannte er sich zum Christentum und erhob die christliche Religion zur Staatsreligion. Vorzüglich in Gallien bemühte er sich, der Lehre des Heilandes die weiteste Ausdehnung zu geben; hier auch suchte er durch Bekämpfung aller Irrtümer die Einheit der Kirche zu fördern. Denn mit der Einheit der Kirche war es schon damals nicht gut bestellt. Eine religiöse Meinung, welche den Glauben an die Gottheit Christi zu beschränken versuchte und nach ihrem Urheber Arius Arianismus genannt wird, schied die christliche Kirche in zwei sich scharf und heftig bekämpfende Parteien. Der Teil der Kirche nun, welcher treu zum apostolischen Glaubensbekenntnisse hielt, hiefs im Gegensatze zu der arianischen Kirche, die besonders unter den germanischen Völkern viele Anhänger zählte, die katholische. Es war lange Zeit zweifelhaft, ob die katholische Kirche voll und ganz den Sieg behalten würde; Theodosius der Grofse, der um 390 römischer Kaiser war, verdrängte den Arianismus wenigstens aus seinem Reiche, zu dem ja auch Gallien gehörte. Unter seiner Herrschaft zerbrach man in Frankreich alle Erinnerungen des heidnischen Kultus, die Tempel und Altäre der Götter, und so eifrig zeigten sich die Gallier in diesen Bemühungen, dafs Honorius, der Sohn jenes Kaisers, der Zerstörung aller Denkmäler heidnischer Kunst durch Verordnungen Einhalt thun mufste. Noch in den Tagen seiner Regierung wurde ein grofser Teil Frankreichs von den Westgothen, welche Arianer waren, unterworfen; die Sieger aber übten eine milde Herrschaft aus und liefsen dem Volke vor allen Dingen das katholische Bekenntnis.

Im Norden Frankreichs bereiteten sich grofse Veränderungen vor. An den Ufern des Nieder-Rheines wohnte das kräftige, aber noch heidnische Volk der Franken. König dieses Volkes wurde im Jahre 481 Chlodwig, ein roher und gewaltthätiger Mann. Er eroberte ganz Gallien, soweit es damals noch den Römern gehörte, dazu auch ein grofses Stück, welches die Gothen besafsen. Lange schon bedrängte ihn seine Gemahlin Chlotilde, eine Königstochter aus Burgund, eine Christin, die Lehre des Herrn anzunehmen. Chlodwig blieb trotzig in seinem heidnischen Glauben; er erlaubte zwar bei der Geburt eines Sohnes, dafs dieser getauft werde, schrieb aber den bald nachher erfolgten Tod desselben der Tauf-Ceremonie zu, und ward nur mit Mühe dahin gebracht, bei seinem zweiten Sohne die Taufe zuzugeben. Da geriet er in Kampf mit den Alemannen, und als in der Schlacht der Sieg zweifelhaft war, erinnerte er sich des Christengottes und betete zu ihm also: „Jesus Christus, du, den Chlotilde als den Sohn des lebendigen Gottes bekennt, der du, wie man sagt den Bedrängten Hilfe, und denen, die auf dich hoffen, Sieg verleihest, ich erflehe demütig deinen herrlichen Beistand: auf dafs, wann du mir den Sieg über meine Feinde geschenkt haben wirst, und ich jene Kraft erfahren werde, welche dein dir geweihtes Volk erfahren zu haben sich rühmt, ich an dich glaube und in deinem Namen getauft werde." Und ihm ward der Sieg in der Schlacht. Sein Gelübde erfüllte er noch in demselben Jahre, indem er sich mit seiner Schwester und 3000 Franken zu Rheims taufen liefs. „Beuge dein Haupt, o Sicamber," rief ihm der Bischof Remigius zu, „verbrenne, was du angebetet hast, und bete an, was du verbrannt hast." In Folge von Chlodwigs Bekehrung wurde auch die ganze fränkische Nation zum Christentum übergeführt. Der Umstand aber, dafs die Franken sogleich den katholischen Glauben annahmen, bewirkte einen völligen Sieg dieser Kirche über den in den nächsten Jahrhunderten allmählich untergehenden Arianismus. Auch nach der äufseren Bekehrung blieb Chlodwig innerlich ein blutdürstiger und roher Heide, wie er zuvor gewesen. Unsittlichkeit und Grausamkeit kennzeichnen seine Nachkommen über zwei Jahrhunderte hindurch. Die grofse Bedeutung Chlodwigs liegt eben darin, dafs er, und sein Volk mit ihm, das katholische Bekenntnis annahm. Er ist nicht nur der erste christliche, sondern vor allem der erste katholische König Frankreichs; unter dem Schutze seines Reiches und seiner Nachkommen befestigte und entfaltete sich die Herrschaft des römischen Stuhles. Frankreich blieb allezeit ein gut katholisches Land. Das Interesse der fränkischen Könige und des Papstes waren eng miteinander verbunden. 752 stürzte Pippin, bis dahin ein Vasall, die Herrschaft der Merowinger, der Nachfolger Chlodwigs, und machte sich selbst zum Könige.

Vermischtes.

Aus der von uns schon wiederholt angezeigten „Reformierten Kirchenzeitung", Elberfeld, Verleger und Redakteur: Pastor H. Calaminus.

Valdo ed J. Valdesi avanti la riforma. Cenno storico di Emilio Combà, professore nel collegio Valdere di Firenze. 1880 in Firenze.

In der Gegenwart ziehen die Waldenser in doppelter Hinsicht die Aufmerksamkeit aller Derer, die sich für die Fortschritte des evangelischen Christentums interessieren, auf sich. Nachdem sie lange so recht als ecclesia pressa gelebt und gelitten, erlangten sie im Zusammenhang mit den grofsen Umwälzungen in Italien bürgerliche Gleichberechtigung mit den Piemontesen, und nach Aufrichtung des Königreichs Italien mit allen Bewohnern des neuen Königreiches. Damit aber haben sich die Waldenser nicht begnügt; die erlangte Freiheit wollten sie denjenigen Italienern zu gute kommen lassen, die ein Verlangen hatten nach dem unverfälschten Evangelium. So ist es gekommen, dafs sie Italien von Alessandria bis Palermo mit einem Netze von Missionsstationen bedeckt haben, deren Mitglieder, obwohl nur eine kleine, wie verschwindende Minorität bildend, doch in hohem Grade unsere Beachtung verdienen. Die Berichte über diese Bemühung und deren Resultate giebt ein in Stuttgart erscheinendes Blatt, welches bis August dieses Jahres bereits bis zu seiner zwanzigsten Nummer fortgeschritten ist. Im Zusammenhang mit dieser missionierenden Thätigkeit steht die Gründung der theologischen Schule in Florenz, gestiftet 1872, zum Zweck der Heranbildung künftiger Pastoren und Evangelisten unter den Italienern. Ein sehr bedeutsames, zu schönen Hoffnungen berechtigendes Lebenszeichen dieser Schule ist die vorliegende kleine Schrift, die den Beweis giebt, dafs die Waldenser die Geschichte ihrer Vorfahren mit Hilfe der besten alten Dokumente und mit Benutzung der neuesten Forschungen und Bearbeitungen aufzuhellen suchen. Es ist nämlich seit dem sechszehnten Jahrhundert, noch mehr aber seit dem siebenzehnten die ältere Geschichte der Waldenser mythisch ausgeschmückt worden. Ihre Geschichtschreiber, worunter der französische Pastor Perrin und der waldensische Pastor Leger die erste Stelle einnehmen, verfolgten dabei den Zweck, den Ursprung der Waldenser in ein hohes Alter, wenn nicht gar in die apostolische Zeit hinaufzusetzen und ihnen eine von allen römischen Irrtümern freie Religionserkenntnis zuzuschreiben. Das konnte nicht geschehen, ohne der Geschichte offenbar Gewalt anzuthun; wurden doch selbst Jahreszahlen willkürlich erfunden, um gewissen Schriften ein weit höheres Alter anzudichten, als welches ihnen die beglaubigte Geschichte anweist. Darüber giebt Comba sehr dankenswerte Erörterungen, die von gründlicher Sachkenntnis zeugen. Bei aller Pietät gegen seine Väter, bei aller Anerkennung ihrer Verdienste um die Verbreitung reinerer Erkenntnis und Anregungen zu sittlich-religiösem Leben, verhehlt er keineswegs die Punkte, worin die alten Waldenser noch als Kinder ihrer Zeit, noch vom römischen Katholicismus beeinflufst erscheinen. Wir wünschen von Herzen, dafs die Schrift des gelehrten waldensischen Professors unter seinen Landsleuten und Religionsgenossen die Beachtung finde, die sie verdient. Sie mögen sich durch das Gerede der katholischen Gegner nicht beirren lassen, die vielleicht eine Art Triumphgeschrei erheben werden, wenn sie sehen, dafs die heutigen Waldenser die mythische Ausschmückung ihrer Geschichte aufgeben. Denn die Vorfahren derselben erscheinen auch nach Abzug alles Mythischen ehrwürdig als Zeugen der Wahrheit in ihrem Geschlecht. Für uns erhalten sie besondere Bedeutung auch dadurch, dafs sie seit dem sechszehnten, noch mehr seit dem siebenzehnten Jahrhundert zur grofsen Familie der reformierten Kirchen gehören.

Auf eine Anfrage des Herrn Lejeune in Tegel: Paul Henry, nicht zu verwechseln mit Jean Henry. Jener, Paul Henry, war der Sohn von Jean Henry, 1792 in Potsdam geboren. Er besuchte (siehe Kolonie 1876, Seite 2) das unter der Leitung Ermans stehende Berliner Collège, studierte Theologie in Genf, und wurde 1813 in Neuchâtel zum Geistlichen geweiht. Im Jahre 1815 begann er seine Berliner Laufbahn als *ministre catéchiste*, eine Stelle, die er 11 Jahre bekleidete, bis zum Jahre 1826, wo er als Prediger an die Friedrichstädtische Kirche berufen wurde. Gleichzeitig übernahm er die Leitung des theologischen Seminars. Seine Gemahlin, eine geborne Claude, war als Malerin hoch berühmt und als solche Mitglied der Akademie der Künste. Sie starb bereits 13 Jahre vor seinem am 24. November 1853 erfolgten Tode. Besonders berühmt machte er sich durch sein umfangreiches „Leben Calvins" (1835—1844), das ihm den Ehrentitel eines Doktors der Theologie von der Kopenhagener Universität eintrug.

Aus der Provinz.

In **Magdeburg** hat sich, unter dem Vorsitze des unsern Lesern bekannten Predigers der dortigen französischen Gemeinde, des Herrn Lic. Tollin, ein Erziehungs-Verein gebildet, zu dem Zwecke, „armer, verlassener und verwahrloster Kinder sich anzunehmen und für eine christliche Erziehung derselben Sorge zu tragen." Der Erziehungs-Verein übernimmt es, diejenigen Kinder zu ermitteln, deren Entfernung aus ihren bisherigen Verhältnissen notwendig erscheint, um dieselben mit Genehmigung ihrer Eltern oder Vormünder in geeigneten christlichen Familien unterzubringen. Der Verein beschränkt seine Thätigkeit auf den Kreis Magdeburg. Wir wünschen ihm für seine schwierige Arbeit reichsten Segen; uns erfreut noch dafs ein Geistlicher der Kolonie sich an die Spitze dieses wahrhaft frommen und wohlthätigen Unternehmens gestellt hat. Möge er in dieser Thätigkeit reiche Befriedigung finden.

Schwedt. Am Totenfeste hielt Herr Prediger Villaret hier Predigt und Abendmahl. Die Kirche war gefüllt, die Anzahl der Kommunikanten zahlreich.

Vereinsnachrichten der Réunion.

Vortrag: Freitag, den 7. Januar, im Saale von Bötzow, Alte Schönhauser-Str. 23/24. Besonderer Aufgang für die Mitglieder der Réunion.

Sitzungen: Freitag, den 21. und 28. Januar. Restaur. Gärtner, Mittel-Str. 65. 8½ Uhr Abends.

Am Sonnabend, den 15. Januar, findet ein **Abendessen und Familien-Abend** statt. Café Fichtel, Weinmeister- und Gormann-Str. Ecke. Billets bei Herrn A. Eger, Kraut-Str. 38/39. Anfang 8 Uhr.

Fragekasten.

Herr L. F. Die Réunion hat der Idee der Wanderversammlungen im Allgemeinen zugestimmt. Es wird die erste derselben im Februar statt finden, wahrscheinlich im Bereiche der Kloster-Paroisse. Eine bezügliche Anzeige werden Sie in der nächsten Nummer finden. — Warum sollten ähnliche Versammlungen in andern, wenn auch kleinen Orten unmöglich oder erfolglos sein? Gern, glauben wir, würden sich die Gemeindeglieder ein- oder zweimal im Winter zur Anhörung eines Vortrages über kolonistische Verhältnisse vereinigen; man wecke nur das Interesse, leicht wird man dann erkennen, wie lebendig und frisch sich immer noch unsere Kolonie zeigen. Wenn die **Schwedter** Gemeinde doch vor allem dergleichen in die Hand nehmen möchte! Wenn die *chefs de famille* dort in dieser schlimmen Zeit der Bedrängnis sich zu Besprechungen zusammenthun wollten, es sollte an unserer Hilfe, soweit guter Rat, Bücher u. dgl. unterstützen könnten, gewifs nicht fehlen. Das Jahr 1885, das 200jährige Jubelfest der Aufnahme, soll uns als noch rege und lebendige Glieder unserer teuren Kirche, unserer Kolonie, erkennen. Arbeiten wir alle an unserm Teile, dafs sich die Kolonie nicht nur in äufserem Ansehen, sondern auch in innerer Würdigkeit, in edler Opferfreudigkeit für ihren Bestand repräsentiere. Inneres, und zwar ein reiches, volles inneres Leben nur sichert uns das Dasein, erhält uns in Ehren jetzt und bei der Nachwelt. Also stehen Sie nicht müfsig am Markte, sondern greifen Sie munter mit ein in die Arbeit.

Die Redaktion bittet um gef. Einsendung des Abonnements. Bei Einsendung des gesamten Betrages von 3 M. gestatten wir für hiesige Abonnenten einen Abzug von 20 Pf.

Februar 1881. V. Jahrgang.

DIE KOLONIE.

Organ für die äusseren und inneren Angelegenheiten der französisch-reformierten Gemeinden.

Redigiert von W. Bonnell, Rektor in Berlin.

Erscheint monatlich einmal. Preis pro Quartal 75 Pf.

Abonnements werden angenommen bei W. Bonnell in Berlin N., Schwedter-Str. 257, und bei jeder Post-Expedition.

INHALT: Jaques Abbadie, von Prediger Lorenz in Prenzlau — Bilder aus der Geschichte der franz.-reform. Kirche. II. Waldenser — Aus dem Vereinsleben der Kolonie. — Vermischtes. — Aus der Provinz (Magdeburg. Gemeinde 1880.) — Vereinsnachrichten der Réunion.

Jaques Abbadie.
(Von Prediger Lorenz in Prenzlau.)

Um dem unerträglichen Drucke zu entgehen, welchem die evangelische Kirche in Frankreich ausgesetzt war, hatten sich schon vor der Aufhebung des Edikts von Nantes, etwa seit dem Jahre 1661, reformierte Franzosen in Berlin niedergelassen, welche hier ein Handwerk betrieben oder am Hofe oder in der Verwaltung eine Anstellung gefunden hatten. Der angesehenste unter ihnen war der Herr v. Beauveau, comte d'Espenses, der das Amt eines kurfürstlichen Oberstallmeisters bekleidete, aber auch wiederholt mit politischen Missionen betraut wurde. — Diese in Berlin ansässigen Franzosen bildeten zunächst keine selbständige Gemeinde, sondern waren bei der Domgemeinde eingepfarrt, in deren Kirchenbüchern sich deshalb auch die ersten auf Réfugiés bezüglichen Notizen finden. Da die Zahl derselben aber immer wuchs und schon gegen 1672 sich auf etwa 100 belief, so wurde hauptsächlich auf Veranlassung des Grafen d'Espenses diesen Franzosen gestattet, besondere Gottesdienste in französischer Sprache einzurichten. Der erste derartige Gottesdienst wurde in der Wohnung des Baron v. Pöllnitz im kurfürstlichen Marstall-Gebäude in der Breiten Straße am 10. Juni 1672 gehalten, weshalb die Berliner Kolonie mit Recht den 10. Juni 1772 und 1872 als Jubiläum ihrer Gründung gefeiert hat. Der erste Prediger dieser noch in der Entwickelung begriffenen Gemeinde war David Fornerod, welcher dies Amt von 1672 bis 1680 verwaltete. Als derselbe den Wunsch hegte, seine Stellung in Berlin aufzugeben, erteilte der grofse Kurfürst seinem Oberstallmeister, dem Grafen d'Espenses, welcher sich damals zum Zwecke politischer Verhandlungen in Paris aufhielt, den Auftrag, sich um einen geeigneten Theologen für die Stelle eines Predigers der französischen Réfugiés in Berlin zu bemühen. Es gelang dem Grafen, für diese Stelle den noch jugendlichen Doktor der Theologie Jaques Abbadie zu gewinnen, und so wurde einer der gefeiertsten Namen der französisch-reformierten Kirche für immer mit der Geschichte der französischen Kolonie in Berlin verflochten.

Jaques Abbadie wurde im Jahre 1654 zu Nay, einer kleinen Stadt in Béarn, etwa 4 Meilen von Pau, geboren. Seine Eltern waren arm; aber da nach der weisen Bestimmung der *Discipline des églises réformées de France* jede Kirchengemeinde berechtigt war, bis zu einem Fünftel ihrer Einnahmen zu verwenden, um begabte Söhne unbemittelter Eltern zu Geistlichen auszubilden, so fehlte es auch dem jungen Abbadie nicht an Unterstützungen, um Theologie studieren zu können. In seiner Vaterstadt war damals der berühmte Moralist Jean de La Plarette Prediger. Von diesem erhielt Abbadie den ersten Unterricht, setzte später seine Studien auf den Akademieen von Saumur und Sedan fort, erwarb erst 17 Jahre alt den Grad eines Doktors der Theologie und begab sich endlich nach Paris, um dort an dem Vorbilde der angesehensten Geistlichen der reformierten Kirche sich weiter für das Predigtamt auszubilden. In Paris wurde er mit dem Grafen d'Espenses bekannt und folgte diesem im Jahre 1680*) nach Berlin. Obwohl schon Doktor der Theologie, mufste er hier doch erst eine Probezeit von zwei Monaten als Proposant durchmachen; da er aber dem grofsen Kurfürsten aufserordentlich zusagte, so wurde er zum Nachfolger Fornerod's bestimmt und am 4. September 1680 im Dome durch den Hofprediger Dr. Bergius unter Assistenz der beiden andern Domgeistlichen Schmettau und Ursinus zum Pfarrer der französischen Réfugiés geweiht. Es war eine schwierige Aufgabe, die Abbadie in seiner neuen Stellung zu lösen hatte. Noch immer wurden die Réfugiés als Mitglieder der Domgemeinde betrachtet; es galt kirchliche Selbständigkeit für dieselben zu gewinnen, es galt die wirre Menge der aus allen Teilen Frankreichs immer zahlreicher herbeiströmenden Flüchtlinge zu einer wohlorganisierten, lebensfähigen Gemeinde umzuwandeln. Obgleich erst 26 Jahre alt und völlig fremd in seiner neuen Umgebung, zeigte sich Abbadie doch dieser ihm gestellten Aufgabe durchaus gewachsen. Seine von sittlichem Ernste geweihte Persönlichkeit, gehoben durch solide theologische und allgemeine Bildung wie durch milde, herzgewinnende Beredsamkeit, gewann immer mehr Einflufs auf den grofsen Kurfürsten, welcher in seinen Gunstbezeugungen bald so weit ging, dafs er die Kapelle im eigenen Schlosse den Réfugiés zum gottesdienstlichen Gebrauche einräumte und dort wiederholt in eigener Person an diesem Gottesdienste teilnahm und den Predigten Abbadies lauschte. Am 9. August 1682 wurde der erste Gottesdienst von Abbadie in der Schlofskapelle gehalten; dieselbe blieb den Réfugiés zur Benutzung überlassen bis zum Tode des grofsen Kurfürsten. — Nachdem ein so würdiges Lokal für den Gottesdienst gewonnen war, wurde noch in demselben Jahre 1682 ein weiterer Schritt zur Organisation der Gemeinde gethan: Abbadie erhielt die Erlaubnis, ein Presbyterium, „*compagnie d'anciens et de diacres*", zu bilden, allerdings zunächst nur, um die Armenpflege zu ordnen und das gute Einverständnis der Familien untereinander zu fördern; aber schon im Jahre 1684 ward das weitere Zugeständnis erreicht, dafs dieses Presbyterium auch die französische Kirchenzucht — freilich zunächst noch mit Beihilfe eines kurfürstlichen Hofpredigers — üben sollte; endlich nach weiteren jahrelangen Verhandlungen, wobei auch Streitigkeiten zwischen den zuerst eingewanderten Franzosen und den später hinzugekommenen Flüchtlingen mit unterliefen, — Verhandlungen, über welche interessante Urkunden, z. B. die ausführlichen Berichte von Spanheim und Merian über die Stellung der Berliner Kirche zur *Discipline des églises réformées de France* noch im geheimen Staatsarchiv zu Berlin vorhanden sind, —

---

*) Er kam in der That 1680 nach Berlin, nicht 1678, wie irrtümlich angegeben ist in dem *Mémoire historique sur la fondation de l'église française à Berlin*. 1772 pag. 5

wurde im Jahre 1689 durch kurfürstliche Verordnung entschieden, dafs, während in allen übrigen Ländern die Réfugiés sich den örtlichen Kirchenordnungen fügen mufsten, ihnen in Brandenburg allein das Vorrecht eingeräumt wurde, ihr Gemeinwesen ausschliefslich nach der *Discipline des églises réformées de France* zu ordnen.

Während so die Berliner Kolonie sich erfreulich entwickelte, kamen immer ernstere Nachrichten aus Frankreich. Schon im Jahre 1681 bei der Kunde von den zunehmenden Bedrückungen der Reformierten in seinem Heimathlande hatte Abbadie beim Kurfürsten um die Erlaubnis gebeten, einen Bufs- und Fasttag deswegen in der Berliner Kolonie halten zu dürfen; der Kurfürst hatte dies nicht nur erlaubt, sondern sogar im ganzen Lande einen solchen Bufstag ausgeschrieben. Dasselbe wiederholte sich 1684 noch einmal.*) Aus gleichem Grunde hatte die Berliner *compagnie du consistoire* schon 1683 auf Abbadies Antrag beschlossen, wöchentliche Gebetsgottesdienste einzurichten, welche denn auch von da ab regelmäfsig jeden Donnerstag Nachmittag 2 Uhr gehalten wurden.

Wie Abbadie so die lebhafte Teilnahme an den Geschicken der Hugenotten durch das Wort Gottes zu weihen und für die geistige Erbauung seiner eigenen Gemeinde zu verwerten wufste, — man vergleiche seine wahrhaft ergreifende Predigt über Luc. 12, 49 „*sur le feu des afflictions*," — so wufste er andrerseits seine Gemeinde immer aufs neue zu liebevoller Aufnahme und freigebiger Unterstützung der immer zahlreicher herbeiströmenden und oft so überaus hilfsbedürftigen Flüchtlinge zu begeistern. Hierher gehört besonders auch die schöne Predigt über 1. Cor. 13, 8: „*L'esprit du christianisme ou l'excellence de la charité*", in welcher er zuerst das Wesen der Liebe schildert und dann die Gründe auseinandersetzt, die den Christen antreiben sollen in dem Wirken der Liebe nimmer zu ermatten. Aus den vielen treffenden Aussprüchen dieser meisterhaften Rede möge hier Beispiels halber nur der eine kurze Satz angeführt werden; „*Il est certain qu'on ne sauve du naufrage du temps que le bien qu'on fait aux autres!*" Im Sinne dieses schönen Wortes gab Abbadie selbst seinen Zuhörern ein leuchtendes Vorbild unermüdlicher, opferwilliger Liebesthätigkeit; mit Rat und That unterstützte er seine flüchtigen Glaubensgenossen; allen Einflufs, den er bei dem grofsen Kurfürsten hatte, gebrauchte er, um diesen hochherzigen Herrscher in seinem Eifer für die Hugenotten noch immer zu bestärken; er arbeitete selbst schriftliche Vorschläge**) darüber aus, wie eine möglichst grofse Anzahl von Réfugiés nach Brandenburg zu schaffen wären; und so darf mit Recht behauptet werden, dafs es wesentlich auch seinem Einflusse mit zu verdanken ist, dafs der grofse Kurfürst die Aufhebung des Edikts von Nantes mit dem Edikt von Potsdam vom 29. October 1685 beantwortete. — Dreimal in den Jahren 1684, 1686 und 1688 unternahm Abbadie Reisen nach Holland, um im Auftrage des Kurfürsten solche Réfugiés, welche durch ihre Kenntnisse oder ihre Fertigkeiten besonders hervorragten, zur Uebersiedlung nach Berlin zu bestimmen; und wenn es ihm auch nicht gelang, den berühmten Prediger Jean Claude, früher in Charenton bei Paris in grofsem Segen wirksam, für Brandenburg zu gewinnen, so hat er doch manchem andern ausgezeichneten Hugenotten den Weg gewiesen in das Reich evangelischer Freiheit und christlicher Toleranz, zu welchem eben damals Friedrich Wilhelm der Grofse mit seinem Heldensinn und seiner Herrscherweisheit und seiner tiefen Frömmigkeit den festen Grund gelegt hatte.

---

*) Hering: Beiträge zur Geschichte der evangelisch-reformierten Kirche in den preufsisch-brandenburgischen Ländern. 1785. Th. II pag. 16. **) Noch heute vorhanden im geh. Staatsarchiv zu Berlin.

Bilder aus der Geschichte der franz.-reform. Kirche.
(In chronologischer Reihenfolge.)

I. Vorgeschichte. (Schluſs).

Wir haben schon in unserm ersten Artikel über die Bekehrung des Chlodwig berichtet. Chlodwig war nicht nur der erste christliche, sondern auch der erste „katholische" König Frankreichs; die Annahme gerade des katholischen Bekenntnisses von seiten der Franken wurde für die ganze Entwickelung der abendländischen, d. h. der römischen Kirche und des Papsttums, von der entschiedensten Bedeutung. Deshalb galt auch das schöne Land an der Loire für das Lieblingskind des heiligen Stuhles und ist es bis auf unsere Tage geblieben. In dem Frankenreich dagegen fand der Katholizismus wieder seine gröſste Stütze; beider Interessen waren eng mit einander verbunden. Als Pippin im Jahre 752 den letzten Spröſsling aus dem entarteten Geschlechte des Chlodwig in das Kloster schickte und sich selbst zum Könige der Franken machte, gab der Papst diesem Wechsel in der Regierung seine heiligende und billigende Zustimmung. Dafür wieder nahm Pippin für den heiligen Stuhl Partei gegen die Longobarden und zwang diese, dem Papste ein grofses Besitztum in Italien abzutreten, den Anfang des nachmaligen Kirchenstaates. Karl der Grofse aber erhielt in Rom (800) zu dem Titel eines römischen Patricius den eines römischen Kaisers. Die Tradition der Kirche umgab die fränkischen Könige mit dem Ruhmesscheine wunderbarer Sagen. Zu Chlodwigs Taufe bringt eine Taube das Fläschchen mit dem Salböle vom Himmel herab; ein Engel übergiebt das mit Lilien gefüllte Wappenschild Frankreichs und das Panier der Oriflamme; Gott legt auf Chlodwig und alle fränkischen Könige die Wundergabe der Kropfheilung. Ludwig IX. erhielt für sein gottesfürchtiges und musterhaftes Leben den Namen des Heiligen. Die Kreuzzüge zeigen, wie tief der Katholizismus und der Gehorsam gegen den Papst in Frankreich Wurzeln gefaſst. Von allen abendländischen Völkern haben die Franzosen den gröſsten Anteil an ihnen. „Es war," wie Polenz sagt, „die katholische Kirche eine Macht in Frankreich und ein höchst bedeutendes Glied seines Staats- und Volkskörpers, zugleich aber auch ein denselben umschlingendes, starkes Band, das nicht ohne blutige Wunden und Störung des ganzen Organismus gelöst werden konnte."

II. Die Waldenser.

Mit der äuſseren Machtentfaltung der katholischen Kirche, an deren Begründung Frankreich einen hervorragenden Anteil hatte, wuchs auch die Verderbnis ihrer Glieder in Lehre und Wandel. Schlieſslich wurde eine Reformation dringendes Bedürfnis, und da das Papsttum trotz des dringenden Mahnrufes aller Fürsten und Völker hartnäckig einer solchen widerstrebte, so wurde sie schlieſslich mit Gewalt durchgesetzt. Lange aber schon vor den Tagen Luthers und Calvins traten Männer auf, die laut und eifrig gegen die Miſsbräuche in der Kirche predigten. Einzelne Gemeinden sonderten sich ganz ab und versuchten, indem sie sich mehr oder weniger auf die reine Lehre des Evangeliums stützten, ihre Unabhängigkeit vom Papsttume durchzusetzen und zu behaupten. Alle diese Abtrünnigen nannte die Kirche Ketzer oder Häretiker und bedrängte sie bis aufs Blut. Nur wenige dieser mittelalterlichen Sekten haben sich bis zur Reformation durchgekämpft; zu denjenigen, welche die Stürme der Verfolgungen überdauert haben, gehören die Waldenser. — Sie leiteten ihren Ursprung her von Petrus Waldus, der um 1170 ein reicher Bürger zu Lyon gewesen. Zu seiner eigenen Belehrung lieſs sich Petrus Waldus das neue Testament von befreundeten Geistlichen in die romanische Landessprache übersetzen. Im Lesen der heiligen Schrift nun fand er Trost und Erquickung. Die Unwissenheit des armen Volkes trieb ihn zu dem Entschluſs, das Evangelium selbst zu verkünden und auszulegen. Er verschenkte seine Güter an die Armen und fand dann treue Freunde, die seinem Plane zustimmten und sich ihm als Helfer und Gefährten anschlossen. „Je zwei und zwei, nach dem Worte des Evangeliums ohne Stab und Tasche, die Füſse bloſs durch Holzsandalen geschützt, ein Abbild apostolischer Armut und Einfalt, zogen sie predigend und lehrend umher." Man nannte sie „die Armen von Lyon". Ihre Anhänger wurden bald zahlreich. Da verbot der Erzbischof von Lyon ihnen das Predigen, der Papst that sie in den Bann und Petrus Waldus muſste aus dem Lande fliehen. Er soll 1197 in Böhmen gestorben sein. Seine Anhänger waren am meisten im südlichen Frankreich, in Italien und in Spanien verbreitet. Ihre ganze Lehre schöpften die Waldenser aus der heiligen Schrift, und sahen dieselbe ohne Einschränkung als Regel ihres Glaubens und Lebens an. Sie gebrauchten sie mit solchem Fleiße, daß ihre beispiellose Bibelkenntnis selbst von den Gegnern bewundert wurde. „Die Gemeinsten unter ihnen," sagt ein altes Buch, „hatten ganze Bücher der Bibel vollständig im Gedächtnisse. Viele konnten nicht nur alle Schriften des neuen Testamentes, sondern auch die Psalmen, und andere Bücher des alten Bundes aus dem Gedächtnisse hersagen." Mit heiligem Ernste drangen sie aber auch auf ein sittenstrenges Leben. „Keusch, mäßig, nüchtern, freundlich und sanftmütig, bilden sie eine Zierde der Christenheit." Ludwig XII, König von Frankreich, welchen der Papst zu ihrer Unterdrückung aufgereizt hatte, gab ihnen das Zeugnis: „Wahrlich, sie sind bessere Menschen, als ich und mein Volk." Sie konnten sich einer strengen Kirchenzucht, einer vortrefflichen Erziehung der Kinder und eines tüchtigen religiösen Unterrichtes der Jugend rühmen.

Das Schicksal der Waldenser verflocht sich bald mit dem traurigen Lose der andern, in den mittäglichen Ländern Frankreichs zahlreich verbreiteten ketzerischen Sekten. Es waren dies die Katharer, auch Bulgaren, und nach ihrem Hauptsitze, dem Städtchen Albi, meist Albigenser genannt. Es ist merkwürdig, daß gerade vorwiegend in diesen Gegenden sich frühe schon ein energischer Widerstand gegen die Ansprüche des sonst fast unumschränkt herrschenden römischen Stuhles und gegen seine Kirchenlehre entwickeln, so gewaltige Ausdehnung gewinnen, und sich lange genug behaupten konnte. Es war diese Erscheinung in der besonderen Eigentümlichkeit des Landes begründet. Der Süden Frankreichs unterschied sich nämlich zu seinem Vorteile nicht unwesentlich von dem Norden. Schon die Römer hatten jenen Landstrichen eine hohe Bildung gebracht; es ging diese unter der milden Herrschaft der Gothen nicht verloren, während im Norden die rohen Franken einen nicht sehr günstigen Einfluß auf die an und für sich schon geringere Kultur ausübten. Wie zu Homers Zeiten in Griechenland, war in Süd-Frankreich die Poesie von Festen und Mahlzeiten unzertrennlich. Die Ketzerei, welche um den Beginn des 13. Jahrhunderts alle Greuel des Fanatismus in diesem Lande hervorrief, hing mit der daselbst herrschenden größeren Aufklärung und dem Streben nach einer tieferen Erkenntnis des Christentums zusammen. Es fanden die Albigenser in dem Gebiete des Grafen Raimund von Toulouse und anderer mächtiger Herren kräftigen Schutz und Vorschub, und Papst Innocenz III, der sie für ärger als Sarazenen erklärte, ließ den Kreuzzug gegen sie predigen. Ein zwanzigjähriger mörderischer Krieg, der an Fanatismus und Grausamkeit von beiden Seiten seines Gleichen suchte, wütete rücksichtslos gegen Schuldige und Unschuldige, gegen Männer und Weiber, Greise und Kinder, machte das Land zur Einöde und rottete die Albigenser beinahe aus. Mit diesen fanden auch zahllose Waldenser den Untergang.

Aus dem Vereinsleben der Kolonie.

Die gesellige Vereinigung von Mitgliedern der französischen Kolonie hierselbst (sogenannte Mittwochs-Gesellschaft) besprach in ihrer Sitzung am 8. Dezember vergangenen Jahres die von unserer Zeitschrift in Anregung gebrachten Wander-Versammlungen zum Zwecke der Anregung und Förderung des Gefühles der Zusammengehörigkeit unter den Kolonie-Mitgliedern und Besprechung der gemeinsamen Interessen. Es wurde das Streben nach einer erhöhten Beteiligung für Kolonie-Zwecke, welches diesem Vorschlage zum Grunde liegt, im Laufe der Debatte dankend anerkannt; man war jedoch schließlich der Anschauung, daß bei der bequemen und billigen Gelegenheit, den Mittelpunkt unserer Residenz von allen Punkten aus durch Omnibus und Pferdebahn erreichen zu können, sich ein Wechsel in dem Orte der Versammlung weniger empfehle, als ein für derartige Zwecke geeignetes, ein für allemal festzuhaltendes Lokal im Mittelpunkte der Stadt. Bei dieser Gelegenheit wurde auch die Zweckmäßigkeit und der Nutzen der Zeitschrift „Kolonie" gern anerkannt.

Demnächst fand eine Besprechung der auf Februar oder März anzusetzenden Festlichkeit mit Damen statt. Die Januar-Versammlung wird hierüber endgültig entscheiden. Eingeleitet wurde die Sitzung übrigens durch einen Vortrag des Vorsitzenden über „die Grundlagen der Civilisation", und hierbei der Inhalt einer interessanten Studie „Klima und Sklaverei" von K. Siegwart zur Kenntnis der Versammlung, insoweit sich dieselbe über den gedachten Gegenstand ebenfalls äufserte, gebracht. Die Versammlung schenkte dem zwar nicht speziell kolonistischen, jedoch zeitgemäfsen Vortrage ihre volle Aufmerksamkeit. Nach der Sitzung blieben die Anwesenden in geselliger Weise beim Abendessen versammelt. Die nächste Sitzung der „Mittwochs-Gesellschaft" findet am 13. d. Mts. statt, und hat Herr Sanitätsrat Dr. La Pierre einen Vortrag zu derselben zugesagt.

Die „Réunion" begann ihre Arbeitssitzungen im neuen Jahre am Freitag, den 21. Januar. Die zahlreich erschienenen Mitglieder wurden von dem langjährigen Vorsitzenden der Vereinigung, Herrn Schul-Inspektor d'Hargues, mit herzlicher Ansprache begrüfst. Derselbe gab zunächst einen kurzen Überblick der Vereinsthätigkeit im abgelaufenen Jahre. Die Réunion könne mit Befriedigung, so äufserte er sich, auf das Jahr 1880 zurückschauen. Durch wiederholte Besprechungen habe unsere Kenntnis der kolonistischen Einrichtungen zugenommen; noch sei das Gefühl der Brüderlichkeit, der Zusammengehörigkeit in unserm Kreise so lebendig wie ehedem. Es wäre gelungen, die Zeitung wieder in das Leben zu rufen; wir hoffen, dafs dieses Unternehmen jetzt dauernden Bestand haben werde. — Wie die Mittwochs-Gesellschaft, beschäftigte sich nun auch die Réunion mit der Frage der Wander-Versammlungen. Die angeregte Beratung hatte schon während mehrerer Abende zu den lebhaftesten Debatten Veranlassung gegeben. Unter der Leitung des Herrn Vorsitzenden wurde jetzt noch einmal die Sache nach allen Seiten hin beleuchtet und betrachtet. Das Zweckmäfsige dieser Art von Versammlungen wurde allgemein anerkannt; einiges Bedenken nur erregten die leicht vorherzusehenden Schwierigkeiten bei der praktischen Ausführung. Schliefslich wurde beschlossen, einen ersten Versuch anzustellen, und die Fortsetzung derartiger Versammlungen von dem Ausfalle der ersten abhängig zu machen. Was wir selbst von diesen Versammlungen hoffen und erwarten, haben wir uns schon bemüht, in einem ausführlicheren Aufsatze darzustellen. Die Idee ist nicht neu, sondern schon vor Jahren angeregt und wiederholt erörtert worden. Wir selbst glauben an den besten Erfolg. Es wird die erste Versammlung im Februar stattfinden, und zwar im Bereiche der Kloster-Paroisse. Der Herausgeber dieser Zeitschrift hat einen Vortrag übernommen: über das Hospiz. Den *chefs de famille* der Kloster-Paroisse, sowie allen Mitgliedern der Réunion, werden seiner Zeit besondere Einladungen zugehen.

Die „Mittwochs-Gesellschaft" hielt am 12. Januar d. J. ihre erste Sitzung im Jahre 1881 ab. Nach einer kurzen Beglückwünschung zum Jahresanfange durch den Vorsitzenden gedachte der letztere des im Dezember v. J. verschiedenen Geh. Rechnungsrates Jaquet. Der Verstorbene war reich an Geistes- und Herzensgaben, ein warmer Anhänger des französischen Gemeinde und immer bereit, derselben seine Dienste in geschäftlicher Hinsicht sowohl, als auch in geselliger zu widmen. Viele der an Koloniefesten gesungenen heiteren Tischlieder entstammten seiner dichterischen Begabung, und laut und lebhaft pulsierte das Herz des Greises, wenn es sich darum handelte, dem Schönen, Wahren und Guten eine Huldigung darbringen zu können. Er starb nach kurzem Krankenlager im 77. Lebensjahre. Die Versammlung ehrte das Andenken des Verstorbenen durch Erheben von den Sitzen.

Demnächst erhielt Herr Sanitätsrat Dr. La Pierre das Wort zu einem längeren Vortrage, welcher die, wie es scheint, nirgends zu umgehende „Judenfrage" vom kolonistischen Standpunkte aus beleuchtete. Der Herr Vortragende knüpfte an das vom Professor Mommsen in seiner Broschüre hervorgehobene Beispiel an, worin derselbe die französische Kolonie und deren volles Aufgehen in Deutschland als mafsgebend auch für die Juden in unserem Vaterlande bezeichnet und den letzteren eine gleiche Möglichkeit der innigen Assimilation zugesteht. Der Vortragende wies in seinem Vortrage auf das Irrtümliche jener Mommsenschen Ansicht hin und folgerte aus rein wissenschaftlichen Gründen die wesentliche Verschiedenheit der französisch-reformierten Gemeinde, bez. ihrer Mitglieder, von der jüdischen Gemeinde bez. den Juden. Die Versammlung folgte dem Vortrage mit grofser Aufmerksamkeit, der besonders für die indogermanischen Volkstämme die Neigung zu einer Vermischung der verschiedenen Rassen und die mit einer solchen verbundenen Veränderungen des Charakters und der geistigen Anlagen betonte. Abweichend hiervon habe sich die semitische Rasse, obwohl innerhalb der verschiedensten Völker lebend, stets rein erhalten und somit auch die Eigenart des Charakters, den wir aus den Aufzeichnungen der Geschichte kennen, gewahrt. In enger Verbindung hiermit stehe auch die religiöse Anschauung dieses seltsamen Volksstammes. Auch hierbei könne man den auf das Reale gerichteten Sinn deutlich verfolgen. Das Vertragsverhältnis, in welchem sich das auserwählte Volk zu Gott stelle, sei an sich schon charakteristisch. Langes Leben, irdische Wohlfahrt und Macht träten überall in den Vordergrund; dagegen das Jenseits, die Hoffnung des Christen auf ein verklärtes Leben nach dem Tode, mit einem Worte das Himmelreich, als solches, durchaus zurück. Es würde zu weit führen, auf die Einzelheiten des Vortrages an dieser Stelle einzugehen; interessant und erwähnenswert bliebe noch mancherlei, was der Vortragende den verschiedenen Aussprüchen an bevorzugter Stelle gegenüber anführte und durchaus wissenschaftlich sich des Näheren über das Fatum der Rasse erging. Da sich die Mittwochs-Gesellschaft aus Männern der verschiedensten politischen Anschauungen zusammensetzt, und der Zweck der Gesellschaft lediglich die Wohlfahrt der Kolonie und die gesellige Vereinigung ihrer Mitglieder ist, so konnte von einer Diskussion der „Judenfrage" nicht wohl die Rede sein, und nahm daher die Versammlung auf Vorschlag des Vorsitzenden hiervon einstimmig Abstand.

Herr Prediger Nefsler wird in der nächsten, am 9. Februar stattfindenden, Sitzung der Versammlung einen Vortrag über „Mönche und Nonnen in Frankreich" und den „augenblicklichen Stand des Kulturkampfes daselbst," halten.

Der Sitzung schliefst sich, wie immer, ein freundschaftliches einfaches Abendessen an, welches der bekannte Traiteur des englischen Hauses, Herr Huster, mit gewohnter Kunstfertigkeit und Schmackhaftigkeit, bereitet.

Vermischtes.

In der vorletzten Sonntags-Beilage zur Vossischen Zeitung (vom 25. Januar 1881, No. 4) treffen wir unter einem Aufsatze von Theodor Fontane (Ritterschaftsrat Karl von Hertefeld) bei Anführung eines diese Arbeit berührenden Briefes aus dem Ende des vorigen oder Beginn dieses Jahrhunderts, auf folgende Anmerkung: „In einer Nachschrift obigen Briefes findet sich, übrigens ohne jeden Zusammenhang mit dem vorstehend Erzählten, eine Bemerkung, die, um ihrer selbst willen, hier stehen mag. „Ich ersah aus Deinem Briefe, dafs ich wegen der Du Troussel anfragen und namentlich auch bei unserer guten Kolonie-Manon Erkundigungen einziehen soll. Ich habe es aber unterlassen, weil es bei den Kolonisten ein für allemal Sitte ist, Alles zu loben, was zur Kolonie gehört." (Jetzt nicht mehr; tempi passati.)" Dieser kurze Zusatz „(Jetzt nicht mehr; tempi passati)," der den Nichtkolonisten vielleicht unverständlich bleibt, ist vollkommen zutreffend und enthält für uns ein Lob und einen Tadel. Ein Lob, weil wir geistig aus dem engen Rahmen der Sonderinteressen herausgetreten sind, das Vorurteil, nur in der Kolonie liege alles Gute und alles Heil, aufgegeben, uns voll und ganz dem Gesamtleben unseres deutschen Volkes angeschlossen haben, mit ihm fühlen, denken und streben. Wir sind nicht mehr eine sich abschliefsende Gesellschaft, die nur das Eigene lobt und vornehm auf die Andern hinsieht. Einen Tadel, indem diese Auflösung schliefslich so fortgeschritten, dafs das Bewufstsein der Zusammengehörigkeit in Gefahr ist, bald vollständig verdunkelt zu werden. Bei allem Aufgehen in die Allgemeinheit ist es doch unsere Pflicht, auch der, sagen wir deutsch gewordenen Kirche unserer Väter, die einst Fremdlinge in diesem Lande waren, treu zu bleiben, ihre Geschichte mit Ehrfurcht zu betrachten, die Institutionen unserer Gemeinde teuer und wert zu halten, nicht allein um ihrer jetzigen materiellen Vorteile willen, sondern auch im Hinblick auf ihren Ursprung, wenn es von uns gefordert wird, an der Arbeit in der Gemeinde freudigen Anteil zu nehmen. Und so standen unsere Voreltern noch im Anfange dieses Jahrhunderts zur Kirche; möge dieses in der Entwickelung unserer Gemeinde vollberechtigte: „tempi passati" doch niemals so weit gehen, dafs wir noch mehr an Pietät einbüfsen, als es vielleicht schon geschehen ist. Auch die Assimilation mufs ihre Grenzen haben.

Aus der Provinz.

In der ersten Hälfte des Januar wurden wir angenehm überrascht durch die Zusendung einer kleinen, nur wenige Seiten umfassenden Druckschrift, die den Titel führt: „Jährliche Nachrichten über die französisch-reformierte Gemeinde zu Magdeburg, 1881."

Wir geben aus dieser Schrift einige Notizen. 1) Das Presbyterium der Kirche besteht aus: a. dem Prediger Lic. theol. Henri Tollin, als *Modérateur*; b. den Herren *Anciens*, nach dem Alter ihrer Dienstzeit: Direktor F. W. Dihm, Rentier Chevalier, Stadtrat Humbert, Partikulier Laborde, Rentant der Armen- und Waisenhaus-Kasse, Kaufmann P. Maquet, Apothekenbesitzer Mell, Synodal-Deputierter, Bankdirektor Humbert, Kreisgerichtsrat Dr. jur. Meinecke, Buchhändler Sulzer. 2) Rückblick auf das Jahr 1880: Am Schlusse des Jahres zählt die Gemeinde 268 Seelen. Getauft wurden 7 Kinder, eingesegnet 3 Kinder, getraut 3 Pare, gestorben sind 8 Gemeindeglieder, verzogen nach auswärts 1 Person, neu aufgenommen wurde eine Familie von 2 Personen. Das heilige Abendmahl empfingen 120 Personen. — Der altbewährte Wohlthätigkeitssinn der Gemeinde zeigte sich sowohl in den Kirchen-Kollekten, bei denen einige Male Goldstücke sich fanden, als auch bei den Haus-Kollekten, von denen diejenige für die allgemeinen Notstände der Landeskirche 84 Mark, diejenige für den Bau der Friedrichstädter Kirche 150 Mark betrug. — Die Armen- und Waisenhaus-Kasse befindet sich in stetem Wachstum. — Am 10. März wurde der Lehrer Ed. Hiller zum Küster gewählt. — Am 29. Mai beklagte Stadt und Gemeinde tiefschmerzlich den unersetzlichen Verlust des Geheimen-Kommerzienrats David Coste, der durch fast 25 Jahre das Ehrenamt eines Presbyters bekleidet hatte. „Gott vergelte ihm, was er uns Gutes gethan. Sein Gedächtnis wird im Segen bleiben." Am 1. August eröffnete Prediger Tollin mit 28 Kindern der Gemeinde und 2 Lehrkräften Sonntags Nachmittags 2 Uhr eine Sonntagsschule, welche Ende des Jahres 240 Kinder und 10 Lehrerinnen zählte. Das Presbyterium bewilligte gütigst für diese schnell beliebt gewordenen Kindergottesdienste die im Winter heizbare, für die Gruppenverteilung wie geschaffene, freundliche Kirche. Am 7. November fand die feierliche Vorstellung und Amtseinführung des neu gewählten Presbyters Herrn Buchhändler Rudolf Sulzer vor versammelter Gemeinde statt. 3) Das Jahr 1881. Es werden in demselben (?) Sonn- und Festtags-Gottesdienste stattfinden. Französisch wird gepredigt und kommuniziert werden, so oft sich aus der Gemeinde dazu ein Bedürfnis zeigt. (1880) ist nicht französisch gepredigt worden. Abgeschafft ist die französische Predigt nie worden. Sie besteht zu Recht; aber es liegt kein Bedürfnis vor, von diesem Recht Gebrauch zu machen.) Das heilige Abendmahl wird am Charfreitag, Bettag, Erntefest und Totenfest gefeiert. 4) Auszüge aus den *Livres des délibérations* (Konferenz-Protokollen) von 1753 und 1754. Wir erwähnen aus diesen Auszügen nur: 1753, 15. Februar: Kollekte für Pinnow, 27. August: desgleichen für Neudorf; 10. Oktober: desgleichen für Crefeld. 1754: 20. Mai: desgleichen für die Reformierten in Böhmen, 15. August: desgleichen für Reichenbach in Schlesien. — Solche „jährlichen Nachrichten" wären für das ganze Gebiet unserer Kolonie-Gemeinden erwünscht. Jedenfalls geben die von Magdeburg veröffentlichten von einem noch kräftigen Leben Zeugnis. Möge dieses der dortigen Gemeinde recht, recht lange erhalten bleiben.

Vereinsnachrichten der Réunion.

Vortrag: Freitag, den 4. Februar 1881, im Saale von Bötzow, Alte Schönhauserstr. 23/24. Besonderer Aufgang für die Mitglieder der Réunion.

Sitzung: Freitag, den 11. Februar 1881. Restaurant Gärtner, Mittel-Strasse 65. 8½ Uhr Abends.

Desgleichen **Freitag, den 25. Februar 1881**, an demselben Orte, wenn wegen der Wander-Versammlung nichts Anderes bestimmt wird.

Einbanddecken für „die Kolonie 1880"
liefert für 50 Pf. Herr Buchbinder-Meister **Th. Devrient**, Prinzen-Str. 25, S.,
mit Einbinden 75 Pf.

Die Redaktion bittet um gef. Einsendung des Abonnements. Bei Einsendung des gesamten Betrages von 3 M. gestatten wir für hiesige Abonnenten einen Abzug von 20 Pf.

Verantwortlicher Redakteur und Verleger: W. **Bonnell**, Schwedterstr. 257. — Druck von M. **Driesner**, Berlin, Klosterstr. 73.

März 1881.　　　　　　　　　　　　　　　　　　　　V. Jahrgang.

DIE KOLONIE.

Organ für die äusseren und inneren Angelegenheiten der französisch-reformierten Gemeinden.

Redigiert von W. Bonnel, Rektor in Berlin.

Erscheint monatlich einmal. Preis pro Quartal 75 Pf.

Abonnements werden angenommen bei W. Bonnell in Berlin N., Schwedter-Str. 257, und bei jeder Post-Expedition.

INHALT: Jaques Abbadie von Prediger Lorenz in Prenzlau, II. — Das Glaubensbekenntnis der reform. Kirchen Frankreichs, 1559, von Dr Matthieu, Einleitung und Artikel 1—12. — Ein Ehrentag. — Die Renforcierung II. — Aus der Provinz. — Notizen über die Bilder im Speisesaale des Hospiz. — Vermischtes. — Vereinsnachrichten.

Jaques Abbadie.
Von Prediger Lorenz in Prenzlau.
(Fortsetzung).

Die Reisen nach Holland unternahm Abbadie zunächst im Auftrage des grofsen Kurfürsten, um möglichst viele Réfugiés nach Brandenburg zu ziehen; mit denselben verband er aber noch einen andern ihn persönlich interessierenden Zweck; es handelte sich dabei nämlich auch um die Herausgabe verschiedener von ihm verfafster Werke.

Schon im Jahre 1681 hatte Abbadie unter dem Titel: *„Sermons sur divers textes de l'Ecriture; Leyde 1681."* vier Predigten veröffentlicht, welche unzweifelhaft zu den ersten gehörten, die er überhaupt in Berlin gehalten hat, und denen er eine an den Grafen d'Espenses gerichtete Widmung, ein Zeichen seines aufrichtigen Dankes für das ihm bewiesene Wohlwollen, vorausschickte. Aber er hatte noch einen höheren Gönner als diesen Grafen, nämlich den grofsen Kurfürsten selbst, und diesen zu verherrlichen war das zweite seiner Werke bestimmt, welches unter dem Titel: *Panégyrique de Monseigneur l'Electeur de Brandebourg* im Jahre 1684 in Rotterdam und in Berlin erschien. Da es ungewöhnlich war, einen Fürsten schon bei seinen Lebzeiten in dieser Weise zu feiern, so hatte Abbadie die Schrift zunächst anonym erscheinen lassen; aber sowohl der Gedankeninhalt wie der Stil dieses Werkes hatte grofses Aufsehen erregt, es wurde in ganz Europa gelesen und bewundert,*) Bayle, der damals in der gelehrten Welt als Orakel galt, zollte dem Werke in schmeichelhaften Worten seinen vollen Beifall,**) und allgemein zerbrach man sich den Kopf darüber, wer wohl der ungenannte und doch so talentvolle Verfasser sein möchte.

---

*) Das Werk wurde sogar in fremde Sprachen übersetzt, z. B. in das Italienische durch Gregorio Leti.

**) Bayle: *Nouvelles de la République des Lettres.* Avril 1684. Art. XVI.

Abbadie selbst befragt, ob ihm der Verfasser dieses Werkes bekannt wäre, gab die feine Antwort, dafs der Verfasser offenbar jemand sein müfste, der den Kurfürsten ohne selbstsüchtige Absichten verehrte. — Abbadie sprach die Wahrheit: Dieses Buch war nicht das Werk eigennütziger Berechnung, sondern aufrichtiger Dankbarkeit. Wohl verdient dasselbe seines edlen Inhaltes sowie seiner hinreifsenden Sprache wegen auch heute noch gelesen zu werden, schöneres ist vielleicht niemals über den grofsen Kurfürsten geschrieben worden, und niemand wird deshalb das Werk ohne wirkliche Befriedigung aus der Hand legen; uns Kolonisten aber mufs dieses Buch darum besonders wert und teuer sein, weil in demselben die — Gott sei Dank, bei uns bis auf den heutigen Tag traditionell gebliebene, — tiefe und herzliche Dankbarkeit der Réfugiés dem ruhmvollen Geschlechte der Hohenzollern gegenüber, ihren ersten begeisterten Ausdruck gefunden hat.

„Es ist schwer," — so ungefähr beginnt Abbadie, — „einen Fürsten zu feiern, der so wie Friedrich Wilhelm der grofse Kurfürst gleich ausgezeichnet und bescheiden ist, und der deshalb zu gleicher Zeit das Lob herausfordert und verbietet. Freilich die Nachwelt wird auch ohne mich alle die Wunder seines Lebens erfahren. Er war ja gleichsam die Achse, um welche die Geschicke Europas sich bewegten. Wer die gröfsten Ereignisse unseres Jahrhunderts kennen lernen will, wird sie in seinem schönen Leben zu suchen haben; wer die Geschichte dieses einen Mannes liest, wird glauben, die Geschichte aller Völker Europas zu lesen, denn überall greift er handelnd und bestimmend ein; aber wenn die Geschichte auch viel von ihm erzählen wird, alles wird sie doch nicht berichten!" — und nun beginnt der Verfasser die Eindrücke zu schildern, die er selbst aus dem persönlichen Verkehr mit dem grofsen Kurfürsten gewonnen hatte, und grade weil Abbadie ein so fein beobachtender und zugleich so wahrheitsliebender Mann war, haben diese Schilderungen für uns das höchste Interesse. Fühlen wir uns nicht gleichsam in die alte Schlofskapelle, in einen der ersten Gottesdienste der Réfugiés versetzt, sehen wir im Geiste nicht Abbadie auf der Kanzel und den grofsen Kurfürsten am Fufse der Kanzel, wenn wir bei der Schilderung von der Frömmigkeit dieses Fürsten die Worte lesen: „Wie schön ist es zu sehen diesen seinen Feinden so schrecklichen Fürsten so demütig vor Gott, diese Augen im Kampfe so stolz, in der Kirche auf den Himmel gerichtet, dieses Herz so unerschrocken in den Waffen, so eifrig und so gerührt im Gebete, diese erhabene Person, vor welcher die übrigen sich demütig beugen, selbst gebeugt auf den Knieen vor Gott!" —

Der Raum erlaubt es uns nicht, hier noch mehr Züge aus den Schilderungen Abbadies anzuführen; doch sei es uns wenigstens vergönnt, aus den Schlufsworten des Werkes noch folgende Stelle wiederzugeben:

„Wie ist doch die Frömmigkeit dieses Fürsten so fest und wohlgegründet, wie offenbart sie sich doch in glücklichen Wirkungen. Wir haben gesehen diesen Fürsten, die Liebe und das Entzücken der protestantischen Welt, ihn, den ich den ältesten Sohn der reformierten Kirche zu nennen wage, wir haben ihn gesehen die Tapferkeit eines Cäsar mit der Frömmigkeit eines Theodosius oder eines Constantin verbunden. Wir haben ihn gesehen, — und unsere Herzen haben vor Bewunderung und Freude gezittert, — eifrig bemüht, die traurigen Trümmer aus dem Schiffbruche unsrer Brüder aufzunehmen und die bekümmerte Kirche zu trösten, indem er mit aufserordentlicher Liebe diese armen Trostlosen, diese irrenden und verlassenen Scharen von Gläubigen aufnahm, welche das Unwetter fortwährend an seine Ufer wirft. Der Himmel und die Erde sehen mit Beifall und mit Freude die Liebe unsres Fürsten sich zu Gunsten dieser Unglücklichen entfalten, welche nun nicht mehr unglücklich sind, weil sie in diesen Landen eine Stätte der Bergung, einen Zufluchtsort, ein Vaterland, eine Kirche, einen erlauchten und hochherzigen Beschützer, kurz alles, was sie verloren hatten, ja in gewissem Sinne mehr gefunden haben, als sie jemals verlieren konnten!" —

Diese Schrift Abbadies fand, wie schon oben bemerkt, die weiteste Verbreitung in Europa, und indem sie viele Herzen für den grofsen Kurfürsten begeisterte, trug sie nicht wenig zur Mehrung seines Ruhmes sowie zur Förderung seiner hochherzigen Pläne bei; mufsten doch die überall unstät und flüchtig umherirrenden Réfugiés, wenn sie solche begeisterten Worte lasen, unwillkürlich sich sagen: Dort in Brandenburg ist gut sein, dort lafst uns Hütten bauen.*) (Schlufs folgt).

Das Glaubensbekenntnis der reform. Kirchen Frankreichs (Confessio Gallicana) vom Jahre 1559.

Deutsch von Dr. theol. et philos. Matthieu in Angermünde.

Einleitung.

Die „*Confession des églises réformées de France*" (*Confessio Gallicana*), worauf noch heutigen Tages unsere französisch-reformierten Geistlichen verpflichtet werden,**) dürfte nur wenigen Gliedern unserer Kolonie-Gemeinden bekannt sein. Das altfranzösische Original vom Jahre 1559***) ist den Meisten unverständlich, die 1566 in Genf veröffentlichte lateinische Übersetzung nur den Männern vom Fach bekannt, und selbst die 1845 (Berlin, Amelang'sche Buchhandlung, R. Gaertner) erschienene deutsche Bearbeitung Henry's, die übrigens an nicht unerheblichen Mängeln leidet und sich in schwerfälligem Stil bewegt, hat wohl nur eine verhältnismäfsig geringe Verbreitung gefunden und dürfte überdies in gegenwärtiger Zeit der grofsen Mehrzahl unserer Gemeindeglieder nicht mehr zugänglich sein. Wenn wir daher den Letzteren das herrliche Glaubenszeugnis der Väter, für welches dieselben tausendfach in den Tod gegangen, in einer neuen mit Sorgfalt und Treue in Sinn und Ton angefertigten deutschen Übersetzung in den Spalten dieser Zeitschrift darbieten, so glauben wir denselben damit eine nicht unwillkommene Gabe entgegenzubringen. Es herrscht ja überhaupt in unseren Gemeinden, namentlich in der Provinz, noch vielfach eine grofse Unbekanntschaft mit der Lehre unserer Kirche, zumal mit denjenigen Artikeln, die sie spezifisch von den Bekenntnissen anderer kirchlichen Denominationen unterscheiden. Man hält mit gewissenhafter Strenge an kirchlichen Gebräuchen, an verfassungsmäfsig garantierten Rechten fest, aber in der Hauptsache, im Punkte der Lehre ist man vielfach nicht zu Hause.****) Besteht nun auch das Christentum nicht so-

---

*) In dem vorigen Artikel findet sich auf S. 10, Zeile 7 von oben, ein Druckfehler, r statt c; der Name heifst richtig: Jean de La Placette.

**) Dafs diese Verpflichtung auf den Geist, nicht auf den Buchstaben erfolgt, ist selbstverständlich. Die evangelischen Bekenntnisschriften des 16. Jahrhunderts sind Glaubenszeugnisse, nicht Glaubensregeln im gesetzlichen Sinne, und haben nur insoweit normative Gültigkeit und bindende Kraft, als sie mit Gottes Wort in heiliger Schrift, der obersten und unträglichen Regel und Richtschnur alles Glaubens und Lebens, übereinstimmen. Sie sind darum jederzeit perfektibel und nicht etwa als vollkommen adäquater, für alle Zeiten gültiger Ausdruck göttlicher Wahrheit zu betrachten. „Das Wort, und nur das Wort, und das ganze Wort" — das ist wie echt evangelisch, so auch vor Allem echt reformiert. (S. Art. 4 und 5 unseres Bek.).

***) Es findet sich („*Confession de Foy, faite d'un commun accord par les François, qui desirent vivre selon la pureté de l'evangile de nostre Seigneur J. Chr.*") bei Th. Beza (ed. Nic. de Gallars): *Histoire ecclésiastique des églises réformées de France, depuis 1521—1563*. Antw. 1580. Aufserdem bei P. Henry: Das Glaubensbekenntnis der französisch-reformierten Kirche. Berlin 1845. — Die lateinische Uebersetzung ist in Joann. Serrani (de Serres) *Commentar. de statu religionis et reipublicae in regno Galliae sub Franc. II. et Car. IX. ort*, Genf 1571, abgedruckt.

****) Als nach Einführung der Agende von 1829 die Liturgie mit Gesang und Responsorien in der Friedrichstädtischen Kirche zu Berlin gehalten wurde, erregte dies allgemeinen Anstofs; man nannte es „katholisch" und stellte sofort den Gottesdienst in seiner früheren reformierten Einfachheit und Nüch-

wohl in der verstandesmäßigen Aneignung begrifflich formulierter Glaubenssätze und Bekenntnis-Paragraphen, als vielmehr in der Gesinnung und im Leben, im Wandel und in der Nachfolge unseres Herrn, so muß doch ein Jeder — im allgemeinen wenigstens — auch mit dem **Lehrbegriff** der Kirche vertraut sein, zu der er sich bekennt, um sich selbst und anderen davon Rechenschaft geben zu können, warum er bei aller Anerkennung und Duldung fremder Glaubensstandpunkte und Glaubensüberzeugungen, sich gerade zu dieser und nicht zu einer anderen Kirche hält. Gilt dies im Allgemeinen, so insbesondere und vorzugsweise von den Gliedern unserer Kolonie-Gemeinden, wenn letztere in ihrer Eigenart fortbestehen und nicht allmählich unterschiedslos in das große Ganze der evangelischen Landeskirche aufgehen sollen.

Die *Confession des églises réformées de France* ist die authentische Darstellung der Lehre unserer Kirche und für dieselbe von der nämlichen Bedeutung und Wichtigkeit, wie das Augsburgische Bekenntnis für die evangelische Kirche Deutschlands. Sie giebt in 40 Glaubensartikeln („*Confession de foy*") die Calvinische Lehre, und darauf in 40 Disziplinar-Artikeln („*La disipline ecclésiastique*") den Entwurf einer Kirchenverfassung nach dem Muster der Genfischen. Verfaßt wurde dieselbe wahrscheinlich von dem Pariser Prediger Antoine de Chandieu, der sie der ersten National-Synode der reformierten Kirchen Frankreichs, die nach vielfachen grausamen Verfolgungen der reinen evangelischen Lehre zu Paris im Jahre 1559 zusammentrat, zur Prüfung und Bestätigung vorlegte. Sie wurde darauf 1560 dem Könige Franz II. übergeben und 1561 auf dem Convent zu Poissy nochmals dem Könige Carl IX. — dies Mal durch Theodor von Beza — überreicht. P. Henry berichtet darüber Folgendes in der historischen Einleitung zu seiner deutschen Bearbeitung unserer Konfession:

„Zu Anfang des Jahres 1561 versammelten sich alle Prälaten des Reiches; die Zahl der evangelischen Kirchen hatte sich bis auf 2150 vermehrt. Es fand ein solcher Aufschwung des Geistes statt, daß man bald darauf an 5 Millionen Reformierte zählte. Frankreich war auf dem Punkte evangelisch zu werden. Alle Hoffnungen wurden belebt durch die Nachricht, daß eine große Versammlung des Klerus in der Nähe von Paris, in der kleinen Stadt Poissy, stattfinden sollte. Dorthin wurden nun die berühmtesten Geistlichen der protestantisch-französischen Kirche berufen. Unter diesen sehen wir einen Mann sich bewegen, von schöner Gestalt, mit einem Ausdruck von wahrem Adel, mit begeistertem Worte, auf den sich alle Blicke wenden. Es ist Theodor von Beza aus Vezelay, ein geistreicher und gelehrter Theolog, ein inniger Freund und Amtsbruder Calvin's, der zu ihm, wie Melanchthon zu Luther stand, als Ratgeber und Freund, — — ausgezeichnet auch durch äußere Gaben, Gefälligkeit und Feinheit in den Sitten und im Tone. Mit ihm zogen dorthin 12 Geistliche und 22 Deputierte der Kirchen. Sie hatten den Mut, im Namen Gottes zu erscheinen, eingeladen, doch ohne sicheres Geleit. — —

Am 9. September des Jahres 1561 ward die Versammlung in dem großen Refektorium des Nonnenklosters zu Poissy eröffnet. Carl IX., der König, 12 Jahr alt, saß auf einem Thron, von seiner Mutter und allen Prinzen des Hauses umgeben. Auf jeder Seite waren 3 Kardinäle, vor ihnen 36 Bischöfe, eine große Anzahl Doktoren und Geistliche. Nachdem Ruhe geboten, und der Kanzler auf die Wichtigkeit der Handlung für das Reich aufmerksam gemacht hatte, öffneten sich die Thüren und Franz von Guise, der bekannte tapfere Ritter, aber blutige Mörder so vieler Hugenotten, führte die Protestanten ein. Sie standen in ihrer einfachen schwarzen Tracht jenem päpstlichen Glanze gegenüber. Theodor von Beza erhob nun die Stimme zum Gebet, kniete mit allen den Seinen nieder und sprach das einfache Sün-

---

ternheit wieder her. Wenn aber Prediger Souchon seiner Luisenstädtischen Gemeinde die spezifisch lutherische Lehre von der Person Christi und vom Abendmahl in Predigten vortrug, die noch heutigen Tages gedruckt zu lesen sind, so ließ man es geschehen und ist unseres Wissens von keiner Seite dagegen Einspruch erhoben worden. — Unsere französischen Landgemeinden, bei denen das Porst'sche Gesangbuch im Gebrauch ist, singen unbeanstandet nach jeder Abendmahlsfeier echt **lutherisch**:

„Im Brot und Wein Dein Leib und Blut
Kommt uns wahrhaftig wohl zu gut."

Wollte man ihnen aber statt des Brotes Oblate reichen, oder aber — was doch billig breit wie lang ist — statt „Unser Vater" „Vater unser", vielleicht auch statt „erlöse uns vom Bösen" „erlöse uns vom Uebel" beten, so würden sie zweifelsohne entschieden protestieren und ihren Pfarrer lutherisierender, so nicht gar romanisierender Tendenzen zeihen — Heißt das nicht recht eigentlich „Mücken seihen und Kamele verschlucken?"

denbekenntnis, mit welchem wir jetzt noch einen jeden unserer Gottesdienste beginnen.*) Darauf hielt er eine Rede, worin er alle Vorurteile des Papsttums gegen die Evangelischen bekämpfte. Nach deren Beendigung kniete er noch ein Mal nieder und reichte darauf dem Könige die Bekenntnisschrift.

Dies herrliche Bekenntnis unserer Vorfahren ist gleichsam mit dem Blute der Märtyrer geschrieben, oder, um mit Calvin zu reden, durch das Blut der Märtyrer unterzeichnet. Die Geschichte kennt kein anderes, welches unter solchen Gefahren und gleichsam in dem Rachen des Löwen aufgesetzt worden ist, den der Herr hielt mit gewaltiger Hand, so dafs er die Bekenner nicht durfte zermalmen. Es hat denselben Wert für die reformierte Kirche, wie das Augsburgische für die deutsche; denn nach der Überreichung desselben wurde die evangelische Kirche dort durch den Staat anerkannt (im Edikt vom Januar des kommenden Jahres), wenn sie sich auch noch durch viele Kämpfe, wie hier in Deutschland, durchringen mufste."

So weit Henry. Wir lassen nunmehr den Text des Bekenntnisses in möglichst worttreuer deutscher Übersetzung folgen.

Glaubensbekenntnis.

Art. 1. Wir glauben und bekennen, dafs es einen einzigen Gott giebt, der ein einziges und einfaches, geistiges, ewiges, unsichtbares, unwandelbares, unendliches, unbegreifliches, unaussprechliches Wesen ist, das alle Dinge vermag, das allweise, allgütig, allgerecht und allbarmherzig ist.

Art. 2. Dieser Gott offenbart sich als Solcher den Menschen zunächst in seinen Werken, und zwar sowohl durch die Schöpfung, als durch die Erhaltung und Regierung derselben. Zum Andern aber und noch deutlicher in seinem Worte, das anfangs in göttlichen Aussprüchen kundgethan und nachmals schriftlich aufgezeichnet worden ist in den Büchern, die wir heilige Schrift nennen.

Art. 3. Diese ganze heilige Schrift ist enthalten in den kanonischen Büchern des alten und neuen Testamentes, deren Zahl hier folgt: (die Bücher werden aufgeführt).

Art. 4. Wir erkennen, dafs diese Bücher kanonisch und die untrügliche Regel unsres Glaubens sind, nicht sowohl durch die allgemeine Anerkennung und Zustimmung der Kirche, als durch das Zeugnis und die innere Überzeugung des heiligen Geistes, der sie uns unterscheiden lehrt von den anderen kirchlichen Büchern, auf welche man, obschon sie nützlich zu lesen sind, doch keinen Glaubensartikel gründen kann.

Art. 5. Wir glauben, dafs das Wort, das in diesen Büchern enthalten, von Gott ausgegangen ist, von dem allein es sein Ansehen hat, und nicht von den Menschen. Und da es die Regel aller Wahrheit ist und Alles enthält, was zum Gottesdienst und unserem Heil notwendig ist, so ist es weder Menschen, noch auch selbst Engeln erlaubt, demselben etwas hinzuzufügen, oder etwas davon wegzulassen oder daran zu ändern. Es folgt daraus, dafs weder Alter noch Allgemeinheit der Glaubenssätze, weder Gebräuche noch menschliche Weisheit, noch Urteile und Urteilssprüche, noch Edikte, noch Dekrete, noch Concilien, noch Visionen, noch Wunder dieser heiligen Schrift entgegengestellt werden dürfen, dafs vielmehr im Gegenteil Alles nach derselben zu prüfen, zu regeln und zu reformieren ist. Und dem entsprechend bekennen wir uns zu den drei (ökumenischen) Symbolen, dem Apostolischen, Nicänischen und Athanasianischen, weil sie mit dem Worte Gottes übereinstimmen.

Art. 6. Diese heilige Schrift lehrt uns, dafs in dem einzigen und einfachen göttlichen Wesen, das wir bekannt haben, drei Personen sind: Vater, Sohn und heiliger Geist. Der Vater, die erste Ursache, der Urgrund und Ursprung aller Dinge. Der Sohn, sein Wort und ewige Weisheit. Der heilige Geist, seine Kraft, Macht und Wirksamkeit. Der Sohn, in Ewigkeit vom Vater gezeugt; der heilige Geist, in Ewigkeit von beiden ausgehend; die drei Personen, nicht in einander aufgehend, sondern für sich bestehend und doch nicht getrennt, alle Drei eines Wesens und einer Qualität, gleich ewig und mächtig. Und hiermit bekennen wir, was von den alten Concilien festgestellt worden ist, und verdammen alle Sekten und Ketzereien, welche von den heiligen Kirchenlehrern, einem St. Hilarius, St. Athanasius, St. Ambrosius und St. Cycillus verworfen worden sind.

---

*) *Seigneur Dieu! nous confessons et reconnaissons pp.* In den französischen Kirchen Berlins noch bis auf die neueste Zeit, sowohl französisch als auch in deutscher Uebersetzung gebräuchlich.

Art. 7. Wir glauben, daſs Gott in seinen drei zusammenwirkenden Personen durch seine Kraft, Weisheit und unergründliche Güte alle Dinge erschaffen hat, nicht blos Himmel und Erde und Alles was darinnen ist, sondern auch die unsichtbaren Geister, von denen die Einen abgefallen und in's Verderben gesunken, die Andern gehorsam geblieben sind. Die Ersteren, weil sie sich in Bosheit verderbt haben, sind Feinde alles Guten und mithin der ganzen Kirche. Die Zweiten, die durch die Gnade Gottes bewahrt worden, sind seine Diener, um den Namen Gottes zu verherrlichen und für das Heil der Erwählten zu wirken.

Art. 8. Wir glauben, daſs Gott nicht allein alle Dinge erschaffen hat, sondern daſs er sie auch regiert und leitet. Er bestimmt und ordnet nach seinem Willen Alles, was in der Welt geschieht; nicht als ob er der Urheber des Bösen wäre, oder die Schuld daran ihm zugeschrieben werden könnte, da sein Wille ja im Gegenteil die unbedingte und unfehlbare Regel alles Rechten und Guten ist: aber er hat wunderbare Mittel und Wege, um sich der Teufel und bösen Menschen dergestalt zu bedienen, daſs er das Böse, das sie thun, und dessen sie schuldig sind, zum Guten zu lenken versteht. Indem wir also bekennen, daſs nichts ohne Gottes Vorsehung geschieht, beten wir in Demut die Geheimnisse an, die uns verborgen sind, ohne ergründen zu wollen, was über das Maſs unserer Erkenntnis hinausgeht. Vielmehr wenden wir zu unserem Nutzen an, was in heiliger Schrift gelehrt wird, um unsere Herzen mit Ruhe und Zuversicht zu erfüllen: daſs nämlich Gott, dem alle Dinge unterthan sind, über uns mit väterlicher Fürsorge wacht, so daſs kein Haar von unserem Haupte fallen kann ohne seinen Willen, und er die Teufel und alle unsere Feinde dergestalt im Zaume hält, daſs sie uns keinen Schaden zufügen können ohne seine Zulassung.

Art. 9. Wir glauben, daſs der Mensch, welcher rein und vollkommen und nach Gottes Ebenbild geschaffen worden, durch eigene Schuld von der empfangenen Gnade abgefallen ist und sich damit von Gott, der Quelle der Gerechtigkeit und aller Güter, entfremdet hat, so daſs seine Natur gänzlich verderbt ist. Blind in seinem Geiste und verkehrt in seinem Herzen, hat er seine ganze Unschuld und Reinheit verloren, ohne etwas davon übrig zu behalten. Und ob er auch noch einiges Vermögen besitzt, Gutes und Böses zu unterscheiden, so sagen wir gleichwohl, daſs, was er an Klarheit besitzt, sich in Finsternis verwandelt, sobald es gilt, Gott zu suchen, dem er in keiner Weise mit seinem Erkenntnisvermögen und seiner Vernunft nahe zu treten vermag. Und ob er auch Willen hat, wodurch er dies oder jenes zu thun angeregt wird, so ist derselbe doch ganz unter der Sünde gefangen, dergestalt, daſs der Mensch nur in so weit Freiheit zum Guten besitzt, als Gott sie ihm verleiht.

Art. 10. Wir glauben, daſs die ganze Nachkommenschaft Adams mit jener Seuche behaftet ist, welche die angeborene Sünde und ein durch Erbschaft überkommener verderbter Zustand ist, nicht etwa blos eine Nachahmung des Bösen, wie die Pelagianer gemeint, deren Irrtümer wir verwerfen. Auch halten wir dafür, daſs es unnötig ist, darnach zu fragen, wie die Sünde von einem Menschen auf den andern übergehe, da es wohl genügt zu wissen, daſs, was Gott dem ersten Menschen verliehen hatte, nicht für ihn allein, sondern für alle seine Nachkommen bestimmt war, und wir also in seiner Person von allen Gütern entblöſst worden und in Elend und Verdammnis gefallen sind.

Art. 11. Wir glauben auch, daſs dieser verderbte Zustand wahrhaft Sünde und hinreichend ist, daſs ganze Menschengeschlecht in Verdammnis zu stürzen, selbst die kleinen Kinder von Mutterleib an; ja, daſs Gott diesen Zustand als einen solchen ansieht, der auch nach der Taufe noch immer Sünde bleibt, was die Schuld betrifft, wenn auch die Verdammnis von den Kindern Gottes hinweggenommen ist, sofern ihnen Gott die Sünde nicht zurechnet aus freier Gnade. Wir behaupten überdies, daſs die Erbsünde eine Verderbtheit ist, welche fort und fort Früchte der Bosheit und Empörung zeitigt, so daſs selbst die Heiligsten, wenn sie ihr auch widerstreben, doch unablässig mit Fehlern und Schwächen behaftet sind, so lange sie auf Erden wallen.

Art. 12. Wir glauben, daſs aus dieser allgemeinen Verderbnis und Verdammnis, der alle Menschen verfallen sind, Gott diejenigen errettet, die er nach seinem ewigen und unwandelbaren Rat und Willen erwählt hat aus lauter Gnade und Barmherzigkeit in unserm Herrn Christo Jesu, ohne Rücksicht auf ihre Werke; daſs er dagegen die Andern in dieser Verderbnis und Verdammnis läſst, um an ihnen seine Gerechtigkeit zu zeigen, wie er an den Ersteren den Reichtum seiner Barmherzigkeit offenbart. Denn die Einen sind nicht besser als die Andern, bis Gott sie aussondert nach seinem unwandelbaren Rat, welchen er festgestellt hat in

Christo Jesu vor Erschaffung der Welt, sowie auch Keiner sich aus eigenem Vermögen die Thür zu solcher Wohlthat öffnen kann, da wir von Natur nicht eine einzige gute Regung, Empfindung oder Gedanken haben können, bis Gott uns zuvorgekommen, und uns dazu tüchtig gemacht hat.

Ein Ehrentag.

Freitag, den 4. Februar d. J., waren es 25 Jahre, dafs der Herr Sanitäts-Rat Dr. La Pierre seine Wirksamkeit als Arzt am französischen Hospice antrat. — Fünfundzwanzig Jahre! kaum ein flüchtiger Moment in dem unbegrenzten Begriffe „Zeit", und doch für die Dauer eines Menschenlebens eine lange Frist, wie reich oft an Freud' und Leid, an Hoffnung und Enttäuschung! Und fünfundzwanzig Jahre ununterbrochener Berufs-Thätigkeit in demselben Kreise sind wohl wert, dafs man einen Augenblick stille stehe, auf die durchlebte Zeit zurückblicke und sich mit Dank gegen Gott ihrer freue. — Und so geschah es auch an besagtem Tage. — Um 12 Uhr mittags hatten sich die Kinder unseres Hospice, im Sonntagsgewande, umgeben von ihren Lehrern und Erziehern, im Festsaale unserer Anstalt versammelt. Als Abgesandte des hohen Konsistoriums erschienen Herr Prediger Villaret und Herr Violet, als Deputierte der General-Direktion die Herren Prediger Doyé und Barthélemy, und Herr Geheimrat Noël. — Als der Jubilar, Herr Sanitäts-Rat Dr. La Pierre, in die Versammlung trat, intonierten die Knaben den Psalm: „Die Himmel rühmen des Ewigen Ehre." — Danach hielt der Herr Prediger Villaret die Ansprache. Im Namen des Konsistoriums wünschte er dem Jubilar Glück zu dem heutigen Ehrentage, dankte demselben für seine rastlose, hingebende Thätigkeit, sprach sich dahin aus, dafs der normale Gesundheits-Zustand beider Anstalten, des Hospice wie auch des Hospitals, nächst Gottes Gnade nur der Berufstreue des Herrn Sanitäts-Rats zu danken sei, und wünschte, dafs es Gott gefallen wolle, unserm Hause den treuen Arzt noch viele, viele Jahre in ungeschwächter Kraft zu erhalten. — Ein kräftiges Hoch der Kinder und aller Anwesenden war das Amen zu diesem Wunsche. Nun trat Frl. B. Bonnell, als Leiterin des *petit hôpital*, mit drei kleinen Mädchen, eine der Erzieherin, einer der Herren Erzieher mit je drei Zöglingen zu dem Jubilar und gratulierten im Namen der Kinder und Beamten. Herr Sanitäts-Rat dankte nicht ohne Zeichen innerer Bewegung für die ihm dargebrachte Huldigung.

Zum Schlusse der einfachen aber wohlthuenden Feier sangen die Mädchen die Motette: „Herr, Deine Güte reicht so weit, so weit die Wolken gehen."

Die Renforcierung.

II. Unter der Gefahr, dafs mit dem Aufhören der Kooptation die ganze Discipline, und hiermit der Bestand der französisch-reformierten Kirche selbst in Frage gestellt werden könnte, thut man nicht unrecht, wenn man bei dem Eindrucke aller dieser Warnungen die alte Streitsache: „ob freie Wahl oder Kooptation", vorläufig auf sich beruhen läfst. Es mufs aber immer wieder gesagt werden: Es ist diese Frage nicht angeregt worden aus Mifstrauen gegen unsere kirchliche Behörde, auch nicht, um einem Triebe des Ehrgeizes oder gar der Anmafsung Raum zu geben. Wenn wiederholt die Notwendigkeit der Aufhebung der Kooptation, und die Einführung der Wahl der Presbyter durch die Gemeinde, betont wurde, so ist hier immer nur der liberal-kirchliche Gesichtspunkt unserer Tage: „Ausdehnung der Rechte der Gemeinde, und durch solche Erweiterung eine Hebung und Förderung des kirchlichen Gemeinde-Bewufstseins," mafsgebend geblieben. Denn es giebt nicht viele Bestimmungen unserer Réglements, welche eine Selbstthätigkeit unserer Gemeinde ermöglichen. Eine solche Selbstthätigkeit der Gemeinde aber ist in den Punkten, welche vom Renforcement handeln, vorgesehen; wir haben jedoch schon die Schranken erkannt, welche um dieses Gemeinderecht gezogen sind, und der folgende Vorschlag kann nur die Absicht haben, die der Gemeinde ziemlich eng gezogenen Grenzen um ein weniges zu erweitern und ihre Opferwilligkeit und

Dienstbereitschaft herauszufordern, ohne die Rechte des Konsistoriums dagegen wesentlich zu verändern. Es kommt nur darauf an, wer die Pflicht haben soll, die für die renforcierte Versammlung geeigneten Personen zu präsentieren. Es verfährt in der Wahl dieser Personen das Konsistorium bisher vollkommen selbständig, und es soll diese Selbständigkeit auch so weit wie irgend möglich ihm erhalten bleiben. Und doch ist nicht zu verkennen, dafs durch die Art und durch das Ergebnis der Wahl vielleicht Resultate erzielt werden könnten, welche — und wir nehmen den ungünstigsten Fall an — der jedesmaligen Stimmung der Gemeinde nicht ganz entsprechen. Die Gefahr einer möglicherweise eintretenden Loslösung von der in der Gemeinde vorwiegend herrschenden Richtung des Geistes, von ihren Ansichten und Wünschen liegt im Wesen der Kooptation begründet. Diesen theoretischen Einwand muſs sich die Kooptation schon gefallen lassen; in kleinen Städten und kleinen Gemeinden, wo die Gefühle viel leichter harmonieren und zusammenklingen, dürfte er vielleicht nicht einmal in der Theorie erhoben werden können.

Es geschieht nicht zu häufig, dafs die Einberufung einer renforcierten Versammlung sich als Bedürfnis herausstellt. Wir haben uns sagen lassen, dafs das Konsistorium einige Mühe habe, die für diese Versammlung dann notwendigen *chefs de famille* zu gewinnen und sie zu einem Besuche der Versammlung auch wirklich zu veranlassen. Und wir glauben, dafs nur aus diesem sich immer wiederholenden „Einladen" und „Nichterscheinen" die Gleichstellung von „*inviter*" und „*renforcer*" mit einer gewissen natürlichen Konsequenz sich entwickelt hat. Nun ein Vorschlag, der vielleicht eine Besserung in diesem traurigen Zustande, der oft bedauert worden, herbeiführen könnte. Es dürfte genügend erscheinen, wenn das Konsistorium unter 60 *chefs de famille* die Auswahl hätte, vorausgesetzt, dafs unter diesen 60 die grofse Mehrzahl den Eifer zeigte, den durch die Wahl ihnen auferlegten Verpflichtungen nachzukommen. Von diesen 60 *chefs de famille* wählt jede der drei Paroisses auf eine gewisse Reihe von Jahren je 20, und präsentiert sie dem Konsistorium als solche, welche sich zur Bildung einer renforcierten Versammlung empfehlen dürften. Das Konsistorium müfste natürlich das Recht behalten, die Wahlen leiten und die gewählten Personen prüfen, sie — nach bestimmten Prinzipien — annehmen und ablehnen zu können. Sobald nun der Fall eintritt, dafs die Einberufung einer renforcierten Versammlung geboten erscheint, wählt das Konsistorium aus diesen 60, bei denen ein etwaiger Abgang durch Nachschub ersetzt werden müfste. Ob nun das Konsistorium der Reihe nach wählt, oder durch das Loos, oder noch anders, ist für die Idee vollständig gleichgiltig, wenn die Wahl überhaupt nur nach einem bestimmten Modus geschieht. — Wir glauben nicht, dafs bei dieser Einrichtung der Wahl für die renforcierte Versammlung eine Änderung der Réglements geboten erscheint. Das Konsistorium hat jetzt schon volle Freiheit, jede Art der Wahl zu acceptieren. Auch der Einwand erscheint nicht gerechtfertigt, dafs das Konsistorium sehr leicht zu Beschlüssen gedrängt werden könnte, die bisherigen Ansichten und Auffassungen widersprechen. Es erscheint kaum glaublich, dafs die Majorität irgendwie verschoben werde. Aber das Eine geschieht: „Frei von der Gemeinde gewählte Mitglieder dürfen mitberaten; sie gewinnen Einblick in das Leben der Verwaltung, in ihre Freuden und Schwierigkeiten, und wie in ihnen selbst das kolonistische Gefühl sich hebt, und im Genusse der praktischen Arbeit läutert und an Sicherheit der Kenntnisse zunimmt, so werden sie diese Errungenschaft auf ihre Wähler übertragen und dem Grund und Boden, dem sie entsprossen sind, edle Wärme und freudige Bewegung mitteilen."

Aus der Provinz.

Es ist der Wunsch gegen uns geäufsert worden, einen kurzen Jahresbericht über die französisch-deutsch-reformierte Parochie Angermünde-Parstein, nach Analogie der in der Februar-Nummer dieses Blattes über die französische Gemeinde zu Magdeburg mitgeteilten Notizen pro 1883, zu publizieren. Wir entsprechen diesem Verlangen gern, indem wir nachstehende, vorzugsweise statistische Nachrichten, die von einigem Interesse sein dürften, zur Kenntnis der geschätzten Leser dieser Zeitschrift bringen.

Die Zahl der Parochianen belief sich am Schlusse des Jahres 1880 auf 740, wovon auf **Angermünde** (mater) 298, auf **Schmargendorf** (filia) 296, auf **Parstein** (mater conjuncta) 104, auf **Lüdersdorf** (filia von Parstein) 38 Seelen kamen. — **Predigtgottesdienste** haben in Angermünde sonn- und festtäglich, in den Landgemeinden — mit Ausnahme von Lüdersdorf, wo keine Gottesdienste gehalten werden — einen Sonntag um den andern, und außerdem an den ersten resp. zweiten Festtagen, am Neujahrstage, Charfreitage, Bußstage und Himmelfahrtstage stattgefunden. Die Durchschnittszahl der sonntäglichen Kirchenbesucher betrug 130. — Die **Abendmahlsfeier** erfolgte in Angermünde am Charfreitage, 1. Pfingstfeiertage, am letzten September-Sonntage und am Totenfeste; in Schmargendorf am 11. April, 23. Mai, 10. Oktober und 12. Dezember; in Parstein am 4. April, 18. Juli, 3. Oktober und 5. Dezember. Kommuniziert haben im Ganzen 382 Personen. Im Anschluß an die Abendmahlsgottesdienste in den Filialen fanden kirchliche **Katechisationen** mit den Konfirmanden und der konfirmierten Jugend statt. — Die **Einsegnung der Konfirmanden** erfolgte, wie alljährlich, am Palmsonntage und am letzten Sonntage im September. — **Getauft** wurden im Laufe des Jahres 22 Kinder, getraut 12 Paare, beerdigt mit geistlicher Begleitung 8 Leichen. Die Zahl der **Konfirmierten** betrug 17, die der neu **aufgenommenen Katechumenen** 19, die der **Privat-Kommunionen** 7. — Sühneversuche, Ehescheidungen, Austritte aus der Kirche, sowie Uebertritte aus anderen kirchlichen Gemeinschaften haben nicht stattgefunden. Auch verdient hervorgehoben zu werden, dass das Civilstandsgesetz vom 9. März 1874, resp. 6. Februar 1875 bisher in keiner Weise einen schädlichen Einfluß auf das kirchliche Leben unserer Gemeinden geübt hat. Taufe und kirchliche Trauung werden nach wie vor ausnahmslos begehrt, und erfolgt letztere regelmäßig am Tage der bürgerlichen Eheschließung. — Das **Armenkassen-Vermögen** wies ult. Dezember 1880 einen Kapitalbestand auf von 3678 Mk. 6 Pf. in Angermünde, 327 Mk. 56 Pf. in Schmargendorf und 2797 Mk. 4 Pf. in Parstein. Die Einnahme in der Armenbüchse belief sich auf resp. 28 Mk. 59 Pf., 6 Mk. 23 Pf. und 5 Mk. 56 Pf. Die kirchlichen **Kollekten** ergaben einen Gesamtbetrag von 60 Mk. 91 Pf. einschließlich der Haus-Kollekte für die dringendsten Notstände der evang. Landeskirche im Betrage von 34 Mk. 35 Pf. — In Angermünde besteht seit dem Jahre 1869 ein sog. **Pfarrhaus-Baufonds** mit einem Kapitalbestande von gegenwärtig 4968 Mk. 25 Pf. — Das **Presbyterium** der Parochie ist zur Zeit aus folgenden Mitgliedern zusammengesetzt: in **Angermünde**: Uhrmacher Roquette, Lohgerbermeister Couvreux, Schneidermeister Bercard (französisch-reformiert), Kaufmann und Ratsherr Meyer, Kaufmann Heller jun. und Buchhändler Windolff sen. (deutsch-reformiert); in **Schmargendorf**: Bauernhofsbesitzer Cholé und Baillen (franz.-reform.) und Bauerngutsbesitzer Becker und Hühns (deutsch-reform.); in **Parstein**: Bauerngutsbesitzer Devantier und Kossät Villain; in **Lüdersdorf**: Kossät Pringal. Vorsitzender *(moderat ur)* ist der zeitige Pfarrer Dr. theol. et philos. Eugen Matthieu. Derselbe ist auch im Laufe des Vorjahres in die städtische Schul-Deputation berufen und von der Königl. Regierung zu Potsdam zum Lokal-Schul-Inspektor der städtischen Töchterschulen ernannt worden. — Zur Kreis-Synode deputiert wurden die Herren Anciens Windolff und Meyer aus Angermünde.

Wir beschränken uns für dies Mal auf diese wenigen Mitteilungen, um nicht den uns gütigst zur Verfügung gestellten Raum zu überschreiten.

Angermünde.   Dr. **Matthieu**.

Notizen
über die vier in dem Speise- und Festsaal des neu erbauten Hospitals der hiesigen französischen Gemeinde befindlichen Ölgemälde.

No. 1. Empfang von *Réfugiés* durch den grofsen Kurfürsten,
(gemalt von Fischer aus Cörlin, Schüler des Professors von Werner).

Aufser dem grofsen Kurfürsten und seiner Gemahlin Sophie Dorothea sind auf dem Bilde, allerdings in der Tracht der damaligen Zeit, dargestellt der 1874 verstorbene Ober-Konsistorialrat Dr. theol. Fournier in der Person des Geistlichen, welcher die *Réfugiés* dem Kurfürsten vorstellt und dieselben seiner Gnade empfiehlt; der 1875 gleichfalls verstorbene

Prediger, Inspektor der französischen Gemeinden und Königliche Konsistorial-Assessor Roland in der Person des Geistlichen mit der Bibel hinter dem Kurfürsten. Neben dem vorstellenden Geistlichen befindet sich der im Jahre 1875 verstorbene Rentier Ancien-Diacre Jean David Chartron, Ritter des eisernen Kreuzes. Hinter der Kurfürstin befindet sich der berühmte Kupferstecher Daniel Chodowiecky. Die übrigen Personen sind freie Gestaltung des Malers.

No. 2. Schenkung der Meierei an der Panke durch die Kurfürstin Sophie Dorothea,
(gemalt von Wendling, Schüler des Professors von Werner).

Dieses Bild stellt die wichtige Thatsache dar, dafs Ihre Durchlaucht die Kurfürstin Sophie Dorothea, Gemahlin des grofsen Kurfürsten, den *Réfugiés* einen Teil des ihr an der Panke zugehörigen Landes mit dem darauf befindlichen Gebäude, wahrscheinlich einer Meierei, schenkte, um Alte und Kranke darin aufzunehmen. Es gewährte Raum für etwa 30 Personen. Anfser der Kurfürstin sind noch dargestellt, gleichfalls in der Tracht damaliger Zeit, der 1876 verstorbene Prediger an der Kirche der Friedrichstadt Robert Palmié, in der Person des Geistlichen und der im Jahre 1877 im Alter von über 87 Jahren verstorbene Stadtälteste Lejeune, genannt Jung, Ritter des roten Adlerordens IV. Klasse, der beinahe 50 Jahre als Ancien-Diacre mit grofsem Eifer und Treue der französischen Kirche gedient und sich besonders der Armen angenommen hat. Eben so grofse Verdienste hat er in städtischen Ämtern durch eine lange Reihe von Jahren sich um die Stadt erworben; ein Kolonist von altem Schrot und Korn. Er steht dicht hinter dem Geistlichen am Baum. Der Kopf zu seiner rechten Seite trägt die Züge des berühmten, im Jahre 1727 verstorbenen Hofpredigers der Königin Sophie Charlotte, später des Königs, Jacques Lenfant. Er war Ober-Konsistorialrat, Mitglied der Berliner Akademie der Wissenschaften, auch Prediger am Werder, Übersetzer der Bibel, Verfasser vieler Schriften. In der Person neben dem Kammerherrn hinter der Kurfürstin sind die Züge von Jean Pierre Frédéric Ancillon verewigt, des Erziehers weiland Sr. Majestät des Königs Friedrich Wilhelm IV., Ministers Sr. Majestät des Königs Friedrich Wilhelm III., einst Predigers am französischen Werder, Verfassers von Predigten und vielen politischen und philosophischen Schriften. Er starb 1837.

No. 3 mit der Inschrift: „*Mais c'est un Réfugié*",
(gemalt von Wendling, wie No 2).

Dieses Gemälde soll Zeugnis geben von dem Rufe der Frömmigkeit und Ehrlichkeit, dessen die *Réfugiés* bei ihren Mitbürgern und auch am Hofe sich erfreuten. Der Juwelier Pierre Fromery, aus Sedan gebürtig, wurde häufig mit Aufträgen von der Kurfürstin beehrt. Eines Tages, als sie die Fassung ihrer Juwelen wollte erneuern lassen, kam der an der Gicht erkrankte Kurfürst auf einem Rollstuhle sitzend in ihr Zimmer und sah, wie sie die Krondiamanten, die auch damals schon einen sehr bedeutenden Wert hatten, einem ihm unbekannten Manne übergeben wollte. Er sprach seiner Gemahlin seine Verwunderung aus über ihr Vertrauen. Sie antwortete nur: „*Mais c'est un Réfugié.*" Welches Lob enthält dieses Wort aus so hohem Munde! Für Fromery sind die Züge des verstorbenen Hofjuweliers Jean Frédéric Godet gewählt, Vaters des jetzigen Hofjuweliers Pierre Jean Godet.

No. 4. Letzte Sitzung des Konsistoriums der französischen Kirche in seinem früheren Gebäude, Niederlag-Strafse No. 1, am 2. März 1874,
(gemalt vom Maler Hochhaus).

Als das Konsistorium der französischen Gemeinde und diese selbst das Gebäude in der Niederlag-Strafse No. 1—2, das seit dem Jahre 1701 in dem Besitze der Kolonie sich befand, und dessen dieselbe gewifs sonst nimmer sich enteignet hätte, auf den Wunsch Seiner Kaiserlichen und Königlichen Hoheit des Kronprinzen dem Kronfideikommifs-Fonds käuflich überliefs, hatten Seine Kaiserliche und Königliche Hoheit die Gnade, der letzten Sitzung des französischen Konsistorii daselbst am 2. März 1874 beizuwohnen und zugleich Sein Portrait ihr zu einem bleibenden Gedächtnis zu schenken, sowie den Versammelten in der huldvollsten Weise zu versichern, dafs Sie und Ihr Haus stets in gleicher Weise wie Ihre Ahnherren und wie Seine Majestät der Kaiser den französischen Gemeinden Schutz und Gnade gewähren werden, und daſs dieselben stets Ihres Wohlwollens gewiſs sein könnten, wie Sie auch das Andenken an den früheren Besitzer in Ihrem neuen Eigentum in irgend einer Weise bei einem Neubau zu verewigen gedächten. Diesen für die Kolonie so hochwichtigen und bedeutungsvollen Moment aus ihrer neuesten Geschichte soll dieses Gemälde verewigen.

Die einzelnen Persönlichkeiten sind:
1. Hinter dem Bureau stehend, der damalige *Modérateur*, Prediger an der französischen Luisenstadt-Kirche Tournier; an seiner rechten Seite sitzend:
2. Der erste Prediger an der französischen Klosterkirche, Inspektor der französischen Gemeinden und Königliche Konsistorial Assessor Cazalet;
3. Der Prediger am französischen Hospital Barthélemy, Ritter des roten Adlerordens IV. Klasse;
4. Der erste Prediger an der französischen Friedrichstadt-Kirche, *Modérateur* der Hospital-Kommission Neſsler;
5. Am Pulte sitzt der General-Sekretär des französischen Konsistorii, Rentier Coulon;
6. Neben ihm steht der Justizrat, Rechtsanwalt und Notar Humbert, Syndikus der französischen Gemeinden;
7. Der Wirkliche Geheime Legationsrat W. Jordan, Ritter hoher Orden;
8. Sauvage, Besitzer einer Buchhandlung;
9. Eduard Sarre, Rentier *(Receveur)*, Verwalter der Armenkasse der französischen Gemeinde;
10. Charles Mathieu, Rentier, *Sécretaire du Diaconat et de la Paroisse de la Louisenstadt*;
11. Théodore Sarre, Stadtrat;
12. Fasquel, Rentier;
13. L. Arnous, Kaufmann, Königlicher Hoflieferant, *Sécretaire de la Paroisse de la Fréderícstadt*;
14. Haslinger, Kaufmann, Besitzer des Askanischen Bades;
15. Bertraud, Kaufmann, Besitzer des Rittergutes Britz, Ritter des Kronenordens IV. Klasse;
16. Jules Violet, Rentier, *Sécretaire de la Commission de l'Hôpital*;
17. Geheimer Justizrat Le Coq, Ritter des roten Adlerordens IV. Klasse.
18. Godet, Hoſsjuwelier, *Gardien des Registres*;
19. Drège, Rentier, *Trésorier* des französischen Konsistoriums;
20. Berg, Kaufmann;
21. Biermann, Kaufmann, *Gardien des Archives*;
22. Louis Mathieu, Gartenbesitzer, *Sécretaire du Consistoire*;
23. Beccard, Kaufmann, *Sécretaire de la Paroisse du Cloître*;
24. Souchay, Weinhändler, *Caissier de Dons*;
25. Ravené, Kaufmann;
26. Buvry, Kaufmann;
27. Palis, Kaufmann;
28. Brandt, Gartenbesitzer;
29. Gaillard, Rentier, Ritter des Königlichen Kronenordens IV. Kasse, unermüdlich thätig bei der Erbauung des neuen Hospitals.

Sämtliche hier angeführten Personen sind Mitglieder des französischen Konsistorii und bekleiden die ältesten unter ihnen, schon seit dem Jahre 1835, entweder das Amt eines *Ancien* (Ältesten) oder eines *Ancien-Diacre* (Armenpflegers).

An der Wand rechts vom Beschauer hängt das Portrait des im Jahre 1814 verstorbenen Ober-Konsistorialrats und Predigers am Werder Jean Pierre Erman. Er war auch Direktor des *Collège français* und Mitglied der Akademie der Wissenschaften, Historiograph des Hauses Brandenburg. Ein bedeutender, unermüdlich thätiger Mann mit organisatorischem Talente, berühmter Prediger, Verfasser vieler Predigten und vieler historischer, besonders auf Brandenburg und das Haus Hohenzollern sich beziehender Schriften.

Bekannt ist, wie er dem Kaiser Napoleon, als dieser in einer Audienz unbegründete Anklagen gegen die Königin Louise aussprach, mutig gegenübertrat, mit dem Worte: „Das ist nicht wahr, Sire," und dafür im Jahre 1810 auf dem ersten Ordensfeste durch die Königin belohnt wurde, indem sie mit dem Glase an ihn herantretend zu ihm sprach: „Ich kann mir die Genugthuung nicht versagen, mit dem Ritter auf sein Wohl anzustoſsen, der den Mut hatte, seine letzte Lanze für die Ehre seiner Königin zu brechen."

Vermischtes.

Vor zwei Jahren bildete sich in Paris ein Comité, um dem grofsen Hugenottenführer Coligny, der als eines der ersten Opfer der Bluthochzeit fiel, ein würdiges Denkmal zu errichten. Die Überreste des Märtyrers, welche in dem Schlosse zu Chatillon beigesetzt sind, sollten nach Paris überführt werden. Die französische Regierung hatte im Garten des Louvre-Palastes eine Stelle angewiesen, wo das Denkmal errichtet werden sollte. — Nun zieht die Familie, welche im Besitze des Schlosses von Chatillon ist, ihre Einwilligung zurück. Dies wird jedoch die Errichtung des Denkmals nicht hindern. Das Comité hat schon eine Summe von 100,000 Franken zu dem Zwecke in Händen. Die Regierung wird ihrerseits eine Summe von 33,000 Franken hinzufügen. Der Kostenanschlag beträgt im Ganzen 200,000 Franken und müssen noch 67,000 Franken aufgebracht werden. —

Gaspard de Chatillon, Admiral von Coligny, ist eine der grofsartigsten Heldengestalten jener grofsen Glaubenskämpfe. Ein Held, ein Christ, ein Ritter ohne Furcht und Tadel. Als sein Leichnam von den Meuchelmördern hinunter gestürzt worden war in den Hof, gab der Herzog von Guise demselben einen Fufstritt, dann wurde die Leiche des Edlen hinausgeschleppt an den Galgen von Montfaucon gehängt. Carl IX. ritt hinaus mit dem Hofgesinde, und als man ihn aus der Nähe des scheufslichen Ortes entfernen wollte, antwortete er: *„Le corps d'un ennemi mort sent toujours bon."*

Carl IX. starb bald, kaum 21 Jahre alt, in furchtbaren Leibes- und Selenqualen und der Herzog von Guise wurde auf Befehl von Heinrich III. ermordet. Als der meuchelmörderische König zur Seite trat, gab er ihm auch einen Fufstritt.

Die Hugenotten unterlagen endlich im blutigen Ringen. Frankreich zählt heute nur noch 700,000 Reformierte, aber in ganz Europa wohnen die Nachkommen jener Glaubenshelden. — Würde die französische Kolonie in Berlin nicht richtig handeln, wenn sie zu dem zu errichtenden Denkmale einen Beitrag einsenden würde? Ich erlaube mir, diesen Gedanken hier zum Ausdrucke zu bringen.

Nessler.

In der Mittwochsgesellschaft hielt am 9. Februar Herr Prediger Nessler einen Vortrag über die Entwickelung der katholischen Kirche in Frankreich, und über Ursprung und Fortgang des dortigen Kulturkampfes. Die fesselnden Ausführungen des Herrn Redners wurden mit grofsem Interesse aufgenommen; das Referat über den Vortrag werden unsere Leser, als eine längere Arbeit, in der nächsten Nummer finden.

In der Réunion gab am 25. Februar der Herausgeber dieser Zeitung eine Darstellung über die kolonistische Armenpflege in den ersten Zeiten nach der Gründung der Gemeinden, in besonderer Beziehung auf die reformierte Gemeinde von Leipzig.

Auf Veranlassung unseres Konsistoriums sind von einer unserer renommiertesten photographischen Anstalten die in dem grofsen Saale unseres Hospitals befindlichen Gemälde vervielfältigt worden. Die Bilder sind vorzüglich gelungen und in zwei Formaten vorhanden. Im Buchhandel sind dieselben nicht käuflich zu erwerben, da die Platten nicht Eigentum des Photographen sind. Doch soll es gestattet sein, Abzüge gegen Erstattung der Herstellungskosten an Mitglieder der Kolonie abzulassen. — Die Bilder zeigen ein echt kolonistisches Gepräge und sind in ihrer künstlerischen Vollendung nicht nur ein vorzüglicher Zimmerschmuck, sondern auch von tiefer Bedeutung für die Geschichte unserer Kirche und Gemeinde. Der Herausgeber dieser Zeitschrift ist gern bereit, Bestellungen auf die Bilder zu übermitteln.

Von dem Hospital selbst ist ebenfalls eine gelungene photographische Aufnahme vorhanden.

Vereinsnachrichten der Réunion.

Vortrag: Freitag, den 4. März 1881, im Saale von Bötzow, Alte Schönhauserstr. 23/24. Besonderer Aufgang für die Mitglieder der Réunion.

Freitag, den 11. März 1881, Wander-Versammlung für die Kloster-Parochie im Englischen Garten in der Alexanderstr. Es erfolgen besondere Einladungen.

Sitzung: Freitag, den 25. März 1881. Restaur. Gärtner, Mittelstr. 65, 8½ Uhr Abends.

April 1881.   V. Jahrgang.

DIE KOLONIE.

Organ für die äusseren und inneren Angelegenheiten der französisch-reformierten Gemeinden.

Redigiert von W. Bonnel, Rektor in Berlin.

Erscheint monatlich einmal. Preis pro Quartal 75 Pf.

Abonnements werden angenommen bei W. Bonnell in Berlin N., Schwedter-Str. 257, und bei jeder Post-Expedition.

INHALT: Jacques Abbadie von Prediger Lorenz in Prenzlau, III. — Das Glaubensbekenntnis der reform. Kirchen Frankreichs von Dr. Matthieu, Artikel 13—33. — Aus dem Hospice. — Aus der Provinz (Bergholz und Schwedt). — Aus dem Vereinsleben der Kolonie. — Vereinsnachrichten. — Briefkasten.

Jaques Abbadie.

Von Prediger Lorenz in Prenzlau.

(Fortsetzung).

Während man sich noch fragte, wer unter den ausgezeichnetsten protestantischen Schriftstellern den anonym erschienenen *Panégyrique de Monseigneur l'Electeur de Brandebourg* verfaßt haben könnte, machte Abbadie seinen Namen bekannt und zugleich berühmt durch ein anderes Werk, welches er unter dem Titel: *Traité de la vérité de la religion chrétienne* veröffentlichte. Dieses Werk, welches Abbadie schon in Paris begonnen und dann unter emsig fortgesetzten Studien während seines Aufenthaltes in Berlin vollendet hatte, erschien im Jahre 1684 zu Rotterdam in zwei starken Bänden; in den nächsten Jahren folgten verschiedene vermehrte Auflagen; endlich erhielt das Werk eine Ergänzung in einem dritten Bande, der 1689 unter dem besonderen Titel: *Traité de la Divinité de notre Seigneur Jésus-Christ* erschien. Den reichen Inhalt dieses bedeutenden Werkes können wir hier nur kurz andeuten.

„Es giebt einen Gott, das fühlen wir, und dies Gefühl ist kein Vorurteil, es gründet sich vielmehr auf unzweifelhaften Thatsachen. Die Idee Gottes schließt in sich den Begriff der Religion; diese ist dem Menschenherzen anerschaffen, aber sie ist entartet im Heidentum; um sie wieder herzustellen, bedurfte es einer Offenbarung. Diese Offenbarung, vorbereitet im Judentum, hat ihre Vollendung durch Jesus Christus erhalten. Das Christentum, wie wir es jetzt in der Kirche vor Augen haben, gründet sich auf geschichtliche Thatsachen. Das Leben, die Lehre, die Wunder, der Tod, die Auferstehung, die Himmelfahrt Jesu Christi, ferner das Wirken, wie Predigt, und Schriften der Apostel — alle diese Thatsachen, vielfach angegriffen von den Zweifeln des Unglaubens, müssen einer genauen Prüfung unterzogen werden, aber sie bestehen auch vor jeder gewissenhaften und vorurteilslosen Prüfung, deren Ergebnis schließlich immer die Anerkennung der Wahrheit der christlichen Religion ist." —

Die hier angedeuteten Grundgedanken sind nun nach den fleifsigsten theologischen und philosophischen Studien mit sorgsamer Benutzung aller früheren Apologieen des Christentums sehr ausführlich dargelegt, aber nicht etwa in pedantisch-gelehrter Weise, sondern in ansprechender Form und fliefsender Sprache; und wie sie aus inniger Glaubensgewifsheit geboren und mit dem Nachdruck edler Begeisterung in diesem Buche vorgetragen sind, so hat dasselbe zu aller Zeit die Leser mit sich fortgerissen, und nicht nur die Protestanten, sondern — was in jener Zeit erbitterter Kämpfe unendlich viel mehr sagen will — auch die Katholiken haben dasselbe mit lautem Beifall aufgenommen und mit begeisterten Worten gepriesen.

So urteilte z. B., um einen unter den Protestanten zu nennen, Bayle*) von diesem Werke: „Seit langer Zeit ist kein Buch erschienen, in welchem sich mehr Kraft und mehr Geist, mehr Schärfe des Urteils und mehr Beredsamkeit gefunden hätte." Und weiter schrieb in betreff desselben Werkes die katholische Frau von Sévigné an den ebenfalls katholischen Grafen von Bussy-Rabutin: „Es ist das göttlichste von allen Büchern, dies ist die allgemeine Ansicht; ich glaube nicht, dafs man jemals von der Religion so gesprochen habe, wie dieser Mann!" Und der Graf von Bussy, damals ein Greis von 70 Jahren, dem man also jugendliche Überschwenglichkeit nicht mehr zutrauen kann, antwortete unter dem 15. August 1688: „Nur dies eine Buch auf der Welt ist des Lesens wert; es ist ein göttliches Buch sowohl nach Inhalt wie nach Form. Was mein Seelenheil anbetrifft, so will ich nur noch dies Buch lesen; bisher bin ich nie ergriffen worden von andern Büchern, die von Gott reden; nun sehe ich wohl den Grund davon ein, die Quelle jener Bücher schien mir zweifelhaft; aber da ich dieselbe klar und rein in diesem Buche Abbadies erkenne, so bringt mir dies zur Geltung alles, was ich bisher nicht achtete; kurz es ist ein bewundernswürdiges Buch, es zwingt meine Vernunft, nicht mehr zu zweifeln an dem, was mir bisher unglaublich erschien." — Ein anderer Katholik, der berühmte Abbé Des Fontaines, nannte Abbadie einen von Protestanten und Katholiken gleich geachteten Schriftsteller, und im Jahre 1722, acht und dreifsig Jahre nach dem Erscheinen des Werkes, nachdem also die erste Begeisterung längst vorüber war, urteilte er von demselben: „Dieses bewundernswürdige Buch verdunkelt nach dem Urteile der ganzen Welt alles, was vor demselben zur Verteidigung des Christentums veröffentlicht worden ist. Wie viele Bekehrungen hat es nicht bewirkt? Wie viele Ungläubige hat es nicht überwunden?" —

Endlich der Herzog von Montausier, als er sich einst in Paris mit dem Gesandten des grofsen Kurfürsten, dem berühmten Spanheim, unterhielt, bemerkte über Abbadies Buch: „Das einzige, was mich daran ärgert, ist, dafs der Verfasser sich in Berlin und nicht in Paris befindet!" — Dies war nun allerdings eine ärgerliche Thatsache, die jedem billigdenkenden Franzosen peinliche Betrachtungen verursachen mufste. Vielleicht in folge solcher Betrachtungen, vielleicht auch, weil sie sich mit vielen Ansichten des berühmten Verfassers in Übereinstimmung wufsten, machten wohlmeinende Katholiken in der That den Versuch, Abbadie zur Rückkehr nach Frankreich und zum Rücktritt in die katholische Kirche zu bewegen; aber der edle Hugenotte blieb fest und treu bei seinem Bekenntnis, und nicht ohne Stolz wies er alle verlockenden Anerbietungen der Katholiken zurück.

---

*) Bayle: *Nouvelles de la République des lettres Octobre 1684*.

Aber obgleich Abbadie sich weigerte, auf Kosten seiner Glaubenstreue nach Frankreich zurückzukehren, so mochte er doch auch andererseits nicht länger in Berlin verbleiben. Friedrich Wilhelm, der grofse Kurfürst von Brandenburg, war am Sonntage Misericordias Domini, den 29. April 1688 zu Potsdam gestorben. An demselben Sonntage hatte Abbadie zum letzten Mal in der Kapelle des königlichen Schlosses zu Berlin einen Gottesdienst für die Réfugiés gehalten. Die fürstliche Leiche wurde von Potsdam nach Berlin übergeführt und der Sitte gemäfs auf einem Paradebett in der Schlofskapelle ausgestellt; die Réfugiés aber wurden angewiesen, fortan ihren Gottesdienst im Dome zu halten. Dieser zunächst rein äufserliche Vorgang war doch bezeichnend für den in den Verhältnissen selbst eingetretenen Wechsel. In dem grofsen Kurfürsten hatten die Réfugiés, hatte besonders Abbadie seinen treuesten Gönner und Freund verloren, und das Gefühl dieses schmerzlichen Verlustes mag in ihm die erste Ursache gewesen sein zu dem Entschlusse, Berlin zu verlassen. Dieser Entschlufs wurde ihm unzweifelhaft erleichtert durch die Erwägung, dafs er bei seinem Scheiden um den Fortbestand der französischen Kolonie nicht mehr besorgt zu sein brauchte. Bei der immer wachsenden Anzahl der Flüchtlinge, welche sich in Berlin niederliefsen, war die Heranziehung weiterer geistlicher Kräfte längst zum Bedürfnis geworden. Schon im Jahre 1684 war auf Antrag des französischen Konsistoriums als zweiter Prediger Gabriel Dartis berufen worden, welcher am 10. Februar des genannten Jahres im Dome von dem Hofprediger Bergius unter Assistenz der Pastoren Schmettau, Brunsenius und Abbadie feierlich geweiht worden war. Als dritter Geistlicher war 1685 François de Gaultier, und als vierter 1686 der berühmte David Ancillon aus Metz hinzugekommen.*) Ebenso war auch die Zahl der sonntäglichen Gottesdienste vermehrt worden. Die vom grofsen Kurfürsten erbaute Kirche auf der Neustadt (Dorotheenstadt), vom Erbauer zur gleichzeitigen Benutzung seitens der Lutheraner und Reformierten bestimmt, war am 29. Januar 1688 eingeweiht und den Réfugiés überwiesen worden. Sie feierten daselbst sonntäglich zwei Gottesdienste. Dazu wurde ihnen nach dem Tode des grofsen Kurfürsten der Dom zur Mitbenutzung eingeräumt,**) woselbst fortan ebenfalls sonntäglich zwei Gottesdienste für die Réfugiés gefeiert wurden. Die Verfassungs-Verhältnisse waren wohlgeordnet, die kirchliche Armenpflege wirkte segensreich. So war die neubegründete Kolonie-Gemeinde allerdings in fröhlichem Aufblühen begriffen und konnte nun die organisatorischen Talente Abbadies ohne Gefahr entbehren. Für des Letzteren Fortgang von Berlin gab schliefslich noch eine andere Thatsache den Ausschlag.

Bei weitem das angesehenste Mitglied der damaligen Kolonie war der Graf Friedrich von Schomberg. Wunderbar, fast wie ein Märchen, klingt die Geschichte des vielbewegten Lebens dieses ausgezeichneten Mannes.***) Geboren 1615 zu Heidelberg, erzogen 1626 bis 1630 zu Sedan, wo sich damals die berühmteste Bildungsanstalt für den jungen protestantischen Adel befand, zeichnete er sich zunächst im Kriegsdienste unter Bernhard von Weimar und Wilhelm II. von Oranien aus; darauf

---

*) Abbadie erhielt damals 400, Dartis 300, die beiden andern Geistlichen je 200 Thaler Gehalt.
**) Der erste Gottesdienst der Réfugiés im Dome wurde am Sonntage Jubilate, den 6. Mai 1688, acht Tage nach dem Tode des grofsen Kurfürsten gefeiert. Die Predigt hielt der Prediger François de Gaultier über Jos. 1, 2: „Mein Knecht Mose ist gestorben etc.". Dieselbe wurde damals einzeln gedruckt; sie erschien noch einmal im Jahre 1696 vereinigt mit drei andern Predigten desselben Verfassers.
***) Kazner: Leben Friedrichs von Schomberg. Manheim 1786. 2 Bände. 8°.

nahm er an den Kämpfen Portugals gegen Spanien teil, schlug am 8. Juni 1663 bei Estremoz den spanischen Feldherrn Don Juan d'Austria und erhielt dafür den Titel eines Grafen von Mertola und Granden von Portugal; nachdem er in französische Dienste übergetreten war, gelang es ihm, am 29. Juli 1675 die Feste Bellegarde den Spaniern zu entreifsen, wofür er von Ludwig XIV. zum Marschall von Frankreich ernannt wurde. Da er ein treues Mitglied der reformierten Kirche war, so wanderte er nach dem Widerruf des Ediktes von Nantes nach Portugal aus, woselbst er auch mit Begeisterung aufgenommen wurde, 'aber er fühlte sich in dem streng katholischen Lande nicht wohl und siedelte deshalb 1687 nach dem Haag über. Während er hier noch mit Wilhelm III. von Oranien über dessen gegen das Haus Stuart geplante Unternehmungen unterhandelte, machte er im Haag die persönliche Bekanntschaft des grofsen Kurfürsten von Brandenburg, welcher ihn alsbald in seine Dienste berief. Am 29. April 1687, genau ein Jahr vor dem Tode Friedrich Wilhelms, wurde Schomberg zum Generalissimus aller kurfürstlichen Armeen, zum Statthalter des Herzogtums Preufsen und zum geheimen Staats- und Kriegsrat ernannt; mit dem Range unmittelbar nach den Prinzen von Geblüt wurde ihm ein Jahrgehalt von dreifsigtausend Thalern zugesichert; aufserdem erhielt er das vom Kurfürsten neuerbaute Palais — jetzt dasjenige des Kronprinzen — als Dienstwohnung angewiesen.

Schomberg war den Hugenotten von ganzem Herzen zugethan und suchte bei jeder Gelegenheit seinen bedeutenden Einflufs zu ihren Gunsten zu verwenden. So bewog er z. B. den grofsen Kurfürsten aus französischen Edelleuten ein besonderes Corps, dasjenige der *Grands Mousquetairs* zu bilden. Der Kurfürst selbst nahm den Titel eines Obersten der ersten Kompagnie dieses Corps an, welche ihr Standquartier in Prenzlau erhielt, während der Marschall von Schomberg zum Obersten der zweiten Kompagnie ernannt wurde, die in Fürstenwalde in Garnison stand. —

Während Schomberg nun durch Rang und Ruhm die erste Stelle in der Berliner Kolonie einnahm, trat Abbadie als das geistige Haupt dieser Gemeinde mit ihm in die nächste Berührung, und so bildete sich in kurzer Zeit zwischen diesen beiden ausgezeichneten Männern eine verständnisvolle innige Freundschaft, von der uns Beweise noch heute erhalten sind,[*)] und welche thatsächlich erst durch den Tod getrennt worden ist.

Es ist bekannt, dafs im Jahre 1688 Friedrich Wilhelm von Brandenburg, und mit ihm das ganze protestantische Europa mit fieberhafter Spannung der Ereignisse wartete, die sich in Holland und England vorbereiteten. Es war jene „glorreiche Revolution", welche das Haus Stuart stürzen und die Herrschaft des Protestantismus in England sichern sollte. Noch kurz vor seinem Tode hatte der Kurfürst eine Deputation des schottischen Adels empfangen, die ihn mahnte: es sei nun Zeit, an die Befreiung Englands die Hand zu legen. Noch in den letzten Nächten bewegte der edle Fürst diese seine grofsen Hoffnungen für die Sache des Protestantismus in seiner starken, mit Gott ringenden Seele, und was ihn bewegte, das deutete er an in der an seine Leibwache gegebenen Parole: „London-Amsterdam." Als nun der grofse Kurfürst gestorben war, und Wilhelm von Oranien den Marschall von

---

[*)] Man vergleiche die in den späteren Ausgaben des *Traité de la vérité de la religion chrétienne* abgedruckte an den Marschall von Schomberg gerichtete schwungvolle Widmung.

Schomberg zu der kühnen Heerfahrt gegen England einlud, da konnte der greise Hugenotte nicht widerstehen, er beschloß, mit nach England zu ziehen und bestürmte auch seinen neugewonnenen Freund Abbadie, ihn dorthin zu begleiten. Abbadie willigte ein, und nachdem er noch am 13. Juni 1688 bei der Krönungsfeier des neuen Kurfürsten von Brandenburg eine hochbedeutsame, später im Druck erschienene Predigt gehalten und darauf von seiner Gemeinde Abschied genommen hatte, eilte auch er, ein begeisterter Vorkämpfer evangelischer Wahrheit und Freiheit, über Holland nach England, dorthin, wo die Geschicke des Protestantismus sich entscheiden sollten. — (Schluß folgt).

Das Glaubensbekenntnis der reform. Kirchen Frankreichs (Confessio Gallicana) vom Jahre 1559.

Deutsch von Dr. theol. et philos. Matthieu in Angermünde.

(Fortsetzung).

Art. 13. Wir glauben, daß in Jesu Christo uns Alles dargeboten und mitgetheilt worden, was zu unserem Heil von nöten war. Er, der uns zum Heil gegeben, ist uns zugleich gemacht worden zur Weisheit, zur Gerechtigkeit, zur Heiligung und zur Erlösung, so daß, wer von ihm abweicht, auf die Barmherzigkeit des Vaters verzichtet, die billig unsere einzige Zuflucht sein soll.

Art. 14. Wir glauben, daß Jesus Christus, die Weisheit des Vaters und sein ewiger Sohn, unser Fleisch angenommen hat, um Gott und Mensch in einer Person zu sein, als Mensch in Allem uns ähnlich, leidensfähig an Leib und Seele, nur rein von aller Sünde. Ingleichen, was seine Menschheit betrifft, daß er der wahre Same Abrahams und Davids gewesen, obgleich er empfangen worden durch geheime Wirkung des heiligen Geistes. Damit verwerfen wir alle Ketzereien, die in alter Zeit Verwirrung in der Kirche angerichtet haben, namentlich auch die teuflischen Erfindungen Servets, der dem Herrn Jesu eine phantastische Gottheit zuschreibt, indem er ihn als die Idee, das Urbild aller Dinge bezeichnet, ihn den persönlichen oder figürlichen Sohn Gottes nennt und ihm schließlich einen Leib von drei unerschaffenen Elementen andichtet, wodurch er die beiden Naturen in seiner Person vermengt und zerstört.

Art. 15. Wir glauben, daß in einer und derselben Person, nämlich in Jesu Christo, die beiden Naturen (die göttliche und menschliche) wirklich und unzertrennlich vereinigt sind, so zwar, daß jede ihre bestimmte Eigenheit behält. Wie also in dieser Verbindung die göttliche Natur ihre Eigenart bewahrt und unerschaffen, unendlich und alle Dinge erfüllend geblieben, so ist auch die menschliche Natur endlich geblieben in ihrer Gestalt, ihrem Maße, ihrer Eigenheit; und obschon Jesus Christus durch seine Auferstehung seinem Leibe Unsterblichkeit verliehen, so hat er ihm doch nicht seine wahre Natur genommen. Wir betrachten ihn demnach in seiner Gottheit dergestalt, daß wir ihn dabei doch nicht seiner Menschheit entkleiden.

Art. 16. Wir glauben, daß Gott durch Sendung seines Sohnes uns seine Liebe und unschätzbare Güte hat offenbaren wollen, indem er ihn in den Tod gab und ihn auferweckte, um alle Gerechtigkeit zu erfüllen und uns das ewige Leben zu erwerben.

Art. 17. Wir glauben, daß wir durch das einige Opfer, das der Herr Jesus am Kreuze dargebracht, mit Gott versühnt sind und vor ihm gerecht erfunden und erachtet worden; denn wir können Gott nicht angenehm, noch seiner Kindschaft teilhaftig sein, so lange er uns nicht die Sünden vergiebt und sie (gleichsam) begräbt. Darum bekennen wir feierlich, daß Jesus Christus unsere gänzliche und vollkommene Reinigung ist, daß wir in seinem Tode eine vollständige Genugthuung haben, um unserer Sünden und Missethaten los zu werden, und daß wir nur durch dies Mittel frei werden können.

Art. 18. Wir glauben, daß unsere ganze Gerechtigkeit gegründet ist in der Vergebung unserer Sünden, welche auch unsere einzige Seligkeit ist, wie David sagt (Ps. 32, 1.). Daher verwerfen wir alle anderen Mittel, uns vor Gott gerecht zu machen, und halten uns, ohne auf Tugenden und Verdienste zu bauen, einfach an den Gehorsam Jesu Christi, der uns zugerechnet wird, sowohl um alle unsere Fehler zu bedecken, als auch um uns Gnade finden zu lassen vor Gott. Und wir glauben in der That, daſs, wenn wir von diesem Grunde auch nur um ein Weniges abweichen sollten, wir nirgend wo anders Frieden finden, vielmehr in steter Unruhe leben würden, sofern wir nur dann Frieden haben mit Gott, wenn wir gewiſs sind, von ihm in Jesu Christo geliebt zu werden, da wir in uns selbst nur seines Hasses würdig sind.

Art. 19. Wir glauben, durch dies eine Mittel die Freiheit und das Vorrecht zu erlangen, Gott mit dem vollen Vertrauen anzurufen, er werde sich als unser Vater erweisen. Denn wir würden keinen Zugang zum Vater haben, wenn wir ihm nicht durch diesen Mittler zugeführt würden. Und wenn wir in seinem Namen erhört werden wollen, so müssen wir von ihm, als unserem Haupte, das Leben empfangen.

Art. 20. Wir glauben, daſs wir jener Gerechtigkeit teilhaftig gemacht werden durch den Glauben allein, wie Jesus sagt, daſs er gelitten habe, um uns Heil zu erwerben, auf daſs Alle, die an ihn glauben, nicht verloren gehen. Und daſs Solches geschieht, weil die Verheiſsungen des Lebens, die uns in ihm gegeben, zu unserem Gebrauche bestimmt sind, und wir deren Wirkung spüren, wenn wir sie annehmen und nicht zweifeln, daſs Zusicherungen aus Gottes Munde uns nicht täuschen werden. So hängt also die Gerechtigkeit, die wir im Glauben empfangen, von den freien Verheiſsungen ab, in denen Gott uns seine Liebe zu uns erklärt und bezeugt.

Art. 21. Wir bekennen, daſs wir zum Glauben erleuchtet werden durch die verborgene Gnade des heiligen Geistes, der mithin eine freie und besondere Gabe ist, die Gott erteilt, welchen er will, so daſs die Gläubigen keine Ursache haben, sich deshalb zu rühmen, vielmehr doppelt dafür dankbar sein müssen, daſs sie den Andern vorgezogen worden sind. Ja, wir behaupten sogar, daſs der Glaube den Erwählten nicht nur für ein Mal gegeben wird, um sie in den rechten Weg einzuführen, sondern auch (fort und fort), um sie bis ans Ende auf demselben zu erhalten. Denn wie Gott der Anfänger, so ist er auch der Vollender unseres Heiles.

Art. 22. Wir sind der Überzeugung, daſs wir, von Natur der Sünde unterworfen, durch diesen Glauben wiedergeboren werden zu einem neuen Leben. Durch den Glauben empfangen wir die Gnade, einen heiligen Wandel zu führen in der Furcht Gottes, indem wir die Verheiſsung festhalten, die uns im Evangelium gegeben ist, daſs Gott uns seinen heiligen Geist verleihen werde. Der Glaube erkältet also nicht nur nicht unsern Eifer zu einem guten und heiligen Wandel, er erzeugt und entzündet vielmehr diesen Eifer in uns, indem er notwendig die guten Werke hervorbringt. Im Übrigen, obschon Gott, um unser Heil zu vollenden, uns erneuert und durch Umwandlungen unseres Herzens und Sinnes zum Guten befähigt, so bekennen wir gleichwohl, daſs die guten Werke, die wir unter Leitung seines Geistes thun, nicht in Rechnung kommen, um uns zu rechtfertigen, noch auch ein Verdienst begründen, um deſswillen uns Gott zu seinen Kindern annehmen müſste, da wir allezeit ohne sicheren Halt von Zweifeln beunruhigt werden, wenn unsere Gewissen sich nicht stützen auf die Genugthuung, wodurch Jesus Christus unsere Schuld getilgt hat.

Art. 23. Wir glauben, daſs alle Vorbilder des Gesetzes ihr Ende erreicht haben mit der Erscheinung Jesu Christi; daſs aber, obschon die Ceremonieen nicht mehr in Gebrauch sind, uns doch deren wesentlicher und wahrer Inhalt geblieben ist in der Person dessen, in welchem alle Erfüllung liegt. Übrigens müssen wir uns des Gesetzes und der Propheten bedienen, sowohl um unser Leben zu regeln, als auch um für die Verheiſsungen des Evangeliums empfänglich zu werden.

Art. 24. Wir glauben, daſs Jesus Christus uns zum alleinigen Fürsprecher gegeben worden, der uns gebietet, uns in seinem Namen vertrauensvoll an seinen Vater zu wenden; ja daſs es uns selbst nicht erlaubt ist, in anderer Weise zu beten, als Gott in seinem Worte vorgeschrieben hat; daſs darum Alles, was Menschen ersonnen haben von der Fürbitte der abgeschiedenen Heiligen, nichts als Irrwahn und Betrug des Satans ist, um uns von der Art des rechten Betens abzulenken. Wir verwerfen auch alle anderen Mittel, welche die Menschen zu haben meinen, um ihre Schuld vor Gott zu tilgen, da diese Mittel das Opfer des Leidens und Sterbens Jesu Christi schmälern. Endlich halten wir das Fegfeuer für ein Trugbild, welches aus der nämlichen Werkstatt hervorgegangen ist, aus der auch die mönchischen Gelübde, Wallfahrten, Ehe- und Speiseverbote, die ceremoniöse Beobachtung der Tage, die Ohrenbeichte, der Ablaſs und andere ähnliche Dinge, wodurch man Gnade und Heil zu verdienen glaubt, entsprungen sind: Dinge, die wir verwerfen, nicht blos weil die irrige Vorstellung des Verdienstes damit verbunden ist, sondern auch, weil es Menschensatzungen sind, die dem Gewissen ein Joch auflegen.

Art. 25. Da wir nun aber nur durch das Evangelium an Jesu Christo Teil haben, so glauben wir, dafs die Anstalt der Kirche, welche in seiner Vollmacht eingesetzt worden, heilig und unverletzlich sein mufs; dafs jedoch die Kirche nicht bestehen kann, wenn nicht Prediger vorhanden sind mit dem Amt der Lehre, die man achten und mit Ehrerbietung hören soll, wenn sie ordentlich berufen sind und treulich ihres Amtes warten. Nicht als ob Gott an solche Helfer oder untergeordnete Mittel gebunden wäre, sondern weil es ihm gefällt, uns unter solchem Zaume zu halten. Damit verwerfen wir alle Schwärmer, die, so viel an ihnen ist, das Amt der Predigt des Wortes und der Sacramentsverwaltung aufheben möchten.

Art. 26. Wir glauben folglich, dafs Keiner sich auf sich selbst stellen und an seiner Person genügen lassen darf, dafs vielmehr Alle gemeinschaftlich die Einheit der Kirche aufrecht erhalten sollen, indem sie sich der gemeinsamen Unterweisung und dem Joche Jesu Christi unterwerfen, und das an jedem Orte, wo nur immer Gott eine wahre kirchliche Ordnung eingesetzt hat, wenn auch die Obrigkeiten und ihre Verordnungen ihr zuwider sein sollten. Ingleichen dafs Alle, welche sich dieser Ordnung nicht unterwerfen oder sich davon lossagen, dem Befehle Gottes entgegenhandeln.

Art. 27. Wir glauben jedoch, dafs man sorgfältig und mit Vorsicht unterscheiden mufs, welches die wahre Kirche sei, da ein sehr grofser Mifsbrauch mit diesem Namen getrieben wird. Wie sagen daher dem Worte Gottes gemäfs, dafs es die Gemeinde der Gläubigen ist, die sich vereinigen, um das Wort und die reine Religion, die damit zusammenhängt, zu befolgen: die ihr ganzes Leben darin wachsen und zunehmen und sich gegenseitig in der Gottesfurcht befestigen als Solche, denen es Not thut, immer weiter fortzuschreiten, und die, obschon sie sich dazu anstrengen, dennoch unablässig zur Vergebung der Sünden ihre Zuflucht nehmen müssen. Damit leugnen wir nicht, dafs es unter den Gläubigen auch Heuchler und Verworfene geben mag; nur dafs deren Bosheit dem Namen und Wesen der Kirche keinen Eintrag thut.

Art. 28. In diesem Glauben erklären wir, dafs da, wo das Wort Gottes nicht angenommen wird, wo man es sich nicht angelegen sein läfst, sich demselben zu unterwerfen, und wo man die Sacramente nicht gebrancht, im eigentlichen Sinne des Wortes auch keine Kirche sein kann. Gleichwohl verwerfen wir die (gottesdienstlichen) Versammlungen des Papsttums, da die lautere göttliche Wahrheit daraus verbannt ist, die Sacramente aber verderbt, verunstaltet, verfälscht oder gänzlich vernichtet und jeglicher Aberglaube und Götzendienst im Schwange sind. Wir halten darum dafür, dafs Alle, welche sich mit dergleichen Handlungen abgeben und daran beteiligen, sich von dem Leibe Jesu Christi trennen. Da jedoch immerhin noch eine geringe Spur von Kirche in Papsttum geblieben und namentlich das Wesen der Taufe darin erhalten ist, deren Wirkung ja auch nicht von demjenigen abhängt, der sie verrichtet, so bekennen wir, dafs die, welche dort getauft sind, keiner zweiten Taufe bedürfen, wiewohl man der hinzukommenden Fälschungen halber dort keine Kinder taufen lassen kann, ohne sich zu beflecken.

Art. 29. Was die wahre Kirche betrifft, so glauben wir, dafs sie nach der Ordnung regiert werden mufs, welche unser Herr Jesus Christus eingesetzt hat, und der zufolge Prediger, Aufseher und Armenpfleger zu bestellen sind, damit die reine Lehre ihren Lauf habe, die Laster gestraft und unterdrückt, die Armen und Betrübten in ihren Nöten aufgerichtet, die Versammlungen im Namen Gottes gehalten, und Grofse und Kleine darin erbaut werden.

Art. 30. Wir glauben, dafs alle wahren Prediger, an welchen Orten sie auch wirken mögen, einerlei Ansehen und Macht unter dem einen Haupte, Herrn und allgemeinen Bischofe Jesu Christo haben, und dafs darum keine Kirche eine Herrschaft oder Oberhoheit haben kann über die andere.

Art. 31. Wir glauben, dafs Niemand sich eigenmächtig vermessen darf, die Kirche zu regieren, sondern dafs die Berufung zu solchem Amt durch ordnungsmäfsige Wahl geschehen mufs, so weit es möglich ist und Gott es zuläfst. Wir fügen ausdrücklich diese Einschränkung hinzu, weil es mitunter nötig gewesen ist, wie selbst in unseren Tagen, wo die Kirche in Verfall war, dafs Gott auf aufserordentliche Weise Männer berief, um die der Verwüstung und Zerstörung preisgegebene Kirche von Neuem zu bauen. Allein wie dem auch sein mag, man wird sich — so glauben wir — stets an die Regel halten müssen, dafs alle Prediger, Ältesten und Armenpfleger ein Zeugnis aufzuweisen haben, dafs sie zu ihrem Amte berufen worden sind.

Art. 32. Wir glauben auch, dafs es gut und nützlich ist, dafs diejenigen, die zur Kirchenleitung berufen sind, unter sich übereinkommen über die besten Mittel zur Regierung des ganzen Kirchenkörpers, und dafs sie dabei in keinem Stücke von dem abweichen, was unser Herr Jesus Christus darüber verordnet hat. Es hindert das nicht, dafs an jedem Orte besondere Einrichtungen bestehen, wie sie gerade angemessen sein werden.

Art. 33. Gleichwohl verwerfen wir alle menschlichen Erfindungen und Satzungen, die man unter dem Vorwande des Gottesdienstes einführen und wodurch man die Gewissen binden möchte. Wir nehmen nur das an, was geschieht und geeignet ist, die Eintracht zu fördern und Alle, vom Ersten bis zum Letzten, im Gehorsam zu erhalten. Und darin haben wir dem zu folgen, was unser Herr Jesus über den Kirchenbann verordnet hat, den wir gutheifsen und für nötig erachten mit Allem, was damit zusammenhängt.

- - -

Aus dem Hospice.

Am Dienstag, den 15. März d. J. fand die alljährliche öffentliche Schulprüfung der Zöglinge unseres Hospice statt. Der gegenwärtige Vorsitzende der General-Direktion, Herr Pred. Doyé, nahm das Examen ab. In den Vormittagsstunden von 9—12 Uhr wurden die Knaben geprüft. Für jede der vier Klassen waren zwei Lehrgegenstände bestimmt und zwar in aufsteigender Ordnung: Religion und Deutsch, Französisch und Rechnen, Deutsch und Geographie, Geometrie und Physik. Die beiden letzten Unterrichtszweige betreffend, besonders für die Physik, hatte einer der Schüler der ersten Klasse eine sehr korrekt und sauber ausgeführte Zeichnung auf der Wandtafel ausgeführt.

Nachmittag von 3—5 Uhr kamen die Mädchen zur Prüfung. Die Lehrgegenstände waren von der IV. zur ersten Klasse aufsteigend: Anschauung und Rechnen, Deutsch und Französisch, Naturgeschichte und Geographie, Französisch und Rechnen. Nach dem Examen von je zwei Klassen wurden sowohl von den Knaben wie auch von den Mädchen Lieder und Motetten gesungen. Vor- und Nachmittag lagen die Hefte der verschiedenen Klassen, Probezeichnungen, Probeschriften und die Extemporale für Deutsch, Französisch und Rechnen zur Ansicht aus, und wurde Alles von Seiten der Examenbehörde und der übrigen Anwesenden einer genauen Durchsicht und Prüfung unterworfen. Der Mädchen-Prüfung wohnten auch die Ehren-Damen der Anstalt bei.

§§ Noch einmal das Hospice. Der Geburtstag Sr. Majestät, unseres hochverehrten Kaisers, wurde wie alljährlich so auch diesmal in unserm Hospice festlich begangen. Fahnen im und am Hause kündeten von der hohen Bedeutung des Tages. Um 10 Uhr Vormittags wurde die Feier mit dem Choral: „Lobe den Herrn, den mächtigen König der Ehren" eröffnet. Einer der Herren Lehrer des Hauses hielt vor versammeltem Lehrer-Kollegium und der festlich gekleideten Kinderschar die Festrede. In schwungvoller Sprache entrollte der Redner ein Lebens- und Charakterbild des hohen Gefeierten, worin er die von dem Erlauchten Elternpaare unserm erhabenen Herrscher teils anererbte, teils anerzogene tiefe Frömmigkeit, hohe Demut und seltene Menschenliebe als Hauptmomente hervorhob. — Darauf wurden abwechselnd von Knaben und Mädchen Lieder und auf den Tag bezügliche Gedichte vorgetragen, und die Volkshymne: „Heil dir im Siegerkranz", von dem Musikchor unserer Knaben begleitet, gaben der anmutenden Feier einen erhebenden und würdigen Schlufs.

Bis zu Tisch ergingen sich die Kinder, von dem herrlichen Wetter angelockt, im Freien. Die gewöhnliche Einfachheit unseres Mittagessens machte heute einem Festmahle Platz. Milchreis, den dazu gehörenden Zucker und Zimmet nicht zu vergessen — ein ansehnliches Stück Schweinebraten und — o Kinder-Wonne! — eine Fülle von Kartoffeln mit Sauce nach Belieben — mundete unseren Kleinen und Grofsen vortrefflich. Ein volles Glas Wein in der Hand brachten sie ein überaus volltönendes, dreimaliges Hoch auf Sc. Majestät den Kaiser aus.

Am Nachmittage hielten sich die Zöglinge teils im Freien, teils in ihren Wohnräumen auf, sich die Zeit mit Spielen mancherlei Art verkürzend; eine angenehme Unterbrechung bot das um 4 Uhr eingenommene, heut in Kaffee und Bretzeln bestehende Vesper. Die Zeit bis Abend ward teils mit Gesang, teils mit Musizieren der Knaben ausgefüllt. Der Tanz, sonst ein Hauptvergnügen bei unsern Festen, konnte diesmal den Kindern nicht gestattet werden, da wir leider das in diesen Tagen erfolgte Dahinscheiden eines unserer weiblichen Zöglinge zu betrauern hatten.

Um 7 Uhr endete das Fest mit der bei solchen Veranlassungen üblichen, aus mit Wurst belegten Butterbroden bestehenden Abendmahlzeit. Die fröhliche und gehobene Stimmung dauerte fort, bis endlich der Schlaf die müden Augen und die rastlos thätigen Lippen schloſs.

Aus der Provinz.

I. Jahresbericht der Gemeinde Bergholz.*)

Die Zahl der Parochianen belief sich am Schlusse des Jahres 1880 auf 853, die in Bergholz, den 5 Filialen Rossow, Zerrenthin, Grimmen, Fahrenwalde und Plöwen und 14 anderen Ortschaften wohnten. In Bergholz allein wurde regelmäſsig an Sonn- und Festtagen, und in der Fastenzeit an einem Wochentage gepredigt, während dies in Fahrenwalde und Plöwen nur gelegentlich der dort stattfindenden Abendmahlsfeiern, in den übrigen Filialen gar nicht geschah. An die Fastengottesdienste schlossen sich Katechisationen mit den Schulkindern. Der Kirchenbesuch war immer recht gut. — Das heilige Abendmahl wurde in Bergholz am 1. Osterfeiertage, am 1. Pfingstfeiertage, am Erntedankfeste und jedesmal am nächstfolgenden Sonntage, in Plöwen am Charfreitage und in Fahrenwalde am 11. April und am 17. Oktober gefeiert. Drei Kommunionen, die Pfingstkommunion zu Fahrenwalde und die beiden Weihnachtskommunionen zu Bergholz fielen im vergangenen Jahre aus besonderen Gründen aus. — Getauft wurden 33 Kinder, getraut 7 Paare, beerdigt mit geistlicher Begleitung 15 Leichen. — Konfirmiert wurden 17 Kinder und zwar in 2 Konfirmationen, am Palmsonntage und am letzten Sonntage des September. Die Zahl der Krankenkommunionen betrug 4. — Sühneversuche, Ehescheidungen, Austritte aus der Kirche, sowie Übertritte zu derselben fanden nicht statt. Taufe und Trauung wurden immer begehrt. — Das Armenkassenvermögen hatte am Schlusse des Rechnungsjahres 1879-80, ult. März 80) einen Kapitalbestand von 7940 Mk. 79 Pf. In der Armenbüchse waren eingekommen 208 Mk. 42 Pf., an Zinsen und sonstigen Einnahmen 290 Mark 42 Pf., im Ganzen also 498 Mk. 84 Pf. Als Armenunterstützung wurden verausgabt 263 Mk. 75 Pf., für andere Zwecke 183 Mk. 95 Pf. im Ganzen 447 Mk. 70 Pf. Durch die kirchlichen Kollekten gingen ein 72 Mk 79 Pf., darunter die Hauskollekte für die Notstände der evangelischen Landeskirche mit 47 Mk. 60 Pf.

Das Presbyterium besteht zur Zeit aus folgenden Mitgliedern: den Bauernhofsbesitzern Dubois, Gueffroy, Hurtienne und Milleville zu Bergholz, Bettac und Billiaud zu Rossow, Sombert zu Zerrenthin, Tancré zu Grimmen, Laurent zu Fahrenwalde, Houdelet zu Plöwen und dem Vorsitzenden Pfarrer William. Die französisch-reformierte Schule zu Bergholz hatte 36 Schüler, die zu Rossow 32. Die Lehrer derselben heiſsen Becker und Fröhlich. — Der Bau des Pfarrhauses, der am 1. Juli 1879 angefangen worden, wurde am 1. Juli 1880 beendet, und das neue Haus sofort bezogen. Zu den Baukosten (21054 Mk.) hat der Patron, die Kgl. Regierung, zwei Drittel, die Gemeinde ein Drittel beigetragen. Auſserdem hat die Gemeinde die nötigen Hand- und Spanndienste geleistet. Das Drittel der Gemeinde ist von den 143 sogenannten Hüfen in Bergholz und Filialen, die mit wenigen Ausnahmen in den Händen französischer Besitzer sind, und von den Eigentümern französischer Büdnerstellen zu tragen. — Zur Kreissynode deputiert wurden die Anciens Bettac aus Rossow und Tancré aus Grimmen.

II. Ein Brief aus Schwedt.

„Heute (27. 3. 81) haben wir wieder Predigt gehabt. Die letzte war am 26. November v. J. Dies Mal hat Herr Prediger Devaranne aus Groſs-Ziethen Gottesdienst gehalten und

---

*) Bergholz oder Berkholz, in der nordöstlichsten Ecke der Uckermark, bei Löcknitz. Seelsorger der dortigen französisch-reformierten Gemeinde ist Herr Prediger William, demselben haben wir obigen Artikel zu verdanken.

das heilige Abendmahl ausgeteilt. Die Kirche war sehr gefüllt, auch sind viele zum Abendmahl gegangen. Es ist solch ein Tag immer ein grosses Fest für uns. Ich glaube wohl, dafs viele von uns es nicht mehr erleben werden, dafs wir einen Prediger bekommen; wir beten alle Tage: „Herr, sende Diener in diesen deinen Weinberg."

Aus dem Vereinsleben der Kolonie.

Am Mittwoch, den 9. Februar, sprach Herr Prediger Nefsler in der Mittwochs-Gesellschaft über den Kulturkampf in Frankreich. Frankreich habe 37 Millionen Einwohner, hierunter seien 700,000 Reformierte und 100,000 Juden, alle übrigen aber Katholiken. Frankreich sei somit ein überwiegend katholisches Land. Durch die pragmatische Sanktion habe Ludwig IX., der Heilige, 1269 die Verhältnisse mit dem römischen Stuhle zum Vorteile seines Reiches geordnet; Franz I. habe dieselbe 1516 aufgehoben und der Selbständigkeit der gallikanischen Kirche hiermit einen argen Stofs versetzt. Ludwig XIV. wufste sich dem Papste gegenüber sein Recht vollständig zu wahren; dafür aber hob er 1685 das Edikt von Nantes auf und überlieferte die Jansenisten von Port Royal an die Jesuiten. In der französischen Revolution mufste der Klerus auf alle Vorrechte verzichten; der Staat übernahm den Kultusetat und verhängte die schwersten Verfolgungen über diejenigen Priester, welche sich ihm nicht unterwerfen wollten. Napoleon Bonaparte führte den katholischen Kultus wieder ein. Er erklärte aber 1809 Pipins Schenkung für zurückgenommen, machte den Papst zum Gefangenen und zwang ihn zu einem für diesen höchst ungünstigen Konkordate, das Ludwig XVIII. aber wieder aufhob. Ein neues Konkordat von 1817 drohte die französische Kirche vollkommen dem Papste auszuliefern, doch erhielt es nicht Gesetzeskraft. 1828 wurden unter Karl X. den Jesuiten die Schulen verschlossen. Ludwig Philipp wehrte dem Klerus mit Entschiedenheit die Beherrschung des Unterrichtswesens. Nach der Revolution von 1848 aber trat eine durchgreifende Reaktion ein; unter der Regierung des letzten Napoleon kam das gesamte Elementarschulwesen unter die Herrschaft der Geistlichkeit. Es war 1871 nur Thiers zu verdanken, dafs das Reich nicht mit gebundenen Händen Rom überliefert wurde. 1875 gestattete ein Gesetz die Gründung katholischer Universitäten mit der Befugnis, akademische Grade zu erteilen. Es war nun thatsächlich so, dafs höheres und niederes Schulwesen in den Händen des Klerus lag. Nach dem Sturze der konservativen Regierung mufste, um seine eigene Unabhängigkeit zu wahren, das neue Gouvernement die Rechte des Staates im Schulwesen wieder herzustellen versuchen. Eine Menge religiöser Genossenschaften hatte festen Fufs gefafst, die vom Staate nicht anerkannt waren. Diese wurden zunächst ausgewiesen. Ein neues Unterrichtsgesetz verbannte die Geistlichen überhaupt aus der Schule.*) Die französische Regierung führt den Kampf in dem Sinne, „dafs es Pflicht des modernen Staates sei, dafür zu sorgen, dafs er Herr im eigenen Hause und Rom nicht unterworfen sei." Möge sie das Wort aus Shakespeare zu ihrem Wahrspruche machen: Dein Ziel sei immer Ziel auch deines Landes, wie deines Gottes und der Wahrheit.

Die letzte Sitzung der Mittwochs-Gesellschaft im Winterhalbjahr 1880—81 fand ausnahmsweise am 10. März d. J. statt. Durch ein Versehen des Traiteurs war der hierfür bestimmte Mittwoch, der 9. d. M. anderweitig besetzt worden, und mufste sich die Gesellschaft, Dank dieser wenig erfreulichen Aufmerksamkeit des englischen Hauses, in eine unfreiwillige Donnerstags-Gesellschaft verwandeln, ein Umstand, der nicht ohne Einflufs auf die Zahl der Teilnehmer blieb.

Herr Dr. Julius Schweitzer, der langjährige Redakteur der National-Zeitung auf nationalökonomischem Gebiete, hatte der Gesellschaft einen Vortrag über Lotterieen zur Verfügung gestellt und wurde dieser ebenso interessante als bemerkenswerte Beitrag von dem Vorsitzenden vorgetragen und von den Versammelten mit Dank und Anerkennung entgegen genommen. Über den Inhalt dieses Vortrages liegt uns ein reiches Material vor. Wir gestehen, dafs wir mit einigem Schmerze auf die vollständige Wiedergabe desselben verzichten. Der streng gemessene Rahmen aber, in welchem sich der Inhalt unserer Zeitung zu bewegen hat, legt uns eiserne Schranken auf. Wir begnügen uns daher mit Abdruck der Schlufs-Gedanken.

Neben der Leidenschaft geht bei dem Spiele ein Stück Blindheit und Trägheit einher. Ein Teil der Spieler kann rechnen und die Chancen lohnenden Gewinnes ermitteln, aber er

---

*) Ein gefährliches Experiment, ein Schritt, der viel zu weit nach links geht. (Anmerk. d. Herausgebers).

will es nicht, um der Selbstentschuldigung nicht verlustig zu gehen; ein anderer Teil kann überhaupt nicht rechnen und zählt daher auf seinen Glücksstern. Bekannt ist die Geschichte vom Erfinder des Schachspieles; weniger diejenige eines ehrsamen Tischlermeisters, der für die Anfertigung eines Schrankes, für dessen Lieferzeit 21 Tage ausbedungen waren, als Preis für den ersten Tag 5 Pf. und für jeden folgenden die Verdoppelung des vorhergehenden bis zum 21. Tage forderte und zugestanden erhielt. Man zahlte ihm am ersten Tage die 5 Pf., am dritten die 20 Pf.; am zehnten Tage betrug die zu zahlende Summe bereits 25 Mk. 60 Pf. und bezifferte sich die gemachte Zahlung nunmehr schon 51 Mk. 15 Pf. Man besinnt sich, rechnet und findet, dafs man am 21. Tage die Kleinigkeit von 104,857 Mk. 55 Pf. gezahlt haben würde. Der brave Tischler besteht selbstredend nicht auf Erfüllung des Vertrages. Die Moral: in jeder Lage des Lebens ist Rechnen Pflicht. Wer spielen will, der opfere nicht mehr, als er ohne irgend eine Beeinträchtigung seines sittlichen und materiellen Wohles opfern kann und darf. Man betrachte jeden Einsatz als Verlust und sei des Sprichwortes eingedenk: „Hoffen und harren macht manchen zum Narren." Lassen wir getrost den Dummen das Glück lächeln, wie der Volksmund sagt; der Kluge findet bessere Mittel und Wege, sein Ziel zu erreichen. „Wenn Klugheit mit dem Glücke den Kampf beginnt, und jene wagt nun Alles, was sie kann, ist ihr der Sieg gewifs," sagt Shakespeare.

Der Verfasser schliefst mit dem Ausspruche Goethes, als Trost für diejenigen, die scheelen Blickes auf sogenannte Glückspinsel schauen:

Dafs Glück ihm günstig sei, was hilft's dem Töffel,
Denn regnet's Brei, ihm fehlt der Löffel.

Dem Vortrage folgte der Bericht der Revisoren über die von ihnen geübte Kontrolle der Rechnungen der Gesellschaft. Dem Schatzmeister wurde die Decharge erteilt. Der stellvertretende Vorsitzende, Herr Kaslinger, toastete bei dem der Sitzung folgenden Abendtische auf ein gesundes Wiedersehen der Mitglieder, im Winterhalbjahr 1881-82 und auf das fernere Gedeihen der Gesellschaft.

Am 12. März hatte die gesellige Vereinigung von Kolonie-Mitgliedern, wie alljährlich einmal, eine Abend-Unterhaltung mit Damen arrangiert. Die Festlichkeit trug den allen Koloniefesten eigenthümlichen Charakter liebenswürdiger und edler Vertraulichkeit, dem man nicht mit Unrecht das Gepräge eines Familienfestes nachrühmt. Es waren in den schönen Räumen des französ. Hauses gegen hundert Teilnehmer an diesem Feste versammelt, welche um 8½ Uhr die mit den Bronze-Büsten des Kaisers und des Kronprinzen geschmückten Tafeln, unter den Klängen eines rauschenden Festmarsches, besetzten und den Freuden der Tafel und der Unterhaltung huldigten. Den Toast auf den Kaiser brachte der Vorsitzende, Herr Bertrand, aus. Die Persönlichkeit des Kaisers, so ungefähr führte derselbe aus, sei so oft besprochen und geschildert und zwar von bedeutenden Männern und an bevorzugten Stellen, dafs es fast kaum möglich erscheine, irgend einen neuen Anhaltpunkt zu gewinnen. Unser ehrwürdiger und geliebter Kaiser mit seinem reichbewegten, hochbetagten Leben gleiche indessen einem alten, schönen und tadellos geschliffenen Diamanten, der mit jedem neuen Lichtstrahl, der auf ihn fällt, auch neue Farben hervorzaubere, neue Reize entfalte. Der Redner ging nunmehr auf die wenige Tage zuvor stattgehabte Vermählung des Enkels des Kaisers mit der Prinzessin zu Schleswig-Holstein ein und zeigte, wie in den, dem jungen Paare bereiteten Ovationen, doch eigentlich in erster Linie die Liebe zu dem Kaiser und König ausgedrückt gewesen sei, und das junge Paar gewissermafsen im Reflex jener Huldigung gestanden habe. Die sprichwörtlich gewordene Bescheidenheit des Kaisers habe indessen diese Ovationen von sich gewiesen und dem jungen Paare zuerteilt; während das junge Paar in echter Hohenzollernart, dieselben als erst zu verdienende anerkannt habe. Wenige Tage noch, so schlofs der Redner, und wir feiern den Geburtstag unseres Kaisers, dem Preufsen, dem Deutschland ihre Liebe und Dankbarkeit zollen und auf den weit hinaus über die Grenzen unseres weiteren Vaterlandes die Nationen in Ehrfurcht blicken; senden wir diesem unsere Herzenswünsche als Mitglieder der Kolonie entgegen! Ein altes Witzlied sagt: „Vom lieben Gott und den alten Leut', da geht der Segen aus." Möge uns der Kaiser und König, unser teurer Herr, noch lange erhalten bleiben in geistiger Frische, in körperlicher Rüstigkeit zum Segen des Vaterlandes. Die Gesellschaft stimmte begeistert in diesen Toast und sang darauf das zu solcher Veranlassung von dem Vorsitzenden verfafste Lied.

Im weiteren Verlaufe des Abendtisches, gelangten durch die freundliche Mitwirkung sangeskundiger Freunde der Kolonie, einige Schumannsche Lieder und mehrere Duette zum Vortrage und erhöhten den Genufs der Teilnehmer. Nach aufgehobener Tafel gelangte die Jugend zu ihrem Rechte — zum Tanze — bei welchem auch die älteren Festgenossen nicht vollständig passiv blieben. Es war Mitternacht längst vorüber, als die letzten Accorde erklangen und dem schönen Feste ein Ende machten. Es bleibt noch zu bemerken, dafs während der Tafel eine Sammlung zu Gunsten der Fortbildung einer, der Kolonie angehörigen Schülerin der *école de charité* stattfand und die Summe von 145 Mk. ergab. Da der beabsichtigte Zweck mit dieser Summe erreicht zu werden vermag, so hat das Fest auch nach der wohlthätigen Seite hin einen erhebenden Abschlufs gehabt.

Die erste März-Sitzung der Réunion gestaltete sich zu einer der lange geplanten und wiederholt beratenen Wander-Versammlungen. Durch Postkarte waren sämtliche Mitglieder des Vereins und eine grofse Anzahl von *chefs de famille* der Klosterparochie zu einem Vortrage über das Hospice nach dem „Englischen Garten" in der Alexanderstrafse eingeladen worden. Trotz des übermäfsig schlechten Wetters war der sehr grofse Saal doch zur guten Hälfte gefüllt. Der Vorsitzende der Réunion eröffnete die Versammlung durch eine längere Ansprache, in welcher er die Anwesenden begrüfste, die Zwecke des Vereins darlegte, und als Grund dieser Zusammenkunft die Absicht betonte, kolonistisches Leben und Streben auch in die Kreise zu tragen, in denen das Bewufstsein der Zusammengehörigkeit, wenn nicht erloschen, so doch getrübt wäre. Sodann sprach Herr Prediger Villaret in herzlicher Weise seine besten Wünsche für das Gedeihen dieser Abende aus. Der nun folgende Vortrag gab eine Geschichte der Entwickelung unseres jetzigen Hospice. Er zeigte zunächst, dafs in diesem Institute drei segensreiche Anstalten unserer Kolonie ein gemeinsames Asyl gefunden hätten: das Waisenhaus, die *École de charité* und das Kinderhospital. Die Geschichte der Entstehung und Entfaltung dieser drei Anstalten wurde dargelegt, und über den Modus der Verwaltung, die Gröfse des Vermögens das zum Verständnisse Notwendige angefügt. — Die Teilnehmer blieben nach der Sitzung noch in längerer Geselligkeit bei einander, und trennten sich mit dem Versprechen, diese allgemeinen Zusammenkünfte nach Möglichkeit fortzusetzen.

In der letzten Sitzung der Réunion sprach Herr Dr. Muret über die Rechnungslegung des Konsistoriums. Das Referat erfolgt in der nächsten Nummer.

Gemeindesachen.

Auszug aus dem Kirchenzettel: 1. An Stelle des Herrn Ch. C. Jules Schieckel, der uns durch den Tod entrissen ist, der Herren A. F. Othon Briet, Hermann A. J. Crouze, Charles L. Le Coq, welche um Entbindung von ihrem Amte gebeten haben, — nachdem sie sämtlich der Kirche mit Anerkennung gedient — hat die *Compagnie du Consistoire* erwählt: Die Herren Jean Louis de la Barre, J. N. A. Charles Rust, Henri G. Fr. Humbert, A. Larché. Hiervon wird während dreier auf einander folgender Sonntage Mitteilung gemacht, und das Stillschweigen der Gemeinde als Zeichen der Zustimmung angesehen werden. 2. Die Kollekte zu Gunsten der Theologie Studierenden hat ergeben 14 M. 55 Pf. 3. Der Nachmittags-Gottesdienst in der Friedrichstadt beginnt vom 3. April ab um 3 Uhr.

Vereinsnachrichten der Réunion.

Sitzungen: Freitag, den 8. und Freitag, den 22. April 1881 Restaurant Gärtner, Mittelstr. 65, 8½ Uhr Abends.

Briefkasten.

§ Wir erhalten folgende Zuschrift, die wir mit einigen Aenderungen sonst unverändert zum Abdruck bringen: „Ich habe aus dem Kirchenzettel ersehen, dafs nach Ausscheidung einiger Herren die Compagnie an deren Stelle vier andere *chefs de famille* zu Mitgliedern des Konsistoriums erwählt hat. Es wird diese Wahl der Gemeinde mit dem Bemerken zur Kenntnis gebracht, dafs „ein Stillschweigen derselben als Zustimmung angesehen werden wird." Gestatten Sie mir, auf das Lückenhafte der Veröffentlichung aufmerksam zu machen. Durch die Namen allein ist in unserer grofsen Stadt mit derartigen Bekanntmachungen nicht genug gethan. Jedenfalls müfste noch Stand und Wohnung verzeichnet werden, wenn die Publikation ihren Zweck erfüllen soll. Ich denke nun, wenn Sie diese Frage in der Zeitschrift anregen, dürfte die Behörde vielleicht auf die hierin gewifs nicht unberechtigten Wünsche der Gemeinde eingehen."

Die Redaktion bittet um gef. Einsendung des Abonnements. Bei Einsendung des gesamten Betrages von 3 M. gestatten wir für hiesige Abonnenten einen Abzug von 20 Pf.

Mai 1881.   V. Jahrgang.

DIE KOLONIE.

Organ für die äusseren und inneren Angelegenheiten der französisch-reformierten Gemeinden.

Redigiert von W. Bonnell, Rektor in Berlin.

Erscheint monatlich einmal. Preis pro Quartal 75 Pf.

Abonnements werden angenommen bei W. Bonnell in Berlin S., Schwedter-Str. 257, und bei jeder Post-Expedition.

INHALT: Jaques Abbadie von Prediger Lorenz in Prenzlau, IV. — Das Glaubensbekenntnis der reform. Kirchen Frankreichs von Dr. Matthieu, Artikel 34—40. — Chronologische Uebersicht der Koloniegeschichte von Dr. Muret. — Aus der Provinz. — Gemeinde-Angelegenheiten — Vereinsnachrichten. — Briefkasten.

Jaques Abbadie.
Von Prediger Lorenz in Prenzlau.
(Schluss).

Am 5. November 1688 landete Wilhelm von Oranien an der englischen Küste; in seiner nächsten Umgebung befanden sich der Marschall von Schomberg und Abbadie. Ohne Widerstand zu leisten, floh Jacob II. nach Frankreich, und so konnte Wilhelm ungehindert seinen Einzug in London halten, woselbst er alsbald als König von Grofs-Britannien proklamiert wurde. Aber so leicht wie erworben, war der neue Thron nicht zu erhalten. Jacob, aufs eifrigste von Ludwig XIV. unterstützt, landete in Irland, wo die katholische Bevölkerung aufstand, um die Rechte der Stuarts und die Herrschaft des Katholicismus in England zu verteidigen. Nun erst galt es, den entscheidenden Kampf zu kämpfen. In dieser kritischen Lage setzte Wilhelm III. alle seine Hoffnungen auf die vielbewährte Kriegstüchtigkeit des Marschall von Schomberg; er erteilte demselben die englische Herzogswürde, machte ihm zum Ersatz für seine in Frankreich confiscierten Güter ein Geschenk von hunderttausend Pfund Sterling, ernannte ihn zum Generalissimus der englischen Armee und sandte ihn im August 1689 zunächst nur mit 6000 in der Eile zusammengerafften Soldaten nach Irland gegen Jacob II., dessen Heer gegen 40000 Mann stark war. Trotz dieser Übermacht der Gegner begann Schomberg den Feldzug mit Geschick und Erfolg; aber der entscheidende Schlag konnte erst geführt werden, nachdem Wilhelm III. im Jahre 1690 mit bedeutenden Verstärkungen nach Irland gekommen war und sich bei Belfast mit Schomberg vereinigt hatte. Am 10. Juli 1690 kam es zu der Schlacht am Boyne-fluss, wo Schomberg das Centrum der englischen Armee kommandierte. Die Irländer wurden vollständig geschlagen; Schomberg aber geriet, nachdem er den Übergang über den Fluss erzwungen, in die feindlichen Reitergeschwader, und unter den Säbelhieben dieser durch die Niederlage erbitterten Gegner endigte der fünfundsiebzig-jährige Feldherr nach ruhmvollem Siege sein vielbewegtes Heldenleben. Sein Leichnam wurde in der Kirche von Sankt-Patrik in Dublin beigesetzt, woselbst ihm später durch den berühmten Dr. Jonathan Swift ein würdiges Denkmal aus schwarzem Marmor errichtet wurde.

Während des ganzen Krieges war Abbadie bei dem Marschall von Schomberg als dessen persönlicher Begleiter geblieben und so Zeuge der letzten Heldenthaten seines Freundes gewesen; aber auch mitten in dem Kriegsgetümmel hatte er mit unermüdlichem Eifer seine theologischen Arbeiten fortgesetzt, so dafs er schon im Jahre 1692 ein neues Werk unter dem Titel:

L'Art de se connaître soi-même ou Recherche sur les sources de la morale. Rotterdam 1692.

veröffentlichen konnte. Dieses Werk zerfällt in zwei Teile, deren erster die Natur des Menschen, seine Vollkommenheiten, seine Pflichten und seine Bestimmung behandelt, während der zweite Teil den Ursprung des menschlichen Verderbens untersucht. Das Buch erschien später in wiederholten Auflagen und fand solchen Beifall, dafs es sogar trotz der Aufhebung des Ediktes von Nantes und der in Frankreich fortdauernden Verfolgung aller hugenottischen Schriften im Jahre 1693 in Lyon mit königlichem Privilegium herausgegeben werden durfte. Nach dem Tode Schombergs kehrte Abbadie nach London zurück, wo er an der französisch-reformierten Kirche *de la Savoie* das Pfarramt übernahm und mehrere Jahre hindurch mit Eifer und Hingebung verwaltete. In jener Zeit wurden die in ganz Europa zerstreuten Hugenotten aufs tiefste erregt durch eine anonyme Schrift, welche unter dem Titel:

Avis important aux réfugiés sur leur prochain retour en France

zuerst 1690 in Amsterdam erschienen war und dem bekannten Kritiker Bayle zugeschrieben wurde. In derselben wurde behauptet, dafs Ludwig XIV. geneigt wäre, die Hugenotten nach Frankreich zurückzurufen, aber nur unter der Bedingung, dafs dieselben ihren satyrischen und republikanischen Neigungen entsagten. Unter dem Scheine gutgemeinter Ratschläge wurden den Réfugiés verläumderische Vorwürfe aller Art gemacht, ja der anonyme Verfasser bezeichnete sie als pietätslose Empörer gegen alle bestehenden Ordnungen. Diese Schrift erfuhr begreiflicher Weise von Seiten der Reformierten nachdrückliche Widerlegungen; sie veranlafste auch Abbadie, seine bis dahin ausschliefslich theologischen Arbeiten zu unterbrechen und sich auf das Gebiet der kirchenpolitischen Controverse zu begeben. So verfafste er denn das Werk:

Défense de la nation Britannique où les Droits de Dieu, de la nature et de la société sont clairement établis au sujet de la révolution d'Angleterre contre l'auteur de l'Avis important aux Réfugiés,

welches im Jahre 1693 in London erschien und zugleich die englische Revolution und das Verhalten der Réfugiés in eben so geschickter wie entschiedener Weise in Schutz nahm. Bald darauf folgte ein zweites Werk ähnlicher Tendenz.

Bekanntlich war Wilhelm III. von Oranien, der spätere König von England, mit des durch die Revolution vertriebenen Königs Jacob II. vortrefflichen Tochter Maria Stuart vermählt, welche nicht zu verwechseln ist mit der älteren, im Jahre 1587 hingerichteten Maria Stuart von Schottland. Diese evangelisch erzogene Prinzessin hatte den Zug ihres Gemahls nach England gebilligt und durch ihre eigenen Erbansprüche die Übertragung der englischen Königskrone auf Wilhelm von Oranien legitimiert. Dafür war ihr von katholischer Seite häufig der Vorwurf gemacht, dafs sie als eine unnatürliche Tochter zur Entthronung ihres eigenen Vaters mitgewirkt habe. Als dieselbe nun im Jahre 1694 zu Kensington verstorben war, da veröffentlichte Abbadie eine Schrift:

Panégyrique de Marie Stuart, Reine d'Angleterre etc. de glorieuse mémoire. La Haye 1695.

in welcher er diese Fürstin allen verleumderischen und unbilligen Anklagen gegenüber verteidigte und ihre Frömmigkeit und Mildthätigkeit, sowie überhaupt ihren musterhaften Wandel mit warmen Worten dankbarer Begeisterung pries. Diese Schrift wurde ins Englische übersetzt und in dem protestantischen England und Schottland allgemein mit Beifall gelesen; ja der König Wilhelm war durch dieselbe so befriedigt, dafs er Abbadie aufforderte, in einem neuen ausführlichen Werke die letzten von seiten der Katholiken gegen die Freiheit Englands angezettelte Verschwörung urkundlich darzustellen; die Staatssekretaire, Graf von Portland und Wilhelm Trumbull, wurden angewiesen, alle auf die letzten Unruhen bezüglichen Akten und Urkunden des geheimen Archivs an Abbadie zur Benutzung zu übergeben, und so entstand dessen letztes politisches Werk:

Histoire de la dernière conspiration d'Angleterre avec le détail des diverses entreprises contre le roi et la nation. London 1696.

in welchem der Verfasser sich als einen gründlichen und gewandten Geschichtsschreiber erwies. Der König belohnte Abbadie für diese Werke dadurch, dafs er ihn zum Doyen der Kirche zu Killalow in Irland ernannte; doch verwaltete derselbe dieses Amt nicht persönlich, sondern bezog nur als eine Art von Gnadenpension das Einkommen dieser Stelle bis an sein Lebensende. Seine letzten Jahre verbrachte Abbadie in gelehrter Mufse abwechselnd in Irland, in England oder in Holland, wohin er sich behufs Herausgabe seiner zahlreichen Schriften zu wiederholten Malen begab. Aus den Schriften dieser letzten Jahre heben wir hier nur noch folgende zwei hervor:

1. La vérité de la religion chrétienne réformée. Rotterdam 1718.

2. Le triomphe de la providence et de la religion. Amsterdam 1721.

Als er endlich nach einem dreijährigen Aufenthalt in Amsterdam im Jahre 1727 nach England zurückgekehrt war, um dort eine Gesamtausgabe aller seiner Werke[*]) vorzubereiten, ereilte ihn in seinem 73. Lebensjahre der Tod am 25. Septbr. 1727 zu Mary-le-Bone bei London.

Schon aus der kurzen Skizze seines Lebens und Wirkens, wie wir sie hier gegeben haben, läfst sich die Bedeutung Abbadies erkennen. Er war ein echter Hugenott, ein beredter Prediger, ein gelehrter Theologe, ein gewandter Schriftsteller, ein klarblickender Politiker; in den geistigen Kämpfen, die seine Zeit bewegten, ist er ein „Rufer im Streit" gewesen; der Wahrheit des Evangeliums und der geistigen und politischen Freiheit Europas hat er all seine reichen Gaben und Kräfte willig zu Dienst gestellt; die reformierte Kirche Frankreichs zählt ihn noch heute zu ihren bedeutendsten Schriftstellern, dessen Hauptwerke[**]) bis in unsere Tage immer wieder neu aufgelegt und mit Segen gelesen worden; die französisch-reformierte Gemeinde zu Berlin aber hat ihm als dem ausgezeichnetsten unter ihren Begründern für alle Zeiten ein dankbares Gedächtnis zu bewahren. —

---

[*]) Ein genaues Verzeichnis aller Werke Abbadies findet sich in *La France protestante*, 2ième édit. t 1. pag. 12—16.

[**]) Der Buchhändler Grassart in Paris, *Rue de la Paix 2*, bietet in seinem Catalog pro 1880 folgende Werke Abbadies in neuen Auflagen an:
1. *Art de se connaitre soi-même* 1 fr. 50 c. — 2. *Traité de la vérité de la religion chrétienne.* 3 fr. — 3. *Traité de la divinité de Jésus-Christ.* 1 fr. 50 c.

Das Glaubensbekenntnis der reform. Kirchen Frankreichs (Confessio Gallicana) vom Jahre 1559.

Deutsch von Dr. theol. et philos. Matthies in Augermünde.
(Schluſs des ersten Abschnittes).

Art. 34. Wir glauben, daſs die Sakramente dem Worte Gottes zugefügt sind, um es noch mehr zu bestätigen; um uns Unterpfänder und Wahrzeichen der Gnade Gottes zu sein, unsern Glauben dadurch zu unterstützen und zu fördern wegen der Schwachheit und Unwissenheit, die noch in uns ist; und daſs sie dergestalt äuſsere Zeichen sind, durch welche Gott in der Kraft seines Geistes wirkt, so daſs er uns in ihnen also nicht leere, inhaltlose Zeichen gegeben hat. Doch halten wir dafür, daſs ihr wesentlicher und wahrer Inhalt*) in Jesu Christo ist, und daſs, wenn man sie von ihm trennt, sie nichts als Schatten und Rauch sind.

Art. 35. Wir bekennen deren ausschlieſslich zwei, welche der ganzen Kirche gemein sind. Das erste, die Taufe, ist uns gegeben zum Zeugnis unserer Gotteskindschaft, da wir durch dieselbe Christo einverleibt werden, um durch sein Blut gewaschen und gereinigt, und darnach durch seinen heiligen Geist zu einem heiligen Leben erneuert zu werden. Auch halten wir dafür, daſs, obschon wir nur einmal getauft werden, doch der Segen, der uns in diesem Sakramente sinnbildlich dargestellt wird, sich auf das Leben und den Tod erstreckt, damit wir ein beständiges Wahrzeichen haben, daſs Jesus Christus allezeit unsere Gerechtigkeit und Heiligung sein werde. Obwohl übrigens die Taufe ein Sakrament des Glaubens und der Buſse ist, so sagen wir doch, da Gott in seine Kirche mit den Eltern zugleich die kleinen Kinder aufnimmt, daſs auch die Kinder, die von gläubigen Eltern gezeugt sind, nach Christi Willen getauft werden müssen.

Art. 36. Wir bekennen, daſs das heilige Abendmahl, welches das andere Sakrament ist, uns ein Zeugnis der Gemeinschaft ist, die wir mit Jesu Christo haben, sofern er nicht nur einmal für uns gestorben und auferstanden, sondern uns auch wahrhaftig mit seinem Fleisch und Blute speist und nährt, auf daſs wir mit ihm vereinigt und seines Lebens teilhaftig werden. Wiewohl er nämlich im Himmel ist, bis daſs er kommen wird, die ganze Welt zu richten, so glauben wir doch, daſs er uns durch die verborgene und unbegreifliche Kraft seines Geistes mit der Substanz seines Leibes und Blutes speist und lebendig macht. Wohl halten wir dafür, daſs Solches auf geistige Weise zugehe, aber nicht etwa um an Stelle des realen Vorgangs einen bloſsen Gedanken, eine bloſse Vorstellung zu setzen, sondern weil dies Geheimnis in seiner Tiefe über das Maſs unseres Verstandes und alle Ordnung der Natur hinausgeht. Mit einem Worte: weil es himmlisch ist, kann es nur durch den Glauben gefaſst werden.

Art. 37. Wir glauben (wie oben gesagt worden), daſs im Abendmahl sowohl als in der Taufe Gott uns wirklich und thatsächlich giebt, was er uns darin bildlich darstellt. Wir verbinden demgemäſs mit den Zeichen den wahren Besitz und Genuſs dessen, was uns in den beiden Sakramenten dargeboten wird. Alle daher, welche zum heiligen Tische des Herrn einen reinen Glauben gleichsam als Gefäſs mitbringen, empfangen wahrhaftig, was die Zeichen ihnen da bezeugen: daſs nämlich der Leib und das Blut Jesu Christi ebenso Speise und Trank der Seele sind, wie Brot und Wein dem Leibe zur Nahrung dienen.

Art. 38. Wir halten also dafür, daſs (in der Taufe) das Wasser, obschon es ein vergänglich Element ist, uns doch in Wahrheit die innere Abwaschung unserer Seele im Blute Jesu Christi durch Kraft und Wirkung seines Geistes bezeugt; und daſs Brot und Wein, wenn sie uns im Abendmahl gereicht werden, uns wahrhaftig zu geistiger Speise dienen, sofern sie uns gleichsam vor Augen malen, daſs das Fleisch Jesu Christi unsere Speise und sein Blut unser Trank ist. Wir verwerfen damit die phantastischen Sakramentierer, welche diese Elemente nicht als Zeichen und Unterpfänder erkennen wollen, da doch unser Herr Jesus Christus spricht: „dies ist mein Leib, und dieser Kelch ist mein Blut."

Art. 39. Wir glauben, daſs Gott die Welt durch Gesetz und Ordnung regiert haben will, damit ein Zaum da sei, die zügellosen Begierden der Welt zurückzuhalten und zu unterdrücken; daſs er darum Königreiche, Republiken und sonstige erbliche und andere Regimente

---

*) Die höhere geistliche Gabe, die sie bezeichnen oder sinnbildlich zur Anschauung bringen.

eingesetzt hat mit Allem, was zur Rechtsordnung gehört, und dafs er als Urheber davon angesehen sein will. Darum hat er auch der Obrigkeit das Schwert in die Hand gegeben, um den Sünden zu wehren, nicht blos denen, die gegen die zweite, sondern auch denjenigen, die gegen die erste Tafel der göttlichen Gebote begangen werden. Um seinetwillen mufs man also nicht blos ertragen, dafs die Obrigkeit über uns herrscht, sondern sie auch ehren und schätzen, und ihre Organe als seine Statthalter und Diener ansehen, welche er verordnet hat, um ein rechtmäfsiges und heiliges Amt auszurichten.

Art. 40. Wir halten folglich dafür, dafs man ihren Gesetzen und Verordnungen gehorchen, Steuern, Abgaben und andere Schuldigkeiten bezahlen und das Unterthanenjoch mit gutem und aufrichtigem Willen tragen mufs, selbst wenn die Obrigkeit eine unchristliche ist, sobald nur Gottes allerhöchstes Regiment unangetastet bleibt. Demgemäfs verdammen wir alle, welche die Obrigkeiten stürzen, Gütergemeinschaft und -Vermischung herbeiführen und die gesetzliche Ordnung umstofsen möchten.

Chronologische Übersicht der Koloniegeschichte.*)
Zusammengestellt von Dr Muret.

1682.	14. März.	} Verwendung des grofsen Kurfürsten beim Herzog Carl Emanuel II. von Savoyen für die Waldenser.
1663.	15. Dez.	
1666.	13. Aug.	Verwendung des Kurfürsten zu Gnaden der franz. Reformierten bei Ludwig XIV.
	14. Nov.	Antwortschreiben des Kurfürsten auf den Brief Ludwigs XIV. vom 6. u. 10. Sept.
1670.	?	Gründung der franz. Kolonie zu Alt-Landsberg bei Berlin (Kolonie 1876 p. 14).
1672.	10. Juni.	Gründung der Berliner franz.-reform. Gemeinde. Erster Gottesdienst im kurfürstlichen Marstall. Anstellung des Predigers Fornerod.
1674.		Einsetzung der ersten Diakonen: de Noir, Belhomme, Prépetit.
1678.		Le Tourneur an Stelle Prépetit's. — Jaques Abbadie predigt als Proposant.
1681.	4. Sept.	Prediger Fornerod durch Jaques Abbadie ersetzt. (Kolonie 1881 Febr.)
1681.		Anordnung eines allgemeinen Bufs- und Bettages wegen der Verfolgungen der Reformierten in Frankreich.
1682.	9. Aug.	Gottesdienst zum ersten Mal in der Schlofskapelle. — Prediger Abbadie erhält die Erlaubnis, ein Konsistorium aus *anciens* und *anciens-diacres* zu bilden, das aber der Disciplin der Domkirche und dem deutschen Konsistorium untergeordnet ist. Mitglieder desselben: d'Anché, de Béville, Monnot, Formel, Belhomme. Letzterer Receveur an Stelle des Grafen d'Espenses. (Kol. 1878 p. 45).
1683.		Ein Bettag auf Donnerstag Nachmittag 2 Uhr eingerichtet.
1684.	10. Febr.	Anstellung eines zweiten Geistlichen, Gabriel d'Artis.
	11. Sept.	Das officiell anerkannte franz. Konsistorium hat die Kirchenverwaltung auf Grund der *discipline des églises réformées de France* zu führen.
1685.		François de Gaultier († 1703) als dritter Prediger angestellt.
	18. Okt.	Widerruf des Ediktes von Nantes.
	24. Okt.	Allgemeine Kollekte für die franz. Reformierten angeordnet.
	29. Okt.	Das Potsdamer Edikt. (Kol. 1876 p. 51 etc.; Mylius C. C. M. VI p. 43).
	10. Dez.	Freiwillige Kollekte für die Réfugiés. (1390?) Thl 22 Gr. 5 Pf.)
1686.	22. Jan.	Zwangskollekte für die Réfugiés.
		Charles Ancillon Oberrichter und *directeur des Français*.
		Vierter Prediger David Ancillon *(père)* † 1682.
		Gründung des Hospitals zu Berlin (1687?); de la Grave Prediger am Hospital. (Kol. 1880 p. 6 etc.).
	16. Nov.	Festsetzungen für die französischen und pfälzischen Ackersleute und Kossäten und deren Nachkommen.
		Gründung der meisten ländlichen Kolonieen.

*) Da obige Uebersicht, die freilich in erster Linie die berliner Gemeinde berücksichtigen soll, wegen der Dürftigkeit der zugänglichen Quellen, besonders im letzten Jahrhundert, noch manche Lücken aufweisen wird, so bitten wir alle Ergänzungen und Berichtigungen der Redaktion zugehen zu lassen, damit zur Zeit ein Nachtrag erscheinen kann.

1687. 22. Juni. Der Kurfürst erklärt sich zur Aufnahme der flüchtigen Waldenser bereit.
     19. Juli. Erster Gottesdienst in Prenzlau. (Kol. 1880 März).
     30. Aug. Richter Ancillon zum Inspektor der *académie française* (späteren Collège) ernannt.
1688. 1. Jan. Gründung der *Maison française*. (Kol. 1877 p. 95).
     29. Jan. Erster Gottesdienst in der Dorotheenstädtischen Kirche. (Kol. 1877 p. 54).
     19/29. April. Der grofse Kurfürst stirbt. Sein Nachfolger Friedrich III. 1688—1701, als König in Preufsen 1701—1713.
     29. April. Letzter Gottesdienst in der Schlofskapelle.
     6. Mai. Erster Gottesdienst in der Domkirche.
     13. Juni. Abbadie hält bei der Krönungsfeier Friedrichs III. die letzte Predigt in Berlin und geht nach England.
     3. Juli. Das Konsistorium erhält die Erlaubnis, Proposants anzunehmen.
     5. Nov. Fünfter Prediger François de Repey († 1724).
     11. Nov. Friedrich III. erklärt sich bereit, die vorläufig in der Pfalz etc. untergebrachten Waldenser aufzunehmen.
1689. 27. März. Sechster Prediger Jacques Lenfant († 1728).
     25. Mai. Privilegium der Pfälzer und der Magdeburger Kolonie.
     27. Mai. Siebenter Prediger Jean Charles († 1693).
     Ancillon *(fils)* Hospitalprediger.
     1. Dez. Stiftungspatent des Collège.
     7. Dez. Bestimmung in Betreff der *discipline ecclésiastique* der Réfugiés in Brandenburg-Preufsen.
     Gründung eines Adrefsbüreaus. (Kol. 1877 p. 79).
1690. 15. Jan. D. Ancillon Adjunkt seines Vaters.
     26. Jan. Achter Prediger François Bancelin († 1703).
     29. Jan. Nähere Bestimmungen in betreff der Pfälzer Kolonie in Magdeburg.
     7. April. Friedrich III. erlaubt den Waldensern die Rückkehr in ihre Heimat.
     19. Juni. Errichtung des franz. Ober- und Unter-Gerichts.
     19. Juni. Errichtung des franz. Oberdirektoriums *(Conseil français)* (Kol. 1875 p. 4).
1691. Gründung der Kolonie in Parstein. (Kol. 1880 p. 73).
1692. Prediger D. Ancillon stirbt und wird durch seinen Sohn ersetzt.
     26. April. Reglement für das Adrefsbüreau.
1693. Der Kurfürst erklärt sich bereit, die Schweizer Kolonisten in Brandenburg-Preufsen aufzunehmen und giebt die Privilegien an.
     Prediger Charles stirbt und wird durch Fétisou ersetzt († 1696).
     Prediger Bancelin *(fils)* ordiniert († 1711).
1694. 4. Mai. Einsetzung der *Commission ecclésiastique*. (Kol. 1875 p. 4).
1695. Zehnter Prediger Isaac de Beausobre († 1738).
     13. April. Prozefsordnung für die franz. Gerichte.
     1. Nov. Anweisung eines Platzes auf dem Werder für eine franz. Kirche. (Kol. 1875 p. 7).
1696. Prediger Rouyer (ohne feste Stelle); Le Sage Hospitalgeistlicher.
     4. Juli. Verlängerung der Freijahre der Réfugiés auf weitere 5 Jahre [bis 1701 incl.] (Mylius C. C. M. VI p. 119).
     22. Aug. Kolonistenedikt.
     24. Dez. Stiftung des *Mons Pietatis*.
1697. Oberrichter Ancillon stellt eine Liste der Réfugiés auf (12497 in Brandenburg). Elfter Prediger Serre.
     4. März. Fasttag und Gottesdienst wegen der in bezug auf die Rückkehr schwebenden Unterhandlungen.
     26. März.
     22. Aug. } Kolonisationsedikte.
     Das Eigentumsrecht der Dorotheenstädtischen Kirche wird zur Hälfte der Berliner franz. Gemeinde zugesprochen. (Kol. 1877 p. 54).
1698. 8. März. Reskript, die Armenunterstützung, Taufen etc. betreffend; Einsetzung der öffentlichen Rechnungslegung etc. (Mylius C. C. M. VI p. 123).
     16. Juni. Visitationsordnung für die franz.-reform. Kolonieen. (Kol. 1877 p. 85).

1689. 4. Febr. Kollekte für die Schweizer Réfugiés.
       13. März. Edikt für dieselben. (Mylius VI. 130).
       21. Juni. Instruktion für dieselben.
       14. April. Prozeſsordnung.
                 Das Diakonat gegründet.
                 Bronset Hospitalprediger.
                 Platz für einen Kirchhof auf der Friedrichsstadt angewiesen. (Kol. 1875 p. 62).
                 Der Kirchenbau auf dem Werder wird begonnen.
                 Errichtung der Suppenanstalt *(la Marmite)*. (Kol. 1880 p. 3).
1700.   Hospitalprediger Favin durch Crégnt († 1733) ersetzt.
                 Das Grundstück für die Friedrichstädtische Kirche und den Kirchhof wird
                 angekauft. (Kol. 1875 p. 62).
       18. April. Stiftung des Hôtel de Refuge und der Kapelle (jetzige Luisenstädtische Kirche).
                 (Kol. 1875 p. 82, 1876 p. 41, 1881 p. 1).
       11. Juli. Einweihung der Chapelle.
1701. 16. Mai. Einweihung der Werderschen Kirche. (Kol. 1875 p. 8).
       1. Juni. Grundsteinlegung der Friedrichstädtischen Kirche. (Kol. 1875 p. 63).
                 Das Collège wird nach der Niederlagstraſse verlegt.
       26. Juli. Gründung des franz. Oberkonsistoriums. (Mylius VI. p. 191, Kol. 1875 p. 4).
       9. Dez. Revisionsordnung im franz. Prozeſsverfahren. (Mylius VI. 194).
1702. 3. Jan. Reglement wegen der Jurisdiktion zwischen den deutschen und franz. Gerichten.
       1. März. Erste Sitzung des Konsistoriums in dem Hause in der Niederlagstraſse.
1703.   Claude de Gaultier († 1739) an Stelle seines Vaters Prediger.
       14. Mai. Statut des Collège. (Mylius VI 671).

Aus der Provinz.

Magdeburg. Der Vorstand des Erziehungsvereins für den Kreis Magdeburg (Vorsitzender Lic. Tollin) erläſst einen Aufruf, dem wir folgendes entnehmen:

„Über Erwarten schnell faſste der Verein Wurzel. Es sind bei demselben durch Waisenräte, Vormünder, Mütter, Lehrer und Mitglieder der Parochialvereine 149 Kinder angemeldet, 109 christliche Familien zur Pflege und Erziehung unserer Zöglinge empfohlen, 47 Kinder teils in guten Anstalten, teils in bewährten Familien untergebracht und 50 Kinderbesucher und Waisenmütter überbrücken durch väterliche Treue und mütterliche Sorgfalt die Kluft, welche oft so hart und unliebsam die Stände trennt.

So fassen wir denn den Mut, unsere geehrten Mitbürger zu bitten, die humanen Bestrebungen des Vereins durch reichliche Beiträge von allen Seiten unterstützen zu wollen. Der Vorstand ist zur Annahme von Geldern für die Zwecke des Vereins bereit."

Es erstrebt der Verein übrigens die Errichtung eines Kinder-Asyls, Waisen- und Erziehungshauses. Das wären dieselben Bestandteile, wie sie unser Hospice in dem *petit hôpital*, Waisenhaus und der *École de Charité* besitzt.

Gemeinde-Angelegenheiten.

1. Bericht über die *École de Charité* für das Jahr 1880. (Auszug). Der Jahresbericht bezieht sich nicht auf die 71 Zöglinge (40 Knaben, 31 Mädchen) der *École de charité*, sondern auf das Hospice im Allgemeinen; denn da über das Waisenhaus und das *petit hôpital* kein besonderer Bericht erstattet wird, so ist es Brauch und Pflicht für die Direktion der *École de Charité* geworden, dessen Erwähnung zu thun, was das ganze Institut betrifft. Es hat in dem vergangenen Jahre an Heimsuchung durch Krankheit nicht gefehlt. Masern, Scharlach, Diphteritis, Augenkrankheiten haben viele Zöglinge aufs Krankenbett gelegt. Da diese Krankheiten in der Stadt herrschten, und die Ansteckung von Auſsen hineingetragen wurde, so wurde auf den Rat des Anstaltsarztes die Anstalt für eine Zeitlang gegen den Verkehr mit Auſsen abgesperrt.

Über die folgenden Ereignisse ist schon in unserer Zeitschrift ausführlich berichtet worden. Siehe unter andern: August-No. des vorigen Jahrganges: „Die Liebe ist des Gesetzes Erfüllung." In dem Lehrer- und Erzieher-Personal fanden folgende Veränderungen statt: Die

Herren Burguy und Rossius, sowie Fräulein Hermine Bonnell traten ein, letztere an Stelle des Fräulein Pauline Bonnell. An festlichen Tagen wurden in der Anstalt gefeiert, außer dem Geburtstag unsers teuren Kaisers, der *grande promenade* im August nach Pankow, dem Sedanfeste, der Feier zur Erinnerung an das Edikt von Potsdam, der Weihnachtsfeier, noch einzelne besondere Ereignisse, so am 5. April der Tag, wo Fräulein Stender der Anstalt seit 25 Jahren angehörte. Am 30. Juni hatte der unermüdliche Wohlthäter des Hospice, Herr Rechnungsrat Gain, den Kindern wiederum die Freude bereitet, eine Partie nach Potsdam machen zu können. Auch das Jubiläum des Herrn Sanitätsrat Dr. La Pierre, der seit dem 4. Februar 1856 Arzt der Anstalt ist und in unermüdlicher Weise für das leibliche Wohl der Kinder sorgt, wurde von den Kindern festlich begangen. In dem Gebäude hat die General-direktion viele bauliche Veränderungen und Verbesserungen vornehmen lassen. Es wurden die Anstaltsgebäude an die Kanalisation angeschlossen; es sind Badestuben hergestellt, so daß sämtlichen Kindern die Wohlthat eines Bades zu Teil werden kann; zweckmäßige Ver-besserungen sind vorgenommen in den Schlafsälen, den Klassen- und den Krankenzimmern. Dies Alles ist geschehen unter der umsichtigen Leitung des Herrn Gaillard, Mitglied der Direktion des Waisenhauses. Aus dem Direktorium ist Herr Justizrat Marchand geschieden, dazu veranlaßt durch seinen Gesundheitszustand. „Möge der Herr dem lieben Manne, der seit langen Jahren der Anstalt diente, vergelten, was er in Liebe an den Kindern gethan! In seine Stelle ist auf unsere Bitte Herr Henri Vallette getreten." Die ins Leben getretene neue Stiftung, „der Unterstützungsfonds für ehemalige weibliche Zöglinge", hat bereits eine Höhe von 814 Mk. erreicht. Beiträge für denselben übernimmt der Schatzmeister Herr Michelet.

Im Jahre 1889 belief sich die Einnahme auf 156,759 Mk. 78 Pf.
die Ausgabe auf 154,650 „ 56 „
so daß verblieb ein Bestand von 2,109 Mk. 22 Pf.

Die Kollekte am Palmsonntag 1889 betrug 105 Mk. 20 Pf.
Legate sind im Jahre 1889 nicht eingegangen.

Aus dem Don Böhme sind im Jahre 1889 unterstützt worden: 4 ehemalige Zöglinge, von denen einer Lehrer werden soll, zusammen mit 697 Mk. 70 Pf. An Geschenken gingen ein im ganzen 385 Mk., dazu Bücher von Herrn Oberlehrer Rudolph, von Herrn Buchhändler Sauvage in Berlin, und von Herrn Buchhändler Violet in Leipzig. Herr Apotheker Jung, Neue Königstraße, schenkte eine Elektrisiermaschine. Herr Schlächtermeister Sarre über-sandte Wurst. Frau Dr. Lösener schenkte einen Weihnachtsbaum und verschiedene Weih-nachtsgaben.

Unter den 40 Knaben und 31 Mädchen befinden sich: Von französischen Müttern 2 Knaben 3 Mädchen, aus der Provinz 4 Knaben 2 Mädchen, Pensionäre 5 Knaben und 5 Mädchen. Eingetreten sind im Laufe des Jahres 9 Knaben 4 Mädchen, ausgetreten 15 Knaben 8 Mädchen.

2. Auszüge aus dem Kirchenzettel: Die Kollekte zu Gunsten der *École de Charité* (am Palmsonntage) hat ergeben: 96 Mk. 56 Pf., diejenige zu Gunsten der Witwen und Waisen französischer Prediger 100 Mk. 85 Pf., eine dritte für die evangelische Kirche zu Berlin 22 Mk. 91 Pf.

3. In letzter Stunde wird uns aus den hiesigen Zeitungen die überraschende Nachricht, daß Herr Prediger Nessler zum Hilfsprediger an einer der hiesigen deutschen Kirchen gewählt und vom Magistrat bestätigt worden sei.

Vereinsnachrichten der Réunion.

Freitag, den 13. Mai, Sitzung. Restaurant Gärtner, Mittel-Str. 65, 8½ Uhr Abends. In dieser Sitzung Rechnungslegung und Vorstandswahl.

Freitag, den 27. Mai, Sitzung in demselben Lokale.

Briefkasten.

Abonnent R. Die Einsendung des Betrages ist mir wirklich das Liebste. Sie ersparen mir damit eine Menge Umstände; ein Abzug des Portos mit 20 Pf. ist ja gestattet. Der Bote beginnt seinen Rundgang im Juni; wer bis dahin den Betrag nicht eingeschickt hat, thut dann am besten, auf den Boten zu warten. — S. Der versprochene Artikel über die Rechnungslegung des Konsistoriums ist für den Druck dieser No. zu spät eingelaufen. — ✕ Ein Bild Abbadie's befindet sich, nach freundlichst angestellten Recherchen, nicht mehr in der Sakristei der Friedrichstädtischen Kirche. — Die Mittwochs-Gesellschaft setzt ihre Sitzungen im Sommer aus.

Verantwortlicher Redakteur und Verleger: W. Bonnell, Schwedterstr. 257. — Druck von M. Driesner, Berlin, Klosterstr. 72.

Juni 1881. V. Jahrgang.

DIE KOLONIE.

Organ für die äusseren und inneren Angelegenheiten der französisch-reformierten Gemeinden.

Redigiert von W. Bonnell, Rektor in Berlin.

Erscheint monatlich einmal. Preis pro Quartal 75 Pf.

Abonnements werden angenommen bei W Bonnell in Berlin N., Schönhauser-Str. 257, und bei jeder Post-Expedition.

INHALT: Louis de Beauvau, comte d'Espence von Prediger Lorenz in Prenzlau. — Die Geschichte des französischen Waisenhauses I. — Das Glaubensbekenntnis der reformierten Kirchen Frankreichs von Dr. Matthieu, 2 Abschnitt. Die kirchliche Disziplin. — Aus dem Vereinsleben der Kolonie. — Chronologische Uebersicht der Koloniegeschichte von Dr. Muret. — Vereinsnachrichten. — Briefkasten.

Louis de Beauvau, comte d'Espence.
Von Prediger Lorenz in Prenzlau.

In dem Artikel über Abbadie wurde unter den hervorragenden Réfugiés, die sich zur Zeit des grossen Kurfürsten in Berlin niederliessen, mehrfach auch der Graf d'Espence erwähnt und als ein Mitbegründer der französischen Gemeinde hierselbst gerühmt. Es dürfte deshalb für die gegenwärtigen Mitglieder unserer Kolonie nicht uninteressant sein, einige genauere Nachrichten über den Lebenslauf dieses ausgezeichneten Hugenotten zu erhalten.

Das Geschlecht der Herren von Beauvau gehörte zu dem alten Adel der Provinz Anjou; es zerfiel in verschiedene Zweige, deren einer sich ziemlich früh für die Sache der Reformation entschied. Das erste Mitglied des Hauses Beauvau, dessen Zugehörigkeit zur reformierten Kirche urkundlich nachweisbar ist, war Claude, Sohn des Jaques de Beauvau, *sieur de Tigny*, welcher in der reformierten Kirche zu London im Jahre 1572 mit seiner verlobten Braut Anne de Chezelle getraut wurde. Weiter wird als Mitglied der reformierten Kirche erwähnt Jean, nachgeborener Sohn des Alof de Beauvau-Rorté. Dieser Jean war zweimal verheiratet, zuerst mit Sara Des Salles, darnach mit Anne d'Angennes, durch welche letztere Heirat das Haus Beauvau mit dem höchsten Adel Frankreichs in verwandtschaftliche Verbindung trat.*) Dem Jean de Beauvau wurden aus seiner zweiten Ehe ausser drei Töchtern fünf Söhne geboren, deren jüngster und bei weitem berühmtester unser Louis de Beauvau, später comte d'Espence**) war. Dieser so wie seine vier Brüder traten

---

*) Die in der Litteratur bekannte Frau Marquise de Rambouillet, später Gemahlin des Herzogs von Montausier, war eine geborene Julie Lucine d'Angennes

**) In den Memoiren von Erman und Reclam l. l. pag. 61 wird behauptet, dass die Besitzung d'Espence, in der Champagne gelegen, dem Hause Beauvau zufiel in Folge der Heirat der Madelaine d'Espence mit Jean de Beauvau. Diese Behauptung beruht, — wenn man den Angaben der *France protestante* trauen darf, — auf einer Verwechselung: Nicht der Vater Jean, sondern der Sohn Louis de Beauvau hat Madelaine d'Espence geheiratet und ist so comte d'Espence geworden.

in die französische Armee ein; alle zeichneten sich durch ihre Tüchtigkeit aus, die höchste Ehrenstelle, nämlich die eines Marschalls, erreichte aber nur Louis de Beauvau. Im Jahre 1641 war er Hauptmann und nahm als solcher teil an den Belagerungen von La Bassée und Bapaume; im Jahre 1644 kämpfte er vor Philippsburg und Landau, 1645 bei Nördlingen und Heilbronn; später nahm er an den Feldzügen in Flandern teil, wo er sich bei den Belagerungen von Réthel, Sainte-Menehould, Landrecy und Valenciennes auszeichnete. Schon im Jahre 1664 hatte er es zum Marschall gebracht, und als solcher diente er noch 1668; da er aber ein entschiedener Protestant war, so erfuhr er von seiten des Königs Ludwig des Vierzehnten mancherlei kränkende Zurücksetzungen, in Folge deren er 1668 seinen Abschied nahm, um nach Holland zu gehen. Bei dieser Gelegenheit wurde ihm in Anerkennung seiner bedeutenden militärischen Verdienste vom König Ludwig wenigstens das eine wichtige Zugeständnis gemacht, dafs er, obwohl Hugenott, doch zeitlebens im ungestörten Besitz und Genufs seiner bedeutenden, in der Champagne belegenen Besitzungen verbleiben sollte.

In Holland hielt sich der Graf d'Espence nicht lange auf, vielmehr ging er sehr bald nach Berlin, wo er von dem grofsen Kurfürsten mit offenen Armen empfangen und zum General-Wachtmeister der Leibgarde-Trabanten, später zum General-Lieutenant und Oberstallmeister ernannt wurde. Seine Dienstwohnung erhielt er in der Breiten Strafse im Marstallgebäude angewiesen. Wiederholt mufste er den grofsen Kurfürsten auf seinen Kriegszügen begleiten, oder er wurde als geschickter diplomatischer Agent mit wichtigen Missionen an fremde Höfe gesandt. So wurde er 1672 zu dem Kurfürsten von Mainz geschickt, um diesen von einem Bündnis mit Ludwig dem Vierzehnten zurückzuhalten; so wurde er ferner 1678 nach Paris geschickt, um im Namen des Kurfürsten von Brandenburg die Vorverhandlungen für den Frieden von Nimwegen zu führen; so wurde er 1679 an den Marschall von Créquy geschickt, um bei diesem Klage zu erheben über die Verwüstungen, welche französische Soldaten in Westfalen angerichtet hatten. Auf einer solchen diplomatischen Reise machte er in Paris die Bekanntschaft Abbadies und überredete diesen, nach Berlin zu kommen, um hier ein Pfarramt bei der eben damals im Entstehen begriffenen französisch-reformierten Gemeinde zu übernehmen.

Was uns nun diesen ausgezeichneten Mann besonders wert macht, ist die treue und liebevolle Fürsorge, die er seinen bedrängten Glaubensgenossen fort und fort zu teil werden liefs. Noch ehe das Edikt von Nantes aufgehoben war, suchte er schon möglich viele Reformierte zur Übersiedelung nach Berlin zu bestimmen, wobei er sich mit Rücksicht auf seine eigenen Besitzungen besonders für die aus der Champagne und Isle-de-France gebürtigen Hugenotten interessierte. Sein Haus in Berlin war eine alle Zeit offene Zufluchtsstätte für die Réfugiés, die er mit freundlichen Ratschlägen, so wie mit seinen reichen Geldmitteln auf das freigebigste unterstützte. Es lag dem edlen Grafen aber nicht blos am Herzen, die äussere Not seiner Glaubensgenossen zu lindern; er wufste, dafs sie alle ihr Vaterland verlassen hatten, um ihrem evangelischen Glauben ungehindert leben zu können; das Wort Gottes war den alten Hugenotten ebenso unentbehrlich wie das tägliche Brot; wer ihnen helfen wollte, der mufste auch ihren geistlichen und kirchlichen Bedürfnissen Genüge schaffen. Und das ist nun das besondere Verdienst des Grafen d'Espence, dafs er durch energische Fürsprache beim grofsen Kurfürsten die Einrichtung französischer Gottesdienste für die bis dahin bei der deutsch-reformierten Domgemeinde eingepfarrten

Réfugiés durchsetzte. Das französische Konsistorium hat in seiner Jubelschrift vom Jahre 1772 dies anerkannt, wenn es auf Seite 3 und 4 sagt, dass die Gründung der französischen Kirche zu Berlin geschehen sei „durch den Dienst des sehr frommen und sehr edlen Herrn von Beauvau, Grafen d'Espence, der durch seine Sorge und Liebe sich mit frischem Mute an dieses Werk des Herrn gewagt und so den ersten Stein zu diesem geistlichen Bau gelegt habe."

Dafs der Graf d'Espence gleichsam wie ein Vater der Kolonie betrachtet wurde, beweist auch der Umstand, dafs das erste Kind, welches überhaupt in der neu gegründeten Gemeinde getauft wurde, — es war ein Sohn des Sprachlehrers Louis François le Tanneur, genannt Saint-Pol und seiner Ehefrau Marguerite Daumont, — von dem Grafen über die Taufe gehalten wurde.

Vom Jahre 1672 ab verwaltete der Graf auch das Amt eines *receveur des deniers des pauvres*, bis er dasselbe 1682 bei Begründung des Konsistoriums an den Herrn de Béville übergab. Als endlich das Edikt von Nantes aufgehoben worden war, und die Réfugiés in immer gröfserer Anzahl nach Brandenburg strömten, wurde der Graf d'Espence nebst dem Minister von Grumbkow mit allen Geschäften für die Aufnahme, Verpflegung und Unterbringung derselben beauftragt, und in diesem mühevollen Amte hat er mit selbstverleugnender Hingebung den Réfugiés unzählige Liebesdienste erwiesen und sich selbst dadurch die Verehrung seiner Glaubensgenossen so wie die Gunst des grofsen Kurfürsten in immer steigendem Mafse erworben.

Diese Gunst seines Fürsten erweckte dem Grafen manchen Neider, unter denen besonders der General von Schoening genannt wird. So lange der grofse Kurfürst lebte, hatte dies wenig zu bedeuten, denn derselbe war dem Grafen d'Espence von Herzen zugethan und durchschaute andrerseits auch den ehrgeizigen Charakter Schoenings, von dem er urteilte: „Schoening sei auf einer Seite einer der besten Generale im Dienst, nur müsse man ihn genau beobachten und kurz im Zügel halten, damit er nicht die andere Seite, auf welcher er nichts tauge, hervorkehren möge." Als aber der grofse Kurfürst gestorben war, da gelang es dem General von Schoening, sich bei dem Nachfolger schnell einzuschmeicheln und den Grafen d'Espence vom Hofe zu verdrängen. So wie Schomberg und Abbadie Berlin verlassen hatten, um nach England zu gehen, so verliefs nun auch der Graf d'Espence Berlin und liefs sich in Arnheim nieder, wo er in stiller Zurückgezogenheit bis an seinen Tod verblieb.

Der französischen Kolonie zu Berlin hat er sechszehn Jahre angehört und mit grosser Treue und Hingebung gedient; bei dem hundertjährigen Jubiläum der Kolonie hat das französische Konsistorium dem hochverdienten Manne in der oben angeführten Festschrift ein Ehrendenkmal gesetzt; möge sein Andenken auch unter uns fortleben; er gehörte in der That und Wahrheit zu den Männern, von denen die Schrift sagt: „Folget ihrem Glauben nach!"

Die Geschichte des französischen Waisenhauses in Berlin.

Es war im Jahre 1717, als die beiden damaligen Sekretäre des Berliner Konsistoriums sich mit einer eingehenden Denkschrift an ein Mitglied der Leipziger Gemeinde wandten, in welcher sie die Bedrängnis der Armenkasse schilderten und somit an den Wohlthätigkeitssinn des Leipziger Bürgers appellierten. Der Mann, welchem solcher Notschrei zuging, hiefs

Jaques Gailhac (Gailhac). Er war aus Agnaine in Languedoc eingewandert, dann ein reicher Handelsherr in Berlin, siedelte aber zu Ende des 16. oder zu Anfang des 17. Jahrhunderts nach Leipzig über; 1701 ist er hier bereits Presbyter. Mit ihm hatte die Berliner Gemeinde einen ihrer vornehmsten und willigsten Wohlthäter verloren, denn seine Hand hatte immer gern dargereicht, wo es galt, Not und Elend der Armen zu lindern. Treu bewahrte er seine Teilnahme für die Gemeinde, welcher er einmal angehört hatte, und auch die 1717 an ihn gerichtete Bitte verhallte nicht in seinem Herzen. Er schickte 300 Thaler; eine gröfsere Bedeutung noch hat die Anregung, mit welcher er dieses Geschenk begleitete. Er empfahl nämlich dem Berliner Konsistorium dringend die Gründung eines Waisenhauses.

Die Leipziger Gemeinde war von ihrer Begründung her im beständigen Verkehre mit der Hallischen Gemeinde, wie sie ja auch aus dieser hervorgegangen ist, und es kann angenommen werden, dafs Jaques Gailhac bei einer doch wahrscheinlich häufigeren Anwesenheit in Halle die grofsartigen Stiftungen kennen lernte, welche dort von den Pietisten unter August Hermann Franke begründet waren. Die Pietisten, deren Begründer Spener, deren bedeutendstes Haupt damals August Hermann Franke war, kennzeichnen für die damalige Zeit eine ebenso eigentümliche, wie wohlthätige Richtung in der protestantischen Kirche Deutschlands. Im Gegensatze zu der erkalteten Orthodoxie forderten sie ein im Glauben lebendiges, in Werken der Liebe thätiges Christentum. Deshalb nahmen sie sich der Armen und Kranken, der Verlassenen und Bedrängten, der Witwen und Waisen an. Von ihnen ging die erste wirkliche Neugestaltung der Volksschule aus; sie gründeten vor allem die Waisenhäuser, grofsartige Anstalten, welche in ihrer Einrichtung bei den nachfolgenden Geschlechtern noch heute Ehrfurcht und Bewunderung erregen. Es waren Philanthropisten — Menschenfreunde — in der edelsten Bedeutung des Wortes, gewifs viel mehr, als die ganze Rousseau-Basedow'sche Clique, welche sich später mit diesem Namen beehrte. „Die Pietisten waren es," sagt Freytag in seinen Büchern aus der deutschen Vergangenheit „welche zuerst nach dem verwüstenden Kriege — es ist der dreifsigjährige gemeint — mit warmem Herzen für die Volksschulen sorgten, auf sie müssen die ersten Anfänge einer geordneten Armenpflege in gröfseren Städten zurückgeführt werden. Durch sie wurden die deutschen Waisenhäuser eingerichtet; dem Beispiele Franke's in Halle folgte man in vielen andern Städten, die grofsen Institute wurden von den Zeitgenossen wie ein Wunder angestaunt." In keiner Periode, weder vorher, noch nachher, ist die Gründung zahlreicherer Waisenhäuser erlebt worden, als in der ersten Hälfte des 18. Jahrhunderts. Man müfste durch 100 Städte wandern, wollte man auch nur eine einigermafsen vollständige Aufzählung in jener Zeit gegründeten Anstalten versuchen. In den Jahrzehnten vor und nach 1700 mufs aus den Ländern deutscher Zunge mehr als eine Million Thaler für Waisenhäuser und ähnliche wohlthätige Institute zusammengebracht worden sein — allerdings nicht nur aus Privatkassen. In dem armen, damals noch dünn bevölkerten Lande hatten solche Summen eine Bedeutung.

Jaques Gailhac legte also dem Berliner Konsistorium die Stiftung eines Waisenhauses ans Herz und versprach Beistand und thätigste Unterstützung. Der Segen dieser Anstalten war damals allgemein anerkannt; sie lagen so sehr im Geiste und in der Anschauung der Zeit, dafs es wirklich wunderbar erscheinen müfste, wenn dieselbe Idee nicht schon vorher unsere Gemeinde zu einiger Aufmerksamkeit angeregt haben sollte. Entschieden mufs dieses wohl wirklich der Fall gewesen sein, denn auf die Anregung des Jaques Gailhac beschlofs das Konsistorium unmittelbar, die Gründung eines Waisenhauses zu versuchen. Dies war im Jahre 1717. Im folgenden Jahre, am 18. März, ernannte das Konsistorium, nachdem man genugsam Erkundigungen über Stiftung, Kosten und Einrichtung ähnlicher Anstalten, besonders in Holland*) und in Halle, gesammelt hatte, auf den Antrag des Herrn Lejeune, eines in dieser Angelegenheit sehr thätigen Mitgliedes, eine Kommission, welche mit der Entwerfung und Beratung des

---

*) Von den Niederlanden war, schon lange vor dieser Zeit, eine energische Bewegung in Hinsicht der Waisenhäuser ausgegangen. Nirgends aber wurde für die Waisen so trefflich gesorgt, wie in Amsterdam Ihrer sammelte um das Jahr 1520 eine reiche Frau, Haasje Klafsin im Paradiese, arme Waisen, Mädchen und Knaben, in kleinen Häusern, und da die Bürger der Stadt das gute Werk durch Beisteuern zu fördern sich beeilten, auch der Rat der Sache sich annahm, hatte das in Stille Begonnene erfreulichen Fortgang. Im Jahre 1561 wurde ein stattliches Waisenhaus aufgeführt, das im folgenden Jahrhunderte das grofsartigste in Europa war.

Planes betraut wurde. Diese Kommission erhielt, zur schnelleren Förderung des Unternehmens, aber bald eine besondere Gestalt. Herr Lejeune klagte über das langsame Fortschreiten der Arbeiten, und eine Hauptursache dieser Unannehmlichkeit mufs der wöchentliche Wechsel des vorsitzenden Predigers gewesen sein. Es scheint, als habe man die alte Kommission, welche wohl nur aus Mitgliedern des Konsistoriums bestand, vollständig aufgelöst. Herr Prediger Forneret wurde nun stehender Moderator, als Deputierte des Konsistoriums wurden erwählt: die Herren Durant, Pérard, Grandidier, Buyrette, Deneria, Ribe und Lejeune — man wählte nur nach den Vorschlägen des Herrn Lejeune —, aus der Zahl der *chefs de famille* die Herren de la Grivelière, le Bachelé, Maillette du Buy, d'Alençon, Corvisier, le Coq, Jordan, Lainez und de Missy. Ein Beschlufs des Konsistoriums unter Vorsitz des Predigers Ancillon, unterzeichnet von dem Baron von Ingenheim, als Stellvertreter des Sekretärs, überwies der Waisenhaus-Kommission sehr ausgedehnte Vollmachten. Dieselbe durfte der Regierung selbständig Vorlagen machen, wurde mit der Sammlung und Verwaltung der eingehenden Gelder beauftragt, war überhaupt verpflichtet, alles zu thun, was zur Erreichung des Zweckes dienlich sein mochte. Nur die Feststellung der Statuten für die ins Leben zu rufende Stiftung behielt sich das Konsistorium vor.

Die Kommission setzte sich zunächst mit Jaques Gailhac in Verbindung. Man versicherte sich seines ferneren Beistandes, und zwar geschah dieses, auf Antrag der Kommission, durch folgenden Beschlufs des Konsistoriums (6 Juli 1718): „Das Konsistorium, im Hinblick auf die Dienste, welche er unseren Kirchen, und der Wohlthaten, die er den Armen erwiesen, in Betracht besonders der ersten Anregung, welche er zu dieser frommen Stiftung gegeben, glaube nicht besser ihm seine ganz besondere Achtung und die Hochschätzung seines Eifers und seiner Frömmigkeit ausdrücken zu können, als indem es ihn den 8 Mitgliedern aus seiner Mitte und den 9 Familienhäuptern zugeselle, die berufen seien, an einem so heiligen Werke zu arbeiten. Es ermächtige zugleich die Kommission, ihm die hauptsächlichsten Beratungsgegenstände zu übermitteln und seinen Beirat zu erbitten." Jaques Gailhac nahm solche Berufung an; die Kommission hatte seiner Unterstützung manches zu verdanken, und wie sein ernstliches Drängen den ersten Anstofs zu dem Werke gegeben hatte, so bewies er dadurch auch seine volle Teilnahme bis an sein Lebensende. Als er am 22. Februar 1721 starb, vermachte er den französischen Waisen in Berlin — das Waisenhaus wurde erst 1725 eröffnet — 1500 Thaler. Ehre seinem Gedächtnis!

Wie an Jaques Gailhac, fand die Kommission auch an andern auswärtigen Hugenotten eifrige Förderer ihrer Unternehmung. Es waren dies besonders: Turretin in Genf, Saurin in Amsterdam, Superville in Rotterdam, auſserdem: de Rapin, de Superville in Wesel, in Utrecht der Prediger Martin und der Arzt Bachelé, in Amsterdam Beuel, Dubreuil und die Passerot, in Leyden der General-Postmeister de Cliguet, der Bankier do Meuvo in Paris, Jollivet in London, Grubert in Dublin, Philibert in Livorno, Bergé, Prediger in Lausanne.

Die Kommission hielt ihre erste Sitzung am 31. Mai 1818. In dieser wurde zunächst ein Bericht an den König Friedrich Wilhelm I. beschlossen, in welchem derselbe von dem Entschlufs Kenntnis erhielt, unter seinem königlichen Schutze ein Haus für die französischen Waisen zu gründen, in dem er dann um die Gnaden und Wohlthaten gebeten wurde, deren sich alle andern Wohlthätigkeitsanstalten erfreuten. Der König antwortete bereits unter dem 2. Juni. Er gab dem Konsistorium seine Befriedigung über dessen Vorhaben zu erkennen, nahm die Stiftung unter seinen gnädigen Schutz und genehmigte alles, was man erbeten hatte.

Ein eifriger Förderer des Unternehmens war auch der Staatsminister Baron von Knyphausen. Es kam jetzt vor allen Dingen darauf an, die zur sicheren Fundierung der beabsichtigten Stiftung notwendigen Geldmittel aufzubringen. Man faſste zunächst eine Lotterie ins Auge. Eine solche war leichter beschlossen als ausgeführt, und es vergingen volle anderthalb Jahre, ehe sie nach vielfältigen und schwierigen Unterhandlungen endlich zu Stande kommen sollte. Es lag aber wohl auch in der ganzen pietistischen Zeitströmung, daſs dieser Versuch, Kapitalien zu sammeln, vollständig fehl schlug. Man setzte den vierten Teil der Lose ab. Einer Kollekte in allen Kirchen der Monarchie war die Regierung abgeneigt, und so muſste man sich mit einer solchen in allen französischen Gemeinden des Landes und unter den Réfugiés in Berlin selbst begnügen. Die Kollekte in der Hauptstadt ergab übrigens die ansehnliche Summe von 3638 Thalern. Eifrig war man bemüht, in allen Staaten, wo Glaubensgenossen weilten, oder wo immer ein lebhaftes Interesse für die Kolonie vorausgesetzt werden konnte,

Hilfe und Unterstützung für das fromme Werk in Anspruch zu nehmen. Man versandte das Anschreiben an die ausländischen Gemeinden — hierin sind auch die im Reiche zahlreich vertretenen, nicht preußischen französischen oder wenigstens reformierten Gemeinden zu rechnen — in deutscher, französischer oder italienischer Sprache. Die französischen Handelsherren der Hauptstadt übermittelten diese Briefe ihren Geschäftsfreunden, Gönner am Hofe den Gesandten an den fremden Höfen. Die Liebesgaben flossen von überall her reichlich. Der König überwies in kurzer Zeit nach einander 3650 Thaler, Kopenhagen schickte 210 Thaler, Amsterdam 100 Gulden, Paris 170 Livres, Hamburg 150 Mark, Livorno und Genua je 100 Piaster, Pommern 108 Thaler. Aus Rußland liefen durch den General Dupré 200 Thaler, aus Frankfurt am Main 75 Thaler ein, aus Leipzig 167 Thaler.*) Ein Unbekannter übersandte durch Herrn Bachelé 200 Dukaten, ein anderer 100 Thaler. Herr von Grumbkow gab 300, die Herren Baron de Loubière, d'Horgnelin, Graf von Dohna, Louis Pérard je 50 Thaler, Herr Miltonneau 54, v. St. Hippolite 114 Gulden, Herr Alex Brugier aus Hamburg 150 Mark, Herr von Mirman 100 Thaler, Herr de Girardet aus Paris 158 Thaler, Herr de Vigneules eine Kassette mit Silberzeug im Werte von 270 Thalern. Und dies sind nicht alle Geber und nicht alle Gaben. Herr Ober-Präsident von Dankelmann gab das wertvollste Geschenk — für den Bau des Stiftshauses Grund und Boden in der Charlotten-Straße.

Aus dem Vereinsleben der Kolonie.

In der letzten März- und der ersten April-Sitzung der Réunion hielt Herr Dr. Muret über „die Rechnungslegung des Konsistoriums" einen Vortrag.

Einleitungsweise ging Redner davon aus, daß man über den Vermögensstand unserer Gemeinde oft die verschiedensten, sich widersprechenden Meinungen sich kund geben hört. Während in den außerhalb der Kolonie liegenden Kreisen die französische Kirche für sehr reich gehalten werde, begegne man häufig in den leitenden Koloniekreisen der entgegengesetzten Ansicht. Die jährlichen Ausgaben unserer Gemeinde haben bei einer Zahl von 5000 höchstens 6000 Seelen für Armenzwecke, sei es an außerordentlichen Unterstützungen, sei es an laufenden Erhaltungs- und Verwaltungskosten der bestehenden Stiftungen, in dem letzten Dezennium die Summe von 50,000 Thalern erreicht, vielleicht auch noch überschritten. Es müsse hierbei allerdings konstatiert werden, daß der rege Wohlthätigkeitssinn unserer begüterten Gemeindemitglieder es der Verwaltung ermöglicht hat, diese Summe für die gedachten Zwecke zu verwenden. Der Herr Redner giebt sodann eine detaillierte Übersicht über den Bestand des Kolonievermögens. Dasselbe beläuft sich nach seiner ungefähren Schätzung, wobei für die Liegenschaften zum teil der Erwerbswerte zu Grunde gelegt sind, auf ca. 5,000,000 Mark. Seiner Verwaltung nach besteht dieses Vermögen aus 3 Gruppen:

1. Das eigentliche Kirchenvermögen, dessen Verwaltung dem französischen Konsistorium nach den Vorschriften der Reglements und sonstigen staatlichen Gesetzen obliegt.

2. Das Vermögen solcher Stiftungen, die gemäß ihrer Statuten dasselbe gesondert verwalten, aber Mitglieder des französischen Konsistoriums und der Gemeinde in ihren Direktionen haben, deren Vermögens-Verwaltung auch der Prüfung des französischen Konsistoriums unterliegt, und welche verpflichtet sind, der Gemeinde öffentlich Rechnung zu legen, z. B. die *École de charité* und das Waisenhaus.

---

*) Ueber den Passus in der „Jubelschrift zur 150. Jahrenfeier d. Wais., 1875", die Leipziger Gemeinde hätte größere Beiträge versprochen, wenn man die Waisen der französischen Kirche zu Leipzig aufnehmen wollte, ein Antrag, den das Berliner Konsistorium anzunehmen sich beeilte, findet sich in Kirchhoffs ausführlicher Geschichte der reformierten Gemeinde in Leipzig keine Angabe. Wahrscheinlich haben die etwa angeknüpften Verhandlungen zu keinem Resultate geführt oder sind gleich im Keime unterbrochen worden. 1748 wurden die Leipziger Waisen einem Magdeburger Waisenhause übergeben, 1757 aber bis ? der *École de charité* in Berlin, nicht dem dortigen Waisenhause.

3. Solche Stiftungsfonds, die ihrem Stiftungspatent nach, von den betreffenden Direktionen selbständig verwaltet werden und nur nach den in den Reglements bestimmten Punkten (Sect. I, Kap. 39, 40, 42) mit dem französischen Konsistorium in Verbindung stehen.

Nachdem der Redner so das Nähere zum Bestand des Kirchenvermögens besprochen hatte, legte er klar, wie die Verwaltung der einzelnen Fonds und Stiftungen ressortiere. Der Mangel an einem einheitlichen Gesichtspunkte erschwert die Verwaltung des Kirchenvermögens bedeutend. Bei der grofsen vermögensrechtlichen Selbständigkeit der verschiedenen Institute unserer Gemeinde kann überhaupt kaum von einem Kirchenvermögen, als vielmehr nur von den verschiedenen Vermögen der einzelnen Stiftungen u. s. w. die Rede sein. Daher wird denn auch über jedes dieser Vermögen von der betreffenden Direktion besondere Rechnung gelegt.

Demnächst wendet sich der Redner der Besprechung über die Verwaltung desjenigen Vermögens zu, welches als eigentliches Kirchenvermögen bezeichnet werden kann. Dasselbe untersteht direkt dem französischen Konsistorium und legt letzteres darüber auch Rechnung. Die spezielle Verwaltung dieses Kirchenvermögens ist dem Schatzmeister *(trésorier)* der Generalversammlung anvertraut. Sämtliche aus dem festen Kirchenvermögen fliefsende Einnahmen an Zinsen und Mieten gehen in die Kasse des Schatzmeisters. Ebenso auch alle einlaufenden Kapitalien, der Ertrag aus dem Verkauf von Grundstücken, die der Kirche gemachten Vermächtnisse, Geschenke über 100 Thaler, die Pensionen des Seminars, der *Pépinière* und andere Einkünfte. Ebenso hat der *trésorier* die laufenden Ausgaben zu erlegen, wie Gehälter und Gehaltszuschüsse, Zinsen für Hypothekenschulden, Kosten der Bauten und Reparaturen zu zahlen u. s. w. Der zweite Konsistorialbeamte in der Verwaltung ist der Rendant *(receveur)*, unter dessen Aufsicht die andern Einnahmen und Ausgaben stehen, welche nicht zur Competenz des *trésorier* gehören. Es sind dies die Erträge der Kirchenbltühsen, der vermieteten Kirchensitze, die der Kirche zufliefsenden Sporteln für Beerdigungen, Trauungen, Taufen, die freiwilligen Beiträge für die Armenkasse, Geschenke unter 100 Thalern und ebenso die Hinterlassenschaften der Armen unter 100 Thalern. Dagegen hat der Rendant die vom Diakonat bewilligten aufserordentlichen, sowie die regelmäfsigen Unterstützungen an die Armen zu zahlen; ferner leistet er Ausgaben für das grofse und kleine Hospital, die *École de charité*, die Ausgaben für Brot und Wein zum Abendmahl, für Heizung der Kirchen u. s. w. Der Bestand der Kasse des Rendanten fliefst aber alljährlich nach der Rechnungslegung in die des Schatzmeisters, nachdem der Generalverwaltung davon Kenntnis gegeben ist.

Neben diesen beiden Beamten ist eine besondere Fonds-Kommission mit der Verwaltung des Kirchenvermögens beauftragt, welche im Einzelnen alles zu ordnen hat, was sich auf die Kasse des *trésorier* bezieht.

Alljährlich findet, wie von den übrigen Instituten so auch vom Konsistorium, eine öffentliche Rechnungslegung statt. Schon die Discipline chap. 4 Act. 1. 3, setzt aber darüber fest, „dafs die Gemeinde von der Rechnungslegung in Kenntnis gesetzt werden soll, damit sich ein Jeder dazu einfinden kann, einerseits um diejenigen zu dechargieren, denen die Verwaltung des Kirchenvermögens anvertraut ist, andererseits, damit jeder die Bedürfnisse der Kirche und der Armen kennen lerne und sich dadurch um so mehr veranlasst fühle, dazu beizusteuern. Dieser Grundsatz findet sich auch heute noch in den zu Recht bestehenden Vorschriften der Reglements. Indessen obwohl darin der Gedanke, dafs die Gemeindeglieder Decharge zu erteilen haben, in klaren Worten ausgesprochen ist, und obwohl selbst noch in der ersten Hälfte des vergangenen Dezenniums die bei der Rechnungslegung anwesenden *chefs de famille* thatsächlich Decharge erteilt haben, und von mafsgebender Seite die Gemeindeglieder sogar hierzu aufgefordert wurden, so habe dennoch, wie Redner bedauert, in der zweiten Hälfte des verwichenen Jahrzehnts die Gemeinde das Recht der Dechargierung und damit das Recht der Beteiligung an ihrer Vermögensverwaltung überhaupt verloren. Redner betont dies umsomehr, weil er in dem verlorenen Rechte eins der wichtigsten aller Gemeinderechte sieht. Sodann schildert Redner den Modus der Rechnungslegung und der Dechargeerteilung. Danach wählt das Konsistorium selbst Revisoren, welche die Rechnung prüfen und genehmigen, und zwar in einer grofsen Zahl der Fälle aus seiner eigenen Mitte.

An den Vortrag des Herrn Dr. Muret knüpfte sich an jedem der Abende eine eingehende Debatte.

(§)

Das Glaubensbekenntnis der reform. Kirchen Frankreichs (Confessio Gallicana) vom Jahre 1559.

Deutsch von Dr. theol. et philos. Matthieu in Angermünde.

Zweiter Abschnitt.

Die kirchliche Disziplin

wird hier in einem ersten Entwurf in ihrem Wesen mitgeteilt, wie sie in den Schriften der Apostel enthalten ist.

Art. 1. Keine Kirche darf sich eine Herrschaft oder ein Regiment über eine andere anmaßen.

Art. 2. In den Colloques*) oder Synoden ist durch allgemeine Zustimmung ein Vorsitzender zu erwählen, der das Colloque oder die Synode zu leiten und was damit zusammenhängt zu verrichten hat. Sein Amt erlischt mit dem Colloque oder der Synode und Kirchenversammlung.

Art. 3. Die Geistlichen haben zur Synode Jeder einen oder mehrere Kirchenältesten oder Diakonen mitzubringen.

Art. 4. In den je nach Bedürfnis der Kirchen zusammentretenden General-Synoden soll eine freundliche und brüderliche Zensur aller Anwesenden stattfinden. Nach derselben soll das heilige Abendmahl unsres Herrn Jesu Christi gefeiert werden.

Art. 5. Die Geistlichen sollen sich mit mindestens einem Ältesten oder Diakon einer jeden Kirche oder Provinz zweimal im Jahre versammeln.

Art. 6. Die Geistlichen werden im Konsistorium (Presbyterium) durch die Ältesten und Diakonen erwählt und darnach der Gemeinde, für welche sie verordnet sind, vorgestellt. Findet Einspruch statt, so hat das Konsistorium darüber zu befinden. Wird Unzufriedenheit von der einen oder anderen Seite laut, so ist die ganze Angelegenheit der Provinzial-Kirchenversammlung zu überweisen, nicht um die Gemeinde zu zwingen, den gewählten Prediger anzunehmen, sondern damit dieser sich rechtfertigen könne.

Art. 7. Die Geistlichen sollen nicht von einer Kirche an die andere ohne glaubhafte Empfehlungsschreiben gesandt werden, dürfen auch ohne solche, oder ohne gebührende Erforschung ihres Glaubens nicht angenommen werden.

Art. 8. Die gewählten Geistlichen haben das Glaubensbekenntnis zu unterschreiben, sowohl in den Kirchen, wo sie gewählt worden, als auch in den anderen, zu denen sie in Zukunft gesendet werden. Die Wahl ist durch Gebet und Handauflegung seitens der Geistlichen zu bestätigen; doch sollen sich daran nicht abergläubische Vorstellungen schließen.

Art. 9. Die Geistlichen einer Kirche dürfen nicht in einer anderen Gemeinde predigen ohne Zustimmung des Pfarrers derselben, oder aber, wenn dieser abwesend ist, ohne Genehmigung des Konsistoriums.

Art. 10. Wer für ein Predigtamt erwählt worden, soll aufgefordert und ermahnt, doch nicht gezwungen werden, dasselbe anzunehmen. Die Geistlichen, die ihr Amt nicht ausrichten können an den Orten, wo sie angestellt worden, haben, wenn sie auf Ansuchen der Kirche anderswohin gesendet werden und sich nicht dahin begeben wollen, ihre Weigerungsgründe dem Konsistorium anzugeben, das über die Gültigkeit derselben zu befinden hat. Sind letztere nicht stichhaltig, und beharren sie gleichwohl auf der Ablehnung des besagten Amtes, so ist die Entscheidung der Provinzial-Synode einzuholen.

Art. 11. Wer sich unberufen in ein Predigtamt eingedrängt hat, darf, wenn er auch seiner Gemeinde genehm sein sollte, nicht von den benachbarten Geistlichen oder anderen anerkannt werden, sobald irgend ein Streit über seine Anerkennung von einer anderen Kirche erhoben wird. Ehe man jedoch weiter in der Sache vorgeht, ist sobald als möglich die Provinzial-Synode zu versammeln, um darüber zu entscheiden.

Art. 12. Diejenigen, die einmal für das Predigtamt erwählt worden, müssen einsehen, daß sie die ganze Lebenszeit hindurch dies Amt zu verwalten haben.

---

*) Etwa den heutigen Kreissynoden entsprechend.

Art. 13. Und was diejenigen betrifft, die nur für eine bestimmte Zeit ausgesandt werden, so dürfen sie, falls die Kirchen nicht auf andere Weise für die Gemeinde sorgen können, die Kirche nicht verlassen, für welche Christus gestorben ist.

Art. 14. In Zeiten grofser Verfolgung ist es gestattet, eine Kirche mit der anderen, für einige Zeit, mit Genehmigung der beiden Kirchen zu vertauschen. Dasselbe kann auch geschehen aus anderen wichtigen Gründen, wenn solche der Provinzial-Synode dargelegt und von derselben anerkannt werden.

Art. 15. Geistliche, welche falsche Lehre verkündigen und nach erfolgter Verwarnung nicht davon ablassen, ingleichen diejenigen, die einen anstöfsigen Wandel führen und Strafe von Seiten der Obrigkeit, oder den Kirchenbann verdienen, sich auch dem Konsistorium widersetzen, oder sonst untauglich sind, werden ihres Amtes entsetzt.

Art. 16. Was diejenigen betrifft, die wegen Alters, Krankheit oder anderer dergleichen Hindernisse unfähig geworden sind, ihr Amt zu verwalten, so sollen sie die Würde und Ehre des Amtes behalten und ihren Kirchen empfohlen werden, damit diese ihnen den Unterhalt gewähren, während ein Anderer ihr Amt ausrichtet.

Art. 17. Anstöfsige und von der Obrigkeit zu strafende Laster, welche der Kirche zum grofsen Ärgernis gereichen, begründen, gleichviel wann sie begangen worden sind, ob in früherer Zeit, da man noch in Unwissenheit lebte, oder später, die Amtsentsetzung des Geistlichen. Andere weniger anstöfsige Laster werden der Weisheit und dem Urteil der Provinzial-Synode überlassen.

Art. 18. Die Entsetzung ist, wenn es sich um sehr bedeutende Fehltritte handelt, von dem Konsistorium schleunig zu vollziehen, das sich zu diesem Zwecke durch zwei oder drei Geistliche zu verstärken hat. Wird der Einspruch falschen Zeugnisses oder der Verleumdung erhoben, so ist die Angelegenheit der Provinzial-Synode zu übergeben.

Art. 19. Die Gründe der Entsetzung sind der Gemeinde vorzuenthalten, falls nicht deren Darlegung etwa notwendig sein sollte, worüber das Konsistorium zu befinden hat.

Art. 20. Die Ältesten und Diakonen bilden den Senat der Kirche (Kirchenrat), in welchem die Diener am Wort den Vorsitz führen.

Art. 21. Das Amt der Ältesten ist, die Gemeinde zu versammeln, über vorgekommene Ärgernisse dem Konsistorium zu berichten, und anderes dergleichen, je nach den in jeder Kirche geltenden, den Bedürfnissen des Ortes und der Zeit anzupassenden Bestimmungen, welche schriftlich aufzuzeichnen sind. Und soll das Amt der Ältesten nicht für die Lebenszeit sein, wie es jetzt gehalten wird.

Art. 22. Was die Diakonen betrifft, so liegt es ihnen ob, die Armen, die Kranken und Gefangenen zu besuchen, und in die Häuser zu gehen, um Katechismus zu halten.

Art. 23. Das Amt der Diakonen ist nicht, das Wort Gottes zu predigen, oder die Sakramente zu spenden, obwohl sie dabei behilflich sein können. Auch ist ihr Amt kein lebenslängliches; doch dürfen weder sie noch die Ältesten ihr Kirchenamt ohne Genehmigung der Kirchen niederlegen.

Art. 24. In Abwesenheit, in Krankheits- oder anderen Notfällen des Geistlichen kann der Diakon die Gebete halten und einige Sprüche der heiligen Schrift vorlesen, doch ohne sich dabei der Predigtform zu bedienen.

Art. 25. Die Diakonen und Ältesten werden aus denselben Gründen wie die Diener am Wort ihres Amtes entsetzt; und wenn das Konsistorium sie verurteilt hat, und sie legen dagegen Berufung ein, so sollen sie suspendiert werden, bis die Provinzial-Synode entschieden hat.

Art. 26. Geistliche und andere Kirchendiener dürfen Bücher, die sie oder andere geschrieben haben, und die religiöse Dinge behandeln, weder drucken lassen noch sonstwie veröffentlichen, ohne dieselben zuvor zwei oder drei unverdächtigen Predigern des Worts mitgeteilt zu haben.

Art. 27. Die Ketzer, die Gottesverächter, die, welche sich gegen das Konsistorium auflehnen, die Verräter der Kirche, die solcher Frevel Angeklagten und Überführten, die körperliche Strafe nach sich ziehen, ingleichen alle, die der ganzen Kirche grofses Ärgernis geben, sollen gänzlich exkommuniziert und nicht nur von der Teilnahme an den Sakramenten, sondern von der ganzen Gemeinde ausgeschlossen werden. Was die anderen Laster betrifft, so bleibt es dem gewissenhaften Urteil der Kirche überlassen, darüber zu entscheiden, wer nach Verbietung der Sakramente etwa zum Hören des Wortes zuzulassen sei.

Art. 28. Die wegen Ketzerei, Gottesverachtung, Schisma, Verrat und Auflehnung gegen die Kirche, so wie anderer der ganzen Kirche in hohem Grade Ärgernis gebender Vergehungen Exkommunizierten sollen als solche der Gemeinde, unter Angabe der Gründe ihrer Ausschliefsung, bekannt gemacht werden.

Art. 29. Was die aus geringeren Ursachen Exkommunizierten betrifft, so bleibt es dem gewissenhaften Urteil der Kirche überlassen, zu entscheiden, ob sie der Gemeinde anzuzeigen sind oder nicht, bis die General-Synode darüber schliefslich befunden haben wird.

Art. 30. Die Exkommunizierten haben sich dem Konsistorium zu stellen, wenn sie ihre Wiederaussöhnung mit der Kirche begehren, welche in diesem Falle über ihre Reue zu erkennen hat. Sind sie öffentlich exkommuniziert worden, so haben sie auch öffentliche Bufse zu thun; sind sie nicht öffentlich exkommuniziert worden, so findet der Bufsakt nur vor dem Konsistorium statt.

Art. 31. Wer in der Verfolgung vom Glauben abfällig geworden, kann nicht wieder in die Kirche aufgenommen werden, wenn er nicht öffentlich vor der Gemeinde Bufse thut.

Art. 32. In Zeiten heftiger Verfolgung, in Kriegsläuften, oder aber wenn Pest, Hungersnot und andere grosse Trübsal herrschen; ingleichen, wenn Predigerwahlen bevorstehen und es sich um den Zusammentritt der Synode handelt, können öffentliche und aufserordentliche Gebete mit Fasten angeordnet werden, doch ohne Gewissensbeschwerung und Aberglauben.

Art. 33. Die zu schliefsenden Ehen sind dem Konsistorium anzuzeigen, welchem auch der durch den öffentlichen Notar aufgenommene Ehekontrakt vorzulegen ist, und hat ein mindestens zweimaliges Aufgebot binnen vierzehn Tagen stattzufinden, worauf die Trauung vor der Gemeinde erfolgen kann. Von dieser Ordnung darf nur aus sehr gewichtigen Gründen, worüber das Konsistorium zu entscheiden hat, abgewichen werden.

Art. 34. Die Eheschliefsungen und Taufen sind mit den Namen der Väter, Mütter und Paten der getauften Kinder in ein Register einzutragen, und sorgfältig in der Kirche aufzubewahren.

Art. 35. Was die Blutsverwandtschaften und Verschwägerungen betrifft, so dürfen die Gläubigen keine Ehen eingehen, aus denen grofses Ärgernis entstehen könnte, worüber die Kirche zu befinden hat.

Art. 36. Die Gläubigen, die ihren Gatten des Ehebruchs überführt haben, sollen ermahnt werden, sich mit denselben wieder zu vertragen. Wollen sie nicht, so ist ihnen die Freiheit darzulegen, die sie nach dem Worte Gottes haben; doch dürfen die Kirchen keine Ehescheidungen vornehmen, um nicht in die Rechte der weltlichen Obrigkeit einzugreifen.

Art. 37. Personen in jugendlichem Alter können keine Ehe ohne Zustimmung ihrer Väter und Mütter eingehen; sollten diese jedoch so unverständig sein, ihre Einwilligung zu einem heiligen und nützlichen Werke zu versagen, so hat das Konsistorium darüber zu entscheiden.

Art. 38. Rechtsgiltig zu stande gekommene Verlöbnisse dürfen nicht gelöst werden, auch nicht durch gegenseitige Einwilligung derer, die sie eingegangen. Über solche Verlöbnisse, wenn sie rechtsgiltig zu stande gekommen, hat das Konsistorium zu befinden.

Art. 39. Keine Kirche darf etwas von grofser Wichtigkeit unternehmen, wodurch das Interesse oder der Nachteil der anderen mit ins Spiel käme, — ohne das Gutachten der Provinzial-Synode, wenn es möglich ist, sie zu versammeln. Ist die Sache dringend, so hat die betreffende Kirche dieselbe wenigstens brieflich den anderen Provinzialkirchen mitzuteilen, deren Meinung zu hören und ihre Zustimmung abzuwarten.

Art. 40. Vorstehende, die Kirchenordnung betreffende Artikel sind nicht solchergestalt unter uns festgestellt, dafs sie, wenn das Interesse der Kirche es erheischt, nicht abgeändert werden könnten; es soll aber nicht in der Macht des Einzelnen stehn, dies ohne das Gutachten und die Zustimmung der General-Synode zu thun.

In Urschrift gezeichnet: Franz von Morel, erwählter Vorsitzer der Synode, im Namen Aller.

So geschehen zu Paris, den 28. Mai 1559, dem dreizehnten Jahre der Regierung des Königs Heinrich.

Chronologische Übersicht der Koloniegeschichte.*)
Zusammengestellt von Dr. Muret.

1703. 14. Mai. Einwanderung der Orangeois (1703—1705). (Kol. 1877 p. 104).
1704. Charles Petit († 1716) als Prediger angestellt.
1705. 1. März. Einweihung der Friedrichstädtischen Kirche. (Kol. 1875 p. 63).
    17. April. Prediger Brouset angestellt.
    16. Juli. Erste Versammlung der Direktion in der neuerbauten *Maison d'Orange*. (Kol. 1877 p. 104).
1706. Prediger Favin (ohne feste Stelle), Rosselet († 1723) und Vincent († 1725) angestellt.
1707. 19. März. Die Friedrichstädtische Kirche wird der Gemeinde als Eigentum überwiesen.
1708. 30. Juli. Einsetzung einer Kolonie-Kommission an Stelle des bisherigen Kolonie-Direktors.
1709. 23. Jan. Visitations-Instruktion für die franz. Kolonie-Gemeinden. (Kol. 1877 p. 86).
    13. Mai. Naturalisationsedikt.
    Prediger de Convenant angestellt.
    Legat Danckelmann. (Kol. 1875 p. 76).
1710. Prediger Brouset wird abgesetzt.
    Crouzet zum Prediger an der Chapelle ernannt.
1711. Forneret († 1736) als Prediger angestellt.
    Cabrit († 1732) und Chion († 1738) Prediger an der Chapelle.
1715. 9. Jan. Reskript, die Einrichtung von Parochieen etc. betreffend. (Mylius VI. 270).
    Die Kolonierichter sollen den Titel Bürgermeister führen.
    Einteilung der Berliner Gemeinde in 3 Parochieen:
        1. Werder (Geistliche: de Repey, Lenfant, Ancillon).
        2. Neustadt (de Beausobre, de Gaultier, Petit).
        3. Friedrichstadt (Rosselet, Vincent, de Convenant, Forneret).
    Prediger d'Artis scheidet aus.
1716. Prediger Balicourt ersetzt Convenant an der Friedrichstädtischen Kirche.
    Prediger Lugandi († 1719) ersetzt Petit in der Dorotheenstadt.
1718. Beschluss eine Kirche in der Klosterstrasse zu erbauen.
    Beschluss ein Waisenhaus zu gründen.
1719. Louis de Beausobre an Stelle Lugandi's (Dorotheenstadt)
    9. März. Einrichtung des *Grand directoire* oder *Conseil français* für die Kolonie. (Kol. 1875 p. 4, Mylius VI. p. 54).
1720. 9. u. 29. Febr. Patent wegen der Privilegien etc. der franz. Reformierten.
    Grundsteinlegung des Waisenhauses.
1720. 15. Juli. Reskript, die Wahl der *anciens*, die Geldverwaltung etc. betreffend. (Mylius VI).
1721. 6. Juni. Edikt für die Gründung der Stettiner Kolonie.
    Grundsteinlegung der Klosterkirche.
    Gründung der Potsdamer Kolonie. (Kol. 1876 p. 29).
1723. Die Potsdamer Kolonie erhält Le Cointe als ersten Geistlichen.
    10. Dez. Die Privilegien des Berliner Waisenhauses werden bestätigt.
1724. Prediger Achard († 1772) an Stelle Ancillons (Werder).
    Prediger Naudé († 1766) an Stelle Rosselets (Friedrichstadt).
1725. 13. April. Statut des Waisenhauses bestätigt.
    31. Mai. Einweihung des Waisenhauses. (Kol. 1875 p. 33).
    Prediger Dumont († 1761) an Vincents Stelle (Friedrichstadt).
    Prediger Peloutier († 1757) an de Repeys Stelle (Werder).

---

*) Folgender Einwendung geben wir hier Ihre Stelle: „In betreff der in der letzten Nummer enthaltenen „Chronologischen Uebersicht der Koloniegeschichte" erlaube ich mir zu bemerken, dass ich die Angabe „1678 Jaques Abbadie predigt als Proposant" für irrtümlich ansehen muss, wie ich dies schon in der Februar-Nummer, pag. 10 Anmerkung, ausdrücklich hervorgehoben habe. Die Vorrede zu den gesammelten Werken Abbadies sowie die *France protestante*, 2ème édit. t. I. pag. 11, sowie verschiedene andere zuverlässige Nachrichten haben mich zu dieser Ueberzeugung geführt. Abbadie ist thatsächlich erst 1680 nach Berlin gekommen.   Lorenz.

1726.	11. Aug.	Einweihung der Klosterkirche (Prediger de Beausobre und Naudé). Im Ganzen 10 Geistliche (Werder 3, an den 3 andern Parochien 2) und ein Hospitalgeistlicher.
1727.		Die in Verfall geratene Kirche in der Köpnicker Vorstadt (la Chapelle) neugebaut (Kol. 1875 p. 82). Aufhebung des französischen Schützenplatzes. (Kol. 1876 p. 95).
1728.	21. März.	Kirche der Köpnicker Vorstadt (la Chapelle) eingeweiht. Prediger de Combles († 1767) an Stelle de Beausobre's, der Lenfant ersetzt.
1729.		Neben der Kirche in der Köpnicker Vorstadt wird ein Kirchhof angelegt, der bis 1736 besteht.
1731.		Sam. Formey an Stelle Bellicourt's (Friedrichstadt).
	19. Okt.	Privilegien der Potsdamer Kolonie.
1732.		Prediger d'Aniéres als zweiter Prediger u. d. Kirche der Köpnicker Vorstadt. 1732—34 Neubau und Vergröfserung des Hospitals.
1733.	14. Juni.	Einweihung der Hospitalkirche (Kol. 1880 p. 13) und Prediger Ancillon († 1758) angestellt.
1736.		Prediger Forneret durch Formey ersetzt.
	13. Nov.	Reglement die Kandidatenprüfung betreffend. (Mylius VI. 618).
1737.		Prediger Lorent an Stelle des erkrankten Formey.
	23. Febr.	Reskript über Beobachtung der Discipline. (Mylius VI. 623). Inspektions- und Visitationsordnung. (Kol. 1876 v. 86).
1738.		Prediger Lorent an Stelle des verstorbenen J. de Beausobre (Werder).
1739.		Prediger Gédéon des Champs an Stelle des verstorbenen Chion (Köpnicker Vorstadt). Der zum Professor der Philosophie ernannte Formey (Friedrichstadt) wird durch de Boistiger († 1744) ersetzt.
1740.		Prediger L. de Beausobre († 1753) geht von der Klosterkirche zur Dorotheenstädtischen über; sein Nachfolger an der Klosterkirche Perreanlt († 1764).
1744.		Prediger de Boistiger (Friedrichstadt) durch de Gualtieri ersetzt. G. Achard († 1755) Adjunkt Achard's (Werder).
1746.		Versammlung der chefs de famille wegen des allgemeinen Notstandes. Vorschlag des Predigers d'Aniéres zur Gründung einer École de charité. (Kol. 1875 p. 78 etc.).
1747.	12. Sept.	Einweihung der École de charité (in der Jägerstrafse).
1752.	17. Jan.	Gründungspatent der École de charité.
1753.		Prediger Moussou († 1769) (Dorotheenstadt). Die Friedrichstädtische Kirche erhält eine Orgel. (Kol. 1875 p. 62 etc.).
1754.		Stelle eines ministre catéchiste wird gegründet; erster P. Erman.
1755.	25. Febr.	Patent, betreffend die Réfugiés und Pfälzer (Bestätigung ihrer Rechte).
1757.		Hospitalprediger P. Erman an die Werdersche Kirche. Die Direktion der École de charité fafst den Entschlufs, geeignete Zöglinge zu Lehrern auszubilden.
1759.		S. C"Horneaux († 1763) Hospitalprediger. Die Berliner franz. Gemeinde besitzt 5 öffentliche Schulen. (Kol. 1875 p. 86).
1761.		Prediger George (Friedrichstadt).
1763.	30. Okt.	Don Lasalle (Kol. 1875 p. 76; Regl. I. 28).

Vereinsnachrichten der Réunion.

Sitzungen am Freitag, den 10. Juni und Freitag, den 24. Juni 1881. Restaurant Gärtner, Mittel-Str. 65, 8¹/₂ Uhr abends.

Briefkasten.

* Herr Prediger Nessler ist nicht, wie die Zeitungen meldeten, zum Hülfsprediger an einer der hiesigen deutschen Kirchen ernannt worden.

Juli 1881.   V. Jahrgang.

DIE KOLONIE.

Organ für die äusseren und inneren Angelegenheiten der französisch-reformierten Gemeinden.

Redigiert von W. Bonnell, Rektor in Berlin.

Erscheint monatlich einmal. Preis pro Quartal 75 Pf.

Abonnements werden angenommen bei W. Bonnell in Berlin N., Schwedter-Str. 257, und bei jeder Post-Expedition.

INHALT: François de Gaultier de Saint-Blancard von Prediger Lorenz in Prenzlau. — Die französische Kolonie in Strassburg i. U. Einleitung. — Geschichte des franz. Waisenhauses in Berlin II. — Chronologische Uebersicht der Kolonie-Geschichte von Dr. Muret, 1765—1842. — Aus dem Vereinsleben der Kolonie. — Vereinsnachrichten der Réunion. — Nachricht und Bitte. — Berichtigung.

François de Gaultier de Saint-Blancard.
(Von Prediger Lorenz in Prenzlau).

Um die Gründung der französisch-reformierten Gemeinde zu Berlin machten sich neben Abbadie und dem Grafen d'Espence, deren Gedächtnis wir in früheren Artikeln erneuert haben, besonders noch zwei Männer hochverdient: Die beiden Pastoren François de Gaultier de Saint-Blancard und David Ancillon. Für die Geschichte der Familie und des Lebensganges des Pastors Gaultier sind zahlreiche Quellen*) vorhanden, aus denen wir hier die wichtigsten Nachrichten kurz zusammenstellen.

Die Herren de Gaultier de Saint-Blancard gehörten zu dem alten Adel der Provinz Languedoc, woselbst sie im Mittelalter mancherlei Besitzungen, Würden und Ämter inne hatten. So wird z. B. berichtet, dass, als Kaiser Karl der Fünfte von Deutschland mit König Franz dem Ersten von Frankreich am 14. Juli 1538 im Hafen Aigues-mortes zusammentraf, ein Baron de Saint-Blancard den Oberbefehl über die aus 21 Galeeren bestehende französische Flotte führte. Unter der Regierung des Königs Heinrich des Zweiten wurde den Herren von Saint-Blancard die Verwaltung der Stadt und Citadelle von Aigues-mortes übertragen, später auch die Aufsicht über die in der Nähe gelegenen Burgen von Peccais und Carbonnière, welche 1597 den Reformierten als Sicherheits-Plätze angewiesen worden waren.

Die Familie hielt sich treu zur reformierten Kirche; besonders zeichnete sich Jaques de Gaultier, seigneur de Saint-Blancard als begeisterter Hugenotte aus; derselbe kämpfte in den Religionskriegen unter dem Herzog von Rohan als dessen Unterfeldherr *(mestre de camp)*, rettete 1625 die kleine Festung Mas d'Azil durch ruhm-

---

*) *La France protestante.* — Bayle, *Dictionnaire.* — Erman et Reclam, *Mémoires.* — De Vic et Vaissette, *Histoire générale de Languedoc.* — Leti, *Ritratti Istorici* etc. Amsterdam 1687. — Benoit, *Histoire de l'Edit de Nantes.*

volle Verteidigung*) und starb endlich vor La Rochelle, wohin er englische Hilfstruppen zur Unterstützung der hart belagerten Hugenotten geführt hatte, am 22. Juli 1627 den Heldentod für seinen Glauben.

Zu den Nachkommen dieses edlen Mannes gehörte nun auch unser François de Gaultier de Saint-Blancard, welcher bis zum Jahre 1682 Prediger der reformierten Gemeinde zu Montpellier war. Er erfreute sich des Rufes eines gelehrten Theologen und ausgezeichneten Predigers, er zeigte sich in schwierigen Verhältnissen für die Verwaltung kirchlicher Gemeinde-Angelegenheiten besonders befähigt, und stand deshalb bei seinen Glaubensgenossen in so hoher Achtung, dass dieselben ihn auf der letzten Provinzial-Synode von Languedoc, welche vor Aufhebung des Edikts von Nantes zu Usez im Jahre 1681 abgehalten wurde, zu ihrem Vorsitzenden *(modérateur)* erwählten.

Da in jener Zeit die Bedrückungen der Hugenotten in Frankreich immer heftiger wurden, so hatten viele reformierte Gemeinden eine Art Vereinigung geschlossen, um ihre fast schon vernichteten Rechte und Freiheiten, so weit dies mit gesetzlichen Mitteln und vereinten Kräften noch möglich war, gegen die Angriffe der Katholiken zu verteidigen. Der Mittelpunkt dieser Vereinigung war Montpellier, genauer — der glaubenseifrige und ritterlich kühne Pfarrer von Montpellier, François de Gaultier; er war die Seele aller Beratungen, die gepflogen, aller Mafsregeln, die getroffen wurden; durch seine Wirksamkeit wurde die reformierte Gemeinde zu Montpellier eine der blühendsten in ganz Frankreich. Aber gerade diese hervorragende und erfolgreiche Wirksamkeit zog ihm und seiner Gemeinde den besonderen Hafs der Katholiken zu; er selbst wurde als Empörer gegen die staatliche Obrigkeit verdächtigt; schon gegen Ende des Jahres 1682, also noch vor Aufhebung des Edikts von Nantes, wurde die Kirche zu Montpellier ungerechter und gewaltsamer Weise geschlossen, und da Gaultier sich selbst in seinem Leben bedroht sah, so gab er den Bitten seiner Gemeinde nach und verliefs 1683 Frankreich, woselbst er seine Familie und seine Habe vorläufig zurückliefs, um unbemerkt und ungehindert seine Flucht bewerkstelligen zu können. Er begab sich zunächst nach der Schweiz, wo er freundliche Aufnahme und persönliche Sicherheit fand; aber er hatte bei seiner Flucht nicht sowohl die Absicht gehabt, sich selbst zu retten, als vielmehr den Vorsatz, seinen bedrängten Glaubensgenossen in Frankreich womöglich Schutz und Hilfe zu schaffen. Nun gab es aber damals in Europa überhaupt nur zwei Männer, bei welchen der Wille und die Macht zu solcher rettenden That vorausgesetzt werden konnte, diese waren Wilhelm von Oranien, damals noch Statthalter der Niederlande, und Friedrich Wilhelm, der grofse Kurfürst von Brandenburg. So beschlofs denn Gaultier, diese beiden Fürsten aufzusuchen, um von ihnen Hilfe für die Reformierten in Frankreich zu erbitten. Er begab sich zunächst nach den Niederlanden und wufste in kurzer Zeit das volle Vertrauen Wilhelms von Oranien zu gewinnen. Dies gelang ihm, weil er in der That ein erfahrener Menschenkenner, ein weitblickender Politiker, ein gewandter Redner, und vor allem ein für die Sache der reformierten Kirche begeisterter Hugenotte war. Der Plan Gaultiers lief auf nichts geringeres hinaus, als darauf, die sämtlichen evangelischen Fürsten zu einem Schutz- und Trutz-Bündnis

---

*) Den Lesern unserer Kolonie empfehlen wir angelegentlich das schöne Buch von Flammberg: Hugonotten-Geschichten. Hugenotten-Geschichten (o!) Stuttgart bei Steinkopf 1875, in welchem sich auch eine anziehende Geschichte der ruhmvollen Verteidigung von Mas d'Azil findet.

1792.   Neubau der *Maison d'Orange*.
1794.   Letzte Beerdigung auf dem Hospitalkirchhof.
1806.   Für das Hospital werden 3 *dames directrices* ernannt.
1808. 19. Nov. Städteordnung; Aufhebung des franz. Bürgerrechts.
  16. Dez. Verordnung, die obersten Staatsbehörden betreffend; Aufhebung des französ. Kolonie-Departements, des französ. Ober-Direktoriums, des französ. Ober-Konsistoriums, so wie der französ. Gerichtsbarkeit.
1809. 30. Okt. Kabinetsordre über letztere Aufhebungen etc. (Kol. 1875 p. 19).
  18. Febr. Kabinetsordre, die Erhaltung der milden Stiftungen etc. betreffend. (Kol. 1875 p. 5).
  15. Mai. Das Lehrerseminar *(Pepinière)* wird aufgehoben.
1811.   Legat Glaise. (Kol. 1875 p. 74).
1812. 3. Febr. Kabinetsordre, die noch erhaltenen Privilegien betreffend. (Kol. 1875 p. 30). Selbständiges Aufhören der Köpnicker Kolonie.
1816.   Legat Graf von Redern. (Kol. 1875 p. 75).
  Don d'un Anonyme. (Kol. 1875 p. 83).
  Die Naturalverpflegung in der *Maison française* hört auf.
1817. 19. Mai. Die eingegangene *Pepinière* wird wieder ins Leben gerufen.
1824. 22. Mai. Die Verwaltung der *Maison française* wird dem franz. Konsistorium unterstellt.
1825.   Die *École de charité* ist Universalerbin der Causse'schen Eheleute. (Kol. 1875 p. 109). Neubau der Werderschen Kirche.
1826.   Anordnung von Gastpredigten für die zur Wahl vorgeschlagenen Geistlichen.
1827. 16. Mai. Bestimmung, dafs bei der Prediger-Wahl statt 12 nur 6 Kandidaten vorgeschlagen werden.
  Der *défenseur des corps pieux* ist durch sein Amt selbst Mitglied des Konsistoriums.
  14. Juni. Legat Favre (Kol. 1875 p. 74).
1828.   Legat Reclam. (Kol. 1875. p. 75).
1829.   Legat Saby. (Kol. 1875 p. 81).
  9. Jan. Eröffnung einer Lehrlings-Fortbildungsschule; dieselbe hat nur ganz kurze Zeit bestanden. (Kol. 1875 p. 107).
1830.   Der Kirchhof in der Liesenstrafse wird für 100 Thl. erworben.
1831.   Legat Benezet. (Kol 1875 p. 81).
1836.   Die Zöglinge der *Pepinière* sollen dem Stadtseminar überwiesen werden.
  Legat Favre für die *École de charité*. (Kol. 1875 p. 109).
1838.   Die *École externe* der *École de charité* wird aufgelöst.
1839. 3. Febr. Kabinetsordre, betreffend die Vertretung der franz. reform. Gemeinde im Provinzial-Konsistorium und Schul-Kollegium. (Kol. 1875 p. 37 und 38).
1841.   Aufhören des Gottesdienstes in der Werderschen Kirche.
1842. 16. April. Regulativ für das Kirchenwesen der franz. Gemeinde in Berlin. Die Stelle eines *ministre catéchiste* wird aufgehoben.
  22. April. Grundsteinlegung des Hospiz. (Kol. 1876 p. 19).

Aus dem Vereinsleben der Kolonie.

  Die Réunion, im Mai 1868 gegründet, beging ihr diesjähriges Stiftungsfest am 19. Juni an den schönen Havelufern des Schildhornes. Eine Kremserfahrt führte die Teilnehmer vom Brandenburger Tore aus, durch Tiergarten und Grunewald zu den blauen Seeen des lieben märkischen Stromes; gemeinsame Spiele und Abendtisch hielt die Gesellschaft bis in die zehnte Stunde in heiterster Stimmung beisammen, und spät erst trat man die Heimfahrt an.
  Die Réunion ist für das Leben in unserer Kolonie von einiger Bedeutung geworden. Vieles hat sie erstrebt, manches erreicht, und dafs es dem Herausgeber dieser Zeitschrift möglich ist, dieselbe durch alle Klippen finanzieller Bedenklichkeiten glücklich hindurch zu leiten, ist allein ihr Verdienst. Man könnte der Réunion für die Gründung und Unterhaltung der Zeitung wirklich mehr Dankbarkeit und Anerkennung zollen, als es leider geschieht.

So manche tüchtige Kraft hat bisher in der Réunion Fleiſs und Strebsamkeit entfaltet; die Réunion ist niemals arm an Intelligenz und energischem Eifer gewesen — was gearbeitet, erstrebt worden, die drauſsen Stehenden wissen es nur zum kleinsten Teile. Natürlich nur, daſs die Réunion ihren verstorbenen Mitgliedern ein pietätvolles Andenken bewahrt, denn unter allen diesen ist kein Einziger gewesen, der sich nicht redlich abgemüht hätte, den Zielen der Vereinigung seine volle Kraft darzubringen. Der Tod hat in diesem Jahre zwei Männer dahingenommen, die thätigen Anteil hatten an der Gründung des Vereins, die lange Jahre hindurch, bis schwere Krankheit den Körper lähmte und den Geist müde machte, Leid und Freud mit ihren Brüdern ehrlich teilten. Herr Mourgues starb nach schmerzlicher Krankheit, die schon vor Jahren seine Manneskraft geknickt hatte, in den Armen seiner Familie. Sein immerdar gleiches, bescheidenes, freundliches Wesen hatte ihm die Liebe und Verehrung seiner Vereinsgenossen erworben. Die Réunion wird ihm stets ein ehrenvolles Andenken bewahren. Nach langen, unsagbaren Leiden, nach dem härtesten Kampf ums Dasein, in dem ihm auch der bitterste Kelch nicht erspart blieb, verschied in Zehlendorf Herr Lehrer Herpin. Nur diejenigen, welche in früheren Jahren Mitglieder der Réunion gewesen, wissen es, von welcher eminenten Bedeutung gerade er für das Emporwachsen und die erste Entwickelung unserer Vereinigung gewesen. Möge ihm, dem im Leben wenige freundliche Sonnenblicke lächelten, zu allen Zeiten im Herzen seiner einstigen Freunde eine ehrende Erinnerung bewahrt bleiben.

„Vergiſs die treuen Toten nicht!"

Die Réunion wird sie nicht vergessen; doch unbeirrt von Gunst oder Ungunst der Welt, wandelt sie stetig und besonnen die einmal vorgezeichneten Bahnen, und daſs auch in dem neuen Jahre es ihr nimmer fehlen möge an Fleiſs in der Arbeit, Beständigkeit in ihren Grundsätzen, an Treue in ihrem selbstgewählten, hohen Berufe, das wünschen wir, das hoffen wir!

Vereinsnachrichten der Réunion.

Die Sitzungen im Monat Juli fallen aus.

Freitag, den 8. Juli: Familien-Zusammenkunft in der Unions-Brauerei, in der Hasenhaide.

Freitag, den 22. Juli: Familien-Zusammenkunft in Treptow, Café Kettlitz.

Nachricht und Bitte!

Für eine von Herrn de France in Montauban (Tarn - et - Garonne) unternommene wissenschaftliche Arbeit über die Auswanderung im Jahre 1685, auch vorher und nachher, ist es notwendig, die Zahl und die Namen der aus Montauban ausgewanderten Familien festzustellen. Wer in dieser Angelegenheit Mitteilungen machen kann, wird freundlichst gebeten, dieselben an die Redaktion dieser Zeitschrift gelangen zu lassen. Erwünscht wäre Herrn de France auch eine Einsicht in etwa noch vorhandene Familien-Papiere oder Urkunden.

Berichtigung

In dem Referat über meinen Vortrag (Rechnungslegung) befinden sich mehrere Irrtümer, von denen ich besonders zwei hervorheben muſs. Der erste betrifft den Inhalt des ganzen zweiten Absatzes p. 55 (Nachdem der Redner etc.), in dem der Herr Referent meine Darstellung durchaus unrichtig wiedergegeben hat. Ferner soll ich, dem Referate nach, gesagt haben, daſs das Konsistorium die von ihm gewählten Rechnungsrevisoren „in einer groſsen Zahl der Fälle" aus seiner eigenen Mitte ernannt habe. Auch hier hat derselbe mich miſsverstanden. Selbstverständlich sind die Rechnungsrevisoren stets *chefs de famille*, die nicht dem Konsistorium angehören. Eine eingehende Darstellung der ganzen Angelegenheit habe ich bereits in der Kolonie 1877 (No. Juli, August, September, Oktober) gegeben und möchte darauf verweisen.

Dr. Muret.

Die nächste Nr. wird ausnahmsweise erst am 12. August ausgegeben.

August 1881.   V. Jahrgang.

DIE KOLONIE.

Organ für die äusseren und inneren Angelegenheiten der französisch-reformierten Gemeinden.

Redigiert von W. Bonnell, Rektor in Berlin.

Erscheint monatlich einmal. Preis pro Quartal 75 Pf.

Abonnements werden angenommen bei W. Bonnell in Berlin N., Schwedter-Str. 257, und bei jeder Post-Expedition.

INHALT: François de Gaultier de Saint-Blancard, II, von Prediger Lorenz in Prenzlau. — Die französische Kolonie in Strassburg i. U., II. — Referat, erstattet in der Sitzung der französisch-reformierten Kreis-Synode 1881 von Dr. Matthieu in Angermünde. — Chronologische Uebersicht der Koloniegeschichte von Dr. Muret, 1843—1880. — Gemeindesachen. — Vereinsnachrichten der Réunion.

François de Gaultier de Saint-Blancard.
Von Prediger Lorenz in Prenzlau.
(Fortsetzung.)

Bis zum Anfang des Jahres 1685 weilte Gaultier im Haag am Hofe des Statthalters der Niederlande, welchen er für seine Pläne zur Verteidigung der reformierten Kirche vollständig gewonnen hatte. Nun aber galt es, für diese Pläne weiter den grofsen Kurfürsten von Brandenburg, und durch dessen Vermittlung womöglich auch alle übrigen protestantischen Fürsten zu gewinnen. Zur Lösung dieser wichtigen Aufgabe schien der Prediger Gaultier de Saint-Blancard ganz besonders geeignet; so wurde denn beschlossen, dafs er sich zu diesem Zwecke als geheimer Unterhändler und Bevollmächtigter des Statthalters der Niederlande an den Hof zu Berlin begeben sollte. Am 8. Januar 1685 empfing er in besonderer Audienz von Wilhelm von Oranien die erforderlichen Instruktionen für seine Sendung; am 9. Januar verliefs er den Haag, am 19. desselben Monats traf er unter dem Namen eines Herrn von Saint-Blancard im Gewande eines Kavaliers am Hofe zu Berlin ein; nur der Kurfürst und wenige eingeweihte Minister wufsten, dafs der Gesandte aus dem Haag nicht ein Diplomat, sondern ein Prediger war. Gaultier hatte zwei Instruktionen erhalten, eine, welche er dem grofsen Kurfürsten gleichsam als Programm für alle weiteren Verhandlungen vorlegen, eine andere, geheime, welche ihm selbst die Art und Weise vorschrieb, in der er diese Verhandlungen führen sollte. Beide Schriftstücke sind von aufsergewöhnlichem Interesse, einmal, weil sie den grofsartigen Plan enthüllen, dessen Urheber und Überbringer Gaultier war, sodann aber, weil sie klar erkennen lassen, welche geachtete Stellung der grofse Kurfürst zu seiner Zeit im Rate der Völker einnahm, und wie das protestantische Europa schon damals in dem edlen Hohenzollern den Schirmherrn des Protestantismus und den Vater und Pfleger der Union beider evangelischer Konfessionen anerkannte. Folgendes ist der Wortlaut dieser beiden wichtigen Urkunden.*)

*) Dieselben finden sich im französischen Original abgedruckt in den Memoiren von Erman und Reclam, Teil I, pag. 358 ff.

I. Instruktion für den Herrn Gaultier an Seine Hoheit den Kurfürsten von Brandenburg durch den Prinzen von Oranien gesandt, am Anfang des Jahres 1685.

Der Herr Gaultier wird Seiner Hoheit dem Kurfürsten von Brandenburg vorhalten, dafs Seine erlauchte Hoheit, der Prinz von Oranien, zum Wohle der protestantischen Religion in folgende Erwägungen eingetreten ist.

1) Erstens, dafs die protestantische und reformierte Religion überall bedrängt, und in mehreren Gegenden Europas, wie in Köln, Ungarn, Schlesien, Mähren, Oesterreich und an andern Orten Deutschlands völlig unterdrückt ist; dafs sie in Frankreich im Begriff steht, zu Grunde zu gehen.

2) Dafs dieser Verlust so vieler den Protestanten entrissener Provinzen das ganze Werk der Reformation mit dem Untergange bedrohe, wenn man darauf nicht achte, da der Papismus nicht allein in den Ländern, wo er herrschend ist, sondern auch in den Gegenden, wo er noch nicht herrscht, so grofse Fortschritte macht, dafs sehr zu befürchten ist, dafs er auch dort in kurzer Zeit die Oberhand gewinnen wird.

3) Dafs er (der Prinz von Oranien) es deshalb für eine dringende Notwendigkeit erachte, dafs die protestantischen Fürsten sich verbinden, um für ihre gemeinsame Erhaltung zu arbeiten, und dafs man zu diesem Zwecke allen Fürsten Augsburgischer Konfession klar machen müsse, dafs es sich hier um ihre eigene Sache ebensowohl als um diejenige der Reformierten handle, da der Papismus ihr gemeinsamer Feind ist.

4) Dafs das Werk dieser Vereinigung eine Aufgabe sei, würdig Seiner Hoheit des Kurfürsten von Brandenburg, welcher der angesehenste unter den protestantischen Fürsten ist, und dafs seine Teilnahme und sein Beispiel von grofser Wirkung sein würde, um die andern Fürsten zu einem so nützlichen Entschlusse zu bewegen.

5) Dafs in betreff der Mittel, um zu dieser Vereinigung zu gelangen, Seine Hoheit der Prinz von Oranien nicht versuchen würde, dem Kurfürsten von Brandenburg Ratschläge zu geben, sondern dafs er die seinen befolgen, und ihn mit allen Kräften unterstützen würde in allen Dingen, worin jener es für nützlich erachten möchte.

6) Dafs der Prinz von Oranien verspreche, in betreff Englands thätig zu sein, und dafs er dem Kurfürsten Nachricht geben werde über alles, was er von dieser Seite zu hoffen Veranlassung haben würde.

7) Dafs in betreff dieses Staates der Prinz von Oranien nicht zweifle, dafs derselbe der Unternehmung beitreten würde, sobald Seine kurfürstliche Hoheit die Verhandlung mit den übrigen protestantischen Fürsten angeknüpft haben würde.

8) Was die übrigen Staaten, wie Dänemark, Sachsen, Braunschweig, Lüneburg, Hannover, Hessen, die Pfalz und die Schweiz anbelange, so möge Seine kurfürstliche Hoheit an den Höfen nach seiner Weisheit und Einsicht durch seine Gesandten unterhandeln, um deren Neigungen zu prüfen, und die Notwendigkeit der Vereinigung vorhalten und sie über die Mittel dazu befragen lassen.

9) Was endlich Schweden anbelange, so sei der Prinz von Oranien, wenn der Kurfürst meine, dafs jener dabei etwas vermöge, bereit, sich dorthin zu verwenden, so wie überall sonst, wo der Kurfürst urteilen möchte, dafs jener mit Nutzen handeln könnte.

II. Geheime Instruktion von demselben Datum und für dieselbe Verhandlung.

1) Der Herr Gaultier wird die Sachen so darstellen, dafs er dem Kurfürsten zu verstehen geben wird, dafs man wünsche, dafs er die ganze Ehre dieser Unter-

nehmung habe und dafs er an der Spitze zu stehen scheine, weshalb der Prinz von Oranien keinen Schritt anders als unter den Auspicien Seiner kurfürstlichen Hoheit habe thun wollen.

2) Er wird dem Kurfürsten zu verstehen geben, dafs, um die übrigen protestantischen Fürsten für die angestrebte Vereinigung zu gewinnen, es nötig ist, sie durch Erwägungen äufseren Vorteils zu fassen und ihnen klar zu machen, dafs die Vereinigung sehr nötig ist, um sie vor den Mächten, welche heut zu Tage in Europa die Oberhand haben, zu bewahren.

3) Dafs Mafsregeln zu treffen sind, um zu verhindern, dafs der Kaiser und sein jesuitischer Rat nicht zu viel Verdacht in betreff dieser Vereinigung schöpfen und nicht Beschlüsse fassen, welche den gehegten Absichten zuwider sein würden.

4) Er wird Seine kurfürstliche Hoheit genau befragen über die Mittel, deren man sich wird bedienen können, um zu dieser Vereinigung zu gelangen, und ob es nützlicher sein würde, die Angelegenheit an jedem der Höfe im besondern durch die Gesandten behandeln zu lassen, oder eine allgemeine Versammlung zu berufen, wohin alle Fürsten ihre Gesandten schicken würden.

5) Im Falle, dafs Seine kurfürstliche Hoheit sich für das Mittel einer allgemeinen Versammlung entscheiden sollte, würde darauf aufmerksam zu machen sein, dafs, bevor man sich versammelt, man an den Höfen über die wichtigsten Bestimmungen dieser Vereinigung übereingekommen sein müsste; weil, wenn man zu den Konferenzen die Sachen ganz neu und unvorbereitet bringen würde, es Streitigkeiten geben, und die Feinde nicht verfehlen würden, die Unternehmung zu durchkreuzen und unfruchtbar zu machen, während, wenn man wenigstens über die wichtigsten Dinge vor dem Zusammentritt übereingekommen sein würde, die Angelegenheiten sich schneller machen und folglich dem weniger ausgesetzt sein würden, durchkreuzt zu werden.

6) Wenn man weiter auf die Mittel der Vereinigung eingeht, so wird er (Gaultier) erforschen, welches die Absicht Seiner kurfürstlichen Hoheit in betreff der Union der Lutheraner und der Reformierten ist, welche er in seinen Staaten und durch sein Beispiel auch anderswo zu stiften wünscht, nämlich ob er die Absicht hat, die genannten lutherischen und reformierten Protestanten zu ein und derselben Gemeinschaft durch Vereinigung der Lehre und des Kultus zu verbinden.

7) Hierbei wird er darauf hinweisen können, dafs es eine Union der Lehre, eine Union aus Toleranz, und eine Union um des Vorteils willen giebt; dafs es sehr schwer ist, zu einer Union der Lehre und des Kultus zu gelangen, weil keine der Parteien nachgeben, noch auf ihre Lehren und ihren Kultus wird verzichten wollen, um sich ganz der andern anzupassen, dafs die Versuche, welche für eine solche Art der Union seit mehr als hundert Jahren gemacht worden, alle ohne Erfolg gewesen sind.

8) Dafs es deshalb besser sein würde, wenn man sich für die Gegenwart mit einer Union aus Toleranz begnügte, wie diejenige, welche der Landgraf von Hessen im Jahre 1665 zwischen den Theologen von Marburg und denen von Rinteln schliefsen liefs, indem man wartet, bis es Gott gefallen wird, die Wege zu einer Union der Lehre zu öffnen.

9) Dafs für die Gegenwart man zunächst auf eine Union um des Vorteils willen hinarbeiten müsse, um sich dem gemeinsamen Feinde entgegen zu stellen, nämlich dem Papismus, welcher sowohl die Religion wie den Staat mit Unterdrückung bedrohe.

10) Da die Verhandlungen über diese Vereinigung lange währen, und inzwischen die verfolgten Kirchen zu Grunde gehen könnten, so würde es nötig sein, Seine kurfürstliche Hoheit zu bitten, auf ein schnell wirkendes Mittel zu sinnen, um auf irgend welche Art die Heftigkeit der Verfolgung in Ungarn und Mähren als auch in Frankreich aufzuhalten, und zu sehen, ob man nicht irgend welche gemeinsame Fürsprache einlegen könnte, bis die Vereinigung zu stande gekommen sein würde, und man alsdann mit mehr Nachdruck handeln könnte. —

Dies waren die Instruktionen, welche Gaultier aus dem Haag nach Berlin mitbrachte; es bedarf offenbar nicht vielen Scharfsinnes, um zu erkennen, dafs Gaultier selbst der geistige Urheber derselben gewesen ist; dafür spricht das lebhafte Interesse, welches in beiden Schriftstücken nicht sowohl den politischen als vielmehr den religiösen Verhältnissen Europas zugewendet ist, dafür die verständnisvollen Erwägungen, welche über die Wichtigkeit, aber zugleich auch über die Schwierigkeit der Union der beiden evangelischen Konfessionen angestellt werden, dafür vor allen Dingen die ängstliche Sorge, dafs unter langwierigen Verhandlungen die verfolgten Kirchen noch längere Zeit der dringend nötigen Hilfe beraubt bleiben möchten, und der lebhafte Wunsch, dafs wenigstens schleunigst eine Fürsprache aller evangelischen Fürsten für die bedrängten Glaubensgenossen eingelegt werden möchte.

Der grofse Kurfürst empfing den Gesandten des Prinzen von Oranien am 27. Januar 1685 und liefs sich ausführlichen Bericht über den Zweck seiner Sendung erstatten; er bewilligte demselben eine zweite Audienz am 9. Februar und verhandelte mit Verständnis und Interesse über die ihm gemachten Vorschläge; ehe aber noch bestimmte Verabredungen getroffen werden konnten, traf am 16. Februar 1685 am Hofe zu Berlin die Nachricht ein, dafs der König Karl der Zweite von England gestorben, und sein Bruder Jakob der Zweite ihm in der Regierung gefolgt war. Dieses unerwartete Ereignis änderte bekanntlich viel in den damaligen politischen Verhältnissen Europas; es gab auch den Verhandlungen zwischen dem grofsen Kurfürsten und dem Prinzen von Oranien sofort eine andere Wendung. (Forts. folgt).

Die französische Kolonie in Strasburg i. U.

II. Entstehung der Kolonie.

Nach der Aufhebung des Ediktes von Nantes und der Verwüstung der Pfalz durch die Kriegsschaaren Ludwigs XIV. hatten sich in dem hessischen Städtchen Geifsmar, wohl demselben Orte, der heute Hofgeismar genannt wird, viele französische Flüchtlinge, teils aus dem eigentlichen Frankreich, teils aus den Niederlanden, wo ebenfalls der Krieg wütete, teils aus der Schweiz, die meisten aber aus der Pfalz zusammengefunden, und bildeten daselbst eine reformierte Gemeinde von über 50 Familien, deren Prediger Jaques Clément war.

Die Flüchtlinge sahen wohl ein, dafs ihres Bleibens auf längere Zeit in Geifsmar nicht sein könne, und da sie vernahmen, der Kurfürst Friedrich III. von Brandenburg nehme sich, wie vordem sein Vater, der um des Glaubens willen Verfolgten kräftig an, so machten sich zwei der angesehensten Gemeindeglieder, die Kaufleute Pierre Letienne und Jean Jaques Tavernier auf, um in kurfürstlich-brandenburgischen Landen einen zur Ansiedlung passenden Ort ausfindig zu machen. Sie kamen in die fruchtbare, von den Schweden aber 1674 arg verheerte Uckermark und entschlossen sich, die Stadt Strasburg als Ort der Ansiedlung zu wählen. Wahrscheinlich ist, dafs sie diese Reise nicht ohne kurfürstliche Genehmigung gemacht haben; ein Abschnitt des Privilegii verheifst ihnen Kostenentschädigung. Als sie sich für Strasburg entschieden, reisten sie sofort nach Cleve, wo damals der Kurfürst residierte und erhielten für 55 Familien das nachfolgend abgedruckte Privilegium vom 5. Januar 1691, dessen noch leidlich erhaltene Original-Urkunde in einer Blechbüchse im Strasburger Pfarrarchiv aufbewahrt wird. Das Privilegium giebt den Impetranten zwar nicht so viel Rechte, wie sie die Magdeburger Kolonie erhalten, aber doch dieselben, wie sie der von Prenzlau zu teil geworden.

Zehnjährige Steuerfreiheit, eximierte Gerichtsbarkeit, Gestattung einer Art von Gewerbefreiheit, freier Eintritt in die Handwerkergilden, Zollfreiheit des in den nächsten 10 Jahren gewonnenen Tabaks — vor allem aber die Überlassung einer mehr als 60 Hufen grofsen Ackerfläche für den selbst für damalige Zeit ungemein niedrigen Preis von 12,000 Thlr. bildeten die Grundlage der gedeihlichen Entwickelung der Kolonie. Als Gotteshaus wurde den Kolonisten der untere, östliche, gewölbte Teil des Rathauses eingeräumt; die innere Einrichtung mufsten die Kolonisten selbst besorgen; es wurde ihnen die Erlaubnis gegeben, sich den Prediger Clément aus Geifsmar mitzubringen*) und demselben ein Gehalt von 100 Thlr. sowie freie Wohnung — im Rathause über dem gottesdienstlichen Lokale — gewährt, für einen *lecteur et chantre* ein Jahrgehalt von 50 Thlr. ausgesetzt. Der erste französische Richter in Strasburg Dalençon bezog ein Jahresgehalt von 100 Thlr. und hatte Dienstwohnung.

Kurfürstliches Privilegium vom 5. Januar 1691,
die Stiftung der französischen Kolonie zu Strasburg in der Ukermark betreffend.
(Das Original ist in Ausdruck und Orthographie getreu wiedergegeben).

Demnach bey Sr. Churfürstl. Durchl. zu Brandenburg, Unserm gnädigsten Herrn, die aus der Pfaltz Refugirten Kaufleuthe, Pierre le Trenne und Jean Jacques Tavernier, vor Sich und in Vollmacht von mehr als 55 Frantzösischer aus der Pfaltz wegen der Religions Verfolgung, und der anitzo der Orthen schwebenden grausahmen Krieges-Flammen nach Geifsmar in der Landgrafschaft Hessen refugirter und ad interim subsistierender Familien, unterthänigst vorstellen lafsen, dafs Ihr Wunsch vor allem wehre, in dero Landen Sich zu etabliren und in dero Stadt Strafsburg in der Ucker-Marckt wohnhafft niederzulassen, dafern Seine Churfl. Durchl. Sie gleich andern Refugirten, gnädigst zu privilegiren geruhen wolten, Wan dan Hochstgdte Se. Churfl. Durchl. alle und Jedo afiligirte Personen, in dero gdste protection zu recipiren, Jedesmahl ein besonderes gnädigstes Wollgefallen bezeügen; Als haben Sie auch der Supplicanten unterthänigst billiges suchen in gnaden placidiret, und nehmen dieselben nebst Ihren Familien demnach hiermit in dero gdsten Lande Herl. Schutz und Protection gnädigst auf und an, und erklähren Sie, aller deren Refugirten vermöge dero in Gott ruhenden Glohrwürdigsten Herrn Vatters durchl. gnädigsten Edicts, sowoll als dero angeborne Unterthanen, in dero Landen und in specie in dero Stadt Strafsburg in der Ucker-Marck competirenden privilegien, Exemptionen, Beneficien, Recht und Gerechtigkeiten, Keines davon ausgenommen, krafft dieses allerdings fähig und genofshaft.

Se. Churfl. Durchl. haben Sich auch zu solchem Ende auf der Impetranten übergegebene unterthänigste punctation folgender gestalt in gnaden erkläret, und zwar

Ad 1 mum.

Vergönnen Se. Churfl. Durchl. den Impetranten Sich dero besagten Statt Strafsburg niederzulassen, Ihres gefallens zu establiren, und so guth Sie können, mit den Ihrigen daselbst

---

*) Derselbe kam aber nicht. Aus welchen Gründen ist nicht nachzuweisen, wiewohl de la Pierre meint, er sei nicht aus hessischen Diensten entlassen worden. Als erster französischer Prediger in Strasburg wird Henri de Baudan genannt.

zu ernehren, es seind aber daselbst keine Ledige oder ruinirte Haüser vorhanden, welche Ihnen gegeben werden, oder Sie wieder repariren könnten,

Ad 2 dum.

So viel aber ledige stellen anbetrifft, da finden sich aldort zum wenigsten soviel Platz als zu 60 Haüsern oder Scheüren zu setzen von nöthen seyn möchte; Und sollen Ihnen solche bey Ihrer ankunfft angewiesen und zu eigen geschenket werden; Weil auch der Orthen Se. Churfl. Durchl. keine Holtzungen zu ständig, auch Sie keine Ziegel-Offen daselbst haben, so wollen dieselbe einem Jeden der und nachdem Er bauen will, welcher Bau denen ergangenen Verordnungen, und gleich die Teütschen solchen bewerkstelligen müfsen, einzurichten seyn wird, nach proportion ein gewifses an gelde zu solchem Behuf nach und nach reichen lafsen.

Ad. 3 m.

So viel aber die ledigen Haüser und Wüsten stellen auf denen negst angelegenen Se. Churfl. Durchl. zustehenden Dorfschafften angehet, welche die Impetranten, im fall in der Stadt keine vorhanden, Ihnen einzuthun, verlanget, So haben Se. Churfl. Durchl. in der nähe solcher Stadt davon keine, und kann Ihnen derohalben damit nicht ausgeholfen werden.

Ad 4 tum.

Haben gtf. erwehnte Se. Churfl. Durchl. gdst gewilliget, Ihnen in den Strafsburgischen Feldern 70 bis 80 Hufen Landes assigniren und davon von Jeden Orth aussuchen zu lafsen, von welchen 70 bis 80 Hufen die Impetranten nach verflofsenen 10 Frey Jahren, deroselben entweder das Kaufpretium erstatten, und alsdan nur die gewöhnliche onera denen Teütschen gleich ablegen oder aber auch davon Jährlich die Landesübliche Pächte erlegen sollen. Indefsen können Sie Sich nicht weigern das was dem dortigen Prediger und der Kirchen, von den Hufen zu kombt, Jährlichen abzutragen, zu mahlen solches auf ein gar geringes ankombt.

Ad. 5 m.

So sollen auch die Jungen Leüthe unter Ihnen, oder andere von sothaner Colonie, welche sich verheyrathen und unter Ihnen verbleiben, eben der Jenigen obgedachten, den Impetranten conferirten Privilegien und Freyheiten Sich zu erfreüen haben.

Ad. 6.

Weil Sie auch zu treibung Ihres Gottesdienstes einer Kirchen oder sonst bequemen orthes benötiget, und aber keine aparte Kirche aldort vorhanden, womit Ihnen könte geholfen werden, So haben mehr Hochstbesagte Se. Churfl. Durchl. gnädigst resolviret, auf dem Rathshause daselbst die Gewülbe zu solchem Behuf aptiren zu lafsen, worin Sie Ihrer Andacht pflegen können.

Ad 7.

Soviel aber die Arth und weyse Ihres Gottesdienstes betrifft, da haben Se. Churfl. Durchl. gdst zugestanden, dafs sie denselben nebst der Kirchen disciplin auf gleiche weyse als die anderen frantzösische Refugirte in dero Landen, einrichten und exerciren mögen.

Ad 8 . . . . 9.

Demnach auch die Impetranten den Prediger David Clement, zu welchen Sie ein sonderbahres Vertrauen, und von Ihm erbaut zu werden hoffen, zu Ihren Seel-Sorger erklähren So haben Höchstgedachte Se. Churfl. Durchl. Ihnen hierunter gerne fügen, und denselben Ihnen concediren wollen, des gdsten erbiethens demselben nicht allein desfalls mit gewöhnlicher Vocation zu versehen, besondern auch mit einem Jährlichen Gehalt von 150 thl. provideren zu lafsen, damit Er auch soviel commoder subsistiren könne, so wollen Se. Churfl. Durchl. Ihn auch mit einer benötigten freyen Wohnung zu accommodiren verordnen.

Ad 10.

Efs soll Ihnen auch eine tüchtige Persohn gehalten und von Sr. Churfl. Durchl. mit 50 Tal. Jährlich salariret werden, der das Cantorat und Lecteur charge versehen, und dabenebest die Jugend informiren möge.

Ad 11.

Auf dafs Sie auch Ihren unterhalt gewinnen mögen, so geben Ihre Churfl. Durchl. Ihnen hiemit die volle Freyheit mit Toback oder andern Zuwachfs, so Sie von Ihren Lande erziehlen, in und aufser Lands ohne entrichtung einiges Zolls und Imposten zeitwehrender 10 Frey-Jahren zu handeln, wegen der Accise aber soll es mit Ihnen eben auf den Fufs, wie mit den Preutzloschen Refugirten gerichtet werden; In puncto Jurisdictionis aber, sollen Sie keinen andern Richter erkennen, als den Jehnigen, So Se. Churfl. Durchl. geben werden, wozu Sie dan den Dalençon ausgesehen, und den mit 150 tal. Jährl. Gehalts beneficiren wollen.

Ad 12.

Die Jenigen, so unter Ihnen mit Ihren zugewachsenen Früchten aufser Landfs zu handeln belieben wolten, sollen solches frey, ungehindert, und sonder abtrag des sonst gewohnlichen Zolls, eben wie die zu Prentzlow, so lange die 10 Frey-Jahre währen, zu thun bemächtiget seyn.

Ad 13.

Alle Handwercker unter Ihnen werden hiemit bemächtiget, Ihre Hand-wercke und profession, Ihres willens ungehindert anzufangen und zu treiben, und sollen man Sie es verlangen, in den Zünften und Gilden, ohnwiedersetzlich und unentgeldlich recipiret werden, und aller davon dependirender privilegien, Recht und Gerechtigkeiten, gleich den Teutschen angebohrnen unverweigert geniefsen, und dabey kräftig mainteniret worden.

Ad 14.

Vor Höchsternandte*) Se. Churfl. Durchl. geben auch denen Impetranten und welche aus Ihnen verlangen Cabarets und Hostellerieu anzulegen, Wirths-Haus zu halten, reisende und andere Persohnen aufzunehmen, und zu logiren, Wein und Bier, auch allerhand Efse Wahren öffentlich feil zu biethen und zu verkauffen, Brau-häuser anzulegen, Bier zu brauen, en gros oder Mafs Weyse zu verkauffen, ohne die 10 Frey-Jahr über einige Imposten davon zu entrichten, aufsgenommen die gewohnliche consumptions accise.

Ad 15.

So können die Impetranten der Jenigen Privilegien, so der Manheimischen Colonie zu Magdeburg verliehen worden, Sich darumb nicht anmafsen, weil solches Hertzogthumb a part, und mit der Ucker-Marck Keine Verwandschafft hat; Jedennoch versprechen Höchstgedachte Se. Churfürstliche Durchleuchtigkeit Ihnen, dafs Sie aller der Jenigen Privilegien p. p. so die Pfältzische Refugirte zu Prentzlow geniefsen, Sich zu erfreuen haben sollen.

Ad 16.

Zu Ihren desto bequehmern Transport in Seiner Churfürstlichen Durchleuchtigkeit Lande wollen Se. Churfl. Durchl. Ihnen den benötigten Pafs vor Sie und Ihre Familien, Meubles, Hausrath, und sachon, alsoforth ausfertigen lafsen, und sollen dieselbe auch bei Ihrer Ankunfft zu Strafsburg, so lange mit freyen Wohnungen versehen werden, bis Ihre Hauser daselbst erbauet, und wohnbar gemachet worden; die Unkosten aber der anhero Reyse, und benötigten Fuhren, werden die Impetranten aus Ihren eigenen Mitteln zu thun sich nicht entbrechen können. Weilen auch endlich, die obgenandte beyde Deputirte, Pierre le Tienne, und Jean Jacques Tavernier aus Commission der obgenandten 55 familien, zween Reysen anhero gethan, einen bequehmen Orth zu Ihrer wohnung zu erkiesen, So wollen auch Se. Churfl. Durchl. Ihre defsfals gethane Dépançes in gdste consideration ziehen, und Ihnen defsfals einige ergötzlichkeit zufliefsen lafsen, weshalb Sie dan albereith an dero Rath, und Ober-... ent-Einnehmer**) Jappen gehörige ordre stellen lafsen, Endlich befehlen mehr Höchstermelte Se. Churfl. Durchl. sowoll dero zu den Pfältzischen Sachen verordneten Commifsarys aldorth zu Cölln an der SPree, wie auch dero Krieges-Commifsario Grohman, und dem Magistrat zu Strafsburg hiemit in Gnaden, Sich hienach gehorsambst zu achten, die Impetranten bey diesem Ihrem verliehenen Privilegio gebührend zu schützen, und dabin zu sehen, damit Ihnen alles hierin verschriebene richtig praetiret werden möge;

Urkundlich unter Unserer Eigenhändigen unterschrifft und vorgedrucktem Insiegel,

Gegeben zu Cleve, den 5. Januar 1691.   Friedrich.

(L. S.)

E. Danckelmann.

---

*) Sollte wohl heifsen: Höchstgenannte.
**) Das Wort ist dem Abschreiber nicht klar. Derselbe hat die Schriftzeichen zwar möglichst genau nachgebildet, eine Deutung ist aber nicht möglich.

Referat

über die Erfahrungen, welche in den Parochieen der französisch-reformierten Inspektion der Provinz Brandenburg hinsichtlich der Anwendung und der Wirkungen des Kirchengesetzes vom 30. Juli 1880, betreffend die Verletzung der kirchlichen Pflichten in bezug auf Taufe, Konfirmation und Trauung gemacht worden sind.

Erstattet in der Sitzung der französisch-reformierten Kreissynode, den 14 Juni 1881 von Dr. theol. et philos. Matthieu, Pfarrer zu Angermünde.

Meine hochgeehrten Herren!

Die amtliche Vorlage des Königlichen Hochwürdigen Konsistoriums an die diesjährigen Kreissynoden betrifft das Kirchengesetz vom 30. Juli v. J. über die Verletzung der kirchlichen Pflichten in bezug auf Taufe, Konfirmation und Trauung, sowie die zur Erläuterung desselben erlassene Instruktion des Hohen Evangelischen Oberkirchenrates vom 23. August v. J. (Amtliche Mitteilungen des Königlichen Konsistoriums de 1880, No. 12, S. 93 ff.)

Das Königliche Konsistorium ist beauftragt, der höheren Kirchenbehörde für den Anfang des Jahres 1882 Bericht über die Erfahrungen zu erstatten, welche innerhalb unserer Kirchenprovinz hinsichtlich der Anwendung und der Wirkungen des Gesetzes inmittelst gemacht worden sind, und soll darum vorerst das Ergebnis der bezüglichen Erfahrungen durch Austausch der Thatsachen und Meinungen in den Kreissynoden nach allen Seiten festgestellt und behauptet werden.

Es ist zu dem Behufe angeordnet worden, daß jeder Synodal-Verstand von den Gemeindekirchenräten (Presbyterien) seines Aufsichtskreises genaue und je nach Umständen ausführliche Berichte über die in den einzelnen Parochieen etwa vorgekommenen Fälle der Anwendung des Gesetzes einfordere und die eingegangenen Berichte alsdann einem Referenten überweise, welcher der Synode ein Gesamtbild der Fälle und des dabei eingeschlagenen Verfahrens vorzuführen hat. Generelle oder prinzipielle Erörterungen über Kirchenzucht sollen dabei vermieden werden, da es sich zur Zeit in keiner Weise darum handelt, welche Erweiterungen des Gesetzes sich etwa empfehlen könnten, oder auf welche andere Gebiete des kirchlichen Lebens die gesetzlich geregelte Kirchenzucht zu erstrecken sei, vielmehr lediglich die Frage ins Auge zu fassen ist: ob und in wie weit die über das vorliegende Gesetz gehegten Erwartungen bis jetzt in Erfüllung gegangen sind, und ob die eingetretenen Wirkungen den Voraussetzungen entsprechen.

Was ich hiernach, als Referent für den Kirchenkreis der französisch-reformierten Inspektion unserer Provinz Ihnen auf Grund der mir zugegangenen Spezialberichte aus den einzelnen Parochieen über die Anwendung des in Rede stehenden Gesetzes mitzuteilen habe, beschränkt sich nach der positiven Seite auf folgende zwei Fälle von verzögerter resp. unterlassener Taufe:

In der Parochie .... ist die Taufe eines Kindes vom 25. April bis zum 8. Oktober v. J. verzögert worden. Es sind jedoch dabei häusliche Verhältnisse, Krankheit und dergleichen die mitwirkenden Ursachen gewesen, und genügte „eine Erinnerung von seiten der Anciens", um die Nachholung der versäumten Pflicht herbeizuführen. Es ist hier also § 1 des Kirchengesetzes zur Anwendung gekommen: „Wenn Kirchenglieder ihre Pflicht verabsäumen, die unter ihrer Gewalt stehenden Kinder taufen — — zu lassen, — so ist auf dieselben vorerst durch seelsorgerischen Zuspruch des Geistlichen, sowie durch freundliche, ernste Mahnung eines oder mehrerer Ältesten einzuwirken;" und ebenso No. 3 der Instruktion, wonach die kirchliche Ordnung, nach welcher die Kinder innerhalb der ersten 6 Wochen zu taufen sind, zwar möglichst aufrecht zu erhalten, dabei jedoch „hemmenden häuslichen Verhältnissen Rechnung zu tragen ist, wenn nicht der fortgesetzte Aufschub als Vorwand für die Versäumung angesehen werden muß." Es drängt sich bei diesem Falle allerdings die Frage auf, ob jene „häuslichen Verhältnisse" in der That dazu angethan waren, die Taufe um nahezu 6 Monate zu verzögern, und ob eine „Erinnerung" des Herrn Geistlichen, beziehungsweise der Herren Anciens nicht schon früher angezeigt und von Erfolg gewesen wäre.

Der zweite Fall betrifft einen Familienvater in . . . . , der seine beiden jüngsten Kinder bis dato nicht hat taufen lassen. Mehrfache Mahnungen des Herrn Geistlichen, seinen kirchlichen Pflichten nachzukommen, hat derselbe schroff zurückgewiesen. Gleichwohl hat das Presbyterium vorläufig noch von disziplinarischen Schritten Abstand genommen, da der betreffende bei der letzten Admonition versprochen hat, seine Kinder taufen lassen zu wollen, wenn auch mit der Klausel, dafs er „aus äufseren Ursachen" die Taufe nicht alsbald vollziehen lassen könne. „Es ist freilich" — so sagt der Bericht — „eine ziemliche Zeit seitdem wieder verflossen; wir haben jedoch immer noch die Hoffnung, dafs der Mann sein Versprechen einlösen wird, und haben deshalb die Strenge des Gesetzes noch nicht zur Anwendung gebracht, zumal wir besorgen, dafs ein Zucht übendes Vorgeken nur den Erfolg haben würde, den betreffenden zur Starrköpfigkeit zu veranlassen. Denn dafs die im Gesetze vorgeschriebenen disziplinarischen Mafsnahmen eine Wirkung auf einen Menschen ausüben werden, der seit wenigstens 7 Jahren nicht einen Fuss in die Kirche gesetzt hat und somit dem kirchlichen Leben völlig entfremdet ist, läfst sich kaum erwarten." — Der Bericht äussert sich über das Alter der beiden ungetauften Kinder nicht. Das Ältere dürfte das erste Lebensjahr bereits überschritten haben. Je länger aber eine kirchliche Pflicht verabsäumt wird, desto grösser das dadurch gegebene Ärgernis. Dennoch scheint mir das Verfahren des Presbyteriums mit Rücksicht auf das vorliegende, wenn auch verklausulierte Versprechen — bis auf den einen Punkt vielleicht, dass es sich empfohlen haben möchte, mit den Erinnerungen des Herrn Geistlichen auch freundliche Mahnungen von seiten der Herren Ältesten (§ 1 des Gesetzes) Hand in Hand gehen zu lassen — völlig korrekt zu sein. Die Instruktion läfst sich ja ausdrücklich dahin aus: „Ob das für unsere Landeskirche angeordnete Gesetz Zorn anrichten, oder zur Erbauung der Gemeinden und zur Reinigung des Heiligtums dienen wird, das hängt von dem Geiste weiser, treuer und reiner Liebe ab, in welchem sein Buchstabe zur Anwendung gelangt." Die Liebe aber ist langmütig und freundlich. Die Liebe hofft auch alles. (1. Cor. XIII.) Erst wenn alle Mittel der Seelsorge erschöpft sind, hat die Zucht einzutreten. Immerhin ist der vorliegende Fall — so will michs bedünken — schwerwiegend und ernst genug, um die Anwendung disziplinarer Mafsregeln wenigstens in baldige Aussicht zu nehmen, und wenn die Geduld des Presbyteriums auf eine noch härtere Probe gestellt werden, und es sich nach einiger Zeit herausstellen sollte, dafs das Versprechen des pflichtvergessenen Vaters nicht ernst gemeint ist, so wird dem Presbyterium doch nichts weiter übrig bleiben, als den Mann nach § 2 des Gesetzes zur Nachholung des Versäumten binnen einer angemessenen Frist, unter Hinweisung auf die Folgen der Unterlassung, schriftlich aufzufordern (No. 10 der Instruktion) und ihn, falls auch diese schriftliche Aufforderung ohne Erfolg bleiben sollte, nach § 4 des kirchlichen Wahlrechtes, der Fähigkeit, ein kirchliches Amt zu bekleiden, sowie des Rechtes der Taufpatenschaft verlustig zu erklären, ja bei beharrlicher Verabsäumung der Taufe nach § 12 sogar vom heiligen Abendmahl zurückzuweisen. Das Gesetz ist erlassen, ist mit dem 26. September v. J. in kraft getreten, und mufs daher nach seinen sämtlichen Bestimmungen — selbstredend und wie schon gesagt im Geiste barmherziger und heiliger Liebe — zur Anwendung kommen. Der Erfolg steht bei Dem, der die Herzen der Menschen lenkt wie Wasserbäche.

Von diesen beiden Fällen abgesehen, sprechen sämtliche Presbyterial-Berichte sich erfreulicher Weise negativ dahin aus, dafs bisher durch Gottes Gnade sich keine Fälle ereignet haben, die eine Anwendung des in Rede stehenden Gesetzes notwendig gemacht hätten. Die Taufen sind regelmäfsig und im allgemeinen rechtzeitig — in Bergholz und Battin fast ausnahmslos in den ersten 30 Lebenstagen, in Angermünde allerdings mitunter erst nach 6 Wochen, immerhin aber innerhalb derselben Zeit, wie früher, vor Erlafs des Zivilstandsgesetzes — begehrt und vollzogen worden. Die heranwachsende Jugend hat sich ohne Weigerung zum Katechumenen-Unterricht (in Angermünde mit Ablauf des 12. Lebensjahres) und zur Konfirmation gemeldet. Die kirchliche Trauung ist von sämtlichen Nupturienten nachgesucht und — wie die Berichte aus Potsdam, Angermünde, Battin, Bergholz und Strasburg ausdrücklich hervorgehoben — fast ausnahmslos an Tage der bürgerlichen Eheschliefsung, gleich noch dem standesamtlichen Akt erfolgt. Nur in den Parochieen Bergholz und Battin hat in denjenigen Fällen, wo sich das Standesamt aufserhalb des Wohnorts des Brautpaares befand, die kirchliche Trauung manchmal erst am Tage nach der bürgerlichen Eheschliefsung stattgefunden. Auch die Meldung zum Aufgebot ist, wie es scheint, in allen Fällen rechtzeitig, in Angermünde, Battin und Bergholz gewöhnlich schon vor der Meldung beim Standesbeamten geschehen.

Dies alles, meine Herren, ist ja in hohem Grade anerkennenswert, und ich könnte mein Referat mit diesen erfreulichen Mitteilungen schließen, wenn nicht der Bericht aus der Parochie Grofs-Ziethen unsere Aufmerksamkeit noch auf einen Punkt hinlenkte, der mir nicht ganz unwichtig erscheint, und den ich darum nicht übergehen zu dürfen glaube: auf die zur Ermittelung und Feststellung etwaiger Contraventionsfälle unter Umständen einzuschlagenden Wege.

Es handelt sich ja in der That, wenn das Gesetz seine Bestimmung erfüllen soll, nicht etwa darum, nur gelegentlich in Fällen, die mehr oder weniger zufällig zu unserer Kognition gelangen, nach Mafsgabe desselben vorzugehen, es kommt vielmehr darauf an, möglichst sämtliche sich etwa ereignenden Unterlassungsfälle ans Licht zu ziehen und die Gemeindeglieder in Ansehung der Erfüllung ihrer kirchlichen Pflichten, zur Verhütung und Beseitigung von Ärgernissen zu überwachen. Je schwieriger diese Aufgabe bei den Diaspora-Verhältnissen der Parochie Grofs-Ziethen erscheint, desto eingehender hat das dortige Presbyterium die Frage erörtert, wie und wodurch es sich von etwa vorkommenden Fällen von Verletzungen der in Rede stehenden kirchlichen Pflichten unter den vom Pfarrort weit entfernt wohnenden Gemeindegliedern Kenntnis verschaffen könne, und haben die diesbezüglichen Beratungen und Erwägungen zu folgenden, wie es mir scheint, beachtungswerten Beschlüssen geführt:

1) Von den Kantoren und Lehrern in den Ortschaften der Diaspora das Versprechen zu erwirken, etwa vorgekommene Pflichtverletzungen dem Presbyterium resp. dem Herrn Pfarrer der Parochie unverzüglich zur Anzeige zu bringen.

2) Die in Frage kommenden Standesämter um unentgeltliche Vorlegung der Geburts- und Eheregister behufs Vergleichung mit den kirchlichen Tauf- und Trauregistern, beziehungsweise um kostenfreie Erteilung eines Auszuges der unter den französisch-reformierten Einwohnern des Standesamtsbezirks vorgekommenen Geburten und Eheschliefsungen für jedes abgelaufene Kalenderjahr anzugehen.

Die betreffenden Kantoren und Standesbeamten sind den Wünschen des Presbyteriums bereitwilligst entgegengekommen, und hofft letzteres auf diese Weise zu einer möglichst genauen Kenntnis aller die dortige Parochie betreffenden Unterlassungs- resp. Contraventionsfälle zu gelangen.

Ähnliche Mafsnahmen dürften sich unter ähnlichen Verhältnissen auch anderwärts empfehlen. In Angermünde liegt die Sache einfacher. Das dortige Standesamt publiziert allwöchentlich im Kreisblatt die angemeldeten Aufgebote, die vorgekommenen Eheschliefsungen und Geburten, und ist dadurch dem Presbyterium die Möglichkeit geboten, sämtliche Fälle von etwa versäumten Taufen und Trauungen mit Leichtigkeit und Sicherheit zu konstatieren. Jedenfalls wird es zu den Obliegenheiten der Presbyterien gehören, die sorgfältigsten Ermittelungen nach der beregten Seite hin anzustellen, wenn das Gesetz seinen Zweck erfüllen soll: die christliche Ordnung des Familienlebens zu schützen, und insbesondere die Ausübung kirchlicher Rechte in den Gemeinden an die Erfüllung der einfachsten kirchlichen Pflichten zu binden, wie dies in § 34, Abs. 5, No. 4 der Kirchengemeinde- und Synodal-Ordnung ausdrücklich vorgesehen ist. Möge es sich dabei durch Gottes Gnade in unserem Kirchenkreise je länger je mehr allerwärts herausstellen, was das Strasburger Presbyterium an den dortigen Gemeindegliedern rühmt: dafs kirchliche Sitte und Ordnung fest eingewurzelt sind in unseren französischen Koloniegemeinden, und Abweichungen davon nicht zu befürchten stehen.

Résumé.

I. Das Kirchengesetz vom 30. Juli 1880 über die Verletzung der kirchlichen Pflichten in bezug auf Taufe, Konfirmation und Trauung ist in den Parochieen der französisch-reformierten Inspektion der Provinz Brandenburg nur in 2 Fällen zur Anwendung gekommen.

In dem einen Falle genügte die Anwendung von § 1, um die Nachholung des Versäumten herbeizuführen. In dem andern hat die Anwendung desselben Paragraphen vorläufig das noch zu erfüllende Versprechen erwirkt, das Versäumte nachzuholen.

II. Die Presbyterien haben pflichtmäfsig und sorgfältige Ermittelung etwaiger Unterlassungs- resp. Contraventionsfälle Bedacht zu nehmen, und je nach Umständen die zu dem Behufe zweckmäfsig einzuschlagenden Wege in Betracht zu ziehen.

Chronologische Übersicht der Koloniegeschichte.
Zusammengestellt von Dr. Muret.

1843. 6. Dez. Statut des Hospiz bestätigt.
1844. 21. April. Einweihung des Hospiz. (Kol. 1876 p. 25).
1846. Legat Jouin. (Kol. 1875 p. 83).
1848. Der Kolonie wird das für die Armenärzte gezahlte Gehalt entzogen.
1854. Legat Henry. (Kol. 1875 p. 75).
1855. Die *Pepinière* wird als Konvikt wieder hergestellt.
Begründung eines eigenen Hospitalfonds zum Zweck eines Neubaues.
    27. Aug. Regulativ für die Aufnahme neuer Mitglieder in die französisch-reformierte Gemeinde zu Berlin. (Kol. 1876 p. 62).
1856. 5. Juni. Legat Doussin (Kol. 1875 p. 76).
    11. Febr. Reglement für das Prediger-Seminar. (Kol. 1880 p. 69).
1857. 9. Nov. Die Weiterzahlung der Gehälter der Armenärzte aus Staatsfonds wird genehmigt.
    Okt. Eröffnung des Pensionats (für bevorzugte Pensionärinnen). (Kol. 1880 p. 60).
1858. 7. u. 12. Nv. Abtretung des Eigentumsrechts an der Dorotheenstädtischen Kirche. (Kol. 1877 p. 54).
1858. 13. Dez. Instruktion für die 5 Armenärzte der Kolonie.
1861. Die Friedrichstädtische Kirche wird restauriert und 22. Dec. wieder eröffnet. (Kol. 1875 p. 62).
1863. Legat Soullier. (Kol. 1875 p. 82).
Legat Böhme für die *Ecole de charité*. (Kol. 1875 p. 109).
1865. Kirchhof in der Prinzenallee für 11,867 Thl. 23 Gr. 4 Pf. erworben.
1867. Legat Mathieu. (Kol. 1875 p. 75).
1868. Mai. Gründung des Vereins Réunion. (Kol. 1874 Dez.).
Gründung einer Lehrlings-Fortbildungsschule durch den Verein Réunion. (Kol. 1875 p. 10; 1876 p. 46; 1877 p. 9).
1870. Oberkonsistorialrat Dr. Fournier wird emeritiert.
1872. Verkauf der Häuser Niederlagstrafse 1 und 2. (120,000) Thl., von denen 60,000 Thaler das *Collège* erhielt).
    10. Juni. Feier des 200jährigen Bestehens der Berliner franz. Gemeinde.
    3. Sept. Verkauf des Hauses Alexanderstr. 37, und Auflösung der darin befindlichen Schulen beschlossen.
    18. Dec. Abtretung der Werderschen Kirche beschlossen. (Kol. 1875 p. 9).
1872. 10. Sept. Gemeindekirchenordnung.
Die eigene Bäckerei und Suppenanstalt der Gemeinde werden als solche aufgegeben und das Pensionat wird erweitert. (Kol. 1880 p. 3).
    30. Juli. Die *chefs de famille* bewilligen die für den Neubau des Hauses Friedrichstr. 129 verlangte Summe.
1874. Legat de Comble. (Kol. 1875 p. 75).
    2. März. Letzte Sitzung des Konsistoriums in der Niederlagstrafse.
Prediger Roland zum Inspektor der Kolonie-Gemeinden und Konsistorial-Assessor ernannt.
    Dez. Die Zeitschrift „Die Kolonie", Organ für die äufseren und inneren Angelegenheiten der franz.-reform. Gemeinden von Dr. Muret, erscheint zum ersten Male.
1875. 30. Sept. Verordnung, betreffend die Anlegung der Kirchen-Kapitalien.
    5. Okt. Die Versammlung der *chefs de famille* beschliefst das Eingehen einer Predigerstelle, so dafs an der Friedrichstadt 2, Klosterkirche 2 und Luisenstädtischen Kirche 1 Geistlicher fortan amtieren soll. (Kol. 1875 p. 97).
Prediger Cazalet zum Konsistorial-Assessor ernannt.
1876. 9. Aug. Die Versammlung der *chefs de famille* bewilligt 375,000 M. zum Neubau des Hospitals und beschliefst die Änderung des Kap. X., Lekt. 1. der Reglements, die Wahl der Anciens etc. betreffend. (Kol. 1876 p. 69).
    2. Sept. Einweihung des Kriegerdenkmals auf dem Kirchhof in der Liesenstrafse.
1877. 5. Juli. Grundsteinlegung des neuen Hospitals.

1877. 26. Juli. Richtfeier des Hospitals. (Kol. 1880 p. 32).
31. Dez. Die Zeitschrift „Die Kolonie" hört auf zu erscheinen.
1878. 1. Jan. Die Schule in dem Turm der Friedrichstädtischen Kirche wird geschlossen.
15. Dez. Einweihung des Hospitals. (Kol. 1880. p. 40).
Okt. Die von der Réunion gegründete Fortbildungsschule mufs aufgegeben werden.
1879. 3. Jan. Die Kaiserin Augusta besucht das neue Hospital. (Kol. 1880 p. 41).
5. Mai. Die Versammlung der chefs de famille bewilligt für den Neubau des Hauses Klosterstr. 43 und Umbau des Hauses Judenhof 8 je 183,000 M. und 18,000 M. (Kol. 1880 p. 19).
1880. 1. Jan. Die eingegangene Zeitschrift „Die Kolonie" erscheint wieder unter der Redaktion des Herrn Rektor Bonnell.

Gemeindesachen.

Der Kirchenzettel No. 28 (10. Juli 1881) enthält den statistischen Nachweis über Mitgliederzahl der Berliner Gemeinde pro 1880. Wir geben ihn in Übersetzung wieder.

Chefs de famille, verheiratete Frauen, { Männer. 1260
geschiedene oder célibataires, { Frauen . 1247
Witwen 524
Majorenne Söhne 466
Minorenne „ 198
Majorenne Töchter 454
Minorenne „ 1064

Summe aller Gemeindeglieder 6013.

Taufen.
Im Laufe des Jahres sind getauft worden:
Eheliche Knaben, französische 52
„ „ deutsche. 12
Mädchen, französische 44
Uneheliche „ französische 1
Eheliche „ deutsche 20

Summa 129.

Trauungen.
Es haben deren im Ganzen 54 stattgefunden.

Todesfälle.
Männer 60
Frauen 60
Totgeborne Knaben 4
„ Mädchen 3

Summa 127.

Konfirmanden.
Es sind konfirmiert worden:
Knaben 50
Mädchen 65

Summa 115.

Kommunikanten.
Männer 333
Frauen 569
Im Hause 12

Summa 914.

Aufgenommen sind 13 Familien mit 24 Seelen.
Wir kommen in der nächsten No. noch einmal auf diese Zusammenstellung zurück.

Vereinsnachrichten der Réunion.

Freitag, den 26. August: Sitzung, Restaurant Gärtner, Mittelstr. 62, 8½ Uhr Abends. Am Sonnabend, den 20. August findet eine zwanglose Parthie nach Saatwinkel mit Kremser statt. Abfahrt 1½ Uhr Nachm. Meldungen nimmt bis zum 17. August Herr Eger, Krautstr. 38,39 entgegen. Der Preis für die Fahrt beträgt 1 Mark, für Kinder die Hälfte.

September 1881. V. Jahrgang.

DIE KOLONIE.

Organ für die äusseren und inneren Angelegenheiten der französisch-reformierten Gemeinden.

Redigiert von W. Bonnell, Rektor in Berlin.

Erscheint monatlich einmal. Preis pro Quartal 75 Pf.

Abonnements werden angenommen bei W. Bonnell in Berlin N., Schwedter-Str. 257, und bei jeder Post-Expedition.

INHALT: François de Gaultier de Saint-Blancard, III, von Prediger Lorenz in Prenzlau. — Die französische Kolonie in Strasburg i. U. II². — Geschichte des französischen Waisenhauses in Berlin, III. — Verzeichnis von Schriften reformierten Inhalts. — Vereinsnachrichten der Réunion. —

François de Gaultier de Saint-Blancard.
Von Prediger Lorenz in Prenzlau.
(Fortsetzung).

Als die Nachricht von dem Tode des Königs Karls des Zweiten von England in Berlin am 16. Februar 1685 eintraf, befand sich der grosse Kurfürst in Potsdam. Gaultier eilte sofort dorthin, und wurde am 18. Februar in besonderer Audienz empfangen, über welche er nachstehende interessante Depesche an den Prinzen von Oranien schickte.*)

Gnädigster Herr!

Eurer Durchlauchtigsten Hoheit habe ich früher über alles Bericht erstattet, was ich hier in Ausführung der Befehle gethan, mit welcher Sie mich beehrt, und über das, was der Herr Kurfürst und der Herr Fuchs**) mir aufgetragen, um es zur Kenntnis Eurer Hoheit zu bringen in betreff des Bündnisses, welches man an dem hiesigen Hofe beabsichtigt. Seitdem werden Eure Durchlauchtigste Hoheit aus einem Briefe, welchen ich am letzten Dienstage von Berlin an Herrn Desmarets schrieb, ersehen haben, dafs bei der Nachricht von dem Tode des Königs von Engeland, welche am vorhergehenden Tage durch einen Courier seiner kurfürstlichen Hoheit überbracht worden, ich mich verpflichtet erachtet hatte, hierher (Potsdam) zu kommen, um zu sehen, ob dieses Ereignis mir nicht Gelegenheit bieten könnte, irgend etwas für den Dienst Eurer Hoheit zu thun. Sobald ich angekommen war, liefs ich um eine Audienz bei dem Herrn Kurfürsten bitten, welche mir derselbe sofort bewilligte. Sogleich als er mich sah, ohne abzuwarten, was ich ihm zu sagen hätte, sprach er zu mir vom Tode des Königs von England. „Nun wohl", sagte er mir sofort, „der König von England ist tot!" „Ja", antwortete ich ihm, „Gnädigster

---

*) Abgedruckt in den *Mémoires* von Erman et Reclam. t. 1, p. 367.
**) Damaliger kurbrandenburgischer Staatsminister.

Herr, ich habe erfahren, daſs Eure Kurfürstliche Hoheit diese Nachricht durch einen Courier erhalten haben." Darauf sagte er mir, daſs Eure Hoheit hier eine schöne Gelegenheit hätten, um sowohl für die eigenen Interessen, als für die der protestantischen Partei zu arbeiten, daſs der Herr Herzog von York nicht König werden könnte, weil er nicht zur protestantischen Kirche gehöre, daſs der Herr Herzog von Monmouth nach Schottland gegangen wäre, daſs aber die Krone Eurer durchlauchtigsten Hoheit gehörte, sowohl nach dem Rechte Eurer verstorbenen Frau Prinzessin-Mutter, als auch nach dem der durchlauchtigsten Hoheit, der Frau Prinzessin, Eurer Gemahlin, und daſs im übrigen das Parlament schon früher Eure Hoheit zur zweiten Person im Staate nach dem Könige erklärt hätte, und daſs also, wenn Eure Hoheit nur mit zehntausend Mann nach England hinübergehen könnte, er nicht zweifle, daſs Sie sich leicht krönen lassen könnten; daſs die Holländer Eurer Hoheit Schiffe liefern könnten, und daſs es nicht an Geld fehlen würde, um die Truppen, deren Sie bedürfen würden, zu unterhalten, und um selbst neue auszuheben, wenn es nötig sein würde. — Ich antwortete ihm, daſs ich nicht wüſste, welche Absichten Eure Hoheit haben könnten, und daſs ich also darüber nichts zu sagen vermöchte. Der Herr Kurfürst fügte hinzu, daſs ich darüber Eurer Hoheit schreiben sollte, und daſs es ihn freuen würde, die Aussicht, welche Eure Hoheit hierüber hätten, zu erfahren. Ich sagte ihm, daſs ich nicht unterlassen würde, mit der ersten ordentlichen Post zu thun, was er verlangte. Und da ich sah, daſs er zu mir von dieser Angelegenheit mit vieler Wärme und in einer Art sprach, die bezeugte, daſs er Interesse daran hatte, glaubte ich diese Gelegenheit benutzen zu müssen, um zu erforschen, was er etwa im Stande wäre, selbst für Eure Hoheit zu thun, im Falle Sie irgend einen Plan hätten oder seiner Hülfe bedürften. Das erste Mal, als ich davon sprach, sagte er mir nichts darauf, Gnädigster Herr, und als ich ein zweites Mal darauf zurückkam, sagte er mir nur, daſs er immer bereit sei, was von ihm abhängen würde, für das Wohl der protestantischen Religion zu thun. Ich fragte ihn darauf, ob er glaubte, die Reise nach Cleve, von der mir Herr Fuchs gesprochen, zu unternehmen, und er antwortete mir, daſs er sie nicht machen würde. Er fand es gut, daſs ich hier den Herrn Fuchs nicht aufsuchte, so daſs ich ihn in der That nicht gesehen habe, obgleich er hier war, um der Sitzung des Staatsrats beizuwohnen. Ich werde abwarten, bis ich in Berlin bin, um ihn zu sehen; und vielleicht werde ich, ehe ich von Potsdam abreise, noch eine andere Audienz beim Herrn Kurfürsten erbitten. Ich bin immer mit tiefer Verehrung, Gnädigster Herr,

Eurer Durchlauchtigsten Hoheit

ergebenster, gehorsamster und unterthänigster Diener

Potsdam, den 21. Februar 1685. Saint-Blancard.

Obgleich diese Depesche keinen direkten Beitrag zur Geschichte unserer Kolonie liefert, ist sie doch von hohem Interesse; sie zeigt eben deutlich, daſs der Prediger Gaultier das intimste Vertrauen sowohl des Prinzen von Oranien als des groſsen Kurfürsten von Brandenburg besaſs; und jeder Geschichtskundige weiſs, daſs, was im Jahre 1685 zwischen diesen beiden Fürsten durch Vermittelung unseres Gaultier in geheimnisvollster Weise verhandelt wurde, in den Jahren 1688 und 1689 ganz Europa in Bewegung setzte. —

Übrigens verhandelte der groſse Kurfürst in der Audienz vom 18. Februar 1685 mit dem Prediger Gaultier nicht nur über hohe Politik. Der französische Gesandte, Graf von Rébenac, hatte damals dem Kurfürsten, der für theologische Streitfragen und Schriften Interesse und Verständnis zeigte, die vielbesprochene Schrift von Bossuet:

> *Exposition de la doctrine de l'Eglise Catholique sur les matières de controverse etc.*

überreicht und dieselbe als eine unwiderlegbare Rechtfertigung der katholischen Kirchenlehre gerühmt. In der That ist dieses Buch die mächtigste Schrift, welche der Katholizismus überhaupt jemals dem Protestantismus entgegengestellt hat, und mancher schwankende Protestant ist durch dieselbe schon wieder in die Netze Roms zurückgeführt worden. Auch auf den grofsen Kurfürsten hatte dieses bedeutende Werk einen Eindruck gemacht. Er legte es nun dem Prediger Gaultier vor und fragte ihn, ob er es nicht unternehmen wollte, eine kurze Widerlegung desselben niederzuschreiben, welche man dem Grafen von Rébenac vorlegen könnte. Gaultier erwiderte, dafs das Buch Bossuet's von protestantischer Seite schon vier oder fünf Gegenschriften gefunden hätte, so dafs eine fernere Widerlegung nicht erforderlich erschiene, indessen würde er thun, was der Kurfürst befohlen hätte. — In der That schrieb Gaultier in einer einzigen Woche eine Gegenschrift, die den Beifall des grofsen Kurfürsten in so hohem Grade fand, dafs dieser Fürst selbst sie zum Druck befördern liefs, als Gaultier nach Holland abgereist war.

Diese Schrift ist nachweislich die erste, welche überhaupt von einem Réfugié in Berlin erschienen ist; sie trägt den Titel:

> *Réflexions générales sur le livre de Mr. de Meaux, ci-devant Evêque de Condom, intitulé: Exposition de la doctrine de l'Eglise Catholique sur les matières de controverse. à Cologne de Brandebourg. 1685. 142 p.*

Als Gaultier im weiteren Verlaufe der Audienz vom 18. Februar 1685 erklärte, dafs er nach Erledigung seiner Aufträge nach Holland zurückzukehren beabsichtigte, erklärte der Kurfürst ihm in der schmeichelhaftesten Weise, dafs er, sofort nachdem er ihn kennen gelernt, beschlossen hätte, ihn in seinen Staaten zu behalten. Gaultier erwiderte, dafs er im Dienste des Prinzen von Oranien stände und ohne dessen Genehmigung keine andere Verpflichtung eingehen dürfte. Der Kurfürst machte ihm aber sogleich den Vorschlag, er möge schleunigst an den Prinzen schreiben, um aus dessen Dienst entlassen zu werden. „Wahrscheinlich," fügte er hinzu, „wird der Prinz zustimmen; denn er wird froh sein, einen Mann wie Sie in meiner Nähe zu haben!" — Da Gaultier auf diesen Vorschlag einging, so ernannte der Kurfürst ihn unter dem 6. März 1685 zu seinem Hofprediger; nun durfte derselbe das Gewand eines Kavaliers ablegen und mufste zunächst — wahrscheinlich am 8. März 1685*) — in Berlin und dann am 22. März 1685 in Potsdam vor dem versammelten Hofe predigen. Am 24. März hatte er alsdann eine Abschieds-Audienz beim grofsen Kurfürsten, dann reiste er noch einmal nach Holland zurück, um dem Prinzen von Oranien ausführlichen Bericht zu erstatten; endlich, am 27. Oktober 1685, traf er wieder in Berlin ein und übernahm nun neben Abbadie und Dartis die dritte Predigerstelle bei der französischen Kolonie. —

(Schlufs folgt).

---

*) Nicht, wie Erman und Reclam, *Memoires* t. IV, pag. 45 irrtümlich behaupten, am 8. Mai 1685.

Die französische Kolonie in Strasburg i. U.

2. Gründung der Kolonie.
Fortsetzung.)

Betrachten wir, soweit es möglich ist, die im Frühjahr des Jahres 1691 in Strasburg Eingewanderten in bezug auf ihre Zahl, ihre Heimat und ihre Beschäftigung. Als Quellen sind nur die Kirchenbücher, die 1691 anfangen, vorhanden, da das *registre des déliberations du consistoire de l'église walonne de Strasbourg dans l'Uckermark* erst mit dem Jahre 1703 beginnt. Doch sollte man meinen, das Totenregister allein müfste schon genügen, um eine genaue Liste der Eingewanderten aufstellen zu können. Dem ist aber leider nicht so. Zunächst ist die Orthographie der Namen überaus schwankend. Man findet z. B. Devez neben De Weyne, Biar neben Guiard und Guiar, derselbe Ort wird Aupas, Opas, Opa und Oppach geschrieben. Es ist nun in den meisten Fällen anzunehmen, dafs derartig ähnlich lautende Namen identisch sind, gewifs ist es aber nicht, und es bleibt selbst dann immer noch zweifelhaft, welches die richtige Schreibweise ist. Doch das ist etwas Geringes und soll auch in neueren Kirchenbüchern, ja sogar in den standesamtlichen Registern vorkommen. Viel unangenehmer ist es schon, dafs das Totenregister sich oft mit der Angabe des Namens und des Todestages begnügt, und bei Frauen gewöhnlich nur den Mädchennamen angiebt. Da eine überraschend grofse Anzahl derselben zwei auch dreimal hintereinander verheiratet gewesen ist, ist es nicht leicht, zu ermitteln, welchem Manne sie bei der Einwanderung zugehört haben. Bei den Männern stellt sich die Sache nicht besser. Der Witwer- und der Witwenstand ist fast ausnahmslos nur kurze Zeit, und dann nur in sehr hohem Alter ertragen worden. Mit Hilfe des Tauf- und des Trauregisters läfst sich allerdings Manches richtig stellen, aber Alles nicht. Es kommt ein dritter Übelstand hinzu, der sich aus der Betrachtung des Tauf- und des Trauregisters klar und deutlich ergiebt. Die eingewanderten Familien wurden durchaus nicht alle für die Dauer in Strasburg sefshaft. Bei vielen war das Wanderleben so in Fleisch und Blut übergegangen, dafs sie den Ort bald wechselten. Solche sind im Totenregister nicht zu finden; es ist ein glücklicher Zufall, wenn sie im Trau- oder Taufregister als *refugiés à Strasbourg* aufgeführt sind. Andrerseits mögen etliche im Totenregister verzeichnet sein, die erst nach 1691 eingewandert sind. Die Liste der Einwanderer zählt 244 Personen und 68 Familiennamen. Von diesen 68 Namen sind in Strasburg heute nur noch 11 vertreten und 2 — Cochoi und Lepère — gehören der französischen Gemeinde nicht mehr an. Diese Änderungen — die Gemeinde in Strasburg ist heute nämlich fast gerade so grofs wie damals — sind nicht etwa erst in neuerer Zeit durch die Freizügigkeit hervorgerufen worden. Die französische Bevölkerung der Uckermark hat die Freizügigkeit in hohem Grade geübt, ehe der Name dafür gefunden worden.

Nach dem Angeführten macht die Liste**) der Einwanderer keinen Anspruch auf absolute Richtigkeit und Vollständigkeit; es ist sehr wohl möglich, dafs einzelne Familien fehlen, es ist aber auch andrerseits nicht unwahrscheinlich, dafs manche, welche in der Liste ein einsames freund- und freudloses Dasein führen, in ihrem Leben eine Heimatstätte und liebe Verwandte besafsen. —

---

*) Es dürfte hier der Ort sein, 2 in den früheren Abschnitten vorgekommene Irrtümer zu berichtigen. Nach der Julinummer pag. 64, Zeile 8 hat die Stadt Strasburg 400, sie hat aber 500 Häuser. In der Augustnummer pag. 73, Zeile 19 und 22 ist anstatt 100 = 150 zu setzen. Sowohl der Prediger wie der Richter bezogen ein Jahresgehalt von 150 Thalern. Seite 73, Zeile 15, mufs es nicht 12000 Thlr., sondern 12000 **Mark** heifsen. Die 63 Hufen kosteten 4000 Thlr. **) Dieselbe wird in der nächsten No. abgedruckt.

Das Kirchensiegel, aus 3 konzentrischen Kreisen bestehend, zeigt in der einen Hälfte des inuersten Kreises einen abnehmenden Mond, in der andern 3 nebeneinander stehende Sterne. Die erste, die innere Umschrift lautet: Crescit et decrescit, die äufsere: *Séau de l'Eglise de Strasbourg*. Man möchte versucht sein, das: „Sie wächst und nimmt ab" auf den grofsen Wechsel im Bestande der Gemeinde zu deuten, wenn nicht eben die, die ganze Kirche berührende Deutung gröfseren Anspruch auf Richtigkeit hätte: Mag der Mond, das irdische, wachsen oder abnehmen, die 3 Sterne, die heilige Dreieinigkeit, strahlet in Ewigkeit. —

Doch sehen wir uns die Geburtsorte der Einwanderer an. Die Strasburger Kirche wird von Anfang an als eine *église walonne* bezeichnet. Wallonen werden diejenigen Bewohner des ehemaligen französischen Flanderns, des Hennegau's, Lüttich's und Luxemburg's genannt, welche das sogenannte Wallonisch oder Altfranzösisch sprechen, das von einigen für den Überrest der alten gallischen Sprache gehalten wird. Der Protestantismus breitete sich in den genannten Gegenden unter Carl's V. Regierung aus; unter den Verfolgungen des kalten Tyrannen Philipp's II. begann eine Auswanderung. Auch diesen bedrängten Leuten, sowohl den Ausgewanderten, wie den noch Zurückgebliebenen, bot der grofse Kurfürst und nach ihm sein Sohn Friedrich III. seinen Schutz an. Es lassen sich 3 Arten von Walloner-Kolonieen unterscheiden: Die erste Art sind die, welche von Herzog Alba verfolgt, auf Fürsprache der Königin Elisabeth von England in der Pfalz Aufnahme fanden, zu Mannheim, Heidelberg und Frankenthal, sowie auf dem Lande mehrere Kolonieen bildeten, die sich während eines Jahrhunderts in einem verhältnismäfsig blühenden Zustande befanden. An diese schlossen sich nach der Aufhebung des Ediktes von Nantes viele Flüchtlinge aus Frankreich an. Als 1689 die Pfalz durch die Scharen Ludwigs XIV. verwüstet wurde, mufsten sie abermals fliehen. Dieser Art Walloner gehört der gröfste Teil der Strasburger Kolonisten an, Flandern und die Pfalz werden bei mehr als der Hälfte als Geburtsland bezeichnet, auch sprechen die Bezeichnungen *au village désert, au pais désert*, die hin und wieder sich finden, deutlich dafür.

Die zweite Art Walloner-Kolonisten sind die, welche 1699 geraden Wegs aus Flandern und dem Hennegau nach Brandenburg kamen, und in Ruppin, Rheinsberg, Braunsberg und Hammelspring in der Uckermark sefshaft wurden. Es ist wohl möglich, dafs auch von denen einige in der Liste der Strasburger Kolonisten aufgeführt sind. Bestimmtes läfst sich darüber nicht sagen. Ebensowenig ist klar, ob sich auch nach Strasburg Walloner der dritten Art gewendet haben, die, lange Scheinkatholiken, 1686 zu Mastricht zur evangelischen Kirche übertraten, von da nach Brandenburg gingen und in Klein-Ziethen, Lüdersdorf, Schmargendorf sich ansiedelten. Diese nannten sich selbst Hennegauer, weil sie aus dem Hennegau und zwar aus der Gegend von Mons oder Bergen herkamen. Die Wanderungen dauerten bis gegen Ende des Jahrhunderts. Bei den Strasburger Kolonisten wird in 4 Fällen Mons en Hainaut als Geburtsort genannt, so dafs Do la Pierre's Behauptung p. 364: Es vereinigten sich auch mehrere mit der französischen Kolonie zu Strasburg, bis auf den von ihm kühnlich gebrauchten Indikativ ihren Grund hat.

Die Beschäftigung der Kolonisten wird angegeben bei 35, darunter sind aufser dem *pasteur*, dem *lecteur et chantre* je einer: Gerber, Schneider, Bäcker, Brauer, Maurer, Zimmermann, Ziegler, Böttcher, Färber. 3 sind Weber, 2 sind Kaufleute, 2 Tabakshändler. Die übrigen 18 sind *bourgeois et laboureurs*, Ackerbürger. Von denen wird einer, Jacob Guiard, zuerst auch als *sabotier*, Holzschuhmacher, angeführt.

Er scheint aber sein Handwerk mit dem Ackerbau vertauscht zu haben. Der andere wird *planteur de tabac* genannt. Daraus geht hervor, dafs die meisten Kolonisten sich mit Ackerbau beschäftigten und besonders, worauf auch die jetzt noch auf den Böden der alten Häuser vorhandenen Trockenvorrichtungen hinweisen, Tabak pflanzten. Heute wird gar kein Tabak bei Strasburg gebaut.

Die Versprechungen des in voriger Nummer abgedruckten Privilegii scheinen pünktlich erfüllt worden zu sein; auch ist in den Akten nichts von einem schlechten Verhältnisse zwischen den einheimischen Strasburgern und den Kolonisten berichtet. Pierre L'Etienne wurde sogar *conseiller dans la magistrature de Strasbourg*, Stadtrat, und Jean Squedain (1691 10 Jahre alt) brachte es ebenfalls zu dieser Würde. Die 63 Hufen, welche den Einwanderern vom Kurfürsten angewiesen worden, wurden von denselben für 4000 Thlr. als Eigentum erstanden. Zuerst wurden 2000 Thlr. gezahlt, und am 14. Juli 1704 der Rest. Das nachstehend abgedruckte Königliche Reskript vom 9. Juli 1703, dessen Original in Strasburg aufbewahrt wird, spricht sich des Näheren darüber aus.

Damit wären wir beim dritten Teile: Weitere Geschichte der Strasburger Kolonie angelangt.

Confirmation

über den Verkauf der 63 Hufen Landes an die frantzösische colonie in Strafsburg.

Nachdem Seiner Königlichen Majestät in Preussen und Unserm allergnädigsten Herrn, allerunterthänigst vorgetragen worden, wasgestalt dero Ambts-Cammer-Rath und Steür-Commissarius Grohmann und der Richter der Französischen und Wallonischen Colonie in Strafsburg Dalencon, allergehorsamst vorstellen, dafs nunmehro die Drey und Sechtzig Hüfen Landes daselbsten vermöge dero ergangenen verordnung vom 9ten Decemb. 1701 an Bemeldeter Colonie bifs auf Höchstgedachter Seiner Königl. Majestät allergnädigsten approbation vor 4000 rthlr. weil die Colonie nicht höher hinangehen wolle, verkaufet seyn, und dafs darauf bereits 2000 am Kaufgelde erleget, die übrigen 2000 rthlr. aber über ein Jahr abgeführet werden sollen, und da Höchstgedachte Seine Königl. Majestät sothanen Kauf allergnädigst genehm halten; alfs confirmiren Sie denselben hiermit und in Krafft dieses und also dergestalt, dafs obgleich diese 63 Hüfen, wan Sie an andere verkaufet worden, wohl in etwas höher ausgebracht werden können, Sie dennoch allergnädigst wollen, dafs Sie bemeldeter Colonie für die Viertausend Thaler eigenthümlich gelafsen, und derselben erblich verbleiben sollen, also, dafs sie damit, als ihr eigenthum schalten und walten, auch selbige nach ihrer gelegenheit an andere veralieniren mögen, jedoch dergestalt, dafs Sie zuförderst die Uhrsache sothaner veräufserung anzeigen, und alsdan an Niemandt anders, alfs an die von der Colonie solche zu verkaufendenden Hüfen überlafsen, auch alle darauf haftende onera gleich denen anderen Einwohnern in Strafsburg, davon ertragen und abgeben sollen, zu welchem dan höchstgedachte Seine Königliche Majestät dero Ambts-Cammer-Rath Grohmann und dem frantzösischen Richter Dalencon hiermit allergnädigst anbefehlen, einem jeden der Käufer über sein antheil des erkaufften Ackers und Hüfen, den special-Kauf-Brief, vermöge dieser confirmation, in forma extensa et probanti aufzufertigen und zu extradiren. Uhrkundlich unter mehr höchstgedachter Seiner Königl. Majestät eigenhändigen unterschrift und vorgedrucktem Insiegel. Gegeben zu Cöllen an der Spree den 9ten July 1703.

L. S.
[Siegel mit den wilden Männern.] Friedrich.

Confirmation über den Verkauf der 63 Hüfen Landes an die Frantzös. colonie in Strafsburg.

Je soubsigné Confesse avoir reçeu les quatre Mil Risdalles Énoncé dautre part Sç avoir, — Le 27 mars 1703 par Mons Dalancon leur Juges deux Mil Risdalles. — Le 4 Juillet 1704: par Monsieur Le Conseillier Grohman — deux Mil Risdalles faisant ensemble La surditte somme — de quatre Mil Risdalles et ce Conformement aux ordres que Jen ay reçeu a Berlin. Le 14 Juillet 1704.

Dachelle.

Quittance des 4000 écus donnés par la Colonie pour 63 Hufes accordée par S. A. Electorale de Br. (?)

Die Geschichte des französischen Waisenhauses in Berlin.

III. Wir hatten unsern vorigen Artikel mit einer Darstellung des Privilegiums von 1723 geschlossen. Die Bestimmungen desselben werden noch heute mit Strenge und Pietät inne gehalten. „Es sollen die Angelegenheiten des Hauses nur von französischen Eingewanderten oder ihren Nachkommen, mit Ausschluſs jedes andern, verwaltet werden." Für diesen Artikel ist bisher keine Ausnahme zu konstatieren; Herr Prediger Gambini, den wir als eine solche anführen zu müssen glaubten, war, wie uns von hoch geachteter Seite freundlichst mitgeteilt wird, in der Direktion nur als Deputierter des Konsistoriums.

Im Jahre 1724 wurden für das Haus — auf Grundlage des Königlichen Privilegiums — die Statuten aufgestellt, welche am 13. April 1725 die königliche Bestätigung erhielten. Hiermit waren die Arbeiten der Kommission beendet, das Haus war fertig, die innere Organisation beraten und genehmigt, so nahm man am 16. Mai 1725 acht Waisen auf. Ein feierlicher Gottesdienst am 31. Mai desselben Jahres gab der Eröffnung erst die eigentliche Weihe. Es predigte an diesem Tage Prediger Lenfant über Matth. V, 7: „Selig sind die Barmherzigen, denn sie werden Barmherzigkeit erlangen." Wir geben nach der „Jubelschrift" einen Wirtschaftsplan der Einnahmen und Ausgaben für das Eröffnungsjahr 1725.

Ausgaben:

Zinsen von 5000 Thlr. zu 4 pCt.	200 Thlr.
1200 Thlr. à fonds perdu, Zinsen	93 „
Besoldung des Hausvaters und der Hausmutter	60 „
Besoldung zweier Mägde	22 „
Lasten des Hauses in der Post-Str.	37 „
10 Waisen à 30 Thlr. Unterhaltungskosten	300 „
4 Beamte, ebenso	120 „
	832 Thlr.

Einnahmen:

Mietsertrag des Hauses in der König-Str., vielleicht auch eines Teils des Waisenhauses selbst in der Charlotten-Str., wahrscheinlich	673 Thlr.
Zinsen von 2800 Thlr., wahrscheinlich	140 „
Accise-Vergütigung	120 „
Pension, welche die Königin zahlte	30 „
	963 Thlr.

Es blieb nach diesem Überschlag ein Plus in der Einnahme von 131 Thlr. Rechnet man nun, dafs statt der beabsichtigten 10 doch nur 8 Waisen aufgenommen wurden, so erhöht sich der Überschuſs um noch 60 Thlr., so dafs also die wie ein vorsichtiger Hausvater überlegende und wirtschaftende Kommission 192 Thlr. für unvorhergesehene Fälle als gute Reserve zurückbehielt. Die Zahl der Zöglinge vermehrte sich übrigens, Dank der fortlaufend gespendeten Wohlthaten, von Jahr zu Jahr. Im Jahre 1733 hatte man 14, 1761 (der Unterhalt betrug nun 60 Thlr. pro Kopf) 40 Waisen, 1775 (das 50 jährige Jubiläum) 50, und 1780, während jedes Kind zwischen 70 und 80 Thlr. kostete, war Aufnahme und Pflege bis zu 80 Waisen möglich. Eine solche Vermehrung der inneren Kraft wurde meist geschaffen durch den sich progressiv steigernden Eifer, mit welchem die koloniſtische Opferfreudigkeit sich vor allem der jungen Stiftung zuwandte. 1737 gab Herr d'Horguelin 600 Thlr., 1749 vermachte der Arzt Samuel Duclos 3500 Thlr. und 1761 Frau Witwe Du Bois fast ihr ganzes Vermögen im Betrage von 17807 Thlrn. Der Arzt Duclos überliefs aufserdem dem Hause das Geheimnis eines Fiebermittels, dessen Bereitung und Verkauf von der Medizinalbehörde gestattet wurde, und das bis zum Jahre 1800 dem Hause einen Gewinn von 1000 Thlrn. eingebracht haben soll. Trotz der reichlich zuflieſsenden Gaben und Legate wäre an ein so schnelles Emporblühen der Stiftung nicht zu denken gewesen, wenn nicht die Verwaltung zu allen Zeiten einen musterhaften Ordnungssinn beobachtet hätte, wenn nicht Sparsamkeit und eine weise Einteilung der verfügbaren Mittel der Leitstern der gesamten Organisation geblieben wäre. Privilegium und Statut allein können solche Anstalten nicht erhalten; es gehört dazu der Geist der Liebe, im Geist der Zucht, welcher, wie er das Ganze in einem wohlgefälligen und festen Gefüge erhält, nach aufsen hin die Teilnahme wach ruft und wirklich Vertrauen erweckend wirkt. Waisenhäuser brauchen aber beides, Teilnahme und Vertrauen; im Zwiespalte mit der Ansicht und Stimmung der Gemeinschaft, aus welcher sie erwachsen sind, unter dem Drucke der Entfremdung und des Miſstrauens müssen sie verkümmern und gehen endlich zu Grunde. Dieses Schicksal haben viele der mit so groſser Begeisterung am Anfange des vorigen Jahrhunderts gegründeten Waisenhäuser wirklich gehabt. In der öffentlichen Meinung vollzog sich in Bezug auf sie ein vollständiger Umschwung, und das besonders unter dem Einflusse des Philanthropisten, deren wir im ersten Artikel kurz gedachten. Der gegen die Waisenhäuser gerichtete Eifer machte sich hierbei groſsen Unbilligkeiten schuldig. Man bezeichnete sie als Mördergruben, als Lazarethe, in denen die armen Kinder elendiglich verdürben oder doch den Keim der Krankheit für das ganze Leben in sich aufnähmen, nannte ihre Zöglinge Geschöpfe, die unter liebloser und sorgloser Verwaltung durch Schmutz und Krätze, durch schlechte Kost und geheime Sünden bleiche, abschreckende Gespenster würden, während sie doch zu Christen, zu brauchbaren Bürgern, zu tüchtigen Menschen gebildet worden sollten. Dagegen schwärmte man für die Erziehung auf dem Lande und in wackeren Familien, sah hier überall Bilder der Unschuld, der Einfalt, der Herzensgüte, des stillen Gedeihens. Es soll nicht geleugnet werden, dafs arge Mifsstände bei mancher Waisenhausverwaltung wirklich vorlagen. Besonders hatte man oft ungenügende Räume, in denen eine solche Menge Kinder untergebracht waren, dafs ausbrechende Hautkrankheiten (im vorigen Jahrhunderte zu Scharlach in jetzt vergessenem schrecklichem Umfange die Blattern) allemal die Anstalt dezimierten. Häufig auch zersplitterte man in ganz ungehöriger Weise die Mittel und machte somit die Wohlgesinnten abgeneigt, neue Gaben zu gewähren. Die Vorwürfe, welche man so mit vollem Rechte einzelnen Instituten machen konnte, übertrug sich, was bei der „philanthropisierenden" Strömung der Zeit ganz von selbst kam, auf die gesamte Waisenhauseinrichtung. Man schüttete eben alles in denselben Topf; wie im Anfange des Jahrhunderts Eifer, Begeisterung, so sehen wir in seiner zweiten Hälfte Ungunst und Abneigung. Wie weit durch solche Stimmung der Zeit unser französisches Waisenhaus beeinflufst worden, könnte eine kritische Forschung wohl nicht allzuschwer aus den Akten herausfinden. Jedenfalls prallte sie machtlos an dem fest begründeten, treu gehüteten, mit Liebe und Umsicht gepflegten Bau zurück. Die Verwaltung blieb, im Wechsel der Generationen, dieselbe in Eifer, Pflichtbewufstsein und Umsicht, schaltete im Sinne der Gemeinde, und verstand es, der Stiftung Teilnahme, Zutrauen und einen anerkennenden Ruf zu bewahren.

So steuerte sie glücklich durch die aufbrausenden Wellen des Zeitgeistes, bis neue Erfahrungen, neue Anschauungen wieder zu einer unbefangenen und gerechten Beurteilung verhalfen.

Verzeichnis von Schriften reformierten Inhalts.

Jede Unternehmung, welche geeignet erscheint, das Andenken verehrungswürdiger Persönlichkeiten der Geschichte in der lebenden oder aufwachsenden Generation festzuhalten und zu erneuern, mufs mit lebhafter Freude begrüfst werden. Man hat eine Menge geschichtlicher Erzählungen und Biographieen, welche, in allgemein verständlicher Weise geschrieben, wirkliche Volksbücher geworden sind. Etwas Aehnliches fehlt noch vielfach auf dem Gebiete der Kirchen-Geschichte. Der von uns schon einmal rühmlich erwähnte Schriftenverein in Barmen hat es sich nun zur Aufgabe gestellt, diesem Mangel durch Herausgabe einer gröfseren Anzahl Bücher abzuhelfen, welche in populärer Darstellung Leben und Thaten unserer verehrten Vorfahren, besonders solche reformierten Bekenntnisses, zu schildern versuchte. Wir empfehlen diese Schriften auf das beste, und bemerken nur noch, dafs dieselben zu beziehen sind durch die Expedition des reformierten Schriftenvereins, zu Händen des Herrn Fr. Wilh. Vogt in Barmen, Westkotter-Strasse 34a, unter Einsendung des betreffenden Betrages in Marken (bei gröfseren Bestellungen in Bar). Auf die in demselben Verlage erschienenen übrigen Schriften, alle kirchlichen Inhalts, kommen wir in der nächsten No. zurück.

Historische Erzählungen für junge Protestanten I. Heft: Der Kaufmann von Lyon.
Der gute Pastor von Lutterworth . . . . 28 Seiten. 10 Pf.
II. Heft: Der Blutzeuge aus dem Böhmerlande. Der Mönch, der die Welt erschütterte 48 „ 12 „
III. Heft: Friedrich III., der Fromme, Kurfürst von der Pfalz 1559—1576, und der Heidelberger Katechismus. . . . . 26 „ 10 „
IV. Heft: Charlotte von Bourbon. Louise de Coligny . . . . 30 „ 10 „
V. Heft: Der Märtyrer. Die Märtyrerin. Die Protestanten . . . . 38 „ 10 „
VI. Heft: Die Bartholomäusnacht. Die Flucht der Hugenotten. Die Pulververschwörung 39 „ 12 „
Das gute Bekenntnis. Eine wahre Geschichte aus der Zeit der Reformation . . 32 „ 10 „
Johannes Knox, der Reformator Schottlands . . . . 24 „ 8 „
Der Admiral Coligny . . . . 48 „ 12 „
Zwingli's Leben . . . . 96 „ 20 „
Fallen und Auferstehen, oder die Thränen des Pastors de Chambrun. Eine Geschichte aus der Dragonadenzeit . . . . 92 „ 25 „
Märtyrer der Traktatsache aus der Reformationszeit, von O. Thelemann . . . 119 „ 25 „
Joachim Neander. Ein Lebensbild, von Ad. Natorp . . . . 78 „ 30 „
Als die Sterbenden, und siehe, wir leben! Bild aus den Hugenottenkämpfen Frankreichs 32 „ 12 „

(Fortsetzung folgt.)

Vereinsnachrichten der Réunion.

Freitag, den 9., und Freitag, den 23. September: Sitzung, Restaurant Gärtner, Mittelstr. 62, 8½ Uhr Abends.

Verantwortlicher Redakteur und Verleger: W. Bonnell, Schwedterstr. 257. — Druck von M. Driesner, Berlin, Klosterstr. 13

Oktober 1881.   **V. Jahrgang.**

DIE KOLONIE.

Organ für die äusseren und inneren Angelegenheiten der französisch-reformierten Gemeinden.

Redigiert von W. Bonnell, Rektor in Berlin.

Erscheint monatlich einmal. Preis pro Quartal 75 Pf.

Abonnements werden angenommen bei W. Bonnell in Berlin N., Schwedter-Str. 257, und bei jeder Post-Expedition.

INHALT: Wieder einmal aus dem Hospiz. — François de Gaultier de Saint-Blancard, von Prediger Lorenz in Prenzlau. — Die französische Kolonie in Strassburg i. U. Anhang zu II: Gründung der Kolonie. — Vermischtes. — Gemeinde-Angelegenheiten. — Vereinsnachrichten der Réunion.

„Freude empfindet, wer Freude bereitet."
(Wieder einmal aus dem Hospiz).

„Hoch!" und abermals: „Hoch!" und noch einmal: „Hoch!", so tönte es am 6. September d. J. gegen 3 Uhr nachmittags aus den frischen Kehlen von 120 fröhlichen Knaben und Mädchen, die in einem hübschen Saale an langen Tafeln zu einer Festmahlzeit vereinigt waren. Aber wem gilt denn der freudige Zuruf? Wer ist der Gefeierte? — Nun, es ist der Herr Rechnungsrat „Gain", der liebenswürdige, väterliche Freund unseres Hospiz, der Urheber schon so mancher frohen Stunde bei uns, der Kinderfreund, der auch heut wieder in grofsmütigster Weise die Mittel zu diesem Freudentage spendet. —

Wir schreiben also Dienstag, den 6. September 1881. — Die letztvergangenen Tage brachten Regen und nichts als Regen. „Ach, wenn doch morgen wenigstens das Wetter gut sein möchte!" Mit diesem frommen Wunsche legten sich am Montag, den 5. d. M., Kinder und Erwachsene im Hospiz zur Ruhe. — Die Morgenglocke tönt; hurtig aus den Betten! Einen Blick nach dem Himmel — herrlich! in matter Bläue dämmert der junge Tag. — Das Ankleiden geht heut trotz aller Sorgfalt schneller als sonst. Das Frühstück ist genossen, die Morgenandacht abgehalten, das Butterbrötchen in die Tasche gesteckt, und nun fort zum Bahnhofe. Der Weg dorthin ist schon ein Vergnügen. Jung und Alt auf den Strafsen blickt dem langen Zuge von Knaben und Mädchen verwundert nach, nicht fassend, wohin denn schon in aller Frühe die armen Kinderchen gehen. Nur ruhig, Ihr lieben Leute, die armen Kinderchen gehen heut auch einmal ihrem Vergnügen nach. — Da sind wir auf dem Bahnhof, etwas sehr zeitig in der That, noch nicht 7½ Uhr; um 8 Uhr geht der Zug. Herr Inspektor Beccu begrüfst uns, bedeutsam lächelnd ob unsrer allzugrofsen Pünktlichkeit. Da tönt's von salomonischen Lippen: „Besser eine Stunde zu früh, denn fünf Minuten zu spät." — Und siehe! Fast hätte sich dies grofse, gelassen ausgesprochene Wort vor unsern Augen bewahrheitet. Schon sind Alle wohl verpackt, das zweite Läuten verhallt, die Wagen geschlossen, Jeder erwartet den — Abgangs-Ruck — — da stürmt's noch mit langen Schritten heran: „Eile Dich, säumiger Wanderer! an einer Minute hängt dein Fortkommen." — Kurz vor 9 Uhr sind wir in Potsdam; im Geschwindschritt geht's nach der langen Brücke, und der eben ankernde Dampfer wird bestiegen. Wir nehmen heut einen andern Cours denn sonst; unser nächstes Ziel ist „Templin". Die Fahrt beginnt. Da, o Schicksal! — Auf der Eisenbahnbrücke, die ihre Thore uns öffnen soll, erscheint so eben ein unabsehbar langer Wagenzug, der, unserer Ungeduld und Ohnmacht spottend, in urgemütlicher Ruhe und Bequemlichkeit wohl eine Viertelstunde lang hin und her rangiert. Doch alles Ding währt seine Zeit, auch das Warten. Der Weg ist wieder frei; wir gleiten auf dem blauen Havelstrome dahin. Die Landschaft bietet viel Abwechslung; rechts und links findet das Auge liebliche Ruhepunkte; bald heben sich die Türme auf dem „Pfingstberge" in durchsichtiger Ferne ab, bald ragt die Kuppel des „Neuen Palais" aus massigem Grün hervor; dann wieder schweift der Blick nach den Zinnen des neuen „Orangerie-Gebäudes" hinüber, und so wechselt das Bild in grofser Mannigfaltigkeit, bis wir nach einer kleinen Stunde in „Templin" landen. Ein kurzer Wiesensteg führt zur Restauration. Hier wird gefrühstückt. Die Kinder erhalten wieder ein appetitliches Butterbrot, denn das mitgenommene? ...

„Und schnell war dessen Spur verloren,
Sobald die Schifffahrt ihren Anfang nahm."

Unser Kapitän drängt zur Eile; wir müssen denselben Weg zurück, und das Ungetüm von Eisenbahnbrücke droht mit abermaliger Sperre, wenn wir den günstigen Moment zum Passieren versäumen. Also in jubelnder Hast wieder zu Schiffe! Wir machen nun noch eine sehr hübsche Fahrt an „Caput" und den andern reizend gelegenen Ortschaften vorüber, an denen ja die Havelufer bei Potsdam so reich sind, und werfen endlich um 12½ Uhr Anker bei der königlichen Meierei. Hierselbst empfängt uns Frau Brandt, Ehrendame des Hospiz. — Frl. Klasse, auch eine der *„dames directrices"*, Hr. Prediger Doyé, Frau Inspektor Becen, Frl. Esperstedt, Hausdame des Herrn Rechnungsrats, sämtliche Lehrer und Erzieher der Anstalt haben uns schon von Berlin aus begleitet. Mit Bedauern vermissen wir aber Herrn Prediger Barthélemy, der bisher immer von der Partie war, und den heut ein leichtes Unwohlsein von uns fern hält. — Nun kommt auch Fräulein Réclam, gleichfalls eine der Ehrendamen, uns entgegen; dieselbe führt uns durch die wundervollen Gänge des „Neuen Gartens" zu der Besitzung der Frau Professor Du Bois Reymond. Paarweise durchschreiten die Zöglinge unter Gesang hier den Garten und werden vor dem Wohngebäude der Familie von den Töchtern des Hauses in anmutsvollster und liebenswürdigster Weise mit Äpfeln und Blumen beschenkt. Knaben und Mädchen singen nun abwechselnd noch manch schönes Lied, und dann begeben wir uns nach dem „Elisium", einem am Fufse des Pfingstberges frei und hübsch gelegenen Restaurant, woselbst das Mittagbrot schon unser wartet.

Das Mahl ist wohlschmeckend, die Stimmung heiter, Jung und Alt ergeht sich in ungezwungener Weise. Herr Prediger Doyé ergreift das Wort und bringt ein Hoch auf Se. Majestät den Kaiser aus; darauf spricht er herzliche Worte über den freundlichen Urheber des heutigen Freudentages, den Herrn Rechnungsrat Gain, und bittet Gott, er wolle dem hochverehrten Greise noch manches Lebensjahr in Kraft und Frische des Geistes beschieden sein lassen. Das oben erwähnte donnernde Hoch tönt als Amen zu diesem Wunsche, der im Herzen aller Anwesenden einen Wiederhall findet. — Einer der älteren Knaben fordert nun die Zöglinge auf, in einem kräftigen Hoch den Herren und Damen der Direktion ihren Dank für deren Mühwaltung auszudrücken. Das Mahl schließt mit einem nicht enden wollenden Hoch auf das Wohl des verehrten Vorgesetzten unserer Anstalt, des Herrn Inspektor Beccu.

Noch eine kurze Rast, und wir brechen wieder auf, erreichen Sanssouci, steigen die Schloß-Terrassen hinab, erfreuen uns an der prächtigen Fontaine, erquicken uns an der frischen, würzigen Luft in den köstlichen Parkwegen, weiden unser Auge an dem üppigen, kräftigen Grün, und kommen endlich, die wunderschönen neuen Anlagen vom „Charlotten-Hof" passierend, um 3 Uhr in Wildpark-Station, dem Endziele unserer Wanderung, an. Und es ist gut, daß wir an Ort und Stelle sind, denn der Himmel hat sich bedenklich verfinstert, und schon fallen einzelne Tropfen; aber wir haben weder Zeit noch Neigung zu Wetterbeobachtungen, unsre Gedanken richten sich auf Reelleres, und da dampft er ja auch schon, der köstliche Mokka, und wie duften sie so süß, die vortrefflichen Bretzeln und Kuchen; da ist Keiner, der dem appetitlichen Vesper-Imbiß nicht tapfer zuspräche, und zu unser aller Freude kommt nun auch noch der Herr Prediger Barthélemy, um uns doch wenigstens auf der Rückfahrt zu begleiten. — Doch das schlechte Wetter ist hartnäckig, wir ignorierten es anfangs, wir singen jetzt, um die Sonne wieder hervorzulocken, umsonst — es regnet ziemlich dicht und wir flüchten in den Saal. Mitlerweile ist es spät geworden, die Abschiedsstunde naht, der Regen hat nachgelassen, wir treten wieder in's Freie. — Welch wunderbar schöner Anblick! Mit sanft purpurner Glut färbt das sinkende Tagesgestirn noch einmal den Himmel, — Auge und Herz wird trunken ob solcher Schönheit. — Doch es war nur ein Moment, bleigrau dichten sich die Wolken von neuem, und dichter Regen fällt nieder. Auch unsre Stunde schlägt, das Dampfroß keucht heran. — Alles überstürzt sich, jeder möchte der erste im Wagen sein, zehnfaches Lebewohl ertönt. — Jetzt ist auch der letzte Mann plaziert — und fort nach Berlin! — Die Rückfahrt hat auch ihren besonderen Reiz. Die Gewißheit des Genossenen giebt dem jugendlichen Gemüte eine behagliche Ruhe; jetzt wird rekapituliert, wie es im vorigen Jahr auf der Partie war, und verglichen mit den heutigen Erlebnissen, — und nun erschallen frische, muntere Lieder, bis das Ankunfts-Signal der Lust ein Ende macht. — —

Und nun sagen wir Kinder, besonders wir erwachseneren, Dir, dem freundlichen Geber so vieles Guten und Schönen, unsern herzlichen, innigen Dank. Gott wolle Dich segnen für alle die fröhlichen Stunden, die uns durch Dich geworden. Wenn wir lange das Hospice verlassen haben, und hoffentlich tüchtige, brauchbare Menschen geworden sein werden, dann wird der Rückblick auf diese Freudentage, durch Deine Großmut uns bereitet, immer und immer wieder eine liebe Erinnerung uns sein, und nie wird Dein Andenken in unserm Herzen erlöschen, und so rufen wir nochmals einstimmig: „Hoch!" und abermals: „Hoch!" und noch einmal: „Hoch!" —

François de Gaultier de Saint-Blancard.
Von Prediger Lorenz in Prenzlau.
(Fortsetzung).

Am 27. Oktober 1685 war Gaultier aus Holland, woselbst er sich von dem Prinzen von Oranien verabschiedet hatte, nach Berlin zurückgekehrt, um hier seinen bleibenden Wohnsitz zu nehmen, und das Amt eines Predigers der französischen Gemeinde anzutreten. Er kam allein, denn bei seiner schleunigen Flucht im Jahre 1683 hatte er die Seinen in Frankreich zurücklassen müssen. Inzwischen hatte aber der grofse Kurfürst durch seinen Gesandten in Paris Fürsprache für Gaultier einlegen lassen, in Folge dessen war der Familie desselben wirklich die Erlaubnis zur Auswanderung gegeben worden, und am 4. November 1685 hatte Gaultier die grofse Freude, nach zweijähriger Trennung seine Gemahlin nebst vier Kindern in Berlin wohlbehalten eintreffen zu sehen. — Es begann nun für Gaultier eine Zeit unermüdlicher, aufopferungsvoller Thätigkeit. Zwar was er einst ersehnt und erstrebt, seinen Glaubensgenossen in Frankreich Hilfe wider alle Bedrückungen zu bringen, hatte sich als unausführbar erwiesen; Ludwig XIV. hatte am 22. Oktober 1685 zu Fontainebleau den Widerruf des Ediktes von Nantes unterzeichnet; aber der grofse Kurfürst, beraten von Männern wie Abbadie, Gaultier, Ancillon und dem Grafen d'Espence, hatte am 29. Oktober 1685 mit dem Edikt von Potsdam geantwortet; so war für die Hugenotten in Frankreich die ewig denkwürdige Zeit des „refuge" gekommen, und die Ratgeber des Kurfürsten hatten nun in umfassendster Weise die Pflichten christlicher Bruderliebe zu üben, um den flüchtigen Glaubensgenossen in Brandenburg eine neue Heimat zu bereiten.

Während Abbadie nach Holland geeilt war, um von dort möglichst viele Réfugiés nach Berlin zu ziehen, lenkte Gaultier seine Blicke besonders nach der Schweiz. In dem Städtchen Morges am nördlichen Ufer des Genfersees lebte damals ein Bruder unseres Predigers, mit Namen Jacques de Gaultier, ein Arzt und Doktor der Universität Montpellier, der ebenfalls um seines reformierten Glaubens willen im Jahre 1684 aus Frankreich entflohen war. An diesen übersandte der Prediger Gaultier mehrere tausend gedruckte Exemplare des Ediktes von Potsdam, welche dieser an die nach der Schweiz entkommenen Réfugiés austeilte oder auch — und zwar nicht ohne erhebliche Gefahren und Schwierigkeiten — auf geheimen Wegen nach Frankreich einführen liefs. Auf jedem einzelnen Exemplar bemerkte der Doktor Gaultier schriftlich, dafs diejenigen Réfugiés, welche von den freundlichen Anerbietungen des Kurfürsten Gebrauch machen wollten, sich an ihn in Morges wenden sollten; er würde ihnen die erforderlichen Mittel für die Reise nach Brandenburg einhändigen. Auf diesem Wege gelang es dem Doktor Gaultier, viele Flüchtlinge, besonders auch, wie Friedrich Wilhelm es wünschte, Fabrikanten und Handwerker aus dem südlichen Frankreich zur Ansiedlung in den kurfürstlichen Staaten zu bewegen.

Als die Züge der Réfugiés allmählich nachliefsen, folgte auch der Doktor Jacques de Gaultier ihnen nach Berlin, wo er noch im Jahre 1686 eintraf. Er wurde von dem Kurfürsten überaus gnädig empfangen und zum Leibarzt desselben ernannt; er erhielt eine lebenslängliche Pension von 200 Thalern; auch liefs der Kurfürst ihm ein eigenes Haus erbauen. In der Folgezeit wirkte der Doktor Gaultier besonders auch als Armenarzt der französischen Gemeinde zu Berlin mit grofsem Eifer, und als er 1715 siebzig Jahre alt starb, hatte er sich selbst das schönste Andenken im Herzen der Kolonisten errichtet durch die von ihm ins Leben gerufene Wohlthätigkeitsanstalt, die unter dem Namen der „Marmite" bis in unsere Tage mit Segen gewirkt hat.*)

Wie sein Bruder, so war auch der Prediger François de Gaultier während der Zeit des refuge für das Wohl seiner Glaubensgenossen angestrengt thätig. Für alle

*) Erman et Reclam, Mémoires IV, pag. 129—133.

auf die französischen Kolonieen bezüglichen Angelegenheiten war der Minister Joachim Ernst von Grumbkow zum General-Intendanten ernannt worden, welcher sich dieser schwierigen Aufgabe mit grofsem Eifer hingab; da er aber die täglich wachsende Fülle von Geschäften nicht allein bewältigen konnte, so wurde er, abgesehen von untergeordneten Hilfsarbeitern, besonders von dem Grafen d'Espence und dem Prediger Gaultier unterstützt. Alle in Berlin neu ankommenden Réfugiés wurden zunächst an diesen Letzteren gewiesen, der ihre persönlichen Verhältnisse festzustellen und für ihre weitere Unterbringung zu sorgen hatte. Die Réfugiés, welche sich durch Geburt oder Bildung auszeichneten, wurden durch Gaultier persönlich dem grofsen Kurfürsten vorgestellt, und es verging in der ersten Zeit fast kein Tag, an welchem Gaultier sich nicht mit einer Schar von Réfugiés nach dem Schlosse begeben hätte, um dieselben entweder dem Kurfürsten selbst oder der dem Minister unterstellten Behörde, dem sogenannten General-Kommissariat, vorzuführen.*) Über einen solchen Empfang neu eingetroffener Réfugiés beim grofsen Kurfürsten erzählt der Oberstlieutenant de Campagne in seinen Memoiren:

„Es war am 10. Januar 1686, als uns Seine kurfürstliche Hoheit nach Potsdam einladen liefs; wir waren unserer funfzehn, die sich dorthin begaben. Der General-Kommissar Herr von Grumbkow erwies uns die Ehre, uns vorzustellen. Der grofse Kurfürst empfing uns in einer Weise, die seinen grofsen Eifer für die reformierte Religion kennzeichnete; er bezeugte, dafs er durch unsere Leiden aufs tiefste ergriffen wäre, und dafs er sie lindern wollte. Er wünschte, dafs man ihm sowohl die Mittel schilderte, welcher wir uns bedient, um der Wachsamkeit der an den Grenzen aufgestellten Hüter zu entgehen, als auch die grausamen Mafsregeln, welche man angewendet hatte, um die Reformierten zum Religionswechsel zu vermögen. Bei dieser traurigen Erzählung konnte er sich der Thränen nicht erwehren. — Den andern Morgen liefs Herr von Grumbkow uns wieder zu sich kommen und benachrichtigte einen jeden von der Anstellung, mit welcher Seine Kurfürstliche Hoheit ihn beehrt hatte. —"

Bei einem solchen Empfange trug sich auch die Scene zu, welche sich in dem Bilde im fünften Bande der Memoiren von Erman und Reclam durch Chodowiecki's Meisterhand so anschaulich dargestellt findet. Gaultier und Grumbkow hatten gemeinsam mehrere neuangekommene Réfugiés dem grofsen Kurfürsten vorgestellt, und auf die Bitte der armen Flüchtlinge hatte derselbe befohlen, ihnen eine beträchtliche Summe Geldes zu ihrer Niederlassung zu überweisen; als aber Grumbkow auf die völlige Erschöpfung der kurfürstlichen Kasse hinwies, und es geradezu als eine Unmöglichkeit bezeichnete, diese Summe auszuzahlen, da rief der grofse Kurfürst: „Nun wohl, so möge man lieber mein Silbergeschirr verkaufen, als diese Leute ohne Hilfe lassen!"

Gaultier, der im Sinne dieser hochherzigen Worte unermüdlich für das Wohl der Réfugiés wirkte, erfreute sich deshalb der besonderen Gunst des Kurfürsten; seine Ansichten wurden nicht nur bei allen die Kolonie betreffenden Angelegenheiten gehört; er blieb auch in den Fragen der hohen europäischen Politik ein vertrauter Ratgeber desselben bis an dessen Ende. — Als Friedrich Wilhelm gestorben war, fiel dem Prediger Gaultier die wehmütige aber ehrenvolle Aufgabe zu, bei dem feierlichen Trauergottesdienste der Réfugiés am 6. Mai 1688 im Dome die Gedächtnis-

---

*) Erman et Reclam, Mém. I, pag. 342 ff.

rede auf den hohen Entschlafenen zu halten. Er legte dieser Rede das Wort der Schrift Jos. 1. 2 zu Grunde: „Mein Knecht Moses ist gestorben; so mache dich nun auf und ziehe über diesen Jordan, du und dies ganze Volk, in das Land, das ich ihnen, den Kindern Israel, gegeben habe."

In dieser Predigt zieht Gaultier zunächst eine Parallele zwischen Moses und dem grofsen Kurfürsten, er weist nach, dafs der Letztere sowohl als Mensch wie als Fürst ein treuer Knecht Gottes gewesen und sich desbalb allezeit in Thaten und Worten mächtig erwiesen habe. Des grofsen Hohenzollern kriegerische Heldenthaten gegenüber den zahlreichen Feinden ringsum, mehr noch die denkwürdigen Grofsthaten christlicher Bruderliebe gegen die evangelischen Glaubensgenossen werden in ergreifender Weise geschildert, und manches mächtige Wort des entschlafenen Fürsten wird dem Gedächtnis der Nachwelt empfohlen: seine packenden Anreden an die Soldaten im Kriege, seine richterlichen Entscheidungen und politischen Ratschläge, vor allem die beweglichen Abschiedsworte, die er zwei Tage vor seinem Tode im Staatsrate und zuletzt auf seinem Sterbebette als Fürst, als Gatte, als Vater und als Christ gesprochen. Sodann geht der Redner zu der Thronbesteigung des neuen Kurfürsten Friedrich des Dritten über, den er als würdigen Erben des heimgegangenen Vaters begrüfst, und dessen Gottesfurcht und Liebe er rühmt.

„*Ayez soin de vos églises et surtout des réfugiés!*" — so lautete die Mahnung, die der neue Kurfürst in feierlicher Audienz an die Pastoren der Kolonie gerichtet hatte; war dieselbe nicht ein willkommenes Unterpfand dafür, dafs auch in der neuen Zeit den Kolonisten das landesväterliche Wohlwollen sowie bisher erhalten bleiben sollte?

Gegen Ende der Predigt findet sich folgende merkwürdige geradezu prophetische Stelle: „Wenn die Ahnungen meines Herzens mich nicht täuschen, werden wir unter der Regierung des neuen Kurfürsten so grofse Ereignisse sehen, wie man deren vielleicht niemals ähnliche gesehen hat. Wir werden nicht allein diesen Staat blühend und bis zum Gipfel der Macht und des Ruhms erhoben sehen, sondern wir werden die Kirche Jesu-Christi befreit, und seine Religion hergestellt und verehrt sehen trotz der Wut derer, die sie verfolgen. Gott wird mit unserm Fürsten sein, wie er mit Josua war; er wird seine Absichten segnen und dem Sohne die Gnade erweisen, das grofse Werk zu vollenden, welches der Vater in glücklicher Weise begonnen hatte. Unser Moses hat Israel aus Egypten geführt und in der Wüste geleitet, er hat es daselbst mit Manna ernährt und mit lebendigem Wasser getränkt; aber unser Josua wird es den Jordan überschreiten lassen, wird es nach Kanaan hineinführen und zum friedlichen Besitzer desselben machen trotz aller seiner Feinde. Dies ist ein Rätsel, ich gestehe es, ein Rätsel, welches ich selbst euch nicht wohl deuten kann; aber die Zeit wird es lösen und völlig erklären, wenn es dem Herrn gefällt!" —

Die Erhebung des Kurfürstentums Brandenburg zum Königreich Preufsen, die Überfahrt Wilhelms von Oranien über den Kanal und die definitive Eroberung Englands für die evangelische Kirche — diese weltgeschichtlichen Ereignisse von unermefslicher Tragweite, hat sie Gaultier nicht klar und deutlich schon in dieser Huldigungspredigt angekündigt, und beweist diese Thatsache nicht, dafs er mit den geheimsten Absichten und Plänen der regierenden Fürsten von Brandenburg und Oranien aufs innigste vertraut war!

Es liegt nahe, einen Vergleich zu ziehen zwischen Abbadie's Panégyrique und Gaultier's Gedächtnisrede auf den grofsen Kurfürsten. Beide Verfasser waren Zeitgenofsen des Helden, beide standen ihm persönlich nahe und hatten jahrelang Gelegenheit, ihn in seinem Denken und Thun genau zu beobachten; beide waren von aufrichtiger Verehrung für den grofsen Mann erfüllt, und was sie zu sagen hatten, haben sie in vollendeter Form gesagt; so sind denn beide Reden Meisterworte; aber den Vorzug hat Gaultier vor Abbadio, dafs er erst nach dem Tode des grofsen Kurfürsten seine Rede verfafste; er hat ein in sich völlig abgeschlossenes Lebensbild gegeben, und grade die Schilderung der letzten Tage und Stunden, und der Bericht über die ergreifenden Abschiedsworte des sterbenden Glaubenshelden sind von hinreifsender Kraft und Schönheit.

Diese Gedächtnisrede erschien bald nachher im Druck; Gaultier widmete sie der neuen Kurfürstin, Sophie Charlotte, der später hochberühmten ersten Königin von Preufsen. Auch diese Widmung läfst den Scharfblick Gaultiers erkennen; er sah eben schon damals, dafs nicht Friedrich III., sondern dessen fein gebildete Gemahlin Sophie Charlotte die edelste Erbschaft des grofsen Kurfürsten antreten und in Zukunft der Mittelpunkt alles geistigen Lebens am Hofe zu Berlin sein würde.

(Schlufs folgt).

Die französische Kolonie in Strasburg i. U.
Anhang zu II: Gründung der Kolonie.

Wir geben im Folgenden eine alphabetisch geordnete Liste der in Strasburg i. U. 1691 eingewanderten Familien; in bezug auf die Richtigkeit und Vollständigkeit derselben, sowie in bezug auf die Orthographie der Namen der Einwanderer erinnern wir an das in voriger Nummer Gesagte. Ein Stern vor dem Namen bedeutet, dafs der Name noch heute in Strasburg vertreten ist. Die Geburtsorte sind, wie sie in den Kirchenbüchern stehen, aufgeführt, und ist von einer Richtigstellung oder Modernisierung dieser Ortsnamen Abstand genommen worden; es bleibt einem jeden Leser, der sich dafür interessiert, überlassen, sich mit Hilfe eines guten Atlas und eines Konversationslexikons klar zu machen, dafs z. B. Oppach das heutige Oppau, Munerem Mundenheim bei Mannheim, Rockow wahrscheinlich das heutige Rockhausen, Mouderstadt Mutterstadt, Guain bei Calais heute Guines ist.

Liste der 1691 in Strasburg i. U. eingewanderten Réfugiés.

Lauf. Nummer der Pers.	Nummer der Namen	Vor- und Zuname	Geburtsort	Stand	Alter bei der Einwand. 1691	Sonstige Bemerkungen
					Jahr	
1	1	Bastien, Louis	Gluras en Vivants	*tisseran de toiles*	37	
2	2	Bentin, François	Peroy en Suisse	vacat	30	
3		„ Anne Louise geb. Wick	Zeeland	Frau	40	
4	3	Bertrand, Charles	Metz	vacat	16	
5		„ Susanne geb. Willaume	do.	Frau	25	
6	4	*Bevier, Martin	Peningby b. Stockhlm.	vacat	51	
7		„ Jeanne	vacat	Tochter		vrh.s.1704
8	5	Beyner, Jacob	Lumpen en Suisse	*tisseran*	31	
9	6	Billiau, Mathias (Willaume?)	Mannheim	vacat	34	
10		„ Susanne	Rockow, Pfalz	Frau	24	
11		„ Jeanne	Pfalz	Tochter		
12	7	Blanbois, Samuël	Landonville pais de Messein	*tisseran*	22	
13		„ Ester geb. Frémeaux	Gerssow, Pfalz	Frau	19	
14	8	Bouché, Raphaël	Oray au pais bas	vacat	54	

— 96 —

Lauf. Nummer der l'eren.	Nummer der Namen	Vor- und Zuname	Geburtsort	Stand	Alter bei der Einwand. 1691 Jahr	Sonstige Bemerkungen
15	9	*Bouchon, Jean	Metz	tanneur		
16		„ Anne geb. l'eltre		Frau		
17		„ Louis		Sohn	10	
18		„ Jean		„	13	
19	10	Bredel, Jeanne	Villars en Suisse		15	
20	11	Brocard, Susanne	Mannheim		6	
21	12	Cattiaux, Jean	Calais	vacat	39	
22		„ Jean	Mannheim	Sohn	9	
23	13	Challié, Miquel	Grona, Pfalz	bourgeois et laboureur	27	
24		„ Anne geb. Tavernié	Rockom, Pfalz	Frau	31	
25	14	Charles, Jean	Sailli en Flandre	bourgeois et laboureur		
26		„ Jean				vrh. a. 1692
27	15	Chomme, Etienne	Perigord	tailleur	36	
28		„ Marie geb. d'Auby	bei Sedan	Frau	20	
29		„ Pierre Philippe		Sohn		† 1695
30	16	*Cochol, Pierre	Moscou	vacat	56	
31		„ Susanne geb. Rousiet	Guise en Picardie	Frau	52	
32		„ Salomon	Mouderstadt, Pfalz	vacat	32	
33		„ Samuël	do.	brasseur	25	
34		„ Marie geb. Du Cam		Frau		
35		„ Marie	Mannheim		24	
36		„ Marie			19	
37		„ Judith	Mouderstadt		12	
38		„ David				vrh. a. 1706
39		„ Jean				„ 1707
40	17	Codra, Pierre	Payerne bei Bern	vacat	44	
41	18	Corbillac, Pierre	Bourgogne	maçon	46	
42		„ Susanne geb. Barrau		Frau		
43		„ Magdelaine		Tochter		
44	19	De Baudan, Jean Henri	Nimes	pasteur	38	
45	20	De Courcelles, Charles	Pfalz	vacat	35	
46		„ Marguérite	Lisle		45	
47	21	De Folleville, Marguérite	bei Rouen			† 1699
48	22	*De Frenne, Jean	bei Calais	bourgeois	37	
49		„ Sara geb. Du Miny	Gain au pais conquis	Frau	36	
50		„ Isaac	Hum au pais de Hesse	Sohn	3	
51		„ Ester	Mouderstadt	Tochter		vrh. a. 1701
52		„ Sara	do.	„		„ 1707
53		„ Susanne	Rockom	„		† 1796
54	23	*De la Barre, Abraham	Peterslheim, Pfalz	lecteur et chantre	37	
55		„ Marie Jeanne gb. Charles	Sailli en Flandre	Frau	31	
56		„ Daniel				† 1692
57		„ Abraham	Pfalz	Kinder		† 1692
58		„ Marie				† 1697
59		„ Guillaume				† 1748
60	24	De Lambre, Jean	Artois		57	
61		„ Marie geb. Plante	bei Lisle	Frau		
62		„ Jean		Sohn	37	
63	25	De Latre, Abraham	Calais	bourgeois et laboureur	50	
64		„ Jeanne geb. Michée	Grona, Pfalz	Frau	35	
65		„ Abraham			10	
66		„ Pierre		Söhne	17	
67		„ Isaac			4	
68		„ Magdelaine				† 1691
69		„ Sarah		Töchter		† 1692
70		„ Marie			10	
71		„ Pierre Michée	Grona, Pfalz	Pflegesohn		vrh a. 1705
72		„ Marie	Guain bei Calais		49	
73		„ François	bei Calais	charpentier		
74		„ Magdelaine gb. Fouquet			32	
75		„ Magdelaine				† 1691
76		„ Laurent				† 1691

Lauf. Nummer der Peren.	Nummer der Namen	Vor- und Zuname	Geburtsort	Stand	Alter bei der Einwnd. 1691 Jahr	Sonstige Bemerkungen
77		De Latre, Jeanne				† 1697
78		„ Marie Magdelaine				† 1698
79	26	Deseinne, Jaques			55	
80		„ Susanne Collié				
81		„ Jaquea	Calais		32	
82		„ Jaques				† 1699
83	26	Desouatiée, Jeanne	Friesenheim, Pfalz		25	
84	28	Devez (De Weyne), Pierre				
85		„ Anne geb. Desouard				
86		„ Isaac	Mannheim		9	
87		„ François	do.		24	
88	29	Dourdy, Jean	Mons en Hainaut		53	
89		„ Marie geb. Deseinne		Frau		
90		„ Marie		Tochter	19	
91		„ Jean	Leyden	marchand d. tabac		
92		„ Agnes geb. Habick		Frau	21	
93	30	Dubois, Jean	Mannheim		1	
94		„ Isaac	do.		11	
95	31	Du Fons, Pierre	ville sauve en Sevenne	Seigneur de Sabarie	31	
96	32	Dupont, Catherine	bei Mons en Hainaut		53	
97	33	Fasquel, Isaac		planteur de tabac		
98		„ Marie geb. Gourdin				
99		„ Françoise			17	
100		„ Catherine			3	
101		„ Isaac			3	
102		„ Charles			35	
103	34	*Fouquet, Isaac		laboureur		
104		„ Eve geb. Desonard	Grona	Frau	25	
105		„ Rachel		Tochter		
106		„ Isaac		Sohn		† 1694
107		„ Jacob	village du désert	laboureur		† 1696
108		„ Pierre		bourgeois et laboureur		
109		„ Susanne gb. Willanme	Rockom, Pfalz		24	
110		„ Elisabeth		Tochter		† 1697
111		„ Daniel	Aschweller, Pfalz	laboureur	24	
112		„ Susanne	Felicam, Pfalz		18	
113		„ Samuël	do.		16	
114		„ Sarah	do.		24	
115		„ Witwe v. Jean geb. Saleingré	Mansheim		24	
116		„ Rachel Saleingré	Pfalz		2	
117		„ Jeanne, Wwe. Daromo	Rockom, Pfalz		39	
118		„ Susanne		Tochter		
119	35	Gallé, Jean	Altstadt, Pfalz		11	
120	36	Gielta, Perronne (femme de Noë Lanois)	Oudenarde		50	
121	37	Gobars, Jaques	Guain pais conquis		34	
122		„ Susanne gb. Du Mont	Ballenguin		34	
123		„ Abraham		Sohn	3	
124		„ Narah Blase	Flandre	Pflegetochter	3	
125		„ Salomon	Lisle		5	
126		„ Witwe	Mouderstadt		38	
127		„ Magdelaine Simon		Tochter aus früherer Ehe		
128	38	Goffo, Susanne (später femme de Jean Lejeune)	do.		30	
129	39	*Gular(d) (Biar), Jacob	Endouzy en Tirache	sabotier	52	
130		„ Elisabeth geb. Olivier	Dousy bei Sedan	Frau	35	
131		„ Marie Eve	Pfalz		13	
132		„ Jacob	do.		10	
133		„ Marie	Endouzy en Tirache		53	
134	40	Keck, Noë		tuillier	62	
135		„ Marie geb. De Lock	bei Calais	Frau	45	

Lauf. Nummer der Person	Nummer der Namen	Vor- und Zuname	Geburtsort	Stand	Alter bei der Einwand. 1691	Sonstige Bemerkungen
					Jahr	
136	41	L'Allemand, Françoise	Sedan		56	
137	42	Laurent, Jean	Oppach, Pfalz		31	
138		„ Anne Marie gb. Schmidt	Munerem, Pfalz	Frau	22	
139		„ Marguérite	Oppach		25	
140		„ Jeanne	do.		24	
141		„ Elisabeth			3	
142	43	*Ledoux, Jean	Mouderstadt	bourgeois et laboureur	36	
143		„ Jeanne geb. Sy	do.	Frau	34	
144		„ Jean Jaques				† 1694
145		„ Abraham				† 1696
146		„ Judith			7	
147		„ Sarah			3	
148	44	Legrand, Marie	Picardie		74	
149	45	*Lejeune, Jean	Louche païs bas	laboureur	33	
150		„ Susanne gb. De Freane	Rockom, Pfalz			† 1696
151		„ Susanne	Rohrbach, Pfalz		10	
152		„ Elisabeth	Holzhausen, Hessen		4	
153		„ Marie				vrh. a. 1702
154		„ Jean				† 1691
155		„ Abraham	Arde au païs conquis		44	
156	46	*Lepère, Antoine	Turquoin en Flandre	bourgeois et laboureur	53	
157		„ Antoinette de la Salle		Frau		
158		„ Jean				† 1691
159		„ Antoine	Mouveaux en Flandre		27	
160		„ Elisabeth	do.		22	
161		„ Toussaint	Turquoin		10	
162		„ Marie	Mouveaux		25	
163	47	Letienne, Pierre	Frankenthal	marchand conseiller dans la magistrature	35	
164		„ Jacob	do.		11	
165		„ Magdelaine	do.		6	
166		„ Marie	do.			† 1692
167	48	Letrol, Magdelaine	Pfalz		11	
168	49	Liotar, Jean	Die en Dauphiné		21	
169	50	Marsal, François	Metz		8	
170	51	Masse, Magdelaine	Margaillier	Witwe		
171		„ Jean	Pfalz	Sohn	3	
172		„ Susanne	do.	Tochter	2	
173	52	Montagne, Sarah	Landrethou, Boulonnais		72	
174	53	Olivier, Jean		manoeuvre		
175		„ Susanne geb. Laval		Frau		
176		„ Elisabeth		Tochter		† 1695
177		„ Elisabeth	Dousy bei Sedan		35	
178	54	*Perrein, Jaques François		bourgeois et laboureur		
179		„ Jeanne Bailli				
180		„ Jean Jaques	Mannheim			† 1694
181		„ Abraham			14	
182		„ Charles	– do.		10	
183		„ Abraham			11	
184	55	Picot, Jacob	Magnin, Hessen	boulanger	45	
185		„ Judith geb. Hessau	Hanau	Frau	44	
186		„ Judith				vrh. a. 1697
187		„ Elisabeth				† 1697
188		„ Susanne	do.		4	
189	56	Renard, Marie Jeanne	Obersheim, Pfalz		13	
190	57	Rô, Abraham	Mouderstadt	marchand d. tabac	18	
191	58	Rogé, Pierre	Carignan dans le Hainaut		33	
192	59	Salomés, Marguérite geb. de la Croix	Antiers au païs bas	Witwe	43	

Lauf. Nummer der Person.	Nummer der Namen	Vor- und Zuname	Geburtsort	Stand	Alter bei der Einwand. 1691	Sonstige Bemerkungen
					Jahr	
193		Saloméo, Jacob				† 1691
194		„ François				† 1693
195		„ François Hugues	Fleurbay en Flandre		16	
196		„ Marie Cathérine			13	
197		„ Marguérite			12	
198	60	Sandry, Marie geb. Willaume	Semecour au païs Messein			
199	61	Squedin, Abraham	Crou en Zeeland	laboureur	44	
200		„ Marie Jeanne geb. De Courelles	Lisle	Frau	44	w. 103 J. alt
201		„ Marguérite				† 1692
202		„ Sarah				† 1692
203		„ Marie				† 1693
204		„ Jean Jacob	Schawerstadt, Pfalz		10	
205		„ Marie Jeanne			9	
206		„ Jean	Crou en Zeeland	laboureur.		† 1707
207		„ Marie geb. De Latre		Frau		
208		„ Jean	Pfalz		12	
209	62	Supply, Jean	Mons en Hainaut		50	
210		„ Jean	Vernu en Hainaut		2	
211	63	Sy, Cathérine geb. Corneille	bei Calais	Witwe	44	
212		„ Cathérine				vrh. a 1701
213		„ Susanne				„ 1705
214		„ Marie			15	
215	64	*Tavernié, Jean Jaques	St. Amand païs bas	marchand	53	
216		„ Susanne geb. De Frenne	Gain païs conquis	Frau	60	
217		„ Jean	natif du désert	Sohn	7	
218		„ Jacob	Frankenthal		24	
219		„ Marie Magdelaine				vrh. a. 1692
220		„ Joses		peigneur de laine		
221		„ Sara geb. Simon				
222		„ Sara				† 1691
223		„ Marie				† 1693
224		„ Magdelaine				† 1696
225		„ Susanne			1	
226		„ Isaac				† 1693
227	*	„ Abraham	Grona	bourgeois et laboureur	27	
228		„ Elisabeth geb. Tavernié	Mannheim	Frau	26	† 1694
229		„ Sara				
230		„ Susanne				
231		„ Isaac		bourgeois et laboureur	4	
232		*Tavernié, Marguérite geb. Fouquet				
233		„ Jean Jaques				† 1695
234		„ David	Hanau		3	
235	65	Tissau, Jean Pierre	Morgues en Suisse		33	
236		„ Bénédite geb. Barrau	Bern			
237		„ Magdelaine	Porrentru		40	
238		„ Susanne Barrau spät. Frau Supply				
239	66	Toussaint, Paul	Montigny bei Metz		56	
240		„ Rachel geb. Fignier	Metz	Frau	36	
241		„ Jean	Montigny	tonnelier	22	
242		„ Paul	Hanau		6	
243	67	Vasseusse, Marie	Axel en Zeeland		64	
244	68	Viseux, Jean	Picardie	manoeuvre	54	

Vermischtes.

In der chronologischen Übersicht der Koloniegeschichte habe ich unter 1765 angegeben: „Prediger de Gualtieri abgesetzt". Es geschah dies auf Grund der von Erman in der Jubelschrift 1772 (*Mémoire historique sur la fondation de l'Eglise françoise de Berlin*) mitgeteilten Übersicht der Geistlichen, in der bei Samuel Melchisedec de Gualtieri der Zusatz steht „*déchargé de ses fonctions 1765*". Da dieser Zusatz in dem genannten Buche bei sonstigen freiwilligen Amtsniederlegungen (z. B. bei Fornerod, Abbadie, Dartis, Formey etc.) nirgends vorkommt, so glaubte ich nicht fehl zu gehen, wenn ich darunter eine Amtsentsetzung verstand. Bei meinen Nachforschungen, ob sich die Sache so verhält, und welches der Grund zu einem so aufsergewöhnlichen Fall gewesen sein möchte, ist mir vor kurzem eine Stelle in No. 26 der Zeitschrift „der Bär" (1891) aufgefallen. In den Mitteilungen: Acht Jahre am Hof des Prinzen Heinrich (1770—1778) lese ich p. 318: „Aufserdem lud der Prinz alle Jahre noch mehrere auswärtige Gäste ein, auf seinem Landsitze einen Teil des Sommers zuzubringen. Die berühmtesten dieser Personen waren die Herren von Gualtieri, v. Stosch und v. Grimm, drei sehr gelehrte Herren. Der Erstere war reformierter Prediger gewesen, aber da er Vermögen und eine Pension vom Könige hatte, der ihn achtete, so hatte er sein Amt aufgegeben, um frei und als Philosoph zu leben." — Es scheint somit *déchargé de ses fonctions* ein freiwilliges Scheiden aus dem Amte zu bedeuten.
Dr. Muret.

Gemeinde-Angelegenheiten.

Wir brachten am Ende des vorigen und mit Anfang dieses Jahres zwei Artikel über die Renforcierung. Die in dem letzten derselben (März-No.) enthaltenen Gedanken haben Anklang und Zustimmung, und eine ausführlichere Darlegung in einem Gesuch gefunden, das in den nächsten Tagen an das Hochwürdige Konsistorium abgehen wird. Der Kern der Angelegenheit ist der Wahlmodus der zur Renforcierung heranzuziehenden *chefs de famille*, den man also einzurichten gehorsamst bittet: Die *chefs de famille* jeder Parochie könnten in geeigneter Weise zusammenberufen werden, um für einen gewissen Zeitraum je 20 oder 30 Personen zu wählen, welche sie für geeignet hielten, bei einer Verstärkung des Konsistoriums mitzuwirken. Die Annahme der Wahl würde um so mehr die Pflicht, einem Rufe Folge zu leisten, involvieren, da die Gewählten der wählenden Gemeinde gegenüber verpflichtet wären. Die Gewählten wären mit Angabe der Wohnung durch den Kirchenzettel der Gemeinde bekannt zu machen. Aus diesen 60, resp. 90 Personen, deren Verminderung durch Tod oder Verzug in geeigneter Weise zu ersetzen wäre, könnte das Hochwürdige Konsistorium nach einem von ihm selbst festzustellenden Modus die zur jedesmaligen Verstärkung notwendige Anzahl rechtzeitig auswählen, so dafs im Behinderungsfall eines derselben ein anderer aufgefordert werden könnte. Aus der Zahl dieser von der Gemeinde dem Konsistorium präsentierten Personen würden auch die zur Prüfung der Rechnungen zu erwählenden geeigneten Revisoren genommen werden können. —

Die diesjährige Rechnungslegung der *École de charité* findet am Dienstag, den 11. Oktober, diejenige der General-Direktion des Hospiz acht Tage später, am Dienstag, den 18. Oktober statt. Beide Rechnungslegungen sind 4 Uhr nachmittags. Ort: Saal des Hospiz. Die *chefs de famille* sind eingeladen, denselben beizuwohnen.

Vereinsnachrichten der Réunion.

Freitag, den 14., und Freitag, den 28. Oktober: Sitzung, Restaurant Gärtner, Mittelstr. 62, 8½ Uhr Abends.

Ein etwa noch stattfindender Familien-Abend wird den geehrten Mitgliedern durch besondere Einladung bekannt gemacht werden.

Der Vortrags-Abend des Oktober fällt aus.

Die noch ausstehenden Abonnements-Beiträge für dieses Jahr (auch noch einige für das vorige Jahr), bitte ich, mir in diesem Monat einzuschicken.

Verantwortlicher Redakteur und Verleger: W. Bonnell, Schwedterstr. 257. — Druck von M. Driesner, Berlin, Kloserstr. 50.

November 1881.   V. Jahrgang.

DIE KOLONIE.

Organ für die äusseren und inneren Angelegenheiten der französisch-reformierten Gemeinden.

Redigiert von W. Bonnell, Rektor in Berlin.

Erscheint monatlich einmal.   Preis pro Quartal 75 Pf.

Abonnements werden angenommen bei W. Bonnell in Berlin N., Schwedter-Str. 257, und bei jeder Post-Expedition.

INHALT: François de Gaultier de Saint-Blancard von Prediger Lorenz in Prenzlau. — Die französische Kolonie zu Strasburg i. U., III. — Geschichtliches über die französischen Kolonieen zu Cottbus und Calbe a/S., und Verzeichnis der französischen Kolonie-Geistlichen zu Schwedt a/O. seit 1684, von Dr. Matthieu. — Gemeinde-Angelegenheiten. — Verzeichnis von Schriften reform. Inhalts. — Vereins-Nachrichten.

François de Gaultier de Saint-Blancard.
Von Prediger Lorenz in Prenzlau.
(Fortsetzung.)

Nach dem Tode des grofsen Kurfürsten trat bekanntlich für die französische Kolonie in Berlin ein gewisser Rückschlag ein: der Graf d'Espence fiel durch des General von Schöning Intriguen in Ungnade und verliefs Berlin; der Marschall von Schomberg sowie der Prediger Abbadie gingen mit Wilhelm von Oranien nach England. Auch Gaultier wäre vielleicht gern mitgezogen, war doch Wilhelm von Oranien sein besonderer Freund und Gönner; hatte er doch selbst als politischer Unterhändler viel dazu beigetragen, dafs die grofsartigen Pläne des Oraniers unter der lebhaften Billigung und Förderung des Kurfürsten von Brandenburg bis zur glücklichen Ausführung gereift waren; erwartete er doch selbst, wie er dies in der Gedächtnisrede auf den Kurfürsten angedeutet, von dem grofsen Entscheidungskampfe in England für die evangelische Kirche einen glänzenden Sieg und definitive Sicherung ihres Bestandes. Dennoch widerstand er der Versuchung! *Ayez-soin de vos églises et surtout des réfugiés!* — Dies Wort des neuen Kurfürsten mag ihm wie ein Stachel ins Gewissen gedrungen sein; so blieb er denn in Berlin und wartete treulich seines Amtes als Prediger der Kolonie; nur im Geiste begleitete er Wilhelm von Oranien auf seinem kühnen Eroberungszuge, und mit herzlicher Freude empfing er jede neue Siegesbotschaft. Aber diese innige doch müfsige Teilnahme genügte ihm auf die Dauer nicht. Er sah den Sieg der reformierten Sache schwer gefährdet durch den Gegensatz der kirchlichen Parteien in England, und so hielt er es für seine Pflicht, das grofse Werk, welches vorzubereiten er so treulich geholfen hatte, nun auch weiter durch seinen wohl durchdachten Rat zu fördern. So schrieb er denn eine Reihe von Briefen kirchenpolitischen Inhaltes, welche er später zu einem Bande vereinigt herausgab unter dem Titel:

Lettres écrites en Angleterre par quelques Protestans français réfugiés en Allemagne à cause de la Persécution de France. De l'unité de l'église. 1689.

Dieses Werk*) enthält zunächst einen an den Bischof von London gerichteten Widmungsbrief, in welchem Gaultier bezeugt, dafs er gerade ihm, wegen seiner Glaubenstreue, die er in schwierigen Zeiten bewahrt, wegen der Bruderliebe, die er an den französischen Réfugiés in England geübt, endlich wegen der Mäfsigung, die er den englischen Presbyterianern gegenüber bewiesen, diese Briefe zueigne, damit er dieselben dem englischen Parlamente, dem Prinzen von Oranien und andern angesehenen Personen überreiche, deren Einflufs dem Frieden und der Einheit der Kirche Englands förderlich sein könnte.

Es folgt sodann eine Vorrede, in welcher der Verfasser angiebt, dafs die Briefe im Januar 1689 in Berlin geschrieben, gedruckt und nach London geschickt sind, noch ehe das Parlament berufen, und Wilhelm zum König von England erwählt war, dafs manche in denselben enthaltene Forderung inzwischen erfüllt sei, dafs aber absichtlich die Briefe in ihrer ursprünglichen Form dem englischen Publikum zur Prüfung und Beherzigung vorgelegt würden.

Das Werk selbst besteht aus sieben Briefen, von welchen jeder einzelne eine ziemlich umfangreiche Abhandlung bildet. Die drei ersten Briefe sind „an die Protestanten von England im Allgemeinen" gerichtet und entwickeln den Gedanken, dafs nichts beklagenswerter sei als eine Trennung zwischen Gläubigen, besonders beklagenswert aber die Feindschaft zwischen der englischen Hochkirche und den Presbyterianern, die beide zur reformierten Kirche gehören. Berechtigt sei zwar die Trennung zwischen Katholiken und Evangelischen, bei der es sich um Wahrung der wesentlichen Bestandteile der Wahrheit und des christlichen Glaubens handle; aber die Trennung unter den Protestanten, wo man sich über Nebendinge der Lehre oder der Praxis entzweie, sei unberechtigt, ja gefährlich und verderblich; denn je mehr die Reformierten sich unter einander befehdeten, desto gröfser würde der Einflufs des Papstes und der fanatischen Jesuiten werden, die schliefslich den Staat zu Grunde richten und die kaum errungene Freiheit Englands wiederum zerstören würden.

Der vierte Brief richtet sich an die Presbyterianer, der fünfte an die Bischöfe der anglikanischen Kirche. Beiden Parteien wird vorgehalten, dafs sie die Gemeinschaft der Heiligen zerstört haben, obgleich sie in den Grundwahrheiten einig sind, und in demselben Lande, unter derselben Obrigkeit und denselben bürgerlichen Gesetzen leben; beide Parteien werden sodann eindringlich ermahnt, etwas von ihren schroffen Ansichten zu opfern, um den kirchlichen Frieden herzustellen.

In dem sechsten Briefe werden die Lords und Gemeinen von England aufgefordert, das Königtum zu erhalten und die Krone den legitimen Erben, d. h. dem Prinzen Wilhelm von Oranien und seiner Gemahlin, Maria Stuart, der Tochter des vertriebenen Jacob II., zuzuerkennen, und nach Herstellung der staatlichen Ordnung das Gedeihen und die Einigkeit der Kirche zu fördern. Mit besonderem Nachdruck werden dieselben ermahnt, wahrhaft christliche Toleranz in England zu üben; alle Andersgläubigen, selbst die Katholiken, sollen geduldet werden, so lange sie sich der staatlichen Ordnung fügen.

---

*) Das Werk, zwar ohne Angabe des Ortes, aber sicher in Berlin gedruckt, ist heutzutage aufserordentlich selten. Der Vorstand des Märkischen Museums in Berlin, welches eine interessante Sammlung älterer Berliner Druckwerke, darunter auch mancher auf die Kolonie bezüglicher Schriften besitzt, hat die Freundlichkeit gehabt, mir auf meine Bitte ein Exemplar des obengenannten Werkes zur Benutzung nach Prenzlau zu schicken, wofür ich dem verehrten Vorstande hierdurch öffentlich meinen Dank ausspreche.

Endlich in dem siebenten und letzten Briefe wendet sich Gaultier direkt an den Prinzen von Oranien; er hält ihm vor, dafs ihm von Gott der Ruhm bereitet sei, der Befreier und Beschützer der ganzen reformierten Kirche zu werden; dieser Mission solle er stets eingedenk bleiben; der Kirche Englands solle er den Frieden geben und erhalten; der bedrückten Reformierten aber sich überall thatkräftig und treulich annehmen. —

Dem ganzen Buche merkt man es an, dafs es in einer Zeit der Erregung und im Feuer wirklicher Begeisterung geschrieben ist; aber wenn auch der Ausdruck sich zuweilen fast zu poetischem Schwunge erhebt, so läfst der Inhalt der Schrift den Verfasser doch als einen Mann von scharfem Urteil, reicher Lebenserfahrung und aufrichtiger Liebe für die reformierte Kirche erkennen, und das Buch enthält über die Pflicht der Einigkeit unter den Evangelischen und über die Gefahren, die uns von seiten Roms bedrohen, manches goldene Wort, welches auch heute noch der ernstlichsten Beherzigung werth ist. Wie viel Beachtung das Buch damals in England gefunden hat, läfst sich nicht nachweisen; dafs es von Wilhelm von Oranien beherzigt worden ist, wird derjenige kaum in Abrede stellen, der das mafsvolle und kluge Verhalten des neuen Königs inmitten der schwierigen kirchlichen Verhältnisse seiner Zeit auch nur etwas genauer kennt. —

Aufser der eben besprochenen Schrift hat Gaultier nach dem Zeugnis von Benoit (*Histoire de l'Edit de Nantes* T. III, part. 2, pag. 573) noch zwei Werke von hervorragender Bedeutung verfafst, nämlich:
1) *Dialogues de Photin et d'Irène.*
2) *Histoire apologétique des libertés de l'Eglise de France.*

Es ist mir leider bisher nicht gelungen, von diesen beiden Werken genauere Kenntnis zu erlangen. —

Die französische Kolonie in Strasburg i. U.*)
(Fortsetzung)

III. Das gottesdienstliche Lokal der französischen Kolonie in Strasburg i. U. Wie die Geschichte der hiesigen Kolonie durch eine kurze Geschichte der Stadt eingeleitet worden, so möchte es nicht unpassend sein, der Beschreibung des gottesdienstlichen Lokals eine Beschreibung des Hauses, in dem sich das Lokal befindet, voraufgehen zu lassen.

Mitten auf dem lindenumsäumten Marktplatze des Städtleins Strasburg steht das Rathaus. Dasselbe hat die Gestalt eines etwa 40 Schritt langen, 20 breiten und 30 Fufs hohen Kastens. Auf dem Kasten ruht ein nach beiden Seiten, nach Nord

---

*) Nachdem in der Julinummer dieses Blattes eine kurze Geschichte des Städtleins Strasburg gegeben worden, und in den folgenden Nummern die Gründung der Kolonie nach den vorhandenen Quellen erzählt worden, bleibt die weitere Geschichte der Strasburger Kolonie zu behandeln übrig. Ueber die Art und Weise, wie dieselbe darzustellen, war der Schreiber dieses lange unschlüssig. Eine nach den Jahren geordnete Aufzählung der wichtigeren Ereignisse schien viel für sich zu haben und die wenigste Arbeit zu verursachen, da die Hauptquelle, das *Registre des Déliberations du Consistoire de l'Eglise Valonne de Strasbourg dans l'Uckermarck*, 1703 beginnend und im wesentlichen lückenlos bis auf heute fortgeführt, die Ereignisse so darbietet. Auch liegt eine vom Herrn Prediger Remy ums Jahr 1848 verfafste, und von dessen Nachfolgern bis auf heutige Zeit fortgeführte Chronik der französisch-reformierten Gemeinde vor. Da aber eine chronologische Art der Darstellung gezwungen ist, Dinge, welche nichts mit einander gemein haben, neben einander aufzuführen, sodann der Chronikenstil hinsichtlich seiner Lesbarkeit auch nicht gerade berühmt ist, hat der Schreiber dieses es für besser erachtet, einzelne Skizzen zu geben. Von diesen beginnt die erste oben.

und Süd, ziemlich steil abfallendes Ziegeldach; dasselbe ist etwa 15 Fuſs hoch. Auf diesem Dache reitet ein Turm — dies soll ja der Kunstausdruck bei derartigen Türmen sein — von etwa 50 Fuſs Höhe, so daſs sich sein äuſserstes Ende etwa 100 Fuſs über dem Erdboden befindet. Dieser Turm, oben durchbrochenes Holzwerk und in eine Holzkuppel auslaufend, hatte noch vor wenigen Jahren ein schlechtes Aussehen, wozu der zweifelhaft grüne Anstrich nicht wenig beitrug. Jetzt ist der Turm auf allen Seiten mit Schiefer gepanzert, und wo das nicht anging, schieferfarben gestrichen, so daſs er zwar nicht mehr einen so lustigen, aber desto würdigeren Anblick gewährt. Eine Uhr beherbergte der Turm schon vor der erwähnten Umwandlung. Dieselbe ließ aber viel zu wünschen übrig. Es steht aktenmäſsig fest, daſs sich der Anfang des französisch-reformierten Gottesdienstes nicht nach dieser Uhr, sondern nach dem Geläute der Marienkirche richtete. Insonderheit beschränkte sich diese Uhr darauf den Strasburgern die Stunden zu künden. Bei der Verbesserung des Turmes gedachte man auch der Uhr. Sie zeigt jetzt nach allen vier Himmelsgegenden auf groſsen, von unten deutlich sichtbaren Zifferblättern nicht nur die Stunden, sondern auch die Minuten — damit sich Alle sputen, wie unser Stadtpoet in seinem Rathausdithyrambus singt.

Doch genug vom Turme! Das Rathaus besteht aus zwei Etagen, deren obere wahrscheinlich die eigentlichen Ratslokalitäten enthalten sollte. Das untere Stockwerk bilden 4,40 m. hohe Kreuzgewölbe. Wie die Stadt aus drei Vierteln, dem Jüteritzer, dem Falkenberger und dem Altstädter besteht, so hat man auch beliebt, das Rathaus in drei Teile zu teilen, welche durch je zwei Thüren, sowohl auf der Nord- wie auf der Südseite, markiert werden. Eine davon, auf der Südseite, ist freilich in ein Fenster verwandelt worden. Doch sind die Spuren der Umwandlung deutlich sichtbar. Früher führten zwei Gänge quer durchs Haus, jetzt nur einer. In der Mitte der südlichen Frontseite des Hauses steht folgende Inschrift:

Imperatore Rudolpho Secundo Electore Brandenburgensi Joachimo Frederico Consulibus Joachimo Krupersack Joh. Rebereg Christ. Wegner Exstructa Est Haec Curia MDIC, zu deutsch: Unter dem Kaiser Rudolf II, dem brandenburgischen Kurfürsten Joachim Friedrich, den Bürgermeistern Joachim Krupesack, Joh. Reberg, Christ. Wegner ist dies Rathaus erbaut worden. 1599.

Auch die Nordseite des Hauses wird von einer Inschrift geziert; in ihrer Art ist dieselbe unvergleichlich schön und treffend. Sie lautet:

Wer kann's machen überall,
Daſs es Jedermann gefall!

Es bleibt noch übrig, alle Zwecke aufzuführen, denen das Rathaus dient. Es sind ihrer nicht wenige. Im Westdrittel unten ist die Post und das Telegraphenbüreau, oben der Stadtverordnetensaal und eine Altertümerkammer. In letzterer werden hier in der Nähe gefundene Steinbeile, ein steinernes Opfermesser, alte Hausgeräte, Bilder, Münzen und dergl. aufbewahrt. Im Mitteldrittel des Hauses ist die Stadt- und die Stadt-Spar-Kasse, die Polizeiwache und ein Arrestlokal. Im Ostdrittel oben hält der Magistrat seine Sitzungen, und vollzieht der Bürgermeister seine standesamtlichen und polizeilichen Funktionen. Unter diesen Räumen ist neben der Ratswaage das gottesdienstliche Lokal heut der beiden reformierten Gemeinden Strasburg's.

Nach dem Privilegium vom 5. Januar 1691 sollte den Réfugié's ein Lokal zum Gottesdienst im Rathause eingeräumt werden. Das geschah in der Weise, daſs man zwischen den beiden östlichsten Gewölben des Hauses die sie trennende Mauer fortnahm. Die Spuren dieser ehemaligen Zwischenmauer sind an den Wänden noch deutlich zu erkennen. Ein mächtiger quadratischer Pfeiler, einen ganzen Meter dick, blieb stehen und steht heute noch, den aufmerksamen Kirchgängern ein Ärgernis, den unachtsamen und schläfrigen eine bequeme Deckung, dem Hause eine gewaltige Stütze. Auch die Wände des Hauses sind von kolossaler Stärke, so dafs die Fenster in tiefen Nischen stecken. Je zwei gehen nach einer Himmelsgegend, nur die Westseite hat keine, dafür führt auf dieser Seite die Thür auf den quer durch das Rathaus gehenden Gang. Die Fenster haben je vier Flügel, jeder Flügel vier je einen Fufs lange und einen halben Fufs breite Glasscheiben. Als zu Anfange dieses Jahrhunderts ein Glasermeister sich unterfing, für Herstellung einer solchen Scheibe 2 Sgr. 6 Pf. zu beanspruchen, fand das consistoire die Rechnung zu hoch und schickte sie zur Herabsetzung zurück.

Der Fufsboden des zum Gottesdienst bestimmten Raumes ist mit Ziegelsteinen gepflastert. An der Nordseite steht die braun polierte mit schwarzem Sammet beschlagene Kanzel aus Eichenholz, vor derselben der mit schwarzem Tuch behangene Abendmahlstisch auf einem braun-roten Teppich. Neben der Kanzel, nach Osten zu, steht das etwas niedrigere Lesepult. Über demselben an der Wand hängt eine weifse Holztafel, auf der zu lesen ist:

Aus diesem Kirchspiel starben für König und Vaterland:
1813, 1814—1815: Carl Heinrich de la Barre, Johann Jacob Toussaint.
1870: Franz de la Barre.

Auf der Ost- und Westseite des Raumes gehen Galerieen. Auf der erstgenannten steht eine kleine, schier ganz unbrauchbare Orgel. Dieselbe wurde 1848 am Palmsonntage eingeweiht — nach der Chronik des Predigers Remy —; beide reformierte Gemeinden haben sie für 100 Thlr. aus Friedland in Mecklenburg gekauft. Der mündlichen Überlieferung nach soll sie vordem lange Dienste in einer mecklenburgischen Dorfkirche gethan, und bei ihrem Eintreffen hier in Strasburg schon deshalb argen Verdrufs bereitet haben, weil die Käufer nicht an den damals bestehenden hohen Eingangszoll von Mecklenburg, dem Auslande, gedacht hatten. In Jahresfrist wird sie wohl einer neuen Platz gemacht haben. Vor ihr, von 1837 bis 1847, stand an ihrer Stelle eine für 50 Thlr. erkaufte, der französischen Gemeinde ausschliefslich gehörige Stahl-Orphika. Bis 1837 sang die Gemeinde ohne Orgelbegleitung.

Was die Kanzel anlangt, so wurde die 1691 hergestellte 1752 durch eine neue ersetzt, die aus freiwilligen Beiträgen der Gemeinde-Mitglieder der französischen Gemeinde beschafft wurde. 1822 erhielt dieselbe durch ein Gemeindo-Mitglied eine neue schwarzsammtne, mit silbernen Borten besetzte Bekleidung. Doch ist auch diese Kanzel von 1752 nicht mehr vorhanden. Nachdem 1824 bei Gelegenheit der Wiederherstellung des Rathauses auch das reformierte Kirchenlokal repariert worden, wozu auf die Gesamtsumme von 500 Thlrn. jede der beiden reformierten Gemeinden 42 Thlr. beigetragen, wurde 1841 und 42 die Kirche repariert. Die Kosten beliefen sich auf circa 230 Thlr., und zahlte jede Kirchenkasse circa 74 Thlr. Aus dieser Zeit stammt die heutige Kanzel.

Bevor wir auf die Entstehung der Galerieen eingehen, wollen wir in Erinnerung bringen, dafs nach dem Privilegium von 1791 ad 6, Se. Churf. Durchl. Friedrich III. gnädigst resolvieret, „auf dem Rathause daselbst die Gewölbe aptiren zu lassen, worinnen sie ihrer Andacht pflegen können". Wie aus späteren Akten hervorgeht, haben die Kolonisten die Aptierung selber besorgt, und Friedrich III. hat ihnen zu dem Zwecke 150 Thlr., *pour les soulager*, zahlen lassen. Sonach betrachtete sich die französische Gemeinde als im Besitze des alleinigen Nießbrauchs des Gotteshauses. Da erschien 1716 ein Erlaß des französischen Oberkonsistoriums, wonach den deutschreformierten Brüdern in der Stadt der freie Gebrauch des Gotteshauses zugestanden wird, wenn ein reformierter Geistlicher kommen würde, um das heilige Abendmahl auszuteilen. Der Erlaß erregte Überraschung, weil es den Eindruck machte, als hätten die Französisch-Reformierten die von den Deutsch-Reformierten erbetene Erlaubnis verweigert. Dennoch beschloß das Strasburger *consistoire*, sich bei diesem Erlaß zu beruhigen, und wenn vormittags die Deutsch-Reformierten Abendmahlsfeier hätten, nachmittags Gottesdienst zu halten, „damit es ordentlich hergehe in der Kirche Gottes." 1716 gab es in Strasburg nur 4 deutsch-reformierte Familien, die aus der deutschen Schweiz eingewandert waren. Dennoch wurde die Stadt bald Sitz eines deutsch-reformierten Pfarrers, zu dessen cura das eine Meile entfernte Wolfshagen, der Wohnsitz der Reichsgrafen von Schwerin, ferner die Gemeinden in Treptow, Demmin, Anclam gehörten.

Geschichtliches über die französischen Kolonieen zu Cottbus und Calbe a. d. Saale.

Durch die Güte der Herren Pfarrer Schiedowitz zu Cottbus und Weißpflock zu Calbe a. S., die wir anläßlich einer Korrespondenz mit dem Herrn Baron Fernand de Schickler, Präsidenten der Gesellschaft für die Geschichte des französischen Protestantismus zu Paris, vor kurzem in Anspruch zu nehmen uns gestattet haben, sind wir in der Lage, den geschätzten Lesern dieser Zeitschrift folgende — wenn auch nur wenige — historische Notizen über die vorstehend erwähnten französischen Kolonieen mitteilen zu können:

Die Geschichte der französischen Gemeinde zu Cottbus, die sich ursprünglich „wallonisch-reformierte Gemeinde" genannt, und als für sich bestehende Parochie ein nur kurzes Dasein gefristet hat, beginnt mit dem Jahre 1700. Durch Vermittelung und Verwendung des damaligen Oberpräsidenten der Provinz Brandenburg v. Brandt, sowie der Geheimräte v. Fuchs und v. Dankelmann, wurde den in Cottbus ansässig gewordenen französischen Réfugiés von dem Kurfürsten Friedrich III. durch noch vorhandene Kabinetsordre vom 18. September 1700 die wüst liegende Katharinenkirche samt ihren Dependenzien zum Wiederaufbau geschenkt. Mit Hilfe einer Allerhöchst bewilligten Kollekte gelang es denselben, den Bau des Gotteshauses am 6. Oktober 1707 zu beginnen und am 7. Januar 1714 zu vollenden. Inzwischen hielt die kleine Gemeinde ihre Gottesdienste in der Kapelle des Königlichen Schlosses ab, welche bereits seit dem Jahre 1620 den Deutsch-Reformierten zum Gebrauch überlassen worden war. Von Geistlichen französischer Nationalität werden nur genannt: Théodore Cabrit, dessen Sohn Jacques Cabrit und Condère. — Jacques Cabrit hatte die Einsammlung der Kollekte besorgt und nahezu so viel aufgebracht, als die Baukosten betrugen.

Bald nach Fertigstellung der Kirche wurde in einem besonderen, noch vorhandenen Vertrage der deutsch-reformierten Gemeinde die Mitbenutzung derselben verstattet, und haben bis zum Jahre 1757 beide reformierte Gemeinden neben einander bestanden. In diesem Jahre fand dann ihre Vereinigung zu einer Gemeinde statt, da nach dem am 10. Februar erfolgten Tode des Pfarrers Condère ein französisch-reformierter Prediger nicht mehr zu erlangen war.

Aus den Kirchenbüchern der ersten Zeit, die teils ganz unleserlich, teils unordentlich und lückenhaft geführt sind, ist für den Geschichtsschreiber nur wenig zu ersehen. Doch läßt sich auf Grund derselben ein Namensverzeichnis der ehemaligen Gemeindeglieder — ohne Garantie natürlich für die Vollständigkeit der Liste und für Korrektheit der Schreibart — zusammenstellen. — Es werden genannt: Arragou, Auberdin, Ballier, Bandre, Battré, Baudouin, Berens, Bion, Bruguière, Condère, Charenton, Chay, Costieu, Coulon, de Dallons, d'Ozanne, du Ruel, Fontaine, Fraisinet, Hamlin, Hué, Jadary, Jolly, Lorisin, Matthieu, Maynard, Mayzierre, Melleville, Pischon, Pyra, Sabin, Sauvage, Schnelard, Signoux, Stuart, Teissier, Verly, Vernezobre, Vigneau, Wautring (vermutlich korrumpierte Schreibart für „Vautrain").

Die französischen Kolonisten zu Calbe a/S. scheinen gleich nach ihrer Einwanderung mit den ortsansässigen Deutsch-Reformierten eine vereinigte Kirchengemeinde gebildet zu haben, wie sie noch heute besteht. Das Pfarr-Archiv dieser vereinigten evangelisch-reformierten Gemeinde enthält über den Ursprung derselben nichts. Doch läfst sich eine alte Chronik der Stadt vom Jahre 1720, abgefafst von dem damaligen Pastor primarius Johann Heinrich Hävecker, über die Entstehung der Gemeinde wie folgt vernehmen:

„Es waren zwar wohl einige, wiewohl gar wenige Personen reformierter Religion allhier zu Calbe, welche ihre Sacra, und wenn sie zum heiligen Abendmahl gehen wollten, zu Nienburg oder Bernburg (benachbarte Städte in Anhalt) halten mufsten. Weil aber mit der Zeit die refugierten Mannheimer anno 1710 sich eingefunden, so haben dieselben sich zusammengethan und bei Königlicher Majestät in Preufsen allerunterthänigst supplicando angehalten, dafs ihnen erlaubt werden möchte, ihren Gottesdienst in der Schlofskirche zu halten, welches auch allergnädigst verwilliget und derenselbigen Anfangs ein französischer reformierter Prediger, Namens Ruinat, gegeben worden. Weil aber derselbe nur allein Französisch und Lateinisch, nicht aber Deutsch zu predigen vermocht, dahero für die deutschen Reformierten keine Erbauung zu hoffen gewesen, so ist denselben ein Deutscher, Namens Stippius, adjungieret worden in der Absicht, dafs er die reformierte Gemeinde zu Acken in der Stiftskirche zu St. Nicolai besorgen, anbei aber auch die Reformierten zu Calbe mit respiciren sollte, zu dero Behuf er dann auch anno 1711 Dom. III p. Trinit. von dem Hofprediger zu Halle, F. W. Schadio, angewiesen worden."

Hiernach hat wohl von vornherein nur eine reformierte Gemeinde in Calbe bestanden, wie denn auch nur Kirchenbücher einer Art, nämlich mit deutschem Texte, existieren. Dieselben reichen zurück bis zum Jahre 1714. Der erste in denselben erwähnte Pfarrer heifst Estévé und ist als Nachfolger des ersten französischen Predigers, des in der Chronik genannten Ruinat anzusehen. Ausdrücklich wird derselbe im Kirchenbuche als französischer Prediger bezeichnet.

Auf Estévé folgt Pfarrer Cregut, von 1722—1737. Ein aus seiner Amtsperiode herreichendes Protokollbuch führt den Titel: „Protocolum der Presbyterial-Sessionen bei der teutschen reformierten Gemeinde zu Calbe a/S. Anno 1735." Aus diesem Titel, sowie aus dem Umstande, dafs, wie gesagt, die Kirchenbücher von vornherein nur deutschen Text haben, ist zu schliefsen, dafs die Zahl der französischen Gemeindeglieder nur eine geringe gewesen, während die Zahl der Deutsch-Reformierten seit 1710, dem Gründungsjahr der vereinigten Gemeinden, fort und fort durch Zuzug aus benachbarten anhaltinischen Ortschaften, wie auch durch Übertritte bei Kopulationen, gewachsen ist.

Nach Pfarrer Cregut werden nur noch zwei Geistliche französischer Abkunft genannt: Pierre Merle, von 1737 bis 1773, und Johann Mischel (vermutlich „Michel" zu schreiben), von 1774 bis 1781.

Es sind dies nur einige wenige Notizen, ursprünglich bestimmt, Herrn Baron v. Schickler bei einer gröfseren historischen Arbeit, die hoffentlich im Druck erscheinen wird, als Unterlage zu dienen. Mögen dieselben inzwischen den Lesern der „Kolonie" nicht unwillkommen sein.

Angermünde.   Dr. theol. Matthieu.

Verzeichnis der französischen Kolonie-Geistlichen zu Schwedt a. O. seit 1688.

Den in früheren Jahrgängen dieser Zeitschrift gelegentlich mitgeteilten Prediger-Verzeichnissen für Angermünde, Grofs-Ziethen und Parstein sind wir durch Vermittelung des Herrn Schlofspfarrers Schlacke zu Schwedt a/O., zeitiger Vicarius der dortigen französischen Pfarrstelle, in den Stand gesetzt, nachstehende Liste der Schwedter Kolonie-Geistlichen seit dem Gründungsjahr der Gemeinde hier folgen zu lassen:

La Grave von 1688 bis 1730, Rocard bis 1751, George bis 1759, Barthélemy bis 1770, Villaume bis 1776, Tollin bis 1777, Roland bis 1783, Chodowiecki bis 1808, Rouvel bis 1843 (später in Französisch-Buchholz), Reboul bis 1876, (Vacanz bis 1877), Tavernier bis 1878. (Vacanz bis jetzt).

Es wäre sehr dankenswert, wenn sämtliche Herren Kolonie-Geistlichen sich der Mühe unterziehen möchten, eine solche Liste aus ihren Kirchenbüchern zusammenzustellen, und in der „Kolonie" zu publizieren. Sie würden damit einen interessanten Beitrag liefern zur Geschichte unserer Kirche.

Angermünde. Dr. theol. Matthieu.

Gemeinde-Angelegenheiten.

1. Der Kirchenzettel No. 43 d. J. enthält folgende Notiz: Vom 1. Oktober ab wird in den evangelischen Gemeinden unserer Hauptstadt die sogenannte Kirchensteuer erhoben werden. Von dieser sind die französisch-reformierten Gemeinden ausgenommen. Es wird nun leicht geschehen, dass in den bezüglichen Steuerrollen auch Mitglieder unserer Gemeinde (irrtümlich) verzeichnet stehen, als solche, die zur Steuer mit herangezogen werden können. Das Konsistorium ermahnt die Personen, welche in diese Lage gesetzt werden, schriftlich zu reklamieren, und der Reklamation ein Zeugnis ihrer Zugehörigkeit zur französisch-reformierten Gemeinde beizulegen. Ein solches Zeugnis wird von Herrn Thâme, Stralauerstr. 40, auf Verlangen ausgestellt werden.

2. Die Rechnungslegung des Waisenhauses findet am Donnerstag, den 3. November, 4 Uhr, im Saale des Hospiz statt. Die *chefs de famille* werden zu dieser Sitzung eingeladen.

3. Zu der Rechnungslegung der *École de charité* am 11. Oktober d. J. hatte sich eine Anzahl von *chefs de famille* eingefunden. Der vorschriftsmäßig abgehaltenen Sitzung folgten dieselben mit reger Aufmerksamkeit.

4. Vom 6. November an beginnt der Nachmittagsgottesdienst in der Friedrichstädtischen Kirche um 6 Uhr.

Verzeichnis von Schriften reformierten Inhalts.

II. Die bereits erwähnten, oder noch zu erwähnenden Schriften sind nicht sämtlich von dem Barmer Schriftenverein selbst herausgegeben oder verlegt worden. Derselbe läfst es sich vielmehr angelegen sein, alle noch irgendwie vorhandenen Schriften reformierten Inhalts zu sammeln, und sie dann den Reformierten anzubieten. Wo es sich mit Bequemlichkeit thun läfst, erwirbt er die ganzen buchhändlerischen Bestände, und ist aufserdem eifrig bemüht, im Laufe der Zeit ein möglichst vollständiges Verzeichnis reformierter Schriften zusammen zu stellen. Ein Unternehmen, das nicht genug gelobt werden kann, um so mehr, da die reformierte Litteratur so wenig bekannt ist. Zu beziehen sind die Werke durch die Expedition des reformierten Schriftenvereins, zu Händen des Herrn Fr. Wilh. Vogt in Barmen, Westkotter-Strasse 34a, unter Einsendung des betreffenden Betrages in Marken (bei gröfseren Bestellungen in Bar). Dem vorigen Verzeichnisse schliefsen wir nun folgendes an:

Zacharias Ursinus, von J. Werle . . . . 39 Seiten 10 Pf.
Caspar Olevianus von F. W. Cuno . . . . 44 " 20 "
Johann Bader von F. W. Cuno . . . . 35 " 10 "
Johannes der Aeltere, Pfalzgraf, von F. W. Cuno . . . . . 41 " 12 "
Johann Calvins Leben von Elrard, Dr. . . . . 176 " 34 "
Huldreich Zwingli von demselben . . . . 94 " 34 "
Gottfried Daniel Krummacher, Lebensbild von Dr. E. W. Krummacher . 67 " 30 "
Der Heidelberger Katechismus n. d Originalausgabe 1563 mit ausgedruckten Bibelstellen 145 " 50 "
Der Heidelberger Katechismus, vollständig, doch ohne Bibelstellen . . . . 22 " 05 "
Calvins geschichtliche Bedeutung von Merle d'Aubigné, gratis gegen Einsendung des Portos.

Vereinsnachrichten der Réunion.

Freitag, den 11., und Freitag, den 25. November: Sitzung, Restaurant Gärtner, Mittelstr. 62, 8½ Uhr Abends.

Mittwoch, den 9. November: Vortrag, Restaur. Keller, Rosenthalerst. 39, 8½ Uhr.

Verantwortlicher Redakteur und Verleger: W. Bonnell, Schwedterstr. 257. — Druck von M. Driesner, Berlin, Klosterstr. 50.

December 1881. V. Jahrgang.

DIE KOLONIE.

Organ für die äusseren und inneren Angelegenheiten der französisch-reformierten Gemeinden.

Redigiert von W. Bonnell, Rektor in Berlin.

Erscheint monatlich einmal. Preis pro Quartal 75 Pf.

Abonnements werden angenommen bei W. Bonnell in Berlin N., Schwedter-Str. 257, und bei jeder Post-Expedition.

INHALT: François de Gaultier de Saint-Blancard von Prediger Lorenz in Prenzlau. — Die französische Kolonie zu Strasburg i. U. — Zum Jubiläums-Jahr 1885. — Fête du Refuge. — Aus dem Vereinsleben der Kolonie. — Vermischtes. — Gemeinde-Angelegenheiten. — Vereinsnachrichten der Réunion. — Verzeichnis reformierter Zeitschriften — Irrtümer. — Inhalts-Verzeichnis.

François de Gaultier de Saint-Blancard.
Von Prediger Lorenz in Prenzlau.
(Schluſs.)

Die erste bedeutsame That, welche der neue Kurfürst von Brandenburg, Friedrich III., im Interesse der französischen Kolonie vollbrachte, war die durch Kabinets-Ordre vom 1. Dec. 1689 angeordnete Stiftung des französischen Collego zu Berlin. Dieser neugegründeten Anstalt wurde bekanntlich als nächste Aufsichtsbehörde der sogenannte *Conseil académique* vorgesetzt, dessen erstes Mitglied der berühmte Ezechiel von Spanheim war. Da Gaultier unter den angesehenen Männern der Kolonie eine hervorragende Stelle einnahm, so war es natürlich, daſs auch er bald in den *Conseil académique* berufen wurde; dies geschah im Jahre 1695*). Der ausgesprochene Zweck bei der Gründung des Collego war der, den Kindern der Réfugiés eine höhere Bildung zu gewähren und sie für den Staatsdienst heranzuziehen; eine nichtausgesprochene, doch sehr wirksame Nebenabsicht hierbei war aber die, den Réfugiés einen überzeugenden Beweis von dem landesväterlichen Wohlwollen des neuen Kurfürsten zu geben und ihnen das Bleiben in Brandenburg dadurch annehmbarer zu machen, daſs ihnen für ihre Kinder die Aussicht auf sichere und den Ansprüchen feinerer Bildung einigermaſsen genügende Lebensstellungen eröffnet wurde. Es war dies in der That eine für das Bestehen der Kolonie durchaus notwendige Maſsregel, denn gerade damals in den Jahren von 1689 bis 1698 hat nichts die Réfugiés mehr erregt und dauernder beschäftigt als die Frage: Bleiben wir in Brandenburg, oder ist Hoffnung und Möglichkeit einer Rückkehr nach Frankreich vorhanden? Verschiedene Ursachen wirkten zusammen, um den an sich ja sehr naheliegenden Wunsch

---

*) *Programme du Collège de 1864*, pag. 29.

der Heimkehr in den Herzen der Kolonisten immer wieder zu erregen und lebendig zu halten. Zunächst der in Brandenburg erfolgte Thronwechsel. Zur Zeit der absoluten Monarchie hing von den persönlichen Ansichten und Neigungen des Landesfürsten mehr, als wir uns dies heute vorstellen können, das Wohl und Wehe aller Unterthanen ab. Wie schmerzlich hatten die Hugenotten dies an Ludwig dem Vierzehnten in Frankreich erfahren! Zwar der grofse Kurfürst hatte sie nicht nur aus politischer Weisheit in sein Land gerufen, er war eine tief religiöse Natur; mit lebendigem Glauben verband er eine innige Liebe zur reformierten Kirche, und der Notdurft der Heiligen, seiner Glaubensbrüder, unter grofsen persönlichen Opfern sich anzunehmen, war ihm ein Herzensbedürfnis gewesen — aber nun war er gestorben; die Zeit der ersten Liebe war vorüber; nun folgte ein neuer Kurfürst, dessen Herz weniger auf Werke der Barmherzigkeit, als auf äufseren Prunk und Glanz gerichtet war, der sich gleich nach seinem Regierungsantritt den Einflüsterungen intriguanter Hofleute, wie des Generals von Schöning, zugänglich gezeigt hatte; wer wollte es den Kolonisten verargen, dafs sie mit Sorge in die Zukunft blickten.

Dazu kam eine zweite Thatsache. Wie die Hugenotten aus Frankreich, so waren auf Antrieb Ludwigs des Vierzehnten*) die Waldenser um ihres Glaubens willen aus Piémont verjagt worden. Sie irrten eine Zeit lang in der Schweiz und in Deutschland umher, aber sie konnten die geliebte Heimat nicht vergessen. So hatten sich denn etwa 800 — 900 Waldenser unter der Anführung ihres Pfarrers Arnaud mit bewaffneter Hand unter mancherlei Gefahren den Weg zurück in die heimatlichen Thäler gebahnt und nach schweren Kämpfen endlich mit ihrem Landesfürsten, dem Herzog Victor Amadeus II. von Savoyen, einen Frieden geschlossen, in welchem ihnen sicheres Wohnen in ihren Thälern und freie Religionsübung zugestanden wurde. Dies war im Jahre 1690 geschehen; die Kunde hiervon durcheilte wie ein Lauffeuer ganz Europa; man kann sich vorstellen, mit welchen Gefühlen die Réfugiés diese Nachricht aufnahmen: Konnte der allmächtige Gott, der den Waldensern die Thäler Piémonts wieder geöffnet hatte, nicht auch Wege finden, um die Hugenotten nach Frankreich zurückzuführen?

Eine weitere Ursache, weswegen die Kolonisten innerlich nicht zur Ruhe kamen, waren die von der französischen Regierung und den Jesuiten ausgehenden, oft wiederholten Versuche, die reformierten Flüchtlinge durch allerlei Lockungen und Vorspiegelungen zur Rückkehr nach Frankreich, — natürlich unter der Bedingung der Verläugnung ihres Glaubens, — zu bewegen. Hierher gehört, um nur ein Beispiel anzuführen, auch die von uns schon früher**) erwähnte Schrift:

Avis important aux réfugiés sur leur prochain retour en France. Amsterdam. 1690.

Endlich aber ist als die letzte und hauptsächlichste Ursache der Erregung der Kolonisten der grofsartige Erfolg zu erwähnen, den die Unternehmung Wilhelm's von Oranien gehabt hatte. Lange vorbereitet und glücklich ausgeführt, hatte der kühne Zug über's Meer den Statthalter der Niederlande zum König von England gemacht; dieses weithin gebietende Reich war der reformierten Kirche gesichert; Wilhelm war die Seele und das Haupt einer gewaltigen Coalition gegen Frankreichs Tyrannei geworden, und sämtliche evangelische Fürsten Europas hatten sich bereit

---

*) Victor Amadeus II. selbst erklärte den Waldensern später beim Friedenschlufs: „Andere waren die Ursache eures Unglücks!" cf. *Histoire de la glorieuse rentrée des Vaudois dans leurs vallées*
**) Pag 42 diesen Jahrganges der Kolonie.

erklärt, bei Ludwig dem Vierzehnten nachdrückliche Fürsprache für die unglücklichen Hugenotten einzulegen. So war es erklärlich, dafs die Verhandlungen, welche dem Ryswicker Frieden vorangiengen und sich besonders auch auf die Angelegenheiten der Réfugiés bezogen, von diesen mit der höchsten Spannung verfolgt wurden. Wenn aber auch alle Kolonisten in jener Zeit erregt und gespannt waren, wie mag es damals erst in dem Herzen des Predigers François de Gaultier ausgesehen haben! Sein Herz schlug nur für die reformierte Kirche Frankreichs. Für diese Kirche hatte er sein ganzes Leben lang gekämpft und gelitten, gearbeitet und gebetet; für diese Kirche war er von Land zu Land gezogen, ihr einen Helfer in der Not zu werben; um dieser Kirche willen hatte er die Erfolge Wilhelms von Oranien mit innigster Freude begrüfst; schien er doch nun endlich zu nahen, der langersehnte Tag, da diese grausam verfolgte Kirche ihrer Not entrissen und in ihre alten Rechte wieder eingesetzt werden würde. Aber siehe, auch die Kinder Gottes bringen manchen Herzenswunsch vor den Thron des Allmächtigen mit der flehenden Bitte: „Lafs mich nicht zu Schanden werden über meiner Hoffnung!" — und müssen sich doch die Antwort gefallen lassen: „Eure Gedanken sind nicht meine Gedanken!" Dies hat auch François de Gaultier mehrfach erfahren müssen; tragischer ist aber wohl nie ein Augenblick seines Lebens gewesen als der, da er ebenso wie alle übrigen Prediger der Kolonie vor versammelter Gemeinde das Rescript des Kurfürsten Friedrich III. vom 5. Jan. 1698, von der Kanzel herab verlesen musste, in welchem den Kolonisten in feierlicher Weise mitgeteilt wurde, dafs die letzte Antwort Ludwigs des Vierzehnten auf alle Vorstellungen der verbündeten evangelischen Fürsten zu Gunsten der Reformierten die gewesen sei: „Die Réfugiés können nach Frankreich zurückkehren, jedoch nur wofern sie zuvor zur römisch-katholischen Kirche übergetreten sind!" — So war denn für die glaubenstreuen Hugenotten auch die letzte Hoffnung geschwunden, jemals das irdische Vaterland wiederzusehen; nun mufsten sie sich begnügen mit dem Bewufstsein, dafs sie Gäste und Fremdlinge auf Erden blieben, bis der Herr, zu dem sie sich treulich bekannt, sie dermaleinst in ein besseres Vaterland hinüberführen würde. — Und was erwiederten die Berliner Kolonisten auf jene schnöde Antwort Ludwigs des Vierzehnten? Sie beschlossen, dem Herrn nun sofort eine neue Kirche — den Werder — zu erbauen! Zwar das Unternehmen war schon früher angeregt worden, aber so lange die Hoffnung einer Rückkehr nach Frankreich die Gemüter erfüllte, ging es mit der Angelegenheit nicht vorwärts. Jetzt aber regten sich fleifsige und willige Hände, Gaultier selbst trat an die Spitze der Bau-Kommission, und schon am 16. Mai 1701 konnte in Gegenwart des kurz zuvor gekrönten Königs Friedrich des Ersten von Preufsen die vollendete Kirche eingeweiht werden, bei welcher Feier, nach besonderer Anordnung des Königs, François de Gaultier über 1. Kön. 8, 27—29 die Festpredigt hielt*).

Hiermit war denn aber auch das Werk seines Lebens vollbracht; er war alt und ruhebedürftig, deshalb wurde ihm durch Erlafs des Königs vom 15. Febr. 1703 sein Sohn Claude de Gaultier zum Adjunct bestellt. Am 1. März 1703 ging er ein zu der Ruhe des Volkes Gottes. —

---

*) *Mémoire historique pour le Jubilé centenaire de la Dédicace du Temple du Werder.* Berlin. 1801.

Die französische Kolonie in Strasburg i. U.

(Fortsetzung.)

Die Existenz einer deutsch-reformierten Gemeinde in Strasburg war für den Bestand der französischen Gemeinde nicht günstig. Sowie nämlich ein Mitglied der französischen Gemeinde glaubte, vom Prediger oder dem *consistoire* nicht recht behandelt zu sein, flugs wurde es deutsch-reformiert, und die Schwestergemeinde wuchs auf Kosten der französischen, so daſs sie ihr heut an Zahl weit überlegen ist. Wenn man aber aus ihr die Battré's, Guiard's, Cochoi's, Lepère's, Bettac's, die unzweifelhaft französischer Abkunft sind, hinwegnimmt, so bleibt von ihr nur ein winziger Rest übrig. In Bezug auf das Kirchen-Lokal stellte sich ein eigentümliches Verhältnis heraus. Die französische Gemeinde betrachtete sich als alleinige Besitzerin des Gotteshauses und betrachtete die Deutsch-Reformierten als Gäste, bis endlich 1823 unter'm 27. Februar nach langen Streitigkeiten, denen wir ein besonderes Kapitel widmen müssen, von der Königlichen Regierung entschieden wurde: Beide reformierte Gemeinden sind zum Gebrauch der Kirche gleich berechtigt, und sind bei Bauten und Reparaturen nach gemeinschaftlicher vorgängiger Beratung die Kosten von jedem Teil zur Hälfte zu bezahlen. Seit dieser Zeit ward Ruh' und Frieden. In die Zeit des Streites fällt die Erbauung der Galerieen. Zuerst 1725 erbauten Daniel Fouquet, Jean Squedein und Guillaume de la Barre die über der Thür, 1751 Jaques Roquette, Jacob Fouquet, Guillaume Perrein und Abraham Bouchon die an der Ostseite, wo jetzt die Orgel steht, 1752 Abraham Ledoux und Jean Rebour die daran stoſsende über dem Stand der Ältesten.

An den drei noch vorhandenen Verträgen*) ist interessant, wie die Erbauer gegenseitig ihre Rechte für sich und ihre Nachkommen zu wahren suchten, auch die

---

*) *Accord fait entre Daniel Fouquet, Jean Squedein et Guillaume de la Barre touchand la galerie qui est fait de dans notre église desus la porte. Premierement la galerie etant fait le 6. Janvier 1725 nous avons tires au lot qui Serois le priemier donc le Sort etant tombé le Sort est echu que Daniel Fouquet est le premier, Jean Squedein le deusieme et Guillaume dela Barre le troisieme et les enfans peuvent Suivre Sans aucune distinctions; Secondement lun ou l'autre venante des trois a mourir un de ses fils prend la troisieme place pour heritage de la place de son Pere qui est devers la montée et le Second sera le premier et le troisieme de suite. Que nous prétendons etre observée de nous et de nos enfans Sans aucune dispute ou dificulté fait a Strasbourg le Jour et An cy desus nommé*
Daniel Fouquet, Jean Squedein, Guillaume de la Barre.

Accord fait entre Jaques Roquette, Bourgeois et Maitre Maçon, Jacob Fouquet, Bourgeois et Brasseur, Guillaume Perrein, Bourgois et Maitre Boucher et Abraham Bouchon, Bourgeois et Maitre Tanneur, savoir: Nous avons bâti avec la permission de nôtre Pasteur Monsieur Poulet et de l'honorable Consistoire une Galerie dans nôtre Eglise à nos propres fraix pour nous et pour nos enfans et afinqu'il n'y eusse point de dispute ni de désordre après que nous serons morts nous sommes convenus et voulons qu'après nous le Fils ainé herite la place de son Pere, et qu'il laisse avancer les Vieux pour prendre place sur le bas vers la montée. Et après la Mort de celui-ci, ses enfans ne doivent pas heriter sa place, mais ce sera son frere le second, après la mort du second sera le troisième, et cela de suite jusqu'au dernier, et lorsqu'il n'y aura plus de freres, le fils ainé d'ainé recommenceroit et se suivront les uns les autres suivant qu'il est marqué ci dessus; Mais si en cas un Pere vient à mourir sans fils et qu'il y eusse des filles, les Gendres heriteront la place de leur Beau pere defunt de même que les fils et aussi d'un même rang comme il est dit ci dessus: Pour ce qui regarde nos enfans d'à present, nous voulons unanimement qu'ils prennent places sur les deux bancs à coté et derrière nous sans qu'ils empechent quelcun des Vieux dans leurs places sur le devant. En foi de quoi nous avons signé cet Accord. Fait à Strasbourg le 24me Mai 1751.
Jaques Roquette, Maitre maçon, Jacob Fouquet, Guillaume Perrien, Maitre de Bouche, Abraham bouchon, Maitre taner.

Nous Abraham le Doux et Jean Rebour avons bati avec l'Assistence de Dieu, et à sa gloire et à l'honneur de nôtre Eglise, une Galerie au dessus du Banc des Anciens, pour nous, nos femmes et nos enfans, et après nôtre mort de generation en generation, et sans que l'un ou l'autre y aye quelque preference de place Et pour éviter toute discorde entre nos enfans, moi Abraham le Doux ne veux pas, que mes enfans du premier lit ayent part ou quelque droit sur cette Galerie. Nous

Reihenfolge der Plätze ängstlich bestimmten. Nicht ohne Grund. Erwähnen doch die alten Akten einen Fall, dafs sich ein Pierre Fouquet erdreistete, auf der seiner Familie mitgehörenden Galerie einen ihm nicht zukommenden Platz einzunehmen, und wie derselbe vom *consistoire* gebührend zurechtgewiesen.

Doch nicht weniger als die braune Kanzel, als die weifsgetünchten Wände und Decken, als die weifsgestrichenen Galerieen und Bänke könnten die roten Ziegel, welche den Boden bedecken, erzählen. Kein gröfserer Stein, keine Inschrift ist zu schauen; dennoch ist der Boden der Kirche ein Friedhof. Nach dem Totenregister liegt hier begraben, wahrscheinlich unter dem Abendmahlstisch, der erste Pfarrer der Gemeinde:

Der Edle Jean Henri de Baudan, geb. in Nimes, gest. am 24. November 1713 im Alter von 60 Jahren, ferner die erste Gattin des zweiten Predigers Vernezobre, Lavinie de Bermont de Roussait, geb. in Gap en Dauphiné, gest. am 23. Januar 1715 im Alter von ungefähr 53 Jahren (hierbei ist es seltsam, dafs der Herr Pfarrer nicht genau das Alter seiner Gattin ins Totenregister einzuschreiben wufste), ferner drei Kinder des Pfarrers Vernezobre aus zweiter Ehe, Otton, Jean und François, ferner ein Söhnchen des dritten Pfarrers Poulet. Ferner ruht hier noch eine Tochter des ersten deutsch-reformierten Pfarrers Marcus Aemilius Wagenfeld und vielleicht noch andere Angehörige der deutsch-reformierten Pfarrer. Aus den Akten und dem Totenregister dieser Gemeinde ist ihrer Dürftigkeit wegen nichts in Bezug auf diesen Punkt zu ersehen. Für die Wahrscheinlichkeit, dafs noch mehr Deutsch-Reformierte hier beerdigt sind, spricht ein Beschlufs des *consistoire* vom 20. Januar 1749, wonach bei Beerdigungen in der Kirche an die französische Kirchenkasse 1—5 Reichsthaler je nach dem Alter des Verstorbenen gezahlt werden sollen. Anlafs zu diesem Beschlufs gab nach einer Randnotiz die Bitte des deutsch-reformierten Pfarrers Fridle, sein vierjähriges Kind in der Kirche beerdigen zu dürfen. Derselbe hat, was für seine Friedfertigkeit zeugt, am 3. März 1752 die Beerdigungsgebühr entrichtet. —

Soviel über das Gotteshaus; der nächste Abschnitt soll von den Pfarrern der Strasburger französischen Gemeinde handeln.

Die Prediger der französischen Gemeinde zu Strasburg i. U.

Bevor wir von den einzelnen Predigern zusammenstellen, was sich in den Akten Bemerkenswertes über dieselben findet, wollen wir eine kurze Liste der Namen derselben, sowie ihrer jeweiligen Amtsdauer, der eingetretenen Vakanzen und Vakanzverwalter geben.

Die Liste der *Ministres du St. Evangile de l'Eglise Valonne de Strasbourg* — Diener des heiligen Evangeliums an der Wallonerkirche zu Strasburg ist der alte Titel — ist folgende:

1. Jean Henri Baudan 1. 4. 1691 — 2. 10. 1712.
   Vakanzverwalter Vernezobre-Potzlow bis Jan. 1714.
2. Emanuel Vernezobre 24. 1. 1714 — 10. 3. 1746.
   Vakanz bis 18. 12. 1746. Verw. Crouzet-Potzlow.

---

sunommés et sousignés voulons aussi, que si d'avanture après nôtre mort les enfans d'une ou d'autre part ne voudroient plus s'assevir sur cette Galerie, et souhaiteroient de vendre d'un commun accord leur droit qu'ils y ont, que l'autre part en aye toujours la preference, en rendant au Vendeur les huit Rind: qu'elle a couté.

Fait et passé entre nous sousignés Strasbourg le 23me Fevrier 1752.

Abraham le Doux, Jean rebour.

(Der Abdruck ist getreu nach den Originalen).

3. Samuel Poulet 18. 12. 1746 — 24. 2. 1754.
   Vakanz bis 22. 6. 1754. Verw. Ancillon-Prenzlau.
4. Bernard Barthelemy 22. 6. 1754 — 6. 5. 1760.
   Vakanz bis 6.5.1762. Verw. Maréchaux-Gramzow, Roux-Battin, Robert sen.-Prenzlau.
5. Etienne Robert 6. 5. 1762 — 5. 4. 1774.
   Vakanz bis Jan. 1776. Verw. Maréchaux-Gramzow, Kand. Dantal.
6. Jean Pierre Dantal Jun. 1776 — 15. 12. 1778.
   Keine Vakanz.
7. Samuel Henri Catel 15. 12. 1778 — 1. 10. 1781.
   Keine Vakanz.
8. Frédéric Tourte 1. 10. 1781 — 7. 9. 1783.
   Vakanz 7. 9. 1783 — 4. 9. 1785. Verw. Schlick-Bergholtz und Centurier-Battin.
9. Pierre Maréchaux 4. 9. 1785 — 1. 10. 1787.
   Keine Vakanz.
10. François Maréchaux 1. 10. 1787 — 2. 5. 1790.
    Vakanz 2. 5. 1790 — 10. 10. 1790. Verw. La Canal-Bergholtz.
11. François Bock 10. 10. 1790 — 5. 3. 1794.
    Keine nennenswerte Vakanz.
12. Louis Roquette 21. 4. 1794 — 15. 4. 1805.
    Vakanz 15. 4. 1805 — 29. 9. 1805. Verw. Theremin-Gramzow.
13. Charles Louis St. Martin 29. 9. 1805 — 5. 3. 1818.
    Vakanz 5. 3. 1818 — 11. 8. 1822. Verw. der deutsch-reformierte Prediger
    Rettig-Strasburg, von Aug. 1820 ab Charles Bock.
14. Charles Bock 11. 8. 1822 — 1. 4. 1826.
    Vakanz 1. 4. 1826 — 25. 4. 1830. Verw. bis Okt. 1828 derselbe Charles Bock-
    Bergholtz, dann Vikar Souchon.
15. Adolphe Frédéric Souchon 25. 4. 1830 — 1. 7. 1833.
    Vakanz 1. 7. 1833 — 1. 1. 1835. Vikar Lionnet.
16. Albert Raphaël Benjamin Lionnet 1. 1. 1835 — 28. 7. 1839.
    Keine nennenswerte Vakanz.
17. .... Tournier 13. 10. 1839 — 6. 11. 1842.
    Keine nennenswerte Vakanz.
18. François Remy 18. 12. 1842 — März 1850.
    Keine Vakanz.
19. Jean Robert Fontaine 22. 3. 1850 — 1. 4. 1858.
    Vakanz 1. 4. 1858 — 6. 5. 1860. Verw. der deutsch-reformierte Prediger
    Bettac-Strasburg. Von 24. 10. 1858 cand. Bonnot.
20. Julius Ferdinand Rudolf Bonnet 6. 5. 1860 — 25. 4. 1871.
    Vakanz 25. 4. 1871 — 1. 7. 1871. Verw. Bettac-Strasburg, cand. Tavernier.
21. Wilhelm Albert Tavernier 1. 7. 1871 — Juli 1873.
    Keine Vakanz.
22. Carl Tancré 6. 7. 1873 — Okt. 1875.
    Gnadenzeit für die Witwe bis 31. Dcbr. 1876.
    Vakanz Okt. 1875 — 10. 11. 1878. Verw. Bettac-Strasburg, zuletzt auch cand.
    Devaranne.
23. Eugène Devaranne 10. 11. 1878 — 5. 10. 1879.
    Vakanz 5. 10. 1879 — 1. 4. 1881. Verw. Bettac-Strasburg. (Forts. folgt.)

Zum Jubiläums-Jahr 1885.

Im Jahre 1885 werden die französisch-reformierten Gemeinden Preußens das Fest ihres 200jährigen Bestehens feiern, und schon jetzt werden, wie verlautet, im Schofse des Berliner französischen Konsistoriums darüber Beratungen gepflogen, in welcher Weise dieses Fest würdig gefeiert werden könne. Auch der Verein „Réunion" hat sich mit dieser Angelegenheit schon vielfach beschäftigt, da die von ihm ursprünglich in Aussicht genommene Herausgabe einer kurzen populären Geschichte der französischen Kolonie immerhin eine lange vorbereitende Arbeit erfordert hätte. Jetzt ist im Schofse des genannten Vereins ein anderer schöner Gedanke entstanden, zu dessen Ausführung er nicht nur die Mitwirkung der auswärtigen Kolonieen bedarf, sondern auch vor allen der Unterstützung der Berliner Gemeinde. Der Verein beabsichtigt nämlich, falls seine Kräfte dazu ausreichen, eine Jubelschrift zu schaffen, die unter dem Titel: „Die französische Kolonie in Bild und Wort" eine bildliche Darstellung aller noch vorhandenen oder bereits verschwundenen Gebäude enthielte, die das Leben der einzelnen Gemeinden wiederspiegeln, entweder als Stätten ihrer Gottesdienste, oder als Sitz besonderer Institutionen, und diese bildlichen Erinnerungen mit einem kurzen erläuternden Text zu begleiten. Der Verein ist sich der Schwierigkeit, welche die Ausführung dieser Idee bietet, wohl bewufst, hofft aber, dafs sich viele Mitglieder der einzelnen Gemeinden für die Verwirklichung dieser Absicht gleichfalls begeistern und ihm ihre Hilfe und Mitwirkung bei diesem uneigennützigen Werke leihen werden. Nur zu diesem Zwecke teilen wir schon heut diese Idee mit.

Fête du refuge.

Die *fête du refuge*, das Stiftungsfest der französischen Gemeinden in Brandenburg-Preufsen, ist wiederum am 30. Oktober d. J. gefeiert worden. „Das Andenken des Gerechten bleibt in Segen." Das gilt von dem hochherzigen Kurfürsten Friedrich Wilhelm, welcher mit Recht den Beinamen „der Grofse" erworben hat; das gilt von den edlen Herrschern unseres Hohenzollernhauses, die seinem Beispiele bis auf unsere Tage gefolgt sind; das endlich gilt auch von jenen Glaubenshelden, jenen *réfugiés*, die wir mit Stolz unsere Vorfahren nennen, welche es verstanden haben, aus der ihnen bereiteten Verfolgung, aus den ihnen auferlegten Grausamkeiten und Beraubungen, das Edelste zu retten, was der Mensch sein eigen nennen darf: Geistesfreiheit, geläutertes Gottesbewufstsein, und ein treues warmes Herz, in Verbindung mit einer durch die Vernunft geleiteten Willenskraft. In ihrem neuen Vaterlande haben sie mit Thatkraft, Umsicht und Nächstenliebe, in Gottvertrauen und in Dankbarkeit zu ihrem Beschützer und seinen Nachfolgern den Grund zu unserer Kirche, zu unseren Wohlthätigkeits-Anstalten gelegt, die sich bis zu unseren Tagen so herrlich entfaltet, so tausendfältigen Segen getragen haben. Die Freunde, Anhänger und Unterthanen der Hohenzollern, die besten, pflichterfülltesten Bürger, die wackersten und besorgtesten Familienhäupter sein zu wollen und dieses Erbteil auf ihre Kinder zu übertragen, ist den Kolonisten „von echtem Schrot und Korn" stets als höchstes Ziel erschienen, und wohnt ihnen, Gottlob, und ohne Selbstlob, auch heute noch inne! So auch ist es erklärlich, dafs in einer Zeit, die in alle Verhältnisse hinein mit eherner Hand gegriffen und umgestaltet hat, die Kolonie nun beinahe zwei Jahrhunderte hindurch die Überlieferung an ihre historische Vergangenheit wach erhalten konnte, und den Tag des Ediktes von Potsdam, den 29. Oktober 1685 als ihren Ehren- und Festtag feiert.

Dankgebet und helle Festesfreude bilden den Inhalt dieses Tages. Aus dem Kreise der Kolonie hatten sich etwa 150 Personen, Damen und Herren, in dem festlich geschmückten und mit den Büsten des grofsen Kurfürsten, des Kaisers und des Kronprinzen verzierten Saale des Englischen Hauses zu einem Festmahle versammelt.

Unter den Teilnehmern befanden sich drei Prediger unserer Gemeinde (Cazalet, Nefsler, Doyé), verschiedene *anciens* und *anciens diacres*, der Ministerial-Direktor Jordan, der ehrwürdige Geh. Justizrat Lecoq, der Arzt unserer Anstalten Sanitätsrat La Pierre, Direktor Huot, Justizrat Humbert, General-Sekretär Coulon u. A. Die Gesellschaft bot ein anmutig bewegtes Bild dar. Die glänzende Uniform, der einfache besternte oder unbesternte schwarze Frack, im Wechsel mit der anmutigen Toilette der Damen, welche letzteren den Zauber weiblicher Liebenswürdigkeit wie heller Sonnenschein über das Fest zu strahlen wufsten, standen im besten Einklange mit jenem zwanglosen, heiteren Tone, der den geselligen Vereinigungen in unserer Kolonie jederzeit eigen geblieben ist.

Der erste Toast galt, wie immer, dem Kaiser; Herr *ancien* Bertrand brachte denselben mit kurzen, warmen Worten dar, indem er auf die sprichwörtlich gewordene Bescheidenheit unseres grofsen und gewaltigen Fürsten hinwies und seine strenge Pflichterfüllung betonte. Der Wunsch: dafs Gott den Heldenkaiser, unseren Landesvater und sein Hohenzollernhaus schützen und segnen wolle, fand selbstredend stürmischen Wiederhall in einem donnernden Jubelhoch! Dem Toaste folgte das ältere, in französischer Sprache abgefafste „Heil dir im Siegerkranz", welches zeitgemäfse Änderungen erfahren hatte und von den Versammelten stehend gesungen wurde.

Den zweiten Toast „auf die Kolonie" hielt Herr Prediger Cazalet. Er wies auf die ersten Anfänge unserer Gemeinde, noch vor Aufhebung des Ediktes von Nantes, hin und zeigte, wie der grofse Kurfürst bereits in jener Zeit eine von persönlichem Vorteile entfernte Sympathie für die von harten Mafsregeln betroffenen Französisch-Reformierten gehabt habe, und bemüht gewesen sei, bei der Regierung ihres Vaterlandes seinen Einflufs zu ihren Gunsten geltend zu machen. Auf unsere Zeit übergehend, bemerkte der Redner schliefslich, dafs unsere Kolonie zwar recht alt geworden sei und ihr von mancher Seite der Tod prophezeit werde; indessen hoffe er diese Prophezeiung noch recht lange unerfüllt zu sehen, und da die alte Kolonie so gerne noch leben wolle, dieselbe auch bei guter Gesundheit das dritte Jahrhundert beschreiten zu lassen.

Dem Toaste folgte das stets aufs Wärmste begrüfste und gesungene Kolonielied: „*où peut on être mieux*".

Die ebenfalls von Herrn Prediger Cazalet angeregte Armen-Sammlung ergab die stattliche Summe von rund „Tausend" Mark. Es mufs hierbei jedoch bemerkt werden, dafs von einem Wohlthäter unserer Gemeinde die fast zu einem Fixum gewordene grofsmütige Spende von 500 Mark zu diesem Tage und zu diesem Zwecke eingelaufen war.

Den Trinkspruch auf die Damen hatte Herr Ministerial-Direktor Jordan auf sich genommen und erledigte sich desselben mit gewohnter Lebhaftigkeit und Liebenswürdigkeit. Den Damen der Kolonie, so meinte derselbe, sei eigentlich Alles zu danken, was die Kolonie ist und besitzt — denn ohne Damen — keine Kolonie, keine Kolonisten.

Dem Toaste folgte das Körner'sche Lied: „Es blinken drei freundliche Sterne", und nächstdem der Schlufs der Tafelfreuden, um denjenigen des Tanzes den Platz zu räumen.

Jedenfalls ist Mitternacht vorüber gewesen, als der Cotillon in seine Rechte trat und ein baldiges Ende des Tanzes markierte. Die Freuden eines weihevollen und heiteren Festtages sind genossen worden, aber eine wohlthuende, liebe Erinnerung ist den Teilnehmern geblieben und mit ihr der Wunsch: Die *fête du refuge* fort und fort gefeiert zu wissen!

Aus dem Vereinsleben der Kolonie.

Die Réunion begann ihre Vortrags-Abende mit dem 9. November. Der Herausgeber dieser Zeitschrift schilderte, im Hinblick auf den 22. Oktober, den Tag der Aufhebung des Edikts von Nantes, in einer längeren Darstellung die Verfolgung der reformierten Kirche in Frankreich nach ihrer Ursache und ihrem Verlauf. Anknüpfend an die Zugeständnisse, welche den Hugenotten im Edikt von Nantes gegeben worden, zeigte er, wie eine Schutzwehr nach der andern genommen, und der vordem so stolze Bau unserer Kirche bis auf den Grund zertrümmert wurde. Nach dem Tode Heinrichs IV. setzten die Hugenotten ihre Verbindung mit den intriguierenden Hofparteien fort; sie widerstanden mit den Waffen in der Hand der endlichen Vereinigung der Provinz Béarn, ihres Hauptbollwerkes, mit der Krone. 1621 erlagen sie den königlichen Truppen; noch schlimmer aber wurde ihre Lage seit dem Emporsteigen des Kardinals Richelieu (1624) zur Stelle eines ersten Ministers. Die Hegemonie eines einigen und mächtigen Frankreich in Europa war sein Ziel. Obwohl er sich zur Erreichung des letztern mit den Protestanten des Auslandes verband, beugte er doch im Lande selbst die noch unbequeme hugenottische Macht, damit es von allen innern Kämpfen gereinigt werde. Nach neuem Religionskriege fiel 1628 La Rochelle, die letzte Festung der Reformierten. Von jetzt an hatten die Hugenotten ihre militärische Rolle ausgespielt; der Hof fürchtete sie nicht mehr, er duldete sie nur noch. Übrigens waren sie gute und treue Unterthanen des Königs. Sie lebten in der Zahl von anderthalb bis zwei Millionen, waren fleißige, redliche und geachtete Bürger, Beförderer der Industrie in allen möglichen Artikeln. Sie zählten in ihren Reihen hervorragende Prediger, Ärzte, Naturforscher und Dichter; ausgezeichnet waren ihre drei Akademieen zu Sedan, Montauban und Saumur.

Noch Mazarin, Richelieus Nachfolger seit 1642, bewilligte ihnen 1659 eine Provinzial-Synode. 1663, zwei Jahre nach Ludwigs XIV. Regierungs-Antritt, erfolgte ein erster Schlag gegen ihre Selbständigkeit durch das Gesetz gegen die Relaps, d. h. die zur katholischen Kirche bekehrten Hugenotten, welche zur Religion der Väter zurückkehrten. Nach dem Gesetze traf sie lebenslängliche Verbannung. Ludwigs Streben, zur Erhöhung seines Ruhmes die Spaltung der Kirche seines Reiches aufzuheben, eine Vereinigung beider Konfessionen herbeizuführen, ist als die Hauptursache der nun eintretenden eigentlichen Unterdrückungs-Periode anzusehen. Nachdem er vergeblich sich bemüht hatte, durch scheinbare Zugeständnisse die Reformierten an sich zu locken, und auf friedliche Weise in den Schofs der allein seligmachenden Kirche zurückzuführen, begann eine planmäfsige Vernichtung. Es lassen sich in der Verfolgung leicht drei Abschnitte unterscheiden. In der ersten Periode nahm man den Reformierten fast alle bürgerlichen Rechte. Die „gemischten Kammern", d. h. Gerichtshöfe aus Mitgliedern beider Konfessionen, wurden aufgehoben, geborenen Katholiken der Übertritt zur reformierten Kirche untersagt, die Protestanten vom Dienste in allen Staatsämtern ausgeschlossen, die Ausübung des Handwerkes beschränkt u. s. w. Schon schlofs man protestantische Kirchen, oder rifs sie einfach nieder. Die zweite Periode zeigt die brutale Gewalt, die Bekehrung durch Dragoner, die „Mission mit Stiefel und Sporen", und dauerte bis zum 22. Oktober 1685, dem Tage der förmlichen Aufhebung des Edikts von Nantes. In den Jahren nach diesem Ereignis, dem dritten Abschnitte in der Verfolgung, sind die Protestanten nichts anderes als das vollends zu Tode gehetzte Wild, das müde zu den Füfsen seiner Peiniger hinsinkt. Galeere, Kloster, Gefängnis, Schaffot, das alles ist der Lohn für ihre Treue, die Strafe des Ungehorsams oder der versuchten Flucht.

Die empörenden Mißhandlungen führten zum Aufstande in Süd-Frankreich. Jahre lang wütete der Kamisardenkrieg in den Bergen der Cevennen; nach Beendigung desselben ist die reformierte Kirche in Frankreich ausgelöscht, verschwunden, offiziell unbekannt. Sie bleibt es fast während des ganzen 18. Jahrhunderts. Doch unter der Asche ist der Funke lebendig; die ersten Donner der Revolution wecken ihn zu neuem Leben. Die reformierte Kirche Frankreichs ersteht zu einem neuen Dasein; heute zählt sie wieder gegen 700000 Bekenner.

Die gesellige Vereinigung von Mitgliedern der französischen Kolonie (Mittwochs-Gesellschaft) hielt ihre erste Sitzung für das Winterhalbjahr 1881,82 am 12. Oktober c., in den gewohnten Räumen des Englischen Hauses ab. Nach einer Begrüfsung durch den Vorsitzenden, Herrn Bertrand, erfolgten einige sachliche Mitteilungen, und demnächst die Aufnahme des Herrn Direktor Dr. Schnatter als Mitglied der Vereinigung. Demnächst fand eine längere Mitteilung über die vorbereitenden Schritte statt, welche zur Herausgabe eines Werkes: die zweihundertjährige Geschichte der französischen Kolonie betreffend, notwendig sind, und über die im Schofse der hierzu ernannten Commission hierüber entwickelten Anschauungen. Hierauf fand eine Diskussion über die ausgeschriebene Kirchensteuer statt, an welcher sich die Herren General-Sekretär Coulon und ancien Hasslinger in eingehender Weise beteiligten. Die in dem Kirchenzettel No. 43 gegebene Notiz bringt das Wesentliche dieser kund gegebenen Anschauungen zur Kenntnis der Mitglieder unserer Gemeinde. (Siehe auch vorige Nr.)

Die zweite Sitzung der Mittwochs-Gesellschaft fand am 9. November c. statt. Herr Violet berichtete über den Verlauf der *fête du refuge* (vgl. *fête du refuge*) und gab einen Nachweis der in den Händen des Comité befindlichen Fonds, so wie auch eine Übersicht der im vergangenen Jahre nach auſserhalb gewährten Unterstützungen aus demselben. Herr Prediger Neſsler, welcher einen Vortrag über die Armen-Verhältnisse und die Armen-Verwaltung von Paris zugesagt hatte, war durch Abwesenheit von Berlin verhindert, diesen Vortrag halten zu können. An seiner Stelle brachte der Vorsitzende, Herr Bertrand, die Arbeit eines ungarischen Gelehrten, des Professor Dr. Gregusa „über das Gedächtnis" zur Kenntnis der Versammlung. Die Anwesenden folgten dem interessanten einstündigen Vortrage mit ungeteilter Aufmerksamkeit und zollten der eigenartigen und eine Reihe der interessantesten Beobachtungen enthaltenden Entwickelung desselben, ungeteilten Beifall. Als neues Mitglied der Vereinigung wurde Herr Dr. Béringuier vorgestellt und begrüſst. Wie nach jeder Sitzung, so blieben auch dies Mal die Anwesenden bei frohem Mahle und in lebhafter Unterhaltung längere Zeit vereinigt.

Die Mitglieder der Réunion vereinigen sich jeden Winter ein oder zwei Mal mit ihren Damen zu einem gemeinsamen Abendtische. Ein solcher fand am 19. November, einem Freitage, statt. Die zahlreich erschienenen Mitglieder erfreuten sich des lange entbehrten geselligen Zusammenseins und blieben mit ihren Gästen einige Stunden in Frohsinn bei einander. Diese zwanglosen Zusammenkünfte entsprechen gewiſs dem kolonistischen Charakter, der bei aller Einfachheit doch einen tüchtigen, gesinnungsfesten Kern birgt. Die Vergangenheit hat sie nicht sehr begünstigt und sich auf die eine *Fête du refuge* beschränkt. Die neuere Zeit, eine frisch aufstrebende Generation, hat recht wohl erkannt, welcher Wert für das innere Leben, welche Bedeutung für die Pflege des kolonistischen Sinnes in ihnen verborgen liegt, und sorgt für ihre häufigere Wiederkehr. Wir denken noch an die erste Versammlung dieser Art, welche die Réunion veranstaltete. Das war etwas Neues in der Kolonie, vorher hatte man dergleichen kaum für möglich gehalten. Da waren die Leute auf der Straſse an einander vorüber gegangen, ohne sich als Kolonisten zu kennen, nun begrüſsten sie sich als Mitglieder desselben Stammes, nun war ein Austausch der Gefühle, der Gedanken doch möglich. Solche Gedanken der Freude waren es auch, die auf der letzten Zusammenkunft die Herzen bewegten; man kam überein, dieses brüderliche Mahl nicht das einzige in diesem Winter bleiben zu lassen, sondern sich recht bald wieder mit den Familien zu froher Geselligkeit zu vereinigen.

Vermischtes.

Die protestantischen Kirchen in Paris. An der Spitze der Kirche steht der aus zwölf Pastoren und zwölf Laien gebildete Presbyterialrat, der alle drei Jahre zur Hälfte erneuert wird (unter den Letzteren befinden sich gegenwärtig die ehemaligen Abgeordneten Alfred André, General Chabaud-Latour, die Bankiers Mallet und Hentsch und der Professor Ch. Waddington). Dem Konsistorium von Paris sind fünf andere reformierte Gemeinden der Umgegend, darunter Versailles und Saint-Germain, zugeteilt; es bildet mit dem Konsistorien von Nancy, Orleans, Bourges und Dijon zusammen den Synode des 3. Wahlkreises. Die reformierte Nationalkirche, deren Kultusbeamte vom Staate besoldet werden, zählt in Paris und in den Vorstädten Vincennes, Neuilly und Courbevoie auſser dem offiziellen Haupt-Tempel, dem Oratoire du Louvre, noch zwanzig Kirchen und Betsäle; die aus eigenen Mitteln bestehende, aber von ihr abhängige liberale reformierte Kirche, für welche der Verlust des Pastors Athanase Coquerel Sohn unersetzlich geblieben ist, drei Kapellen oder Säle, die freie reformierte Kirche, die, im Jahre 1849 gegründet, streng orthodoxen Grundsätzen huldigt, vom Staate und von der Nationalkirche gleich unabhängig ist, und deren Leitung seit 1871 aus der Hand des Pastors und damaligen Abgeordneten von Pressensé in diejenige des Prof. Lichtenberger aus Straſsburg übergegangen ist, sieben Lokale; die lutherische Konfession, der auſser vielen Fremden die Franzosen aus den östlichen Departements angehören, feiert in zehn Kirchen, vorwiegend in französischer, jedoch auch in deutscher Sprache, ihren Gottesdienst; die Engländer finden in sechs, die Amerikaner in zwei eigenen Lokalen ihre heimathlichen Gottesdienste wieder; auſserdem sind noch als unabhängige Kirchen zu erwähnen: die von dem Pastor Bersier aus freien Beiträgen gegründete Eglise de l'Etoile, ferner die von Pastor Frisius gehaltene deutsche Mission, vier Methodistenlokale, eine Wiedertäufer- und eine Darbisten-Kapelle. In diesen über ganz Paris zerstreuten Kirchen und Betsälen werden jeden Sonntag durchschnittlich siebzig Gottesdienste gehalten; überdies kommt noch je am dritten Sonntag des Monats eine auf Veranstaltung und Kosten der deutschen Mission gehaltene skandinavische Erbauungsstunde hinzu.

(Aus der Elberfelder Kirchen-Ztg.)

Gemeinde-Angelegenheiten.

Der Kirchenzettel No. 43 d. J. enthält folgende Notiz: Vom 1. Oktober ab wird in den evangelischen Gemeinden unserer Hauptstadt die sogenannte Kirchensteuer erhoben werden. Von dieser sind die französisch-reformierten Gemeinden ausgenommen. Es wird nun leicht geschehen, dass in den bezüglichen Steuerrollen auch Mitglieder unserer Gemeinde (irrtümlich) verzeichnet stehen, als solche, die zur Steuer mit herangezogen werden können. Das Konsistorium ermahnt die Personen, welche in diese Lage gesetzt werden, schriftlich zu reklamieren, und der Reklamation ein Zeugnis ihrer Zugehörigkeit zur französisch-reformierten Gemeinde beizulegen. Ein solches Zeugnis wird von Herrn Thime, Stralauerstr. 40, auf Verlangen ausgestellt werden.

Vereinsnachrichten der Réunion.

Sonnabend, den 3. Dezember: Vortrag des Herrn Dr. Muret über „Berlin vor zweihundert Jahren zur Zeit der Einwanderung, 1685." Restaurant Kelter, Rosenthalerstr. 39, 8½ Uhr abends.

Sitzung am Freitag, den 9. Dezember. Restaurant Gärtner, Mittel-Strasse 62, 8½ Uhr abends.

Abonnements-Einladung.

Angesichts der im Gegensatz zu anderen Blättern verhältnismäſsig geringen Verbreitung der in Deutschland vorhandenen reformierten Zeitschriften, hat es sich der Reformierte Schriftenverein zur Aufgabe gestellt, zur Verbreitung dieser Blätter das Möglichste beizutragen, und bietet daher an:

1. Die Kolonie, pr. Quartal . . . . Mark —,75.
2. Die Reformierte Kirchen-Zeitung, redigiert von Pastor H. Calaminus in Elberfeld; wöchentlich erscheint eine Nummer von 16 Seiten. Preis pr. Quartal . . „ 1,—.
3. Das Reformierte Wochenblatt, redigiert von Pastor Krafft in Elberfeld; wöchentlich erscheint eine Nummer von 8 Seiten. Preis pr. Quartal . . . . . „ —,60.
4. Die Reformierte Monatsschrift, redigiert von Pastor J. H. Nyhuis in Arkel (Hannover); monatlich erscheint eine Nummer von 4 Seiten. Preis pr. Jahr . . „ —,60.

Bei Bestellungen auf ein Blatt tritt ein dem entsprechender Portozuschlag ein, der bei Bestellungen auf alle vier resp. drei Blätter fortfällt. Probenummern gratis.

Zu beziehen durch die Expedition des Reformierten Schriftenvereins, zu Händen des Herrn Fr. Wilh. Vogt in Barmen, Westketter-Strasse 34a.

Irrtümer in der Chronol. Übersicht.

Kolonie 1681 pag. 45 unter 1682 d'Anché statt d'Auché.
„ „ 46 „ 1686 29. April (9. Mai) statt 19/29. April.
„ „ 60 „ 1759 l'Hormeaux statt C'Hormeaux.
„ „ 67 „ 1830 1000 Thl. „ 100 Thl.

Inhalts-Verzeichnis.

Abbadie, Jaques. 1654—1727 9*). Studien, Berufung nach Berlin 1680, Teilnahme an der Entwickelung der Kolonieen in Berlin und den kurfürstl. Ländern 10. Bemühungen bei der Einwanderung 11. *Panégyrique de Monseigneur l'Electeur de Brandebourg 1684* 17-19. *Traité de la vérité de la religion chrétienne* 29, 30. Zustand der Kolonie beim Tode des grofsen Kurfürsten 31. A. geht nach England 1688 33. Sein Wirken hier 42. Tod 1727 43. Angabe verschiedener Predigten u. Schriften A.'s 11,42,43. Angermünde-Parstein. Jahresbericht für 1880 24, 25.

Bergholz. Jahresbericht für 1880 37.

Berliner Gemeinde. Neuwahl von Mitgliedern des Konsistoriums 40. Bericht über die *École de Charité* für 1880 47, 48. Statistischer Nachweis über Mitgliederzahl der Gemeinde pro 1880 50. Kirchensteuer, Befreiung der franz. Gem. von derselben 108. Rechnungslegungen 100.

*) Die Ziffern bedeuten die Seiten.

Bilder aus der Geschichte der franz.-reformierten Kirche. Vorgeschichte 5, 6, 7, 12. Waldenser 12, 13.
Calbe a. S. Geschichte der franz. Kolonie 107.
Chronologische Uebersicht d. Koloniegeschichte 1662-1880. 1662-1703 45-47. 1703-1763 59-60. 1765-1842 66, 67. 1843-1880 79, 80.
Coligny, Denkmal für denselben 28.
Comba, Emilio. Besprechung seines Werkes über die Waldenser 7.
Confessio Gallicana. Glaubensbekenntnis der reform. Kirchen Frankreichs vom Jahre 1559. Einleitung, enthaltend einen Bericht über Entstehung und Annahme der C. 19-21. Das eigentliche Glaubensbekenntnis, und zwar Art. 1-12 21-23; Art. 13-33 33-36; Art. 34-40 44, 45. Die kirchliche Disciplin Art. 1-40 56-58.
Cottbus. Geschichte der franz. Kolonie 106.
Louis de Beauvau, comte d'Espence. Abstammung 49. Kriegerische Laufbahn bis 1668. Auswanderung, in Berlin, im Dienste des grossen Kurfürsten 50. Seine Bedeutung für die Kolonie 51.
L'église réfugiée en 1881. Récit suivi de dialogues des morts, et publié à l'occasion de la 67me Fête du refuge par Charles Germon, Chapellier, Berlin 1881. Besprechung dieser 1818 erschienenen Schrift 3, 4, 5.
Theodor Fontane: *Tempi passati* 15.
Jaques Gallhac. Seine Bedeutung als Mitbegründer des franz. Waisenhauses in Berlin 51-54.
François de Gaultier de Saint-Blancard. Abstammung 61, kämpft für seine Kirche in Frankreich, wandert aus 1683 62, in den Niederlanden, seine Einwirkung auf Wilhelm von Oranien 63, diplomatische Sendung nach Berlin 69-72, Depesche an den Statthalter 81, 82, *Réflexions générales* . . . 83, Prediger in Berlin, Wirksamkeit bei der Einwanderung 92, Empfang von *Réfugiés* beim grossen Kurfürsten 93, Gedächtnisrede auf diesen 94, *Lettres écrites en Angleterre . . . de l'unité de l'Église* 102, 103, Stiftung des französ. *Collège* . . Zustände in der Kolonie und Hoffnungen der *Réfugiés* nach dem Tode des grossen Kurfürsten 109, 110. Rescript von 1698, Tod 111.
Prediger de Gualtieri 66. Erklärung seiner Amtsniederlegung 100.
Henry, Paul, Prediger an der Friedrichstädtischen Kirche 8.
Hospice. Ein Ehrentag. 25jähriges Jubiläum des San.-Rat Dr. La Pierre als Arzt der Anstalt 23. Schulprüfung, Feier von Königs-Geburtstag 36. „Freude empfindet, wer Freude bereitet" (Auszug nach Potsdam) 90, 91.
Hôtel de refuge. Gründung 1, 2. Verlegung nach der Friedrichstr. 3.
Jahresberichte pro 1880. Berliner Gemeinde 80. Bergholz 37. Magdeburg 15, 16. Angermünde-Parstein 24, 25.
Jaquet, Rechnungsrat †. „Ehre seinem Andenken!" siehe Sitzung der Mittwochsgesellschaft am 12. Januar 14.
Kulturkampf in Frankreich. Vortrag des Herrn Pred. Nefsler in der Mittwochsgesellschaft 38.
Luisenstädtische Kirche in Berlin. Renovierung 1880 1. Gründung, erstes Bauwerk 1700, Parochialkirche 1719 2. Neubau und Einrichtung 1726, innere Einrichtung 1820, Prediger 3.

Magdeburg. Erziehungs-Verein 8, 47. Jährliche Nachrichten über die franz.-reform. Gemeinde 1880 15.
Mittwochs-Gesellschaft (Gesellige Vereinigung von Mitgliedern der franz. Kolonie). Sitzungen: Ueber Wanderversammlungen 13. Gedächtnis eines verstorbenen Mitgliedes, Vortrag des Herrn San.-Rat La Pierre 14. Vortrag des Herrn Prediger Nefsler über den Kulturkampf in Frankreich. Sitzung vom 10. März 38. Abendunterhaltung 39. Sitzungen 117, 118.
Nachricht und Bitte 68 (Herr de France in Montauban).
Notizen über die vier in dem Speisesaal des Hospitals befindlichen Oelgemälde 25-27. Photographische Nachbildung derselben 28.
Parstein (mit Angermünde) Jahresbericht für 1880 24, 25.
Referat über die Erfahrungen, welche in den Parochieen der franz.-reform. Inspektion der Provinz Brandenburg hinsichtlich der Anwendung und der Wirkungen des Kirchengesetzes vom 30. Juli 1880, betreffend die Verletzung der kirchlichen Pflichten in bezug auf Taufe, Konfirmation und Trauung gemacht worden sind, erstattet in der Sitzung der franz.-reform. Kreissynode, den 14. Juni 1881, von Dr. Matthieu. 76-78.
Renforcierung II. Vorschläge zur Aenderung des Wahlmodus für dieselbe 23, 24. Gesuch in dieser Angelegenheit an das Konsistorium 100. (Siehe auch Jahrgang 1880 S. 101.)
Réunion. Vereinsnachrichten 8, 16, 28, 40, 49, 60, 68, 80, 88, 100, 108, 118. Ueber Wanderversammlungen 14. Ueber kolonistische Armenpflege in den ersten Zeiten nach der Gründung der Gemeinde 29. Erste Wanderversammlung der Réunion 40. Ueber die Rechnungslegung des Konsistoriums, Vortrag des Hrn. Dr. Muret 54, 55, 68. Stiftungsfest 67. Rückblick. Gedächtnis der verstorbenen Mitglieder 68. Vortrag 116. Abendtisch 118. Jubeljahr 1885 115.
Friedrich v. Schomberg. Seine militärische Laufbahn in Frankreich. Aufnahme in Berlin. Bedeutung für die hiesige Gemeinde 31, 32, geht nach England 33, kämpft und fällt in Irland 41.
Schwedt a/O. Predigt 8. Ein Brief 37. Verzeichnis der Kolonie-Geistlichen 1688-1878 107.
Die franz. Kolonie in Strasburg i/U. Einleitung. Schilderung u. Geschichte des Städtchens 63-65. Entstehung der Kolonie und kurfürstl. Privilegium 72-75. Charakterisierung der Einwanderer 84-86. Urkunde 86. Liste der 1691 eingewanderten Réfugiés 95-99. Das gottesdienstliche Lokal der franz. Kolonie in Strasburg 103-106. Urkunden 112. Verzeichnis der Prediger 113.
„Vergiss der treuen Toten nicht!" Nachruf für die verstorbenen Mitglieder der Réunion, die Herren Herpin und Mourgues 68.
Verzeichnis von Schriften reformierten Inhalts 88, 100. Reformierte Zeitschriften 119.
Geschichte des franz. Waisenhauses in Berlin. Jaques Gallhac. Gründung 51-54. Privilegium 65, 66. Fortführung der Geschichte bis zum Ende des 18. Jahrhunderts 87, 88.
Waldenser 7, 12, 13.
Wanderversammlung. Beratung über dieselben 8, 13, 14. Bericht über die erste Wanderversammlung 40.

Verantwortlicher Redakteur und Verleger: W. Bonnell, Schwedterstr. 257. — Druck von M. Driesner, Berlin, Klosterstr. 56.

Januar 1882.   VI. Jahrgang.

DIE KOLONIE.

Organ für die äusseren und inneren Angelegenheiten der französisch-reformierten Gemeinden.

Redigiert von W. Bonnell, Rektor in Berlin.

Erscheint monatlich einmal.   Preis pro Quartal 75 Pf.

Abonnements werden angenommen bei W. Bonnell in Berlin N., Schwedter-Str. 257, und bei jeder Post-Expedition.

INHALT: Berlin vor 200 Jahren, mit besonderer Berücksichtigung der französ. Kolonie, von Dr. Muret. — Die französ. Kolonie in Strasburg i. U., Fortsetzung. — Die Geschichte des französ. Waisenhauses in Berlin. — Gemeinde-Angelegenheiten. — Bericht über das Hospital und die französ. Holz-Gesellschaft. — Vereinsnachrichten. —

Berlin vor 200 Jahren,
mit besonderer Berücksichtigung der französ. Kolonie.
Von Dr. Muret.

  Die Entwickelung Berlins in der letzten Hälfte des 17. und im Anfange des 18. Jahrhunderts ist eng mit der französischen Kolonie verknüpft, und der Einfluss, den dieselbe auf die Vergrösserung der Stadt, auf die Sitten und Lebensgewohnheiten ihrer Bewohner, auf die Entwickelung des Handels und vieler Gewerbe daselbst ausgeübt hat, wird von allen Seiten als ein bedeutender anerkannt.

  Die Geschichte der französischen Kolonieen in den brandenburg-preussischen Staaten hat eine nicht unwesentliche Litteratur aufzuweisen, die besonders in der letzten Zeit durch Spezialforschungen auf dem Gebiet der Kolonisation im Allgemeinen, und dem einzelner Kolonieen im Besonderen, eine grosse Bereicherung erfahren hat; trotzdem findet der Geschichtsschreiber hier immer noch ein weites Arbeitsfeld vor.

  Es liegt nicht in der Absicht, im Nachfolgenden eine eingehende Geschichte der Begründung unserer Kolonie zu geben, es soll vielmehr nur der Versuch gemacht werden, durch eine Schilderung des damaligen Zustandes der Stadt, die für unsere Vorfahren eine neue Heimat wurde, den nötigen Hintergrund für dies geschichtliche Ereignis zu schaffen. Dabei muss freilich die erste Entwickelung der hiesigen französischen Kolonie in grossen Zügen mit berücksichtigt werden.

  Schon in der ersten Hälfte des 17. Jahrhunderts befanden sich verschiedene reformierte Franzosen in Berlin, teils in kurfürstlichen Diensten,[1]) teils in selbständiger Stellung. In Folge der zunehmenden Bedrückungen in Frankreich fanden sich später Andere freiwillig ein oder wurden durch kurfürstliche Würdenträger zur

---

[1]) So finden wir unter Andern: 1636 Roland de Franque als Hofschneider; 1646 Abraham Bergeron als französischer Sprachmeister bei den kurfürstlichen Pagen; Mme. Berchet, im Hofetat France-Madame genannt, bei der Kurfürstin etc.

Einwanderung veranlafst.¹) Im Jahre 1672 zählten dieselben etwa 100 Personen,²) wozu wir jedoch noch viele Offiziere und Militärpersonen nehmen müssen, die nach und nach in die kurfürstliche Armee eingetreten waren. Diese Franzosen waren der reformierten Domgemeinde zugewiesen. Bekanntlich gelang es den Bemühungen des um die Berliner Gemeinde hochverdienten Grafen Louis de Beauvau, Seigneur d'Espense, für diese kleine Zweiggemeinde der Domkirche einen eigenen Geistlichen in David Fornerod zu erlangen. Der erste von diesem geleitete Gottesdienst fand am 10. Juni 1672 in einem Zimmer des Oberstallmeisters Baron von Pöllnitz statt, dessen Amtswohnung in der ersten Etage des kurfürstlichen Marstalls in der grofsen (heute „breiten") Strafse lag.⁴) Das Gebäude ist heut wohl noch fast in seinem damaligen Zustand erhalten, und es möchte vielleicht noch möglich sein, das Zimmer festzustellen, in dem vor nun 209 Jahren die Wiege unserer Gemeinde stand. Zu jener Zeit war das Gebäude ein stattlicher Neubau. Der kurfürstliche Marstall war im Jahre 1665 durch die Unvorsichtigkeit eines Stalldieners bis zu dem anstofsenden Ribbeck'schen Hause, das noch heut über seiner Thür die Jahreszahl seiner Erbauung 1624, und die Namen seiner Erbauer zeigt, niedergebrannt. Der Kurfürst liefs ihn in den Jahren 1665—1670 neu aufbauen, und kaufte das Ribbeck'sche Haus dazu, das aber unverändert stehen blieb, während die Spreeseite einen durch 3 Querflügel mit der Hauptfront verbundenen, symmetrischen Neubau erhielt, auf dessen Dachfirst noch heut die kurfürstlichen Insignien vorhanden, und über dessen vorspringendem mittleren Teil, wo wir noch im Frontispis das mächtige, jetzt meist übersehene Relief erblicken, sich ein Turm erhob. Da bei dem erwähnten Brande die kurfürstliche Rüstkammer mit ihren wertvollen Waffen-Sammlungen ebenfalls ein Raub der Flammen geworden war, so liefs der Kurfürst eine Reihe von Sälen in der ersten Etage zu einer neuen Rüstkammer anlegen. In dem mittleren Querflügel befand sich zu ebener Erde eine verdeckte Reitbahn und darüber ein Saal, in dem unter Friedrich I. bis 1708 ein Opertheater eingerichtet war, während er später zum Montierungsmagazin gedient hat.⁵) Es waren daher in dem grofsen Gebäude damals noch viele Zimmer und Säle unbenutzt, und da sich wahrscheinlich das für den ersten Gottesdienst eingeräumte Privatzimmer bald als ungeeignet und zu klein erwies, so erhielt die junge Gemeinde schon am 22. Juli desselben Jahres einen Saal in dem zweiten Stockwerk für ihre gottesdienstlichen Übungen, der auf Kosten der Gemeinde mit Bänken und einer Kanzel ausgestattet wurde. Zwei Jahre später, im Januar 1674, nach dem Tode des Baron von Pöllnitz, erhielt die inzwischen wieder angewachsene Gemeinde einen Saal im ersten Stockwerk,⁶) und da derselbe sich 8 Jahre lang für ausreichend erwies, so mag es wohl der vorhin erwähnte grofse Saal über der Reitbahn gewesen sein, und scheinen in demselben die Gottesdienste ungestört bis zum Jahre 1682 abgehalten zu sein.

Hier fand auch noch in demselben Jahre, 1674, die Einführung der ersten *anciens*, le Noir, Belhomme und Prépetit, statt, auch wurde hier am 21. April 1674 das

---

¹) Kolonie zu Alt-Landsberg (Erman I., 57 und 353; Kolonie 1876 p. 14.)
²) Ancillon, *Établissement des Réf. dans le Brandebourg*, p. 67.
⁴) S. Erman I., 61; *Poellnits Mémoires pour servir à l'histoire des quatre derniers souverains de la maison de Brandebourg* I., p. 122: *Le grand-écuyer, mon aieul, fut chargé, en qualité de ministre d'état, du département des François. Ce fut dans son antichambre qu'il prêchèrent publiquement pour la première fois.*
⁵) Nikolai: Beschreibung der Residenzstädte etc. 1786 p. 117.
⁶) Erman *Mémoire historique* 1772 p. 5 und Erman *Mémoires* I., p. 60.

erste Par in der Gemeinde kirchlich eingesegnet.⁷) Prediger Fornerod war inzwischen, 1680, durch Abbadie⁸) ersetzt worden, unter dessen Leitung die Gemeinde sich ansehnlich vermehrte, und dem es gelang, derselben durch die bewilligte Bildung eines Konsistoriums, welches freilich noch der Discipline der Domkirche unterworfen blieb, eine gewisse Selbständigkeit zu verschaffen⁹).

Seine mächtige Redegabe vereinte sonntäglich nicht nur die gesamte Gemeinde, das war für jene Zeiten selbstverständlich, sondern veranlafste auch eine stets wachsende Zahl von Personen aus den höchsten Kreisen, seine Predigten zu besuchen. Nun wurde aber auch der seit 8 Jahren benutzte Saal im Marstall zu eng, und der Kurfürst überliefs der Gemeinde zu ihren Gottesdiensten die Schlofskapelle, welche wohl 2000 Personen fassen konnte.¹⁰) Hier fand am 9. August 1682 der erste Gottesdienst statt. Wie ein Augenzeuge berichtet,¹¹) waren es stattliche, glänzende Versammlungen, die man hier erblickte; die kurfürstliche Familie, die Staatsminister und Generäle lauschten hier, inmitten der französischen Gemeinde, den Worten Abbadie's.

Wo lag nun jene Kapelle oder existiert sie noch? Die Beantwortung dieser Frage ist sicherlich nicht ohne Interesse für die Mitglieder der Kolonie.

Diese Kapelle existiert freilich nicht mehr als solche; schon Friedrich der Große liefs sie in 2 Stockwerke teilen und unten zu den Silberkammern, oben zu Wohnungen verbauen.¹²) Dennoch ist ihre Lage von aufsen an der Spreeseite vor dem zu ihr gehörigen, mächtigen, viereckigen Turm, der bis zu des grofsen Kurfürsten Zeiten noch höher war, Giebel und ein hohes Dach hatte, und in der rund vorspringenden Absis noch deutlich zu erkennen; freilich sind die langen gothischen Fenster beim Umbau verschwunden. Auch im Innern ist sie, wenn auch verbaut, in ihren Decken, Wölbungen, Säulen und Gratbogen noch ziemlich erkennbar erhalten.¹³) Diese Kapelle gehört nicht, wie man angenommen, der ältesten vom Kurfürst Friedrich II. von 1443—1451 an der Spree erbauten Burg an, von der nur der von 3 Seiten eingebaute runde Turm, der grüne Hut, neben der Kapelle noch vorhanden ist, sondern entstand wohl gleichzeitig mit dem Bau vom Jahre 1538; mag aber auf derselben Stelle der früheren St. Erasmus-Kapelle im Köllner Schlofs stehen, die bereits 1450 vom Papst Nikolaus V. als Pfarrkirche bestätigt, und 1469 in ein Domstift verwandelt wurde.¹⁴) Joachim II. verlegte dies Domstift 1536 nach der Domkirche, nachdem die Dominikanermönche nach Brandenburg versetzt worden waren. Dies alte Schlofs erfuhr manche Umwandlungen. Im Jahre 1538 liefs Joachim II. die Aufsenwerke der alten Burg entfernen, einen Teil des Gebäudes am Schlofsplatz abtragen, und durch Kaspar Theifs ein 3 Stockwerke hohes, 13 Fenster langes, mit abwechselnd grofsen und kleinen Giebeln auf dem Dache versehenes Schlofs von der Spree bis zu der breiten Strafse hin erbauen. In der Mitte des Erdgeschosses öffneten sich 2 von Säulen eingefafste und im Rundbogen überdeckte Portale. Über ihnen wuchs

---

⁷) Es waren der Historiograph Jean Baptiste de Rocolle und Catherine Compaing. Die erste Taufe (ein Kind des Sprachlehrers le Tanneur, dit Saint Pol) fand 1673 statt. Erman *Mémoires* I., 63.
⁸) Erman *Mémoire hist.* p. 6; — die Kolonie 1881, Februar; — Erman *Mémoires* III., 350.
⁹) Erman *Mémoires* IV., 32. —
¹⁰) Erman *Mémoires* IV., 19.
¹¹) Leti, Ritrati Istorici della Casa Elettorale di Brandenburgo 1687; Erman IV., 19.
¹²) Nikolai p. 83, 101, 110, 867; Pöllnitz *Mémoires* I. p. 122: *Cette chapelle n'est plus; elle n'étoit plus d'usage que pour y déposer les corps de nos souverains pendant l'intervalle de leur mort et de leurs funérailles. Le roi régnant vient de convertir cette chapelle en divers appartemens, où logent les pages et les garçons de la chambre.*
¹³) Dohme, das königliche Schlofs in Berlin 1876 p. 6.
¹⁴) Ibid. p. 2.

ein reichverzierter Sandsteinbalkon heraus, von dem aus 4 Säulen einen gleichen im dritten Stockwerk trugen. An den beiden Ecken der Fassade sprangen über dem Erdgeschofs auf vielfach gegliederten Tragsteinen runde Erker hervor mit reicher Pilaster-Architektur zwischen den 3 Fenstern jedes Stockwerks. Offene, von Säulen getragene Loggien, die noch über die Spitze der grofsen Giebel hervorragten, schlossen diese Erker ab.[14]) Einer dieser Erker, obwohl verbaut, und bis zum Boden verlängert, ist noch an der Spreeecke erkennbar. Von der linken Ecke, der breiten Strafse gegenüber, führte ein hölzerner überdeckter Gang, auf steinernen Pfeilern ruhend, in die Domkirche, und ein Blockzaun nach der Gegend der späteren Schlofsfreiheit, wo das ebenfalls umzäunte 1586 erbaute Prinzengebäude lag. Ein Bild aus dem Ende des 17. Jahrhunderts im Gräflich-Schwerin'schen Besitz zu Tamsel, von dem sich eine Kopie in Schlofs Monbijou befindet, zeigt diesen Teil des Schlosses,[15]) der noch zur Zeit unserer Vorfahren bestand; freilich war das Schlofs im dreifsigjährigen Kriege so baufällig geworden, dafs eine Nachricht aus jener Zeit sagt, man müsse sich vor den Fremden schämen, die dieses kurfürstliche Residenzschlofs sähen.[16]) Der grofse Kurfürst liefs umfassende Reparaturen vornehmen, um sein Schlofs wieder in einen wohnlichen Zustand zu versetzen und zu erweitern. Zu Ende seiner Regierung stand der erwähnte Schlofsbau Joachims von der alten Kapelle an bis zur Breiten-Strafse, der gegenüber 1659 Memmhart neben dem Schlosse ein monumentales Schlofsthor mit dorischen Säulen erbaut hatte. An der Westseite standen die noch heut vorhandenen beiden Gebäude, welche jetzt beide Schlofshöfe trennen. An der Spreeseite finden wir das von runden Erkern flankierte Gebäude neben der Kapelle, das sogenannte Haus der Herzogin,[17]) in dessen ersten Stockwerk die Kurfürstliche Wohnung lag. Daran schlofs sich der Anfang zu dem später von Nehring aufgeführten Gebäude, in dessen unteren Räumen sich jetzt die Küche befindet; dagegen war das dann sich anschliefsende vierstöckige Quergebäude bis zum Wasser vollendet. Auch die Schlofsapotheke und manche andere Gebäude, die damals den zweiten Hof umschlossen, und nicht mehr vorhanden sind, bestanden bereits zu jener Zeit. An der Ecke bei der jetzigen Schlofsbrücke stand der für Schlüter so verhängnisvoll gewordene, mächtige Münzturm. Der umfassende Neubau des Schlosses, der demselben bis auf die Schlofskuppel seine jetzige Gestalt gab, wurde bekanntlich durch Schlüter und v. Eosander von 1699 an ausgeführt und erst 1716 durch Böhme vollendet.

Die der französischen Gemeinde eingeräumte alte Schlofskapelle war schon seit längerer Zeit nicht mehr gebraucht worden; sie diente nur noch zur Parade-Ausstellung und der einleitenden Trauerfeier bei Begräbnissen von Mitgliedern der kurfürstlichen Familie. Seit der Bestattung des Königs Friedrichs I.[18]) scheint sie auch zu diesem Zwecke nicht mehr benutzt worden zu sein. Unsere Gemeinde hat diese Kapelle während eines Zeitraums von 6 Jahren, von 1682 bis 1688 zu ihren Gottesdiensten benutzt. Am 29. April 1688 fand der letzte Gottesdienst in derselben statt. Die nächste Veranlassung dazu war eine für die französische Gemeinde höchst schmerzliche; ihr erhabener Wohlthäter, der grofse Kurfürst, war an demselben

---

[14]) Dohme p. 4. — Im Hohenzollern-Museum des Schlosses Monbijou befindet sich auch ein ziemlich grofses Gypsmodell jenes Schlosses mit der Domkirche und allen Nebengebäuden; doch ist dasselbe mehrfach ungenau. So wurde die Kaufkolonnade, die übrigens ein ganz Teil von dem Schlosse abstand, erst 1679—1681 gebaut. Auch enthält es schon das Nering'sche Gebäude am Wasser.
[16]) Nikolai 91.
[17]) Genannt nach der Herzogin-Witwe von Braunschweig-Lüneburg, Hedwig, Schwester des Kurfürsten Johann Georg.
[18]) Förster: Friedrich Wilhelm I. Thl. I, p. 173.

29. April[19]) in Potsdam verschieden, nachdem er noch auf seinem Totenbette die Réfugiés seinem Nachfolger dringend empfohlen hatte. Acht Tage später hielt die Gemeinde ihren ersten Gottesdienst in der ihnen eingeräumten Domkirche. Der Gottesdienst fand hier abwechselnd mit der reformierten Domgemeinde um 11 Uhr vormittags und 5 Uhr nachmittags statt; an den Abendmahlstagen jedoch schon um 5 Uhr morgens.[20]) Diese Domkirche, ehemals zu dem benachbarten Dominikanerkloster der schwarzen Brüder gehörig, war wohl am Ende des 13. Jahrhunderts gegründet worden. Sie lag auf dem jetzigen Schlofsplatze zwischen der breiten und Brüder Strafse, und erst vor kurzem sind ihre sämtlichen Fundamente blosgelegt worden. Nach den noch vorhandenen Zeichnungen war sie ein für die damaligen Verhältnisse ganz ansehnliches Gebäude mit 2 gothischen Türmen an der nach dem Werder zugekehrten Seite und einem stattlichen Glockenturme an der Schlofsplatzseite. Einige Quergebäude gingen bis an die Schlofsgebäude, und auf der andern Seite lag der mit einer Mauer umgebene Kirchhof. Ein alter viereckiger, von Feldsteinen erbauter Turm am Schlofsplatz dicht beim Schlofs mit festen Gewölben wurde von der kurfürstlichen Hausvoigtei als Gefängnis benutzt. Dieser Turm wurde bereits 1716 bei Gelegenheit des Schlofsbaues abgebrochen; auch der Kirchhof ging zu jener Zeit ein, und im Jahre 1747 wurde endlich die ganze Domkirche entfernt, und der Dom im Lustgarten erbaut, welcher 1750[21]) eingeweiht wurde.

In demselben Jahre, 1688, in dem der französischen Gemeinde die Domkirche zur Mitbenutzung überwiesen wurde, wurde ihr auch gestattet, die eben vollendete Neustädtische oder Dorotheenstädtische Kirche abwechselnd mit der dortigen deutschen Gemeinde zu benutzen. Der erste Gottesdienst fand hier am 29. Januar 1688 statt. Wann der letzte französische Gottesdienst in der Domkirche stattfand, habe ich nicht erfahren können, doch scheint unsere Gemeinde etwa 13 Jahre, bis zur Einweihung der Werderschen Kirche am 16. Mai 1701[22]), dort ihre Gottesdienste gehalten zu haben.

Bei Verfolgung der Örtlichkeiten, in denen die französche Gemeinde in den ersten 30 Jahren ihres Bestehens ihren Gottesdienst feierte, bin ich über das wichtige Jahr 1685 hinweggegangen. Als der grofse Kurfürst am 29. Oktober[23]) jenes Jahres die am 18. Oktober[24]) erfolgte Aufhebung des Ediktes von Nantes mit dem Potsdamer Edikt beantwortete, zählte die Berliner französische Kolonie schon über hundert Familien ohne die Militärpersonen[25]), und wuchs nun zusehends, so dafs 5 Jahre später 1690 schon 2000 Mitglieder[26]), 1697 schon 4292, und 1700 deren 5869[27]) angegeben werden. Schon hieraus geht hervor, dafs die Einwanderung keine plötzliche war, sondern sich über viele Jahre verteilte. Von den Sammelplätzen zu Frankfurt a. M., wo der kurfürstliche Gesandte Merian für ihr Weiterkommen Sorge trug, von Holland, von wo die Herren Romswinckel und Diest dieselben über Hamburg dirigierten und von der Grenze an durch besondere Kommissarien weiter ge-

---

[19]) Alten Stils oder 9. Mai neuen Stils. Der Gregorianische Kalender wurde erst 1700 offiziell eingeführt, in welchem Jahre auf den 18. Februar gleich der 1. März folgte.
[20]) Erman *Mém. hist.* 13.
[21]) Nikolai 76.
[22]) Die Kolonie 1875 p. 6.
[23]) Alten Stils, 8. November neuen Stils.
[24]) Neuen Stils.
[25]) Genaue Zählungen aus jener Zeit sind nicht vorhanden.
[26]) Erman *Mém. hist.* 10.
[27]) Deheim-Schwarzbach: Hohenzollernsche Kolonisation 493.

leitet, langten die Flüchtlinge einzeln oder in kleinen Trupps an dem Ort ihrer Bestimmung an[28]). War dieser Berlin, so wurden sie der dazu eingesetzten Behörde oder dem Kurfürsten persönlich vorgeführt. Leti[29]), der zu jener Zeit in Berlin weilte, berichtet, daſs fast täglich der Prediger de Gaultier Flüchtlinge nach dem Schlosse geleitete[30]), und Herr de Campagne schreibt in seinen Memoiren: „Es war am 10. Januar 1686, als uns Sr. kurfürstliche Hoheit nach Potsdam einladen ließ; wir waren unser fünfzehn, die sich dorthin begaben. Der General-Kommissar Herr von Grumbkow, erwies uns die Ehre, uns vorzustellen. Der große Kurfurst empfing uns in einer Weise, die seinen großen Eifer für die reformierte Religion kennzeichnete; er bezeugte, daſs er durch unsere Leiden aufs tiefste ergriffen wäre, und daſs er sie lindern wollte. Er wünschte, daſs man ihm sowohl die Mittel schilderte, welcher wir uns bedient, um der Wachsamkeit der an den Grenzen aufgestellten Hüter zu entgehen, als auch die grausamen Maſsregeln, welche man angewendet hatte, um die Reformirten zum Religionswechsel zu vermögen. Bei dieser traurigen Erzählung konnte er sich der Thränen nicht erwehren." —

Die französische Kolonie in Strasburg i. U.
(Fortsetzung)

Dem in voriger Nummer gegebenen Prediger-Verzeichnis lassen wir heute eine Liste der Kantoren der Strasburger Gemeinde — Vorleser, Vorsänger und Schulmeister, *Lecteurs et Chantres et Maîtres d'école* ist ihr alter Titel — folgen:
1. Abraham de la Barre, von der Einwanderung Frühjahr 1691 an bis zu seinem Tode 13. Januar 1699, geboren in Bintersheim bei Frankenthal in der Pfalz. Seine Ehefrau war Marie Jeanne Charles, geboren in Sailli bei Lisle in Flandern. Die Ehe war, wie es ja auch noch die Schulmeisterehen sein sollen, sehr kinderreich. Dieser Umstand veranlaſste wohl die vierzigjährige Witwe, am 4. November 1701 den Tabakshändler und späteren *Ancien* Abraham Rô zu heiraten, der 1723 funfzig Jahre alt starb. Sie überlebte ihn fünf Jahre und starb 68 Jahr alt.
2a. Jean Valet (Vallet) bis 6. Oktober 1709. An diesem Tage wurde er vom Strasburger *consistoire* seines Postens enthoben und an seiner Stelle
2b. Henri Lelair angestellt, geboren in Bourg de Bierné, province d'Anjou. Er war *chirurgien*. Jean Valet fügte sich nicht in die Entlassung, scheint auch einen sehr großen Teil der Gemeinde für sich gehabt zu haben. Der Streit endete damit, daſs Jean Valet versetzt wurde, Henri Lelair freiwillig von seinem Amte zurücktrat und
3. Guillaume de la Barre, Sohn des sub 1. Genannten, 16. März 1710 einstimmig zum Kantor erwählt wurde. In den Kirchenbüchern wird er als *matérialiste* bezeichnet. Derselbe gab nach einiger Zeit, jedenfalls noch vor 1720, das Kantoramt wieder ab, leistete der Gemeinde aber als *ancien* und *trésorier* bis an sein Ende treue Dienste.
4. Daniel Codra, geboren in Zerrenthin bei Loecknitz, von vor 1720 an bis an seinen Tod, 22. Juli 1728. Er wurde 36 Jahre alt.
5. François Castillon, geboren in Berlin, von 1728 bis zu seinem 16. Dezember 1752 erfolgten Tode. Er wurde 49 Jahr alt.
6. Jean Jaques Lejeune, geboren in Frankfurt a. M., von 5. März 1753 bis 24. April 1767. Er wurde 71 Jahr alt.
7. Mariot, Strumpfwirker aus Prenzlau, bis 10. September 1770.
8. Jean Guillaume Delâtre aus Zehdenick bis 1777, in welchem Jahre er nach Prenzlau berufen wird.

---

[28]) Erman *Mém. hist.* III 35 und I 288, 292, 294.
[29]) Siehe Note 11.
[30]) Erman *Mém. hist.* I 344; Kolonie 1881, Oktober.

9. Paul Martilly, aus Berlin, bis 1782.
10. Patté, nur auf sehr kurze Zeit. Nähere Angaben fehlen.
11. Pierre Sarre aus Berlin, von 1783 bis 1791.
12. Matthieu Tourbié, aus Strasburg, von 1791 bis 22. Juni 1806, an welchem Tage er an die lutherische Stadtschule als Konrektor berufen wird.
13. Laurent, vom 1. Dezember 1806 bis zu seiner Emeritierung 1. Januar 1822. Er stirbt 27. September 1826.
14. Jean Daniel Harong, Kantor-Adjunkt, wird 1. Dezember 1825 nach Grofs-Ziethen berufen.
15. August Jesse, von 24. März 1826 bis zu seinem 12. September 1869 erfolgten Tode. Er wurde 66 Jahr alt. 1. Mai 1832 wurde die französische Schule mit der lutherischen Stadtschule vereinigt, und wurde der französische Kantor Elementarlehrer an derselben.
16. Rudolf Jesse, Sohn des vorigen, von 12. September 1869 bis heute.

Als ersten in der Reihe der *Ministres de l'Eglise Valonne* müfste man nach art. 8 und 9 des Privilegii vom 5. Januar 1691 erwarten, David Clement angeführt zu finden. Es lautet daselbst: Demnach auch die Impetranten den Prediger David Clement, zu welchen sie ein sonderbahres Vertrauen, und von ihm erbaut zu worden hoffen, zu Ihren Seel-Sorger erklähren, so haben Höchstgedachte Se. Churfürstl. Durchl. Ihnen hierunter gerne fügen, und denselben Ihnen concediren wollen des gdsten. erbiethens demselben nicht allein desfalls mit gewöhnlicher Vocation zu versehen, besondern auch mit einem Jährlichen Gehalt von 150 thlr. providiren zu lassen, damit Er auch soviel commoder subsistiren könne, so wollen Se. Churfürstl. Durchl. Ihn auch mit einer benötigten freyen Wohnung zu accomodiren verordnen.

Dieser David Clement traf aber nicht in Strasburg ein, sei es, wie De la Pierre meint, dafs er nicht aus hessischen Diensten entlassen worden, sei es aus andern Gründen. Die Strasburger Quellen enthalten darüber nichts. An seiner Stelle wird Jean Henri de Baudan genannt. Derselbe ist geboren zu Nîmes en Languedoc, hat seine Funktionen am 20. Mai 1691 begonnen, und starb am 24. November 1713 im Alter von 60 Jahren. Über sein Leben in Strasburg geben aufser den Kirchenbüchern und dem Protokollbuch nur zwei*) unten abgedruckte Schriftstücke Andeu-

I. Demnach Seine Churfürstl. Durchl. zu Brandenburg pp. Unser Gnädigster Herr in Gnaden Verordnet, dass zu bequemer logirung des Richters bey der Wallonischen Colonie zu Strasburg und dem Dortigen Predigers Baudans der Platz unter*) den Gewölbern am Rathhause daselbst zu wohnungen und Logementers angefertiget und accomodiret werden sollen; Also Befehlen Sie Dero Kriegs- und Steür-Commissario Grohmann hiemit in Gnaden, solchen orth in augenschein Zu nehmen, die dazu erforderende Unkosten zu überlegen, und imfall solche nicht über 150 Thlr, wie die Supplicanten berichten, sich belauffen solten, es die Verordnetermassen zuverfügen, damit die Supplicanten auf bevorstehenden Winter darin wohnen mögen, od dafern er etwas hiebey zu erinnern fünde, mit dem forderligsten seinen Bericht und was es vor beschaffenheit damit habe, abzustatten.
Signatum Coelln an der Spree d. 15. July 1691. L. S. Friderich.
II. Wir Endunterzeichneten erklären, dass wir von unserem Bruder, dem verstorbenen Johann Heinrich v. Baudan, Prediger an der Wallonen-Kirche zu Strassburg beauftragt worden sind, den Herren des Consistorium's der besagten Kirche für die Armen den Kamp zu übergeben, welcher von der kleinen Hufe abgetrennt worden ist, die früher dem Steuerbeamten H. Thiel gehörte, gegenwärtig aber dem H. Ludwig v. Baudan, welcher denselben jetzt in Gemäfsheit des Willens seines besagten Bruders zu Gunsten der besagten Armen abtritt.
2. Ausser dem besagten Kamp sind wir noch beauftragt, den besagten Armen 20 Rthlr. zu geben, welche wir auf die für sie vortheilhafteste Art und Weise verwenden werden.
3. Wir erklären ferner, dass unser Bruder beabsichtigt hat, dass den Armen der Pferde- und der Schweinestall zur Verfügung gestellt würde, welchen er auf seine Kosten hat machen lassen. Darüber mögen die Herren des Consistoriums verfügen, wie es ihnen gut scheint.
4. Dem Prediger, welcher die Wohnung im Rathhause bezieht, überlassen wir die Commodität-Thür, das Fenster links, wenn man auf den Hof kommt, und eine Thür zum Verschluss des Kamins, die kleine Thür, welche dazu dient, inwendig die Ofenthür zu verschliessen und die Fenstervorsätze; In dem Falle aber, dass die Herren des Magistrats die Commodität niederreissen und bauen lassen, in dem und in keinem anderen Falle überlassen wir H. Létienne die besagte Commodität-Thür mit dem Uebrigen und dem Hoffenster.

*) Soll wohl „über" heissen, die Wohnung des Predigers war über der Kirche.

tungen. Das eine, Anlage 1, besagt, dafs er, sowie der Richter der Kolonie, Dalençon, im Rathause gewohnt hat, aus dem andern, Anlage 2, einem Schreiben der Erben des Predigers De Baudan an das Strasburger *consistoire*, geht hervor, dafs er zwei Brüder Louis und Claresse hinterlassen. Da der Name De Baudan im Tauf- und Trauregister gar nicht, im Totenregister nur einmal — beim Tode des Genannten — vorkommt, läfst sich vermuten, er ist unverheiratet gewesen. Möglich ist es freilich auch, dafs er, da er bei seinem Eintreffen in Strafsburg schon 40 Jahr alt war, er Weib und Kind vorher gehabt und begraben hat. Verschiedene Umstände machen es wahrscheinlich, dafs die Familie De Baudan in Berlin eingewandert ist. Das Schreiben der Gebrüder De Baudan ist für die Strasburger von lokalem Interesse, weil aus ihm hervorgeht: Zum Rathause haben ehedem Hofraum und Stallungen gehört. Diese können kaum anders als an Stelle des jetzigen westlichen Flügels sich befunden haben. Von weiterem Interesse möchte der Umstand sein, dafs in jenen Zeiten ein Prediger mit 150 thlr. Jahrgehalt sich Pferd und Wagen halten konnte. Die Beweisführung sub 5 ist für Rechtskundige interessant. Die Erben geben einen Garten den Armen, indem sie meinen, derselbe sei ihr Eigentum, wie er Eigentum ihres verstorbenen Bruders gewesen, weil derselbe den Platz hätte reinigen und einfassen lassen. Trotz dieser Deduktion ist der Garten Pfarrgarten geblieben, bis er an die Stadtgemeinde verkauft und zum Turnplatze für die Strasburger Jugend umgestaltet wurde. Endlich ist in dem Schreiben der Erben eine gewisse Gereiztheit gegen das *consistoire* und besonders gegen den Pfarrer (dem sie den Garten nicht gönnen) erkennbar. Der Grund derselben wird aus Folgendem ersichtlich werden:

Krankheit hatte den Prediger De Baudan genötigt, am 2. Oktober 1712 sich nach Berlin zu begeben zur Wiederherstellung seiner Gesundheit. Prediger Vernezobre aus Potzlow sollte ihn bis zu seiner Rückkehr vertreten. Dieser siedelte am 26. Februar 1713 mit seiner Familie und allen Effekten auf Befehl des französ. *consistoire supérieur* von Potzlow nach Strasburg über, so dafs Prediger De Baudan bei seiner Rückkehr am 31. August 1713 sein Amt so gut wie besetzt vorfand. Alles — mit Ausnahme der Amtswohnung und des Amtsgartens — war in den Händen des Predigers Vernezobre. Wie es wenige Jahre vorher zwei Kantoren gegeben, so gab es jetzt zwei Prediger. Der eine war faktischer Inhaber der Pfarre, der andere noch nicht emeritiert. Da begaben sich die *anciens* Abraham Rô und

---

5. Wir lassen und übergeben den Herren des Consistorium's für die Armen das Recht, welches wir als Erben unseres Bruders auf den Garten haben. Aus folgenden Gründen ergiebt sich, dass das Besitzthum desselben nicht bestritten werden darf:

Es ist offenkundig, dass, als der Platz des Gartens unserem obenbesagten Bruder gegeben wurde, derselbe unbebaut und mit Ziegeln bedeckt war, und dass unser Bruder ihn auf seine Kosten hat reinigen und einfassen lassen, wozu weder die besagte Kirche noch irgend Jemand auf irgend eine Weise beigetragen haben, was sie gemusst hätte, wenn man dieses Geschenk als der Kirche gemacht angesehen hätte, und unserem Bruder hätte nur die Sorge obgelegen, ihn im Stande zu halten.

Auch ist noch zu bemerken, dass der besagte Garten nicht mit der Wohnung des Predigers verbunden ist, und dass man denen in den Städten nicht einen Garten zu geben pflegt, was zeigt, dass es mit dem Garten grade so steht, als ob man ihm eine Baustelle gegeben hätte. Man würde dann das Haus, das er auf seine Kosten erbaut, als ihm zu eigen gehörig ansehen müssen. Die Kirche hätte darauf kein Anrecht.

Und wiewohl diese Gründe überzeugend zu sein scheinen, ermahnen wir die Herren des Consistorium's, den besagten Ansprüchen ein Ende zu machen, indem wir dieselben den Armen abtreten, was durch Schiedsrichter in Ordnung gebracht werden kann, oder im schlimmsten Falle durch den Rechtsspruch des Herrn D'Alencon, der im Uebrigen sehr genau von der ganzen Sache unterrichtet ist, da er Richter war, als die Colonie sich niederliess.

Strassburg 15. Januar 1714.   (Louis) Baudan. Baudan Claresse.

Samuel Fasquel in das Rathaus, um Herrn Prediger De Baudan zu seiner Rückkehr zu begrüfsen. Sie erhielten zur Antwort, dafs seine Gesundheit erst dann würde wiederhergestellt sein, wenn man ihn ins Grab senken würde. Als man ihn fragte, ob er im stande sein würde, seine Funktionen wieder aufzunehmen, gab er die Antwort: Ich bin überrascht, dafs man an mich solche Anfrage stellt; ich bin weder im stande etwas zu thun, noch mich mit etwas zu befassen. Am folgenden Sonntage gab er dieselbe Antwort, aber in weniger sanften Ausdrücken in Gegenwart des Pfarrers Vernezobre und dessen Frau und seines (De Baudans) Bruders Claresse. „In meiner bedrängten Lage *(dans mon Poile),*" sagte er, „ist das eine lächerliche Anfrage. Ich bin weder im stande etwas zu thun, noch nachzudenken." — Noch fast drei Monate lebte er, am 24. November 1713 starb er und wurde im Gotteshause begraben. —

Diese wenig erfreuliche Geschichte ist ebenso wie die der beiden Kantoren Jean Valet und Henri Lelair nur deshalb erwähnt worden, weil aus ihnen hervorgeht: Im Anfange des Bestehens der Kolonie-Gemeinden gab es noch keine Vorschriften über Amtsentlassung, Emeritierung, Wahl, Neubesetzung, Einführung und dergleichen. Hierbei dürfte die Bemerkung nicht uninteressant sein, dafs aus den Akten zweifellos hervorgeht, dafs das Strasburger *consistoire*, aus dem Prediger und 6 *anciens* bestehend, sich noch bis zu Anfang dieses Jahrhunderts für befugt erachtete, einen Kantor ohne weiteres abzusetzen. Von einer Emeritierung des Predigers De Baudan ist nirgend die Rede, ebensowenig von einer Wahl und einer Einführung des Predigers Vernezobre. Das Einzige, was geschah, war das: Unterm 24. Januar 1714 baten die *anciens conjointement les chefs de famille* um die definitive Anstellung des Predigers Vernezobre, welche auch gewährt wurde. Diese Bittschrift hatte — zehn — Unterschriften mit dem Zusatze: *pour toute la colonie.*

Doch kommen wir zu den Notizen, welche das Protokollbuch von des ersten Predigers De Baudan's Hand enthält. Diese sind eben deswegen von Wert, weil sie uns den Zustand der damaligen Gemeinde charakterisieren. Die Notizen beginnen 1703. Solche, welche die Person des Predigers angehen, finden sich aufser den schon erwähnten nicht. Dagegen etliche, welche das *consistoire* betreffen: Dasselbe schliefst am 26. Februar 1704 mit Herrn Letienne (einem *ancien*) einen Vertrag ab, nach welchem derselbe für jährlich zwei Thaler zu den Sitzungen eine Hinterstube hergiebt, sie heizt und die sonst nötigen Vorkehrungen trifft. Am 13. Mai 1705 treten drei *anciens*, Pierre Letienne, Jean Lejeune und Pierre Goubar aus und werden durch Kooptation Jean Vitu, Jean Laurent und Samuel Blanbois *anciens*. Drei auf einander folgende Sonntage werden die Namen der Drei von der Kanzel bekannt gemacht, und am 14. Juni werden sie in gewöhnlicher Weise ins Konsistorium aufgenommen. Am 21. April 1706 wird beschlossen: Das *consistoire* hält seine Sitzung jeden ersten Mittwoch des Monats, nachmittags 1 Uhr.

Die Geschichte des französischen Waisenhauses in Berlin.

1775 feierte die Stiftung ihr fünfzigjähriges Jubiläum. Von den Einrichtungen, die einen wesentlichen Einflufs auf die Verfassung oder innere Ordnung auszuüben vermochten, seien hier nur folgende erwähnt: 1752 erfolgte die Einsetzung eines geistlichen Katecheten, der den Religions-Unterricht im Waisenhause (auch in der *École de charité*) zu erteilen hatte. Schon in den ersten Zeiten der Gründung hatte ein Geistlicher, Gibert, den Religions-Unterricht im Waisenhause gegeben. Er war noch in Frankreich geboren und hatte dort in den Tagen der Verfolgung seines Prediger-Amtes gewartet. Nach seinem Tode trat Prediger Forneret an der

Friedrichstadt in seine Stelle, nach dessen Hingange aber, bis 1752, war der Unterricht in nicht geistlichen Händen und gab zu mancherlei Bedenken Veranlassung. Dann traf man eben jene Einrichtung, die noch heute besteht; ein Geistlicher der Gemeinde erteilt den Religions-Unterricht im Waisenhause. — Nach dem Statute wurde die Zahl der Direktions-Mitglieder auf acht festgesetzt, von denen vier aus den *chefs de famille*, vier als Deputierte des Konsistoriums zu nehmen sind. Jene sollen ihr Amt auf Lebenszeit verwalten; die Mitglieder aus dem Konsistorium aber wechseln, der Sekretär der Armenpflege oder des Diakonats jedoch verbleibt, so lange er diese Stelle im Konsistorium einnimmt, auch Mitglied der Direktion des Waisenhauses. — Um eine vollständige Trennung beider Geschlechter durchzuführen, verzichtete man von 1767 an auf die Miete, welche das obere Stockwerk eintrug, und brachte nun Knaben und Mädchen in den Stockwerken gesondert unter. Es sei hier gleich erwähnt, dass Friedrich II 1779. „zur Verschönerung des Stadtteils", das Haus umbauen liefs. Es erhielt eine architektonisch besser ausgestattete Façade, aufserdem ein neues Stockwerk. Die so gewonnenen Räume wurden nicht vermietet, sondern durch eine zweckmäfsige Verteilung der Klassen und Schlafsäle im Interesse der inneren Ordnung ausgenutzt. Da bei dieser Gelegenheit auch eine Reparatur der unteren Räume vorgenommen werden mufste, bewilligte der König noch ein Gnadengeschenk von 661 Thalern. — Aus dem Jahre 1667 stammt noch eine andere Einrichtung, welche man beibehalten hat, deren Vortrefflichkeit sich bis auf unsere Tage bewährt. Es gab manche kleine Geschäfte im Haushalte, die für eine Kontrolle durch die männlichen Direktoren nicht recht passend schienen. Man schuf eine mütterliche Aufsicht in den *dames directrices*. Die ersten, welche dieses Amt annahmen und in Eifer und Fürsorge ein leuchtendes Beispiel für alle folgenden blieben, waren die Damen George, Chambeau und La Terrasse. Die Funktionen der *dames directrices* bestehen in der Kontrolle der Ökonomie, der Ordnung und Reinlichkeit, sowie in der Beaufsichtigung der Arbeiten der Mädchen, der Erziehung und Unterbringung derselben. Aus der Zeit bis 1800 sei noch einer Stiftung erwähnt, die ebenfalls bis heute in Segen fortbesteht. Wir meinen den Fonds Barthélemy. Barthélemy, ein rechter Kolonist und seiner Zeit seines treuen ehrenfesten Charakters wegen hoch gefeiert, machte als unbekannter Wohlthäter schon von 1784 an ein jährliches Geschenk von 70 Thalern und hinterliefs bei seinem Tode ein Legat von 1500 Thalern. Hiermit gründete er eine Stelle für solche Waisen, die nicht von eingewanderten Réfugiés abstammten. Nach den Statuten nämlich durfte die Direktion nur Waisen von französischen Eingewanderten aufnehmen und mufste alle andern Kinder zurückweisen, besonders solche, deren Vater, wenn auch mit einer Kolonistin verheiratet, ein Deutscher war, selbst dann, wenn er als Mitglied der Kolonie aufgenommen war. Auch solche Kinder galten und gelten nicht als zur Aufnahme berechtigt, deren Eltern nicht vor der Stiftung des Waisenhauses aus Frankreich ausgewandert sind. Bei einer Aufnahme mufste die Direktion streng nach diesen Vorschriften verfahren, und beobachtet auch heute noch genau diese Gesetze. Mit aufrichtigem Bedauern, doch vollständig rechtmäfsig, wurde nun manches recht bedürftige Kind zurückgewiesen, und solchen Kindern wurde nun der Fonds Barthélemy gerecht.

Als im Jahre 1825 das Haus sein hundertjähriges Jubiläum feiern konnte, waren Mitglieder der Direktion: Prediger Jean Henry, Vorsitzender, Geheimer Legationsrat Humbert, seit August 1824 Sekretär, Philipp Jacob, seit 1805 Schatzmeister, Michelet, seit 1818, Hofrat Alloucherv seit 1823. Diese Herren waren Direktoren aus den *chefs de famille*. Vom Konsistorium deputierte Direktoren waren: Herr Gamet, der Vater, als Sekretär des Diakonats, Nicolas, *ancien*, Fabre, *ancien*, Geheimer Finanzrat Bon, *ancien diacre*. Inspektoren des Hauses: Michelet und Fabre. *Dames directrices*: Die Damen Mila, Toussaint und Bernard. Katechet: Paul Henry, der Sohn.*) Vier und vierzig Jahre hatte der Anstalt als Sekretär gedient der Geheime Rat Humbert. 1732 geboren, zog er sich erst in einem Alter von 91 Jahren, 1823, von den Geschäften des Hauses zurück und starb bald darauf, erlebte also das Jubeljahr nicht mehr. Als Knabe und Jüngling hatte er noch die bedeutendsten Eingewanderten aus Frankreich als Greise gesehen und den Worten des grofsen Kanzelredners Beausobre im Werder gelauscht. Ein Zeuge vergangener grofser Zeiten ragte er hinein in dieses Jahrhundert. — Die Feier der Stiftung, welcher er seine ganze, volle Manneskraft gewidmet, war ihm nicht mehr vergönnt zu schauen.

*) Siehe Seite 8 des vorigen Jahrgangs.

Gemeinde-Angelegenheiten.

Bericht über das Hospital für das Jahr 1880.

Jeremias 31 v. 25: Ich will die müden Seelen erquicken und die bekümmerten Seelen sättigen.

Der Vorsitz in der Hospital-Kommission ist von Herrn Prediger Nefster auf Herrn Prediger Villaret übergegangen, die übrigen Glieder sind dieselben geblieben.

Die Zahl der Insassen ist gestiegen; das Hospital zählt jetzt 110 Personen, 31 Männer und 79 Frauen, gegen 28 Männer, 75 Frauen im Vorjahre; daher haben sich die Ausgaben gemehrt, namentlich für Nahrungsmittel und Heizungsmaterial.

Eine festliche Speisung fand statt am Sédanstage, dem Tage der *fête de refuge* und zu des Kaisers Geburtstag. Das Weihnachtsfest wurde unter strahlenden Tannenbäumen durch eine Ansprache des *modérateur* und durch Gaben der Liebe gefeiert.

Am 4. Februar 1881 wurde das 25jährige Amtsjubiläum des Hospitalarztes, des Herrn Sanitätsrates Dr. La Pierre, begangen.

Der sogenannte Hospitalfonds, der gesammelt wurde zur Erbauung des neuen Hospitals und mit der Absicht, denselben wo möglich so anwachsen zu lassen, dafs er für die Bedürfnisse der Anstalt ausreichende Mittel gewähren könne, ist nun, nach Vollendung des Hospitalbaues, der Verwaltung der Hospital-Kommission entzogen worden und in die Selbstverwaltung des Konsistoriums übergegangen (der Bericht über denselben wird im nächsten Jahre gegeben werden). Beiträge für denselben sind an den *trésorier*, Herrn Wibeau, Schützen-Strafse 30, zu übergeben, während die milden Gaben, die dem Hospital selbst und den Hospitaliten bestimmt sind, nach wie vor von dem *caissier*, Herrn Dröge, Friedrich-Strafse 61, und von allen Mitgliedern der Kommission angenommen werden.

Das Hospital besteht aus:

I. Dem eigentlichen Hospital, nämlich 1) dem Greisenhause für a) *sujets à vie* und b) Pensionaire; 2) dem Krankenhause mit a) der Heilanstalt für Kranke *à guérison*, b) der Siechenanstalt für Unheilbare, c) der Anstalt für leichtere Gemütskranke.

II. Der Anstalt für bevorzugte Pensionairinnen, oder dem Pensionat.

Die Ausgabe für das Hospital betrug im Jahre 1880:
1) an von der Kommission im Ganzen eingekauften Nahrungsmitteln 18184 Mark 30 Pf.
2) an Gehältern, Löhnen und anderweitigen Unkosten . . . . . 3790 „ 17 „
3) an Ausgaben des Inspektors in runder Summe . . . . . . 1950 „ — „
4) an Beerdigungskosten . . . . 568 „ 75 „
5) an Wäsche und Bekleidung . . . . 2291 „ 65 „
6) an Bauten und Utensilien . . . . — „ — „
7) an Feuerung und Beleuchtung . . . . 3073 „ 71 „
8) an Arznei . . . . 1198 „ 20 „

in Summa: 31866 Mark 78 Pf.

Der Kopf kostete im Jahre 1880:
   im Allgemeinen (ohne Wohnung) . . 289 Mark 69½ Pf.
   an Nahrungsmitteln . . . . 165 „ 31² „

Zur vorgenannten Summe von 31866 Mark 78 Pf. hat zugeschossen:
der Don Anonyme . . 28 Mk. 90 Pf.
der Don Antem . . . 480 „ — „
das Legat v. d. Heydt 375 „ — „   883 „ 90 „
die *Compagnie du Consistoire* . . . . . 25163 „ — „

es kostet also der Kopf dem Konsistorium an Zuschufs: 228 Mark 75⁴⁄₁₀ Pf.

Zur Zeit ist die Hospital-Kommission folgendermafsen zusammengesetzt:

a. **Männervorstand:** Hr. Villaret, Prediger u. *modérateur*, Klosterstr. 43. Hr. J. Violet, Rentier, Schriftführer, Leipzigerstr. 13. Hr. Dröge, Rentier, *caissier*, Friedrichstr. 61. Hr. C. A. Fasquel, Rentier, Belleallianceestr. 15. Hr. A. Poppe, Kaufmann, Neue Friedrichstr. 37. Hr. Ch. Degner, Kaufmann, Gertraudtenstr. 13. Hr. E. Vité, Rentier, Höchstestr. 42. Hr. Ed. Sarre, Kaufmann, Dorsigstr. 8. Hr. Zyrewitz, Kommandantenstr. 24. Hr. Fr. Christophe, Mittelstr. 11.

b. **Frauenvorstand:** Frl. Pauline Rosenfeld, Körnerstr. 3. Frl. Pauline Noël, Elisabethufer 28. Fr. Hofjuweller Humbert, Schlofsfreiheit 2. Fr. Schafheitlin, geb. Rousset, Lützowstr. 41.

(Unter den Geschenken für die Hospitaliten finden wir, aufser barem Gelde, 5 Flaschen Wein für die Krankenstube, eine eiserne Bettstelle, ein jährliches Abonnement für eine Zeitung, eine Tonne Bier, Pfefferkuchen zu Weihnachten.)

Bericht der französischen Gesellschaft zur Verteilung von Brennholz an verschämte Arme während des Winters 1880/81. (Hundert und fünftes Jahr.)
Das Stamm-Kapital beträgt 158583 Mk. 5 Pf.
Das Reserve-Kapital beträgt 14385 Mk. 85 Pf.
    Die laufenden Einnahmen betrugen . . . 15272 Mk. 87 Pf.
    Die Ausgaben . . . . 13114 „ 65 „
    es konnten somit . . . . 2158 Mk. 22 Pf.
an den Reserve-Fonds zurückgezahlt werden.

    Mittelst vorgedachter Ausgabe wurden bei der Verteilung von Holz berücksichtigt:
1) an 190 Personen oder Familien der französisch-reformierten Gemeinde . . . . 770 Cbm.
2) an 107 Witwen, die vor ihrer Verheiratung mit Mitgliedern der französisch-reformierten Gemeinde anderen evangelischen Gemeinden angehörten . . . . 436 „
3) an 62 Frauen oder Witwen, die vor ihrer Verheiratung mit Männern anderer evangelischer Gemeinden der französisch-reformierten Gemeinde angehörten 248 „
4) an 2 Witwen, die vor ihrer Verheiratung mit Katholiken der französisch-reformierten Gemeinde angehörten . . . . 8 „
5) an 51 empfohlene Personen oder Familien . . . . 114 „
    412 Personen oder Familien . . . . 1576 Cbm.
    An Fuhrlohn wurden gezahlt 1182 Mk.

Beiträge: A. Der Kaiserlichen und Königlichen Majestäten, der Mitglieder
      des Königlichen Hauses . . . . 376 Mk. — Pf.
   B Erträge aus Vermächtnissen . . . . 193 „ 19 „
   C. Aus öffentliche Kassen . . . . 3165 „ 18 „
   D. Von Korporationen und Vereinen . . . . 30 „ — „
   E. Von Wohlthätern . . . . 1510 „ — „

In diesem Winter werden die Holzkarten verteilt:
        in der Berliner Parochie:
  A. durch Herrn Prediger Villaret, Kloster-Strafse 43,
  B.   „   Herrn Landré, Grofsbeeren-Strafse 88,
  C.   „   Herrn Drège, Friedrich-Strafse 61.
        in der Friedrichstädtischen Parochie:
  A. durch Herrn Berg, Friedrich-Strafse 174,
  B.   „   Herrn Haslinger, Königgrätzer-Strafse 19.
        in der Louisenstädtischen Parochie:
  A. durch Herrn C. Mathieu, Stallschreiber-Strafse 54,
  B.   „   Herrn L. Mathieu, Neue Grün-Strafse 38.

Vereinsnachrichten der Réunion.

I. Vortrag am Freitag, den 6. Januar, Restaur. Keller, Rosenthalerstr. 39, 8½ Uhr abends. Herr Dr. Muret: Der Tiergarten; seine Geschichte mit besonderer Rücksichtnahme auf die Berliner Kolonie. Gäste können von Mitgliedern eingeführt werden.

II. Sitzungen: Freitag, den 13. und Freitag, den 27. Januar. Restaurant Gärtner, Mittelstr. 62, 8½ Uhr abends.

III. Familien-Abend: Mohrenstr. 28, 1 Tr., bei Püttner, am Freitag, den 20. Januar. Anfang gegen 9. Der Vorstand bittet um rege Teilnahme. Gäste können von Mitgliedern unter den bekannten Bedingungen eingeführt werden.

Briefkasten.

Hrn. T. Der Bericht über den M. E. kann hoffentlich in nächster Nummer erfolgen. — Hrn. Tal. Ebenso der Stb. — Hrn. S. Unsere Zeitung kann noch recht viele Abonnenten gebrauchen. Bewahren Sie derselben Ihre Teilnahme und sorgen Sie nur nach Ihren Kräften für neue Abonnenten. Dann wird der Umfang ohne Deficit, das sich 1881 wohl verringert hat, aber nicht geschwunden ist, vermehrt werden können. — Hrn. P. in Hbg. Ein Versehen beim Abschreiben der Adresse, den ich lebhaft bedaure. — Es hat sich bei den Familien-Abenden die Gewohnheit ausgebildet, im Allgemeinen möglichst spät zu kommen. Es führt dies manche Nachteile mit sich in betreff des Anfangs, der Einteilung und des Schlusses. Es liegt im Interesse aller, wenn 9 Uhr, oder noch etwas frühere Zeit, nach Möglichkeit festgehalten wird.

Verantwortlicher Redakteur und Verleger: W. Bonnell, Schwedterstr. 257. — Druck von M. Driesner, Berlin, Klosterstr. 50.

Februar 1882.   VI. Jahrgang.

DIE KOLONIE.

Organ für die äusseren und inneren Angelegenheiten der französisch-reformierten Gemeinden.

Redigiert von W. Bonnell, Rektor in Berlin.

Erscheint monatlich einmal. Preis pro Quartal 75 Pf.

Abonnements werden angenommen bei W. Bonnell in Berlin N., Schwedter-Str. 257, und bei jeder Post-Expedition.

INHALT: Berlin vor 200 Jahren, von Dr. Muret, II. — Die französische Kolonie in Strasburg i. U. Fortsetzung. — Aus dem Vereinsleben der Kolonie. — Gemeinde-Angelegenheiten. — Anzeige. — Vereins-Nachrichten der Réunion.

Berlin vor 200 Jahren,
mit besonderer Berücksichtigung der französ. Kolonie.
Von Dr. Muret.

(Fortsetzung.)

    Aus den Provinzen, wie auch aus Holland, aus Schlesien, aus der Schweiz etc. kamen Zuzüge nach der sich immer mehr hebenden Residenzstadt, die schon 1619 etwa 12000 Einwohner gehabt, durch den dreifsigjährigen Krieg aber so verfallen war, dafs sie 1661 deren nur noch 6—7000 zählte. Nikolai nimmt für 1672 etwa 9800 Einwohner an, die sich aber bis 1685 schon auf 20000, um 1700 auf 28000, um 1709 auf 49855, und 1712 auf 61000 vermehrten. Eine so bedeutende Zunahme der Bewohner war wohl Veranlassung, dafs die in kleinen Zuzügen erfolgende Einwanderung der Réfugiés sich in aller Stille vollzog und in Berlin nicht das Aufsehen erregte, welches wir nach sonstigen Darstellungen anzunehmen geneigt sind. Sonst wäre es ganz auffällig, dafs Aufzeichnungen von Zeitgenossen in Berlin, wie z. B. die Wendland'sche Chronik (1648—1701), und das in lateinischer Sprache von dem 1701 verstorbenen Konrektor des Joachimthalischen Gymnasiums, Ferdinand Pusthius, verfafste Chronicon Berolinense, welche doch über alle möglichen Hoffeste, Unglücksfälle, Hinrichtungen, Veränderungen im Stadtgebiet etc. gewissenhaft berichten, über die Einwanderung der Réfugiés vollständig schweigen.

    Betrachten wir nun dasjenige Berlin, welches die um das Jahr 1685 herum Einwandernden vorfanden. Nach Abschlufs des westphälischen Friedens beschränkte sich das eigentliche Stadtgebiet der vereinigten Städte Berlin und Kölln auf den Teil, der heut etwa durch die neue Friedrichstrafse, die Spree und den mit der Schleuse versehenen Spreearm eingeschlossen wird. Am Ende der Paddengasse (kleine Stralauerstrafse) stand ein Befestigungsturm, und eine doppelte Pfahlreihe sperrte hier die sehr breite Spree bis zum jenseitigen Ufer. Mit seinen hohen festen Mauern und den mittelalterlichen Befestigungstürmen, welche von den Türmen von St. Nikolai,

St. Marien, vom Hospital zum heiligen Geist, von St. Petri, vom Dom, dem kurfürstlichen Schloſs und manchem andern hohen Hause überragt wurden, mochte die Stadt demjenigen, der sie von einer nahen Höhe erblickte, einen ganz stattlichen Anblick gewähren. Trotzdem sah es in den Städten selbst ziemlich trostlos aus. In den Jahren 1630, 1637 und 1639 waren sie von der Pest heimgesucht worden, und die Leiden und Lasten des Krieges waren derartig, daſs schon 1637 allein in Berlin von den 345 Häusern 168 ganz verlassen waren. Die Vorstädte von Berlin und Kölln waren 1640 und 1641 auf Befehl des Statthalters von Schwarzenberg durch den Kommandanten Dietrich von Kracht bei Annäherung der Schweden niedergebrannt worden. Es waren dabei 108 Häuser und das Gertrud-Hospital zerstört worden. Das Elend war groſs, die öffentlichen Gebäude und Privathäuser waren in Verfall oder verlassen, und die Mittel zur Herstellung fehlten. Die noch vorhandenen Bewohner waren in groſser Armut. So schildern Rat und Bürger dem Kurfürsten ihre trostlose Lage in einer langen Eingabe vom 27. Juli 1640.[31]) Das war der Zustand der Hauptstadt beim Regierungsantritt des groſsen Kurfürsten; was seine Energie aus derselben gemacht, das zeigt die Zunahme der Bevölkerung und die Ausdehnung der Städte am Ende seiner Regierung und verlangt eine eingehende Schilderung aller Verhältnisse. Eine groſse Veränderung hatten unter ihm die beiden Städte an ihrer Peripherie erfahren durch die von ihm von 1658—1683 ausgeführte Umwandlung derselben in eine regelmäſsige Festung; dieser Veränderung verdanken auch die beiden neuen Stadtteile, der Friedrichs-Werder und Neu-Kölln, ihre Entstehung, denen sich später die ebenfalls in die Befestigung gezogene Neustadt oder Dorotheenstadt anschloſs. Dreizehn fünfeckige Bastionen mit Wall und Graben umschlossen nun beide Städte, Neu-Kölln und den Werder.[32]) Sechs Thore führten durch diese Wälle; in Berlin das Georgenthor (Königstraſse 34), das Stralauerthor (in der Stralauerstraſse beim Waisenhaus), das Spandauerthor (am Ende der Spandauerstraſse); in Kölln: das Köpnicker Thor (Wallstraſse 25), das alte Leipziger Thor (an der Stelle der Friedrich-Werderschen Gewerbeschule an der Mündung der alten Leipzigerstraſse), das Neue oder Neustädtische Thor (zwischen der Königswache und Prinzessinnen-Palais). Der uralte Ausgang aus der Stadt Kölln durch das Gertrautenthor (bei der Gertrautenbrücke) wurde dadurch geschlossen, und die Straſse nach Potsdam und Teltow durch die alte Leipzigerstraſse verlegt. Rund um die Befestigungen wurden die erforderlichen Esplanaden angelegt, groſse freie Plätze, um den Geschützen der Wälle Spielraum zu gewähren. Die Esplanade vor dem neuen Thor gab dem jetzigen Opernplatz seine Entstehung. Eine andere lag vor den beiden Bastionen, auf denen jetzt die katholische Kirche steht und der Hausvoigteiplatz sich befindet; aus ihr ist später der groſse Gensd'armenmarkt entstanden. Eine dritte Esplanade befand sich vor dem Leipziger Thor, der jetzige Dönhofsplatz. Auch der Haackesche Markt, Monbijouplatz, Alexanderplatz haben eine gleiche Entstehung. Die inzwischen 1674 begonnene Neustadt oder Dorotheenstadt, die sich von der heutigen Behrenstraſse bis zum Graben am Katzenstiege (der heutigen Georgenstraſse), und vom Neustädtischen Thor bis zur heutigen Schadowstraſse erstreckte, wurde 1681 ebenfalls mit einer Befestigung umgeben. Einen vorhandenen Graben benutzend, zog man Graben

---

[31]) Siehe dies Aktenstück und die weiteren Belege zur Geschichte Berlins während des dreiſsigjährigen Krieges in den Schriften des Vereins für die Geschichte Berlins Heft 5.
[32]) Raumer, der Tiergarten bei Berlin, p. 25. — Holtze, Geschichte der Befestigung von Berlin (Schriften des Vereins für die Geschichte der Stadt Berlin, Heft 10).

und Wall längs der jetzigen Behrenstrafse bis hinter die Mauerstrafse, und von dort im rechten Winkel zur Spree, wodurch der Tiergarten, der früher bis zur Spree, später bis zur jetzigen Akademie reichte, weiter zurückgedrängt wurde. Wo sich jetzt Behren- und Friedrichstrafse kreuzen, lag das Potsdamer Thor, und zu Ende der Linden (bei der jetzigen Schadowstrafse) das Tiergarten - Thor. Auch die Vorstädte waren wieder angebaut worden; so die Spandauer Vorstadt an dem alten Weg nach Spandau (jetzige Oranienburgerstrafse) besonders beim kurfürstlichen Vorwerk (Monbijou), die Stralauer Vorstadt, und auch die Köllnische Vorstadt zu beiden Seiten der alten Tempelhoferstrafse, die durch die jetzige Lindenstrafse führte.

(Forts. folgt).

Die französische Kolonie in Strasburg i. U.
(Fortsetzung.)

Am 19. Mai 1706 treten wieder drei *anciens* aus; hier wie das vorige Mal wird als Grund angeführt, dafs sie das Amt zwei Jahre inne gehabt hätten. Am 9. April 1709 wird wieder von dem Austritt dreier *anciens* berichtet. Da dieselben aber nicht in den beiden früher angeführten Notizen als gewählt angeführt werden, so mufs früher ein Austritt und eine Neuwahl stattgefunden haben. Der nächste Austritt datiert vom 29. Mai 1710, der folgende vom 10. Mai 1711, der nächste vom 9. Juli 1713, und zwar treten die 1711 Gewählten aus; die nächsten Wechsel sind 22. April 1714, 12. Mai 1715, 14. Juni 1716, 18. April 1717, 8. Mai 1718, 11. Juni 1719, 2. Juni 1720, 1721 fehlt, 26. April 1722, 30. Mai 1723, 7. Mai 1724, 29. April 1725, 12. Mai 1726, 4. April 1727, 18. April 1728, 8. Mai 1729, 7. Mai 1730, 27. Mai 1731, 1732 fehlt, 10. Mai 1733, 3. Juni 1734, 15. Mai 1735, 3. Juni 1736, 3. Mai 1737, 15. Mai 1738, 7. Mai 1739, 26. Mai 1740, 11. Mai 1741, 29. April 1742, 1743 fehlt, 7. Mai 1744, 1745—47 fehlt, 26. Mai 1748, 18. Mai 1749, 1750 und 51 fehlt, 7. Mai 1752, 20. Mai 1753; danach findet sich erst unterm 22. April 1760 die Notiz: Für S. Cochoi, D. Tavernié und G. Perrein, welche beide letztere gestorben, werden Jean Defrenne sen., Jean Et. Ledoux und Jac. Delâtre *anciens*. Dann 1763 am 10. Mai wieder ein Wechsel von drei *anciens*. Am 27. Juni 1770 wird ein *ancien* ersetzt, am 12. Mai 1771 wieder drei, 1777 am 9. März wieder drei, 1783 zwei, 1784 einer, 1792 am 4. April vier, 3. Februar 1811 zwei, Dezember 1820 drei, 26. Januar 1823 einer, 7. März 1824 vier, 2. Februar 1826 zwei, 20. Mai 1827 einer, 10. Februar 1833 vier, 14. Juni 1835 drei, 16. Februar 1838 drei, 25. Februar 1844 einer, 1. Januar 1848 einer, 7. April 1861 einer. Diese Zahlen sind nicht ohne Bedeutung, nicht weniger die angeführten Namen. Es geht daraus hervor: Von den sechs *anciens* schieden alljährlich die drei, welche schon zwei Jahre gedient hatten, aus. Drei andere wurden kooptiert. Wiederwahl fand nicht statt. Wohl aber konnten solche, die vordem das Ancienamt schon einmal bekleidet hatten, gewählt werden. So ist es in der Strasburger Kolonie - Gemeinde von 1691 bis nach 1750 gehalten worden. Ob anderswo auch, weifs Schreiber dieses nicht, ebenso wenig, ob dieser Modus durch Befehl von oben aufgehoben oder ob er dadurch aufgehört, dafs die *anciens* einfach nicht austraten, weil der Modus in Vergessenheit geraten.

Betrachten wir nunmehr die Thätigkeit des *consistoire:* Die erste Notiz vom 15. 11. 1703 besagt, daß M. Jean Valet (der damalige Kantor) bei den Begräbnissen in Zukunft beten soll, damit in Zukunft die Vorstorbenen sorgsamer als früher einregistriert werden möchten. Er soll Todestag und Stunde unverzüglich zur Anzeige bringen und dafür drei Thlr. jährlich erhalten. Die Chronik des Predigers Remy will in dieser Notiz eine Anstellung des Jean Valet als Küster erblicken. Das ist wohl zu weit gegangen. Zweierlei lässt sich aber aus der Notiz, wenn nicht beweisen, so doch stark vermuten: Das Totenregister von 1691—1703 ist nicht sehr zuverlässig, die drei Thlr. sind aus den *deniers des pauvres*, der Armenkasse, genommen, die Hinterbliebenen haben dem Kantor nichts zu geben gehabt, also: **Die sogenannte Armenkasse hat von Anfang an den Charakter einer Kirchenkasse gehabt**, wie dies auch die schon oben erwähnte Zahlung von zwei Thaler Miete für das Sitzungszimmer zeigt, und **die Mitglieder der Gemeinde hatten bei Begräbnissen keine kirchlichen Accidenzien zu zahlen.** Später sind dieselben erst von der lutherischen Kirche her eingeschmuggelt worden.

Die nächste Notiz handelt von einem Brautpaare, welches sich mit den beiderseitigen Eltern dem *consistoire* vorstellt. Alle erklären ihre Einwilligung zu der zu schließenden Ehe. Die Anzeigen werden durch Befehl des *consistoire* in die Hände des Vorlesers und Kantors gelegt, um nächsten Sonntag veröffentlicht zu werden. Daraus und aus den weiteren ebenso lautenden Notizen folgt erstens: Der Vorleser und Kantor hielt in alter Zeit den Nachmittagsgottesdienst, am Schluss desselben verlas er die Aufgebote. Aus einer Vergleichung der Daten des ersten Aufgebots und der Trauung ergiebt sich, daß die Trauung frühestens am 29. Tage nach dem ersten Aufgebot erfolgte, mithin ein dreimaliges wohl erforderlich war und nach dem letzten auch noch volle 8 Tage vergehen mussten, ehe zur Trauung geschritten werden konnte. Die Brautleute waren gehalten, mit ihren Eltern vorm *consistoire* zu erscheinen und das Aufgebot nachzusuchen. Erfolgte kein Einspruch, so fand die Trauung statt, erfolgte aber Einspruch — etliche solche Fälle werden berichtet — so entschied das Berliner Oberkonsistorium über die Sache.

Eine andere Notiz vom 14. 1. 1704 giebt Aufschluß über die *Deniers des Pauvres*. Dieselben wurden, wie noch heute, von zwei *anciens* in Büchsen eingesammelt, und von ihnen dem Einnehmer *(receveur)* übergeben. Derselbe besaß ein Einnahme- und ein Ausgabebuch. Überdies ernannte das *consistoire* einen Kontroleur der Kasse und ließ sich alljährlich zu Anfang des Jahres Rechnung legen. Dies Alles hat es aber nicht verhindert, daß in der angeführten Rechnung pro 1703 ein Fehler untergelaufen. Bestand und Einnahme ergaben 56 Thlr. 9 Gr., Ausgabe 22 Thlr. 6 Gr. 6 Pf., bleibt Bestand nach dem Protokollbuche 34 Thlr. 3 Gr. 6 Pf.

Bevor wir aber die weiteren Befugnisse des alten *consistoire* betrachten, wollen wir zunächst die Extra-Gottesdienste, welche unter dem Prediger de Baudan vorkamen, zusammenstellen:
1) 18. 1. 1704. Krönungsfeier.
2) 18. 1. 1705. Krönungstag und Reisegebet für den Kronprinzen.
3) 8. 2. 1705. Totenfeier für die Königin.
4) 4. 3. 1705. Kriegs-Dank und Bußtag.
Dankgebet für Rückkehr des Kronprinzen, dabei ist ein Kirchengebetsformular für den König und sein Haus angeführt.
5) 28. 6. 1705. Leichenpredigt für die Königin. Text Ev. Joh. 11, 25 und 26.

6) Mittwoch nach Pfingsten. Trauerfeier für Kaiser Leopold. Bufstag.
7) 30. 6. 1706. Dankgebet für des Kronprinzen Heirat.
8) 16. 10. 1709. Bufstag — ein neues Kirchengebetformular.
9) 19. 4. 1710. Dankgebet wegen Verschonung von der Seuche (Pest).
10) 4. 8. 1710. Fastentag wegen der Seuche. Jer. 2, 19; Jer. 3, 42.
    13. 4. 1711. Aufhören der Seuche-Gebete.
11) 3. 5. 1711. Dankfeier wegen der Seuche.
12) 10. 5. 1711. Trauerfeier wegen des Todes Sr. Kaiserlichen Majestät. (Joseph I).
13) 3. 10. 1711. Gebet, *que Dieu bénisse la grossesse de madame la princesse royale*.
14) 3. 2. 1711. Entbindungs-Kirchengebet.

Wenden wir uns zu den Notizen, welche die Abendmahlsfeiern betreffen, so ersehen wir, dafs dasselbe an den drei hohen Festtagen gefeiert worden. Für die, welche nicht erscheinen konnten, wurde eine Nebenfeier gehalten, meist, aber nicht ausschliefslich, am Sonntage nach dem Fest. Für das Jahr 1704 werden die Zahlen der Kommunikanten auf 144, 142, 146 angegeben. In den späteren Jahren der Amtsführung de Baudan's steigen diese Zahlen bis 180, woraus einerseits folgt: Sämtliche Konfirmierte fanden sich zu den Feiern ein — (die Kolonie zählte anfangs nur 50 Familien, also kaum mehr als 150 Konfirmierte), andrerseits bezeugen die aufsteigenden Zahlen das Gedeihen der Kolonie.

Am 16. 4. 1704 bedrohte das *consistoire* mit der Ausschliessung vom heiligen Abendmahl und damit mit Ausschliefsung aus der Gemeinde alle die, welche es versäumt, ihre Hochzeit und ihre Leichen einregistrieren zu lassen. Am 6. 6. 1707 wurde die Ausschliefsung über drei, welche des Sonntags Karte gespielt hatten, am 6. 4. 1708 über jemand verhängt, der auf Citation des *consistoire* vor demselben nicht erschienen war. Daraus ersehen wir, dafs das *consistoire* auch das Aufsichtsrecht über den Wandel der Gemeinde-Mitglieder übte, das Citationsrecht und die Ausschliefsung aus der Gemeinde unbedenklich gebrauchte. Am 26. 12. 1703 erliefs es ein Tanzverbot, empfiehlt statt dessen *„des petits jeux honnêtes et innocents"*, citiert und verwarnt 7. 7. 1706 zwei Frevler gegen dies Gebot, am 11. 8. 1706 citiert und verwarnt es einen wegen Sonntagsarbeit, einen andern wegen Abendmahlsversäumnis. Derartige Notizen, sowie Beilegungen von Zwistigkeiten, Erledigung von Beleidigungs- und Verleumdungsklagen, Untersuchungen wegen Beschuldigungen, betreffend das 7. Gebot,*) finden sich, letzterer Art vereinzelt, ersterer ziemlich zahlreich.

In bezug auf das Vermögen der *Deniers des Pauvres*, welches pro 1703 mit einem Bestande von etwa 34 Thlrn. abschlofs, ist eine Notiz vom 16. 4. 1704 bemerkenswert, laut welcher alle, welche der Armenkasse Geld schulden, gemahnt werden sollen, die Zinsen des Geliehenen oder das Geliehene selbst zu zahlen. Am 13. 5. 1705 wird Pierre Letienne beauftragt, die Sache mit der Hufe und der Scheune, welche der Henker von Strasburg den Armen der Kirche geschenkt hat, zu verfolgen, und erhält 8 Gr. Entschädigung pro Tag. Am 2. 2. 1707 werden den Armen 2½ Centner Tabak geschenkt. Der Tabak gilt pro Centner 22 Gr. — heut kauft man kaum 2 Pfund dafür — das Geschenk beträgt demnach 3 Thlr. 5 Gr., wie das Protokollbuch sagt. Danach ist der Thaler, da 77 Gr. herauskommen, zu 24 Gr. gerechnet. Am 17.5.1708 wird die oben genannte Hufe verpachtet, und zwar soll für je einen Scheffel Wintersaat ein Scheffel Roggen, für je einen Scheffel Sommersaat ein Scheffel Gerste

---

*) Wahrscheinlich ist hiermit das 6. Gebot des luther. Katech. gemeint. Anmerk. des Herausg.

an die Armen geliefert werden. Die letzte von Baudan's Hand herrührende Kirchenrechnungs-Notiz vom 12. 7. 1711 weist einen Bestand von 33 Thlr. auf, nachdem derselbe früher schon beträchtlich höher gewesen. Es waren die Jahre von 1708—1711 der Pest und des Viehsterbens wegen schlechte Jahre. Auch waren viele Gemeindemitglieder von Scheunenbränden schwer betroffen worden.

Kommen wir zu den Schulangelegenheiten. Nach einer Notiz vom 26. 3. 1704 wurde besprochen, der Prediger soll die Väter und Mütter der säumigen Schulkinder von der Kanzel stark zensurieren. Auch für den *maitre d'école* sorgte das *consistoire*, indem es ihm 26. 2. 1704 das alte *drap mortuaire* (Bahrtuch) schenkte, wahrscheinlich, damit er sich einen schwarzen Anzug daraus mache oder machen lasse. Am 26. 12. 1706 wird beschlossen, alle Sonnabende soll ein *ancien* die Schule besuchen. Aus einer andern Notiz 1707 entnehmen wir, daſs das *consistoire* für die armen Kinder das Schulgeld an den Lehrer bezahlte, daſs derselbe aber von jedem Kinde „*un chariot*", einen Wagen Holz forderte. Das *consistoire* beschlofs, die Armen sollten gar kein Holz liefern, die andern nur je einen Wagen pro Familie. Diese Anordnung scheint Veranlassung zu den späteren Miſshelligkeiten gegeben zu haben, welche bei Aufführung der Kantoren erwähnt sind.

Wenn wir zu dem Gesagten noch hinzufügen, 1. daſs am 28. 4. 1709 ein Totengräber gewählt worden, Charles Loeillot, unter der Bedingung, daſs er für ein Grab zu einer Leiche bis 15 Jahren 5 Gr., für ein solches einer älteren Person 8 Gr. erhalten solle. Die Zahlenden waren selbstverständlich die Hinterbliebenen der Gestorbenen. Vorher scheinen die einzelnen Gemeindeglieder die Gräber ihrer Verstorbenen entweder selber gegraben oder durch beliebige Arbeiter das Graben besorgt zu haben; wenn wir erwähnen, 2. daſs die Baudan'schen Notizen des Protokollbuchs drei Übertritte zur Kolonie erwähnen, welche nach voraufgegangener Prüfung ohne weitere Umstände und Genehmigung von seiten der Oberbehörden erfolgten; wenn wir 3. eine Kollekte vom 6. 7. 1704 für die *réfugiés d'Orange*, welche 18 Thlr. 15 Gr. 6 Pf. ergab, eine desgl. zu Gunsten der vom Scheunenbrand vor dem Jüteritzer Thor im August 1711 betroffenen 20 Kolonisten-Familien anführen, — mehr als diese beiden Kollekten werden nicht erwähnt; — wenn wir endlich erwähnen, daſs eine Bitte des Tischlermeisters André Gambier, daſs die Kolonisten ihre Särge bei ihm kaufen möchten, — er liefere sie so billig wie die deutschen Tischler — günstig aufgenommen wurde, so glauben wir alles Aufzeichnenswerte — vielleicht schon mehr als das — zusammengestellt zu haben, was dem Leser dazu dienen kann, sich ein Bild von den damaligen kirchlichen und sittlichen Zuständen, sowie von der Wirksamkeit des *consistoire* zu gestalten.

Vereinsnachrichten der Kolonie.

Mittwochs-Gesellschaft. Am 14. December 1881 hielt Herr Prediger Nessler einen Vortrag über die Armenpflege in Paris. Nicht die Stadt hat dort (wie bei uns) die Verpflichtung, sondern die Regierung. Vor Louis XIV., wo Paris 350000 Einwohner hatte, gab es schon 40000 Bettler, welche von sehr gefährlichen Führern geleitet, ungeheure Heucheleien ausübten; denn wenn sie Abends heimgekehrt waren, wurden die hölzernen Beine abgeschnallt und die andern Täuschungen beseitigt. Nach der Revolution decretierte der Konsul Bonaparte, daſs die Gemeinde für die Armen sorge. Seit 1849 sorgt die *Assistance publique* für die 15 Hospitäler, 8 allgemeine und 7 specielle, auſserdem 3 für arme Kinder. Es sind 20 groſse Bezirke, 7000 Personen gehören zur Verwaltung, die Einnahme beträgt jetzt 25 Millionen frcs. Jedes Etablissement (als Theater, Ballokal u. dgl.) muſs 10% der Einnahmen abliefern, was im Jahre 1869 1780000 frcs. betrug; die Stadt selbst giebt 10 Millionen frcs. Napoleon III. gab täglich 10000 frcs., daher belief sich damals die Einnahme auf 43 Millionen frcs. Die *Assistance* besitzt Mühlen und Bäckereien, welche täglich 25000 Klg. Brote liefern, ein Schlachthaus, eine Apotheke, 5 Magazine, worin die nötigen Utensilien aufbewahrt werden. Die Zahl der Armen belief sich 1869 auf 34:0000. 1829 kam 1 Armer auf 13 Einwohner, 1859 1 auf 15, jetzt 1 auf 18. Ausserdem existiert eine Kommission von 62 Personen, welche mehr freie Armenpflege treibt, mit einer Einnahme von 7 Millionen frcs. Ein Armer von 70 Jahren erhält 5 frcs., später auch 12 frcs. monatlich. Die Hospitäler haben im Ganzen 7683 Betten; London hat nur 4334.

Im Januar hielt Herr Dr. Béringuier in der Mittwochs-Gesellschaft einen interessanten Vortrag über Ludwig Schneider.

Die Réunion beschäftigte sich in ihren letzten Sitzungen mit dem Plane einer im Laufe dieses oder künftigen Monats abzuhaltenden Wander-Versammlung. Als Zweck einer solchen wurde bezeichnet, bei denjenigen Mitgliedern unserer Kolonie, welche keinen von beiden Vereinen angehören, die Teilnahme für die Interessen unserer Kirche (Geschichte, Verfassung, Institutionen) anzuregen, und wurde der Erfolg der vorjährigen Versammlung als ein nicht ungünstiger bezeichnet. Der Verein beschloß endlich, auch in diesem Winter noch zu einer Wander-Versammlung Einladungen ergehen zu lassen und faßte als Bezirk die Luisenstädtische Parochie ins Auge. Ort, Zeit und Gegenstand der Versammlung wird demnächst festgestellt werden, und erhalten die Mitglieder der Réunion ebenfalls eine besondere Einladung. — Ferner wurde das in der Dezember-No. vorigen Jahres angeregte Projekt, sich an der Feier des Jubeljahres 1885 auch von Seiten des Vereins durch die Herausgabe eines, die Geschichte der Kolonie in Wort und Bild behandelnden Werkes zu beteiligen, einer erneuten und eingehenden Besprechung unterzogen. Das Resultat derselben war der Beschluß, die Absicht festzuhalten und die Schwierigkeiten, welche sich einer Lösung der Aufgabe immer entgegenstellen werden, nach besten Kräften zu besiegen.

Herr Dr. Muret hielt am ersten Freitage des Monats einen Vortrag über unseren Tiergarten, der bei allen Zuhörern ein reges Interesse hervorrief. Einige in diesem Vortrage gemachten Angaben nehmen Beziehung auf unsere Kolonie, und wir hoffen, die Erlaubnis zu erhalten, dieselben in unserer Zeitschrift abdrucken und somit einem größeren Publikum zugänglich machen zu können. — Was endlich den am dritten Freitage abgehaltenen Familien-Abend betrifft, so haben wir von demselben nur unter Zeichen höchster Befriedigung sprechen hören. Vor allem gebührt dem Herrn, welcher das Lokal für unsere Familien zugänglich machte, volle Anerkennung für die zweckmässige und treffliche Wahl. Hoffen wir, daß sich in diesen ansprechenden Räumen die gesellige Vereinigung unserer Mitglieder zu schöner Blüte entfalte.

Gemeinde-Angelegenheiten.

Unter dem 3. November 1881 ist an das Hochw. Konsistorium der französischen Kirche folgendes Gesuch gerichtet worden:

Einem Hochw. Konsistorio der französischen Kirche erlaubt sich, im Auftrage des Vereins Réunion, der Unterzeichnete ganz gehorsamst nachstehende Vorstellung zu unterbreiten und dieselbe der Berücksichtigung zu empfehlen.

Der im Jahre 1868 gegründete Verein Réunion besteht aus Mitgliedern aller Parochieen der hiesigen französischen Gemeinde und hat zum Zweck, das Gefühl der Zusammengehörigkeit zu beleben und den Gemeindesinn anzufachen und zu stärken. Zu den Fragen, die der Verein in Verfolgung oben angegebener Zwecke in seinen Sitzungen behandelt, gehört auch die nachstehende, welche Einem Hochw. Konsistorio vorzutragen ich von dem Verein beauftragt bin.

Die in den Réglements niedergelegte Verfassung unserer Gemeinde hat seit ihrer Publizierung, 1791, vielfache Aenderungen erfahren. Durch die Umgestaltung der Staats- und Gemeinde-Einrichtungen in diesem Jahrhundert sind ganze Kapitel dieser Verfassung veraltet und hinfällig geworden; für andere Festsetzungen dagegen brauchten nur der bisher übliche Usus und die traditionellen Verwaltungsbräuche geändert werden, um sie mit den Anforderungen der Neuzeit in Einklang zu bringen.

Hierher gehört die durch die Réglements (Sect. I, Chap. 2 und Sect. I, Chap. 44) vorgeschriebene Verstärkung der *assemblée générale* durch zehn, resp. zwanzig oder dreißig Familienhäupter. — Diese Einrichtung involviert das Recht der Gemeinde, wichtige Vorlagen, die an die Gemeinde gebracht werden sollen und zu deren Ausführung die Zustimmung ihrer *chefs de famille* nötig ist, im Schoße des Konsistoriums und in Gemeinschaft mit demselben unmittelbar durch die zur Verstärkung herangezogenen Vertreter vorbereiten und gestalten zu helfen.

Bei der gewaltigen Ausdehnung, welche Berlin seit 1791, der Edierung der Réglements, gewonnen hat, und bei der Zerstreuung der Gemeinde über diesen gewaltigen Raum ist es für das Konsistorium aber eine höchst schwierige Aufgabe, die *chefs de famille*, welche für eine vorliegende Sache geeignete Beurteiler sind, aufzufinden und heranzuziehen.

Das am 9. August 1876 geänderte Kapitel 10 der Réglements: Wahl der *anciens* etc., setzt fest: § 6. Es ist eine General-Liste sämtlicher Familienhäupter der Kolonie anzufertigen. In dieser Liste ist bei jeder Person zu verzeichnen, zu welcher Parochie sie gehört, und ob sie für den Dienst eines *ancien* oder *ancien-diacre* geeignet ist, oder ob sie schon in einem dieser Aemter der Kirche gedient hat. § 9: Diese Liste ist alljährlich durch eine Kommission, bestehend aus den drei Predigern, welche die Parochial-Kirchenbücher führen, den drei Sekretären der Parochieen und dem Führer der Kirchenbücher durchzusehen und zu berichtigen. Die Parochial-Sekretäre haben ihre besonderen Listen nach der also revidierten und richtig gestellten General-Liste zu berichtigen.

Diese Liste, zum Zweck für die Wahl der *anciens* etc. angelegt, könnte dem Konsistorium auch zum Zweck der Renforzierung dienen, und müfste demnach der Gemeinde alljährlich zur Einsicht ausgelegt werden. Allein es ist wohl eine nicht ganz unrichtige Annahme, dafs es den Herren Geistlichen und Parochial-Sekretären nicht gelingt, ganz genaue Parochial-Listen aufzustellen, und fast unüberwindliche Schwierigkeiten machen hierbei der Stadtumfang und der häufige Wohnungswechsel. — Ebenso schwierig ist aber aus letzteren Gründen die Beurteilung der Qualifikation der einzelnen *chefs de famille*, eine Sache, die im vorigen Jahrhundert, wo bei dem engen Zusammenwohnen die Bewohner sich genau kennen lernten, leicht möglich war. Wenn dies im allgemeinen schon für die Wahl der *anciens* etc. gilt, so findet es in noch weit höherem Mafse Anwendung auf die zur Verstärkung des Konsistoriums heranzuziehenden *chefs de famille*, da bezüglich deren Qualifikation eine noch eingehendere Recherche nötig ist, als bei der Wahl eines *anciens* etc.

Da nun die Réglements dem Konsistorium in Bezug auf den Wahlmodus für die Heranziehung der das Konsistorium verstärkenden *chefs de famille* keine Vorschriften geben, so gestattet sich die Réunion, Einem Hochw. Konsistorium einen hierauf bezüglichen Vorschlag ergebenst zu unterbreiten mit der Bitte, denselben einer eingehenden Prüfung zu würdigen, da nach Ansicht des Vereins die Rechte der Gemeinde nur in dieser oder einer ähnlichen Weise ausgiebig gewahrt werden können.

Die *chefs de famille* jeder Parochie, einzeln, werden in geeigneter Weise zusammenberufen, um für einen gewissen Zeitraum, vielleicht drei Jahre, je zwanzig Personen zu wählen, geeignet, bei einer Verstärkung des Konsistoriums die Gemeinde zu vertreten. Die Annahme der Wahl würde dem Gewählten umsomehr die Pflicht, dem Rufe des Konsistoriums zu folgen, auferlegen, als er der wählenden Gemeinde gegenüber sich durch seine Erklärung hierzu verpflichtet hat. Die Gewählten sind mit Angabe der Wohnung durch den Kirchenzettel der Gemeinde bekannt zu machen. Aus diesen sechzig Personen (jede Parochie wählt, wie gesagt, zwanzig), deren Verminderung durch Tod oder Verzug in geeigneter Weise zu ergänzen ist, entnimmt das Konsistorium die jedesmal erforderliche Zahl von *chefs de famille*. Im Behinderungsfalle eines derselben wird aus der Mitte der Gewählten ein anderer aufgefordert.

Dies der Vorschlag, betreffend die Wahl der zur Renforzierung heranzuziehenden Gemeindemitglieder. Die Réunion benutzt gleichzeitig die Gelegenheit, dem Hochw. Konsistorium mitzu legen, dafs aus dieser Zahl von *chefs de famille* auch die zur Prüfung der Rechnungen zu erwählenden geeigneten Revisoren zu entnehmen sein möchten, die im Namen der Gemeinde Decharge zu erteilen haben.

d'Hargues, Vorsitzender der Réunion.

Im Verlage des Reformierten Schriften-Vereins ist erschienen:
Der Hohepriester unseres Bekenntnisses,
Predigt nach Ephesser 1, 20—23 von Pastor Geyser. Preis 20 Pfg.
Zu beziehen durch: **die Expedition des Reformierten Schriften-Vereins**, zu Händen des Herrn **Fr. Wilh. Vogt in Barmen**, Westkotterstr. 34a.
Daselbst ist ferner zu haben:
1. Die Züricher Bibel, geh. pr. Expl. . . . . 3 Mk. 50 Pf.
2. Kurzer Entwurf der göttlichen Wahrheit zum Gebrauch beim Katechismus-Unterricht in der Altreformierten Kirche der Provinz Hannover, p. Expl. . . . — „ 20 „
3. Der Kalender für die Reformierte Kirche 1882, herausgegeben von der Reformierten Buchanstalt zu Cleveland Ohio, Vereinigte Staaten von Nord-Amerika. Bei franco Zusendung . . . . „ 60 „
Der Kalender enthält aufser dem astronomischen Teil eine lehrreiche Geschichte: „Heimsuchung und Heimgang," ferner kurze praktische Lehrabschnitte für jeden Monat des Jahres, sowie Berichterstattungen über Schul-, Lehr- und Missionsanstalten innerhalb der reformierten Kirche, und am Schlusse bringt er noch eine Liste sämtlicher reformierten Pastoren in N.-A. und Anzeigen verschiedener Blätter und Bücher, die sich dort im Verlage befinden.

Vereinsnachrichten der Réunion.

I. Vortrag am Freitag, den 3. Februar, Restaurant Keller, Rosenthalerstr. 30, 8½ Uhr. Herr Bonnell: Die Jesuiten. (Gäste können von Mitgliedern eingeführt werden.

II. Sitzungen: Freitag, den 10. und Freitag, den 24. Februar. Restaurant Gärtner, Mittelstr. 62, 8½ Uhr.

III. Familien-Abend: Mohrenstr. 28, 1 Tr. bei Püttner, am Freitag, den 17. Februar. Anfang gegen 9 Uhr. Der Vorstand bittet um rege Teilnahme. (Gäste können von Mitgliedern unter den bekannten Bedingungen eingeführt werden.

März 1882. VI. Jahrgang.

DIE KOLONIE.

Organ für die äusseren und inneren Angelegenheiten der französisch-reformierten Gemeinden.

Redigiert von W. Bonnell, Rektor in Berlin.

Erscheint monatlich einmal. Preis pro Quartal 75 Pf.

Abonnements werden angenommen bei W. Bonnell in Berlin N., Schwedter-Str. 257, und bei jeder Post-Expedition.

INHALT: Berlin vor 200 Jahren, mit besonderer Berücksichtigung der franz. Kolonie von Dr. Muret, III. — Die franz. Kolonie in Strassburg i. U. (Forts.) — Aus der Provinz: Jahresbericht der Gemeinde zu Angermünde und Magdeburg für 1881. — Noch einmal die Luisenstädtische Kirche. — Aus dem Hospiz. — Die Ursachen des Niederganges der reformierten Kirche in Deutschland. — Gemeinde-Angelegenheiten. — Vereins-Nachrichten der Réunion. —

Berlin vor 200 Jahren,
mit besonderer Berücksichtigung der französ. Kolonie.
Von Dr. Muret.

(Fortsetzung).

Nachdem wir die damalige Stadt, so kurz wie es möglich war, begrenzt haben, wollen wir in dieselbe eintreten. Wir haben, von Südwest kommend, die letzte Station, das Dorf Schöneberg, erreicht, von wo aus sich die Stadt im Vordergrunde schon recht ansehnlich präsentiert. Es ist freilich nur das hintere kleine Dorf um die Dorfkirche herum vorhanden; der vordere Teil, Neu-Schöneberg, wurde erst 1750 angelegt und mit 20 Familien kolonisiert.[33]) Links von uns liegt Wilmersdorf hinter einer stattlichen Kette von Seeen, die nicht mehr vorhanden sind. Über Felder und Wiesen hinweg sehen wir in weiter Ferne das Dorf Lietzen, und in der Nähe den Tiergarten, damals noch ein umhegtes Waldrevier; rechts den von der Teltower Landstrasse durchschnittenen Höhenzug, die kurfürstlichen Weinberge. Dicht bei Schöneberg treffen wir auf unserem Wege nach der Stadt den kurfürstlichen Hopfengarten, wo früher der Hopfen für die kurfürstliche Brauerei gezogen wurde. Als der Kurfürst 1679 die Lieferung von Bier in natura an seine Hofbedienten abschaffte und ihnen dafür eine entsprechende Erhöhung ihres Gehaltes bewilligte, ging der Hopfenbau ein, und der Garten wurde bedeutend vergrößert und zum Gemüse- und Obstgarten umgewandelt. Der große Kurfürst, während seines ganzen Lebens ein eifriger Freund und Förderer der Gartenbaukunst, säete, pflanzte und pfropfte hier eigenhändig und ermunterte dadurch viele seiner hohen Beamten, gleichfalls den Gartenbau zu fördern.[34]) Dieser später der Akademie der Wissenschaften überwiesene Garten ist der heutige Botanische Garten. Durch sumpfiges Wiesenland zieht sich

[33]) Nikolai 184, 1040.
[34]) Nikolai 10:16.

die Landstraße bis zu dem alten Flutgraben, der köllnischen Landwehr, über den eine elende kleine Holzbrücke, die Schafgrabenbrücke, führt, bei welcher sich die Straße dreifach gabelt. Der östliche Weg ist die alte Bauernstraße von Kölln nach Schöneberg; sie ist noch teilweis in der Junker- und Jakobstraße erhalten. Der mittlere Weg führt nach dem Leipziger Thor, und ist die heutige Potsdamer-, und mit geringen Abweichungen die Leipzigerstraße. Der dritte Weg links, den wir einschlagen, führte zu dem erwähnten Potsdamer Thor (Ecke der Behren- und Friedrichstraße). Wir benutzen den Weg nur eine kurze Strecke und kommen durch die köllnischen Felder bald an ein großes Gehöft mit Garten. Hier wohnt der Stackensetzer des Tiergartens, der für die Erhaltung des Tiergartenplankenzauns zu sorgen hatte. Es ist die Stelle, wo sich noch zu unserer Zeit Kämpfer's Hof befand, wo jetzt die Victoriastraße in die Tiergartenstraße mündet. Von hier ging links der Weg längs der Umzäunung des Tiergartens (die heutige Tiergartenstraße) nach Dorf Lietzow und über den Kurfürstendamm nach Schloß Grunewald; rechts nach dem Tiergartenthor. Wir treten aber durch das Gitterthor in den Tiergarten ein und verfolgen die lange Allee, die quer durch den Tiergarten (zum Teil noch in der kleinen Queralle erhalten) bis zu der in der Nähe des späteren Unterbaums an der Spree (jetzige Hindersinstraße) gelegenen Meierei der Kurfürstin führt. Bei dem großen sandigen Querwege, der durch das Waldrevier nach Dorf Lietzow führt, und der ziemlich der jetzigen Charlottenburger Chaussee entspricht, nur daß er sich näher zur Spree hinzieht, biegen wir rechts ab, um durch das Tiergartenthor in die Stadt zu kommen. Der Tiergarten, in der Spreeniederung gelegen, ist ein sumpfiges, vorwiegend mit Laubholz bestandenes Waldrevier und macht auf uns ganz denselben Eindruck, den viele Partieen des noch umhegten Grunewaldes auf den heutigen Wanderer machen; es ist eben noch ein urwüchsiger, von der Kunst noch nicht berührter Wald. Am Tiergartenthor, das in der Gegend des heutigen russischen Palais stand, überschreiten wir auf einer Zugbrücke den Graben, haben der Accise und des Passes wegen manche Formalitäten zu erfüllen und betreten nun die breite, mit einer vierfachen Allee von jungen Linden bepflanzte Straße, deren Südseite nur vereinzelte Häuser zeigt. Die mittlere Allee ist mit einem groben Holzgeländer umgeben und reicht wie heut noch bis zum jetzigen Akademiegebäude. Vor der Befestigung erstreckte sie sich bis zum Kupfergraben und hatte dort ursprünglich sechs Reihen Bäume.[33]) Trotz ihrer Breite macht die menschenleere, ungepflasterte Straße, die jetzige Hauptstraße der Residenz, den Eindruck einer Dorfstraße, denn bei den wenigen umzäunten Häusern zeigen uns große Düngerhaufen, daß die Vieh- und besonders die Schweinezucht hier noch mit Vorliebe betrieben wird. Noch im Jahre 1690 ordnet eine kurfürstliche Verfügung an, die Stackete vor den Häusern in der Dorotheenstadt abzuschaffen, den mittleren Gang zwischen den Lindenbäumen zuzuhalten, damit er mit Gras bewachsen könne, die Misthaufen auf beiden Seiten der Linden wegzuschaffen und die frei herumlaufenden Schweine einzuhalten, damit sie die Allee nicht umwühlten und die Bäume beschädigten.[36]) Links gestatten uns große durch Gärten ausgefüllte Lücken zwischen den wenigen Häusern, die noch

---

[33]) Auch später von 1698 bis nach den Befreiungskriegen war die Allee wieder sechsfach; zwei Reihen standen längs der Häuser.
[36]) König: Versuch einer historischen Schilderung der Residenzstadt Berlin (1795) III 25; auch Raumer: Der Tiergarten, 33.

dürftig bebaute neue Dorotheenstadt³¹) zu überblicken. Die Kirche, welche der französischen Gemeinde, wie bereits mitgeteilt, 1688 zur Mitbenutzung übergeben wurde, ist noch im Bau. Dahinter sehen wir an der Spree die kurfürstliche Schiffbauerei, und über die Spree und das jenseitige Wiesenland hinaus, in weiter Ferne an der Spandauer Landstrafse gelegen, eine gartenartige Meierei der Kurfürstin, zu ihrem Vorwerk vor dem Spandauerthore (jetzigem Monbijou) gehörig; hier sollte schon im Jahre 1686 für die französische Gemeinde durch die Güte der Kurfürstin ein Hospital entstehen.³²) Auch jenseits der sumpfigen Wiesen, welche sich zwischen dem Katzenstieg und der Spree ausdehnen, und durch welche ein Damm nach der neuen Holzbrücke am Weidendamm führt, sehen wir am jenseitigen fernen Ufer neben einigen Ziegeleien eben jenes Vorwerk (Monbijou) der Kurfürstin mit seinem parkartigen Garten. In der neuen Dorotheenstadt sind die Strafsen, welche der heutigen Charlottenstrafse, Friedrichstrafse, Mittelstrafse, Dorotheenstrafse, Neustädtischen Kirchstrafse, Schadowstrafse entsprechen, bereits abgesteckt, doch im Ganzen noch wenig bebaut, meist von fremden Zuzüglern, von denen die gröfste Zahl zur französischen Kolonie gehört. (Forts. folgt.)

Die französische Kolonie in Strasburg i. U.

(Fortsetzung.)

Der zweite in der Reihe der Strafsburger Prediger ist Emanuel Vernezobre, von 26. 2. 1713, wenn man den Tag seiner Übersiedlung von Potzlow als den des Amtsantritts ansieht, bis zu seinem Tode 10. 3. 1746. Er war gebürtig aus Nimes dans le Languedoc, starb 84½ Jahr alt, zählte also bei seinem Eintreffen in Strasburg über 51 Jahre. Seine Gattin, die er von Potzlow mitbrachte, ein geborenes Fräulein Lavinie de Bermont de Roussait, geboren in Gap in der Dauphiné, Tochter des verstorbenen Edlen Alexandre de Bermont de Roussait und dessen Gemahlin Madelaine de Bontis, lebte in Strasburg nicht volle zwei Jahre, starb 23. 1. 1715, ungefähr 53 Jahre alt, und wurde im Gotteshause begraben. Kinder aus dieser Ehe werden weder im Strasburger Tauf-, noch Trau-, noch Totenregister erwähnt; dennoch sind solche vorhanden gewesen. Der Ausdruck im Protokollbuch: „Er siedelte mit seiner ganzen Familie von Potzlow nach Strasburg über" spricht zu deutlich dafür — und das Schweigen der Kirchenbücher, sowohl der Strasburger wie der Potzlower, hat nichts zu bedeuten. Weifs doch auch das Strasburger Taufregister nichts von einer zweiten Ehe des Predigers Vernezobre und mehreren Kindern dieser Ehe, deren es mindestens drei mufs gegeben haben. Es können aber ebenso gut drei mal drei und noch mehr gewesen sein. Drei werden im Totenregister erwähnt: Otton Vernezobre, † 5. 10. 1720, 1 Monat alt, Jeanne Cathérine Vernezobre, † 11. 6. 1722, 7 Monate alt und François Henri Vernezobre, † 15. 11. 1729, 5 Tage alt. Da diese drei als *natifs de Strasbourg* ausdrücklich bezeichnet werden, sie im Taufregister nicht verzeichnet stehen, man nicht annehmen kann, die Pfarrerskinder seien nicht, oder an einem anderen Orte getauft worden, bleibt nichts als die Annahme übrig: Prediger Vernezobre hat es für überflüssig gehalten oder hat es vergessen,

---

³¹) Nikolai 166 teilt mit, dafs nach 1691 die Dorotheenstadt erst 149 Häuser besafs und auf der linken Seite der Linden nur 22 Häuser, meist noch im unfertigen Zustande bestanden.
³²) Siehe Kolonie 1880, Januar etc.

seine eigenen Kinder ins Taufregister einzutragen. Ich erwähne dies nicht, um dem Prediger Vernezobre Übles nachzureden, sondern deshalb, weil die Sache ein Streiflicht auf den Wert der Kirchenbücher jener Zeit wirft; denn wenn dem Prediger Vernezobre, der sonst die Bücher mit grofser Sorgsamkeit geführt hat, dessen Handschrift klar und deutlich, wie wenige, ist, dies passieren konnte, was kann man dann an andere Kirchenbücher in Bezug auf Vollständigkeit für Ansprüche machen? — Prediger Vernezobre's zweite Gattin, Dorothée Charlotte Constantin, *native de Prentzlow*, überlebte ihren Gatten um 4 Jahr, starb 60 Jahr 5 Monate alt am 2. 6. 1750 in Strasburg und wurde, wie dieser, auf dem Kirchhofe begraben. Die erwähnten 3 Kinder und die erste Gattin Vernezobre's ruhen im Gotteshause. — — Aus dem Protokollbuche wird ersichtlich, dafs Prediger Vernezobre, welcher ein thätiger, energischer, starker Mann gewesen zu sein scheint, mehrere Jahre vor seinem Tode von einer Krankheit befallen worden, von der er sich nicht wieder erholte. Nach den Kirchenbüchern verrichtete er in den letzten 4 Jahren fast sämtliche Amtshandlungen auf seiner Stube. Er konnte danach das Zimmer nicht verlassen, 3. 6. 1744 führt Prediger Roux-Battin die 3 Ältesten ein, 20. 2. 1745 wird Prediger Crouzet-Potzlow beauftragt, den Prediger Vernezobre zu vertreten *(soulager)*. 10. 3. 1746 stirbt Prediger Vernezobre, 20. 8. 1746 findet unter Vorsitz des Predigers Ancillon-Prenzlau Wahl statt; es kandidieren 3 Prediger, Crouzet-Potzlow, Roux-Battin, Blanbois-Parstein, und ein Kandidat Poulet. Wie es ja auch heutzutage noch öfter vorkommen soll, trägt der jugendliche und unverheiratete Kandidat einen glänzenden Sieg über die alten Herren davon und wird 18. 12. 1746 durch den genannten Prediger Ancillon eingeführt. Beim Tode des Predigers Vernezobre finden wir sonach fast Alles wie heute geordnet; nur von einem Gnadenjahr der Witwe, von einer bestimmten Anzahl zur Wahl gestellter Personen — es kamen alle Bewerber zur Wahl — von einer mehr als einmaligen Bekanntmachung des Wahltermins ist nicht die Rede.

Bei dieser Gelegenheit möchte ich De la Pierre berichtigen, welcher in seiner Geschichte der Uckermark pag. 344 sagt: Die Kirche zu Potzlow, vordem ein Filial von Prenzlau, bekam 1701 ihren eigenen Prediger und ward 1714 Filial von Gramzow. Überhaupt hielten sich anfangs alle in der Nachbarschaft wohnenden Refugiés zur Prenzlau'schen Gemeinde, bis sie nach und nach mit eigenen Predigern versorgt wurden. (Sekt. Th. 2, S. 121—123. Mémoires des réfugiés tom 8 pag. 330.) Die erste Behauptung, dafs Potzlow von 1714 an Gramzower Filial gewesen, ist wie nach dem Potzlower Kirchenbuche, das ich in Händen gehabt, so nach obigem Wahlbericht, nach dem 1746 ein Potzlower Pfarrer kandidiert, unrichtig; und auch die zweite scheint mir auf sehr schwachen Füfsen zu stehen, da sie sich für Gramzow und Strasburg wenigstens — weiter geht meine Kenntnis nicht — als falsch erweist. Gramzow, Potzlow, Strasburg sind aber die Prenzlau zunächst gelegenen französischen Gemeinden.

Vergleichen wir die Zahl der Taufen, der Trauungen und Toten zu Baudan's und Vernezobre's Zeit, so ergiebt sich: De Baudan verzeichnete in 20jähriger Amtszeit 264 Taufen, 158 Tote und 60 Trauungen, Vernezobre in 32jähriger Amtszeit 516 Taufen, 342 Tote und 83 Trauungen. Doch läfst sich daraus kein sicherer Schlufs auf die Gröfse der Gemeinde machen, weil einmal für die Vollständigkeit der kirchenbücherlichen Angaben nicht garantiert werden kann, andrerseits durch Umzug unablässige Veränderungen hervorgebracht wurden. Einen besseren Anhalt geben die Zahlen der Kommunikanten, welche nach jeder Kommunion ziemlich vollständig im Protokollbuch notiert sind. Hatten wir zu De Baudan's Zeit ein Steigen von 140 bis über 170, so haben wir zu Vernezobre's Zeit ein weiteres Steigen bis zum Jahre 1720, in welchem Jahre die höchste Zahl 223 verzeichnet ist, zu konstatieren. Von da gehts wieder bergab, Ostern 1742 werden 183 notiert. Ist die Gesamtseelenzahl der Gemeinde, was man für jene Zeit unbedenklich annehmen kann, das Doppelte der Kommunikantenzahl — denn jeder Konfirmierte beteiligte sich an der Kommunion — so ergiebt sich: 1720, zur Zeit ihrer gröfsten Ausdehnung, hat die Strasburger Kolonie etwa 450 Seelen gezählt. — In Bezug auf das Consistoire und dessen Zusammensetzung haben wir schon an De Baudan's Amtszeit einen Exkurs angeschlossen, der auch für Vernezobre's Zeit das zu Sagende enthielt. Das Consistoire bestand aus 6 Mitgliedern, von denen alljährlich 3, die 2 Jahr gedient hatten, ausschieden und nicht wieder wählbar waren. Der gewöhnliche Wahltag, richtiger wohl Kooptationstag, scheint der Himmelfahrtstag gewesen zu sein. Vier oder fünf Mal wird er ausdrücklich genannt.

In Bezug auf die Taufen bieten Vernezobre's Aufzeichnungen nichts, etwas Mehr in Bezug auf die Trauungen. Im August 1713 erfolgte ein Eheeinspruch. 27. 8. 1713 hatte das erste Aufgebot stattgefunden, 2. 9. war der Einspruch erfolgt, abgefafst vom Richter D'Alençon auf Veranlassung der Einspruchthuenden. Die weitere Veröffentlichung der Abkündigungen wurde aufgeschoben. Am folgenden Tage erscheint der Bräutigam, fragt, weshalb das zweite Aufgebot nicht erfolgt sei, fordert und erhält Abschrift von dem Einspruch. Der Einspruch wird vom Oberkonsistorium als unbegründet zurückgewiesen, 15. 9. erfolgt das zweite Aufgebot, 30. 9. ist Hochzeit. Vom ersten Aufgebote an bis zur Hochzeit waren also in diesem Falle über 2 Monate verflossen; gewöhnlich, wenn kein Einspruch erfolgte, betrug die Zwischenzeit doch mindestens 4 Wochen, so dafs man auf ein mindestens drei-, wenn nicht viermaliges Aufgebot schliefsen mufs. Zu Baudan's Zeit erfolgte die Trauung frühestens am Montag, dem 29. Tage nach dem ersten Aufgebot. Am 14. 11. 1717 ward beschlossen, Trauungen sollten nur Sonntags nach dem Nachmittags-Gottesdienste in der Kirche stattfinden, eine Verordnung, die, wie so manche des *Consistoire*, nur dazu da war, um bald übertreten zu werden. Unterm 24. 9. 1719 wird einem Brautpaare, das in einem Hause wohnte, als besondere Gunst gestattet, sich in der Abendstunde vor zwei Zeugen trauen zu lassen, um dem Volke keinen Anlafs zum Skandalmachen zu geben. Die alte zu Baudan's Zeit herrschende Sitte, dafs Braut und Bräutigam mit ihren beiderseitigen Eltern vor dem *Consistoire* persönlich erschienen, kommt unter Vernezobre mehr und mehr in Abnahme; zuletzt erscheint kaum noch der Bräutigam in Person. Es tritt der Prediger allein in Bezug auf diesen Punkt an die Stelle des *Consistoire* und wird die Einwilligung der Eltern gewöhnlich schriftlich beigebracht.

Wenden wir uns zu den Begräbnissen! Unter 1. 3. 1722 erklärt der Kirchendiener und Totengräber Louis Loyal, er wolle nicht mehr dienen *étant privé des accises* — verstehen wir unter *accises* das, was man heutzutage Accidenzien nennt, so gewinnt es den Anschein, als habe er solche gefordert und erhalten, zu denen das *Consistoire* nicht seine Einwilligung gegeben. Man bewilligte den Abschied, wählte einen Andern, kam aber doch nicht über die Accidenzienfrage fort. Die Pflichten des Neuangestellten bestanden: 1. im Öffnen und Schliefsen der Kirchthür und der Kirchfenster, 2. im Citieren der geforderten Gemeindeglieder vors *Consistoire*, 3. im Begraben. Für 1 und 2 erhielt er quartaliter 22 Gr., ad. 3 wurden ihm für das

Grab einer Person über 15 Jahren 8 Gr., unter 15 Jahren 5 Gr., fürs Grabgebet 4 Gr. bewilligt. Letzteres mufsten wohl die Hinterbliebenen zahlen, während die 22 Gr. aus der Kirchenkasse flossen.

Der Nachfolger Louis Loyal's wurde aber nach 15 Monaten schon wieder abgesetzt und Louis Loyal wieder eingesetzt; nach 8 Jahren ereilte ihn doch sein Schicksal, und 15. 4. 1731 trat ein gewisser Pierre Delâtre an seine Stelle. 1740 wird Loyal aber doch wieder als Küster und Totengräber genannt — er muss unentbehrlich gewesen sein. — Das Trauertuch, womit anläfslich des Todes Friedrich Wilhelms I. Kanzel und Abendmahlstisch vom 31.4.1740 an behangen gewesen, wird 31.12.1740 abgenommen; unter Aufwand von 22 Gr. Schneiderlohn erhält der Kantor hiervon einen Mantel — nicht als persönliches Eigentum, sondern als Inventarstück seines Amtes, und vom Rest erhält der Küster ein Par Hosen. Ob auch für diese die Kirchenkasse die Schneiderrechnung bezahlte, ob auch sie nur Amts- und nicht persönliches Eigentum gewesen, darüber schweigen die Akten. — —

Aus der Provinz.

Jahresbericht über die französisch-deutsch-reformierte Parochie Angermünde-Parstein pro 1881.

Es ist in der Februar-Nummer v. J. der Wunsch geäufsert worden, dafs unsere französischen Kolonie-Gemeinden in der Provinz alljährlich einen kurzen Bericht über ihre kirchlichen Verhältnisse in dieser Zeitschrift veröffentlichen möchten, und wir haben diesem Wunsche für das Jahr 1880 im letzten Jahrgang des Blattes (S. 24 und 25) stattgegeben. Es wird daher, so denken wir, nicht unwillkommen sein, wenn wir, entsprechend unserem vorjährigen Berichte, auch bezüglich des Jahres 1881 hier einige Nachrichten folgen lassen. Vielleicht dass sich unsere Schwestergemeinden nach und nach veranlafst fühlen, unserem Vorgange zu folgen, wie solches im vergangenen Jahre bereits von Seiten der Bergholzer Parochie geschehen ist.

Die Seelenzahl unserer Gemeinden hat sich gegen 1880 nicht wesentlich verändert. Dieselbe belief sich am Schlusse des Vorjahres auf rund 740, wovon auf Angermünde und Schmargendorf etwa je 300, auf Parstein mit Lüdersdorf ca. 140 entfielen. — Predigtgottesdienste haben vorschriftsmäfsig in Angermünde sonn- und festtäglich, in den Filialen (mit Ausnahme von Lüdersdorf, wo keine reformierten Gottesdienste gehalten werden) einen Sonntag um den anderen und aufserdem an den ersten, resp. zweiten Feiertagen, in Schmargendorf auch überdiefs am Neujahrstage, Charfreitage, Bufstage und Himmelfahrtstage stattgefunden. Die Durchschnittszahl der sonntäglichen Kirchenbesucher betrug 131 (in Angermünde 42, in Schmargendorf 64, in Parstein 25), wobei jedoch bemerkt wird, dafs die Zahl an den Festtagen überall eine weitaus höhere, und insbesondere unsere Angermünder Kirche in den winterlichen Abendgottesdiensten, die am ersten und dritten Sonntage jeden Monats gehalten wurden, meist bis auf den letzten Platz gefüllt und mitunter überfüllt war.*) — Die Abendmahlsfeier erfolgte in Angermünde, wie alljährlich: am Charfreitage, am ersten Pfingstfeiertage, am letzten September-Sonntage (Vormittags) und am Totenfeste (Abends bei erleuchteter Kirche); in den Landgemeinden gleich nach Ostern, im Juni resp. August, im Oktober und im Advent. Kommuniziert haben im Ganzen 340 Personen (167 Männer und 173 Frauen). Privat-Kommunionen sind in 3 Familien gefeiert worden. — Die Einsegnung der Konfirmanden fand herkömmlich am Palmsonntage und am letzten Sonntage im September in der Kirche zu Angermünde statt. — Getauft wurden im Laufe des Jahres 25 Kinder (sämtlich ehelich geboren), getraut 4 Paare, beerdigt mit geistlicher Begleitung 9 Leichen. Die Zahl der Konfirmierten betrug 16 (9 Knaben und

---

*) Die Angermünder Kolonie-Gemeinde hat ein eigenes Gotteshaus, die sog. Heiligen Geist-Kirche. Die Kirchengebäude in Schmargendorf, Parstein und Lüdersdorf sind simultan.

7 Mädchen), die der neu aufgenommenen Katechumenen 12 (9 Knaben und 3 Mädchen). Der Konfirmanden-Unterricht wurde in Angermünde für die dortigen und die Schmargendorfer Konfirmanden in wöchentlich 2, in Parstein für die ortsangehörigen und die Lüdersdorfer Katechumenen im Winter in monatlich 4, im Sommer in wöchentlich 2 Stunden erteilt. Lehrbuch ist der Heidelberger Katechismus. — Sühneversuche, Ehescheidungen, Austritte aus der Kirche sowie Übertritte aus anderen kirchlichen Gemeinschaften haben nicht stattgefunden. Auch waren weder Mischehen noch Trauungen geschiedener Personen zu registrieren. — Ausfälle von Taufen und Trauungen haben wir seit Erlaß des Zivilstandsgesetzes überhaupt noch nicht zu beklagen gehabt; doch bleibt zu wünschen, daß die Taufen in der Stadtgemeinde nicht allzu lange hinausgeschoben werden und möglichst innerhalb der durch das Kirchengesetz vom 30. Juli 1880 vorgeschriebenen Zeit erfolgen. — Das Armenkassen-Vermögen wies ult. Dezember 1884 einen Kapitalbestand von 3543,68 Mk. in Angermünde, 328,46 Mk. in Schmargendorf und 2810,24 Mk. in Parstein auf. An Unterstützungen wurden 55,70 Mk. bewilligt. Bei der Beschränktheit der uns zu Gebote stehenden Geldmittel haben wir in besonders dringenden Fällen schon seit längerer Zeit die Mithilfe der Berliner milden Kolonie-Stiftungen in Anspruch genommen, und können wir nicht unterlassen, hier dankend hervorzuheben, daß die löblichen Direktionen sowohl des *Maison des orphelins* als des *Hôtel de refuge* bisher mit der größten Bereitwilligkeit und Liberalität unseren bezüglichen Anträgen entsprochen haben. — Die behördlicherseits angeordneten Kirchen-Kollekten lieferten einen Gesamt-Ertrag von 23,96 Mk. — In der Zusammensetzung der Presbyterien hat sich gegen das Vorjahr nichts geändert, nur daß in Lüdersdorf der Konsot Cautignon an Stelle des nach langjähriger Amtsführung ausgeschiedenen Konsoten Pringal getreten ist. Ordentliche Sitzungen sind vierteljährlich einmal gehalten worden, teils von den einzelnen Lokal-Presbyterien besonders, teils von allen gemeinschaftlich, je nach der Natur der zu beratenden Gegenstände. — Als Kantoren (Organisten) und Küster fungieren in Angermünde die Lehrer Ihlenfeldt (französisch-reformiert) und Graeber (deutsch-reformiert), in Schmargendorf der Lehrer Zapf, in Parstein der gemeinschaftliche Lehrer beider Ortsgemeinden Lemnitz, der auch zugleich Küster der lutherischen Gemeinde ist. —

Außerordentliche Ereignisse, die ein allgemeineres Interesse in Anspruch nehmen könnten, haben wir 3 zu registrieren:

1. Am 13. Oktober um die Mittagsstunde fuhr ein zündender Blitzstrahl in den hölzernen Turm der Kirche zu Parstein. Das Feuer, das allen Anstrengungen zum Trotz nicht gelöscht werden konnte, verbreitete sich mit rapider Gewalt über die ganze Kirche und zerstörte dieselbe bis auf die äußeren Umfassungsmauern. Der Gottesdienst wird seitdem in dem Lokal der früheren zweiten Schulklasse gehalten.

2. Sonntag, den 13. November, fand in der Parochie eine Kirchenvisitation durch den geistlichen Inspektor, Konsistorial-Assessor Cazalet statt. Im Anschluß an die Gottesdienste, die wegen Zerstörung der Kirche zu Parstein diesmal auf Angermünde und Schmargendorf beschränkt werden mußten, wurden Katechisationen mit den Konfirmanden und Konfirmierten der letzten Jahre, Ansprachen des Herrn Visitators an die Gemeinden und Konferenzen mit den Presbyterien gehalten. Die Kirchen waren sehr besucht und werden die Feierstunden an heiliger Stätte hoffentlich nicht ohne Segen für die Gemeinden verlaufen sein.

3. Im Monat Dezember ist in der Kirche zu Schmargendorf eine Orgel aufgestellt worden, zu deren Gesamtkosten (2100 Mk.) die französisch-deutsch-reformierte Gemeinde 330 Mk. durch freiwillige Beiträge aufgebracht hat. Das schöne Werk wurde am 24. Dezember in einem gemeinschaftlichen Christvesper-Gottesdienste beider Ortsgemeinden bei brennendem Weihnachtsbaum feierlich eingeweiht und trägt seitdem in hohem Grade zur Hebung des Gemeindegesanges, sowie zur Förderung der Andacht und Erbauung bei.

Am Schlusse unseres Berichtes wollen wir Folgendes nicht unerwähnt lassen. Angesichts der neu zu belebenden General-Kirchen- und Schul-Visitationen für die evangelische Landeskirche haben die vereinigten Presbyterien der Parochie unterm 3. Oktober v. J. nachstehendes Schreiben an den Herrn geistlichen Inspektor, Konsistorial-Assessor Cazalet gerichtet:

"Hochgeehrter Herr Inspektor!

Anläßlich der den bevorstehenden Provinzialsynoden zu machenden Vorlage, betreffend die Wiederbelebung der General-Kirchen- und Schul-Visitationen, und die zu dem

Behufe aufzubringenden Kosten, erlauben wir uns Ihrer gütigen Erwägung die ergebenste Frage zu unterbreiten: ob es nicht angezeigt sein möchte, in der Versammlung der brandenburgischen Provinzialsynode die Erklärung abzugeben, dafs unsere französischen Gemeinden von den qu. Visitationen nach wie vor auszuschliefsen seien, da dieselben nicht den lutherischen Diözesen, in deren Kreisen sie belegen, eingegliedert, und in dieser ihrer Sonderstellung weder den lutherischen Superintendenten, noch wohl auch dem Herrn General-Superintendenten unterstellt sind, ja nach den Bestimmungen der *Discipline des églises réformées de France* überhaupt nicht visitiert werden sollten.*)

Wir sind der Ansicht, dafs wir durch stillschweigende Anerkennung einer Rechtsbeständigkeit von General-Kirchen-Visitationen — einer spezifisch lutherischen Institution**) — für unsere Kolonie-Gemeinden einen neuen bedenklichen Schritt auf der Bahn der absorptiven Union thun würden, abgesehen davon, dafs dadurch auch neue Kosten für unsere Gemeinden entstehen würden, die bei der Insuffizienz der meisten unserer Kirchenkassen nur durch erhöhte Umlagen und Kirchensteuern aufgebracht werden könnten.

Wir bitten hiernach ergebenst, falls Ew. Hochwürden und der Herr Abgeordnete, General-Sekretär Coulon, unsere Bedenken teilen, denselben in der Provinzial-Synode Ausdruck zu geben mit dem Antrage, dafs unsere Gemeinden rücksichtlich ihrer Sonderstellung von den General-Kirchen-Visitationen ausgeschlossen bleiben.

Die Presbyterien
der franz.-deutsch-reform. Gemeinden zu Angermünde, Schmargendorf und Parstein."
(Unterschriften).

Der Herr Adressat hat unseren Bedenken zugestimmt, und hat die für unsere gesamte Kirche, wie wir meinen, hochwichtige Angelegenheit in der brandenburgischen Provinzialsynode dadurch die für uns gewünschte Erledigung gefunden, dafs Herr Inspektor Cazalet unmittelbar vor der Abstimmung über die Wiederbelebung der qu. Institution die Erklärung abgab, dafs er und sein Consynodale, Herr General-Sekretär Coulon, sich der bezüglichen Stimmabgabe enthalten würde, da die Sache unsere französischen Kolonie-Gemeinden nicht betreffe. Die Erklärung wurde ohne Widerspruch hingenommen und ist im Sitzungsprotokoll vermerkt worden.

Angermünde, im Februar 1882.   D. Dr. Matthieu.

Magdeburg. Jahresbericht für 1881. Es fanden 60 sonn- und festtägliche Gottesdienste statt. Getauft wurden 9 Kinder, 4 Knaben und 5 Mädchen. Eingesegnet 5 Kinder, 1 Knabe und 4 Mädchen. Getraut 1 Paar. Gestorben sind 8 Gemeindeglieder, 4 männliche und 4 weibliche. Verzogen nach auswärts 4 Personen. Neu aufgenommen wurden 4 Personen. Das heilige Abendmahl empfingen 138 Personen, 46 männliche und 92 weibliche, und zwar am Charfreitage 74, am Bufstage 19, am Erntefest 11, am Totenfest 31 Personen, privat 3. — Der altbewährte Wohlthätigkeitssinn der Gemeinde zeigte sich sowohl in den Kirchen-Kollekten, bei denen einige Male Goldstücke sich fanden, als auch bei den ordentlichen und ausserordentlichen Bewilligungen aus der Armen- und Waisenhaus-Kasse, welche sich in stetem Wachstum befindet. — Die am 1. August 1880 mit 28 Kindern der Gemeinde und 2 Lehrkräften begonnene Sonntagsschule hat abwechselnd 284 Kinder erfreut und 15 Lehrkräfte beschäftigt. Das Presbyterium bewilligte gütigst für diese schnell beliebt gewordenen Kindergottesdienste die im Winter heizbare, für die Gruppenverteilung wie geschaffene, freundliche Kirche. — Der am 9. November 1880 von Herrn Prediger Tollin für den Kreis Magdeburg gestiftete Erziehungs-Verein zu Gunsten armer, verlassener und verwahrloster Kinder ist durch Gottes reichen Gnadenbeistand wunderbar schnell gediehen. Bei

---

*) Ordentliche Visitationen durch besondere Kommissarien haben in unseren Kirchen gleichwohl schon im Jahre 1698 stattgefunden, und sind durch Königliche Verordnung vom 23. Februar 1737 rechtsbeständig geworden. (Vgl. die Jahrgänge dieser Zeitschrift 1876, S. 86 u. f., und 1877, S. 65 u. f.)

**) Es beruht dieselbe in der diesseitigen Provinz auf der Brandenburgischen Visitations- und Konsistorial-Ordnung von 1573, wonach General-Visitationen in den einzelnen Diözesen nach sehsjährigem Turnus stattfinden sollen.

ihm wurden bis Ende 1881 schon 228 Kinder und 189 Erzieherfamilien angemeldet, durch ca. 700 Mitglieder über 29,100 Mark eingezahlt, im gütigst bewilligten Bürgersaale des Rathauses vor einem zahlreichen und höchst auserwählten Publikum 6 allgemein-wissenschaftliche Vorträge gehalten, und am Heiligen Abend 36 Kinder fast überreich bescheert. Im Ganzen sind 68 Kinder, zum Teil schon als Säuglinge, in Pflege bis zum 14., in Aufsicht bis zum 18. und 20. Lebensjahre übernommen worden. Der Verein beabsichtigt, mit Gottes Hilfe ein Erziehungshaus zu gründen. Am Schlusse des Jahres zählte die Gemeinde 270 Seelen.

Noch einmal die Luisenstädtische Kirche.

Nachstehende Mitteilung habe ich in einer Beilage der No. 1003 des „nützlichen und unterhaltenden Berlinischen Wochenblattes" vom Jahre 1828 gefunden, und glaubte, daſs die Reproduktion derselben unsere Gemeindemitglieder interessieren möchte, wenngleich ich über die Maison de Refuge und die Luisenstädtische Kirche in verschiedenen Nummern des Jahrganges 1876 der „Kolonie" bereits eingehende Mitteilungen veröffentlicht habe. Dr. Muret.

Geschichtliche Nachrichten über die französische Luisenstädtische Kirche, bei Gelegenheit ihrer am 23. März 1828 zu begehenden hundertjährigen Stiftungsfeier.
[Mitgeteilt von einem ihrer Seelsorger.] *)

Die französische Kirche auf der Luisenstadt (sonst Köpnicker, oder Leipziger Vorstadt) früher die Kapelle genannt,**) entstand im Jahre 1700, bei Gelegenheit der Einwanderung einer grofsen Menge französischer Flüchtlinge aus der Schweiz, und war ursprünglich nur eine Kapelle, oder ein Betsaal für dieselbe.

Als nämlich die Protestanten, im Jahre 1685, aus Frankreich vertrieben wurden, flüchteten ungefähr 15000 dieser Unglücklichen nach der Schweiz. Sie fanden daselbst, bei ihren Glaubensgenossen, eine günstige Aufnahme. Das Land vermochte jedoch nicht sie zu ernähren, und so wurden sie bald gezwungen, einen andern Zufluchtsort zu suchen. Der Herr aber, für dessen Evangelium sie duldeten, erweckte ihnen einen mächtigen Beschützer, wie ihre Brüder ihn, 1685, an dem grofsen Kurfürsten gefunden hatten. Friedrich III., Kurfürst zu Brandenburg (1701 König Friedrich I.), nahm sie grofsmütig auf und gewährte ihnen dieselben Begünstigungen, welcher sich die früher Eingewanderten in seinen Staaten erfreuten. Viele liefsen sich in Halberstadt, Magdeburg, Neuhaldensleben, Burg und Stendal nieder; eine gröfsere Anzahl kam nach Berlin (1699), und der Ertrag der für sie angeordneten Kollekten war so beträchtlich, dafs sie daselbst, schon 1700, ein Hospital (Maison de Refuge) stiften konnten, in welchem Greise, Kranke, Waisen und alle diejenigen aufgenommen wurden, die bei ihrer Ankunft nicht durch ihre eigenen Mittel zu bestehen vermochten. Eine, bei Gelegenheit ihrer Einwanderung, vom Kurfürsten niedergesetzte Direktion kaufte zu dem Ende ein Haus und eine Meierei, nebst Garten und Feld, vor dem damaligen Leipziger Thore, aufserhalb der Ringmauer der Stadt und des Walles, weil sich viele in dieser Gegend, auch als Grundeigentümer, niedergelassen hatten.

Die französischen Flüchtlinge besafsen damals noch keine eigenen Kirchen und feierten ihren Gottesdienst in der Neustädtischen und in der Domkirche. Beide waren aber für die Neuangekommenen, und vorzüglich für die Kranken und die Greise des Hospitals, zu entlegen; auch waren mehrere der mit ihnen hierhergekommenen Prediger noch ohne Anstellung: und so fand sich die Direktion veranlafst, die Erlaubnis nachzusuchen, eine Kapelle für sie zu stiften. Einer der Direktoren, Herr Mérian, schenkte ihnen, zur Beförderung dieses frommen Vorhabens, eine Scheune, die neben der obengenannten Meierei auf eben der Stelle gelegen war, wo sich jetzt die Kirche befindet. Die Schenkung ward vom Kurfürsten bestätigt, und am 11. Juli 1700 fand die feierliche Einweihung dieses neuen Gotteshauses, durch den Prediger Fétison, statt. Er predigte an dem Tage über die Worte des Herrn, Matth. 18, 20. Der

---

*) Der Name desselben ist nicht angegeben.
**) Sie wird zuweilen auch Melonenkirche genannt, weil diese Frucht vorzüglich durch die französischen Gärtner hier bekannt wurde, fälschlich auch Wallonenkirche, von Wallonen oder Pfälzerkolonieen, die sich gar nicht in Berlin niedergelassen haben.

Kurfürst ernannte zuerst drei von den aus der Schweiz ausgewanderten Geistlichen, nämlich die Herren Motte † 1721, Brouzet † 1706, und Besombes † wahrscheinlich 1703 oder 1704, zu Predigern an der Kapelle, demnächst aber, noch in demselben Jahre, den Herrn Crouzet, † 1721, zum alleinigen Prediger.

So bestand nun die Kapelle bis zum Jahre 1728. Aufser den oben genannten Geistlichen wurde der Gottesdienst noch von acht andern aus der Schweiz ausgewanderten Predigern versehen: nämlich von den Herren Théodore Cabrit, Jacques Cabrit, † 1732, hundert Jahr acht Monate alt, er predigte noch in seinem 96. Jahre; Jean Vincent † 1710; Pierre Vincent † 1725; Claude Clauzel, Henri Estève, Jean Latele † 1719; Charles Perreault † 1728.

Im Jahre 1715, da schon die meisten derselben teils zu andern Kirchen berufen worden, teils gestorben waren, verordnete der König Friedrich Wilhelm I., dafs die Kapelle gänzlich eingehen, und das Gebäude zu einem Hospital oder zu einem andern wohlthätigen Zweck benutzt werden sollte. Auf eine Vorstellung des damaligen Predigers Chion und mehrerer Familienväter geruheten Sr. Majestät jedoch, nicht allein das fernere Bestehen der Kirche zu gestatten, sondern auch einen Neubau derselben anzuordnen und zugleich zu bestimmen, dafs sie nicht mehr als eine Kapelle, sondern als eine vierte französische Gemeine betrachtet werden sollte. Der Ausführung dieses Befehls stellten sich indessen manche Schwierigkeiten entgegen, und die Familienväter fanden sich veranlafst, im Jahre 1724 ihre Bitte zu erneuern. Sr. Majestät hatten die Gnade, auf eine von dem Gärtner Jollage aufgesetzte Bittschrift zu antworten: „wenn die Gärtner ihren Prediger Chion behalten wollen: so mufs man ihnen denselben lassen", und nicht allein den Wiederaufbau der Kirche sofort zu verfügen, sondern auch zu demselben 300 Rthlr. und die nötigen Materialien anzuweisen. Im Jahre 1727 ward endlich der Bau begonnen, und noch in demselben Jahre vollendet. Die Direktion der Maison de Refuge trat dem Konsistorio das Eigentumsrecht auf die Kirche ab, welche von dem Prediger Chion, am 21. März 1728, durch einen feierlichen Gottesdienst eingeweihet ward; der schon früher zum zweiten Prediger berufene Herr N. H. Rousseau hielt die Nachmittagspredigt. Zu Ostern desselben Jahres feierte die neue Gemeine zuerst das heilige Abendmahl, und 303 Personen nahmen an demselben Teil. Die ersten Kirchenältesten und Armenpfleger waren die Herren Delas, Monzon, Maréchaux und Bonisson. Der erste Kantor hiefs Vogny.

Seit dieser Zeit sind immer zwei Prediger an der Kirche gewesen, deren Namen hier folgen: Gaspard Chion † 1738; Noël Henri Rousseau † 1729; Paul Loriol d'Aniéres, der Stifter der Ecole de Charité und des theologischen Seminars, † 1782; Jaques Gedéon des Champs, Prediger bis 1771, † 1785; Albert Dolive, nur ein Jahr Prediger an der Luisenstädtischen Kirche, ward nach Stettin berufen, † 1778; Henri Saunier, † 1720;*) George Frédéric Louis Barandon, † 1812; Jean Antoine Bocquet, † 1820. Das jetzige Presbyterium besteht aus zwei Predigern, aus zwei Kirchenältesten und sechs Armenpflegern. Die Kirche selbst hat seit ihrer Erbauung keine wesentliche Veränderung erlitten. Im Jahre 1795 ward eine Orgel, vermittelst freiwilliger Beiträge, erbaut, und 1820 das Innere wieder neu hergestellt. Wie segensvoll die, seit 1817, vom Konsistorio beschlossene Einführung eines deutschen Gottesdienstes gewesen, ist bekannt. Diese so zweckmäfsige Mafsregel hat die Gemeine inniger vereint; die Familien sind nun nicht mehr bei der Feier des heiligen Abendmahls und des Gottesdienstes getrennt; die Kinder können wieder mit den Eltern zur Kirche ihrer Väter kommen, und ein festeres Band verbindet die Pfarrer mit ihrer Gemeine.

Aus dem Hospiz.

Grofs und stattlich ragt unser Hospiz inmitten eines geräumigen Hofes, umrahmt von freundlich anheimelnden Gartenanlagen. Die letzten Jahre haben im Innern des Baues Veränderungen gebracht, die notwendig waren, und vor allem zweckmäfsig ausgeführt sind. Das Innere des weitläufigen Gebäudes erglänzt in einem neuen, sauber und gefällig ausgestatteten Anstriche; einzelne Säle haben eine durchgreifende Renovierung erfahren, und überall, wohin das Auge sich auch wenden möge, wird es, wie durch die peinlichste Sauberkeit, so durch das

---

*) Soll wohl 1790 heifsen.

Geschmackvolle und Gediegene der Ausstattung lebhaft erfreut. Nichts da von diesen dumpfen und traurigen Tone, den dunklen und verräucherten Korridoren, den verblaſsten, trüb und schmutzig erscheinenden Farben, welche so oft in Anstalten, die ähnlichen Zwecken gewidmet sind, von vornherein, wie sie das Auge bedrücken, die Seele beengen und sie nicht zum rechten Aufatmen kommen lassen. Und die freundliche Hülle birgt hier einen gesunden Kern! Was, in gesundheitlicher Hinsicht die Neuzeit fordert, ist mit Akkuratesse und einer peinlichen Sorgfalt durchgeführt, die auf lange, lange hinaus unser Hospiz, auf das wir alle stolz sind zu einer Musteranstalt stempeln wird.

Das Grundstück ist im vergangenen Jahre an die Kanalisation angeschlossen, ein neues, schmuckes Waschhaus gebaut, die Küche, ein für dergleichen Anstalten bekanntlich höchst wichtiges Institut, von Grund aus umgestaltet und neu eingerichtet worden. Wie sauber und nett erscheint hier alles, von den hellen Fliesen des Fuſsbodens bis zu den im lichtesten Glanze prangenden Kesseln, Wannen und Becken. Und nichts ist vergessen, jedem Bedürfnisse der hier waltenden Pflichten im Voraus Genüge gethan! Kein Winkel des groſsen Raumes ist unbenutzt geblieben, alles für seine Zwecke besonnen ausgewählt. Alle diese Bauten und Veränderungen sind unter der umsichtigen Kontrolle des Herrn Gaillard, Mitgliedes unseres Konsistoriums, ausgeführt worden. Neben der Küche verdienen auch die unter Leitung desselben Herrn neu ausgeführten, allen Zöglingen zugänglichen Bade-Einrichtungen das höchste Lob.

Im Beginne des neuen Jahres ging Herr Rechnungs-Rat Gain, dessen in diesen Blättern schon vielfach Erwähnung gethan, zur ewigen Ruhe ein. „Unser Leben währet siebenzig Jahre, und wenn es hoch kommt, so sind es achtzig Jahre." Ihm waren bis über die Mitte der achtzig beschieden. Sein Leben war köstlich gewesen, voll Mühe und Arbeit, aber auch reich an Segen, reich an Wohlthun. Wer sich noch unserer Artikel über das Hospiz erinnert, in denen mit frischen Zügen die heiteren Fahrten unserer Zöglinge nach den grünen Gefilden von Potsdam geschildert wurden, der möge auch des alten, nun verstorbenen Herrn gedenken; seine Freigebigkeit war es eben, die den Kindern jene glücklichen Stunden verschaffte. Damit gehörte er auch zu dem Hospiz, und wir thun recht, daſs wir zunächst an dieser Stelle seiner in Ehren gedenken.

Die Ursachen des Niederganges der reformierten Kirche in Deutschland.
Von Adolf Zahn, Doctor der Theologie.
(Barmen bei Hugo Klein, 30 Seiten, 0,60 Mk.)

Eine lebhaft, und nicht ohne einige Schärfe geschriebene Schrift, welche die Teilnahme der Reformierten verdient. Der Verfasser zeigt in der Einleitung die groſse Ausdehnung der reformierten Kirche in den vergangenen Jahrhunderten. Jetzt scheint sie vom deutschen Boden wie weggeweht zu sein. Die Ursachen dieser auffallenden Erscheinung sind folgende: 1. Die völlig veränderte Anschauung, mit der seit Mitte des vorigen Jahrhunderts das weltliche und theologische Denken das Verhältnis von Gott und Mensch auffaſst. Es ist jene Weltbetrachtung aufgegeben, aus der die reformierte Kirche in den Zeiten der Reformation entstanden ist, die Lehre, welche man gewöhnlich mit dem Namen der Prädestination bezeichnet. Aufs klarste in der heiligen Schrift bezeugt, ist sie auch das Fundament gewesen, auf den die Entwickelung und Kraft der reformierten Kirche ruhte. 2. Die Union. Eine Menge reformierter Gemeinden in lutherischer Umgebung sind der Union zur Beute gefallen, teils weil sie schon ein kümmerliches Leben führten und auf wenige Mitglieder herabgesunken waren, teils, weil sie sich leicht überreden lieſsen und keinen Widerstand wagten. Allein in Elberfeld kam es zu einem kräftigen Widerstand und es bildete sich die freie niederländisch-reformierte Gemeinde.

Wir müssen uns hier natürlich mit der kahlen Disposition des Schriftchens begnügen. Die wenigen Seiten sind, wir wiederholen es, mit dem Herzen geschrieben, und, was in der Natur der Sache liegt, nicht ohne ein überall durchblickendes Gefühl des Schmerzes. Die kleine Broschüre regt zur Teilnahme und zum Nachdenken an, und für unsere Kolonie zumal, die ja noch zur Zeit eine reformierte Kirche repräsentiert, könnte sie ein Mahnwort sein: „Halte, was du hast!"

Gemeinde-Angelegenheiten.

Wir erhielten folgende Zuschrift: Sehr geehrter Herr Redakteur! Hiermit beehre ich mich, Ihnen in der Anlage einen Artikel über die unterlassene Einladung des Konsistoriums zu der Rechnungslegung vom 22. h. in unserm Kirchenzettel zu übersenden. Als Mitglied unserer Gemeinde und als Abonnent Ihrer geschätzten Zeitung bitte ich Sie um Aufnahme dieser Zeilen in eine der nächsten Nummern der Kolonie.

Hochachtungsvoll und ergebenst Ihr E.

Von den stattfindenden Rechnungslegungen des Konsistoriums wurde den Gemeindemitgliedern bisher durch Abkanzlung in den Kirchen und durch dreimalige öffentliche Einladung in dem Kirchenzettel Kenntnis gegeben. Bei der am Mittwoch, den 22. Februar cr., stattgehabten Rechnungslegung dagegen ist die erwähnte Bekanntmachung durch den Kirchenzettel unterblieben. — Dieser Umstand ist um so auffälliger, als das Konsistorium seit Jahrzehnten in ununterbrochener Reihenfolge jede abzuhaltende Rechnungslegung in der Eingangs erwähnten Weise publiziert hat. Die Annahme, daß die diesmalige Unterlassung der Anzeigen im Kirchenzettel auf einem Versehen beruhe, scheint mir schon um deswillen ausgeschlossen, weil die Einladung dreimal hintereinander unterblieben ist. Auch hätte im Falle eines Versehens das Konsistorium wohl sicherlich nachträglich Veranlassung und Gelegenheit zur Aeußerung über die Sache genommen, um Mißdeutungen vorzubeugen. Dazu kommt aber, daß seitens des Konsistoriums bei Eintritt in die Rechnungslegung besonders und ausdrücklich hervorgehoben wurde, es sei dieselbe durch dreimalige Verlesen von der Kanzel ordnungsgemäß verkündigt, und seien noch persönliche Einladungen an die *chefs de famille examinateurs*, an die Mitglieder der Rechnungs Kommission und an die verschiedenen Rendanten ergangen. Dadurch, daß der unterlassenen Bekanntmachung im Kirchenzettel hierbei keiner Erwähnung geschah, während die übrigen in den Règlements enthaltenen Vorschriften über den Zusammentritt der Versammlung, in welcher die Rechnungslegung erfolgen sollte, namentlich angeführt wurden, hat das Konsistorium seines Dafürhaltens dokumentieren wollen, daß es die Bekanntmachung und Einladung durch den Kirchenzettel nicht für erforderlich erachte, und daß es dieselbe in Zukunft demgemäß unterlassen werde.

Es ist ja allerdings fraglich, ob die Gemeinde neben der Verkündigung von den Kanzeln einen rechtlichen Anspruch auf öffentliche Anzeige der Rechnungslegungen im Kirchenzettel hat, da diese Art der Mitteilung im Kapitel XVIII. der Règlements nicht erwähnt ist. Jedenfalls aber ist die Unterdrückung der Bekanntmachung durch den Kirchenzettel seitens des Konsistoriums ein tief in bedauernder Schritt von nicht zu verkennender Tragweite, der die Gemeindemitglieder aufs Schmerzlichste berühren muß.

Die Einladung durch den Kirchenzettel ist meines Wissens aus eigenster Initiative des Konsistoriums hervorgegangen, wenigstens ist mir ein Gemeindebeschluß der sie eingesetzt hätte, nicht bekannt. Gleichmäßig ist sie seit vielen Jahrzehnten geschehen. Dies Vorgehen des Konsistoriums war von der Gemeinde stets als dankenswert anerkannt, weil dadurch einem gefühlten Bedürfnisse abgeholfen, und das Interesse an den Gemeinde-Angelegenheiten geweckt worden ist. Jetzt verläßt das Konsistorium, ohne jede Veranlassung und Motivierung, seinen früher eingenommenen Standpunkt, der auch derjenige der Gemeinde war, und beschränkt sich wieder auf die höchst unzureichende Art der Bekanntmachung durch Abkanzlung in den Kirchen. — Will das Konsistorium durch diese Beschränkung die ohnediess schon so geringe Beteiligung an den Rechnungslegungen selbst noch weiter eindämmen?

Das Konsistorium müßte doch zugestehen, daß es nur ein rein kolonistisches Interesse, nur der Wunsch ist, das Gefühl der Zusammengehörigkeit zu bethätigen, der den Einzelnen sich der Mühe unterziehen läßt, diesen Versammlungen beizuwohnen; es müßte erkennen, daß es in seinem eigensten Interesse liegt, jedem Einzelnen jede Gelegenheit zur regen Beteiligung an den Vorgängen in unserem Gemeindeleben zu bieten und zu erleichtern. — Wenn Schreiber dieses sich entschieden zu der Auffassung bekennt, daß die Familienhäupter das Recht und die Pflicht haben, thätigen Anteil an den Rechnungslegungen zu nehmen, so liegt ihm nichts ferner als der Gedanke, als ob die Verwaltung unserer Gemeinde eine beaufsichtigende Kontrolle seitens der Gemeindemitglieder erforderlich machte. Er ist vielmehr von der über jedes Lob erhabenen Gewissenhaftigkeit und Genauigkeit, mit der die Verwaltung geschieht, durchdrungen. Aber gerade deshalb muß er auf der anderen Seite sich dagegen energisch verwahren, daß man dem Bestreben, den Rechnungslegungen ihren Charakter der Oeffentlichkeit, den sie jetzt verloren haben, wieder zurück zu erobern, irgend welches kleinliches Motiv von Misstrauen oder auch nur von Mangel an Vertrauen unterschiebe.

Wenn nun aber das Konsistorium die Kenntnisnahme von seinen Rechnungslegungen den Gemeindemitgliedern erschwert, so gewinnt es den Anschein, als habe es Veranlassung, seine Rechnungslegung der Gemeinde vorzuenthalten. Da die Unterdrückung der öffentlichen Einladung zu den Rechnungslegungen durch die Kirchenzettel mir durch nichts gerechtfertigt erscheint, so glaube ich Ursache zu haben, die Aufmerksamkeit auf dieses Verfahren hinzulenken. — Eine Darlegung der Gründe, welche das Konsistorium zu diesem Schritte veranlaßt haben, würde im Interesse des friedlichen Gedeihens unserer Kolonie notwendig sein.

E.

Vereinsnachrichten der Réunion.

I. Sitzung am Freitag, den 10. März, Restaurant Gärtner, Mittelstr. 62, 8½ Uhr.

II. Freitag, den 17. März. Familien-Abend: Mohrenstr. 23, 1 Tr. bei Püttner. Der Vorstand bittet um rege Teilnahme. Gäste können von Mitgliedern unter den bekannten Bedingungen eingeführt werden. 9—9 Uhr.

III. Wander-Versammlung der Réunion am 24. März, Restaurant Specht, Ecke der Neuen Jakob- und Schmidstr. Das Thema dieser Versammlung wird durch besondere Einladung bekannt gemacht werden; auch den Mitgliedern der Réunion wird eine Einladung zugehen.

April 1882.   **DIE KOLONIE.**   VI. Jahrgang.

Organ für die äusseren und inneren Angelegenheiten der französisch-reformierten Gemeinden.

Redigiert von W. Bonnell, Rektor in Berlin.

Erscheint monatlich einmal. Preis pro Quartal 75 Pf.

Abonnements werden angenommen bei W. Bonnell in Berlin N., Schönhauser-Str. 257, und bei jeder Post-Expedition.

INHALT: Berlin vor 200 Jahren, mit besonderer Berücksichtigung der franz. Kolonie von Dr. Muret. IV. — Die franz. Kolonie in Strassburg i. U. (Forts.) — Zur Familienchronik von Lic. Tollin. — Die Jungfernbrücke in Berlin. — Gemeindesachen. — Vereinsnachrichten der Réunion. — Anzeige.

Berlin vor 200 Jahren,
mit besonderer Berücksichtigung der französ. Kolonie.
Von Dr. Muret.

(Fortsetzung).

Hinter dem erst 1690 erbauten Kurfürstlichen Stall, der jetzigen Akademie, lag der Schlofsbauhof zur Zurichtung des Bauholzes. Auf der südlichen Seite der Linden, der jetzigen Akademie gegenüber, zieht sich in der Richtung der Behren-Strafse der Festungsgraben und Wall hin, und da, wo jetzt das Niederländische Palais und das Hôtel du Nord stehen, sehen wir das 1683 errichtete Artilleriezeughaus, aus 4 einstöckigen nach den 4 Seiten liegenden Gebäuden bestehend. Dieser Lage verdanken die Sackgasse neben dem Hôtel du Nord und die Einfahrt zum Kaiserlichen Palais ihre Entstehung. Daneben liegt das zweistöckige stattlichste Gebäude der ganzen Gegend, das sich der Artillerieoberst von Weiler erbaut hatte. Der dazu gehörige Garten ist später beim Bau der Königlichen Bibliothek eingegangen. An seiner Stelle liegt heute das Kaiserliche Palais. Wir gehen nun über die Esplanade zum neuen oder Neustädtischen Thor (zwischen Königswache und dem Prinzessinnen-Palais), überschreiten die Zugbrücke und befinden uns auf dem Werder, früher mehrere sumpfige Inseln, zwischen den Spreearmen. Auf dem Gänsewerder, der dem Schlosse am nächsten lag, befanden sich verschiedene Wohnungen von Hofbedienten, die mit der Zeit Gartenlokale für die Köllner Bürger geworden waren. Auch die Schleuse war schon frühzeitig erbaut worden. Jenseit des weiten, die Inseln umfassenden Spreearmes lag ein altes Kurfürstliches Reithaus, an der Stelle der jetzigen Werderschen Kirche, das schon 1647 so baufällig war, dafs es zum Teil einfiel.[39]) Ferner lag hier, am Eingange des Tiergartens, an Stelle des jetzigen Bankgebäudes und der Hausvoigtei, der Jägerhof. Alles das hatte sich seit der

---

[39]) König, Versuch etc. III. 49. —

Bebauung des Werders in Folge seiner Hineinziehung in die Festungswerke sehr geändert. Die neue Stadt Friedrichswerder hatte schon 1668 ihren eigenen Magistrat erhalten;[10]) 1670 waren ihr 2 jährliche Jahrmärkte und die Einrichtung eines Ratskellers bewilligt worden,[41]) und 1672 wurden sogar die Strafsen teilweis gepflastert.[42]) Im Jahre 1685 finden wir den Werder meist bebaut. Nachdem wir denselben durch das Neustädtische Thor betreten haben, erblicken wir vor uns, hinter der Spree, das Schlofs und die Domkirche, links neben dem Wachgebäude (jetzigen Königswache), an der Stelle des 1695 begonnenen Zeughauses, eine Reihe von Häusern, von denen sich eines auf dem Schulze'schen Plan (1688) als ein ganz stattlicher Bau mit 2 drei Stockwerke hohen Flügeln präsentiert. Dahinter lag das Giefshaus. Rechts, an Stelle des heutigen Kronprinzlichen Palais, stand das schöne Gebäude, das der Kurfürst für den Marschall von Schomberg hatte erbauen lassen; es war wohl zur Zeit, in der wir unsere Wanderung unternehmen, noch nicht vollendet. Dagegen war das jetzige Kommandanturgebäude, das erste auf dem Werder erbaute Privathaus, schon seit 1655 vorhanden; der Kurfürst hatte es für seinen Baumeister Memmhardt nach dessen Angaben in holländischem Geschmack erbauen lassen. Wir überschreiten nun die hölzerne Lauf- oder Hundebrücke (die jetzige Schlofsbrücke) und befinden uns auf einem kleinen Platz, der durch die Mauer des Lustgartens, den Münzturm und die weiteren Schlofsgebäude begrenzt wird. Rechts führt zwischen diesen Schlofsgebäuden und einem nach dem Münzturm geleiteten, erst 1706 nach Abtragung dieses Turmes zugeschütteten Graben, ein schmaler Weg, an der Wasserkunst genannt, zum Dom, und jenseits dieses Grabens lag die bald darauf von Réfugiés bebaute Strafse, die später den Namen „an der Schlofsfreiheit" erhielt.[43]) Wir erhalten die Erlaubnis, in den Lustgarten einzutreten. Derselbe hat seit dem 16. Jahrhundert so viele Wandelungen durchgemacht, dafs er eine eigene ausgedehnte Geschichte besitzt. Der grofse Kurfürst stellte den während des 30jährigen Krieges ganz verwilderten Garten wieder her, liefs vor der Schlofsapotheke einen Blumengarten anlegen, von dem man auf 7 Stufen in den eigentlichen, mit Hecken, Beeten, Statuen und einem Springbrunnen geschmückten Lustgarten hinabstieg. Im Jahre 1672 hatte derselbe schon 586 Orangen- und andere fremde Bäume, 72 Staudengewächse, 151 Schirmgewächse (die nicht in freier Luft ausdauern); an Kräutern besafs er 187 Nelken-, 91 Levkoien- und 23 Rosmarinstöcklein in Töpfen.[44]) Wir bewundern das schöne, neue, halbrunde Pomeranzenhaus (im Vorgarten der heutigen Nationalgallerie) und besonders, an Stelle der jetzigen alten Börse, das schöne, turmgeschmückte Lusthaus mit seiner Muschelgrotte, von dessen oberem Saal man eine herrliche, weite Aussicht hat. Wir bewundern die zwischen steifen Hecken liegenden küustlichen Beete, die Wasserkünste und Standbilder, unter denen auch die Marmorstatue des grofsen Kurfürsten, und betrachten besonders ein seit 1649 hier gezogenes, noch seltenes Ziergewächs, die Kartoffel. Durch den weiten Schlofshof gelangen wir auf den Schlofsplatz. Vor dem Schlosse befand sich früher die mit einer Mauer umgebene, aber in Verfall geratene und mit allerlei Verkaufsbuden besetzte Stechbahn zu Turnieren und Ritterspielen. Im Jahre 1648, nachdem der Kurfürst das schon erwähnte Reithaus auf dem Werder hatte neu aufbauen, und zum Ringel- und

---

[*)] König, Versuch etc. III. 138.
[41)] ibd. 146.
[42)] ibd. 173.
[43)] Erman, Mémoires VI. 127. — Wendland'sche Chronik unter 1689; Nikolai 77.
[44)] Nikolai 74.

Quintonrenneu einrichten lassen, war die Stechbahn eingegangen; doch erst 1664 war der Platz gepflastert worden, und die mit Buden besetzten Mauern wurden erst 1679 beseitigt, nachdem vor der Schlofsfront eine Bogenkolonnade mit Kaufläden an Stelle der beseitigten Buden erbaut worden war. Auch hier treffen wir viele kolonistische Firmen. In der gegenüberliegenden Breiten Strafse haben wir bereits den Kurfürstlichen Marstall kennen gelernt; zu den weiteren ansehnlichen Gebäuden dieser Strafse gehörten, neben dem Marstall, das Haus der Kurfürstin; ferner, an der Stelle des jetzigen Herzog'schen Geschäftes, das Haus des kurfürtlichen Geheimen Kämmerers Haidekamp. In der nahen Brüderstrafse beim Dom finden wir an der rechten Ecke das früher dem Grafen v. Schwarzenberg gehörige, nun Schwerin'sche Palais, auf dessen Garten die spätere sogenannte Stechbahn (heutige rote Schlofs) errichtet wurde. Auch das älteste anständige Hôtel Berlins, die Stadt Paris, ist hier von einem Réfugié errichtet worden.[16]) (Forts. folgt).

Die französische Kolonie in Strasburg i. U.
(Fortsetzung.)

Was die Ordnung des Gottesdienstes anlangt, so trat durch das Entstehen einer deutsch-reformierten Gemeinde eine Änderung ein. Das Verhältnis der französischen Gemeinde zu dieser Schwestergemeinde mit allen Einzelheiten wird Stoff genug zu einem besonderen Artikel bieten, den wir ebenso der Schilderung von Prediger Vernezobre's Amtszeit ein- oder anfügen wollen, wie wir es bei De Baudan mit den Ancien-Wahlen gethan haben.*) —

Erwähnen wir die Geschenke an die Kirche, den Stand der Kirchenkasse und die Kollekten!

5. 9. 1717 wurde der Kirche von einem Herrn Reichardt ein silberner, innen vergoldeter Kelch im Werte von 18 Thlr. 8 Gr. geschenkt. Da in Strasburg bei der Abendmahlsfeier vom Bestehen der Kolonie an bis heute immer zwei gleichartige Kelche gleichzeitig in Gebrauch waren, so sah sich das Konsistoire veranlafst, einen ebensolchen auf Kosten der Kirchenkasse zu beschaffen. Kaum aber war dies geschehen, so kam der Ancien André Letienne und gab dem Kirchenkassen-Rendanten 18 Thlr. 8 Gr., sagend, dafs die Holländerei von Potzchard damit der Kirche ein Geschenk mache. Auf beiden Kelchen ist eingraviert: UN DON A LEGLISE FRANCOISE DE STRASBOURG E. V. P. (soll bedeuten: Emanuel Vernezobre, pasteur). Auf dem einen steht dann weiter: Samuel Reichardt et Catharina Elisabeth Dömlern Anno 1717, auf dem andern: Melcher Daniel Wesemberg et Isabella von Vienwalt. Anno 1717. Beide Kelche sind noch heute in Gebrauch. Bemerkenswert ist, dafs der letztgenannte Wesemberg (wie auch wahrscheinlich der Reichardt) zwar

---

[16]) Erman *mémoires* VI. 64.
*) Berichtigung: In der Februarnummer ist ein bedauerlicher Irrtum bei Behandlung der Baudan'schen Notizen untergelaufen. Es ist dort pag. 16, Z. 21, behauptet worden, der Kantor habe die Aufgebote nachmittags am Schlusse des Gottesdienstes verlesen. Der Schlufs lag nahe: „Weil der Kantor nachmittags Gottesdienst hielt, und weil er die Aufgebote verlas, hat er dieselben nachmittags verlesen." Der Schlufs ist aber falsch. Es ist in Strasburg so wie in den übrigen Kolonie-Gemeinden mit der Ordnung des Gottesdienstes gehalten worden. Der Kantor verlas im Vormittags-Gottesdienste nach dem Eingangsliede die Aufgebote, den Dekalog und einen Schriftabschnitt. Dann erst las der Prediger das Sündenbekenntnis. — Dem Herrn Dr. theol Matthien, welcher auf den Irrtum aufmerksam gemacht, sagt der Verfasser der Strasburger Artikel seinen besten Dank.

reformiert, aber deutsch-reformiert gewesen. Als eine eigene deutsch-reformierte Gemeinde in Strasburg entstand, hielt sich der genannte Wesemberg zu dieser, und forderte diese Gemeinde Abtretung dieses Kelches.

Die Kirchen- oder Armenkasse weist 23. 8. 1713 ein Defizit von 8 Thlr. auf, die Abraham Rö ausgelegt hat. Die Ursache davon ist die Erstattung der Umzugskosten an Prediger Vernezobre. Doch werden ihr in demselben Jahre 25 Thlr. von unbekannter Hand geschenkt, 1717 — dies ist die letzte darauf bezügliche Notiz von Vernezobre, weist sie einen Bestand von 78 Thlr. 11 Gr. auf, 8. 1. 47 dagegen nach Prediger Poulet's Eintreffen eine Ausgabe von 59 Thlr. und einen Bestand von 11 Thlr. 8 Gr. Wiederum sind die Anzugskosten die Ursache des geringen Bestandes. — Über die Kollekten findet sich Folgendes:

19. 8. 1714 wird eine Brandkollekte für die Gramzower Kirche gesammelt und ergiebt 20 Thlr. 8 Gr.

30. 6. 1715 wird auf höhern Befehl die erste Kollekte für die Studierenden in Halle gesammelt und ergiebt 1 Thlr. 8 Gr., die zweite derart, 3. 9. 1715 ergiebt 2 Thlr. Bei diesen beiden Kollekten wurde Alles, was sonst in die Armen- oder Kirchenbüchse kam, der Kollekte zugewiesen. Da sich aber diese Kollekten gar zu oft wiederholten, das Jahr viermal, und die Armenkasse dadurch beträchtliche Einbufse erlitt, wurde von 1. 9. 1717 ein besonderes Becken für die Kollekten aufgestellt, und sanken die Erträge sofort auf wenige Groschen. Zu erwähnen möchte noch sein, dafs in Baudan's wie Vernezobre's Zeit für die Witwen und Waisen aus der Kirchen- resp. Armenkasse beträchtliche Mittel aufgewendet wurden, dafs wöchentliche Ausgaben, fortlaufende, von 8—16 Gr. an einzelne Bedürftige nicht selten sind.

Die Notizen von Vernezobre's Hand, welche von geschichtlichem Interesse sein möchten, sind folgende:

1. 5. 1713. *Oraison funèbre* — Leichenpredigt auf Friedrich I.
15. 4. 1713. Befehl des Oberkonsistoriums, die öffentlichen Gebete nach einem neuen, den Intentionen seiner Majestät gemäfs abgefafsten Formular zu halten.
22. 8. 1713. Befehl derselben Behörde, ein Gebetsformular dem gewöhnlichen Sonntagsgebet hinzuzufügen, im Hinblick auf die Pest, welche anfängt, im Mittag und im Norden zu herrschen.
17. 11. 1713. Anordnung aufserordentlicher Gebete auf 4 Tage in der Woche im Hinblick auf die Pest, welche sich spüren läfst in den Nachbarstaaten. Man fing damit an 20. 11. 1713 Nachm. 3 Uhr und hörte 7. 5. 1714 damit auf.
25. 12. 1713, an einem Montage, auf Königlichen Befehl feierliches Jubiläum, weil 100 Jahre vorher, an diesem Tage, Johann Sigismund *dans le Principal Temple paroissial du Dohme à Cologne sur la Spree* zum ersten Male reformiert predigen liefs und nach reformiertem Ritus das heilige Abendmahl empfing.
1. 7. 1714 — dies ist die letzte derartige Notiz — Verordnung von Kirchengebeten wegen der *grossesse de la Reine*.

Die meisten Aufzeichnungen im Protokollbuche von Vernezobre's Hand betreffen die Kirchenzucht und sind wenig erfreulich zu lesen:

9. 7. 1713. Verbot des Kartenspiels, d. h. Erneuerung und Verschärfung des Verbots vom 16. 5. 1707. Auch die, welche Karten in die Häuser liefern, sollen der Exkommunikation verfallen.
27. 8. 1713. Versöhnung und Wiederaufnahme eines 18 Monate geschieden gewesenen und exkommunizierten Ehepaars.
26. 8. 1714. Beilegung einer häuslichen Streitsache.
19. 4. 1716. Zensur einer wiederholt Gefallenen. Öffentliche Ausschliefsung. Dazu die Schlufsnotiz: Sie hat keine Genugthuung gegeben und dies Land verlassen, ohne in den Frieden der Kirche aufgenommen zu sein.

31. 3. 1717. Exkommunikation Eines, der seine Frau geschlagen und mehrmals weggejagt hat. Verhandlung wegen Mehrerer, die sich gegen das Consistoire aufgelehnt haben. Deshalb geht eine Bittschrift aus Oberkonsistorium.
30. 8. 1718. Exkommunikation einer Gefallenen. Anfrage an das Oberkonsistorium und kurzer Bescheid: Derlei Anfragen überflüssig, da der Wortlaut der Disziplin klar ist.
1. 3. 1719. Exkommunikation einer Gefallenen.
25. 2. 1720. Injuriensache.
29. 3. 1720. Ausschliefsung einer Geschiedenen.
8. 9. 1720. Verhandlung wegen einer Sünde gegen das 7. (6.) Gebot.
26. 12. 1723. Verhandlung wegen Unversöhnlichkeit, mit dem Zusatz: 'Man wird unverzüglich ans Oberkonsistorium berichten, welches wohl wissen wird, sie zu ihrer gesetzlichen Pflicht zu rangieren.
27. 12. 1723. Verhandlung wegen einer Versammlung junger Leute am Weihnachtsabend — sehr umfangreich und weiter fortgehend. —
1. 1. 1724. Verhandlung wegen Scheidung.
16. 1. 1724. Verhandlung wegen unbeachteter Zitation.
16. 1. 1724. Ausschliefsung und Wiederaufnahme einer Frau.
7. 12. 1724. Wiederaufnahme.
8. 12. 1726. Wiederaufnahme zweier Gefallenen; Verhandlung wegen einer Sünde gegen das 7. (6.) Gebot.
22. 6. 1727. Ausschlufs und Aufnahme einer Frau.
15. 4. 1731. Küsterabsetzung und Tumult in der Kirche.
5. 7. 1733. Zensur einer Gefallenen.
5. 9. 1741. Verhandlung wegen Sünde gegen das 7. (6.) Gebot.
Hieran wollen wir anschliefsen:
6. 8. 1743. Übertritt eines katholischen Soldaten, nach vorhergegangener Prüfung vorm Consistoire.

Aus diesen Notizen, deren Vollständigkeit schon aus dem Grunde fraglich erscheint, weil sie gröfstenteils in die ersten 11 Jahre von Prediger Vernezobre's 32 jähriger Amtszeit fallen, mag sich der geneigte Leser ein Urteil über die damaligen Sitten, wie über den Amtseifer des Consistoire bilden.

Wenden wir uns zur Schule!

20. 9. 1717 klagt der Lehrer, dafs etliche Kinder nicht auf die Katechismusfragen antworten wollen und sagten, ihre Eltern hätten es verboten. Die vors Consistoire zitierten Eltern leugnen dies.

11. 8. 1720 fordert der Lehrer Daniel Codra seinen Abschied, weil er nicht leben könne. Man giebt ihm einen den Armen gehörigen Kamp vis-à-vis de la ferwalterie (Verwalterei), und er bleibt.

8. 4. 1725 wird Pierre Boileau, *maître cordonnier* aus Angermünde, Kantor, Lehrer und Schulmeister, nachdem man ihn hat singen und lesen hören und seine guten Zeugnisse über seine frühere Thätigkeit eingesehen hat. Er soll von jedem Kinde, das er lesen lehrt, 1 Gr. 3 drajers monatlich, von jedem, das er schreiben lehrt, 2 Gr. erhalten, von jedem Kinde auch *un chariot de bas*, einen Wagen Holz. Die Eltern, welche Pferde haben, sollen es anfahren, die andern 3 Gr. pro Wagen bezahlen. Die Schule soll am 1. Oktober eröffnet und vorm 1. Mai nicht geschlossen werden. Täglich soll er in den 6 Fastenwochen aufserdem den Katechumenen eine Stunde geben. Aufser dem Gehalt von 50 Thlr. soll der p. Boileau den Genuss des oben genannten Kampes haben. — Trotz alledem ging Pierre Boileau im März 1726 wieder ab, weil er nicht bestehen konnte. Die Kantoratseinkünfte betrugen immerhin gegen 100 Thlr., wenn nicht mehr, — und erwägt man, dafs er doch als Schuhmacher noch etwas hinzuverdienen konnte, so fragt man sich: Wie

war es möglich, dafs 20 Jahre später zur Predigerstelle, die nur 150 Thlr. trug, 4 Bewerber sich fanden? Es mag wohl die Küche des Predigers von den Gemeindemitgliedern reichlicher bedacht worden sein als die Schulmeisterküche; aber dies löst nicht das Rätsel. Es bleibt Nichts weiter übrig, als anzunehmen, der französische Prediger hat den gesamten höheren Unterricht nicht nur in der Gemeinde, sondern auch in der ganzen Stadt und Umgegend gewissermafsen in Pacht und Erbschaft gehabt. Bei der geringen Seelenzahl der Gemeinde hatte er Zeit genug dazu.

Zur Familienchronik.

Am 8. Februar 1882 starb 71jährig zu Buckau bei Magdeburg der Privatmann und Hausbesitzer Wilhelm de Rège, früher Handschuhmacher seines Zeichens, ein einfacher, feiner, merkwürdig zurückhaltender, mit niemand an seinem Orte verkehrender, aufrichtig gläubiger Mann, der sein zuletzt weifses Haar in französischer Manier trug und mehrfach an die alten Bilder unserer eben aus Frankreich herübergekommenen Stammväter erinnerte. De Rège war nicht stolz. Er schämte sich keiner Arbeit. Noch vor einigen Jahren fand man ihn oben auf dem Dache seines Hauses, um aus nächster Nähe die Reparaturen des Dachdeckers zu kontrollieren. Trat man ihm näher, so erfuhr man, dafs sein vornehm zurückhaltendes Wesen von seinem uralt adligen Blut herrührte.

Seine Familie besafs nämlich seit dem Jahre 1410 das Stammgut, wo er Rège. Erman IX, 13 läfst die Familie aus der Normandie stammen, wo er einen Ort Azemar als den Stammort nennt. Ob es in der Normandie einen solchen Stammort giebt, steht dahin. Auffallend ist, dafs Erman IX, 248 neben diesem Azemar noch ein Burgschlofs St. Maurice in Languedoc als seit 200 Jahren — Erman schreibt 1799 — im Besitz der Familie de Rège anführt.

Die berühmte handschriftliche Collectio genealogica Koenigiana in Berlin führt im vol. 76 neben St. Maurice noch la Baume, Blives u. a. — im Ganzen 15 Stammgüter der Familie Azemar de Rège an, welche alle im Languedoc gelegen hätten.

Daraus nimmt die Familienchronik, die mir vorlag, an, dafs die Azemar de Rège ursprünglich aus Languedoc stammen, und wiederum in das Languedoc nicht von der Normandie her, die eine andere Sprache redete, eingewandert seien, sondern aus dem sitten- und sprachverwandten Spanien. Und in der That ist *azemar* (schmücken) ein spanisches Wort.

In Frankreich nun hat die Familie Azemar de Rège sich in ihres Königs Dienst bei allen grofsen Schlachten ausgezeichnet. So geschah es, dafs, als Ludwig XIV. 1686 das Edikt von Nantes aufhob, der letzte Träger des Namens Azemar de Rège, ein gläubiger Protestant, mit dem Orden *pour le mérite* geschmückt war.

Der Ritter Jean Azemar de Rège, welcher auf den Ruf des grofsen Kurfürsten in die brandenburgischen Staaten einwanderte, wird von Erman als Major in der französischen Armee bezeichnet. Bei König hingegen erscheint Jean d'Azemar als Capitain und Adjutant Ludwigs XIV. Die Familienchronik giebt der letzteren Auffassung den Vorzug. Mir aber scheint sie wenig Wahrheit zu haben. Denn einerseits ist kein Beispiel bekannt, dafs ein blofser Hauptmann Adjutant des Königs gewesen sei, und andererseits wäre es geradezu unerhört, dafs der Geliebte der Maintenon einen Hugenotten zu seinem persönlichen Adjutanten gemacht hätte.

Aber auch die Zeit der Einwanderung differiert. Nach dem brandenburgischen Majors-Patent, das vom 30. März 1686 datiert, müfste es das Jahr 1686 sein. Nach Erman IX, p. 249 kam er 1687 in Berlin an. Nach König wanderte er 1688 ein.

Ebenso differiert sein Geburtsjahr. Erman läfst ihn 1722 96jährig sterben. Demnach wäre er 1626 geboren (IX, 149). Indefs (p. 248) sagt er, Jean d'Azemar sei 1646 zu Azemar geboren. Entweder also nur 76 Jahr alt geworden, dann stimmt 1646; oder er war 96 Jahr alt geworden, dann ist er schon 1626 geboren. Ein Druckfehler liegt jedenfalls vor. Dagegen meldet die Chronik König, er sei 1636 geboren. Die Familienchronik schliefst sich letzterer Vermutung an; mit welchem Recht ist nicht zu ergründen.*)

---

*) Aus den Geburtsjahren seiner Söhne ist 1646 wahrscheinlich. Er wurde also 76 Jahr alt.

Bei der Beerdigung des Marggrafen Ludwig figuriert Jean d'Azemar de Rège 27. April 1687 als Major im Regiment von Varennes (Erman III. 219).

Im Jahre 1696 heiratete der Major Jean Azemar die Marie, Tochter des berühmten hugenottischen Hofmalers Abraham Ramondon, die, ebenso wie ihr malender Bruder, in Venedig geboren war. Ramondon's Bilder wurden in Berlin, Potsdam und Charlottenburg hoch geschätzt. Sein Gehalt war für die damaligen Zeiten recht hoch.

Der älteste Sohn Jean Azemar de Rège's, Gidéon Gabriel, geboren 1697 zu Berlin, war Major im Gefolge Friedrichs des Grofsen, dessen besondere Gunst er genofs. Bei Ottmachau nahm ihm beim Richten einer Kanone eine feindliche Kugel den Kopf fort.

Der zweite Sohn Jean Azemar de Rêgo's, Jacob, erschofs sich 1746 als Hauptmann einer Grenadier-Kompagnie, weil er bei den königlichen Werbungen sein Vermögen eingebüfst hatte. Seine Frau war eine Tochter des berühmten Hofmalers Antoine Pesne, dessen Freskobilder noch heute in den Schlössern von Berlin, Sanssouci und Rheinsberg bewundert werden. Sein Gehalt stieg von 800 auf 1200 Thlr. Eines seiner Bilder begeisterte Friedrich den Grofsen zu folgenden Versen:

Quel spectacle étonnant vient de frapper mes yeux,
cher Pesne, ton pinceau t'égale au rang des dieux.

Der dritte Sohn Jean Azemar de Rège's, Pierre Azemar de Rège, geboren in Berlin 21. November 1702, machte den schlesischen Krieg mit, vertrieb beim Abzug von Prag mit 80 abgesessenen Dragonern eine sehr beträchtliche Anzahl Feinde aus einem Defilé, erhielt den Orden *pour le mérite*, wurde 1759 gefangen genommen und starb 1780 7. Juli zu Frankfurt a. O., wo er lange Jahre mit Ehren im Presbyterium gesessen hatte,[*]) ebenso wie einer seiner Anverwandten.[**])

Jacob de Rège's Sohn, Georg Vollrath Azemar de Rège, geboren 1736 in Berlin, machte einen grofsen Teil des siebenjährigen Krieges mit, verfiel dann bei einer Parade (wegen einer nach Meinung des grofsen Königs falsch gerichteten Kanone) in Ungnade und mufste ein kühnes Wort in Spandau büfsen, wo er 1804 starb. Seine Tochter heiratete den österreichischen Legationsrat Baron Berbes und entführte die Familienpapiere nach Wien. Sein Sohn ist der Vater unseres Wilhelm de Rège. Die Familie verarmte seit der Ungnade des Königs.

Die heute in hohen Ämtern stehenden de Rège's sind keine Azemar, sondern erst Anfang 1800 eingewandert.

Tollin.

Die Jungfernbrücke in Berlin.

Über den eigentümlichen Namen derselben erzählt die Tradition Folgendes:

Nahe der Brücke, beinahe an der Ecke der Spreegasse, No. 61 der Strafse an der Friedrichsgracht, waren ehedem und bis zum Jahre 1660 kleine Häuser und Gärten, die der Geheime Kriegsrat Happe nach und nach an sich kaufte, sie dann im Jahre 1690 an die Kaufleute Blanc und Boyer verkäufserte, die dort Wohnungen für ihre Landsleute, die aus Frankreich nach dem Brandenburgischen geflüchteten Reformierten, einrichten liefsen, wonach das Haus der französische Hof genannt wurde. Das Vorderhaus liefs dann der Geheimrat Gautier de la Croze im Jahre 1747 durch Feldmann erbauen. Unter diesen Réfugiés waren mehrere Goldschmiede und Handwerker, die verschiedene feine, dem Lande bis dahin unbekannte Arbeiten machten und längs des Grabens auf beiden Seiten der Brücke hölzerne Buden hatten, in denen ihre Waren feil gehalten wurden. Eine Familie Blanchet besafs solch eine Bude, und die weiblichen Mitglieder derselben beschäftigten sich mit dem Nähen feiner Wäsche, Waschen und Reparieren von Kanten, seidenen Strümpfen etc. Diese Geschwister Blanchet waren sowohl durch ihre Geschicklichkeit in weiblichen Handarbeiten, als durch ihre etwas spitze Zunge bekannt. Hatte man eine feine Arbeit machen zu lassen, der kein anderer so leicht gewachsen war, so hiefs es, wir wollen es zu den Jungfern an der Brücke schicken; hatte die *chronique scandaleuse* irgend eine nachteilige Stadtneuigkeit verbreitet, und man wollte die Sache aufs Reine haben, so hiefs es auch: lafs uns nur zu den Jungfern an der Brücke

---

[*]) Siehe meine Geschichte der französischen Kolonie zu Frankfurt a. O. 1865. Seite 33.
[**]) Der 1784 z. B. dicht hinter dem Pastor Hugo und dem *Juge Du Port* unterzeichnet.

gehen, die werden es wohl wissen. Mila, der dies in seinem „Berlin" mitteilt, fügt hinzu: „Sehr oft hat der Verfasser dieses Werkes Manches über diese Ausdrücke aus dem Munde seiner Eltern gehört, und glaubt also mit Bestimmtheit behaupten zu können, dass dieser Umstand zu einer Benennung Veranlassung gegeben hat, die aus dem gemeinen Leben hernach in die Büchersprache übergegangen ist."

Gemeindesachen.

1. Herr George Laporte, Ancien-Diacre, ist aus dem Konsistorium geschieden. Für ihn ist Herr Direktor Dr. Huot zum Mitgliede des Konsistoriums erwählt worden.

2. Der Don Böhme von G. Mark, bestimmt zur Etablierung ehemaliger Zöglinge der *École de charité*, wird dieses Jahr vergeben werden. Personen, welche das Alter von 25 Jahren erreicht haben und glauben, Ansprüche auf diesen Don erheben zu können, haben sich schriftlich an den Sekretär der *École de charité*, Herrn Challier, Leipzigerstr. 56, zu wenden.

3. Vom 2. April ab beginnt der Nachmittagsgottesdienst in der Friedrichstadt um 3 Uhr.

4. Am Palmsonntage: Kollekte für die *École de charité*.

5. In bezug auf den in voriger Nummer veröffentlichten Brief, betreffend die Nichteinladung durch den Kirchenzettel für die Rechnungslegung des Konsistoriums ist zwar eine Richtigstellung vom Konsistorium selbst nicht eingelaufen, von glaubwürdigster privater Seite uns aber die Versicherung gegeben worden, dass die Versäumnis der Einladung durchaus nur auf einem Versehen beruhe.

6. Am 8. März d. J. verschied Herr Jules Théodore Gamel. In dem mir eben zugegangenen Bericht der *École de charité* für das Jahr 1881 findet sich folgender Nachruf.

Wir müssen eines grofsen Verlustes Erwähnung thun, den die General-Direktion und die Direktion des Waisenhauses erlitten haben durch den Tod des Geheimen Ober-Finanzrates a. D. und Präsidenten Gamel, der, seit dem Jahre 1836 Mitglied der Direktion des Waisenhauses und seit 1837 Schatzmeister dieser Anstalt, mit grofser Treue und Umsicht dieses Amt verwaltete bis zu seinem Tode, der ihn am 8. März d. J. einer langen, vielseitigen, reichgesegneten Berufs- und freiwilligen Liebes-Thätigkeit entrissen hat.

Er hat den ersten Anstofs gegeben zur Vereinigung des Waisenhauses, der *École de charité* und des *petit Hôpital* zu einem Institut; er hat die leitenden Grundsätze für dieses Unternehmen aufgestellt. Den Hauptplan hatte der Baurat Bürde entworfen; demselben wurde auch die Ausführung übertragen. Der Verstorbene wurde aber mit der speziellen Leitung des Baues und der Kassenführung beauftragt. Er beteiligte sich wesentlich bei der inneren Einrichtung und der Entwerfung des Statuts und der Instruktionen. So hat er sich ein bleibendes Denkmal in der Kolonie, deren treues Mitglied er war, gestiftet. Er war ein hochbegabter Mann, klaren, praktischen Geistes, energischen Willens, umsichtig und fürsorgend, frommen Gemüts, voll barmherziger Liebe, ein Freund der Kinder, beseelt von grofser Arbeitslust, begabt mit seltener Arbeitskraft, der, nachdem er in den hohen Ämtern geschieden, die er mit Treue und mit reichem Segen geführt hatte, sich an der Verwaltung verschiedener Erziehungs- und anderer Institute, nicht blofs dem Namen nach, sondern mit Ernst und Hingebung beteiligte. Wir verdanken ihm viel. Der Herr lohne es ihm reichlich!

Vereinsnachrichten der Réunion.

Am 24. März hat die schon in der vorigen Nummer angekündigte Wanderversammlung der Réunion für die Luisenstädtische Paroisse wirklich statt gefunden. Der Herausgeber dieser Zeitschrift hielt auf dieser einen Vortrag über die Entstehung und geschichtliche Entwickelung der *École de charité*. Die zahlreich erschienenen Gäste, sämtlich fast nur Mitglieder genannter Paroisse, folgten den der Sachlage gemäfs einfach und kurz gehaltenen Mitteilungen des Redners doch mit lebhaftem Interesse, und bekundeten ihre Teilnahme für die kolonistischen Angelegenheiten durch lebhaft gestellte Anfragen, die teils gleich nach dem Vortrage, teils im Laufe der privaten Unterhaltung beantwortet wurden. Unter den erschienenen Herren war eine grofse Anzahl, die noch niemals vorher irgend einer kolonistischen Versammlung beigewohnt hatten und um so mehr mit aufrichtigem Danke die Nachrichten über die Einrichtungen ihrer Gemeinde entgegennahmen. Auch nach dem Vortrage blieb die Gesellschaft in freundschaftlichem Gespräche noch lange bei einander.

Sitzungen im April. Freitag, den 14. und Freitag, den 28. April; beide Sitzungen Restaurant Gärtner, Mittelstr. 62, 8 Uhr.

Die Weltgeschichte in übersichtlicher Darstellung, erzählt von Ferdinand Schmidt. Drei Bände. — Dieses Werk ist für die Jugend geschrieben, in der dem Verfasser eigenen, das Gemüt lebhaft anregenden Weise. In christlicher Anschauung schildert er die grofsen Ereignisse der Jahrhunderte; was die Geschichte der Neuzeit anbetrifft, so merkt man überall die protestantische Auffassung, und kann das Werk den Lesern unserer Zeitschrift auf das wärmste empfohlen werden.

Mai 1882. VI. Jahrgang.

DIE KOLONIE.

Organ für die äusseren und inneren Angelegenheiten der französisch-reformierten Gemeinden.

Redigiert von W. Bonnell, Rektor in Berlin.

Erscheint monatlich einmal. Preis pro Quartal 75 Pf.

Abonnements werden angenommen bei W. Bonnell in Berlin N., Schwedter-Str. 257, und bei jeder Post-Expedition.

INHALT: Berlin vor 200 Jahren, mit besonderer Berücksichtigung der französ. Kolonie, von Dr. Muret (Forts.) — Die französ. Kolonie in Strasburg i. U. (Verhältnis zur deutsch-reform. Gemeinde). — Vermischtes. — Gemeindesachen. — Vereinsnachrichten der Réunion. — Verzeichnis reform. Schriften.

Berlin vor 200 Jahren,
mit besonderer Berücksichtigung der französ. Kolonie.
Von Dr. Muret.

(Fortsetzung.)

Über die 1661 neu gebaute Holzbrücke, die, obwohl hier die Spree bedeutend eingeengt worden war, noch die lange Brücke hiefs, gelangen wir nach Berlin in die Georgenstrafse, die sich bis zum St. Jürgen = Georgenthor erstreckt. Erst beim Einzug des ersten Königs 1701 änderten sie ihre Namen in Königsstrafse und Königsthor um. Letzteres stand bis 1746 da, wo heut die neue Friedrichstrafse die Königsstrafse schneidet; es mufs ein ansehnlicher Bau gewesen sein, da seine oberen Räume noch längere Zeit als Montierungskammern benutzt wurden. Die Georgenstrafse war erst 1684 durch die Wegschaffung aller Buden und vorspringenden Treppen verbreitert und auf den Seiten gepflastert worden,[46]) auch war vor dem Georgenthor, an der Bernauer Landstrafse, da wo an der einen Seite die Georgenkapelle mit dem St. Georgenhospital, auf der andern, an der jetzigen kleinen Schützenstrafse, der alte Berliner Schützenplatz lagen, mehrfach gebaut worden. In dem linken Eckhaus an der langen Brücke (die Burgstrafse existierte als solche noch nicht, meist ging die Gärten der Heiligen-Geistrafse bis an die Spree) wohnt der Rektor des Joachimthalschen Gymnasiums, Wulstorf; die Schule selbst befand sich bis zu dem Jahre unserer Wanderung an der Ecke der Poststrafse in dem früher Rochow'schen Hause.[47]) Dasselbe führt heut noch den Namen „die alte Post", denn hierher verlegte der Kurfürst 1685 die Postverwaltung, die bis dahin in der Heiligen-Geistrafse gewesen; das frühere grofse Grundstück derselben wurde nun dem Gymnasium zugewiesen. Das Eckhaus rechter Hand gehört dem Bürgermeister Schwar-

---

[46]) König, Versuch etc. III. 219.
[47]) Der Bär, V. 174; Nikolai 3.

den, und wurde erst 1703 von Schlüter für den Grafen von Wartenberg in der noch jetzt ziemlich erhaltenen Gestalt neu erbaut. Am Ende der Heiligen - Geiststrafse sehen wir die Linden des Heiligen-Geist-Kirchhofs, unter denen noch lange im Freien gepredigt wurde. Es sind diese Linden bei der Kirche zum heiligen Geist lange ein von der Sage umsponnenes Wahrzeichen der Stadt Berlin gewesen. Einer von drei Brüdern, so wird erzählt, wird des Mordes angeklagt. Um den Bruder zu retten, bekennen sich auch die beiden andern Brüder derselben That für schuldig. Zur Ergründung der Wahrheit läfst der Richter jeden der Brüder eine junge Linde mit den Zweigen nach unten in die Erde einpflanzen, und als im nächsten Frühjahr sämtliche 3 Bäume frisch ausschlagen und weiter wachsen, ist der Unschuldige gerettet, und auch der Schuldige, fügt die Sage hinzu, wird bald darauf entdeckt.

Abgesehen von einzelnen hervorragenden Gebäuden in den Hauptstrafsen, machen die Wohnhäuser, die vielfach noch den Giebel nach der Strafse zukehren, keinen sonderlichen Eindruck und zeigen, dafs der Ackerbau noch vorzugsweise viele Städter in Anspruch nimmt. Einen freundlicheren, wenn auch nicht grofsstädtischen Anblick erhalten einzelne Häuser durch eine Weinberankelung, und schöne Bäume stehen vor vielen derselben. Wer der Verletzung dieser Anpflanzungen überführt wurde, dem wurde vom Henker die Hand abgeschlagen. (König II, 102). Trotz einer Verordnung im Jahre 1691, die Stroh- und Schindeldächer, die in den Residenzstädten noch in Menge vorhanden waren, abzuschaffen, verschwanden dieselben wie auch die hölzernen lehmumkleideten Schornsteine, nur langsam, und nur die Rücksicht auf die eigene Sicherheit veranlafste ihre Entfernung; denn ungeachtet mancher erlassenen Feuerordnung waren die Löschvorrichtungen noch höchst primitiver Art. Nach König (III, 173) wurde das erste Spritzenhaus in Berlin erst 1706 erbaut. Auch vermochten alle erlassenen Gassenordnungen es noch nicht, die Reinlichkeit der Strafsen herzustellen. Auch für die Erleuchtung der Strafsen hatte der grofse Kurfürst, trotz allen Widerspruches, energisch gesorgt. Seit 1679 mufste aus jedem dritten Hause nachts eine Laterne ausgehängt werden, so dafs die Nachbarn darin abwechselten, und 1782 gelang es ihm sogar, eine Erleuchtung durch auf Pfählen stehende Laternen durchzusetzen.

(Forts. folgt).

Die französische Kolonie in Strasburg i. U.

Das Verhältnis der Strasburger franz. Kolonie zur dortigen deutsch-reform. Gemeinde.

Bevor wir daran gehen können, das Verhältnis beider Gemeinden zu einander zu betrachten, ist es nötig, Antwort auf die Frage zu suchen: Wie ist die deutschreformierte Gemeinde in Strasburg entstanden? Eine kurze und klare Antwort giebt ein in den deutsch-reform. Akten befindlicher Fragebogen vom Jahre 1750 etwa, der diese Frage enthält und die Antwort: Durch Verheiratung von Wallonertöchtern mit Deutschen. Diese Antwort ist zweifellos kurz und klar. Schade nur, dafs sie, wenn nicht grundfalsch, zu welcher Annahme Schreiber dieses am meisten neigt, so doch völlig unzureichend ist. Heiraten von Wallonertöchtern und Deutschen waren besonders im Anfange des Bestehens der Kolonie immerhin selten; sodann stellt die Antwort an den Leser die etwas starke Zumutung, zu glauben, dafs, nachdem 30 Jahre vorher die Kolonisten durch landesherrliche Munifizenz mit Kirche und Schule versehen worden, der sparsame König Friedrich Wilhelm I. auch noch das Gleiche für deren Schwiegersöhne gethan habe. Man mufs sich also nach anderen Quellen umsehen, um richtige Antwort zu finden. Die deutsch-reformierten Kirchenbücher jener Zeit schweigen hartnäckig über die Herkunft der ersten Gemeindeglieder. Dagegen findet sich in den deutsch-reformierten Akten für die ersten Jahre des Bestehens ein jedesmaliges Namensverzeichnis der Kommunikanten. Aus diesen Verzeichnissen, die noch vorhanden sind, sowie aus einer unten abgedruckten Beschwerdeschrift der Strasburger Kolonisten vom 4. März 1733, läfst sich das Entstehen der deutsch-reformierten Gemeinde mit ziemlicher Sicherheit nachweisen. Die Beschwerdeschrift redet von 3 oder 4 Strasburger deutsch-reformierten Familien, und bezeichnet die beiden genannten Ältesten dieser Gemeinde ausdrücklich als Schweizer. Es ist hiernach wohl anzunehmen, dafs der Stamm der deutsch-reform. Gemeinde aus deutschredenden Réfugiés bestand, aus der deutschen Schweiz und aus Süddeutschland herstammend. Es ist aber die Frage noch nicht gelöst: Wie gelangten diese 3 oder 4 Familien zu eigener Kirche und Schule? Zur Beantwortung dieser Frage führen uns die Kommunikantenlisten. — Unter den Strasburger Kommunikanten ist eine Frau Wesembergin aufgeführt. Dieselbe hatte im Jahre 1717 mit ihrem damals noch lebenden Ehemann zusammen der „französischen" Kirche einen Abendmahlskelch geschenkt. Nun kann man im Inventar-Verzeichnis der „deutsch-reformierten" Gemeinde lesen: „Der Wesembergische Kelch zur Hälfte", dabei aber steht die Bemerkung: „Die Franzosen wollen ihn aber nicht herausgeben". Aus der Schenkung des Kelches läfst sich der Schlufs ziehen: Das Amtmann Wesemberg'sche Ehepaar hielt sich noch 1717 zur französischen Gemeinde, obwohl es deutsch-reformiert war. Mit dem Geber des andern Kelches, dem Mr. Reichart, scheint es ebenso zu sein. Da sein Name, wie der seiner Frau, im französischen Toten-, Tauf- oder Trauregister nicht zu finden ist, wird er auch wohl den Deutsch-Reformierten angehört und mit den Kolonisten in Abendmahls-Gemeinschaft gestanden haben. Als Gäste, da sie in sehr guten Verhältnissen sich befanden, erwiesen sie sich durch ein kostbares Gastgeschenk, die beiden Kelche, erkenntlich. — Dem Beispiele Johann Sigismunds, welcher 1613 zur reformierten Kirche übergetreten war, waren Viele aus den hohen und höchsten Schichten der Gesellschaft gefolgt, und diesen wiederum ihr Gesinde. Hieraus erklärt sich die in den Kommunikantenlisten und auch heute noch in den meisten der preufsischen deutsch-reformierten Gemeinden auffallende Erscheinung, dafs Hoch und Niedrich, Arm und Reich, ziemlich unvermittelt neben einander stehen.

Während der Regierung Friedrich I. hatten die Deutsch-Reformierten, sofern sie in der Diaspora lebten, und ihnen eine französische Kolonie näher war als ein deutsch-reformierter Prediger, mit den Kolonisten in Abendmahls-Gemeinschaft gelebt, was um so eher anging, da das Französische in den höheren Ständen gang und gäbe war. Friedrich Wilhelm I. dagegen war dem Franzosentum durchaus nicht holdselig gestimmt, und wenn auch die Überweisung des kolonistischen Gotteshauses zum Mitgebrauch an die Deutsch-Reformierten im Jahre 1719 kein völliges Zurückziehen der 1691 gegebenen Privilegien bedeutet, eine starke Beeinträchtigung liegt zweifellos vor. Derartiges geschah aber nicht allein in Strasburg. Auch anderwärts wurden die Privilegien verkürzt, so dafs sich die Kolonisten bis zum Jahre 1720 in grofser Aufregung befanden, und der gröfsere Teil an abermalige Auswanderung dachte. Über 30 ackerbautreibende Familien zogen ja in der That 1719 nach Fridericia in Dänemark. Da schlug die Stimmung des Königs um, er bestätigte unterm 29. Februar 1720 alle Privilegien und beruhigte seine französischen Unterthanen.

Soviel geht aus dem Gesagten hervor, daß Friedrich Wilhelm I. es nicht gern sah, wenn Deutsch-Reformierte sich zur französischen Kolonie hielten, und gingen von ihm zuerst die Maßregeln aus, welche ein gar zu weites Umsichgreifen des Franzosentums hindern, und ein allmähliches Absterben der Kolonieen herbeiführen sollten. Dennoch läßt sich nicht annehmen, der König habe allein, um der französischen Kolonie in Strasburg Abbruch zu thun, für wenige deutsch-reformierte Familien einen eigenen Pfarrer und Kantor angestellt. Dazu war er zu sparsam. Nach den angeführten Kommunikantenlisten war aber der deutsch-reformierte Prediger zugleich reformierter Militärprediger in Anclam und Treptow, und so löst sich das Rätsel — für seine lieben blauen Kinder hatte der sparsame Monarch immer Geld genug übrig, hier um so eher, da sowohl Pfarr-, wie Kantorgehalt aus dem Moes Pietatis gezahlt wurden. Auch noch heute fließt es daher. Auf besondere Fürsprache des Feldmarschalls von Arnim soll die Strasburger deutsch-reformierte Gemeinde gegründet sein.

Das Verhältnis der 24. 9. 1719 in Strasburg mit Marcus Aemilius Wagenfeld als Pfarrer und einem gewissen Heinicke als Kantor konstituierten deutsch-reform. Gemeinde zur französischen Gemeinde konnte der Natur der Sache nach kein erfreuliches sein. Die Kolonisten waren laut Privilegium Inhaber und Besitzer des Kirchenlokals. Sie hatten dasselbe in Ordnung zu halten und die dazu erforderlichen Kosten zu tragen. Die Deutsch-Reformierten hatten durch Königlichen Befehl das Nutzungsrecht, und es fiel ihnen nicht ein, zu den Kosten beizutragen. Dies Verhältnis erstreckte sich sogar auf den, beiden reformierten Gemeinden gehörigen Friedhof. Die Deutsch-Reformierten begruben ihre Toten auf dem der Kolonie gehörigen Friedhof, weigerten sich aber, die Kosten zur Erhaltung und Herstellung der Umfriedigungen mitzutragen. Sie wären Gäste, erklärten sie, und von Gästen pflege man nicht Bezahlung zu fordern. Es klingt kaum glaublich, ist aber dennoch wahr, daß dieser Zustand über ein volles Jahrhundert gedauert hat. Die Deutsch-Reformierten waren Gäste, zeigten sich aber nicht sehr liebenswürdig gegen die Wirte, im Gegenteil thaten sie der Kolonie auf alle Weise Abbruch. In der ersten Strasburger deutsch-reformierten Kommunikantenliste ist kein einziger französischer Name zu finden; wirft man dagegen einen Blick in die deutsch-reform. Kirchenbücher in den Jahrgängen 1750 bis 1760, so glaubt man ein französisches Kirchenbuch vor sich zu haben; deutsche Namen sind Seltenheiten. Sowie ein Glied der Kolonie irgend einen Zwist mit dem Prediger oder Konsistoire hatte, ging es zu den Deutsch-Reformierten über. Freilich war an der Vermehrung der deutsch-reformierten Gemeinde auf Kosten der Kolonie auch letztere nicht ohne Schuld. Wie in den Akten deutlich zwischen den Zeilen zu lesen ist, stand es schon um 1750 mit der französischen Sprache der französischen Gemeindeglieder sehr schwach. So mancher mag einen ihm verständlichen Gottesdienst dem ihm unverständlich gewordenen Gottesdienst der Väter vorgezogen haben. Dazu kam, daß die Familien alsdann zusammen zum Gottesdienst gehen konnten, der Mann von französischer Herkunft mit seiner deutschen Frau und deren Angehörigen, die Frau von französischer Herkunft mit ihrem deutschen Manne und dessen Verwandten. Endlich gingen die Übertritte leicht, ohne *examen rigorosum* und Weiterungen von statten. — Wie die Deutsch-Reformierten das Gastrecht, d. h. ihr Recht als Gäste auffaßten, zeigt die unten abgedruckte Beschwerdeschrift vom 4. 3. 1733 in allerdings etwas greller Beleuchtung. Nach derselben hatte der deutsch-reformierte Prediger ein junges Mädchen im Kirchenlokal begraben lassen, ohne daſs die französische Gemeinde eine Ahnung davon hatte. Freilich muſs hierbei erwähnt werden, was die Beschwerde — wohl nicht unabsichtlich — verschweigt, daſs das Mädchen eine Tochter des ersten deutsch-reformierten Predigers Marcus Aemilius Wagenfeld gewesen, und nach damaliger Sitte die Leiche ein Recht auf Bestattung in der Kirche hatte. Daſs der Begräbnistag ein Fasttag war, dafür konnte der deutsch-reformierte Prediger nicht, da der Tod das Begräbnis an diesem Tage notwendig machte. Die Heimlichkeit des Begrabens läſst weniger auf ein böses Gewissen, als auf das Bestreben schlieſsen, ein unliebsames Rencontre mit den Französischen zu vermeiden. Zu den Streitigkeiten dieser Art, um das Beerdigungsrecht in der Kirche, um den Wesembergischen Kelch, um Tragung der Kirchhofslasten, kam noch eine, die immer wieder Öl in die Flamme der Zwietracht goſs, und auch noch heute von Zeit zu Zeit wieder auftaucht. Es ist dies die Frage um den Schluſs des französisch-reformierten Gottesdienstes. Da der deutsch-reformierte Gottesdienst unmittelbar nach dem französischen begann und noch heute beginnt, so konnte es leicht vorkommen, daſs der französische sich zu lange ausdehnte, und die Deutsch-Reformierten auf dem zugigen Flur warten muſsten. Unter gewöhnlichen Umständen ist wohl für solche Übelstände der französische Prediger verantwortlich zu machen; indessen können Umstände eintreten, und sind sicher eingetreten, unter denen er nicht anders konnte. Bei starken Konfirmationen, Kommunionen, bei Predigerwahlen und Einführungen, ist es, selbst wenn der Gottesdienst eine halbe Stunde früher als sonst, um 8½ Uhr beginnt, oft nicht gut möglich, mit dem Schlage 10 zu schlieſsen. Es ist vielfach versucht worden, die Deutsch-Reformierten zu einem späteren Anfange in solchen Fällen zu bewegen, — ohne Erfolg. Die stereotype Antwort war und ist: „Die Franzosen können ja früher anfangen."

Beschwerdeschrift des Strasburger Consistoire vom 4. März 1733.
(In deutscher Übersetzung.)

Majestät! Der Pastor, die Ältesten und die Familienhäupter der Strasburger französischen und wallonischen Kirche und Kolonie, Euro niedrigsten Unterthanen, werfen sich Ew. Majestät Thron zu Füſsen, um dieselbe sehr demütig zu bitten, ihnen Gerechtigkeit zu erweisen. Der deutsch-reformierte Prediger, Namens Stütz aus Kassel, fährt fort, gegen sie alle Art von Bedrückungen auszuüben. Denn weit entfernt, den Frieden zu erhalten zwischen seiner kleinen Herde, aus 3 oder 4 Familien bestehend, und der unsern, die aus 60 und mehr besteht, sät er von Tag zu Tag den Zwist und begünstigt die Unruhen. Auſserdem miſsbraucht er die, seinen Zuhörern bewilligte Gnade, ihren Gottesdienst in unserm Tempel halten zu dürfen, einem Tempel, den wir durch die Gunst Sr. Majestät Ew. verstorbenen Vaters glorreichen Andenkens gebaut und seit mehr als 42 Jahren in Besitz haben. Er behauptet, unumschränkter Herr desselben zu sein und nach Willkür damit schalten zu können. Übrigens ist der Tempel unter dem Rathause an einem ziemlich engen Orte, und dessen ungeachtet hat er dort ein Grab machen lassen, um dort aus seiner eignen Machtvollkommenheit die Tochter der Witwe des verstorbenen Wagenfeld begraben zu lassen. Was uns noch mehr nötigt, Gerechtigkeit wider dies Attentat zu erbitten, ist der Umstand, daſs er dies Grab am Fasten- und Bettage dieses Monats März hat graben lassen. Und er hat das Alles mit Gewalt und einer Heftigkeit gethan, welche uns ärgert und sogar die ganze Stadt. Denn durch Schlauheit *(finesse)* und unter dem Vorwande eines Gottesdienstes, den er sonst nicht an diesem Tage zu halten pflegte, hat er zwei von seinen Ältesten, einen Namens Bayer, einen schweizerischen chirurgien, und einen andern Namens Kauffmann, ebenfalls einen Schweizer, einen Weber seines Handwerks eintreten und das genannte Mädchen begraben lassen. In Anbetracht, daſs dies eine Entweihung des Bet- und Fasttages ist, und so viele in diesem kleinen Tempel begrabene Leichen ihn zu verpesten drohen, bitten Eure unterzeichneten, niedrigsten Diener und Unterthanen Ew. Majestät aufs demütigste, im Zaum zu halten *(arrêter)* den Ungestüm dieses Predigers, der gar nicht den Frieden liebt und sich der 3 oder 4 in der Schweiz geborenen

Familien bedient, um mehr als 69 Walloner Familien zu unterdrücken, die mit Privilegien seit länger als 42 Jahren in Eurer Maj. Stadt Strasburg sefshaft sind. Wir hoffen von Ew. väterlichen Billigkeit und Liebe eine günstige Antwort, in deren Erwartung wir fortfahren werden, unsern Gott um Ew. Majestät langes Leben und beständiges Glück zu bitten. (Unterzeichnet von Prediger Vernezobre, den Ältesten und 20 Familienhäuptern für alle Andern.)

Dahinter steht die Bemerkung: Die Antwort ist hier im Original datiert vom 1. Mai 1733. — Leider ist dieselbe heut nicht mehr vorhanden. —

Vermischtes.

Die französische Réfugié-Kolonie bei Fridericia in Jütland, welche in unserm diesmaligen Artikel über die Strasburger Gemeinde erwähnt wird, ist von dem Könige Friedrich IV. von Dänemark begründet worden, hatte aber keinen Bestand. Ungefähr 30 Familien aus Brandenburg, welche den Ackerbau verstanden, folgten der Einladung desselben und erhielten in der Nähe der Stadt Gartenländereien zur Kultur angewiesen. Zu ihnen gesellten sich aus dem Würtembergischen 90 Waldenser-Familien, die, 400 Köpfe stark, Ende des Jahres 1720 in elendem und heruntergekommenem Zustande bei Altona eintrafen. Hier nahmen sich die Reformierten dieser Stadt und Hamburgs der Unglücklichen an, sorgten für Unterkommen und Verpflegung und waren eifrig bemüht, sie für ihr Unternehmen in Jütland mit Viehstand und Ackergerät auszurüsten. In den wohlhabenden französischen Kolonieen Deutschlands wurden Kollekten eingesammelt; die Leipziger Gemeinde allein spendete bei dieser Gelegenheit 850 (!) Thaler. Die Gesamt-Summe aller Einnahmen verwalteten die Hamburger und Altonaer in der Weise, dafs sie den Waldensern vorläufig nur einen Teil darreichten und den Rest für Zeiten der Not ihnen aufbewahrten. Und das war für diese ein Glück! Denn selten wohl ist es einer Ansiedelung so übel ergangen, wie jener bei Fridericia. Die Vorkehrungen für die Aufnahme der Ankommenden waren unzureichend getroffen, die zum Anbau bestimmten Ländereien nicht ausreichend bemessen, u. dgl. m. Die schon vordem angekommenen Brandenburger konnten sich selbst nicht halten, die Hälfte von ihnen kehrte bald nach der Uckermark zurück, die übrigen zerstreuten sich auf die dänischen Inseln. Die Waldenser lenkten ebenfalls ihre Schritte wieder südwärts, 1721 im Mai und Juni treffen wir sie wieder in Hamburg und Altona, von wo aus sie teils nach Hessen-Kassel, teils nach Würtemberg weiter zogen.

Napoleon I., Konsistorialrat Erman und die Königin Luise.

Als Napoleon I. in Berlin war, hatte Erman eine Audienz bei ihm. Der französische Kaiser sprach verschiedene unbegründete Anklagen gegen die Königin Luise aus; aber auf Alles, was derselbe gegen sie sagte, hatte der beherzte greise Geistliche nur die eine Antwort: „Das ist nicht wahr, Sire!" So dem gewaltigen Fürsten unter den Augen seiner zitternden Umgebung der Unwahrheit zeihend, erwartete Erman, mehr noch seine in Todesangst versetzte Familie, er werde dieses Wort, wie es Napoleon gewifs lange nicht gehört hatte, wenigstens mit der Freiheit seiner Person büfsen müssen. Doch Napoleon, ohne Zweifel von der Ehrwürdigkeit des kühnen Greises betroffen, liefs es zum Erstaunen Aller ungeahndet.

Am ersten Ordensfeste im Jahre 1810, das wenige Wochen nach der Heimkehr des Königs von Königsberg auf dem Königlichen Schlosse hierselbst gefeiert wurde, stand die Königin, als sie den mit einem höhern Orden geschmückten Greis erblickte, von der Tafel auf, trat mit dem Glase in der Hand zu Erman und, mit ihm anklingend, sagte sie: „Ich kann mir die Genugthuung nicht versagen, mit dem Ritter auf sein Wohl anzustofsen, der, als Alles schwieg, den Mut hatte, seine letzte Lanze für die Ehre seiner Königin zu brechen!" Im weiteren Gespräche erinnerte sie daran, wie Erman vor fünf Jahren sein fünfzigjähriges Predigerjubiläum gefeiert, und wie sie mit dem Könige ihm dabei Glück gewünscht habe, Glück und längeres Leben. „Gott hat unsern Wunsch erhört," fügte sie hinzu, „und Sie am Leben erhalten, damit doch wenigstens Einer da sei, der es wage, dem grofsen Feinde die Wahrheit zu sagen".

Gemeinde-Angelegenheiten.

Bericht über die *École de charité* für das Jahr 1881.

Es berücksichtigt dieser Bericht, wie immer, nicht blos die *École de charité*, sondern da, wo es sich um das Allgemeine handelt, auch das *Hospice* überhaupt. — Die Aufgabe der *École de charité* ist, den Kindern, soweit dies in einer solchen Anstalt in der Möglichkeit liegt, nicht nur die Familie zu ersetzen, sondern den meisten von ihnen Besseres zu geben, als sie bisher hatten, nicht nur ihre irdischen Lebensbedürfnisse: Nahrung, Kleidung, Wohnung, Licht, Luft, Wärme, Bewegung zu befriedigen, sondern auch für ihre unsterblichen Seelen zu sorgen, nicht nur mit Kenntnissen sie auszurüsten, deren sie für ihren künftigen Lebensberuf bedürfen, sondern sie auch auf den Felsengrund des christlichen Glaubens, wahrer christlicher Frömmigkeit zu stellen. So sollen sie nützliche Mitglieder der bürgerlichen Gesellschaft, treue Glieder der christlichen, insbesondere der französischen Kirche werden, die in ihren verschiedenen Lebensstellungen, mögen sie zum Befehlen oder Gehorchen berufen sein, durch gewissenhafte Pflichterfüllung, redlichen Wandel, patriotischen Sinn, ihrer Abstammung Ehre machen und in solcher Weise den Dank erstatten, den sie der Anstalt schulden.

Die Direktion der *École de charité* hat durch den Tod des Herrn Gamet einen grofsen Verlust erlitten. Wir haben über denselben schon in voriger Nummer berichtet.

In beziehung auf das Lehrer- und Erzieher-Personal ist zu berichten, dafs die Herren Burguy und Lagrange fest angestellt worden sind.

Die festlichen Tage der Anstalt wurden in gewohnter Weise gefeiert. So der Geburtstag Sr. Majestät des Kaisers durch Ansprache, Gebet, Gesang, Festessen der Zöglinge, Spiele u. s. w. Die *grande promenade* fand am 28. Juni statt. In Kremserwagen wurden die Kinder samt dem Lehrer-Personal nach Schlachtensee befördert, wo sie in der herrlichen Gegend sich mit Gesang und Spielen verschiedenster Art und an dem im Freien bereiteten gemeinsamen Mahle ergötzten. Eine Dame, deren Freude es schon seit vielen Jahren gewesen ist, den Kindern eine besondere Ergötzung zu bereiten, hatte auch dieses Mal wieder eine grofse Anzahl von Geschenken aller Art für dieselben besorgt, die als Gewinne den Einzelnen zufielen. Da der Gaben aber sehr viele waren, so konnte jedem Kinde ein Andenken an den schönen Tag zu teil werden. — Die Rückfahrt zu Wagen bei herrlichem Wetter war für die durch das Spiel ermüdeten Kinder noch ein besonderer Festgenufs.

Am 6. September bereitete den Kindern der Herr Rechnungsrat Gain das zweite grofse Fest, indem er die Mittel zu einer Fahrt nach Potsdam gewährte. Dieselbe war trotz des regnerischen Tages reich an Genufs.

Wie wurde an jenem Tage mit dankbarer Anerkennung dieses Mannes gedacht, der dem Institute und einzelnen Zöglingen desselben so viele Guttaten erwiesen hat! Am 24. Januar 1882 ist er im hohen Alter von dieser Welt abberufen worden. Doch sein Andenken wird in dem Hospice nicht erlöschen, sondern auch in den folgenden Generationen erhalten bleiben; es wird sein Name von Kindern und Erwachsenen mit Dank genannt werden; denn über seinen Tod hinaus hat er seine Liebe zur Anstalt und seine Fürsorge für die Zöglinge bethätigt. Er hat in seinem Testamente der *École de charité* 5000 Mark vermacht mit der ausdrücklichen Bestimmung, dafs von den Zinsen des Kapitals den Kindern jährlich ein Festtag durch eine Fahrt nach aufserhalb bereitet werde.

Für Knaben besitzt die *École de charité* Mittel, um dieselben behufs ihres weiteren Fortkommens zu unterstützen. So wird in dem neuen Verwaltungsjahre aus den Zinsen des Fonds Böhme ein Don von 600 Mark einem früheren Zögling zu teil werden und der zu Ostern die Anstalt verlassende Zögling Wilhelm De l'or empfing bei der öffentlichen Prüfung ein Prämienbuch, welches ihm die Anwartschaft auf 150 Mark giebt, die ihm nach der festgesetzten Zeit, wenn er die entsprechenden Zeugnisse des Wohlverhaltens beibringt, samt den dazu geschlagenen Zinsen ausgezahlt werden.

Für die Mädchen der *École de charité* sind keine Mittel zu ähnlichen Zwecken vorhanden. Wir empfehlen deshalb die neue „Stiftung für ehemalige weibliche Zöglinge" den Wohlthätern der Anstalt, so wie allen denen, welche für das Fortkommen und Wohlergehen der weiblichen Zöglinge der *École de charité*, nach ihrer Entlassung aus der Anstalt, ein Interesse haben. Der Schatzmeister, Herr Michelet, Jerusalemerstr. 35c., so wie alle Mitglieder der Direktion und die *Dames directrices* sind gern bereit, Gaben zu diesem Zwecke anzunehmen

Die Kollekte für die *École de charité* wird alljährlich am Palmsonntage in unseren Kirchen eingesammelt.*) Sollte in früheren Jahren manche Gabe verringert oder zurückgehalten worden sein in dem Gedanken: Es hat mit der *École de charité* keine Not, so muß heute gesagt werden: Es hat Not. Die Ausgaben haben viel mehr als im vorigen Jahre die Einnahmen überstiegen. Die Kapitalien tragen weniger Zinsen; andere Einnahmen sind geringer geworden. Die Ausgaben haben sich besonders erhöht durch den größern Beitrag, den die *École de charité* zu den allgemeinen Verwaltungskosten zu leisten hatte. Der Bau eines neuen Waschhauses, der Umbau der Küche, die Ausführung neuer Gartenanlagen, die Aufstellung von Tischen und Bänken in denselben haben große Mittel in Anspruch genommen. Das Resultat der Jahresrechnung ist die Verringerung des Vermögens, und zwar um 6642 Mark 28 Pfennig.

Es befinden sich jetzt in der *École de charité* 38 Knaben und 32 Mädchen. Es sind von der Direktion aufgenommen: 28 Knaben und 24 Mädchen; von französischen Müttern: 2 Knaben und 3 Mädchen; aus der Provinz: 4 Knaben und 2 Mädchen; Pensionäre: 4 Knaben und 3 Mädchen; vom Konsistorium sind der Anstalt überwiesen: 1 Knabe. Im Laufe des Jahres sind ausgetreten: 5 Knaben und 6 Mädchen.

Die Klosterkirche ist wegen baulicher Veränderungen auf einige Zeit geschlossen.

Auf den S. 19 abgedruckten Antrag an das Konsistorium der französischen Kirche ist von demselben unter dem 17. April 1882, zu Händen des Herrn Schul-Inspektors d'Hargues, folgende Antwort ergangen:

Der von Euer Wohlgeboren Namens des Vereins Réunion unter dem 3. November pr. gestellte Antrag, betreffend den Wahlmodus für die Heranziehung der zur Verstärkung unserer *assemblée générale* einzuladenden *chefs de famille*, ist in Gemäßheit der Vorschrift des § 3 chap. 44 Sect. I. unserer *réglements* eingehend geprüft und demnächst durch Beschluß vom 11. d. M. abgelehnt worden, weil der vorgeschlagene Wahlmodus der Verfassung der französisch-reformierten Kirche widerspricht.

Indem wir uns beehren, Euer Wohlgeboren von diesem Beschlusse ergebenst in Kenntnis zu setzen, ersuchen wir Sie, auch Ihren Herren Auftraggebern hiervon Mitteilung zu machen.

*) Sie hat in diesem Jahre gebracht: 160 Mk. 94 P₁.

Vereinsnachrichten der Réunion.

Freitag, den 18. Mai, abends 7½ Uhr, Rechnungslegung, Restaurant Gärtner, Mittelstr. 62. Zu Revisoren sind die Herren Beccard, Ts. Devrient und E. Hurlin gewählt. Beginn der Sitzung 8½ Uhr abends. Tages-Ordnung: I. Vorstandswahl. II. Besprechung über die Feier des Stiftungsfestes.

Freitag, den 26. Mai, abends 8½ Uhr, Sitzung, Restaurant Gärtner, Mittelstr. 62.

Zu diesen Sitzungen werden diejenigen Herren, welche den Wunsch ausgesprochen haben, dem Vereine beizutreten und deren Aufnahme bis jetzt noch nicht erfolgt ist, ganz besonders eingeladen.

Reformierte Schriften,

die durch die Expedition des Reformierten Schriftenvereins, zu Händen des Herrn Fr. Wilh. Vogt in Barmen, Westketterstr. 34a, bezogen werden können:

Bula, J. Fr. Die Versöhnung des Menschen mit Gott durch Christum oder die Genugthuung.
    Nebst einem Anhange: 1) über die ewige Erwählung, 2) über Christi Höllenfahrt. Mk. 5,—.
— — Ist die Bibel Gottes Wort, aus ihr selbst beantwortet . . . . „ 1,35.
— — Die heilige Taufe, mit besonderer Berücksichtigung der Kindertaufe . . „ —,90.
— — Drei Predigten über den ersten Psalm . . . . „ —,50.
Kohlbrügge, Dr. theol. Herm Friedr. Das alte Testament, nach seinem wahren Sinne gewürdigt aus den Schriften der Evangelisten und Apostel . . . . . . „ 1,—.
— — Fragen und Antworten, erläuternde und befestigende über den Heidelberger Katechismus „ 1,—.
— — Erläuterung, schriftmäßige, des Glaubensartikels: „Ich glaube an den heil. Geist" „ —,25.
— — verschiedene Predigten und Schriften in einzelnen Ausgaben, wovon Verzeichnis gerne gratis und franco zugesandt wird.
Wichelhaus, Prof. theol. Joh. Akademische Vorlesungen über das Neue Testament, herausgegeben von Dr. Ad. Zahn. I. Band: Einleitung in den Hebräerbrief und Erklärung seines ersten Kapitels. — Erklärung des I. Briefes Petri und des Briefes Jacobi „ 3,—.
— — II. Band: das Evangelium Matthäi . . . . „ 4,—.
— — Akademische Vorlesungen über biblische Dogmatik, herausgegeben von Dr. Ad. Zahn.
    Enthaltend: die drei ersten Hauptstücke . . . . „ 2,40.
— — Versuch eines ausführlichen Kommentars zur Leidensgeschichte . . . „ 3,50.
— — Neun Predigten . . . . „ 1,50.
— — Briefe an seine Schüler . . . . „ 1,—.

Juni 1882. VI. Jahrgang.

DIE KOLONIE.

Organ für die äusseren und inneren Angelegenheiten der französisch-reformierten Gemeinden.

Redigiert von W. Bonnell, Rektor in Berlin.

Erscheint monatlich einmal. Preis pro Quartal 75 Pf.

Abonnements werden angenommen bei W. Bonnell in Berlin N., Schwedter-Str. 357, und bei jeder Post-Expedition.

INHALT: Berlin vor 200 Jahren, mit besonderer Berücksichtigung der franz. Kolonie, von Dr. Muret (Forts.) — Die franz. Kolonie in Strassburg i. U. (Forts.) (Unions-Versuche) — Margarete v. Valois und Johanna v. Navarra. — Jeremias Gotthelf. — Vereins-Nachrichten der Réunion. — Nachruf.

Berlin vor 200 Jahren,
mit besonderer Berücksichtigung der französ. Kolonie.
Von Dr. Muret.

(Fortsetzung).

Auf den meisten Strassen finden wir die öffentlichen offenen Ziehbrunnen mitten auf der Strasse stehen. Derjenige in der breiten Strasse, bei der Neumannsgasse, war der vorzüglichste; er hatte einen mit Schiefer gedeckten Überbau und seine Eimer hingen an Ketten, während die der andern nur an Stricken hingen. Als 1654 alle Brunnen in einem sehr schlechten Zustande waren, fand sich niemand in Berlin, der sie wieder in Stand setzen konnte, und der Kurfürst musste zu diesem Zwecke einen Röhrmeister aus Küstrin kommen lassen. Erst 1690 wurden die mitten auf der Strasse stehenden Brunnen, die dem Verkehr sehr hinderlich waren, fortgeschafft, und 1709 durch die später üblichen Ventilbrunnen ersetzt.[46])

Gehen wir nun weiter die Georgenstrasse*) entlang. Da wo jetzt der Neubau des Postgebäudes seiner baldigen Vollendung entgegengeht, steht der Palast des Ministers v. Meinders, der an das in der Spandauerstrasse gelegene, seit 1815 gleichfalls im Besitz der Post befindliche Haus des General-Feldzeugmeisters Grafen v. Sparr angrenzt. An der Ecke der Spandauerstrasse kommen wir zum alten Berliner Rathaus mit seinem vorspringenden alten Turm und der schon lange verbauten Gerichtslaube. Noch immer finden hier Hinrichtungen mit dem Schwerte statt, und erst 1694 wird befohlen, diese Hinrichtungen künftig auf dem neuen Markte vorzunehmen.[49]) Wie häufig in jener sogenannten „alten guten Zeit" derartige Exekutionen noch waren, zeigt uns die Wendland'sche Chronik, die fast in jedem Jahre deren

---

46) Nikolai, Einleitung XLV und König III. 25.
49) König III. 50.
*) Heutige Königstrasse.

mehrere aufzählt. Der Henker war in jenen Zeiten ein vielbeschäftigter Mann, denn neben dem Enthaupten, Rädern, Verbrennen, Hängen, Sacken etc. finden wir noch viele andere öffentliche Strafen, wie das Brandmarken, Auspeitschen, Abschlagen der Finger etc. Bei der Häufigkeit derartiger Strafen ist es nicht besonders auffällig, dafs eine Mannigfaltigkeit von Örtlichkeiten vorhanden ist, an denen derartige Exekutionen vorgenommen wurden: auf dem Molkenmarkt,[50]) am Berliner Rathaus,[51]) auf dem neuen Markt,[52]) am köllnischen Rathaus,[53]) auf dem Gertrautenkirchhof,[54]) vor dem Georgentbor[55]) (der Galgen stand da, wo heute die Weberstrafse in die Frankfurterstrafse einmündet), in der Dorotheenstadt,[56]) vor dem Leipziger Thor,[57]) im Bollwerk hinter der Klosterkirche.[58])

Während wir das Rathaus betrachten, bewegt sich eben ein derartiger Trauerzug, von dem Geistlichen Düringen geleitet, wie der Chronist gewissenhaft berichtet,[59]) die Spandauerstrafse entlang; es ist eine Kindesmörderin, die in einem Sacke vor dem Spandauer Thore ertränkt werden soll. Eine gewaltige Volksmenge geleitet lärmend den Zug; einem solchen Schauspiel beizuwohnen, liefs sich der Berliner so leicht nicht entgehen. Nachdem die Menge sich verlaufen hat, ist die Strafse ziemlich tot; Kutschen (Karossen, Kareten, Kaleschen, Chaisen wie sie damals hiefsen) waren immer noch selten, obwohl sie vielfach in Berlin, selbst für Paris gebaut wurden und eine vom Kurfürsten sehr geförderte Industrie geschaffen hatten.[60]) Der Erfinder dieser Chaisen ist der schon 1660 in kurfürstlichen Diensten stehende französische Ingenieur und Baumeister Philippe de la Chieze oder la Chaise, wie sich die Familie nach ihrer Niederlassung in Orange genannt haben soll,[61]) der auch der Erbauer des Müllroser Kanals ist. Als derselbe im Auftrage des grofsen Kurfürsten ein Ludwig XIV. zum Geschenk bestimmtes Gespann nach Paris geleiten sollte, liefs er sich nach eigener Angabe einen bequemen viersitzigen Reisewagen bauen, der in Paris so viel Anklang fand, dafs der ihm dort gegebene Name „Berline" noch für derartige Wagen üblich ist. — Auch die, die heutigen Droschken vertretenden Sänften oder Portechaisen sind zur Zeit unserer Wanderung noch nicht zu sehen; dieselben wurden erst 1688 ebenfalls durch einen refugierten Ingenieur Jean Cayart eingerichtet.[62]) Nur Last- und Leiterwagen, teilweis von Ochsen gezogen, bewegen sich schwerfällig über das fragwürdige Pflaster. Bei einem uns begegnenden Leichenzug (die Leiche wird selbstverständlich getragen) ist es uns besonders auffällig, dafs die Trauerkleidung des weiblichen Gefolges völlig weifs ist und den ganzen Körper so vermummt, dafs nur das Gesicht bis zur Nase sichtbar ist.[63])

In der Spandauerstrafse finden wir auch eine Reihe Gasthöfe oder Herbergen. Freilich sind dieselben nach unseren heutigen Begriffen wenig Vertrauen erweckend. Da ist die Herberge zur weifsen Taube (jetzt 21), die Ruppiner Herberge (jetzt 79) und die Herberge zum goldenen Hirsch (jetzt 30). Hier hatte sich schon Gustav Adolf einquartiert, als er 1620 incognito nach Berlin kam zur heimlichen Verlobung mit Marie Eleonore, der Schwester des Kurfürsten Georg Wilhelm.[64])

---

[50]) Wendland'sche Chronik 1685. — [51]) ibd. 1687, 1688, 1689 etc. — [52]) ibd. 1690, 1694 etc. — [53]) ibd. 1688, 1694 etc. — [54]) ibd. 1694. — [55]) ibd. 1686, 1687 etc. — [56]) ibd. 1699. — [57]) ibd. 1694. — [58]) ibd. 1692. — [59]) ibd. 1685. —
[60]) König II. 181.
[61]) Erman, Mémoires II. 164 etc.
[62]) Erman, Mémoires VI. 151.
[63]) König II. 485. —
[64]) Der Bär I. 67.

Doch wir haben uns hier schon zu lange aufgehalten und begeben uns nun nach dem neuen Markt an der Marienkirche, deren Turm durch den Blitz im Jahre 1680 arg beschädigt wurde.⁴⁵) Es sind meist armselige Giebelhäuser, die den Markt einschliefsen. An der Ecke der verrufenen Rosengasse, wo von 1728 bis in unsere Zeit sich eine Wache befand, sehen wir ein Gebäude, das in früheren Zeiten die Bischöfe von Havelberg bewohnten, und dessen grofser Garten sich bis zur Büttelgasse, späteren Heidereutergasse erstreckte. Hier wurde in diesem Garten 1700 die alte Synagoge erbaut. In der Büttelgasse selbst liegt noch zur Zeit unserer Wanderung die Scharfrichterei. Der grofse Kurfürst drang darauf, dafs sie in die Vorstadt verlegt würde, aber seine wohlgemeinte Absicht scheiterte an dem hartnäckigen Widerspruch des Berliner Magistrates; sie blieb hier noch bis 1724.⁴⁶)

Durch die Papengasse gelangen wir nach der Klosterstrafse. Wenn dieselbe in jenem Teil heut noch keinen anheimelnden Eindruck macht, so können wir uns wohl vorstellen, dafs der damalige Wanderer sich gern aus ihrem Bereiche entfernte. Der schmutzige, enge Teil links von der Papenstrafse, das Geckhol, früher an der alten Stadtmauer geschlossen, ist meist von Juden bewohnt. Wir wenden uns rechts und kommen bei dem Kalandshof vorüber, dessen Einkünfte nach Aufhebung der Kalandsbrüderschaft vom Kurfürsten Joachim II. dem Berliner Magistrat von Berlin zur Besoldung der Kirchendiener überlassen wurden. Im Jahre 1698 wurde das ansehnliche Grundstück vom Magistrat zur Einrichtung eines Stadtgefängnisses für 2200 Thaler erworben⁴⁷), und befand sich hier die Berliner Stadtvoigtei, bis sie 1796 nach dem Molkenmarkte verlegt wurde. Es fällt uns noch das stattliche Haus nahe der Bischofsstrafse auf. Dasselbe (No. 90) war in früheren Zeiten der Hof des Bischofs von Brandenburg, wie die daneben liegenden Häuser 87—89 dem Bischof von Lebus gehörten. Indem wir die Klosterstrafse weiter verfolgen, kreuzen wir wieder die Georgenstrafse, kommen an dem hohen Hause, dem späteren sogenannten Lagerhause, in dem zur Zeit unserer Wanderung der Gouverneur von Berlin wohnt, an der Klosterkirche, sowie an der danebenliegenden lateinischen Schule, dem grauen Kloster, vorüber. Da wo jetzt die Parochialkirche steht, hatte sich der bekannte Alchymist Kunkel von Löwenstern eine stattliche Besitzung mit Garten begründet, die nach ihm der Kammerpräsident von Knyphausen bis zum Bau der Kirche (1695) besafs. Auch die französische Klosterkirche ist noch nicht vorhanden; sie wurde bekanntlich erst 1726 erbaut. So gelangen wir zur Stralauerstrafse. Links liegt das Stralauerthor, und in seiner Nähe, wo, ist nicht mehr zu bestimmen, fand 1689 die Gründung des französischen Collège statt. Noch mehr wie in andern Stadtteilen erinnern uns hier die alten, mit dem Giebel der Strafse zugekehrten Häuser daran, dafs wir uns in einem der ältesten Teile Berlins befinden. Die Spree war in alter Zeit hier viel breiter und bildete gewissermafsen einen kleinen See, der erst 1658, als die neuen Fortifikationsgräben dem Wasser mehr Abflufs verschafften, an Umfang verlor, wodurch die Häuser der Stralauerstrafse ihre auffallend langen Höfe erhielten. Wir eilen nun zum Molkenmarkt, dem ältesten Markte der Stadt, den wir mit vielen festen Krambuden besetzt finden, die erst 1698, als derselbe zum Paradeplatz dienen sollte, nach dem neuen Markte gebracht wurden.⁴⁸) Auch ein Militär-Galgen steht

⁴⁵) Wendland'sche Chronik, 23. Mai 1680; der Schaden wurde erst 1689 ausgebessert.
⁴⁶) Nikolai 11.
⁴⁷) König III. p. 90.
⁴⁸) Wendland'sche Chronik 1698.

hier, der im Jahre 1686 entfernt wurde.⁶⁹) Die nahe Nikolaikirche mit den neuerbauten Fleischscharren davor sah mit ihrer Umgebung so aus, wie wir sie noch aus unserer Jugend her kennen. In der engen zu einer alten Spreebucht führenden Gasse, dem Krögel, befand sich noch bis 1678 ein Schlachthaus und die Abdeckerei, gegen deren Verlegung der Berliner Magistrat einen heftigen Widerspruch erhob, indem er anführte, Schlachthaus und Abdeckerei wären schon seit 200 Jahren an jener Stelle gewesen, und der Abdecker verursache keinen üblen Geruch, wie man vorgäbe. Dafs aber Sr. kurfürstlichen Durchlaucht Hunde, die er halten müfste, keinen angenehmen Geruch von sich gäben, dafür könne er nicht, und müfste man besorgen, dafs, wenn der Abdecker aus der Stadt ziehen sollte, ihm diese Hunde gestohlen werden könnten.¹⁰) (Schlufs folgt).

Die französische Kolonie in Strasburg i. U.
Unions-Versuche.

Nachdem in der letzten Nummer dieses Blattes die Entstehung der deutschreformierten Gemeinde in Strasburg i. U. geschildert und ihr Verhältnis zur Kolonie-Gemeinde näher beleuchtet worden, bleiben noch die Versuche, beide reformierte Gemeinden zu vereinigen, zu erwähnen übrig. Da diese Dinge keineswegs blos historisches Interesse haben, sondern, wenn auch zur Zeit gerade nicht in Strasburg, so doch an manchen andern Orten stark in die Gegenwart hineinspielen und die Gemüter erregen, möge es dem Verfasser gestattet sein, nur die Akten reden zu lassen und sich jeglicher Zuthat zu enthalten. Sämtliche vorliegende Akten zerfallen in 6 Gruppen, welche ebensoviel mit gröfserer oder geringerer Energie fortgeführte Unions-Versuche darstellen.

Das erste Schriftstück ist ein Schreiben des kolonistischen Predigers Roquette an den König*) vom 28. März 1799. Möglich ist es, wenn auch keineswegs recht wahrscheinlich, dafs schon früher Vereinigungsversuche geplant worden. Das genannte Schreiben lautet in deutscher Übersetzung: „Majestät! Der fortwährende Wechsel der Pastoren dieser Kirche beweist wohl, dafs ihre Lage schon immer sehr traurig gewesen ist; aber meine gegenwärtige Lage ist unerträglich geworden, seitdem die Pfarrerwohnung unbewohnbar geworden und ich dadurch gezwungen bin, 50 Thaler Miete zu geben. Ich wage unterthänigst Ew. Majestät zu bitten, die Lage eines seiner Pastoren zu berücksichtigen, welcher mit dem besten Willen von der Welt nicht im stande ist, für die notwendigsten Bedürfnisse seiner Familie zu sorgen und sich von den bittersten Sorgen bedrückt sieht. Ich würde schon lange zur Gnade Eurer Majestät meine Zuflucht genommen haben; aber die Hoffnung, meine Lage auf eine oder die andere Weise sich bessern zu sehen, hat mich diesen Schritt bis auf diesen Augenblick verschieben lassen, wo ich die Möglichkeit sehe, mein Loos zu

---

⁶⁹) König II. 240.
⁷⁰) König II. 184.
*) Hierbei dürfte vielleicht manchem Leser die Bemerkung interessant sein, dafs alle Schreiben von der Gemeinde, dem Consistoire oder dem Prediger an die Oberbehörde, so lange das französische Berliner Oberkonsistorium bestand, direkt an die Majestät adressiert sind. Die Antworten beginnen mit dem Namen des Königs. Dann folgt: *Chers et bien aimés Salut!* (Unseren teueren und Hochgeliebten unsern Grufs). Die Unterschrift lautet: *Le Consistoire Supérieur français de Sa Majesté.* (Französisches Oberkonsistorium Seiner Majestät).

verbessern, und wo es unverzeihlich sein würde, ruhig zu bleiben und Ew. Majestät nicht vor Augen einen Plan zu stellen, der ohne viel Schwierigkeiten verwirklicht werden könnte, und welcher, indem er die Pfarrstelle verbessert, zu gleicher Zeit zur Verbesserung der Schulen dieser Stadt dienen würde. Die deutsch-reformierte Pfarrstelle dieser Stadt wird sehr wahrscheinlich in kurzem vakant, und ich möchte, daß diese Stelle mit der französischen kombiniert würde, was mir um so thunlicher erscheint, da beide vereinigte Kolonieen zusammen kaum eine beträchtliche Kolonie bilden würden, und die deutsch-reformierte Pfarrstelle, obgleich besser als die französische, doch auch nur mäßig ist. Übrigens bin ich überzeugt, daß diese Vereinigung in kurzem doch geschehen muß, vorausgesetzt, daß sie jetzt nicht geschieht, weil ich genügende Gründe habe zu glauben, daß für mich kein Nachfolger da sein wird, wenn ich irgendwo anders hinberufen werde; denn welcher Mann kann in gegenwärtiger Zeit eine Stelle annehmen, wo ihm nach der Mietezahlung 220 Thlr. übrig bleiben zum Unterhalt in einem Orte, der ihm nicht die mindesten Hilfsquellen bietet. Ich wage Ew. Majestät inständigst zu bitten, dem französischen Oberkonsistorium sowohl wie dem deutsch-reformierten Kirchendirektorium allergnädigst befehlen zu wollen, sich über die Kombinierung dieser beiden Stellen vereinigen zu wollen, um so mehr, da eine ähnliche Kombination, wenn ich mich nicht täusche, in Kalbe, Kottbus, Minden, Jüterbog stattgefunden hat und die ursprünglich französische Pasewalker Kirche jetzt von einem deutschen Pfarrer bedient wird." —

Die Antwort lautete:

„Friedrich Wilhelm, von Gottes Gnaden König von Preußen p. p. Teurer und Hochgeliebter! Unsern Gruß. Auf Ihr Gesuch vom 28. März cr. eröffnen wir Ihnen, daß, so sehr wir geneigt wären, ihre Lage zu verbessern, wenn Mittel dazu vorhanden wären, wir ganz und gar nicht auf Ihren Vorschlag eingehen können, die französische Pfarre mit der deutsch-reformierten zu vereinigen, wegen des Präjudizes, welches daraus früher oder später für die französische Kommune sich ergeben würde. Übrigens ist es nicht zweifellos, daß das deutsch-reformierte Kirchendirektorium ein solches Arrangement genehmigen würde.

Was in Kottbus, Kalbe und Minden geschehen ist, kann nicht zu gunsten des in Rede stehenden Vorschlages angeführt werden, weil die französischen Gemeinden der genannten Städte auf ein paar Familien zusammengeschmolzen waren.

Übrigens sind die Einkünfte Ihrer Stelle, 266 Thlr. 22 Gr., nicht geringer als die der meisten anderen französischen Pfarrer, und Sie haben außerdem im vergangenen Jahre aus dem Extraordinarienfonds eine Gratifikation von 40 Thlr. erhalten. Überdies bleiben wir Ihnen gewogen."

Berlin, den 13. April 1799.

Das französische Oberkonsistorium Seiner Majestät.

Thulemeier.

Darunter findet sich von Prediger Roquette's Hand folgende Bemerkung:

„Die 266 Thlr. 22 Gr. Einkünfte meiner Stelle sind mir unbekannt. Ich beziehe, wenn ich's auf Heller und Pfennig berechne,

    232 Thlr. 12 Gr. aus dem königlichen Schatze,

    15 Thlr. 8 Gr. Accise und

    1 Thlr. 8 Gr. Ziese, was zusammen 249 Thlr. 4 Gr. macht."

Trotz dieses Bescheides bewarb sich Prediger Roquette um die deutsch-reformierte Pfarrstelle, erhielt aber folgenden Bescheid in deutschem Original:

"Seine Königliche Majestät von Preusfen p. Unser allergnädigster Herr, lassen dem französischen Prediger Roquette zu Strasburg auf sein Gesuch um die deutsch-reformierte Prediger-Stelle daselbst vom 26. v. M. zur gnädigsten Resolution erteilen: dafs, so gerne auch der Chef des Französischen Ober-Konsistoriums ihm zu Hilfe zu kommen geneigt sein würde, und so viel Vorteil auch die Vereinigung beider Predigerstellen daselbst hoffen läfst, die Schwierigkeiten dagegen doch zu bedenklich und wichtig sein würden."

Gegeben Berlin, den 14. Mai 1800. Thulemeier.

Damit schliefst der erste Akt, bei dem der französische Prediger das principium movens war, und der Plan an der Unlust der Behörde scheiterte. Es kam nicht so weit, dafs die Gemeinden gefragt wurden. — Prediger Roquette ging bald darauf nach Frankfurt a.O. Der zweite Akt spielt 1811, geht von der Regierung aus und scheitert an dem Widerspruch der deutsch-reformierten Gemeinde. Unterm 9. März 1811 verlangt die geistliche und Schuldeputation der Kurmärkischen Regierung zu Potsdam zwei ganz genaue Verzeichnisse sämtlicher Glieder der deutsch-reformierten und der französischen Gemeinde in Strasburg nach den Rubriken: Nummer, Männer, Frauen, Söhne, Töchter, Hausgenossen: Männliche, Weibliche — Summa.

Am 1. April 1811 hält der deutsch-reformierte Superintendent Braumüller— Prenzlau eine Versammlung sämtlicher Glieder beider Gemeinden, desgleichen eine am 26. August. Da Prediger Schmidt im Begriff stand, Strasburg zu verlassen, wäre die Kombination dem französischen Pfarrer St. Martin wohl angenehm gewesen, die französische Gemeinde scheint wenig Widerspruch geleistet zu haben; desto mehr aber die deutsch-reformierte. Bestand doch der gröfsere Teil derselben aus solchen, die ursprünglich der Kolonie angehörig, ausgetreten waren und nun nicht wieder zurück wollten.

1816 wiederholt sich dieselbe Sache bei einer Vakanz der deutsch-reformierten Stelle. Die deutsch-reformierte Gemeinde äufsert ihren Wunsch bestimmt dahin, dafs ihnen ein eigener deutscher Prediger gegeben werde. Für die Vakanzverwaltung erhält Prediger St. Martin auf volle 7 Monate Dreifsig — sage Dreifsig Thlr. aus der Montis Pietatis-Kasse. 1818 beginnt der 4. Akt, der interessanteste von allen.

Die französische Stelle ist vakant — die Behörde und die deutsch-reformierte Gemeinde, insonderheit der deutsch-reformierte Prediger wollen die Vereinigung; aber jetzt wollen die französischen Gemeindeglieder nicht; sie stellen Bedingungen, von denen sie ganz genau wissen, dafs die Deutsch-Reformierten sie nicht annehmen.

Das erste Schriftstück in dieser Sache ist ein Schreiben der Königl. Preufsischen Regierung zu Potsdam vom 24. Februar 1818, noch an Herrn Prediger St. Martin adressiert, der aber schon im Juli in Bergholz sich befindet. Es hat folgenden Wortlaut:

"Sie kennen die Gesinnungen und Wünsche Sr. Majestät des Königs, sowie aller gutdenkenden und umsichtigen Personen, wegen völliger Vereinigung der protestantischen Gemeinden verschiedener Confession. Eine Vereinigung der deutsch- und französisch-reformierten Gemeinden ist um desto wünschenswerter, zumal bei Vakanzen von Prediger-Stellen, können Prediger und Kirchen-Bedienten dadurch an Gehalt verbessert und alle kirchlichen und religiösen Zwecke vollständiger erreicht werden. In Strasburg kann diese Vereinigung keine bedeutende Schwierigkeiten, wohl aber viele wohlthätige Folgen für beide Gemeinden haben. Wir haben das Zutrauen zu Ihnen, dafs Sie Ihrer Gemeinde hierüber unbefangen alle dienlichen Vorstellungen machen werden. Alle billigen Wünsche derselben, insbesondere bei künftigen

Prediger-Wahlen, wollen wir gern zusichern. Wir werden auch über diese Sache höheren Orts berichten, und wird des Königs Majestät in jedem Fall von dem Erfolg in Kenntnis gesetzt werden. Wir bemerken Ihnen noch, daſs unter den oben erwähnten Umständen nicht daran zu denken ist, daſs der dortigen französischen Gemeinde eine Prediger-Wohnung auf Kosten des Staats geschafft, oder Miete dafür werde bewilligt werden, da die alte ganz unbrauchbar geworden ist. Wir zweifeln nicht an Ihrem einsichtigen und sorgsamen Mitwirken zu dem heilsamen Zwecke und erwarten Ihren Bericht vom Erfolge."

Daran schlieſst sich ein Dekret der Regierung auf den Antrag vom 1. März 1818, den Ankauf eines Pfarrhauses betr., also lautend:

„Nach späteren Bestimmungen der höchsten Staatsbehörden hat die frühere Begünstigung des Staats in Unterhaltung der geistlichen Gebäude der reformierten Glaubensgenossen aufgehört und müssen — reicht das Vermögen der betreffenden Kirchenkasse nicht zu — die Eingepfarrten den auf sie fallenden Kostenanteil aufbringen. Die Wohnung des reformierten französischen Predigers im Rathause kann nicht mehr stattfinden, und wird die Gemeinde wenigstens zwei Drittel der Baukosten eines neuen Prediger-Diensthauses, oder der Kaufsumme eines alten anderweitigen Hauses, sowie dessen Einrichtungskosten bestreiten müssen, wenn Sie Sich nicht, nach der darüber dem Prediger St. Martin zu erkennen gegebenen Absicht, mit der reformierten Dienstgemeinde vereinigt." Unterm 18. Juli 1818 wird Prediger St. Martin aufgefordert, über den Erfolg seiner Bemühungen zu berichten. Derselbe hat sich aber mehr um die Bergholzer Pfarrstelle bemüht und ist bereits in Bergholz. An seiner Stelle soll Prediger Theremin-Gramzow das Einigungswerk fördern, wohl in seiner Eigenschaft als Präses der französischen uckermärkischen Synode. Derselbe schreibt unterm 9. November 1818 folgenden etwas langen, aber interessant zu lesenden Brief an die Herren Kirchenvorsteher und sämtliche Herren Hausväter der französisch-reformierten Gemeinde in Strasburg:

„Ihnen die Vorteile einer Vereinigung mit der deutschen-reformierten Gemeinde vorzustellen, ist mir von Neuem befohlen. Ich will es itzo schriftlich thun; sollte mir aber die Königliche Regierung noch einmal auftragen, wegen dieser Sache zu Ihnen zu reisen, so würde ich hinreisen müssen, und Ihnen dadurch viele Kosten*) verursachen. Nehmen Sie also wohl zu Herzen, was ich Ihnen itzt sagen werde. Sie haben gar keinen Vorteil davon, daſs Sie eine französische Gemeinde heiſsen. Vormals hatten Sie französische Gerichte; die sind abgeschafft: vormals standen Sie mit den andern französischen Gemeinden unter einem französischen Ober-Konsistorium; das ist aufgehoben; und Sie haben mit Ihren deutschen Mitbürgern einerlei Gericht und einerlei kirchliche Behörde. — Sie haben als französische Bürger in Strasburg keinen Vorzug und können Ihr Gewerbe nicht mit besserm Vorteil treiben, als andere. — Sie sehen also, daſs Sie keinen Vorteil davon haben, wenn Sie für sich abgesondert bleiben und eine eigne Gemeinde länger ausmachen wollen. Nun will ich Ihnen auch sagen, was Sie für Vorteile haben werden, wenn Sie sich vereinigen:

1. Indem beide reformierten Gemeinden einerlei Gottesdienst haben und zu einerlei Predigt gehen, so wird die Versammlung in der Kirche gröſser seyn, und die Andacht dadurch vermehrt werden; denn wo wenig Zuhörer sind, da ist gewöhnlich die Andacht nicht groſs; das werden Sie selbst schon erfahren haben.

---

*) Strasburg ist von Gramzow nur 6 Meilen entfernt.

2. Ihre Schule wird weit besser können eingerichtet werden, wenn beide Gemeinden vereinigt sind; denn alsdann wird der Gehalt Ihres Schullehrers können vermehrt werden, und Sie werden dadurch immer einen recht tüchtigen und geschickten Mann bei der Schule haben können, der Ihre Kinder gründlich unterrichte. Bedenken Sie hierbei, dafs alle Ihre Söhne werden Soldaten werden, und dafs ein Soldat immer viel mehr gilt, wenn er was tüchtiges gelernt hat. Zum Militär-Dienst wird heutiges Tages viel mehr erfordert als vormals.

3. Sie wissen besser, als ich es Ihnen sagen kann, wie gering die Gehalte der französischen Prediger sind, und dafs sie nicht davon leben können. Auf Zulage können sie aber nicht hoffen, weil der König die reformierten Gemeinden gern vereinigt sehen will, und weil es unnütz seyn würde, einen Prediger, der nur eine kleine Gemeinde zu besorgen hat, reichlicher zu besolden, wo durch die Vereinigung die Besoldung erhöht werden kann. Und sollt' es für eine brave Gemeinde nicht schmerzlich seyn, zu sehen, dafs ihr Prediger darbet; mufs sie im Gegenteil sich nicht freuen, wenn sie sieht, dafs ihr Prediger sein Auskommen hat, und mit Lust und Eifer in seinem Amte arbeiten kann? So wird es aber bei Ihnen werden, wenn die Gehalte der beiden Prediger-Stellen vereinigt werden, welches die Königliche Regierung gewifs thun wird, sobald sich die beiden ref. Gemeinden vereinigt haben.

4. Geschiehet die Vereinigung aber nicht, so werden Sie lange auf einen Prediger warten müssen. Denn es sind nur ein paar französische Kandidaten vorhanden, und es wird gewifs Keiner von ihnen nach Strasburg gehen wollen. Aufser dem geringen Gehalt ist auch die Prediger-Wohnung in Strasburg verfallen, und die Königliche Regierung hat erklärt, dafs nicht daran zu denken ist, sie aus Königlichen Kassen zu reparieren. Ihre Gemeinde würde es also auf eigene Kosten thun müssen.

5. Meinen Sie etwa, dafs Ihre Armen-Kasse etwas mehr Geld habe, als die deutsch-reformierte, so würde sich das leicht ausgleichen lassen, wie es bei denen Gemeinen geschehen ist, die sich schon vereinigt haben, nämlich in Halle und Burg, und wie ich vernommen habe, nun auch in Frankfurt.

6. Endlich, warum wollen Sie nun noch eine französische Gemeinde heifsen? Franzosen wollen Sie doch gewifs nicht seyn, sondern Preufsen. Es sind schon 140 Jahre her, dafs Ihre Vorfahren ihres evangelischen Glaubens wegen aus Frankreich vertrieben worden und in dieses Land gezogen sind. Nach so langer Zeit haben Sie gewiss Alle nichts französisches mehr an sich; sondern sie sind brave Preufsen, und Viele von Ihnen werden es in dem letzten Kriege gegen die Franzosen wohl bewiesen haben. Warum wolltet Sie noch französisch heifsen, als wenn Sie hier noch Fremdlinge wären, und kaum zu den braven Bürgern dieses Landes gehörten. Wollen Sie etwa eine französische Gemeinde heifsen, nur um sich Ihrer frommen Vorfahren zu erinnern, so können Sie ja Ihre Familiennamen, die Sie ja immer behalten werden, genugsam daran erinnern.

Ich habe Ihnen nun Ihren Vorteil und Schaden vorgestellt; Ihren Vorteil, wenn Sie sich mit der deutschen reformierten Gemeinde vereinigen, und Ihren Schaden, wenn Sie für sich allein bleiben wollen. Lesen Sie in versammelter Gemeinde mein Schreiben sorgfältig durch; überlegen Sie es, sprechen Sie mit einander ruhig von der Sache, und fassen Sie dann Ihren Entschlufs. — Richten Sie sich aber nicht nach zwei oder drei ihrer Mitglieder, die vielleicht der Vereinigung entgegen seyn möchten; sondern zählen Sie ordentlich die Stimmen für und wider dieselbe: und was die Mehresten für gut halten nach reiflicher Überlegung, das mufs das Beste seyn und muſs geschehen. In vierzehn Tagen erwarte ich Ihre Antwort, um sie der Königlichen Regierung einzureichen. Sie muſs aber nicht blos von den Herren Kirchenvorstehern, sondern auch von so vielen der Herren Hausväter unterschrieben seyn, als möglich."*)

Die Antwort des Presbyteriums und der Gemeinde vom 19. November 1818 lautet dahin: Wir sind mit der Vereinigung einverstanden unter folgenden Bedingungen:
1. So lange das französische Seminar und Waisenhaus existiert, behalten wir alle Rechte an dasselbe nach wie vor;
2. Wir behalten die Wahl bei Besetzung der Prediger- und Lehrerstellen;
3. Mit den Trauen und Taufen verbleibt es wie bisher (nämlich ohne Gebühren);
4. Von dem ersparten Gehalt soll ein tüchtiger Lehrer angestellt werden.

Prediger Theremin ist damit höchlichst zufrieden, die Königliche Regierung thut den Strasburger Kolonisten das gröſste Wohlgefallen kund unterm 24. Januar 1819. Der deutsch-reform. Prediger Rettich ist Vakanzverwalter. Da plötzlich läſst sich die Königliche Regierung im Juni 1818 Abschrift der Privilegien durch den Landrat einschicken und bescheidet die französische Gemeinde, welche den Proponsant Bock zum Pfarrer haben will, abschläglich, weil derselbe nicht wahlfähig. — Von Vereinigung ist keine Rede mehr, weil die Deutsch-Reformierten No. 2 der obigen Bedingungen nicht annehmen können. Trotz der Bemühungen des deutsch-reformierten Predigers Rettich, die Vereinigung zu stande zu bringen, petitioniert das Consistoire unermüdlich um Besetzung seiner Pfarrstelle und setzt nach zweijähriger Vakanz die Anstellung des späteren Predigers Bock zunächst als Vikar durch, sowie daſs vom Magistrat eine Entschädigung für die nunmehr definitiv aufgegebene Pfarrwohnung im Rathause gezahlt wird. — Das Consistoire zeigte unter Leitung des Schriftführers Sarre eine bewundernswerte Energie, und endlich durch die höchste Instanz — leider hat das Protokollbuch eine Lücke von 1818 bis 1820 — durch Friedrich Wilhelm III., den Gerechten, der eine Verletzung des Privilegiums von 1691 von sich wies, scheint es gelungen zu sein, die Existenz der Kolonie-Gemeinde zu retten. Vollgiltige Beweise dafür sind leider nicht vorhanden, wohl aber mancherlei Andeutungen. Weshalb hätte sonst die Königliche Regierung Abschrift der Privilegien gefordert?

Margarete von Valois und Johanna von Navarra.

Der bekannte und geachtete Schriftsteller, Herr Ferdinand Schmidt zu Berlin, hat vor nun beinahe Jahresfrist, ein neues Buch erscheinen lassen, welches den Titel führt: „Frauengestalten aus der Sage und Geschichte aller Zeiten und Völker." Für Schule und Haus (Herm. Costenoble, Jena). Wir finden in dem anmutig und mit liebevollem Fleiſse geschriebenen Werke die Lebensbilder von 32 Frauen, „weibliche Gestalten verschiedenster Art. Die einen, Heldinnen sittlichen Lebens, siegreich ihre Erdenbahn durchwandelnd, Freude und Segen ausstreuend, ohne Dank zu begehren, und freundlich scheidend, wie die Sonne am Abend; andere frühzeitig erliegend im Kampfe und den Versuchungen des Lebens, überwunden von der Bosheit anderer oder eigenem verderblichen Treiben." Das Buch hat bereits zahlreiche freundliche Beurteiler gefunden. „Der Verfasser hat es verstanden," sagt einer derselben (Dr. A. Hamann, Oberlehrer an der Luisenschule), „die hervorragendsten Frauengestalten aller Zeiten und Völker aus der Geschichte und aus der Dichtung in klaren Zügen vor uns er-

---

*) An keiner Stelle wird es dem Schreiber dieser Artikel so schwer, seine Bemerkungen zu unterdrücken, wie bei diesem merkwürdigen Schreiben, und seinem Vorsatze, nur nach den Akten zu berichten und sich jeglichen Urteils zu enthalten, treu zu bleiben.

scheinen zu lassen, immer die charakteristischen Eigentümlichkeiten zur Anschauung bringend. Für die heranwachsende weibliche Jugend läfst sich keine bildendere Lektüre denken, als die, welche ihnen die hervorragendsten Repräsentanten ihres Geschlechtes in so plastischer Form vorführt." Wir schliefsen uns diesem Urteile aus voller Seele an. Verfasser und Verleger aber müssen es sich nun schon gefallen lassen, wenn wir in dem stattlichen Bande etwas tiefer Umschau halten, um auch im Interesse unserer Zeitung aus der Lektüre einigen Nutzen zu ziehen.

Unsere reformierte Kirche ist reich an edlen Frauengestalten, und es wäre eine Lücke im Buche, wenn wir die Schilderungen solcher in ihm vermissen würden. Das Werk bringt einen längeren Artikel: Margarete von Valois und Johanna von Navarra. Wir wollen bei diesem einige Zeit verweilen.

Katharina, die Erbtochter des letzten Grafen von Foix, des Herrn von Béarn und Navarra, vermählte sich mit Jean d'Albret, einem Grofsen ihres Reiches. Ihr Sohn Heinrich, der sich König von Navarra nannte, gewann die Hand der Margarete von Valois. Sie war eine Schwester des ritterlichen Franz I., eine Frau ausgezeichneten Geistes und Herzens. Aus dieser Ehe entsprofs Johanna von Navarra. Sie war ein Kind von seltener Schönheit und zugleich hochbegabt. In ihrem 12. Lebensjahre besafs sie bereits aufserordentliche Kenntnisse, und nicht minder hatte sich bis dahin schon in ihr eine ungewöhnliche Festigkeit des Charakters entwickelt. Aus politischen Rücksichten erfolgte damals, trotz ihres Widerstandes, und trotz ihrer Jugend, ihre Vermählung mit dem Herzoge Wilhelm von Kleve; doch wurde diese Ehe nach fünf Jahren, als die politische Konstellation sich geändert hatte, wieder gelöst, ehe noch der Herzog seine nunmehr 17jährige Gemahlin heimgeführt hatte. Margarete, die Mutter, hing dem protestantischen Geiste an und übertrug ihre Anschauungen auf die Tochter Johanna. Im Oktober 1548 vermählte sich Johanna mit Anton von Bourbon, Herzog von Vendôme. Diesem stand nach dem Aussterben der Valois die Anwartschaft auf den französischen Thron zu. 1549 starb Margarete von Valois im Kloster Tousson. Mit ihr trat eine anmutige, edle Erscheinung von wahrhaft vornehmer Gestalt von der Zeitbühne ab. Die Saat der reformatorischen Lehre, welche sie in die Seele ihrer Tochter, sowie in die Gemüter der Bewohner ihres Landes gestreut hatte, sollte nach ihrem Tode reichliche Früchte tragen. Zwei Söhne, denen Johanna das Leben schenkte, starben bald nach ihrem Tode. Den dritten Sohn gebar sie im Schlosse Pau. Ihr Vater, Heinrich d'Albret, wickelte den Neugeborenen in die Falten seines Gewandes, und sein Testament, in welchem er seine Tochter als seine Erbin und Nachfolgerin erklärte, dieser reichend, sprach er mit bewegter Stimme: „Das ist dein," dann auf das neugeborne Kind zeigend: „Und das ist mein!" Hierauf rieb er dem Kinde das kleine Angesicht mit seinem Handschuh von Gemsleder und flöfste ihm einige Tropfen Wein ein. „Du sollst mir ein echter Béarner werden!" sprach er, „und ebe du deiner Mutter Milch trinkst, sollst du deines Landes Wein schmecken!" Dann trug er das Kind in das Nebenzimmer, wo die Edelleute warteten, und in der Freude seines Herzens den nackten Buben hoch emporhebend, rief er: „Sehet her, ihr Herren, mein Lamm hat mir einen Löwen geboren!"

Und ein Löwe sollte er werden, dieser Sohn der Berge! Nie hat von dem ersten Atemzuge eine Mutter mehr auf die Gröfse ihres Sohnes hingewirkt, als dies Johanna d'Albret gethan. Zu keiner Zeit verlor sie von da ab den obersten ihrer Gedanken und Wünsche aus den Augen, ihren Sohn, der in der Taufe den Namen Heinrich empfangen hatte, zu einem grofsen Fürsten, zu einem Helden zu erziehen. Zwei Jahre nach der Geburt ihres Heinrich starb ihr Vater, und sie ward nun Königin von Navarra und Béarn und als solche auf dem Schlosse Pau gekrönt. — Johanna war die Zeitgenossin Katharinas von Medici. Wir sehen also damals zwei Frauen von hohem Geiste einander gegenüberstehen, beide hervorragend durch Charakter, Willenskraft und Bildung, aber in allem übrigen einander unähnlich, im Wandel, im Glauben, in den Lebenszielen. Dort im rauhen Gebirgslande Navarra die ernste, von reinsten Absichten erfüllte Königin Johanna, streng gegen sich selbst, von züchtigem Wesen, einfachen, fast herben Sitten, frei und gerade denkend, die starke, echte Tochter ihrer Berge; in Paris, inmitten eines glänzenden, aber lasterhaften Hofes, die feingebildete, in allen Ränken der Politik erfahrene Medici, üppig und sittenlos, grausam und verschlagen; Anhängerin Roms, bediente sie sich aus Politik des Fanatismus und wufste ihn als entsetzliche Waffe zu gebrauchen. Mit dieser gefährlichen Gegnerin zu ringen, — darin bestand von nun an Johannas grofse Aufgabe, welcher sie sich gewachsen zeigte. Johannas Mutter, wie innig sie auch der Reformation zugethan gewesen, hatte offen für sie nicht in die Schranken treten dürfen, aus Rücksicht auf ihren Gemahl, der nichts davon wissen wollte. Wie Johann zur Reformation stand, erfahren wir aus einem Briefe, den sie an den hugenottischen Vicomte Gourdon schrieb. Dieser Brief lautet:

Mein Herr Vicomte! Ich schreibe Ihnen, um Sie davon in Kenntnis zu setzen, dafs bis auf den heutigen Tag ich auf dem mir von der verstorbenen Königin, meiner hochgeehrten Mutter (welcher Gott gnädig sein möge) vorgezeichnetem Pfade fortgeschritten bin in allem, was auf die Reformation Bezug hat und meine Wahl zwischen den beiden Bekenntnissen betrifft. Die genannte selige Königin ist von ihrem Bruder Monseigneur, Könige Franz glorreichen Andenkens, meinem sehr verehrten Herrn Onkel, beredet worden, ihr Gemüt nicht mit neuen Glaubenssätzen weiter verwirren zu lassen. Auch ist mir erinnerlich, dafs der König, mein sehr verehrter Herr Vater und Gebieter, da ihm gemeldet ward, dafs die genannte Königin in ihrem Gemächern im geheimen Gottesdienst mit den Pfarrern Roussel und Farel sich befand, zornig hereintrat und der Königin einen Backenstreich auf die rechte Wange versetzte; die Pfarrer aber konnten sich nur in höchster Eile vor seinem Unmut flüchten, während er mich selbst hart mit einer Rute züchtigte und mir verbot, mich jemals weiter um religiöse Doktrinen zu kümmern. Diese Behandlung kostete mich damals bittere Thränen und hielt mich in Furcht bis zu seinem Tode. Da ich nun im gegenwärtigen Augenblicke durch das Absterben Monseigneurs, des genannten Königs, meines Herrn Vaters, frei bin zu thun nach meiner Überzeugung, und da ich auch, angeeifert von dem Beispiel und Vorgang meiner Base, der Herzogin Renata von Ferrara, erkannt habe, dafs die Reformation gleichermafsen nützlich und verständig ist, so scheint mir, sie zu verleugnen wäre eine Sünde gegen Gott, gegen mein Gewissen und gegen mein Volk, welches ich allzulange im Finstern belassen würde. Um so mehr, da in Sachen der langen Zwistigkeiten zwischen Monseigneur, dem Könige Heinrich von Frankreich, und dem Papste der König ein überaus strenges Edikt gegen die Reformation und die Reformierten erlassen hat, wogegen es notwendig scheint, auf der Hut zu sein, um künftigen Gefahren zu begegnen. — Da ich nun in Erfahrung gebracht habe, dafs Sie, Herr Vicomte, weise und gelehrte Männer um sich haben, auch selbst ein Beispiel von Weisheit, Edelsinn und Mut darstellen, so bitte ich Sie, mit diesen genannten Männern auf dem Schlosse Odos in Bigorre im Monat September sich einfinden zu wollen, dafs wir das Wichtigste bereden. Ich bitte, Herr Vicomte, dafs Gott Sie in seinen gnädigen Schutz nehmen möge.

Geschrieben zu Pau am 22. Tag des August 1555, als Ihre treue und aufrichtige Freundin Johanna, Königin."

Johanna trat vorläufig mit ihrem reformierten Glaubensbekenntnis noch nicht hervor, obschon sie den Reformierten Schutz und Gunst in jeder Weise angedeihen liefs. Ihr Gemahl, Anton von Bourbon, welcher mit ihr zugleich gekrönt worden war und den Titel König von Navarra führt, war indessen offen zum Protestantismus übergetreten. (Fortsetzung folgt).

Jeremias Gotthelf.

Es ist schon eine Reihe von Jahren her, da hielt einer unserer besten Redner in der Kolonie vor zahlreich anwesenden Mitgliedern der Réunion einen Vortrag über Jeremias Gotthelf (Albert Bitzius, geboren 1797, gestorben 1854). Dieser Vorfall mag zur Entschuldigung dienen, indem ich in der Erinnerung an jenen Abend in dieser Zeitschrift, die eigentlich anderen Zwecken gewidmet ist, dasselbe Thema noch einmal berühren.

Angeregt durch jenen Vortrag, nahm ich damals Veranlassung, die Schriften des wackeren Schweizer Pfarrers nach einander zu lesen, und wenn ich auch dieselben schliefslich mit Befriedigung aus der Hand legte, so hatte ich es doch nicht verhindern können, dafs bei der Lektüre zu wiederholten Malen ein Gefühl des Unbehagens, aber auch des Bedauerns nicht zu unterdrücken war. Freunde haben mir übrigens von ähnlichen Empfindungen berichtet. Jenes erste Gefühl wurde erzeugt durch die häufig allzu realistische Detailmalerei ganz fremdartiger, nicht ansprechender Verhältnisse, durch das zu lange Verweilen bei Zuständen, die nur ein lokales Interesse boten, oder ein politisches, das hier aber kein Mensch verstand und verstehen konnte. Ich hielt über das Gelesene eine summarische Betrachtung, die etwa auf Folgendes hinauslief:

In den Schriften des Jeremias Gotthelf steckt so viel edles Gold, ein so gesunder Kern, so reiche Poesie, daß sie es verdienen, Volksschriften zu werden. Sie können es, hier in Norddeutschland, niemals werden, weil 1. der ruhige Genuß der Lektüre durch die ausführliche Schilderung gewisser Lokal- oder politischer Zustände, die für die meisten Leser kein Interesse haben, gestört wird. 2. eine zeitweise zu realistische Färbung, welche dem ernsten Manne, der die Zustände im Volke bessern wollte, notwendig erschien, das poetische Empfinden verletzt. 3. Die Berner Sprache in ihren häufig unverständlichen Ausdrücken den Leser ermüdet. Diese drei Widerwärtigkeiten, so schloß ich weiter, wären aber zu beseitigen. Wenn sich eine geschickte Hand fände, welche es versteht, die einzelnen Werke zeitgemäß für das gesamte deutsche Volk (nicht nur die Schweizer) mundgerecht zu gestalten, dann müssen diese Bücher mit ihrem reichen, sittlichen, tief poetischen Inhalte Volksbücher werden. Und diese Hand hat sich, wie ich jetzt zu meiner Freude gesehen, wirklich gefunden. Die Verlags-Buchhandlung von Julius Springer hier läßt die Werke des Jeremias Gotthelf in einer neuen wohlfeilen Ausgabe erscheinen, und hat die Redaktion derselben teilweise in die Hand unseres lieben Ferdinand Schmidt gelegt, den wir in unserer diesmaligen Nummer schon einmal erwähnen durften. Ferdinand Schmidt kennt die Anschauungen, Gefühle, aber auch die Bedürfnisse unseres deutschen Volkes und ist vor allen Dingen selbst eine tiefpoetische und — pietätvolle Natur, die, wie ein Gärtner, nur das unfruchtbare Holz schneidet, damit die Blüte um desto voller in ihrer zarten, reinen Schönheit sich darstelle. Wahrlich, die Arbeit hätte in keine besseren Hände gelegt werden können. Das vorhin erwähnte Störende ist beseitigt; ich denke hier besonders an „Leiden und Freuden eines Schulmeisters"; die Lektüre dieses Buches ist in der neuen Gestalt ein Genuß. — Allen unsern Lesern, welche sich jenes im Anfange berührten Vortrages noch erinnern, aber auch den andern Freunden seien die Schriften des reformierten Pfarrers in dieser neuen Ausgabe ans Herz gelegt; wer die Lektüre unternehmen will, der lese zuerst das vorhin erwähnte Buch, hernach Uli der Knecht, Uli der Pächter, Geld und Geist, sodann die andern.

Vereinsnachrichten der Réunion.

Freitag, den 9. und Freitag, den 23. Juni, abends 8½ Uhr, Sitzung, Restaurant Gärtner, Mittelstr. 62.

Am Sonnabend, den 17. Juni, feiert der Verein sein Stiftungsfest in Café Sedan an der Oberspree. Ausführliche Programme des Festes sind für die Mitglieder der Réunion beigelegt. Auch können noch Programme vom Herausgeber dieser Zeitschrift erhoben werden. Meldungen bei Herrn Eger, Krautstr. 38/39, O., mündlich, oder per Postkarte mit Angabe der teilnehmenden Personen.

Nachruf.

Am Montag, den 15. Mai, wurde Fräulein Pauline Bonnell, die einstige Vorsteherin des Kinder-Hospitals, zur ewigen Ruhe bestattet. Nach einer mehr als 25jährigen, von reichem Segen begleiteten Thätigkeit im Dienste der Kolonie verlebte sie ihre letzten, durch Krankheit getrübten Jahre unter der treuesten Pflege der Familie ihres vorangegangenen Bruders. Ein opferfreudiges, selbstloses, und dabei so bescheidenes Wirken ist mit ihr zu Grabe getragen worden. Liebe und Dankbarkeit aber bewahren ihr auch über den Grabeshügel hinaus ein treues unvergängliches Andenken. Die Worte, welche der selbst tiefbewegte Geistliche ihr in die Gruft nachrief, fanden gewiß einen Widerhall in allen Herzen, die an ihrem Sarge trauerten: „Du frommer und getreuer Knecht, du bist über wenigem getreu gewesen, ich will dich über viel setzen. Gehe ein zu deines Herrn Freude!" So lebe wohl denn, du liebe, treue Seele! Leicht sei dir die Erde, unvergessen dein Andenken bei allen, die du gehegt und gepflegt, die du gesorgt und dich gemüht.

Schlumm're in Frieden!

Ich wünsche zu kaufen: die April-Nummer des Jahrganges 1875 der „Kolonie" oder den ganzen Jahrgang 1875. Bonnell, Schwedter-Str. 257, N.

Verantwortlicher Redakteur und Verleger: W. Bonnell, Schwedterstr. 257. — Druck von M. Driesner, Berlin, Kiesserstr. 50

Juli 1882.　　　　　　　　　　　　　　　　　VI. Jahrgang.

DIE KOLONIE.

Organ für die äusseren und inneren Angelegenheiten der französisch-reformierten Gemeinden.

Redigiert von W. Bonnell, Rektor in Berlin.

Erscheint monatlich einmal. Preis pro Quartal 75 Pf.

Abonnements werden angenommen bei W. Bonnell in Berlin N., Schwedter-Str. 257, und bei jeder Post-Expedition.

INHALT: Berlin vor 200 Jahren, mit besonderer Berücksichtigung der franz. Kolonie. Von Dr. Muret. (Schluſs). — Die franzö. Kolonie in Straſsburg i. U. Unions-Versuche, II. — Vereinsnachrichten der Réunion. — Zur Nachricht.

Berlin vor 200 Jahren,
mit besonderer Berücksichtigung der französ. Kolonie.
Von Dr. Muret.

(Schluſs).

Das Gebäude No. 1 des Molkenmarktes, das jetzige Polizei-Präsidium und die Stadtvoigtei, gehörte zur Zeit unserer Wanderung dem Grafen von Lynar. Später besaſs es der General-Feldmarschall von Grumbkow; es beherbergte nach wechselnden Besitzern eine Zeit lang die Tabaks-Administration und wurde 1791 dem Magistrat zu polizeilichen Zwecken überlassen. Die Häuser No. 2 und 3 sind ebenfalls im Privatbesitz, das letztere Eigentum des Konsistorialrat Buchholz, von dem es 1698 der Minister von Schwerin kaufte, als derselbe sein Burglehn am Schloſsplatz, Ecke der Brüder-Straſse, dem Kurfürsten zur Einrichtung des kurfürstlichen Gerichtes abgetreten hatte. Er lieſs das Gebäude in seiner jetzigen Gestalt aufbauen. Nach ihm besaſsen es Mitglieder der Kolonie, der Kaufmann du Plantier und der Hofgoldsticker Pally; es ging 1766 in den Besitz der Tabackskompagnie über, ward 1787 zur Stempel- und Kartenkammer und dann zum Kriminalgericht benutzt. An Stelle des Eckhauses der Poststraſse, des jetzigen Einwohner-Meldeamts, das der bekannte Kaufmann Ephraim in seiner jetzigen Gestalt errichten lieſs, finden wir mehrere Giebelhäuser mit davorstehenden Hausbuden. Das Eckhaus gehört dem Apotheker Tonnenbinder. Zur Kennzeichnung der Berliner Unterhaltungen jener Zeit ist hier vielleicht eine Notiz aus der Wendland'schen Chronik am Platz. Unter dem Jahre 1673 heiſst es hier: „Am 18. August that ein Leintänzer auf einem Seile, welches er mit einem Ende oben an Herrn Tonnenbinders Giebel und mit dem andern am Mühlenhof festgemacht, seltzahm Gaukeley." Auf diesem zur Verwaltung der Mühlen eingerichteten Mühlenhof wurde auch für den kurfürstlichen Hof das nötige Bier gebraut, die Viehmast, Schlächterei und Bäckerei betrieben. Hierher lieferten die kurfürstlichen Ämter der Mark ihr Getreide, das damals noch Beamten und Kirchen in natura erhielten. Das

Amt Mühlenhof übte Gerichtsbarkeit über den Mühlendamm, die Fischerbrücke, einen Teil der Spree und besaß 7 Dörfer und 2 Vorwerke außerhalb Berlin. Der Mühlendamm, den wir jetzt betreten, war ursprünglich ein schmaler Gang über den Gerinnen der aus den ältesten Zeiten herrührenden Mühlen. Da er vor Anlegung der langen Brücke die einzige Verbindung zwischen Berlin und Kölln bildete, so war er auch schon frühzeitig mit Krambuden besetzt. Die Mühlen dienten zu verschiedenen Zeiten auch verschiedenen Zwecken. Außer den Mahlmühlen finden wir eine Schneidemühle, eine Walkmühle und eine französische Lohmühle Im Jahre 1683 unternahm es der Kurfürst, dem Mühlendamm eine bessere Gestalt zu geben. Er ließ die Mühlen nebst den Fangdämmen neu bauen, und die Verkaufsbuden neu anlegen. Im Jahre 1687 überließ er die Buden den Besitzern erblich, veranlaßte letztere selbige massiv zu errichten, und vor denselben ließ er einen stattlichen Bogengang mit einem Portal nach der ebenfalls erst erbauten Fischerbrücke aufführen. Diese recht freundliche Form des Mühlendammes ist uns noch durch eine Zeichnung aus dem Jahre 1670 erhalten. Der Saal über dem erwähnten Portal, der der Kaufmannschaft bis 1739 als erste Börse diente, wurde erst 1693 angelegt, und die unschönen Gebäude, welche auf dem Bogengang errichtet wurden, rühren aus späterer Zeit her. In diesem Bogengange entstanden bald die elegantesten Läden des damaligen Berlin, meist kolonistische Firmen: Fromery, Tondeur, de la Garde, Hian, Noël und Catel.[11])

Wir befinden uns nun auf dem köllnischen Fischmarkt, haben also Kölln wieder betreten. Das ansehnlichste Haus hierselbst, welches der breiten Straße gerade gegenüber steht, hat sich der Feldmarschall Derfflinger erbaut, und sein Garten geht weit in die Roßstraße hinein. Schräguber liegt das altertümliche köllnische Rathaus mit seiner Gerichtslaube. Wir steigen in den Ratskeller hinab. Eine Rauchatmosphäre empfängt uns, die aus kurzen und langen Thonpfeifen entströmt, und für deren Ventilation damals noch kein fühlbares Bedürfnis vorhanden war. Die von einem gewissen Bockel 1681 in der Klosterstraße angelegte Tabaksspinnerei zahlte 18000 Thaler jährlichen Arbeitslohn und brauchte für 1000 Thaler Papier,[12]) ein Beweis, wie sehr trotz allen Widerstandes, selbst von den Kanzeln herab, das Tabakrauchen schon um sich gegriffen hat. Wie heut finden wir die Gäste im lauten Gespräch, bei dem Magistrat und Regierung schlecht wegkommen. Zeitungen liegen noch nicht aus, aber der Papst, der König von Frankreich und der Türke, die Hauptfeinde aller damaligen Deutschen, wie König (II. p. 466) sagt, gaben hinreichenden Stoff zur Kritik. Dabei ist der Durst ein gewaltiger, und eine zahllose Reihe von Bieren stehen zu seiner Löschung bereit. Da finden wir den Breihan, den Garley (Gardeleben), das Berliner Kupenbier, Brandenburgisch-, Bernauer-, Beeskower-, Duckstein-, Forster-, Kottbusser-, Fürstenwalder-, Ruppiner-, Soldwedelsches-, Spandauer-, Zerbster-Bier und noch manche andere Sorte. Auch zu essen verstehen die damaligen Berliner, wenn wir die Qualität und die Quantität berücksichtigen, und auch auf die Zubereitung der Speisen war die Einwanderung der Franzosen schon von Einfluß gewesen, wenn auch noch statt des Morgenkaffees die Biersuppe die gebräuchlichste Nahrung ist. Der Berliner Magistrat hat eben eine neue Fleisch- und Brottaxe erlassen, die viel besprochen wird. Nach derselben soll das Pfund Kalbfleisch nicht mehr als einen Groschen und das Quart gutes Stadtbier 8 Pfennige kosten.[13]) Der Scheffel Roggen galt Ausgangs 1685 11 Groschen[14]) und noch 1690 15—16 Groschen;

---

[11]) Erman, Mémoires VI 129. — Nicolai 128.
[12]) König II, 459. — [13]) König II, 234 — [14]) Wendlands Chronik.

Erbsen 14 Groschen, Hafer 7 Groschen, Gerste 10 Groschen; aber wie heut klagen die Berliner über die teuren, schlechten Zeiten und haben nach ihrer Ansicht so Unrecht nicht, denn, wie ich aus einer kurfürstlichen Küchenrechnung vom Jahre 1652 und 1659 ersehe, galt damals das Pfund Rindfleisch zehn Pfennige, ein Ochs 12 Thaler, ein feistes Schwein 5 Thaler, ein Stier 4 Thaler, ein Kalb 11 Groschen, ein Schaf 12 Groschen, ein Hammel 27 Groschen, ein Bratschwein 2 Thaler, ein Pfund Speck 2 Groschen, ein Centner Karpfen 5 Thaler, ein Schock Hechte 3½ Thaler, eine Gans 8 Groschen, ein Schock Eier 12 Groschen etc.[75]) Wir wandern weiter durch die mit Brot- und Fleischscharren besetzte Scharrenstrafse zur turmlosen und altertümlichen Petrikirche. Hier, jenseits der Brüderstrafse am Hundemarkt, lag bis zum grofsen Brande der Petrikirche und der umliegenden Häuser die Köllnische Schule. Da bis zu jenem Brande die Scharrenstrafse noch nicht bis zum Schleusengraben durchgelegt war, so müssen wir vom Hundemarkt in die Gertrautenstrafse einbiegen, die wir bis zur nahen Gertrautenbrücke entlang gehen. Jenseits der Brücke liegt, von einer Bastion vollständig umschlossen, die kleine Gertrautenkapelle mit dem Spital und dem Kirchhof; da hier jedoch keine Brücke über den Festungsgraben führt, und durch die Anlage der Befestigungswerke die uralten Landstrafsen, welche vom alten Gertrauten- (Teltower-) Thor nach Teltow und Potsdam führten, von jener Stelle verlegt worden sind, so bleiben wir diesseits des Schleusengrabens. Auch hier ist seit 1680 die alte Köllner Stadtmauer mit ihren alten Befestigungstürmen abgetragen, der Schleusengraben verengert, das gewonnene Terrain mit Häusern besetzt worden, und diese Strafse, die längs des Schleusengrabens über die Jungfernbrücke in die alte Leipzigerstrafse zu dem stattlichen Leipziger Thor[76]) führt, war nun der Ausgang aus Kölln nach Teltow und Potsdam. Wir überschreiten die Jungfernbrücke und gelangen da, wo noch heute die kurze Verbindung zwischen der alten Leipziger- und der Adlerstrafse den Namen Raule's Hof führt, über den Vorhof des an Stelle eines früheren kurfürstlichen Ball(spiel)hauses vom Marinedirektor Raule erbauten Hauses zu dem kurfürstlichen Holzgarten. Hier erkundigen wir uns nach den Holzpreisen und hören, dafs der starke Haufen Kienenholz 3 Thaler und Eichenholz 4 Thaler kostet. Durch die (alte) Friedrichstrafse (jetzige Kurstrafse) beim Jägerhof und dem Palaste des Ministers von Dankelmann (späteren Fürstenhaus) vorüber gelangen wir zum Werderschen Markt, auf dem das 1672 von Simonetti erbaute stattliche Rathaus unsere Blicke fesselt. Dieses Rathaus, sagt Gedicke,[77]) war damals ein wahrer Proteus, der bald diese, bald jene Gestalt annahm, denn unter einem Dache befanden sich anfänglich Rathaus, Kirche, Gerichtsstube, Stadtkeller, Gefängnis, Brotscharren, Folterkammer und Schule. Als dasselbe 1794 abgebrannt war, wurde 1800 das mit der sogenannten alten Münze in Verbindung stehende noch jetzt stehende neue Münzgebäude erbaut. Dem Rathaus gegenüber liegt das alte halb verfallene kurfürstliche Reithaus, das noch zu Ende des Jahrhunderts zu einer Kirche für die deutsche und die französische Gemeinde umgebaut wurde, und an dessen Stelle 1821 die jetzige Werdersche Kirche erbaut wurde. Hinter derselben sehen wir in der Niederlage-Wallstrafse ein mit turmartigen niederen Flügeln versehenes Gebäude, bei dem die Strafse abgeschlossen

---

[75]) König II, 339—342.
[76]) Dasselbe stand von 1683—1747 an der Stelle der heutigen Gewerbeschule und vor demselben wurde 1730 auf dem Dönhofsplatz (da wo jetzt das Denkmal Steins steht) der Obelisk als Meilenzeiger errichtet.
[77]) Geschichte des Friedrich-Werderschen Gymnasiums, p. 11.

ist. Dasselbe gehört dem General-Lieuteuant von Wangenheim und sollte 1701 von der französischen Gemeinde für 6000 Thaler erworben werden. In demselben hielt das französische Konsistorium am 1. März 1702 zum ersten Mal eine Sitzung, in ihm befanden sich dann das französische Gericht, das Collège und das Predigerseminar, und noch nach 100 Jahren war es unter dem Namen des französischen Rathauses in Berlin bekannt.[78]) Wir machen noch dem Packhof, der Niederlage, einen kurzen Besuch. Die ihn bildenden Gebäude und Speicher ziehen sich längs der zu diesem Zweck hier hafenartig erweiterten Spree von der Hundebrücke bis zur Schleusenbrücke. An Stelle der heutigen Bauakademie steht das Zoll- und Accisehaus. Über die Schleusenbrücke und durch die enge Gasse bei den Werderschen Mühlen gelangen wir zum Domplatz zurück, und wollen damit unsere ermüdende Wanderung beschliefsen.

Die französische Kolonie in Strasburg i. U.
Unions-Versuche.

II.

Zu dem in voriger Nummer geschilderten 4. Akt der Versuche, beide reform. Gemeinden in Strasburg zu vereinigen in den Jahren 1818—20, giebt das die Pfarrvakanzen behandelnde Aktenstück, das dem Schreiber dieses fast zu spät in die Hände gekommen, noch folgende Ergänzungen:

1. Ein Gesuch der Strasburger Anciens an die Königliche Regierung um Erteilung einer Wahlliste. Dasselbe ist datiert vom 14. September 1810 und hat folgende Nachschrift:

„Übrigens kann Ihnen jetzt die Synode nicht mehr behülflich sein, als nur durch guten Rath — denn sie besteht nicht mehr gesetzmässig, da die ihr aufgetragenen Geschäfte beendigt sind. — Wird das ganze Project angenommen und ausgeführt, so wird die Synode erst wieder im künftigen Jahre eingesetzt und geschaffen. Das Moderamen besteht zwar noch, aber nur um etwanige Befehle von oben zu erhalten; nicht um Forderungen oder Vorstellungen zu thun."

Aus dieser Nachschrift geht hervor, dafs sich die Strasburger Anciens, weil sie wohl der Feder nicht recht mächtig, sich an ihren früheren Prediger St. Martin, der nach Bergholz gegangen, mit der Bitte gewendet haben, ihnen ein Schreiben an die Königliche Regierung aufzusetzen und bei der Synode für sie zu wirken.

Das Schreiben selbst lautet: „Eine Königliche Hochlöbliche Märkische Regierung hat in Hochderselben Resolution vom 27. August unser Ansuchen um eine Wahlliste nicht beachtet und wie wir jetzt einsehen, auch noch nicht beachten können.

Als wir am 25. July um eine Wahlliste anhielten, war uns berichtet worden, dafs die drey jetzigen Proposants, die schon alle die ihnen obliegenden Studien und Vorbereitungen beendigt hatten, eben im Begriff wären, ihr zweytes Examen zu bestehen und in den Candidaten-Stand zu treten. Dies Examen aber, wie uns nachher gemeldet worden, ist aus unvorhergesehenem Hindernisse, vorzüglich wegen Haltung der Provinzial-Synode, aufgeschoben worden, soll aber jetzt bestimmt in

---
[78]) Nicolai 160.

dieser Woche statt haben. Alsdann können ohne Schwierigkeit diese drey Herren auf der Wahlliste gesetzt werden, von denen wir einen zu wählen gedenken. Wir erneuern daher unser ehrerbietiges Ansuchen, uns sogleich nach der Confirmation der drei Herren Candidaten die Wahlliste zu ertheilen. Übrigens haben in unserer Kirche die Proposants schon den nehmlichen Rang und die nehmlichen Befugnisse als die Candidaten in der deutschen Kirche; wie es auch die von der Königlichen Regierung Selbst verfügte, einstweilige Anstellung des Herrn Proposant Desmarets bei der französischen Kirche in Bernau beweist. Denn die Proposants haben schon ein erstes Examen bestanden; und sie können auch, wie uns Beyspiele davon bekannt sind, einen Ruf von einer Kirche erhalten, wenn Sie nur die vier vorgeschriebenen Censurpredigten mit Beyfall gegeben haben. — Da nun die jetzigen drey Herren Proposants viel länger als gewöhnlich in diesem ersten Grad gestanden haben, so werden Sie, wie wir erfahren haben, gleich nach dem zweyten, sich unverzüglich zum dritten Examen oder pro Ministerio melden, und können also füglich noch in diesem Jahre ordinirt werden. Eine Königliche Hochlöbliche Regierung empfiehlt uns Vertrauen auf Hochderselben Sorgfalt. Auf diese auch stützten wir uns, indem wir nicht zweifeln, daß Hochdieselbe unsere Kirche aufrecht erhalten wird, indem zum Gegentheil kein Grund vorhanden seyn kann. Wir kennen unsere Vorrechte und Gerechtsame. Unter diesen gehört auch das privilegirte Dasein und Bestehen unserer Kirche. Auf dieses können wir nicht verzichten, wäre es auch nur aus tiefe nicht zu tadelnde Anhänglichkeit an der Gemeinde unserer Väter — und folglich können wir n i e in einer Vereinigung und Zusammenschmelzung mit einer anderen Kirche einwilligen, und erwarten von einer wohlwollenden Behörde nach dem Examen der drey Candidaten die erbetene Wahlliste." —

Dies Schreiben ist, vielleicht mit Unrecht, von mir für interessant genug gehalten worden, um es mit seinen orthographischen und grammatischen Eigentümlichkeiten zum Abdruck zu bringen.

Ein zweites Schriftstück vom 5. Oktober 1819 an ein Hochwürdiges Französisches Konsistorium adressiertes Schreiben des Strasburger Consistoire ist von der Hand des Kaufmanns Sarre und lautet: „Seitdem der Herr Prediger St. Martin uns verlassen, haben wir in einer steten Unruhe gelebt, bald wollte man uns zwingen, unsere Schulen mit der Deutsch-Lutherischen zu vereinigen. Dann wieder legte man uns Städtische Lasten auf, von welchen wir bisher befreit waren. Unsere Predigerwohnung wurde uns abgenommen, ohne uns eine genügende Entschädigung zuzusichern. Endlich haben wir schon 1½ Jahr, anfangs um einen Vicarius, zuletzt nun um einen Prediger die Königliche Regierung angefleht, jedoch sind alle unsere Wünsche und Bitten, sie mögen auch Namen haben, wie sie wollen, unerhört geblieben. Wir wissen nun wohl, daß Se. Majestät unser Allergnädigster und geliebtester König uns unsere Rechte und Constitution in verschiedenen Allerhöchsten Kabinetsordres zugesichert, jedoch besitzen wir solche nicht.

Um nun aber unsere fernere Existenz zu sichern und festzustellen, glauben wir, daß uns diese Cabinetsordres nicht allein höchst wichtig sondern sogar unentbehrlich seyn möchten, weshalb wir uns mit der herzlichen Bitte an . . . . wenden, uns alle genannten Cabinetsordres, welche uns wichtig seyn könnten, ganz gefälligst zukommen zu lassen, damit wir wissen, worauf sich unsere Rechte gründen, und in welchem Umfange wir uns solcher bedienen können. In der Erwartung u. s. w."

Die Antwort vom 10. Oktober 1819 lautet:

„Einem Hochehrwürdigen Konsistorium der franz. Kirche zu Strasburg übersenden wir hiermit die von uns geforderten Abschriften von einigen Kabinetsordres, wodurch das Bestehen der französischen Kirchen nach den ursprünglichen Grundsätzen festgestellt und ihnen die Versicherung gegeben worden ist, im Fall eine oder die andere eingehen sollte, das Prediger-Gehalt zur Verbesserung ähnlicher Stellen zu verwenden. Wir wünschen von Herzen, dafs Ein Hochehrwürdiges Konsistorium diese Schriften mit dem besten Erfolge gebrauchen möge, und dadurch die Erhaltung einer Kirche bewirkt werde, an deren Wohl wir immer den aufrichtigsten Antheil nehmen werden.

Das Konsistorium der hiesigen (Berliner) französischen Kirche.

L. Saunier, Modérateur.   J. Barthelemy, Secrétaire."

Das folgende Schriftstück ist wiederum ein Schreiben des Strasburger Consistoire an Herrn Prediger St. Martin unterm 29. Januar 1820 gerichtet. Dasselbe bittet ihn, eine Petition an den Minister von Altenstein von seiten sämtlicher französischen Gemeinden der Uckermark zu gunsten der Strasburger in Scene zu setzen, und klagt ihm den traurigen Zustand der Schule. Das Schreiben enthält die Nachschrift:

Ew. Hochehrwürden unterlassen wir nicht dienstergebenst in Kenntnifs zu setzen, wie wir uns genöthigt gesehen haben, zur Erleichterung der Geschäfte uns noch ein Mitglied in der Person des Kaufmanns Herrn Sarre*) zu erwählen, und ist solches bereits durch öffentliche Proclama in der Kirche der Gemeinde bekannt gemacht."

Darauf folgt das Schreiben an den Minister von Altenstein vom 6. Juni 1820; dasselbe klagt über die zwei Jahr drei Monate währende Pfarrvakanz, insonderheit darüber, dafs während dieser Zeit kein Abendmahl in der Kirche gehalten, gegen alle Observanz kein französischer Prediger gekommen sei, um zu predigen, erwähnt dann, dafs die Gemeinde zur Selbsthilfe gegriffen und den Kandidaten Bock eingeladen, provisorisch auf Kosten der Gemeinde die geistlichen und Schulangelegenheiten der Kirche zu besorgen, und bittet, demselben eine hinlängliche Entschädigung aus dem Pfarreinkommen bis zu seiner Wählbarkeit zu bewilligen. Diese Bittschrift hatte den Erfolg, dafs dem Kandidaten Bock 25 Thaler monatlich bewilligt wurden; über die Mietsentschädigung von 40 Thalern jährlich erfolgt kein definitiver Bescheid, 70 Thaler p. a. verbleiben dem die actus ministeriales besorgenden deutsch-reform. Prediger Rettich.

Dieser gute Erfolg der Petition ermunterte zu einer zweiten vom 3. Juni 1821. Diese, vom Kandidaten Bock verfafst, und zunächst an den Staatsrat Ancillon mit der Bitte um Fürsprache geschickte Bittschrift, lautet in ihren wesentlichen Teilen:

„Unsere Väter verliefsen um ihren Glauben ihr Vaterland und erhielten in diesen Gegenden völlige Gewissensfreiheit. Wir wünschen den Glauben und die Kircheneinrichtungen unserer frommen Vorfahren beizubehalten, wir haben dies der Königlichen Hochlöblichen Regierung mehr denn einmal zu erkennen gegeben. Dem ohngeachtet hat Hochdieselbe uns über zwei Jahre ohne Gottesdienst, ohne Abendmahl und unsere Kinder ohne Unterricht gelassen, um uns dadurch zur Vereinigung mit der deutsch-reformirten Gemeinde zu nöthigen. Wir hatten wiederholentlich gebeten: dafs die benachbarten französischen Prediger, wie es früher geschah, uns wechselweise das heilige Abendmahl verabreichen und unsere Kinder

---

*) Vater des Herrn Telegraphen-Direktions-Rates a. D. Sarre in Berlin.

unterrichten möchten, allein die Königliche Hochlöbliche Regierung verweigerte es uns. Wir baten den Herrn Prediger Pascal in Prenzlow, uns das heilige Abendmahl zu ertheilen, derselbe suchte die Erlaubnifs bei der Königlichen Hochlöblichen Regierung nach, erhielt aber die Antwort, sich nicht störend in die Vereinigung der Gemeinen zu mischen.

2. Schon über zwei Jahre beschweren wir uns über eine Abgabe, die früher nur in der lutherischen Gemeine gehoben wurde. Man zwingt uns nämlich, Speisegelder für die lutherischen Schullehrer zu bezahlen, obgleich kein Kind der Gemeine die lutherische Schule besucht, wohl aber lutherische Kinder sich in der unseren befinden und alle Schulen konfessionsmäfsig bestehen.

3. Es ist schon über ein Jahr her, dafs der Küster unserer Gemeinde starb, wir haben die Königliche Hochlöbliche Regierung wiederholentlich gebeten, dem neuen Küster die Braubonification (zu gewähren), die alle früheren erhalten, welches bis jetzt noch nicht geschehen ist.

4. Dem Herrn Candidaten Bock versprach die Königliche Hochlöbliche Regierung, so lange er als Candidat hier vicarieren würde, eine jährliche Mietsentschädigung von 40 Thalern, derselbe ist seit zehn Monaten hier und hat unerachtet seiner und unserer wiederholten Bitten noch nichts erhalten.

5. Unsere Prediger-Wohnung ward vor zwei Jahren auf Befehl der Königlichen Regierung, weil es das Wohl des Staates erforderte, dem hiesigen Magistrat übergeben. Wir hätten dieselbe während der Vakanz zum Besten der Armen vermiethen können, wir verloren nicht nur diese Miethe, sondern haben auch noch keine andere Wohnung erhalten. Mit der unterthänigsten Bitte u. s. w.

Die Familienväter der französisch-reformirten Gemeinde."

Die Antwort erfolgte unterm 28. Juni 1821 und lautet:

„Über die von der französisch-reformirten Gemeinde unter dem 3. d. M. eingereichten Beschwerde, soweit sie die Beyträge zu den Speisegeldern für die luther. Schullehrer und die Bewilligung der Braubonifikation für den neuen Küster betrifft, hat das Ministerium zunächst Bericht von der gedachten Regierung erfordert und wird nach Eingang desselben die Gemeinde weiter bescheiden. Rücksichts der Pfarrwohnung hat das Königliche Finanz-Ministerium jetzt beschlossen, der Gemeinde dieselbe zurückzugeben; dafs aber die Entschädigung für die bisher entzogene Benutzung noch nicht gewährt ist, dürfte aufser der Schuld der Königlichen Regierung liegen, da nach der mit dem Königlichen Finanz-Ministerio hierüber Statt gefundenen Correspondenz dasselbe den dazu nöthigen Fonds noch nicht angewiesen zu haben scheint, indessen ist auch hierüber bereits das Nöthigste an die Regierung Seitens des Ministerii erlassen. Wenn übrigens die Mitglieder der französisch-reformirten Gemeinde der durch Anstellung des Candidaten Bock abgeholfenen Beschwerden über die während der Vakanz getroffenen Einrichtungen hier abermals erwähnt, so ist solches nicht zu billigen und verräth nur die Neigung, sich ohne Grund als mit Härte behandelt darzustellen. Gegen die von der Regierung zu Potsdam an den Prediger Pascal erlassene Verfügung ist übrigens nichts zu erinnern, da es allerdings auffallen mufs, dafs die französische Gemeinde, nachdem sie im Jahre 1816 selbst die Vereinigung mit der deutschen, deren Pfarrstelle damals vakant gewesen, gewünscht hat,*) jetzt, wo ihre eigene Pfarrstelle vakant gewesen, derselben widersprach, und ebendeshalb

---

*) Die Vereinigung wünschte nicht die französische Gemeinde, sondern nur der französische Prediger.

hat auch das Ministerium sich veranlafst gefunden, dem Moderamen der französisch-reformirten Synode für die Uckermark zu eröffnen, wie es zweckmäfsiger gewesen wäre, wenn die Synode sich jeder Einmischung in die Strasburger Angelegenheit enthalten hätte."

Unterm 27. März 1822 erfolgt die Bitte, den Cand. Bock als wirklichen Prediger zu bestätigen, und hat damit der 4. Akt der Unionsversuche bis auf die Wohnungssache ein Ende. Die Wohnungsentschädigung wollte nämlich die K. H. Regierung aus den Zinsen des ersparten Pfarrgehaltes bestreiten; die Gemeinde wollte die Zinsen dieser Ersparnis nur zur Gehaltsaufbesserung und wandte sich unterm 4. August 1822 abermals an den Minister, und sah ihren Eifer mit Erfolg belohnt. Sie erlangte aufser der Mietsentschädigung für ihren Pfarrer die gedachten Zinsen als Gehaltszulage.

Je vollständiger der 4. Akt der Unionsversuche behandelt worden, um so schneller sind die übrigen zu erledigen. 1826 verzieht Prediger Bock nach Bergholz, es gelingt ihm aber, von dort aus Vakanzverwalter der Sache nach zu bleiben. So konnten auch die Unionsversuche, welche durch den luth. Superintendenten Schwartze und den deutsch-reform. Prediger im Auftrage der K. Regierung angestrengt wurden, keinen Erfolg haben. Die franz. Gemeinde übte wiederum die Praxis, sich mit der Union einverstanden zu erklären, aber nur unter Bedingungen, die für die deutsch-reform. Gemeinde unannehmbar waren.

1822 taucht der Plan wieder auf — trotz der unendlichen Mühe, die sich der deutsch-reform. Prediger Rettig gab, ohne Erfolg.

1835 soll eine tatsächliche vorläufige Union wegen Erkrankung des Predigers Rettig vor sich gehen; dieselbe kommt aber nicht zu stande. Diesmal ist die deutsch-reform. Gemeinde dagegen und Prediger Rettig.

Endlich 1868 spielt der letzte Akt, ganz ähnlich dem ersten vom Jahre 1799. Es kam nicht einmal dazu, dafs die Gemeinden offiziell befragt wurden. Heute ist das Verhältnis beider Gemeinden ein eigentümliches. Der deutsch-reform. Pfarrer Bettac ist französischer Herkunft und stammt von einer Kolonistenfamilie. Derselbe hat sich der Kolonie in Zeiten der Not jederzeit bereitwillig ohne Unionsgedanken angenommen; der franz. Pfarrer stammt aus der vereinigten reform. Gemeinde in Frankfurt a. O. und ist polnischen Ursprungs. Auch das ist schon dagewesen. War doch der berühmte Chodowiecki Mitglied der Kolonie, und wie der Name bezeugt, polnischer Herkunft; einer seines Namens war kolonistischer Pfarrer in Potsdam, ein anderer in Schwedt a. d. Oder.

Vereinsnachrichten der Réunion.

Im Juli und August finden Familien-Zusammenkünfte statt von nachmittags 3 Uhr ab:
1) Am 14. Juli in Treptow, Café Kettlitz.
2) Am 28. Juli in Schöneberg im Lindenpark.
3) Am 4. August in der Hasenheide bei Gratweil.
4) Am 18. August in Nieder-Schönhausen, Café Liedemit.

☞ Die Sitzungen im Juli fallen aus. ☜

Zur Nachricht.

Der Unterzeichnete ist vom 8. Juli bis 8. August verreist. — Nachbestellungen auf die „Kolonie" erbittet er **nach** *dieser Zeit.*

Die nächste Nummer wird am 12. August ausgegeben.

August 1882.

DIE KOLONIE.

VI. Jahrgang.

Organ für die äusseren und inneren Angelegenheiten der französisch-reformierten Gemeinden.

Redigiert von W. Bonnell, Rektor in Berlin.

Erscheint monatlich einmal. Preis pro Quartal 75 Pf.

Abonnements werden angenommen bei W. Bonnell in Berlin N., Schwedter-Str. 257, und bei jeder Post-Expedition.

INHALT: Ein Dichtergrab. — Die franz. Kolonie zu Strassburg i. U. — Die Heimstätten des franz. Konsistoriums. — Margarete von Valois und Johanna von Navarra. — Vermischtes. — Vereinsnachrichten.

Ein Dichtergrab.
(Eine Reiseerinnerung).

Ein heller Pfiff der Lokomotive — der Zug hält: wir sind in Arnstadt. — Arnstadt, der von grünen Bergen umgebene Ort in Thüringen, wird alljährlich von hunderten von Fremden besucht; es kommt und schwärmt den ganzen Sommer hindurch. Da ist zunächst das flüchtige Volk der Touristen, welches sich vielleicht nur einige Stunden aufhält, die eigenartige Bauart der Stadt so im Vorübergehen betrachtet und dann in die Ferne weiterstrebt, den Bergen zu, die im Süden den Horizont in langer Reihe begrenzen. Doch mit ihnen kommt auch die solidere Schar der Sommerfrischler, die mit Frau und Kindern hier für Monate das Zelt aufschlagen, die Berg und Thal, Flur und Stadt mit ernsteren Augen anschauen und in einem längeren Aufenthalte den angenehmsten Seiten ihres Asyles getreulich nachspüren. Zu ihnen gesellen sich die Kranken, die Schwachen und Elenden, die von der reinen Luft der Berge neue Kraft und endliche Genesung erhoffen, die bisweilen Jahre hindurch hier aushalten, bis die Unruhe sie wieder von dannen treibt, oder der Tod ihnen die müden Augen schliefst.

Und derjenige, dessen wir gedachten, als wir die kurze Fahrt nach Arnstadt beschlossen, war auch ein solcher gewesen, welchen Krankheit und Gebrechlichkeit des Körpers in dieses stille Thal getrieben, der dann hier für den Rest seines Daseins seine Hütte aufbaute und manches Mal den Frühling wiederkommen sah, und mit ihm die Lerchen und die Blumen und immer neue Hoffnungen. Und so hoffte und harrte er von Jahr zu Jahr, und alle Leute im Orte kannten ihn, den stillen, bleichen Mann mit den müden Zügen im Antlitz, das vordem so energisch und charaktervoll erschienen, und mitleidig blickte man ihm nach, wenn er auf seinem Rollstuhle, die Hände gefaltet, den Kopf etwas geneigt, die Augen geschlossen, durch die Promenade dahin fuhr; doch nicht alle wufsten, welch ein reiches Gemüt hier geknickt, welch ein edler Geist zerstört vor ihnen lag. Da endlich kam ein letzter Morgen und ein letzter Sonnenstrahl, der küfste das bleiche Antlitz des Dichters noch einmal so warm und so innig, bis die Seele sich vollends löste von dem kranken Körper und sanft hinübereilte in jenes Land, wo alle Klage schweigt. Und hier auf dem Kirchhofe haben sie ihn gebettet, und sein Grab ist es, das wir aufsuchen wollen.

Doch, freundlicher Leser, der du uns in Gedanken bis an das Thor des Friedhofes begleitest, gewifs weifst du schon, wer der war und wie er hiefs, zu dessen Ruhestätte sich langsam unsere Schritte lenken. Ein Dichter war er, ein Dichter unserer lieben guten Mark Brandenburg, als solchen kennt und liebt ihn so manches treue deutsche Herz; er war aber auch ein Sohn deiner Kolonie, ein Glied deiner eigenen Gemeinschaft, der jetzt unter dem freundlichen Himmel Thüringens ruht — Wilhelm Hareng oder Hering, und du kennst ihn unter dem Namen Willibald Alexis.

Gewifs, er war ein märkischer Dichter, und zwar der Begründer unserer märkischen Dichtung. Diese war freilich schon vor ihm da, er aber hat ihr erst das rechte Leben, den wahrhaft poetischen Inhalt verliehen, ihr neben all den andern vornehmeren Stoffen der Litteratur die ebenbürtige Stellung gewonnen. Wir Kolonisten können stolz sein, dafs einer aus unserer Mitte es war, der dem einst so verrufenen Lande den verklärenden Reiz der Poesie verliehen. Er hat Bewunderer genug, aber auch Nachahmer gefunden, und unter den letzteren ist wieder einer, der, selbständiger als die andern, das, was er in unserer Mark geschaut, mit wahrer dichterischer Begeisterung uns vor die Augen rückt; und er ist auch ein Sohn der Kolonie — Theodor Fontane. Diese zwei, Willibald Alexis und Theodor Fontane, sind gewifs eine merkwürdige Erscheinung. Beide Nachkommen von Familien, die aus fremdem und schönerem Lande in diese wüste Mark kamen mit ihren traurigen Kiefernhaiden, weiten Mooren und Luchen, und beide durchglüht von der Schönheit des Vaterlandes, die niemand vor ihnen je so warm empfunden, so begeistert und lebenswahr geschildert hat, wie sie. Die Erscheinung dieser beiden Männer ist auch ein Akt der Dankbarkeit, welche die Kolonie ihren Wohlthätern abträgt.

Doch ist für heute unsere Betrachtung nicht erschöpft, wenn wir Willibald Alexis einen märkischen Dichter, wenn auch den gröfsten märkischen Dichter nennen. Er ist auch der Dichter unserer Kolonie, und zwar der einzige Dichter unserer Kolonie. Kennst du, der du dich rühmst, ein Kolonist zu sein, kennst du ihn als solchen? Verzeihe diese Frage, freundlicher Leser; du weifst ja, dafs so manches in unserer heutigen Kolonie vergessen oder unbeachtet ist, was geehrt und allbekannt sein sollte; aber es ist nun einmal so. So haben wir obige Frage schon viele Male gestellt, und nicht immer, aber doch leider, leider oft genug, ein Nein als Antwort erhalten. So mancher Kolonist hat in seinem Daheim eine schöne, reiche Bibliothek, die seinem Stande wie seiner Bildung Ehre macht; aber nun forsche und frage, ob kolonistische Bücher, solche, die ihm die Geschichte seiner Vorfahren, ihr Dulden und Leiden, ihr stolzes Märtyrertum, ihre Ehre, die Geschichte seiner hiesigen Gemeinde verkünden können, unter und neben den herrlichen und splendiden Ausgaben der Klassiker zu finden sind? So auch wirst du viele kennen lernen, welche den „Cabanis" unseres Willibald Alexis nicht gelesen haben, ihn nicht einmal kennen; es ist das jedenfalls zu bedauern. Ein Freytag, ein Ebers wird gelesen, Willibald Alexis ist in seinem schönsten und uns Kolonisten innigst berührenden Erzeugnisse den Kolonisten oft unbekannt.

Wir betreten den Friedhof. Hell und sonnig liegt er vor uns, grell springt das Sonnenlicht von den weifsen Grabmonumenten zurück. Alles ist kurz und niedrig gehalten, weifs und bunt; die roten Blütendolden der Pelagonien schimmern im Übermafs zwischen den wie Marmor glänzenden Steinen. Wir gehen langsam den Mittelweg hinunter; am Ende desselben, hart an der Mauer, ist das Grab des Dichters. Ein einfaches Kreuz nennt Namen und Todestag; daneben ruht die Gattin, die treueste Pflegerin in den langen trüben Jahren der Krankheit.

Ja, tiefbewegt stehen wir vor deinem Grabe, du lieber, treuer Dichter. Manche Stunde der Weihe, des glücklichen Selbstvergessens inmitten des trockenen Alltagslebens verdanken wir deinem Genius, und wohl uns, dafs die Erinnerung derselben jetzt hier an deinem Hügel in unserer Seele lebendig wird wie ein einziges, grofses, machtvolles Gefühl des Dankes.

Nicht Kiefern der Mark rauschen über deinem Haupte, nicht singen dir die Wellen unserer stillen Seeen ein Schlummerlied. Alles hier ist so vornehm, so fremd und stolz! Warum hast du dich nicht betten lassen inmitten unserer grünen Haide, wo der Wind so wundersam durch die Föhren rauscht, wo es lebt und webt von den Helden unserer Vorzeit? Du ruhest hier wie im fremden Lande. Wohl mancher, der sich deinem Grabe naht, bringt Grüfse aus der märkischen Heimat, und auch wir rufen dir zu: Ruhe in Frieden, du Sänger unserer Heiden und Wälder, leicht sei die Erde dir, dem edlen Sohne unserer Kolonie, dem Dichter des „Cabanis."

M. T.

Die französische Kolonie in Strasburg i. U.
Prediger Poulet und seine Zeit.

Der dritte in der Reihe der Strasburger Kolonie-Prediger ist Samuel Poulet. Derselbe stammte aus Brandenburg a. d. Havel, hatte in Berlin studiert und war am 21. August 1746 zum Nachfolger des Predigers Vernezobre erwählt worden. Am 18. Dezember desselben Jahres wurde er in sein Amt eingeführt, welches er bis 24. 2. 1754 verwaltete. Alsdann begab er sich nach Stettin, wo er die Stelle des nach Berlin abgehenden Predigers Mousson erhalten hatte. Sofort nach seiner in Strasburg erfolgten Wahl, — wie dies ja auch heute noch bei den jungen Pfarrern meistenteils der Fall sein soll, mufs er sich verheiratet haben und zwar mit einer in Utrecht geborenen Henriette Deshayes. In Strasburg wurden dem Ehepaare drei Kinder geboren, das erste Jean Pierre am 19. Mai 1748. Die Taufe desselben wie die der beiden andern, wurde vom Vater im Gotteshause vollzogen (23. 5. 1748). Taufzeugen waren drei, ein Herr Cauy, sodann der Grofsvater und die Grofstante des Kindes. Hierbei ist jede einzelne Notiz bemerkens- und wie dem Schreiber dieses scheint, zur Nachahmung empfehlenswert. Die Frist, welche zwischen Geburt und Taufe verflossen, betrug 4 Tage — heute ist es üblich, die Taufe auf Monate hin zu verschleppen. Die Taufe findet in der Kirche statt — heute ist dieselbe als Taufort allenfalls noch gerade gut genug für die, welche keine ordentliche Stube haben, für die Armen der Gemeinde. Der Vater, da er Prediger ist, tauft selber — heute scheut er sich gewöhnlich, an seinem eignen Kinde die Taufe zu vollziehen. Die Zahl der Zeugen beträgt drei, von denen noch dazu zwei aus der nächsten Verwandtschaft sind — heutzutage ist's mit drei Zeugen kaum abgethan; es müssen mindestens ein halbes Dutzend sein und diese sind keineswegs dem Kinde von Natur nahe stehende Personen, sondern sie werden gewöhnlich aus der Zahl der so genannten guten Bekannten genommen, wenn nicht, was noch häufiger, aber desto ärger ist, höhere und dem Kinde um so ferner stehende Personen zu Taufzeugen geprefst werden. Auch sind die zwei kurzen Vornamen Jean Pierre zu beachten, gewöhnlich wurde in jener Zeit dem Kinde nur ein Vorname gegeben, und nahm man fast ausschliefslich Bibelnamen. Heute thut man's nicht unter dreien — und es werden Namen gewählt, deren Zusammenstellung der Musterkarte eines Handelsgeschäfts gleicht, das seine Waren aus aller Herren Ländern zusammenkauft — und von deren Herkommen und Bedeutung die lieben Eltern gewöhnlich keine blasse Ahnung haben.

Beim zweiten Kinde, Jean Joseph, das 16. 8. 50 geboren und 23. 8. 50 getauft wurde, beträgt die Frist zwischen Geburt und Taufe schon sieben Tage. Zeugen waren Abraham Ledoux an Stelle des Revisionsrates Jean Joseph Barthe und Fräulein Vernezobre. Hier haben wir schon die stellvertretende Patenschaft, die notwendige, aber keineswegs schöne Folge der Sucht, möglichst vornehme Paten zu haben; hier haben wir schon die Mode, das Kind nach dem hohen durch Abwesenheit glänzenden Gönner zu nennen. Andrerseits ist die Beschränkung auf zwei Zeugen recht bemerkenswert.

Das dritte Kind mit dem Vornamen Pierre, wurde am 3. Mai geboren und erst nach elf Tagen vom Vater in der Kirche getauft. Zeugen waren der Student der Theologie Pierre Maréchaux und Madame Sophie Cuny an Stelle der Madame Susanne Maréchaux. Wiederum eine längere Frist, wieder die leidige Stellvertretung! — Von diesen drei Kindern des Poulet'schen Ehepaares starb das älteste, Jean Pierre, 16 Monat alt. —

Weitere die Person des Predigers Poulet angehende Notizen bieten die Strasburger Akten nicht, ein Schreiben desselben aus Strasburger Consistoire ausgenommen, datiert aus Stettin vom 10. Dezember 1756, in welchem derselbe um ein Zeugnis für seine achtjährige Strasburger Amtsführung bittet. Die Veranlassung zu diesem Schreiben, vielfache Kümmernisse, deren Opfer er geworden, setzt er als bekannt voraus. Dem Schreiber dieses sind sie unbekannt. Das Zeugnis wurde in für Prediger Poulet ehrenvollster Weise bereitwilligst ausgestellt und ihm übersandt. Betrachten wir die achtjährige nicht geringe amtliche Thätigkeit desselben. Die acht Jahre seines Wirkens füllen im Protokollbuche eine Seitenzahl, wie sie sonst kaum von fünfzig Jahren beansprucht wird. Dabei sind Notizen von allgemein geschichtlichem Interesse gar nicht vorhanden. Die Gemeinde befand sich im letzten Stadium ihrer höchsten Blüte während der acht Jahre, die Zahl der jedesmaligen Kommunikanten betrug noch immer 200, woraus auf eine Seelenzahl von 400 geschlossen werden kann, die Gemeinde zeigte sich in kirchlicher Hinsicht stets opferwillig, woraus erhellt, dafs sie ihren Gottesdienst, ihr Gotteshaus, ihre Herkunft hochhielt und auch in bürgerlicher Hinsicht nicht schlecht gestellt war.

Die Wirksamkeit des Consistoire tritt immer mehr und mehr zurück. Ein notorisch lüderlicher Mensch wurde vom Abendmahl ausgeschlossen. Dieser Beschlufs und einige wenige Armensachen geben Zeugnis von der Thätigkeit des Consistoire.

Die Armen-, richtiger wohl Kirchenkasse, welche durch Reparatur der Pfarrwohnung und Anzugskosten - Erstattung, wie üblich, beim Antritt des neuen Pfarrers aufs Trockene geraten war — 20 Gr. waren drin, — stand beim Abgange des Predigers Poulet auf 152 Thlr. 18 Gr., trotzdem sie verhältnismäfsig viel zu leisten hatte an Extraausgaben.

Dahin sind zu zählen: 1. Gratifikation an den Kantor für Abschrift der Kirchenbücher. (Bei dieser Gelegenheit wurden die vorher in einem Bande vereinigten Tauf-, Trau- und Totenregister getrennt, auch jedes mit einem Index versehen.)

2. Nicht unbeträchtliche Unterstützungen des Kantors, Beschaffung eines schwarzen Anzugs, sowie eines Sarges für denselben, Unterstützung der Kantorwitwe, später eine Gabe an den abgebrannten Battiner Prediger, u. dergl.

3. Beschaffung eines neuen Kirchhofs und einer neuen Kirchhofs-Umzäunung.

4. Beschaffung von Schulbüchern.

5. Und das ist eine seltsame Ausgabe, das Kaufgeld für vier Lose einer vom Stettiner Consistoire veranstalteten Geldlotterie zu vier Klassen. Die Lose hatten die Devise: *Combien pour un dessein pieux*. Es wurde beim Ankauf der Beschlufs gefafst, für den Gewinn der vier Lose ein schönes und kommodes Pfarrhaus zu bauen. Leider erwiesen sich die vier Lose in allen vier Ziehungen als eitel Nieten, und das schöne und kommode Pfarrhaus blieb bis heute ein *château d'Espagne*. Da außerdem zu Prediger Poulet's Zeit viel für die Armen geschah, — bekam doch ein einzelner zur Beschaffung eines Anzugs einen Louisd'or, — mufsten neue Einnahmequellen eröffnet werden. Die Absicht, bei jeder Leiche 2 Gr. für Benutzung der der Kirche gehörigen Geräte, der Bahre, des Bahrtuches, der Spaten einzuziehen, mufste aufgegeben werden; dagegen wurden die Haustrauungen mit je 1 Thlr. besteuert, welche Steuer noch heute in Gebrauch ist. Auch mufste der deutsch-reformierte Prediger Fridel 1 Thlr. für Beisetzung seines Kindes im Gotteshause an die französische Armenkasse zahlen, und war ein weiterer Tarif beschlossen worden, der für die Zukunft in Kraft treten sollte. Es kamen aber keine weiteren Begräbnisse in der Kirche, das des Söhnleins des französischen

Predigers Poulet ausgenommen, der aber nichts zahlte, vor. Da die laufenden Einnahmen nicht genügten, wurde der sogenannte Bonus nicht ohne Widerspruch eingeführt, d. h. jeder Kommunikant hatte sowohl bei der Oster- wie bei der Septemberkommunion je 6 Pf. zu zahlen. Dieser Bonus wurde angenommen, kam indefs später wieder ab. In Gramzow ist er, wenn ich recht berichtet bin, noch heute üblich, vielleicht auch noch in Bergholz und Battin. — Bemerkenswert hierbei ist, dafs sowohl Pfingst- wie Weihnachtskommunion schon zu Prediger Poulet's Zeit aufser Gebrauch gekommen und eine Herbstkommunion (Ernte-Dankfest) an deren Stelle getreten war.

Zu Prediger Poulet's Zeit wurde eine neue Kanzel aus freiwilligen Beiträgen französisch-reformierter Gemeinde-Glieder beschafft, zu seiner Zeit entstanden die ebenfalls von französischen Gemeinde-Gliedern erbauten Galerien. Diese Opferwilligkeit ist um so höher anzuschlagen, als den Deutsch-Reformierten der Mitgebrauch der Kanzel sofort, der der Galerien nach einiger Zeit, wohl oder übel, gestattet werden mufste. — Schon die erwähnten häufigen Kantor-Gratifikationen sowie die sonstigen ungewöhnlich starken Ausgaben für die Schule lassen vermuten, dafs Prediger Poulet sich viel um die Schule der Gemeinde gekümmert hat. Diese Vermutung bestätigt sich, — und halte ich es für passend, wie ich dem Leben des Predigers De Baudan einen Exkurs: „Das Strassburger Consistoire", dem des Predigers Vernezobre einen: „Die deutsch-reformierte Gemeinde in Strassburg i. U." angehängt habe, an das Leben des Predigers Poulet eine Betrachtung zu knüpfen: „Die Schule der französisch-reformierten Gemeinde in Strassburg i. U." Dies soll in der nächsten Nummer geschehen.

Die Heimstätten des französischen Konsistoriums.

Es kann nicht ohne Interesse sein, die Orte näher ins Auge zu fassen, an denen nun fast zwei volle Jahrhunderte hindurch unsere hiesige kirchliche Behörde ihres Amtes gewaltet hat. Im Konsistorium — und wer wollte dieses bestreiten — hat sich ein gut Teil unseres kolonistischen Lebens bewegt, in seinem Bereiche haben die ausgezeichnetsten Männer unserer Gemeinde für die Ehre und das Wohl derselben gearbeitet. Und so mögen auch wir, Kinder einer neuen Zeit, mit Achtung die Stätten betrachten, an welchen in guten und trüben Tagen sich eine stille, der übrigen Welt wenig auffallende, aber doch segensvolle Arbeit in beständigem Kreislauf, Jahr für Jahr, Woche für Woche vollzog, eine Arbeit, die sich redlich bemühte, das von den Vätern überkommene Erbe zu sichern, im Dienste der Gemeinde, zum besten der Armen und Waisen zu verwalten, und dasselbe den Nachkommen ungeschmälert zu überliefern.

Bis zum Jahre 1702.

In den ersten Zeiten der Existenz unserer Gemeinde, also seit dem Jahre 1672, war kein bestimmter Ort für die Versammlungen der Ältesten vorhanden. Vielmehr blieben Geistliche und Anciens nach dem Gottesdienste in demselben Raume zur Beratung der kirchlichen und Armen-Angelegenheiten vereinigt.

Nachdem aber im Jahre 1682 der grofse Kurfürst die Bildung einer selbständigen französischen Compagnie genehmigt hatte, versammelte sich dieselbe im Hause des Predigers Abbadie, und zwar jeden Mittwoch um 3 Uhr. Seit 1683 aber verlegte man diese Vereinigungen auf den Montage, Nachmittags 3 Uhr, und kam in der Sakristei des Domes zusammen oder auch bei dem vom Kurfürsten ernannten Kommissarius, dem Hofprediger Bergius. Für den Montag Nachmittag nahm man den Donnerstag, 1684 aber die Zeit nach dem Nachmittags-Gottesdienste. Es fehlte also bis dahin den Versammlungen der Compagnie jede Stetigkeit und Regelmäfsigkeit. Man wechselte Zeit und Ort nach Bedürfnis, und wahrscheinlich auch nach Rücksichten, die man zu nehmen hatte. Dieser Zustand dauerte bis zum Jahre 1690; dann mietete man ein für die Versammlung geeignetes Zimmer, welches man aber schon 1691 gegen ein neues wechselte, welches bei Herrn Rambounet auf der Neustadt (Dorotheenstadt) für den jährlichen Preis von 10 Thlrn. genommen wurde. In diesem Raume nun blieb man bis 1693 und mietete dann bei Herrn Dalençon eine neue Wohnung für eine jährliche Miete von 40 Thlrn., die man aller Wahrscheinlichkeit nach bis zum Jahre 1702 beibehielt. Es hat in dieser Zeit freilich nicht an Versuchen gefehlt, ein neues Unterkommen zu beschaffen, diese kamen aber zu keinem wirklichen Abschlusse. Das Bedürfnis, ein für alle Zeiten bleibendes, passendes Lokal zu gewinnen, wurde immer gröfser, und des ewigen Umherstreifens müde, bemühte man sich nun ernstlich, schon im Interesse der Regelmäfsigkeit der Sitzungen, um eine dauernde Heimstätte.

Der Ankauf des Wangenheim'schen Hauses.

Das im Jahre 1689 gegründete französische Collège hatte damals ein Mietslokal in der Stralauer-Strafse; der Kurfürst zahlte dafür eine jährliche Miete von 225 Thlrn. Das Gymnasium lag aber für viele Eltern zu fern, um ihre Kinder dorthin zu schicken; auch befand sich dasselbe am Ende des Jahrhunderts in einem recht schlechten Zustande, so dafs sich die Zahl der Schüler auf 18 reduciert hatte. Man wünschte deshalb sehnlich die Verlegung des Collège in eine bessere Gegend und eine Reorganisation desselben. Die Minister nahmen sich dieser Angelegenheit an und beantragten bei dem Könige, (es hatte unterdessen die Krönung des Kurfürsten zum Könige stattgefunden) den Ankauf des Wangenheim'schen Hauses, welches durch seine Lage inmitten der Stadt in ruhiger Gegend, in der heutigen Niederlag-Strafse, dem Zwecke entsprach. Dieses Haus war im Jahre 1683 durch die Frau Eleonore Louise von Wangenheim um den Preis von 2000 Thlrn. erkauft worden und sollte für 6000 Thlr. wieder veräufsert werden. Der König gab die Genehmigung zum Ankauf, jedoch unter der Bedingung, dafs von seiner Seite nur 4500 Thlr. gezahlt würden; das war nämlich das Kapital für den Mietszins von 225 Thlrn. für das Collège, der nun nicht mehr gezahlt werden, sondern mit diesem Kapital abgelöst sein sollte; die noch verbleibenden 1500 Thlr. sollte die Kompagnie aufbringen. Diese liefs durch eine Kommission die Baulichkeiten untersuchen; dieselben bestanden aus mehreren Häusern und Häuschen, von denen das ältere an der Strafse lag, ein neues einen Seitenflügel bildete und ein anderes sich auf dem Hofe befand. Auf den Bericht dieser Kommission, dafs das Haus bequem sei und ausreichende Räume habe, um das Collège und den Kirchendiener daselbst unterzubringen und zu den Versammlungen des Konsistoriums zu dienen, dafs also der Ankauf für die Kirche vorteilhaft sei, ernannte die Kompagnie Kommissare, um den Kaufkontrakt unter Beobachtung aller möglichen Vorsichtsmafsregeln abzuschliefsen. Die Beschaffung des Restkaufgeldes von 1500 Thlrn., wozu noch die für die Reparatur und Instandsetzung des Gebäudes nötige Summe (500 Thlr.) kam, machte grofse Schwierigkeit, da die Gemeinde kein Vermögen besafs. Der König verlangte dringend den Abschlufs des Kontraktes und ernannte dazu seine Kommissare. Es fand sich auch ein Mitglied der Gemeinde, der Kaufmann Dubois, der die erforderliche Summe vorstrecken wollte; er zahlte dieselbe vor dem Notar am 10. November 1701, und die Hypothek sollte auf das Grundstück eingetragen werden. Da aber der Minister von Brandt, als Königlicher Kommissar, sich aufser stande erklärte, dazu die königliche Bestätigung einzuholen, indem das Haus als königliche Stiftung unveräufserlich sei, zog Dubois sein Anerbieten zurück. Die Kommissare der Kompagnie stellten derselben vor, dafs die Angelegenheit schon sehr weit vorgeschritten sei, und Seine Majestät schon den Kauf bestätigt habe; es müsse deshalb auf alle Fälle die nötige Summe herbeigeschafft werden; die ganze Gemeinde müsse für die Rückzahlung Bürgschaft leisten, um dem Gläubiger die nötige Sicherheit zu geben. In Folge dessen berief die Kompagnie eine durch 30 Familienhäupter verstärkte aufserordentliche Versammlung. Von den Eingeladenen erschienen 15. In dieser Versammlung erklärte man sich bereit, die ganze Gemeinde für die Zahlung der zu entlehnenden Summe von 2000 Thlrn. verantwortlich zu machen, aber nur unter der Bedingung, dafs das Collège, das sich in sehr schlechtem Zustande befinde und also keine Gewähr biete, dafs es der französischen Gemeinde von Nutzen sein werde, von Grund aus reformiert, und zu diesem Behufe ein *Conseil académique* eingesetzt werde, der die Mifsbräuche zu beseitigen und die nötigen Reglements und Statuten für den Unterricht zu machen habe. Geschehe dies, so würde die Kolonie sich gern für die Zurückzahlung der erforderlichen 2000 Thlr. verbürgen. Die Zinsen des Kapitals sollten aus den Erträgen der Wohnungen entnommen werden, welche die Kompagnie bis zur Höhe von 100 Thlrn. zu vermieten berechtigt sei. Der König erklärte sich mit diesen Anträgen vollkommen einverstanden. Mittlerweile bot sich auch eine Auskunft dar, um das nötige Geld anzuschaffen. Der König hatte nämlich den früheren Stall auf dem Werder zu einer Kirche, und zwar, wie er versprochen, auf seine Kosten herrichten lassen. Die nötigen Gelder konnten aber nicht immer rechtzeitig angewiesen werden. Das Konsistorium hatte, um den Bau nicht unterbrechen zu lassen, Anleihen bis zum Betrage von 2000 Thlrn. gemacht. Herr Pérard, Mitglied des französischen Konsistorii, Kaufmann und Kommerzien-Sekretair, auf dem Fischmarkt wohnend, hatte diese Summe vorgeschossen. Jetzt war Aussicht vorhanden, 2000 Thlr. aus dem Kopfgelde, das die Réfugiés nun auch zahlen mußten, zurückerstattet zu erhalten. Herr Pérard erklärte sich bereit, wenn er dies Geld zurückempfinge, wiederum 2000 Thlr. auf das Wangenheim'sche Grundstück zu leihen. In der That erliefs der König eine Anweisung zur Zahlung von 2000 Thlrn. zum Bau der Werderschen Kirche; jedoch Herr von Kraut konnte nur 1000 Thlr. flüssig machen, welche Herr Pérard zur Disposition stellte. Da nun Herr Le Bachellé noch 500 Thlr. leihweise gab, so konnte das Kaufgeld gezahlt werden.

So hatte nach Überwindung aller Schwierigkeiten das französische Konsistorium eine für seine Zwecke geeignete, ihm eigentümlich angehörende Stätte gefunden. Nachdem die nötigen Reparaturen gemacht waren, hielt die Kompagnie am Mittwoch, den 1. März 1702, am Nachmittage, ihre erste Sitzung in diesem Hause, mit der Absicht, wie das Protokoll sagt, für die Zukunft immer in derselben Weise fortzufahren.

Margarete von Valois und Johanna von Navarra.

(Die Verschwörung von Amboise).

Ehe wir Johanna's Leben weiter verfolgen, werfen wir einen kurzen Blick auf die Geschichte ihrer Tage. Wir behandeln das oben angegebene berühmte Ereignis etwas ausführlicher, weil dieses am besten den Charakter und die gewaltsame Unruhe jener Zeit uns vergegenwärtigt.

Schon unter Franz I. war also der Geist der neuen Lehre bis in die königlichen Gemächer gedrungen. Prinzen und Prinzessinnen von königlichem Geblüt, obenan der kluge Herzog von Bourbon, Prinz von Condé, die Gebrüder Coligny und eine Menge Mitglieder der edelsten Familien des Landes schützten die Prediger und die sich bildenden Gemeinden. Bald aber ergofs sich auf immer breiteren Strahlen das neue Licht von Strasburg und der Schweiz aus in die benachbarten Provinzen Frankreichs. Die ausgestreuten Keime griffen Platz und gewannen bald von Genf aus neue Wurzeln des Lebens. Mochten auch auf königliches Geheifs und ketzergerichtliches Urteil Dörfer und Städte in Rauch und Trümmer verschwinden, die Hirten der jungen Gemeinden unter den Fäusten des Henkers verbluten, ihr Glaube blieb lebendig in weniger leicht zugänglichen Wohnungen, oder in den Schluchten der Gebirge, oder im Verstecke des Waldes, trotz aller Blutgerichte.

In demselben Mafse aber, wie die Reformation ihren Marsch durch die damalige gebildete Welt fortsetzte, stieg auch in Frankreich die Erbitterung der Staats- und Kirchengewalt gegenüber der stetigen Weiterverpflanzung der völkerverjüngenden Erleuchtung. Heinrich II, Nachfolger Franz I., hatte sich unfähig erwiesen, die religiösen Wirren zu schlichten. Nach seinem Tode — er starb 1559 an einer im Turnier erhaltenen schweren Verwundung — brach der Zwiespalt zu hellem Kampfe aus. Das katholische Haus Guise gewann bei Hofe die Oberhand, und wesentlich durch seinen Einflufs verschlimmerte sich unter der Regierung des schwachen Franz II, die Lage und Sicherheit der getreuen Bekenner des Evangeliums. Der junge König glaubte nichts politisch Klügeres thun zu können, als die Reformation zu unterdrücken. Im November 1559 schon erliefs er ein Edikt, das den Evangelischen allen Gottesdienst bei Todesstrafe untersagte und ihre Kirchen einzureifsen gebot. Bei jedem Parlamente sollte eine besondere Kammer sich mit Ermittelung und Bestrafung der Reformierten beschäftigen, und da diese Kammern fast nur Verdammungen zum Scheiterhaufen aussprachen, so wurden sie brennende Kammern (*chambres ardentes*) genannt. Der unter Heinrich II. schon verhaftete Parlamentsrat Dubourg wurde am 21. December höchst feierlich verbrannt. Das Volk aber wurde besonders dadurch fanatisiert, dafs man die Zusammenkünfte der Hugenotten als nächtliche Orgien darstellte. Der Stolz der Guisen, die Grausamkeit der von ihnen aufgeregten Gerichte, die im ganzen Reiche gegen die Protestanten veranstalteten Verfolgungen, die vielen stattfindenden Hinrichtungen gaben den Vorwand zu lauten Beschwerden. Die Heftigsten unter dem protestantischen Adel liefsen sich daher bewegen, die sogenannte Verschwörung von Amboise zu billigen, welche darin bestand, dafs man zu Blois den König und die Guisen in Verhaft nehmen, die Reichsstände berufen, und dem Könige Anton von Navarra, Johanna's Gemahl, die Regentschaft übertragen lassen wollte. Der Urheber dieses Planes, der sich zum Haupte der Ausführung desselben aufwarf, war ein abenteuernder Edelmann, La Renaudie. Der König hatte sich mit dem Hofe nach Blois begeben, um in dieser ganz unbefestigten Stadt gegen eine Krankheit ärztliche Mittel zu gebrauchen. Dies wollten La Renaudie's Mitverschworene benutzen, um sich seiner zu bemächtigen und die Guisen nebst seiner Mutter Katharina von ihm zu entfernen. Die Guisen hatten indessen längst einen Pariser Advokaten unter die Verschworenen eingeschoben und waren von allem unterrichtet. Sie rüsteten sich im Stillen, machten die Unbesonnenen sicher und liefsen die Sache zur Ausführung kommen, damit sie nachher alle Protestanten mit einem Scheine des Rechtes verderben könnten. Dafs ihr Anschlag verrathen sei, hätten die Verschworenen leicht wissen können, als sich der Hof aus dem offenen Blois in das befestigte Schlofs Amboise begab; sie beharrten aber auf ihrem Vorhaben und verschoben nur die Ausführung um eine Woche. Die Guisen hatten eine bedeutende Anzahl Truppen gesammelt und verteilt. Als am 16. März La Renaudie's Scharen heraufrückten, wurden sie mit Übermacht angegriffen. La Renaudie selbst blieb auf dem Kampfplatze, alle Protestanten, die man bewaffnet fand, wurden niedergehauen. Was nicht in dem Gefechte fiel, wurde nachher gerichtlich verurteilt, gehängt, gerädert; man sagt, es seien aus Anlafs dieses Unternehmens gegen 1200 Menschen ums Leben gekommen. Die Gebrüder Coligny und der Prinz von Condé wurden ebenfalls in die Untersuchung verwickelt; es war aber unmöglich, so viel Mühe man sich auch gab, etwas Gravierendes gegen sie aufzufinden.

Vermischtes.

Als im Jahre 1809 nach dem Tilsiter Frieden der König Friedrich Wilhelm III. und seine Gemahlin, die unvergefsliche Königin Luise, nach Berlin zurückkehrten, wurde ihnen ein feierlicher Empfang bereitet. Ganz Berlin nahm an der Freude des Wiedersehens, eines Wiedersehens nach den trübsten Tagen, aufrichtigen Anteil, und wie sich auch unsere Kolonie dieser Feier anschlofs, zeigen nachfolgende Notizen, welche der Vossischen Zeitung vom Jahre 1809 entnommen sind:

Voss. Zeit., 28. December 1809. Gestern wurden, um die Rückkehr Ihrer Majestäten auch zur frohen Wohlthat für die Hülfsbedürftigen zu machen, auf Kosten der hiesigen Franz. reformirten Gemeine, theils die im hiesigen Hospital aufgenommenen 160 Greise und Kinder, theils die in beiden *Ecoles de Charité* erzogenen 120 Knaben und Mädchen, theils 100 aus den verschiedenen Vierteln Berlins im Franz. Hospital versammelte Stadtarme Franz. reformirter Confession mit Braten, Kuchen, Weissbrod und Wein reichlich gespeiset und getränkt. Ein ungenannter Fremde trug zur wohlthätigen Handlung durch ein Geschenk an Wein das Seinige edelmüthig bei.

30. December. Der Artikel von der Speisung der hiesigen Franz. reformirten Armenhäuser und Stadtarmen am 27. d. muss dahin ergänzt und berichtet werden, dass 1) alle Armenhäuser der Franz. reformirten Gemeine ohne Unterschied, folglich auch das Waisenhaus, das Orangehaus u. s. w. an der Wohlthat Theil genommen haben, und 2) dass das zu diesem Behuf verhältnissmässig ausgetheilte und verwendete Geld schon zu Ende des vorigen Jahres in einer eigens deswegen veranstalteten Kollekte in den gesammten hiesigen Franz. reformirten Kirchen zusammengebracht worden war.

Vereinsnachrichten der Réunion.

Am 18. August Familien-Zusammenkunft in Nieder-Schönhausen, Café Liedemit. Freitag, den 25. August, abends 8½ Uhr, Sitzung, Restaur. Gärtner, Mittelstr. 62.

Ich bitte um freundliche Einsendung der noch rückständigen Abonnements-Beiträge.

B.

September 1882.   VI. Jahrgang.

DIE KOLONIE.

Organ für die äusseren und inneren Angelegenheiten der französisch-reformierten Gemeinden.

Redigiert von W. Bonnell, Rektor in Berlin.

Erscheint monatlich einmal. Preis pro Quartal 75 Pf.

Abonnements werden angenommen bei W. Bonnell in Berlin N., Schwedter-Str. 257, und bei jeder Post-Expedition.

INHALT: Moabit. Von Oberlehrer Dr. Muret. I. — Die franz. Kolonie in Strasburg i. U. (Die Schule der Strasburger franz. Kolonie). — Die Heimstätten des franz. Konsistoriums. II. — Margarete von Valois und Johanna von Navarra. (Forts.) — Anzeigen. — Vereinsnachrichten. — Bitte und Briefkasten.

Moabit.
Von Oberlehrer Dr. Muret.

Der ausgedehnte, gewerbthätige Berliner Stadtteil „Moabit", der bei Gelegenheit der letzten Volkszählung (1880) 29693 Seelen zählte, verdankt seinen Namen und seine Entstehung französischen Kolonisten; daher möchte eine kurze Darstellung der Gründung dieses Stadtteils hier nicht an unrechter Stelle sein.

Als der grofse Kurfürst 1658 das gewaltige Befestigungswerk der Residenzstädte in Angriff nahm, mufste der Teil des Tiergartens, der zwischen den heutigen Linden, der Wilhelm-, Leipzigerstrafse und dem Werder lag, abgeholzt werden. Der Verlust indessen, den der Tiergarten hierdurch erfuhr, ward ihm bereits vom Kurfürsten reichlich wieder ersetzt. Er verbreitete denselben zunächst über die Spree hinaus, indem er einen Teil der auf der rechten Spreeseite vor dem Spandauerthor belegenen, der Stadt Berlin gehörigen Waldung zwischen der Jungfernheide und der Panke ankaufte, und dieses Gebiet nächst den schon in seinem Besitz befindlichen Landstrecken, also das ganze jetzige Moabit bis zum Invalidenhause, zu einem neuen Tiergarten herrichten und mit einem Plankenzaun umhegen liefs. Dieser neue Tiergarten, zu dessen Andenken noch sein letzter Rest in Moabit als „kleiner Tiergarten" bezeichnet wird, hiefs von nun an der „hintere" Tiergarten, während der alte der „vordere" Tiergarten genannt wurde. Die grofsen Spreewiesen südlich von dem neuen Tiergarten dienten dem kurfürstlichen Vieh (aus dem Vorwerk der Kurfürstin im Tiergarten an der Spree, in der jetzigen Hindersinstrafse) als Weideplätze. Wenn man zum Spandauerthor hinaustrat, so kam man auf die grofse nach Spandau führende Landstrafse, deren Richtung die heutige Oranienburgerstrafse noch bezeichnet. An dieser Landstrafse lagen mehrere Privatgärten, und befand sich hier an Stelle des jetzigen Monbijou ein Vorwerk nebst Garten der Kurfürstin, und weiterhin an derselben Landstrafse eine dazu gehörige Meierei, die schon 1686 der französischen Kolonie zu einem Hospital überlassen wurde.¹) Von den in jener Gegend et-

¹) Die Kolonie IV. Jahrgang 1880 p. 6.

was später angelegten Gärten ist nur noch der in neuerer Zeit gleichfalls durch Bauten viel beschränkte Tierarzneischulgarten vorhanden.²) In der Verlängerung der heutigen Oranienburgerstraße über das Grundstück der erst 1764 erbauten Artilleriekaserne fort, am französischen Hospital vorüber, führte die Spandauer Landstraße zum Sandkruge, einem Wirtshause mit Garten am Schönhauser Graben, über den hier die Sandkrugbrücke führte. Da bei den unchaussierten Landstraßen jener Zeit das Fahren auf denselben gerade kein Genuß war, so zog man, wo es anging, den Wasserweg vor. So fuhren vom Unterbaum die königlichen Treckschuyten täglich zweimal nach Charlottenburg und zurück, und um für die Königin eine Wasserverbindung nach Schönhausen herzustellen, leitete Eosander aus der Panke den Schönhauser Graben nach dem Unterbaum in die Spree. Da derselbe aber schlecht nivelliert war, konnte er niemals schiffbar gemacht werden.

Hier war auch an Stelle der späteren königlichen Eisengießerei schon 1702 eine Schleif- und Poliermühle angelegt worden. Daneben ließ Friedrich der Große 1745—1748 das Invalidenhaus erbauen. Da wo heut die Charité liegt, entstand 1710 ein Pesthaus. Als die Pestgefahr vorüber war, ward dasselbe 1712 zu einem Hospital und Arbeitshaus umgeschaffen. König Friedrich Wilhelm I. machte daraus 1726 unter dem Namen Charité ein allgemeines Krankenhaus nebt einer Schule für angehende Ärzte und Wundärzte.

Hinter dem Sandkrug lag (noch einen Teil des heutigen Humboldthafens mit umfassend), ein früherer kurfürstlicher Weinberg, der 1698 einem Réfugié Namens Ménardié zur Anlage einer Maulbeerplantage überlassen wurde,³) und seitdem als Ménardié'scher Weinberg bekannt war und auf den Karten verzeichnet ist. Erman⁴) erzählt, daß derselbe ein beliebter Ausfluchtsort für die Mitglieder der französischen Kolonie war. Weiterhin wurde in dem Waldrevier 1717—1719 eine Pulverfabrik angelegt, neben der bald vereinzelt liegende, mit einem Walle umgebene Pulverhäuser, sowie große Artilleriewagenhäuser errichtet wurden, die erst in neuerer Zeit beim Bau des Zellengefängnisses und der Bahnhöfe wieder verschwanden. Schon aus den eben angeführten Thatsachen geht hervor, daß der hintere Tiergarten auf dem rechten Spreeufer nur einen kurzen Bestand hatte. Die Gründe davon waren folgende:

Der vordere Tiergarten war durch die 1674 begonnene Anlage der Dorotheenstadt und durch die 1698 angefangene Friedrichsstadt bis zur heutigen Schadow- und Mauerstraße zurückgedrängt worden. Er behielt freilich noch seinen Plankenzaun und seine Gitterthore, verlor aber zusehends den Charakter eines zum Zwecke der Jagd eingehegten Waldreviers und nahm immer mehr den eines zur Erholung der Städter dienenden parkartigen Waldes an. Die hauptsächlichste Veranlassung zu dieser Veränderung war wohl die Anlage des Schlosses und Gartens zu Lietzow um 1695 durch die nachherige Königin Sophie Charlotte, nach der jener Ort dann Charlottenburg genannt wurde. Ferner wurden die Wasserläufe des Tiergartens teils neu angelegt, teils die vorhandenen vielfach verändert. So wurde 1705 der alte köllnische Landwehrgraben aufgeräumt, verlängert, durch den Tiergarten geführt und an seiner Mündung in die Spree die Tiergartenmühle angelegt, wo sich heut die kö-

---

¹) Die Tierarzneischule wurde 1789 gestiftet; der Garten, dem Grafen Reuss, später dem Hofrat Bertram gehörig, erstreckte sich ursprünglich diesseits und jenseits der Panke bis an die Pallisaden und die Charitégebäude.
²) König: Versuch einer historischen Schilderung etc. III. p. 91.
⁴) Erman Mémoires etc. VI. 303. Derselbe erzählt auch III. 210, daß ein durch originelle Predigten bekannter französischer Geistliche seiner Gemeinde diesen Weinberg vorzuführen pflegte, um daran die Entfernung des Ölbergs von Jerusalem zu zeigen.

nigliche Porzellanmanufaktur befindet. Der dahinter liegende Teil des Tiergartens wurde ausgerodet und in Ackerland verwandelt. Dadurch fiel hier der Wildzaun, und der Bann, der bei dem Stockensetzerhaus, bei dem heutigen Martinickenfelde, die Spree sperrte und das Durchschwimmen des Wildes verhindern sollte, erfüllte diesen Zweck nun auch nicht mehr. Alles dies hatte das Eingehen des ganzen hinteren Tiergartens auf dem rechten Spreeufer zur Folge. Nahe der Stadt wurde derselbe, wie wir gesehen, zuerst mit den Pulvermühlen, dann mit der Charité, und endlich mit dem Invalidenhaus bebaut; in dem hinteren Teil, dem heutigen Moabit, wurden im Anfang des vorigen Jahrhunderts durch Friedrich I. eine Anzahl französischer Kolonisten angesiedelt, die längs des alten Spandauer Weges Gärten anlegten, und den sandigen, unfruchtbaren Boden zu kultivieren suchten. Diese neue Kolonie wurde dem Amte Mühlenhof in Berlin untergeben und erhielt bald den Namen Moabiterland, den es bei allen Schriftstellern bis in dies Jahrhundert hinein führt; derselbe ist dann erst in Moabit verkürzt worden. Diese Bezeichnung soll daher rühren, daß die bibelkundigen Franzosen das unfruchtbare Heideland scherzweise *terre de Moab*, Moabiterland, nannten. Andere wollen in Moabit eine Verdrehung aus *terre maudite* sehen, was jedoch sehr unwahrscheinlich ist, da wie gesagt, die Kolonie über hundert Jahre Moabiterland hieß.

Die französische Kolonie in Strasburg i. U.

Die Schule der Strasburger französischen Kolonie.

Nach dem Privilegium vom 5. Januar 1691 ad 10 sollte „den Réfugiés auch eine tüchtige Persohn gehalten und von Sr. Churfl. Durchl. mit 50 Tal. Jährlich salariret werden, der das Cantorat und Lecteur charge versehen, und dabenebest die Jugend informiren möge." Die erste dieser „tüchtigen Persohnen" war Abraham de la Barre, geboren zu Bintersheim in der Pfalz. Er starb 1699. Über die Einrichtung der Schule überliefern die Akten nichts, da das Protokollbuch erst mit dem Jahre 1702 beginnt. Doch ist anzunehmen, dem Kantor wurde ein Haus von der Gemeinde gebaut, zu welchem, wie auch zu den übrigen Kolonistenhäusern, der Kurfürst Grund und Boden und das Material hergab, — und, wie es jetzt noch meistenteils auf dem Lande ist, eine Hälfte des Hauses war Lehrerwohnung, die andere Schulstube. Wenn später so sehr darauf gedrungen wird, daß die Schule durchaus schon am 1. Oktober eröffnet und nicht vor dem 1. April geschlossen werde, so ist es mehr als wahrscheinlich, daß es zu Anfang damit nicht anders gewesen; höchstens könnte die Schulzeit noch kürzer gewesen sein. Auch ist anzunehmen, daß jedes Schulkind sein Fuderchen Holz liefern mußte, ferner ein Schulgeld zahlte, das schwerlich mehr als zwei Dreier pro Woche, wahrscheinlich aber noch weniger betrug. Für den genannten Abraham de la Barre scheint dieses Gehalt vollkommen auskömmlich gewesen zu sein; von Unterstützungen und dergleichen, auch an die Witwe, ist nicht die Rede; auch muß er nicht nur selber eine „tüchtige Persohn" gewesen sein, sondern auch seine Frau, denn seine zahlreichen Kinder wurden trotz seines frühen Todes tüchtige Leute und gereichten der Gemeinde zur Ehre. Darf ich eine Vermutung aussprechen, so ist es die, er hat neben seinem Amte die Schneiderkunst und einen Tuchhandel betrieben. War doch sein Schwiegervater Charles in Sailli in Flandern dieses Handwerks gewesen, und nennt die Liste der Strasburger Réfugiés sonst doch nur einen einzigen Tailleur. — Mit dem nächsten

Kantor Jean Valet beginnt die Litanei der Schulmeisterklagen über Unzulänglichkeit des Gehaltes, die ja heute noch nicht ausgesungen und ausgeklungen. Da wird mit einer Hand gegeben, 1704 nämlich ein altes Bahrtuch zu einem schwarzen Anzug für den Kantor, mit der andern genommen, nämlich bestimmt, dafs er von den Kindern, für welche die Armenkasse das Schulgeld bezahle, nicht ein Fuder Holz pro Kopf, sondern nur pro Familie erhalten solle. Auch beginnen zu der Zeit die unerquicklichen Denunziationen von Gemeindegliedern wider den Kantor und vice versa. 1709 gab es zwei Kantoren, einen noch nicht ganz abgesetzten und einen noch nicht ganz eingesetzten. Beide gingen schliesslich ab. Der Sohn des ersten Kantors, Guillaume de la Barre, nahm sich auf einige Zeit des verwaisten Postens an, bis er's seines Geschäftes wegen, er war Materialiste, nicht mehr konnte. Sein Nachfolger war Daniel Codra. Dieser mufs gerade keinen Überflufs an Energie besessen haben; denn er klagt 1717, dafs etliche Kinder in der Katechumenenstunde Sonntags nachmittags nicht hätten antworten wollen und gesagt hätten, ihre Eltern hätten es ihnen verboten. Seine Lage war eine dürftige; in anbetracht derselben wurde ihm ein Kamp am See zur Benutzung überlassen.

In den Strasburger Akten befindet sich eine gedruckte Verfügung vom 31. Oktober 1717, welche ich, da sie für die damaligen Schulverhältnisse nicht ohne Bedeutung ist, in deutscher Übersetzung folgen lasse.

„Friedrich Wilhelm, von Gottes Gnaden König von Preufsen, Markgraf von Brandenburg, Erzkämmerer und Kurfürst des heiligen Reiches, souveräner Fürst von Orange, von Neufchatel und von Vallenjon etc. etc.

Unsern Teuren und sehr Geliebten unsern Grufs! Wir vernehmen mit Mifsvergnügen durch die Berichte der Inspektoren und Pastoren, dafs die Väter und Mütter, besonders auf dem Lande, aufs Äufserste den Unterricht ihrer Kinder vernachlässigen, indem sie dieselben nicht zur Schule schicken, derart, dafs die Jugend nicht nur nicht lesen, schreiben und rechnen lernt, wie es die Notwendigkeit erfordert, sondern dafs sie auch nicht unterrichtet wird in den Wahrheiten der Religion und in den Pflichten, welche man beobachten mufs, um das Heil zu erlangen. Deshalb haben wir beschlossen, um wirksam einem Übel von so grofser Tragweite abzuhelfen, anzuordnen und zu befehlen als allgemeines Gesetz in unsern Staaten, dafs in Zukunft alle Väter und Mütter oder andere Eltern, welche Kinder haben, für die sie sorgen sollen, bei Geldstrafe gezwungen werden sollen, in allen Orten, wo es Schulen giebt, sie pünktlich alle Wochentage Sommer und Winter hinzuschicken und das gewöhnliche Schulgeld zu zahlen, welches zwei Dreier auf die Woche beträgt; ausgenommen, dafs die, welche ihre Kinder zur Feldarbeit brauchen, sie im Sommer nur zweimal in der Woche schicken, um sie in der Kenntnis dessen zu erhalten, was sie im Winter gelernt haben, und ohne übrigens das zu ändern, was früher in den meisten französischen Gemeinden bestimmt worden ist, dafs das Schulgeld von zwei Dreier pro Woche für die Kinder ist, welche nur lesen lernen, aber dafs die, welche auch schreiben lernen, einen Groschen geben müssen und die vorgeschrittensten, welche die Arithmetik lernen, sechs Dreier pro Woche. Unser Königlicher Wille ist, dafs, wenn die Väter und Mütter oder andere Eltern nicht die Mittel haben, das Schulgeld für ihre Kinder zu zahlen, soll es aus den öffentlichen Armenkassen genommen werden, so dafs ihr Unterricht nicht vernachlässigt werde. Und um darin noch weiter zu kommen, befehlen wir ganz ausdrücklich, dafs alle Pastoren, besonders auf dem Lande, alle Sonntag Nachmittag einen Familien-Katechismus abhalten, wie es früher schon befohlen worden, damit die Jugend um so besser könne in der Religion unterrichtet werden, und die älteren Personen sich an die ersten Wahrheiten erinnern und an die Pflichten, welche sie lehrt. Überdies werdet ihr die gegenwärtige Verfügung auf der Kanzel verkünden und die Hand zur pünktlichen Ausführung bieten. Auch werden die Richter und der Fiskus Sorge tragen, darüber zu wachen, dafs die Zuwiderhandelnden in Geldstrafen genommen werden und alle Einzelnen gezwungen werden, sich nach dieser Verfügung zu richten."

Unter dieser Verfügung findet sich von Prediger de Baudan's Hand eine Bemerkung des Inhalts, dafs er die Verfügung vorgelesen und sich bereit erklärt habe, alle acht Tage den Familien-Katechismus zu halten. Sie (wahrscheinlich die Familienväter) haben aber geantwortet, dafs es damit alle vierzehn Tage, wie jetzt seit lange üblich, genug wäre, um so mehr, da sehr oft kein Kind im stande wäre zu antworten. Es ist gewifs, so schliefst die Bemerkung, dafs während des ganzen Sommers und sehr oft im Winter der Prediger genötigt gewesen ist, zu lesen die Fragen und die Antworten des Katechismus. Wie mit dem Familien-Katechismus, ist es wohl auch mit dem wöchentlich zweimaligen Sommerunterricht und zeitweise mit dem Winterunterricht gegangen.

Es ging selbst unter dem strengen Regimente Friedrich Wilhelms I. nicht so sehr scharf her; eine Verfügung vom 25. Mai 1754 ist viel gelinder, dieselbe spricht von einem wöchentlich zweimaligen Sommerunterricht gar nicht, sondern verlangt aufser halbjährlichen Schulberichten — Mitte Juni und Mitte Dezember — im Sommer nur Sonntags nachmittags einen Katechismus oder eine Schule von 2—5 Uhr. Auch darin aber wollten sich die Strasburger Kolonisten nicht fügen, wie ein an den Prenzlauer Kolonierichter, zu dessen Ressort damals auch Strasburg gehörte, in scharfem Ton gehaltenes Schreiben beweist. Doch ehe wir die Verfügungen, welche alle Kolonieschulen angingen, weiter verfolgen, kehren wir zu den Strasburger Kantoren zurück. Am 8. April 1725 wurde ein Schuhmacher Pierre Boileau aus Angermünde Kantor. Dem wurde eingeschärft, dafs er vom 1. Oktober bis 1. Mai Schule halten müsse, aufserdem habe er die zehn Wochen Fastenzeit täglich den Katechumenen eine Stunde zu geben. Das Schulgeld wird bei der Gelegenheit nicht etwa erhöht, nein, im Gegenteil, es wird von dem in der Verfügung festgesetzten etwas heruntergehandelt; damit es aber nicht auffällt, wird es monatlich normiert, für Lesekinder auf sieben Dreier, für Schreibkinder auf zwei Groschen anstatt auf zwei resp. vier Groschen pro Monat. Das Fuder Holz pro Kind soll frei angefahren werden; wer keine Pferde hat, hat drei Groschen Fuhrgeld zu zahlen. Da aber die Schuhmacherei nicht ging, mufste Pierre Boileau gehen und wurde durch François Castillon ersetzt. Auch diesem mufs es traurig ergangen sein. Es wird ihm noch ein zweiter Kamp zur Benutzung gegeben; dafür soll er einen Thaler zahlen oder im Sommer wöchentlich eine Stunde für nichts geben. Er hat wohl das Letztere vorgezogen, weil er wohl voraussah, dafs diese Sommerstunden aus Mangel an Schülern bald eingehen mufsten.

Auch er wird mit einem Amtsmantel aus einer alten schwarzen Kanzeldecke bedacht. Damit waren aber seine Schulden nicht bezahlt. Man möchte fragen, wer borgte ihm? In der Gemeinde wohl kaum jemand, aber die Armenkasse; 1747 werden ihm seine Schulden zur Hälfte, im Betrage von 7 Thaler 12 Groschen, unter der Bedingung erlassen, er solle niemand davon sagen, vermutlich weil man Murren etlicher Gemeindeglieder fürchtete; in demselben Jahre wird für die Schule eine Bibel angeschafft, damit die Kinder aus ihr lesen lernen; kein Wunder, wenn es damit nicht viel wurde, — endlich bezahlte man den Sarg des Kantors mit zwei Thaler, quittierte stillschweigend seine Kirchenkassenschulden, und wirkte der Witwe beim Hôtel de Refuge eine Witwenpension von zwölf Thalern p. a. aus; auch wurden aus der Strasburger Kirchenkasse lange Jahre Unterstützungen an die Hinterbliebenen gezahlt. Man sieht hieraus, er muſs kein unbeliebter Mann gewesen sein — leider verstand er nicht, was in damaligen Zeiten bei so viel freier Zeit gut möglich und nötig war, etwas nebenbei zu verdienen. Ist's doch heutzutage bei den Landschullehrern nicht anders. Schreiber dieses kennt solche, welche mit ihren 1000 M. ihre Familie nicht ernähren können, und wieder andere, welche bei demselben Gehalt ohne Vermögen ihre Kinder Gymnasium und Universität besuchen lassen. Da thut's Vieh-, Bienen- und Rosenzucht. Ihm folgte Jean Jaques Lejeune. Dieser war 57 Jahr alt, als er die Stelle antrat und scheint wohl Vermögen besessen zu haben, wenigstens ist bei ihm von Klagen und Unterstützungen nicht die Rede. Desto bemerkenswerter ist die vom Prediger Poulet für ihn entworfene Instruktion, die erste, welche uns vollständig erhalten ist. Die Abneigung der Kinder und auch der Eltern gegen die Schule wird uns begreiflich; es muſs eine Pein gewesen sein, darin auszuhalten, falls es nämlich nach der Instruktion gegangen ist. Der einzige pädagogische Grundsatz war der etwa, daſs Affe, Mensch und Kind zum Nachahmen geboren sind; die Lehrerweise läſst sich als Papagei-Methode bezeichnen.

Diese Instruktion vom 17. Januar 1753 lautet in deutscher Übersetzung also:

Artikel, betreffend die Schulmeister, welche sie sich zu beobachten verpflichten:

1. Der Schulmeister soll nicht dulden, daſs man in seine Schule irgend ein im alten Stile geschriebenes Buch bringe und soll diejenigen, welche solches haben, zwingen, einen Katechismus oder ein abc zu kaufen, mit denen der Pastor immer versehen sein wird. (Was mit dem alten Stil gemeint ist, ist nicht recht klar — vielleicht alte Auflagen der betr. Bücher; bezeichnend ist das oder; danach scheint das abc auf mindestens die Hälfte der Schuljahre, wenn nicht länger, gewöhnlich vorgehalten zu haben; drittens erscheint uns der Prediger als Buchhändler; in bezug auf Katechismen wirds noch heute von ihm verlangt).

2. Der Schulmeister soll nicht dulden, daſs die Kinder in der Schule frühstücken. (Ein hartes Gebot, wenn keine Pause und keine Gelegenheit zum „Draussenfrühstücken" gegeben wurde).

Der Schulmeister soll Sorge tragen, daſs die Kinder morgens 7 Uhr, nachmittags 12 Uhr versammelt sind. (Danach scheint man in Strasburg um 11 Uhr Mittag gehabt zu haben).

Art, die Schule des Vormittags zu halten:

Er soll den Ältesten das Morgengebet so lange laut hersagen lassen, bis ers kann, die Andern sollen zuhören, ohne ein Wort zu sagen. Wenn der Älteste es kann, soll er es den Nächstältesten sagen lassen u.s.w., bis alle Schüler es können. Das soll alle Morgen beobachtet werden. (Ob für alle Schüler jeden Morgen, oder für einen, ist fraglich; jedenfalls eine recht feierliche Morgenandacht).

2. Dann soll er seine Schule fortsetzen mit denen, welche beim abc sind, nach denen soll er die vornehmen, welche buchstabieren, indem er die ersten vom a bis zum z lesen läſst und danach vom z bis zum a, und 4 Zeilen die zweiten buchstabieren läſst. NB. Während dieser Zeit schreiben die, welche schreiben, die am

Tage vorher aufgegebenen Exempel. (Kopfrechnen, eigentlichen Rechenunterricht, häusliche Arbeiten gab's nicht).

3. Die, welche schreiben, sollen vorzeigen, was sie geschrieben — er soll züchtigen die, welche nachlässig geschrieben, Tintenflecke gemacht haben oder Dinge geschrieben haben, die nicht in den Exempeln enthalten waren. (Züchtigen soll er; wäre nicht ein klein wenig Unterricht unendlich viel besser gewesen?)

4. Danach soll er abwechselnd jeden 6 Verse in der Bibel lesen lassen, anfangend beim ersten Kapitel der Genesis bis zum letzten Verse des neuen Testaments. Der zweite Schüler soll fortfahren, wo der erste aufgehört hat u. s. w. Der Lehrer soll deutlich und mit Betonung lesen lassen. (Bei der einen Bibel in der Schule höchst interessant; was machten die ABC-Schützen unterdessen? Die ganze Bibel von Anfang bis zu Ende? Dabei ist zu bedenken, daß viele, wahrscheinlich die meisten, die französischen Bibelworte nicht verstanden, viel weniger den Sinn des Gelesenen. Einem heutigen Schulmeister schaudert, wenn er sich solche Unterrichtsstunde vorstellt).

5. Er soll die Schule schliefsen, indem er einen Psalm singen läfst,*) indem er vom ersten anfängt bis zum letzten. (Alles ist dagewesen, konnte der Lehrer beim Ende des Schuljahres sagen mit Ben Akiba; wenn nichts davon behalten ist, ist die Dummheit der Kinder schuld, nicht ich oder meine vorzügliche Instruktion). Dann wird er einen Schüler sprechen lassen: Dem Könige der Jahrhunderte, dem Unsterblichen, dem Unsichtbaren, dem allein weisen Gott sei Ehre und Ruhm von nun an bis in Ewigkeit. Amen. NB. Wenn nach Erfüllung der Punkte 1—4 noch ein wenig Zeit bleibt, soll er die Kleinen wieder vornehmen, bevor er singen läfst. (Wann die Schule zu schliefsen, ist leider nicht gesagt, vermutlich um 10 Uhr). NB. Diese Art gilt für Montag, Dienstag, Donnerstag, Freitag Vormittags.

Gebrauch des Mittwochs und Sonnabends:

Er soll Mittwoch und Sonnabend Vormittag gebrauchen, seine Schüler alle Gebete zu lehren, welche im Gebrauch in wohlgesitteten Familien sind, und welche im ABC stehen, nämlich 1) Unser Vater, 2) Ich glaube an Gott, 3) das Sündenbekenntnis, 4) das Morgengebet, 5) das Abendgebet, 6) die Gebote, 6) das Gebet vor Tisch, 8) das Gebet nach Tisch, und soll sich zu dem Zwecke des ABC's bedienen. Er soll alle diese Gebete die 2 Ältesten der Schule aufsagen lassen und die anderen hören zu; wenn die 2 Ältesten sie wissen, die beiden nächstältesten, und so alle.

Dann soll er denen, welche schreiben, einen kleinen Brief diktieren, dessen Orthographie er korrigieren soll, oder einen halben, wenn er zu lang ist. Es ist dem Schulmeister erlaubt, sie aus seinem Kopf oder aus der Grammatik zu diktieren.

Der Schullehrer wird alle Nachmittage wie die Vormittage zubringen (hoffentlich Mittwoch und Sonnabend ausgenommen, und hoffentlich auch nicht bis 3 oder 4 Uhr, sondern nur bis 2 Uhr). NB. mit dem Unterschiede, daß beim Schulanfang er das Abendgebet aufsagen läfst. (Recht passend, Mittags um 12 Uhr das Abendgebet).

Besondere Vorschriften:

1. Der Schullehrer soll weder deutsch lesen noch schreiben lehren während der Stunden der französischen Schule — wenn er deutsch lehren will, soll er besondere Stunden ansetzen. (Leider konnten, wie aus 2 hervorgeht, die Schüler meist besser deutsch als französisch, und ist anzunehmen, daß sie bei dem Unterrichte, falls dies

---

*) Bekanntlich wurden in den Kolonie-Gemeinden beim Gottesdienste ausschliefslich Psalmen und keine anderen Lieder gesungen — und zwar ohne Instrumentbegleitung. — Nennt doch Zwingli die Orgeln Herrgottsleiern.

Schulehalten überhaupt den Namen Unterricht verdient, auch nicht gerade grofse französische Sprachkenntnisse werden erworben haben).

2. Er soll nicht leiden, dafs die Kinder deutsch in seiner Gegenwart sprechen, und sie ernsthaft züchtigen, wenn sie sich's einfallen lassen. (Wird wenig geholfen haben oder sie haben in sieben Sprachen geschwiegen). Haben sie ihm etwas zu sagen und sie können sich nicht ausdrücken, so sollen sie ihn um Erlaubnis fragen, es ihm deutsch zu sagen, und er soll ihnen sagen, wie's französisch auszudrücken. (Wird wohl die Regel gewesen sein — falls die Instruktion so heifs gegessen wurde, wie sie gekocht ward. Es wird wohl nicht anders gegangen sein, als dafs grofsenteils erst nach dem Deutschen das Französische gelehrt wurde).

3. Jeder Schulmeister soll die französischen Schüler, welche er Sonntags im Katechismus hat, nach der Kirche führen; die Mädchen marschieren voran zwei zu zwei, die Knaben danach, er hinterdrein.

4. Die Kinder der Kolonie sollen vom 1. Oktober an in die Schule gehen und sie vor dem 1. April nicht verlassen, und damit die Compagnie (das Konsistoire) darauf Obacht geben kann, dafs die Väter und Mütter sie zur genannten Zeit schicken und sie zur rechten Zeit zurückziehen, soll er notieren: 1. wann jedes Kind kommt, 2. die Tage, wo sie fehlen, 3. wann sie aufhören. Dies Verzeichnis soll er am Schlufs des Semesters der Compagnie einreichen.

Ich habe nicht aus reinem geschichtlichen Interesse diese Instruktion zum Abdruck gebracht — dafs sie's an sich wert sei, wird wohl niemand behaupten — sondern um deswillen, damit jeder Leser erkenne, was wir an unsern heutigen Schulen haben. Wohl macht man unsern Schulen zum Vorwurf, und nicht mit Unrecht, die Verstandesbildung überwuchere die des Herzens — aber daran ist der Lehrer, wenn überhaupt, nur als Kind seiner Zeit schuld — und die ist leider stark materialistisch. Die Herzensbildung der Kinder ist und bleibt vor allem Sache der Eltern — darum thut erst das Eure, ihr Eltern — erst, wenn der Lehrer nachweislich euer Kind auf falsche Wege geleitet hat, klaget — sonst klaget über euch; denn, wie die Alten sungen, so zwitschern die Jungen, und der Apfel fällt nicht weit vom Stamm.

Die Heimstätten des französischen Konsistoriums.

Der Kampf um das Besitzrecht.

Nachdem das Konsistorium, wie im vorigen Abschnitte erzählt, in den Besitz des Wangenheim'schen Grundstückes gekommen war, richtete man sich in dem eigenen Daheim so passend wie möglich ein. Es nahm das Konsistorium mit dem Collège das alte Gebäude an der Strafse und den Flügel des neuen Gebäudes vollständig in Gebrauch. Die andern Räume wurden vermietet, und aus den Mietserträgen sollten die Zinsen für das entliehene Kapital und die Kosten der Instandhaltung des Grundstücks gedeckt werden. Im Jahre 1703 bot sich eine Gelegenheit dar, die Schuld an Herrn Pérard abzutragen. Der Medaillist des Königs, Raimund Faltz, hatte den Armen der Kirche 2000 Thlr. testamentarisch vermacht; die Compagnie sollte das Geld verwalten und die Zinsen davon alljährlich in gewissenhafter Weise, wie es zur Ehre Gottes und zur Linderung der Not gereichen würde, verteilen. Da nun Herr Pérard sein Geld zurückforderte, die ihm gewährte Sicherheit aber die gröfseste war, so beschlofs man, von den 2000 Thlrn. des Faltz'schen Legates ihm 1500 Thlr. auszuzahlen und sicherte den Armen von diesem Kapital 6 pCt. Zinsen zu. Diese 1500 Thlr., wie die folgenden 500, wurden als eine den Armen der Kolonie zugehörende Hypothek auf das Grundstück eingetragen. Die noch bleibenden 500 Thlr. wurden zur Deckung der auf 675 Thlr. 15 Sgr. 3 Pf. sich belaufenden Kosten für die Instandsetzung der Räume verwandt mit der ausdrücklichen Bestimmung, dafs auch diese Summe den Armen mit 6 pCt. verzinst werden sollte, und dafs 30 Thlr. von den Mietserträgen zuerst und unfehlbar für diesen Zweck zu verwenden seien. Die Compagnie blieb aber nicht lange Zeit in ungestörtem Besitz ihres Eigentums. Es erhob sich ein Sturm von einer Seite, von der man es nicht erwarten konnte. Im Juni 1703 hatten sich die Mitglieder des französischen Untergerichts zu Berlin an den König gewandt mit einer Vorstellung, worin sie auseinandersetzten, dafs ihr jetziges Lokal, wofür Se. Majestät die Miete zahle, in keiner Weise für die durch Übernahme der Polizei vermehrten Geschäfte genüge und keinen entsprechenden Raum für die Aufbewahrung der Akten, Dokumente u. s. w., sowie für ein Gefängnis gewähre; sie bedürften eines Rathauses für die Kolonie; nun sei aber auf dem Grundstück des französischen Collège ein an der Strafse gelegenes kleines Gebäude mit niedrigen gewölbten Zimmern vorhanden, welche als Gefängnis dienen könnten; auf den Mauern des Gebäudes, da sie fest seien, könnte man ein oder zwei Stockwerke errichten und alle für das Gericht notwendigen Räume schaffen. Auch die Kosten für diesen Bau seien auf die leichteste Weise zu finden. Ein Kaufmann Charles zu Magdeburg habe durch Testament Se. Majestät zum Erben seines Vermögens eingesetzt, mit der Bitte, seinen im Testament bezeichneten Verwandten, die so eben aus Frankreich in die Staaten Sr. Majestät gekommen wären, die Erbschaft zu übergeben; der König habe unbestreitbar das Recht, die quarta Trebellianica zu behalten, und diese Summe werde ungefähr für den Bau genügen. Sie bäten also unterthänigst, dem französischen Untergericht und der französischen Kolonie ihrer Residenz dieses Gebäude des Collège zum vollen Eigentum zu schenken. Der König ging auf diesen Vorschlag ein und genehmigte unter dem 22. Mai 1704 sowohl den vorgeschlagenen Bau als auch die Verwendung der quarta Trebellianica aus der Charles'schen Hinterlassenschaft zu demselben, und bestimmte, dafs nach Vollendung des Baues die Zahlung der Hausmiete für die Justice eingezogen werden solle. Man kann sich denken, welche Bestürzung die Mitteilung dieser Kabinetsordre unter den Mitgliedern der Compagnie hervorrief. Die ganze Angelegenheit war unter dem gröfsten Geheimnis betrieben worden; das Konsistorium erfuhr erst etwas davon, als der Richter Delas und der Gerichtsassessor Michel in der Sitzung der Compagnie am 11. Juni 1704 erschienen, die Königl. Ordre verlasen und das Konsistorium ersuchten, diese Einrichtung, welche zum Besten der französischen Gerichtsbarkeit gereiche, zu fördern. Konnte man es dem Konsistorium verdenken, dafs es dies Königl. Geschenk als eine Erschleichung ansah und bezeichnete? In einer durch Familienhäupter verstärkten Versammlung beschlofs man, alles aufzubieten, um den Widerruf der erschlichenen Kabinetsordre zu erlangen. Indessen hatte man von andrer Seite dem vorzubeugen gesucht; denn als die zur Betreibung dieser Angelegenheit von dem Konsistorium ernannte Kommission sich am 18. Juli versammelt hatte, erschien in ihrer Mitte der Minister v. Brandt und teilte mit, es sei am 25. Juni eine Königl. Kabinetsordre ergangen, die ihm den Auftrag erteile, die Parteien zu versöhnen, da die der Justiz erteilte Genehmigung zum Bau aufrecht erhalten werden sollte. Es sei zwar auch das ganze Grundstück für die Kolonie und im Namen derselben erstanden, das Gericht sei aber das bedeutendste Körperschaft derselben und habe ebensowohl wie das Konsistorium und das Collège ein Anrecht auf das Gebäude. Es war dies eine neue Auffassung des Hauskaufes. Das Konsistorium beschlofs, sich dem Dekret zu fügen, hielt es aber im Interesse der Armen für geboten, die Zurückerstattung der für den Kauf entliehenen Geldsumme, sowie die Bezahlung der auf die Instandsetzung verwandten Kosten von dem Gericht in Anspruch zu nehmen, wofür es demselben die Hypothek, welche die Kirche und die Armen auf dem Grundstücke hatten, überlassen wollte. Das Gericht verstand sich aber nicht zur Zahlung, und man beschlofs, die Sache weiter zu verfolgen. Eine zu Anfang des Jahres 1705 an Se. Excellenz dem Herrn von Bartholdi überreichte Denkschrift, worin die ganze Geschichte des Erwerbs des Grundstücks von Seiten des Konsistoriums, sowie das Unrecht, das ihm geschehen, und das bedrohte Wohl der Armen dargelegt wurde, hatte den Erfolg, dafs der König die Wirkl. Geh. Räte von Brandt und von Bartholdi beauftragte, die zwischen beiden Parteien obwaltenden Streitigkeiten in Güte zu heben. Dies geschah. Es kam ein Vergleich zu Stande, durch welchen das nun erbaute Haus dem Gericht bestimmte Haus an demselben, so lange es bestehen würde, eigentümlich angehörend anerkannt wurde. Nach dem Erlöschen des Gerichts sollte es zur französischen Kirche zurückkehren und unter die Verwaltung des Konsistoriums gestellt werden. Das Gericht verpflichtete sich, dem Konsistorium aus dem Mietsertrag seines Hauses jährlich 50 Thlr. zu zahlen; sollte es aber im Stande sein, dem Konsistorium die verlangte Entschädigung von 1000 Thlrn. zu gewähren, so höre die Zahlung der Rente von 50 Thlrn., die übrigens erst vom 1. Januar 1708 beginnen sollte, auf. Das Gericht übernahm außerdem, die Wohnung des Portiers des Collège zu bauen, und verpflichtete sich, niemals in seinem Hause ein Wirtshaus, wo Wein und Bier getrunken werde, zu dulden. Der König bestätigte diesen Vergleich unter dem 12. Juni 1705 und versprach zugleich, daß „er, seine Erben und Nachkommen, sowie das hiesige Kammergericht das Konsistorium bei dem Besitz des Hauses und bei allen den piis corporibus zustehenden privilegiis kräftiger und beständigster Maßen zu immerwährenden Zeiten mainteniren und schützen wolle." Die hergestellte Eintracht hatte aber keinen langen Bestand; die Rente von 50 Thlrn. wurde nicht gezahlt; ist auch nimmer gezahlt worden. Der Gebrauch eines Kellers in dem Gerichtsgebäude, den das Collège nicht aufgeben wollte, war die Veranlassung, daß der Streit von neuem in hellen Flammen zwischen dem Gericht und dem Konsistorium emporloderte und Jahre hindurch geführt wurde, bis im Jahre 1712 durch gerichtliche Entscheidung dem Konsistorium das Eigentumsrecht über das ganze Grundstück mit allen Gebäuden zugesprochen, dem Gericht aber die Vollmacht über das erste Stockwerk des neuen Hauses, dessen Reparaturen es auch zu besorgen habe, zuerkannt wurde; der Keller, welcher den Anlaß zum Streit gegeben hatte, sollte dem Gericht überwiesen werden; dasselbe solle seinen Verpflichtungen nachkommen und insbesondere die jährliche Rente von 50 Thlrn. zahlen, welches letztere aber nicht ausgeführt wurde.

Margarete von Valois und Johanna von Navarra.*)

Nach der Verschwörung von Amboise beschäftigten sich Katharina von Medicis, sowie der Herzog von Guise und seine Anhänger ernstlicher mit dem Gedanken, die protestantische Opposition zu unterdrücken und vor allem zu diesem Zwecke den König und die Königin von Navarra in ihre Gewalt zu bringen. Mit glatten Worten wurden diese eingeladen, am französischen Hoflager zu Orleans zu einem Besuche sich einzufinden. Anton von Navarra reiste gegen den Rat seiner klugen Gemahlin in Begleitung seines Bruders, des Prinzen von Condé, dahin ab. Kaum angelangt, wurden beide gefangen genommen. Da starb plötzlich der junge König Franz II., und Katharina von Medici nahm die Gelegenheit wahr, mit den Guisen, die sich durch ihren Stolz und ihre Anmaßung längst bei Hofe verhaßt gemacht hatten, zu brechen. Johanna hatte sich bei der Abreise ihres Gemahls nach dem festen Schlosse Pau begeben. Hier empfing sie aus Paris die Aufforderung, die unter ihrem Schutze lebenden reformierten Geistlichen — und unter diesen auch Theodor Beza — gefangen nach Orleans zu senden, woselbst ihnen der Prozeß gemacht werden solle. Um der Aufforderung Nachdruck zu geben, wurden Truppen an der Grenze von Navarra zusammengezogen. Aber Johanna war nicht so leicht zu erschüttern, wie man gemeint hatte. Sie antwortete damit, daß sie die festen Plätze ihres Landes in Verteidigungszustand setzte und ihre Truppen zusammenzog. Da erst ging ihr die Nachricht von der Gefangennahme ihres Gemahls und des Prinzen von Condé zu. Aber statt sie zu entmutigen, diente dieselbe nur dazu, sie in ihrem Widerstande zu bestärken. Jetzt, inmitten steigender Bedrängnisse — auch auf spanischer Seite ward sie bedroht — jetzt bekannte sie sich offen zum reformierten Glauben. Für ihn zog sie nun das Schwert und hielt das Banner des Glaubens und der Gewissensfreiheit empor. Aber trotz der neuen, sie sehr in Anspruch nehmenden Obliegenheiten, denen sie als Herrscherin und Befehlshaberin zu genügen hatte, minderte sie nicht ihre mütterliche Fürsorge. Freilich konnte sie nicht wie bisher den Lehrstunden des jungen Heinrich beiwohnen; aber sie ließ sich seine schriftlichen Arbeiten nachsenden und sah sie mit gewohnter Aufmerksamkeit durch; letzteres geschah bisweilen inmitten der Beratungen, die sie mit ihren Hauptleuten und mit ihren geistlichen und weltlichen Räten abhielt. Sie hatte den Erziehungsplan ihres Sohnes festgestellt, streng und ernst, frei von aller Verweichlichung. Der hart gewöhnte, kühne Sohn der Berge sollte er bleiben sein Leben lang.

Nach dem Tode des Königs Franz wurde Anton von Navarra und Condé wieder freigelassen, auch die Verfolgungen der Hugenotten vorläufig eingestellt. Karl IX., der zweite Sohn der Katharina, wurde König; doch behielt diese die Zügel der Regierung auch jetzt in der Hand. Johanna übersandte dem neuen Regenten die Anzeige ihres Übertrittes zum kalvinistischen Bekenntnisse und gab diesem Akte die Weihe, indem sie samt ihrem ganzen Hofstaate zu Nerac feierlich das Abendmahl nach Art der Reformierten mit Brot und Kelch nahm. Anton dagegen, ihr Gemahl, begab sich nach Orleans. Er befand sich vollständig in den Schlingen Katharinas, die mit lockenden Versprechungen ihr auf Unterdrückung der reforma-

*) Siehe: „Frauengestalten in Geschichte und Sage" von Ferdinand Schmidt. Jena. Costenoble.

torischen Bewegung gerichtetes Ziel verfolgte. Johanna widerstand dem Rufe des Gemahls, sich in Orleans einzufinden; dieser wandte sich der Sache der Reformation ab und bekundete durch den Besuch der Messe seinen Wiedereintritt in die alte Kirche. Ja, er erklärte sich auch bereit, sich von seiner hochherzigen Gemahlin scheiden zu lassen. Als Ersatz für den Verlust der Hugenottin zeigte man ihm Maria Stuart, Witwe Franz II., Erbin von Schottland. Anton schenkte, erbärmlich genug, allen Einflüsterungen Gehör. Wiederholt forderte er seine Gemahlin auf, zu ihm nach Frankreich zu kommen. Lange widerstand die Königin. Da wurde das grofse Religionsgespräch zu Poissy zwischen katholischen und reformierten Predigern und Professoren eingerichtet, und nun entschlofs sie sich, diesem beizuwohnen. Sie begab sich zunächst nach Paris, wo sie von Katharina mit aller Höflichkeit empfangen wurde. Doch mit Entsetzen nahm sie wahr, wie tief ihr Gemahl in deren Banden verstrickt war, wie sein Herz sich von ihr und seinen Kindern abgewandt hatte. Täglich hatte sie Kränkungen von ihm hinzunehmen und empfand dieses um so schmerzlicher, als sie den wenig ehenhürtigen Mann einst innig geliebt hatte. Katharina stellte ihr vor, wie es ihre Pflicht sei, alles zu thun, um das Herz ihres Gemahls wieder zu gewinnen — sie solle zum alten Glauben zurückkehren. Johanna wies die Versucherin zurück. Diese bedrohte sie, dafs sie durch ihre Halsstarrigkeit sich um die Krone und ihren Sohn um das Erbe des Königreichs bringen werde. Da sprach Johanna mit Festigkeit: „Hätte ich in der einen Hand mein Königtum und in der andern meinen Sohn, ich würfe heide eher in das Meer, als dafs ich wieder zur Messe ginge." In dieser Gesinnung befestigte sie die Disputation zu Poissy, in welcher auf Seiten der Reformierten von Theodor Beza vor dem versammelten Hofe der neue Glaube mit hinreifsender Beredsamkeit verteidigt wurde. Der Eindruck, den diese Verhandlungen hervorriefen, verstärkte die hugenottische Partei, und die Königin-Mutter sah sich genötigt, im Januar 1562 ein Edikt zu erlassen, durch welches den Reformierten Gewissensfreiheit und das Recht des öffentlichen Gottesdienstes aufserhalb der Städte zugesichert ward. Für Johanna aber brachte dieser Wechsel keine Erleichterung. Ihr Gemahl befahl ihr, nach Navarra zurückzukehren, ihren Sohn Heinrich aber in Paris zurückzulassen. Die Königin gehorchte. In Vendôme, wo sie rastete, erhielt sie den Beweis der bösen Absichten des mit ihren Feinden verbündeten Gemahls. Nur durch einen Zufall entging sie den Truppen, welche dieser ihr nachgesandt hatte, um sie gefangen zu nehmen. In Guienne wartete ihrer neue Gefahr. Anton von Bourbon, Gouverneur dieser Provinz, hatte seinem Lieutenant Blaise Befehl gegeben, sich der Königin zu bemächtigen und sie als Gefangene der Krone nach Paris zurückzuführen. Blaise von Montluc war ein grausamer und unerbittlicher Verfolger und Henker der Protestanten; Johanna aber erhielt Nachricht von diesem Anschlage. Entschlossen sandte sie, ihren Weitermarsch unter dem Vorwande der Ermüdung verzögernd, schleunigst Befehl an ihren Seneschall d'Andaux in Béarn, sie mit so viel Truppen, als er in der Eile zusammenbringen könne, an der Garonne zu erwarten. Und so trefflich waren die Einrichtungen in ihrem Ländchen, dafs unmittelbar nach der erhaltenen Nachricht d'Andaux mit achthundert Reitern an dem bezeichneten Orte zu ihr stiefs und sie sicher nach Pau geleitete. Den bösen Anschlägen Katharinas und ihres Gemahls war sie nun entrückt. Doch immer mehr verdüsterte aufsteigendes Gewölk den Horizont ihres Lebens, und im Jahre 1562 flammte der Wetterstrahl aus demselben, der Frankreich von Süden bis Norden durchzuckte.

Zum Wittume der Maria Stuart gehörte auch das Städtchen Vassy, welches ihre Grofsmutter, Antoinette von Bourbon, die Mutter der Guisen, verwaltete. Der Letzteren war es höchst anstöfsig, dafs die Protestanten in Vassy nicht weit von der Pfarrkirche in einer Scheune gottesdienstliche Versammlungen hielten. Aufserdem war der Bischof von Chalons, der sich mit zwei Theologen nach Vassy begeben hatte, um mit dem reformierten Prediger zu disputieren, von den dortigen Protestanten verhöhnt und verspottet worden. Nun richtete der Herzog von Guise, dessen Mutter von den Bürgern nur die Mutter der Tyrannen genannt wurde, eine Reise nach Paris so ein, dafs er gerade am Sonntage durch diese Stadt kam und während des protestantischen Gottesdienstes an der Kirche abstieg, um die Messe zu hören. Der Pfarrer und der Richter des Ortes brachten ihm ihre Klage über das Singen und Predigen der Hugenotten in der Nähe ihrer Kirche vor. Der Herzog schickte sogleich den jungen de Brosses und zwei Pagen ab, um den Prediger und die Ältesten der Reformierten vor sich zu bescheiden. Diesen Abgeordneten schlugen die Protestanten das Thor der Scheune vor der Nase zu. Die Pagen klopften und lärmten hierauf mit Ungestüm und wurden dafür von denen, welche der Predigt beiwohnten, gezüchtigt. Nun ritten der Vater des jungen de Brosses und Guise selbst mit ihren Dienern herbei; aber auch sie wurden durch Steinwürfe verwundet.

Jetzt fielen aber die Soldaten über die zum Gottesdienste versammelten Bürger her, unter denen sich nur zwei Bewaffnete, dagegen Frauen und Greise befanden; sechzig Personen wurden niedergehauen und viele verwundet.

Das ist das Blutbad von Vassy, welches überall in Frankreich ungeheuren Eindruck hervorrief und die blutige Fackel des Religionskrieges entzündete. Der Prinz von Condé rief die Protestanten zu den Waffen, und es begann die Belagerung von Rouen. Auf Seiten der Katholiken kämpfte Anton von Bourbon. Er empfing eine nicht gefährliche Wunde, aber sein unsinniges Gebahren machte sie tötlich. Statt der ihm von den Ärzten empfohlenen Ruhe umgab er sich mit leichtfertiger Gesellschaft, und die Aufregungen, in die er durch dieselbe geriet, bewirkten, daß er eines würdelosen Todes starb. Der Krieg erschöpfte beide Parteien bald; sie beeilten sich, den Frieden von Amboise abzuschließen. Infolge dessen wurde den Protestanten und deren Beschützerin, Johanna von Navarra, eine kurze Zeit der Ruhe vergönnt.

Vorläufige Anzeigen.

I. In Kürze erscheint: **Gedächtnisbuch deutscher Fürsten und Fürstinnen reformierten Bekenntnisses.** Herausgegeben von Fr. W. Cuno, Pastor zu Spanbeck in Hannover, in Verbindung mit Dr. theol. A. Zahn in Stuttgart, u. A. Verlag von Hugo Klein in Barmen, wird in 3—4 Lieferungen bis Ostern 1883, jede Lieferung zu 2 Mark, erscheinen.

Das Gedächtnisbuch will die edelsten der reformierten Fürsten und Fürstinnen Deutschlands in kurzen Umrissen schildern, um zu zeigen, wie dieselben sowohl das reformierte Bekenntnis mit einem gottseligen Wandel geziert, als auch den Gedanken der allgemeinen protestantischen Union evangelischer Fürsten und Staaten gegenüber Rom und seinen Bestrebungen allezeit festgehalten, auch bei aller Wahrung der eigenen Konfession sich doch stets ein weites Herz für alle Evangelischen bewahrt haben und nur unprotestantischen Auswüchsen derselben mit Energie entgegengetreten sind. Das Buch wird folgende Regentenhäuser schildern: Die **Anhalter, Brandenburger, Baden-Durlacher, Bentheimer, Daun-Falkensteiner, Gottorper, Hanau-Münzenberger, Hardenberger, Hessen, Isenburger, Lipper, Liegnitzer, Mörser, Mecklenburger, Nassauer, Pfälzer, Solmser, Schönaicher, Steinfurt-Tecklenburger, Wieder, Wittgensteiner, Württemberger und Zweibrücker.**

Der Name des durch seine Arbeiten auf dem Gebiete der Spezialgeschichte der reformierten Kirche in Deutschland wohlbekannten Herausgebers und die der Mitarbeiter bürgen dafür, daß das Werk mit geschichtlicher Treue eine ansprechende Darstellungsweise verbinden wird. Der Gedanke, die Geschichte der reformierten Kirche in Deutschland, die so sehr wenig bekannt ist, durch anschauliche Lebensbilder größeren Kreisen zugänglich zu machen, ist ein sehr glücklicher. Möge das Unternehmen den Freunden unserer reformierten Kirche angelegentlichst empfohlen sein. Man subskribiert bei der Verlagshandlung und allen Buchhandlungen. Zusendung franko per Post.

II. Wir sind in der Lage, unseren reformierten Glaubensgenossen die erfreuliche Mitteilung machen zu können, daß binnen kurzem in unserem Verlage ein **Choralbuch zu den 150 Psalmen** erscheinen wird. Dasselbe ist durch die vorzügliche Einrichtung, daß den Melodieen des heutigen Elberfelder Gesangbuches diejenigen für Psalmen nach Jorissen beigefügt sind, und jeder Melodie ein Vers Text beigedruckt ist, zur Benutzung aller reformierten Gemeinden geeignet, besonders aber dem häuslichen Gebrauche dienlich.

Empfiehlt sich das Buch schon durch den Umstand, daß es das einzige in seiner Art ist, so dürfte als Beweis einer sorgfältigen Ausführung gelten, daß das Werk die Frucht einer langjährigen Arbeit des Organisten der I. reformierten Kirche in Elberfeld, Richard Lindner, ist, welche Gemeinde sich bekanntlich durch ihren Psalmengesang auszeichnet.

Der Preis wird sich voraussichtlich auf 7,50 Mark pro Exemplar stellen.

Wir nehmen schon jetzt Bestellungen darauf gern entgegen. Die Expedition des reformierten Schriftenvereins, z. H. Fr. Wilh. Vogt in Barmen, Westkotterstraße.

Ebendaher ist zu beziehen:

Zahn, Dr. theol. Adolf. Die Zöglinge Calvin's in Halle a/Saale, mit dem Portrait Calvin's
    und einer Ansicht der Moritzburg und Domkirche in Halle. (Dieses Buch handelt
    hauptsächlich über das Leben der französischen Flüchtlinge in Halle) . . . . . . „ 4,50.
— — Wanderung durch die heilige Schrift . . . . „ 2,80.
— — Das Gesetz Gottes nach der Lehre und Erfahrung des Apostels Paulus . . . . „ 2,—.
— — Die Ursachen des Niedergangs der reformierten Kirche Deutschlands . . . . . „ 0,60.

Vereinsnachrichten der Réunion.

Sitzungen Freitag, den 8. u. 22. Septbr., abends 8½ Uhr, Restaur. Gärtner, Mittelstr. 65.

Wiederholte Bitte.

Ich bitte um gefällige Einsendung der noch restierenden Abonnementsbeiträge. Die Mitglieder der Réunion können den Beitrag in der Sitzung einzahlen.

Briefkasten.

Herrn W. V. L. Herzlichen Dank! Ihre Einsendung soll bestens verwertet werden. — Herrn R. R. D. Ch. Nicht vergessen — nur noch nicht rechte Zeit gefunden, aber sofort nach Expedition dieser Nr.

Oktober 1882.   VI. Jahrgang.

DIE KOLONIE.

Organ für die äusseren und inneren Angelegenheiten der französisch-reformierten Gemeinden.

Redigiert von W. Bonnell, Rektor in Berlin.

Erscheint monatlich einmal. Preis pro Quartal 75 Pf.

Abonnements werden angenommen bei W. Bonnell in Berlin N., Schwedter-Str. 257, und bei jeder Post-Expedition.

INHALT: Moabit (Schluß) von Dr. Muret. — Die franz. Kolonie in Straßburg i. U. (Die Schule der Kolonie. II). — Die Heimstätten des franz. Konsistoriums. III. — Margarete von Valois und Johanna von Navarra. (Schluß). — Gemeinde-Angelegenheiten. — Vermischtes. — Gedächtnisbuch deutscher Fürsten und Fürstinnen reformierten Bekenntnisses. — Vereinsnachrichten.

Moabit.
Von Oberlehrer Dr. Muret.

    Friedrich Wilhelm I. ließ den Kolonisten Häuser bauen, um darin Seidenbau zu treiben; sie selbst aber wurden veranlaßt, neben dem Gartenbau Maulbeerplantagen anzulegen. Die Grundstücke wurden ihnen zum erblichen Besitz überlassen, und ihnen eine zehnjährige Abgabenfreiheit bewilligt, nach deren Ablauf sie nur jährlich 10 Groschen pro Morgen an Abgaben zahlen sollten; auch Geld zum Ankauf der Maulbeerbäume wurde ihnen ausgezahlt. Die Namen dieser ersten Moabiter sind nach Erman:[3]) Arguillon, Nogier, Ruchon, Fautrier, Vivet, la Pise, Custo, Juran, Thomas, Charbonnet, Taron, Desca. Die Leitung dieser Kolonie hatte Charles d'Azimont; doch großen Erfolg hatten diese Maulbeerplantagen nicht. Das vormalige Stackensetzerhaus im hinteren Tiergarten an der Spree erhielt auch ein Franzose, Namens Martin, und heißt das Grundstück seitdem Martinicke oder Martinickenfelde. Auch wurde es der Rhabarberhof eine Zeit lang genannt, weil Friedrich Wilhelm I. einst dort einige kranke Pferde mit Rhabarber behandeln ließ. Nach Fidicin[4]) sollen hier auch die Kartoffeln, die schon 1641 der große Kurfürst im Lustgarten hatte anpflanzen lassen, zuerst bei Berlin angebaut sein.

    Hier im Moabiterland legten bald auch einige begüterte Berliner Gärten an; unter Friedrich dem Großen wird besonders der vom Professor Sölzer angelegte und von seinem Nachfolger, dem Justizrat Bastide, sehr verschönerte Garten rühmlichst erwähnt. Friedrich II. siedelte hier auch zwei Westfalen an, um nach heimischer Weise ihre eigenen Grundstücke mit lebenden Hecken zu umgeben, und auch andern darin die nötige Anweisung zu erteilen. Der König wollte dadurch dem übermäßigen Holzverbrauch steuern, da das frühere regellose Niederschlagen der Wälder sich

---

[3]) Erman: Mémoires etc. V. 156; 157.
[4]) Berlin hist. und topographisch dargestellt p. 113.

bereits fühlbar machte, und nicht nur die gemeinnützigen Holzgesellschaften ins Leben rief, sondern auch die Einführung des Torfes als Brennmaterial zur Folge hatte. Diese Westfalen hatten neben ihrem Gartenbau auch bald Gastwirtschaften eingerichtet, die besonders des guten Pumpernickels wegen von den Berlinern fleißig aufgesucht wurden. Man pflegte dahin von den Zelten aus in Gondeln zu fahren, da der sandige Heideweg dahin weit und wenig verlockend war, und die Moabiterbrücke erst im Anfang dieses Jahrhunderts als ein Privatunternehmen des Hofzahnarztes Baillif erbaut wurde.

Die französische Kolonie in Strasburg i. U.

Die Schule der Kolonie.

Prediger Poulet war von der Vorzüglichkeit seiner — in voriger Nummer abgedruckten und näher beleuchteten — Schulmeister-Instruktion vom Jahre 1753 so sehr durchdrungen, daß, als die Oberbehörde am Ende des Jahres die Einführung eines Katechismus mit Doppeltext, französisch und deutsch, empfahl, das Strasburger Consistoire unter seinem Vorsitze die Einführung ablehnte, aus Besorgnis, die Kinder, welche die deutsche Übersetzung lesen könnten, möchten das Französische gar zu sehr vernachlässigen. Woher die Kinder deutsch lesen gelernt haben, bleibt völlig unerfindlich. Dagegen hält die Abneigung der Kolonisten gegen regelmäßigen Schulbesuch an; eine an den Kolonie-Richter Persode in Prenzlau gerichtete Verfügung vom 8. Oktober 1756 gebraucht den Ausdruck, daß sie in dieser Hinsicht ihre Hartnäckigkeit bis zur Frechheit treiben. Während des siebenjährigen Krieges trat im Schulwesen Stillstand ein, und wird es mit der Strasburger Schule kaum besser geworden sein. Aber sofort nach dem Friedensschlusse kümmerte sich der König wieder um das Schulwesen. Am 12. August 1763 erschien ein „Allgemeines Schulreglement"; unterm 5. Dezember erscheint eine Verfügung, durch welche die Poulet'sche Instruktion lahm gelegt wird. In derselben heißt es: „Da wir davon unterrichtet sind, daß mehre Kinder auf dem Lande nicht genug Französisch verstehen, um von dem Unterricht in dieser Sprache Nutzen zu haben, ermächtigen wir die Schulmeister, sich der deutschen Sprache zu bedienen, wenn sie dessen fähig sind, worüber die Pastoren, welche deutsch verstehen, werden zu urteilen haben, ebenso über die unter den Kindern, welche werden deutsch unterrichtet werden müssen, und werden die Schulmeister dafür 5 Reichsthaler jährlich Gratifikation empfangen." Der andere Teil der Verfügung handelt von der Schulzeit. Es soll durchaus auch im Sommer unterrichtet werden, und zwar 3 Stunden an jedem Wochentage, während die Winterschule 6 Stunden, von 8—11 und von 1—4 dauern soll. Doch wird in dem der Verordnung folgenden Passus wunderbarer Weise bestimmt, daß jedes Kind wenigstens 3 Tage in der Woche die Schule besuche. Zum Schluß wird bestimmt, daß auch die schulpflichtigen Kinder, welche die Schule nicht besuchen, Schulgeld bezahlen müssen. Eltern, Vormünder u. s. w., welche ihre Kinder nicht in die Schule schicken, sollen am Ende des Jahres 16 Gr. Geldstrafe zahlen. Im nächsten Jahre, unterm 4. September 1764, erscheint eine Verordnung, die mancherlei Fortschritte aufweist. Punkt 1 bestimmt das schulpflichtige Alter, die Zeit von 5 bis 13 oder 14 Jahren, sowie das Lehrziel, französisch und deutsch lesen und schreiben lernen, und Kenntnis des Superville'schen Katechismus. (Vom Rechnen ist hier nicht die Rede, weiter unten nebensächlich). Punkt 2 verpflichtet die Herrschaften, für den Schulbesuch der Kinder ihrer Tagelöhner,

Diener u. s. w. zu sorgen. Eine schärfere Handhabung dieser Bestimmung wäre auch heute noch nicht unnötig. Punkt 3 spricht von Kindern, welche das Lehrziel vor Ablauf ihrer Schulzeit erreicht haben. Diese sollen nur mit schriftlicher Genehmigung des Pastors entlassen werden; diese Bestimmung wird in Strasburg wohl kaum jemals in Kraft getreten sein. Punkt 4 ordnet an, jedes Kind muſs wenigstens 3 Tage in der Woche zur Schule gehen; diese Bestimmung öffnete der Unordnung Thor und Thür und machte einen geordneten Massenunterricht unmöglich. Punkt 5 erscheint uns ziemlich grausam: die Winterschule soll von 8—11 und von 1—3 dauern, die Sommerschule 3 Stunden, früh oder mittags, je nach den Umständen. Ferien soll's gar nicht geben, auch keine Ernteferien. Punkt 6 ordnet für Sonntag eine Stunde Unterricht der konfirmierten Jugend seitens des Lehrers unter den Augen des Predigers an. Punkt 7 behandelt das Schulgeld. Die, welche noch nicht lesen lernen, sollen im Winter 6, die, welche lesen lernen, 9 Pfennig, die, welche lesen und rechnen lernen, 1 Groschen pro Woche bezahlen. Im Sommer sollen davon nur zwei Drittel bezahlt werden; doch soll den Schulmeistern, welche so lange den bisherigen höheren Satz bezogen, derselbe verbleiben. Punkt 8 ordnet an, daſs für arme Kinder die Armenkassen das Schulgeld bezahlen sollen. Am Sonntage vor Michaelis soll über den Nutzen christlicher Erziehung gepredigt und danach eine Kollekte zur Anschaffung von Büchern für arme Kinder gesammelt werden. Auf Punkt 8 folgt sofort 10. Dieser ordnet, wenn alle Ermahnungen sich als fruchtlos erweisen, Geldstrafen bei hartnäckiger Schulversäumnis an. Punkt 11 spricht von Verzeichnissen der schulpflichtigen Kinder, welche die Pastoren und Konsistorien den Schulmeistern liefern sollen. Der Lehrer soll ein Schülerverzeichnis mit folgenden 10 Rubriken führen: 1. Taufnamen, 2. Alter, 3. Eltern, 4. Wohnung, 5. Schuleintritt, 6. Art des Unterrichts, 7. Fleiſs oder Nachlässigkeit, 8. Natürliche Anlagen, 9. Sitten und Betragen, 10. Schulaustritt. Der Inspecteur soll jährlich, der Pastor von 8 zu 8 Tagen revidieren. Punkt 12 bestimmt, man soll nur Personen, deren Frömmigkeit und geistige Befähigung — *lumières* — bekannt ist, zu Schulmeistern nehmen. Punkt 13 ordnet eine Prüfung des Schullehrer-Kandidaten durch das Consistoire des Ortes an. Punkt 16 verdammt alle von nicht examinierten und nicht approbierten Männern oder Frauen gehaltenen Schulen, wie es die „Discipline" ähnlich thut. Nach Punkt 15 soll der Schulmeister die Kinder nicht zu häuslichen Arbeiten gebrauchen, soll auch nicht etwa während der Schulzeit arbeiten und seine Frau unterrichten lassen. Nach Punkt 16 soll jeder Unterricht mit Gebet beginnen. Punkt 17 ist eine Wiederholung von Punkt 6 und handelt von der Schulzeit. Diese Wiederholung läſst darauf schliesen, daſs die Behörde kaum erwartet, es werde ihr willig Gehorsam geleistet werden.

Darauf folgt der Lehr- und Stundenplan. Von 8—9: 1) Langsames und deutliches Singen eines Psalmes oder Liedes, immer desselben einen Monat lang. Der Pastor bestimmt diesen Gesang. 2) Der Lehrer spricht ein Gebet. 3) Hersagen und Erklären eines Katechismusabschnittes. Die Erklärung muſs für die, welche nicht genug französisch kennen, deutsch gegeben werden. Die Stunde von 9—10 soll den Anfangsgründen des französischen Lesens und dem Lesen selber gewidmet sein. Von 10—11 sollen die Vorgerückteren eine halbe Stunde lang französisch schreiben, und der Lehrer soll es korrigieren. Von 1—2 soll man nach dem Gesange eines deutschen Liedes und dem Lesen eines Psalmen die Kinder den Geschichtskatechismus aufsagen lassen. Von 2—3 soll man sie deutsch lesen lassen.

Von 3—4 sollen sie deutsch schreiben und rechnen, und man soll die Schule mit Gebet und Gesang eines Verses schliessen. Der Sonnabend soll der Wiederholung gewidmet sein, und der Lehrer soll keine Stunde ohne Erlaubnis seiner Vorgesetzten abwesend sein oder den Unterricht vernachlässigen. Punkt 19 nennt als Schulbücher die Bibel, die Psalmen, den kleinen Katechismus von Superville, den Catéchisme historique, Vorschriften und die Gebetsammlung der Ecole de charité. Nach Punkt 20 sollen die Pastoren berichten, welche Bücher not thun. Nach Punkt 21 sollen die armen Kinder Bücher erhalten; diese soll der Schulmeister aufbewahren. Punkt 22 empfiehlt Vorsicht beim Strafen, verbietet den Zorn, Eifer und Schimpfworte. Nach 23 soll der Lehrer die Kinder zur Kirche führen und sie daselbst beaufsichtigen. Nach 24 soll sich der Lehrer nach den Vorschriften des Pastors richten und ihn, wenn nötig, um Rat fragen. Punkt 25 ordnet pro Woche eine zweimalige Schulvisitation seitens des Pfarrers und der Ältesten an, Punkt 26 endlich jährliche Visitation und Prüfung seitens der Inspecteurs, welche dem Ober-Konsistorium sofort Bericht erstatten sollen.

Diese Bestimmungen werden mehr oder minder vollständig unter der Regierung Friedrichs des Grofsen etliche Male wiederholt. Es wird wohl nötig gewesen sein. Jedenfalls, wenn man auch in obigen 26 Punkten vom heutigen Standpunkte aus manches Unzulängliche findet, manches Wichtige vermifst, manche Widersprüche findet, ist doch das Jahr 1764 als das eigentliche Geburtsjahr des preufsischen Volksschulwesens zu bezeichnen. Es konnte nicht mehr eine Instruktion, wie die Poulet'sche, offiziell gegeben werden.

Die Heimstätten des französischen Konsistoriums.

Bis 1814. Der Neubau.

Der Streit um das Besitzrecht war nur äufserlich beigelegt; bei erster Gelegenheit entspann or sich zwischen Konsistorium und Kolonie-Gericht immer von neuem. Jenes hatte genug zu thun, neue Ansprüche zurückzuweisen und die geretteten Rechte zu verteidigen: dieses gab von dem Gewonnenen keinen Deut zurück und war lässig in der Erfüllung der übernommenen Verpflichtungen. Die Zeit, welche auch den gröfsten Hader allmählich abschwächt, schien hier ihre Macht verloren zu haben; erst als das Gericht aufgehoben wurde, konnte das Konsistorium sich in dem einst mit so grofser Mühe erworbenen Grundstücke wieder als Herr fühlen — so weit die Rechte des Collège nicht in Frage kamen.

1770 ward das Séminaire de Théologie gegründet, und das Konsistorium überwies demselben einen Teil der bisher vermieteten Wohnung.

1772 wollte Friedrich II. die Gebäude, welche den verschiedenen Behörden der französischen Kolonie bei der seit ihrer Stiftung so veränderten Zeiten nicht mehr den nötigen Raum boten, erneuern und erweitern, und verlangte die Angabe dessen, was das Konsistorium bedürfe. Der König liefs es aber bei dem blofsen Vorhaben bewenden; er that schliefslich nichts, und das Konsistorium mufste sich auch fernerhin mit den baufällig gewordenen Räumlichkeiten begnügen. Wir sehen aber aus dem erstatteten Berichte, dafs damals in seinem Besitz waren: 1) das ganze Haus, in dem die Sitzungen gehalten wurden, 2) der rechte Flügel des Gebäudes, in dem sich das Collège befand, 3) die Zimmer, rechts vom Eingange durch den grofsen Thorweg. Vom Collège wurden benutzt: 1) das ganze Gebäude auf dem Hofe mit Ausnahme des Flügels zur Rechten, 2) die Zimmer linker Hand vom Thorwege, 3) ein Teil der unter dem Justizgebäude liegenden Keller. Zur Seite des Gebäudes und hinter demselben war der Garten der Prinzessin von Preufsen. Der Zustand der nur in Fachwerk aufgeführten Gebäude wurde aber mit den Jahren so schlecht, dafs sie den Einsturz drohten. Das Koloniegericht, sowie das Ober-Konsistorium, welches in dem Justizgebäude seine Sitzungen hielt, hatten deshalb diese Räume verlassen, und das Koloniegericht hatte gegen 100 Thlr.

jährliche Miete ein Lokal in dem französischen Waisenhause gefunden. Da das Gericht sich weigerte, eine notwendige Reparatur machen zu lassen, so sorgte das Konsistorium, weil Gefahr drohte, für die Abhilfe, verlangte aber die Erstattung der Kosten, die man ihm zuerst verweigerte, aber doch endlich, wenn auch mit Vorbehalt der Zurückforderung, anwies. Der Vorschlag des Konsistoriums, das Justizgebäude, da das Gericht keinen Gebrauch mehr davon mache und auch nicht geneigt sei, dasselbe auszubauen, ihm schon jetzt zu seiner Disposition zu überlassen, wurde von dem Ober-Gericht als ein sonderbarer zurückgewiesen.

Auf verschiedene Anträge genehmigte der König im Jahre 1786 den Neubau der nicht massiven Teile des ganzen Vordergebäudes und wies dazu die Summe von 6000 Thlrn. an. Die von dem Könige ernannten Kommissare, im Verein mit denen des Konsistoriums, stellten den Bauplan fest. Ansprüche, welche der Prediger und Ober-Konsistorialrat Erman im Interesse des Collège machte, und die er auf ein Mitbesitzrecht gründete, konnte das Konsistorium nicht anerkennen.

Während des Baues wurden den Seminaristen drei Zimmer des Collège zu Schlafstätten, das Auditorium zum Arbeitszimmer überwiesen; das Konsistorium selbst siedelte für einige Zeit in den Turm auf dem Gensdarmen-Markte über und hielt auch dort seine Sitzungen. 1787 war der Neubau vollendet, und Konsistorium und Collège verteilten nun die Räume so, daß dieses das ganze zweite Stockwerk und die Mansarden in Besitz nahm, das Konsistorium in der ersten Etage blieb und hier sich fast genau so einzurichten suchte, wie wir es noch kennen gelernt haben. Es blieb nun alles in diesem Zustande bis 1811. Da wurde das französische Koloniegericht aufgehoben, und das Departement des Kultus stellte bei dem Konsistorium den Antrag, das Gebäude, welches diesem nun, nach dem abgeschlossenen Vertrage, als Eigentum wieder anfallen mußte, dem Collège zu überlassen, dessen Räume nicht ausreichend seien. Das Konsistorium erklärte sich dazu bereit, behielt sich aber das Recht des Rückfalls des Gebäudes vor, wenn das Collège ein anderes Lokal beziehen sollte. Desgleichen sollte das Collège die Reparaturkosten für alle ihm zum Gebrauch übergebenen Räume tragen. Auf Grund dieser Bedingungen wurde der neue Vertrag am 14. Juli 1814 abgeschlossen, nachdem das frühere Justizgebäude, dessen Räumung sich bis dahin verzögert hatte, dem Collège übergeben war.

Margarete von Valois und Johanna von Navarra.*)

Die Zeit des Friedens benutzte die Königin bestens. Im Verein mit ihrem Kanzler Francourt arbeitete sie emsig daran, dem Lande ein neues Gesetzbuch zu geben; sie selbst studierte unablässig die alten Landessatzungen. Ihr Gesetzbuch blieb 200 Jahre in Kraft. Aber es war ihr nicht vergönnt, friedlichen Werken sich auf die Dauer hinzugeben. Der Religionskrieg entbrannte von neuem; in diesem waren die Hugenotten, welche von dem Kurfürsten Johann Casimir von der Pfalz unterstützt wurden, nicht unglücklich und zwangen den König, oder vielmehr die Königin-Mutter und die Guisen, zu einem Frieden, der aber die Ursachen des Kampfes keineswegs beseitigte. Vielmehr brach dieser nach kurzer Ruhe von neuem los. Die Stadt La Rochelle bildete damals eine feste Burg des Protestantismus. Dorthin sandte Condé seine Gemahlin und seine Kinder. Von seiten der Hugenotten wurde die Civil-Verwaltung der Stadt La Rochelle der Königin von Navarra übertragen, und diese, in ihrem Ländchen von Spanien bedrängt, begab sich in jenes Hauptquartier der Reformierten, da sie dort der protestantischen Sache mehr nützen konnte als in ihren Bergen. Ihren fünfzehnjährigen Sohn Heinrich aber sandte sie ins Feld zur Armee; sie legte ihm selbst die Rüstung an, und ihre tiefe Bewegung bemeisternd, sagte sie beim Abschiede zu ihm: „Ich empfinde das Glück und den Ruhm, eine so heilige Sache durch meine schwache Kraft fördern zu helfen, so tief, daß dieses Gefühl mir hilft, Angst und Sorge zu tragen, und meinen Sohn erfüllt dies mit einem Mute, der ihn weit über sein jugendliches Alter erhebt!" Aber Angst und Befürchtung, wie sehr sie dieselben auch zu unterdrücken strebte, waren nur allzu gegründet. Denn die katholische Partei, von Spanien und dem Papste unterstützt, sammelte alle Macht, um den Kampf mit der Reformation siegreich auszufechten. Im Lande griff eine unheilvolle Verwirrung Platz. Die Evangelischen, auf jede Weise bedrückt, belauert, bedroht, verließen fort und fort in Massen Frankreich und zogen in die Fremde, ein grofser Teil nach

---

*) Siehe: „Frauengestalten in Geschichte und Sage" von Ferdinand Schmidt. Jena. Costenoble.

England, wo ihnen hochherzig Aufnahme gewährt wurde. Gegen 80000 Franzosen sollen in dieser Zeit ausgewandert sein. Um die zur Kriegsführung nötigen Mittel zu erlangen, verpfändete Johanna ihre Juwelen an die Königin Elisabeth von England. Unter diesen werden besonders zwei Wertstücke genannt, eine Halskette, welche neun Diamanten von seltener Größe und einen frei daran hängenden Diamanten in Form eines Medaillons enthielt, deren Wert auf 160000 Kronen geschätzt wurde, und ein Ring, mit überaus prächtigen Rubinen und Perlen eingefaßt, im Werte von 10000 Kronen. Auch die Prinzessin von Condé opferte einen Teil ihres Geschmeides, und Coligny stellte seine ganze Habe der reformierten Armee zur Verfügung. Am 13. März 1569 kam es bei Jarnac zum heißen Kampfe; der gefangene Condé erlag dem Schusse eines Mordgesellen, und mit ihm sank der Mut der Hugenotten, um deren Sache es nach dem verlorenen Treffen allerdings mißlich stand. Johanna empfing zu La Rochelle die Unglücksbotschaft und die Kunde von der Entmutigung der Armee. Rasch war ihr Entschluß gefaßt, und sie brach auf nach Cognac, wo die reformierte Armee stand. Vom Jubelruf der Krieger empfangen, hoch zu Roß, ihren Sohn Heinrich zur Rechten, den jungen Condé zur Linken, so sprengte sie die Reihe der Regimenter entlang, und wo sie sich zeigte, flammte der gesunkene Mut von neuem auf. In feuriger Rede wandte sie sich an die Krieger, hinweisend auf die heilige Sache, für welche Condé als Märtyrer gefallen; nicht umsonst, sagte sie, sei die Saat dieses edlen Blutes ausgestreut. Dann stellte sie den jungen Heinrich dem Heere vor; er solle Condé's Erbe sein und fortan als Haupt der Protestanten gelten; an seinem frischen Mute möchten sich alle tapferen Männer erwärmen, wie Coligny's erprobte Weisheit sie sicher führen werde. Und die Hand auf die Schulter des Prinzen legend, rief sie: „Er ist der eure und nur der eure von diesem Tage an." Freudiger Zuruf erfolgte von Truppe zu Truppe: „Es lebe Heinrich von Béarn, das Schwert der Reformierten!" Nun wechselten Siege und Niederlagen, Frankreich mit den Schrecken des Bürgerkrieges erfüllend, bis wiederum beide Parteien sich nach Frieden sehnten. Zu St. Germain en Laye wurde endlich am 8. August 1570 ein neuer Friede geschlossen, und es schien, als ob das Schwert, das so tief in Blut getaucht worden war, nun endlich werde ruhen dürfen. Aber es schien nur so. Katharina und die Hofpartei hatten Frieden gemacht, weil sie eingesehen, daß es schwer halten würde, sich auf dem Schlachtfelde zu behaupten. Was ihnen im offenen Kampfe nicht geglückt, das sollte durch Meuchelmord erreicht werden. Langsam wurde das grauenvolle Werk eingeleitet, Masche auf Masche gefügt. Mit Freundschaftsbezeugungen umgarnte man die Häupter der Protestanten; selbst Coligny wurde getäuscht. Johanna nur glaubte nicht an die Wahrhaftigkeit einer Katharina. Und gerade gegen sie bewies man sich besonders huldvoll, denn es ward die Vermählung ihres Sohnes mit Margareta, der Tochter Katharinas, in Vorschlag gebracht. Johanna war anfangs gegen diese Verbindung; endlich, von ihren Räten gedrängt, die in einem solchen Bündnis Gewähr für die Rechte der Protestanten sahen, willigte sie, wenngleich mit schwerem Herzen, ein. Der Tag der Hochzeit wurde festgesetzt; Johanna wollte nicht fern bleiben und brach aus Pau auf, welches sie nicht wiedersehen sollte. Die Last der Sorgen hatte an ihrem Leben gezehrt und ihren vordem so kräftigen Körper erschüttert. Sie war jetzt 44 Jahre alt. Sie kam in Paris an und wurde von Katharina und dem ganzen Hofe mit ausgesuchtester Freundlichkeit empfangen. Am 4. Juni 1572 fühlte sie sich plötzlich krank, krank zum Sterben, und mit klarem Blicke erkannte sie, daß das Ende ihres Lebens herangekommen sei. Nur vier Tage währten ihre Leiden; in diesen bestellte sie ihr Haus. Mit den zärtlichsten Worten nahm sie in ihrem Testamente Abschied von den heiß geliebten Kindern, von ihrem Sohne Heinrich und ihrer Tochter Katharina. Sie beschwor diese, der heiligen Sache der Reformation treu zu bleiben. Ihre Freunde, die weinend und schluchzend ihr Bett umstanden, tröstete sie mit den Worten: „Wollt ihr weinen, wenn Gott mich in den Hafen der Ruhe heimruft, wohin mein Herz sich sehnt?" Ihren treuen Dienern gegenüber bedauerte sie, ihnen ihre Anhänglichkeit nicht so reich lohnen zu können, wie sie wünschte. Als der reformierte Geistliche, den Coligny ihr gesandt, sie fragte: „Madame, wenn es Gott gefällt, durch dieses Leiden Ihrer Pilgrimschaft ein Ende zu machen, wenn er Sie heimruft zu sich, sind Sie willig zu gehen?" antwortete sie: „Ja, ich bin willig, ich bin willig zu gehen, mehr, denn zu bleiben, wo ich nur Eitelkeit und Leid sehe!" Sanft verschied sie am Morgen des 9. Juni 1572.

Johanna von Navarra war eine Heldin, ein großes und tugendhaftes Weib im schönsten Sinne des Wortes, unbefleckt vom Gemeinen; ihr Name steht leuchtend in der Geschichte ihrer Tage und für alle Zukunft. Wie hoch sie auch bei ihren Zeitgenossen in Ansehen stand, bewies der Schrecken, welchen ihr plötzlicher Tod hervorrief. Man wollte nicht glauben, dafs dieses kraftvolle, thätige Leben mit einem male auf natürliche Weise geendet sei; Katharina, wurde gesagt, habe sie mit einem Paar vergifteter Handschuhe getötet.

Gemeinde-Angelegenheiten.

Die Renovierung der Klosterkirche nimmt noch längere Zeit in Anspruch; hiesige Zeitungen nennen sie fälschlich Kapelle, dabei ist sie die gröfste Kirche unserer Gemeinde.

Dienstag den 10. Oktober findet die Rechnungslegung der *École de Charité* statt, und Dienstag den 17. Oktober solche der General-Direktion des Hospiz. Beide Rechnungslegungen sind Nachmittags 4 Uhr im Sitzungssaale des Hospiz (nicht des Hospitals). Die *chefs de famille* werden zu diesen Rechnungslegungen eingeladen. Diese im Kirchenzettel veröffentlichten Einladungen möchten wir allen Gemeinde-Mitgliedern zur Beachtung dringend ans Herz legen. Sie finden hier die Gelegenheit, über die Verwaltung einiger unserer wichtigsten Institute ein ungefähres Bild zu gewinnen, und bethätigen gleichzeitig durch die Teilnahme ihr Interesse an dem Gemeindeleben.

An der Abendmahlsfeier in unsern Kirchen haben Teil genommen im September: 37 Männer, 95 Frauen, in Summa 132 Personen.

Vermischtes.

Einer unserer geehrten Abonnenten übersandte folgendes Schreiben, das wir hiermit zum Abdruck bringen.

„Angeregt durch den Artikel „Ein Dichtergrab" in No. 8 der „Kolonie", möchte ich durch Sie Ihre Leser auf einen Roman von Jul. Rodenberg aufmerksam machen, welcher unter dem Titel „Die Grandidiers" vor einigen Jahren erschienen ist. — Wie im Cabanis die alten, so sind in den Grandidiers die jetzigen Kolonisten lobenstreu geschildert, mit sehr ansprechenden Bildern von Berlin und Strafsburg während der Belagerung. — Ich glaube, das Buch ist unter der Kolonie noch wenig bekannt und gelesen und verdient es doch um so mehr, als Rodenberg weder unser Heimats- noch Confessionsgenosse ist und doch eine solche Achtung und Zuneigung zu uns zeigt. — J. V. in L.

Wilhelm Häring, mit seinem Schriftstellernamen Willibald Alexis, wurde zu Breslau als der Nachkomme einer Réfugié-Familie am 23. Juni 1798 geboren. Der Vater, ein Regierungsbeamter, hiefs Hareng, und vertauschte diesen Namen in der Franzosenzeit gegen den deutschen: Häring. Die Familie stammte aus der Bretagne, und Zeitgenossen wollten noch in dem Gesichte unseres Willibald die harten bretonischen Züge erkennen. Der Vater zog nach Berlin; hier besuchte Wilhelm Häring das Werdersche Gymnasium, machte den Krieg von 1815 und die Belagerung der Ardennenfestungen mit, und studierte seit 1817 die Rechte. Als Referendar schon entsagte er der juristischen Laufbahn und widmete sich ganz dem Schriftstellerberufe. Sein eigenstes Gebiet in diesem ist das der historischen Romandichtung mit dem Hintergrund märkisch-preufsischer Geschichte. In dem ersten seiner Romane: „Cabanis," giebt er ein charakteristisches Bild aus der Zeit Friedrichs des Grofsen, zugleich treffliche Züge aus dem Leben der Kolonie vor hundert Jahren. Unter den übrigen Romanen ist „der falsche Woldemar" vielleicht der gefeierteste. Willibald Alexis hat auch einen Ruf als Herausgeber des „neuen Pitaval", einer Sammlung von Kriminalgeschichten. 1852 zog er nach Arnstadt in Thüringen und schuf sich hier ein idyllisches Heim. 1856 traf ihn ein Gehirnschlag, und nach langen, schweren Leiden starb er am 16. Dezember 1871.

Gedächtnisbuch deutscher Fürsten und Fürstinnen reformierten Bekenntnisses.

In Verbindung mit Dr. theol. A. Zahn in Stuttgart, Konsistorialrat Dr. Ehlers in Frankfurt a. M., Pfarrer Becker zu Dachtel in Würtemberg, Pastor Dreves zu Hohenhausen in Lippe und Pastor Richter zu l'ansfelde in der Provinz Sachsen herausgegeben von Fr. W. Cuno, Pastor zu Spanbeck in Hannover Barmen. Verlag von Hugo Klein.

Das in der vorigen Nummer angekündigte Werk liegt uns in der ersten Lieferung (104 Seiten, 2 Mark) in vorzüglicher Ausstattung (gutes Papier, scharfer, klarer Druck) vor. Dieselbe bietet einen reichen Inhalt: Die Anhalter, die Baden-Durlacher, die Bentheimer, die Brandenburger, die Dann-Falkensteiner, die Gottorper und die Hanau-Münzenberger. Die Aufsätze dieser Lieferung sind teils vom Herausgeber, teils von Herrn Dr. Zahn geschrieben; am Ende jedes Abschnittes finden wir ein Verzeichnis der Quellen.

Mit dieser trockenen Angabe des Inhaltes und der Einrichtung glaubt der Referent aber, seiner Pflicht nur zum kleinsten Teile genügt zu haben. Zunächst spricht er seine Freude darüber aus, dafs dieses Buch überhaupt geschrieben ist; es ist dies ein beredtes Zeugnis für das Wiedererwachen eines lebhafteren Interesses an der Geschichte unserer deutschen reformierten Kirche und damit an dieser selbst. Sodann bringt das Werk vieles, was bisher, besonders uns Brandenburgern, die wir mit unserer Geschichte uns gern im engsten Kreise drehen, nicht gerade bekannt gewesen; man merkt, dafs es im Reiche draufsen doch auch Leute gegeben hat, die einige Ansprüche auf Anerkennung und Verehrung seitens der nachkommenden Geschlechter erheben können. Und nicht zum letzten mufs man empfinden, dafs auch die Geschichte der deutsch-reformierten Kirche die schönsten Beispiele von Glaubenstreue und Opferfreudigkeit enthält, Beispiele, an denen sich unser eigenes Herz erfreuen und erheben kann. Wir wissen solches wohl von unserer Kirche, aber es ist gut, wenn unsere Blicke auch einmal auf die Schwesterkirche gerichtet werden. — Das Buch ist elegant und anschaulich geschrieben, die Darstellung der historischen Ereignisse fliefsend und fesselnd. Durch das ganze Buch geht ein Hauch von Ueberzeugungstreue, der ungemein anregt. Wir Kolonisten haben die Verpflichtung, uns um die kirchlichen Gemeinden zu kümmern, die nach ihrem Ursprunge und ihrer Lehre uns am nächsten stehen. Was sie leiden, werden wir schliefslich mit empfinden; ihre glückliche Existenz aber, ein reiches, inneres Leben in ihrem Schofse kommt auch uns zu statten. Dieses wird aber entschieden durch die Anregung des geschichtlichen Interesses gefördert, wir haben dies oft genug in unserer Zeitschrift betont; mögen deshalb auch unsere Kolonisten solche Bestrebungen, wie sie das angezeigte Buch verfolgt, anerkennen und mit ihrer Hilfe unterstützen.

Vereinsnachrichten der Réunion.

Den 60. Geburtstag ihres langjährigen Vorsitzenden, des Herrn Schul-Inspektors d'Hargues, bot der Réunion Veranlassung, demselben ihre Hochachtung und Verehrung zu bezeugen. Möge es ihm noch recht lange vergönnt sein, den Verein, dessen Mitbegründer er ist, zu leiten. — In der letzten Sitzung beklagte man den mangelhaften Besuch der Rechnungslegungen. Die Zeit derselben, an Wochentagen nachmittags 4 Uhr, liegt ungünstig; auch verlaufen sie häufig so schnell, dafs sie für den Laien leicht ein undeutliches Bild zurücklassen. Aufserdem wird den chefs de famille das Recht der Décharge bestritten. Alles dieses erkannte man als Übelstände, betonte aber dennoch die Notwendigkeit ihres Besuches, da es sich hier um eines der wenigen Rechte der Gemeinde handelt, Einsicht in den Gang unserer Verwaltungen zu gewinnen.

Freitag, den 6. Oktober: Vortrag im Restaur. Keller, Rosenthalerstr. 39, 8½ Uhr abends. Es ist dies das alte, unsern Mitgliedern aus den vorjährigen Vortrags-Abenden bekannte Lokal. Gäste können eingeführt werden. Solche Mitglieder der Kolonie, welche im Vereine nicht bekannt sind, haben sich am Abend nur dem Vorsitzenden des Vereins vorzustellen. Den Vortrag wird der Herausgeber dieser Zeitschrift halten: Kulturbilder aus dem 17. und 18. Jahrhundert, besonders aus der Zeit der Einwanderung.

Sitzungen Freitag, den 13. und Freitag, den 27. Oktober, Restaurant Gärtner, Mittelstr. 65, 8½ Uhr abends.

Historische Vereinigung.

Sitzung am 14. Oktober im Vereinslokal, Landsbergerstr. 73.

Vorträge: 1) Herr Göritz: Potsdam und dessen geschichtliche Entwickelung und Bedeutung mit spezieller Bezugnahme auf das preufsische Königshaus. 2) Herr Schillmann: der letzte Kurfürst aus dem bairischen Herrscherhause und die Erwerbung der Mark durch Karl IV. Bericht über neue Erscheinungen auf dem Gebiete der historischen Litteratur. Beratung über Vereinsbild und Stiftungsfest. Es wird um Ablieferung der fälligen Beiträge, und um pünktliche Besorgung der Journale gebeten.

Verantwortlicher Redakteur und Verleger: W. Bonnell, Schwedterstr. 257. — Druck von M. Driesner, Berlin, Klosterstr. 56.

November 1882. **DIE KOLONIE.** VI. Jahrgang.

Organ für die äusseren und inneren Angelegenheiten der französisch-reformierten Gemeinden.

Redigiert von W. Bonnell, Rektor in Berlin.

Erscheint monatlich einmal. Preis pro Quartal 75 Pf.

Abonnements werden angenommen bei W. Bonnell in Berlin N., Schwedter-Str. 257, und bei jeder Post-Expedition.

INHALT: Die französische Kolonie in Strasburg i. U. (Die Schule der Kolonie III). — Voltaire. — Die Heimstätten des französischen Konsistoriums (Schluss). — Vermischtes (Aufnahme neuer Mitglieder in die französisch-reformirte Gemeinde zu Berlin; *les Églises du Refuge, par F. de Schickler*). — Gemeinde-Angelegenheiten. — Vereinsnachrichten. — Briefkasten. — Anzeige.

Die französische Kolonie in Strasburg i. U.

Die Schule der Kolonie.

Nachdem in voriger Nummer die Betrachtung des Strasburger Schulwesens vom technischen Standpunkte aus bis zum Jahre 1761, dem Jahre seiner Erneuerung, fortgeführt worden, ist es nötig, einige Personalien nachzuholen.

Der letztangeführte Kantor war Jean Jaques Lejeune, geboren in Frankfurt a. M.; er war am 5. März 1753 in Strasburg in sein Amt getreten. Wenn von demselben in einer früheren Nummer dieses Blattes gesagt worden, er habe sein Auskommen gehabt, und es sei bei ihm von den üblichen Klagen über Unzulänglichkeit des Einkommens nicht die Rede gewesen, so trifft das doch nur für die erste Hälfte seiner Dienstzeit zu, in der er sich als Kopist — er schrieb eine ausnehmend klare und deutliche, dabei schöne Handschrift — Nebenverdienst verschaffte. Später, mit zunehmendem Alter und abnehmendem Augenlicht, kehrte auch bei ihm das Elend ein. Um seine Lage zu verbessern, versuchte es das Consistoire mit Sammlungen bei den Gemeindegliedern, mit solchen an der Kirchthür, mit Bittschreiben an die Oberbehörde — ohne wesentlichen Erfolg. Während seiner letzten Krankheit vom 6. April 1767 an wurden ihm wöchentlich 6 Gr. aus der Armenkasse Unterstützung gezahlt. Er hat nicht mehr als 18 Gr. bezogen; er starb schon am 24. desselben Monats 71 Jahr alt. Der Sarg, in dem er hinausgetragen wurde, wurde ebenfalls aus der Armenkasse bezahlt.

Am 1. November desselben Jahres wurde der Nachfolger, ein Strumpfwirker Mariot aus Prenzlau, in der Kirche examiniert, für tüchtig befunden und mit dem Versprechen angestellt, dass ihm freie Wohnung und für jedes Kind 4 Gr. Holzgeld gegeben werden sollte. Auch sollten ihm die Pferde besitzenden Gemeindeglieder sein Holz unentgeltlich aus dem Walde aufahren. Schon am 6. Mai folgenden Jahres wurde das Strasburger Consistoire vom Oberkonsistorium aufgefordert, sich wegen der Klagen des Kantors Mariot zu rechtfertigen. Da am 27. Juni ein neues Schulhaus für 50 Thlr. gekauft wurde, dürfte man nicht fehlgehen, wenn man die Haupt-Ursachen der Mariot'schen Beschwerde in dem elenden Zustande seiner Dienstwohnung sucht. Doch muſs die Beschwerde auch andere Dinge berührt haben; am 22. Juli wird der Name Mariot zum letzten Male erwähnt, am 10. September tritt Jean Guillaume Delâtre an seine Stelle. Obgleich von diesem sonst nichts aufgezeichnet ist, muſs er ein tüchtiger Mann gewesen sein — es scheint mit den Lehrern so zu sein, wie mit den Frauen — von den besten wird am wenigsten geredet; denn, als er nach Prenzlau berufen wurde, wandte sich das Consistoire an die Oberbehörde mit der Bitte, den Kantor in Strasburg zu belassen. Ohne Erfolg. Ein Versuch, ihn mit Gewalt zurückzuhalten, indem die Strasburger Kolonisten die Prenzlauer Wagen, welche den Kantor mit seiner Habe holen kamen, zur schleunigen Rückfahrt ohne Ladung zwangen, machte der Gemeinde viele Kosten und Unannehmlichkeiten und half doch nichts. Am 31. Mai 1777 wurde Paul Martilli aus Berlin gewählt. Auch über diesen meldet das Protokollbuch — seine Verheiratung mit Friderike Frocourt ausgenommen — nichts. Er ging am 18. Mai 1782, und an seine Stelle trat ein gewisser Patté, welchem schon am 2. Juni wegen seines Verhaltens gegen die Kinder Verhaltungsmaſsregeln gegeben werden. Unterm 18. Juni wurde ihm ein Reglement gegeben, wonach er sich zu richten hätte, aus 3 Kapiteln bestehend. Das erste besteht aus 15 Nummern und behandelt die Kantorfunktionen:

ad 1. Das rechtzeitige Erscheinen an den Gottesdienst-Tagen, früh $7^{3}/_{4}$, nachmittags $12^{3}/_{4}$ Uhr; ad 2. das Anschreiben der Psalmen auf den vier Täfelchen, wobei er nicht die Bänke beschmutzen soll; ad 3. soll er die Bücher, welche der Prediger braucht, auf die Kanzel legen und zwar so, daſs der Prediger sich zurechte finden kann; ad 4. (dieser Abschnitt schildert den Gottesdienst) er beginnt den Gottesdienst mit dem Lesen eines Kapitels aus der Bibel, morgens aus dem alten, nachmittags aus dem neuen Testament. Dann folgt der Gesang eines oder zweier Verse aus einem beliebigen Psalm. Er soll keinen neuen anfangen, wenn der Prediger schon auf der Kanzel steht. Nach dem Gesange soll er morgens die zehn Gebote und die Aufgebote verlesen. An Fest- und Kommunionstagen soll er morgens passende Schriftstellen lesen, die zehn Gebote und die Aufgebote aber nachmittags; ad 5. soll er beim Lesen und Singen alle Affektation und Arroganz vermeiden, soll nicht zu hoch und nicht zu niedrig singen und stets daran denken, daſs er berufen ist, den Gesang der andern zu leiten; ad 6. wenn ihn jemand beim Gesange stört, soll er sich hüten, während des Gottesdienstes sogleich Remedur zu schaffen, sondern beim Consistoire Beschwerde führen; ad 7. er soll wie die andern während der Kanzelgebete stehen und das Kantorpult — *le lutrin* — nur während der Predigt verlassen; ad 8. wenn alle sechs Anciens zum Abendmahl gehen, soll er nach ihnen gehen; wenn einer oder der andere von denen fehlt, darf er an dessen Stelle treten; ad 9. bei den Taufen hat er dafür zu sorgen, daſs Wasser und die Servietten zur Stelle sind; ad 10. hat er nach dem Gottesdienste die Bücher wieder an ihren Ort zu bringen.

Das zweite Kapitel behandelt die Funktionen der Schule in vierzehn Nummern. Nummer 1 spricht vom pünktlichen Anfang und pünktlichem Aufhören, bestimmt die Schulzeit von Ostern bis Michaeli früh von 7—10 Uhr, nachmittags von 12—3 Uhr, im Winter von 8—11 und 1—4 Uhr; ad 2. soll er sich genau nach dem Plan des Strasburger Consistoire richten und davon nicht abweichen. (Weshalb nicht nach der Instruktion vom Jahre 1764? Wahrscheinlich war diese schon wieder vergessen worden und vielleicht auch dem Prediger schon nicht mehr bekannt); ad 3. er soll sich nur französisch ausdrücken, seinen Worten aber immer die deutsche Übersetzung folgen lassen (eine seltsame Zumutung); ad 4. in seinem Benehmen zu den Schülern soll er die rechte Mitte zwischen *familiarité* (zu deutsch etwa Gemütlichkeit) und äufserster Strenge halten; ad 5. bei den Züchtigungen soll er sich vor Zorn und Eifer hüten;*) ad 6. er soll Schimpfworte, niedrige und unflätige Beiwörter meiden. (Eine Fortsetzung dieses Abschnittes in nächster Nummer).

Voltaire.

Wie kommt dieser alte Spötter in unsere Zeitung? — Seiner christlichen Gesinnung wegen wahrhaftig nicht! Es soll durch dieses Wort keineswegs seine umfassende Bedeutung und die Achtung, welche wir seinem Geiste zollen, verkümmert werden, — aber ein Christ war er nicht. Vielmehr verhielt er sich sein langes Leben hindurch dem Christentume gegenüber feindlich, ja, mehr als feindlich; er verhöhnte seinen Stifter, seine Diener und seine Lehre.

Trotzdem giebt es einige Vorfälle in dem Märtyrertum der französischen reformierten Kirche des vorigen Jahrhunderts, bei denen Voltaire in einer für ihn ehrenvollen Weise beteiligt ist, die es verdienen, dafs wir einige Aufmerksamkeit für ihn in Anspruch nehmen. Bekanntlich galt durch die Aufhebung des Edikts von Nantes die hugenottische Kirche Frankreichs offiziell als nicht mehr vorhanden, sie war von der Welt eben einfach verschwunden. Die Existenz, welche sie nun volle hundert Jahre hindurch führte, war ein Leben der Einsamkeit, der Verborgenheit, der Unsicherheit. Sie hatte nicht Tempel, nicht öffentlich bestellte Diener, nicht öffentliche Schulen, sie war eben die Kirche der Wüste. In dieser Zeit wurden gegen ihre Mitglieder, sobald sie als solche bekannt wurden, die schreiendsten Ungerechtigkeiten, ja Grausamkeiten von Behörden und Privaten ohne Anstand verübt. Die Reformierten galten eben als vogelfrei, und Gesetz und Recht hatten für sie einen anderen Zuschnitt. In diese Periode nun fallen folgende Ereignisse.

Im Jahre 1761 wurde zu Toulouse eines Abends nach dem Nachtessen der Sohn des dortigen protestantischen Kaufmannes Jean Calas, Marc-Antoine, an einer Thür erhängt gefunden. Vater, Mutter, Bruder und ein anwesender Freund gaben sich verzweifelnden Klagen hin; alle Rettungsversuche blieben vergeblich. Nun war der Sohn kurz vor dem gewaltsamen Tode im Begriffe gewesen, zur katholischen Kirche überzutreten, und sogleich entstand das Gerücht und fand bei der gläubigen Menge Glauben und Beifall: Jean Calas habe seinen Sohn selbst erdrosselt. Jean Calas war ein alter Herr und dem verstorbenen Sohne an Leibeskräften nicht gewachsen gewesen; wie hätte er als schwacher Greis den kräftigen Mann, dem die Todesfurcht zwiefache Stärke verliehen haben würde, bewältigen können! Zudem war auch Jean Calas ein streng rechtlicher, von inniger Liebe zu seinen Kindern erfüllter Mann; er besafs schon einen Sohn, der zur katholischen Kirche übergetreten war, und der überdies einen anstöfsigen Lebenswandel führte, aber auch diesem so halb verlorenen Kinde war er gewogen geblieben. Kurz, das Gerücht war frivoles Geschwätz, die Justiz fand sich aber veranlafst, von ihm Kenntnis zu nehmen, und die ganze Familie, mit ihr die Magd und der gerade anwesende Freund, wurden gefangen gesetzt, der Tortur unterworfen, und Jean Calas schliefslich wegen Ermordung des Sohnes zum Tode verurteilt und mit dem Rade auch wirklich hingerichtet. Es war dies einer der scheufslichsten Justizmorde aller Zeiten, einzig diktiert von Glaubenshafs und Fanatismus. Die Töchter wurden in ein Kloster gesteckt, ein Sohn auf Lebenszeit verbannt, die Mutter, der Freund und die Magd aber aus dem Gefängnisse entlassen. Die Familie wurde also getrennt und aufserdem wirtschaftlich ruiniert. Kein Mensch vielleicht hätte von diesem Vorgange weiterhin Notiz genommen; solche Prozesse gegen die Protestanten gehörten nicht zu den Ungewöhnlichen, es war eben Sitte, dieselben zu maltraitieren. Die Sache kam aber dieses Mal doch anders. Ein Sohn der Familie, der während des

---

*) Eine mir in die Hand gekommene ältere mecklenburgische Pädagogik von einem Prediger Reichart empfiehlt dem Lehrer, nach jedem Schlage eine Prise zu nehmen, damit derselbe ordentlich einziehe und der Lehrer sein kaltes Blut bewahre.

Prozesses nicht in Toulouse anwesend gewesen, erzählte den Vorgang Voltaire, und dieser, von all der Niederträchtigkeit und gottlosen Intoleranz entrüstet, setzte nun seine Feder für die geschädigte Familie in Bewegung. Er schrieb seine Abhandlung über die Toleranz, dazu Briefe über Briefe an alle Behörden Frankreichs, drei Jahre lang, bis der König den Prozeſs revidieren lieſs. Die Folge der Revision war folgende Erklärung: „Jean Calas ist unschuldig hingerichtet worden, und die Familie muſs entschädigt werden." Letzteres geschah, der arme Calas freilich konnte nicht ins Leben zurückgerufen werden.

Ein zweiter Anlaſs für Voltaire, für die Gerechtigkeit eine Lanze zu brechen, war folgender. In Castres bei Toulouse wohnte eine protestantische Familie Sirven. Die Tochter derselben wurde durch den Bischof den Eltern entrissen und in ein Kloster gesteckt. Es war dies reformierten Familien gegenüber ein nicht ungewöhnliches Verfahren und überdies durch das Gesetz gebilligt, kam auch häufig genug in Anwendung. Hier nahm nun die Sache ebenfalls einen tragischen Verlauf. Das junge Mädchen blieb in dem Glauben seiner Väter standhaft und weigerte sich, in den Schoſs der allein seligmachenden Kirche zu treten. Dafür wurde es hart gezüchtigt; die Behandlung, die ihm also zu teil wurde, nahm es sich so zu Herzen, daſs es schwermütig, und zuletzt wirklich geisteskrank wurde. Es gelang ihm, den Wärtern zu entkommen; es floh aus den Mauern des Klosters und — stürzte sich in einen Brunnen. Gleich brach, wie in der Tragödie der Calas', der Pöbel los: „Die Eltern haben ihre eigene Tochter ertränkt, weil dieselbe im Begriff stand, sich zu bekehren." Ein Prozeſs wurde eingeleitet, und die Angelegenheit drohte für die Familie verhängnisvoll zu werden; gewarnt aber durch das Schicksal der Calas', sann sie auf Flucht. Diese wurde zeitig ins Werk gesetzt und gelang. Ungefährdet erreichten die Sirven's die Schweiz und wandten sich hier an Voltaire. Dieser nahm sich ihres Prozesses mit Wärme und Eifer an, machte sich, wie in der Angelegenheit der Calas', zu ihrem öffentlichen Verteidiger, der an das Gerechtigkeitsgefühl der Menschheit appellierte. Ein solcher Anwalt war nicht auf die Seite zu schieben; man schleppte wohl den Prozeſs Jahre lang hin, das half aber alles nichts. Voltaire war eine durchaus zähe Natur und lieſs seine Ziele nicht aus dem Auge. Man konnte die Sache lange hinziehen, aber nicht einschläfern, er blieb ein unermüdlicher Mahner und Wecker. So ging auch dieser Prozeſs glücklich zu Ende, freilich erst nach neun Jahren; die Sirven's wurden frei gesprochen.

Diese beiden Fälle, in denen Voltaire für die Gerechtigkeit und die Toleranz eintrat, sind nicht ohne Bedeutung für die bedrängte reformierte Kirche Frankreichs gewesen. Die öffentliche Aufmerksamkeit begann die Unterdrückungen der Hugenotten mit ernsteren Augen zu betrachten; in dem Zeitalter der Aufklärung so viel Unduldsamkeit und Bosheit! Man fing an, sich solcher Vorfälle zu schämen, die mehr in die Tage eines Nero, als in das 18. Jahrhunde . paſsten. Am 26. Februar 1762 wurde Rochette, der letzte Märtyrer unter den Predigern der Wüste, und drei junge reformierte Edelleute zu Toulouse hingerichtet, drei Wochen später starb eben Jean Calas an derselben Stelle unter den Schlägen des Rades. Nun erhob Voltaire seine Stimme, fest, gewaltig, und seinen Worten lauschte die ganze gebildete Welt. Und sie verhallten nicht wirkungslos. Die öffentliche Entrüstung wurde geweckt, und von 1763 an erfreuten sich die Reformierten einer Art Duldung, die freilich durch nichts gesichert war, da alle zu ihrem Nachteil erlassenen Gesetze unverändert fortbestanden. Man trug allein nur der aufsässig gewordenen Meinung Rechnung, auf eine günstigere Gelegenheit passend. Diese kam aber nicht, sondern die Revolution, und mit ihr Befreiung der hart geprüften Gemeinden.

Wieviel Anteil an dem Auftreten Voltaire's seine Verachtung der Geistlichkeit trägt, die er niemals verbarg, sein Vorsatz, dieser einmal eine herbe Niederlage zu bereiten, bleibe dahingestellt. Daſs solche Gefühle neben den besseren Regungen, die ihn zwangen, für Recht und Gesetz einzutreten, mitspielten, wird wohl kaum in Abrede gestellt werden können.

Es sei bei dieser Gelegenheit noch Folgendes erwähnt: Als das Parlament zu Toulouse den jungen Prediger Rochette zum Galgen, die drei Edelleute zum Beil verurteilt hatte, machte Paul Rabaut, der reformierte Prediger der Wüste, die unerhörtesten Anstrengungen, sie zu retten. Er schrieb an die einfluſsreiche Prinzessin Adelaide, an den allmächtigen Herzog von Richelieu, an mehrere andere Minister, alles vergebens. Er wollte die öffentliche Meinung für die Märtyrer interessieren, und schrieb deshalb an den gefeierten, ja vergötterten J. J. Rousseau. Roquette in „Bilder aus der französischen reformierten Kirche" sagt: „Es ist unaussprechlich widrig, welche kühle herzlose Antwort dieser gab. Neben einigen Tiraden der Entrüstung über die Härte der Regierung und des Mitgefühls für seine armen Brüder, schreibt er: „Die Reformierten seien selbst Schuld. In einer unwesentlichen Sache, wie die gottesdienstlichen Versammlungen, welche unstreitig zu den Rechten des Königs gehören, gebiete das Wort Gottes ausdrücklich, den Gesetzen zu gehorchen. Wer ein Christ ist, muſs vor allen Dingen leiden lernen. Er sei ein Freund der Wahrheit, und solche höre man nicht gern. Er habe Menschlichkeit, Milde, Duldung nach Kräften gepredigt; es sei nicht seine Schuld, wenn man nicht auf ihn gehört habe. Dann schlieſst er: Ich sehe aus Ihrem Briefe, daſs Sie wie ich in der Schule der Not gelernt haben. Leider giebt diese uns nur das Mitleid für fremde Leiden, macht es uns aber unmöglich, ihnen zu helfen."

So Rousseau, der aus einer reformierten Familie stammte; gewiſs, Voltaire hat denn doch anders gehandelt.

Die Heimstätten des französischen Konsistoriums.

Der Verkauf.

Im Jahre 1847 wollte das Collège mit Erlaubnis des französischen Konsistoriums ein Stockwerk auf einen Teil des von ihm benutzten Gebäudes aufsetzen. Bei dieser Gelegenheit spielte sich folgender Vorgang ab. Das Hofmarschallamt, vertreten durch den Hofmarschall Grafen Keller, regte den Umtausch des ganzen Gebäude-Complexes gegen ein Grundstück in dem sogenannten kleinen Bauhof an. „Er halte," so äuſserte sich der Herr Hofmarschall schriftlich, „er halte den Erwerb der Gebäude im Interesse des königlichen Palais, und besonders bei einer späteren, etwa ausgedehnteren Benutzung für wünschenswert und würde im stande sein, dem Hofmarschallamte zugehörigen, in der kleinen Bauhofsgasse hinter dem Universitätsgebäude gelegenen sogenannten kleinen Bauhof zu überlassen; dieser habe einen Flächenraum von 100 Ruten, und es könnte demselben eine mehr quadratische Form durch Umtausch gegen Schuppen, die der königlichen Münzverwaltung angehörten, gegeben werden. Das königliche Hofmarschallamt werde daselbst ein den Bedürfnissen des Konsistoriums und des Gymnasiums vollkommen entsprechendes Gebäude herstellen, welches hinsichtlich des Eigentumsrechtes und der Nutznieſsung in dasselbe Verhältnis treten werde, als die jetzigen Gebäude." Das Konsistorium erwiderte hierauf, „daſs zwar der kleine Bauhof wegen der gröſseren Stille seiner Lage den Vorzug vor dem jetzigen Grundstücke verdiene, aber in jeder andern Beziehung weit nachstehe, da sein wenig gröſserer Flächenraum einen unendlich geringeren Wert habe, und die enge Gasse, welche ohnehin nicht für ein Collège geeignet erscheine, ganz verfinstert werden dürfte, wenn statt der gegenüberliegenden Gartenmauer ein hohes Gebäude aufgerichtet würde. Man ziehe deshalb vor, im Besitz der jetzigen Gebäude zu bleiben, die nicht so alt seien, daſs sie nicht noch auf lange Zeit ohne groſse Reparaturen benutzt werden könnten; wenn aber dem Collège ein anderweitiges Lokal verschafft würde, wäre man geneigt, die Grundstücke Niederlagstraſse 1 und 2 dem Hofmarschallamte käuflich abzutreten, und zwar dergestalt, daſs von seiten des Konsistoriums bei diesem Verkauf billige Rücksicht genommen werde darauf, daſs ein Teil der Baulichkeiten zur Zeit noch mit dem Onus der Nutznieſsung von seiten des französischen Collège behaftet sei." Die Unterhandlungen zerschlugen sich, das Gymnasium lieſs das Stockwerk im Jahre 1848 aufsetzen. Neue Verhandlungen dagegen begannen im Jahre 1869, die durch den Krieg von 1870 wieder abgebrochen werden muſsten. Nach Beendigung desselben aber wurde die Angelegenheit weitergeführt und zum Abschlusse gebracht. Der Käufer war Se. Majestät der Kaiser, als erster Besitzer des Kronfideikommisses. Der Kauf selbst geschah im Interesse des kronprinzlichen Palais. Die Kaufsumme betrug 120000 Thaler. Abgeschlossen wurde der Kontrakt am 7. Februar 1872, die Übergabe sollte am 1. Oktober 1873 erfolgen. In Berücksichtigung des Nutznieſsungsrechtes, welches dem französischen Gymnasium zustand, „und um das Interesse, welches an dem Institute von jeher genommen war, auch hier zu bethätigen," wurde demselben die Hälfte des Kaufpreises, also 60000 Thaler, überwiesen. Diese Summe erhielt übrigens das Collège, welches das Geld zum Bau eines neuen Gebäudes dringend gebrauchte, in zwei Raten von je 30000 Thalern am 1. Oktober 1872 und am 1. April 1873 ausgezahlt und bezog sein neues Gebäude in der Dorotheenstraſse, das inzwischen fertig gestellt wurde, am 1. Oktober 1873. Das Konsistorium hingegen kaufte für seinen Gebrauch ein Gebäude Adlerstraſse 9, das aber erst umgebaut werden mufste. Der Umbau war bis zum 1. Oktober 1873 nicht beendet, und wurde die Benutzung der alten Räume bis zum 1. April 1874 huldvollst gestattet.

Am 2. März 1874 fand in diesen die letzte Sitzung des Konsistoriums statt, welcher Se. Kaiserliche und Königliche Hoheit der Kronprinz die Gnade hatte, beizuwohnen.

Das neue Heim.

In der Adlerstrafse, einer nicht weit vom Centrum liegenden, ziemlich engen Querstrafse, erhebt sich das neue Gebäude stattlich und solide. Ein geräumiger Flur empfängt den Eintretenden; gleich links liegen die vom Konsistorium eingenommenen Räume, die Registratur, das eigentliche Versammlungszimmer oder der Sitzungssaal, und das Archiv. Wir finden im Sitzungssaale das Porträt unseres Kronprinzen, ein Geschenk Sr. Kaiserlichen Hoheit, dann die Büste des grofsen Kurfürsten — sie erinnert an die Gründung der Gemeinde, — die Büste Friedrichs II., ein Sinnbild, „welches den Schutz und die Huld repräsentiert, welche unsere erhabenen Herrscher bis auf den heutigen Tag uns gewährt und zugewendet haben." „Und die Gemälde! Dort der Prediger und Ober-Konsistorialrat Erman, der hochbegabte Mann, der mit unermüdlichem Eifer und grofsem Erfolge für die französische Kirche wirkte, Mitbegründer des Séminaire de Théologie und der Pépinière, verdienstvoller Direktor des Collège, Mitglied der Akademie der Wissenschaften, besonderer Huld seiner Könige sich erfreuend, in treuer Anhänglichkeit denselben zugethan und voll edler, opfermutiger Vaterlandsliebe, der Repräsentant der geistlichen Mitglieder des Konsistoriums. Dort die Sekretäre der Kompagnie: Barthélemy und die beiden Humberts: ihre Bildnisse zeugen laut von der hingebenden, rastlosen, opferfreudigen Thätigkeit, welche das Erbteil der Mitglieder der Kompagnie und einzelner derselben in besonders hohem Mafse gewesen ist und gewifs immer sein wird. Und das Porträt des hohen Staatsmannes Ancillon, der einst Zögling des Séminaire war, dann Prediger an der Werderschen Kirche, Erzieher Friedrich Wilhelms IV. und auswärtiger Minister Friedrich Wilhelms III., seiner Zeit auch Mitglied der Kompagnie, ist der Repräsentant der durch geistige Gaben und hohe Ämter ausgezeichneten Männer, die aus der Mitte der Kolonie hervorgegangen sind.

Dazu die Erinnerung an die Zeit der Aufnahme unserer Väter und an den grofsen Reformator. Und bis zur neuesten Zeit reichend die Andenken an die Kämpfer aus unserer Mitte „mit Gott für König und Vaterland".

Im Gebäude selbst hat auch das Séminaire sein Heim aufgeschlagen; auch der Inspektor desselben, Herr Prediger Cazalet, hat hier seine Wohnung.

Schlufswort.

Wir können von diesen Erinnerungen nicht scheiden, ohne unserm freundlichen Führer durch die Heimstätten des Konsistoriums den besten Dank auszusprechen. Dieser Führer war ein kleines Schriftchen, das unter dem Titel: „Zum Abschied von dem alten Konsistorial-Gebäude" uns erst in diesem Jahre in die Hände kam. Diese Verspätung konnte die Betrachtung gerechtfertigt erscheinen lassen, dafs wohl noch mancher in unserer Kolonie ohne Kenntnis des Büchleins und seines Inhalts sein dürfte, und dafs es doch schliefslich im Interesse unserer Gemeindeglieder läge, so viel wie möglich von den früheren und jetzigen Vorgängen in unserer Kirche zu erfahren. Aus dieser Ansicht entstand der Entschlufs, das Wesentlichste und Interessanteste der kleinen Arbeit auch in dieser Zeitschrift zu veröffentlichen. Doch mufs Referent noch einiges hinzufügen. Das Büchlein ist erschienen ohne Angabe des Verfassers; ein Verleger ist auch nicht genannt, noch weniger ein Eigentümer, nur der Name des Druckers steht auf der letzten Seite (19). Nun ist der Inhalt eine recht tüchtige, gewissenhafte, aus den Quellen geschöpfte Darstellung, und der Referent weifs nicht recht, warum bei dieser und anderen Schriften, die im Interesse unserer Kolonie erscheinen, nicht der Name des Verfassers genannt wird. Sie würden hierdurch nur an Bedeutung und Ansehen gewinnen.

In diesem Falle ist dem Referenten der Name des Verfassers bekannt geworden, freilich sehr spät, und er bedauert dies um so mehr, als er dann schon lange seiner Verpflichtung nachgekommen wäre, denselben zu nennen. Es ist Herr Prediger Cazalet; wir sagen dem genannten Herrn für die Mitteilungen, welche er uns in dem Werkchen gemacht, unsern besten Dank, ein Dank, der freilich spät kommt, wohl aber nicht zu spät.

Vermischtes.

Aus den Reglements. Regulativ für die Aufnahme neuer Mitglieder in die französisch-reformierte Gemeinde zu Berlin vom 27. August 1855. Personen, welche früher Mitglieder der französisch-reformierten Gemeinde in Berlin gewesen sind, sich aber eine Zeit lang aufserhalb Berlins aufgehalten haben, treten bei ihrer Rückkehr nach Berlin ohne weiteres in die Gemeinde zurück. Es genügt, dafs solche Personen sich bei der Compagnie en Consistoire melden, und dafs diese die Wiedereintragung derselben in die Kirchenbücher veranlafst. Unter Beobachtung desselben Verfahrens werden in die französisch-reformierte Gemeinde zu Berlin Personen aufgenommen, welche inländischen französisch-reformierten Gemeinden angehören und nach Berlin übersiedeln. Doch wird von solchen Personen verlangt, 1. dafs sie ihre Abstammung von Réfugiés oder den Zeitpunkt ihrer oder ihrer Voreltern Aufnahme in eine französisch-reformierte Gemeinde des Inlandes durch Extrakte aus den Kirchenbüchern, resp. glaubwürdige Bescheinigungen nachweisen; 2. dafs in Folge einer von der Compagnie en Consistoire zu veranlassenden Erkundigung gegen ihre religiöse oder sittliche Führung kein Bedenken stattfindet; 3. dafs sie ihr Niederlassungsrecht bei der Polizei und den Kommunal-Behörden erlangt haben und dafs dies geschehen, ordentlich nachweisen (wohl nach dem Erlafs des Freizügigkeits-Gesetzes nicht mehr notwendig). Auch Personen, welche Mitglieder einer deutsch-reformierten oder lutherischen Gemeinde in Berlin gewesen sind, können auf ihr Verlangen ausnahmsweise, und mit Genehmigung des Königlichen Konsistoriums der Provinz Brandenburg für jeden einzelnen Fall, in die französisch-reformierte Gemeinde aufgenommen werden. Diese Aufnahmen müssen dadurch begründet sein, dafs dergleichen Personen 1. entweder durch Verwandtschaft oder Amtsverhältnis mit der französisch-reformierten Gemeinde in Verbindung stehen; 2. durch religiöse Überzeugung, Vorliebe für die Institutionen und andauernde Teilnahme an dem Gottesdienst und der Sakramentsfeier der französisch-reformierten Gemeinde ihr Gesuch um Aufnahme unterstützen. Jede also begründete Aufnahme wird bei der Compagnie en Assemblée générale beantragt, welche nach Prüfung und unter Angabe der Motive die Genehmigung des Königlichen Konsistoriums der Provinz Brandenburg einholt. Doch wird vorausgesetzt, dafs gegen die sittliche Führung der Aufzunehmenden nichts zu erinnern sein darf, was durch die Compagnie en Consistoire zuvor festgestellt wird. Demnächst müssen die Aufzunehmenden durch eine Bescheinigung, die ihnen nicht verweigert werden darf, nachweisen, dafs sie dem Ministerium oder dem Kirchenvorstand ihrer bisherigen Gemeinde ihr Ausscheiden angezeigt haben. (Zu den Aufnahme-Bestimmungen letzterer Kategorie folgende Bemerkung: Die Bestimmungen über die Aufnahme nicht französisch-reformierter Personen sind sehr dehnbar, und es ist wirklich ganz dem eigenen Ermessen des Konsistoriums anheimgegeben, ob dem Antrage auf Aufnahme Folge gegeben werden soll oder nicht. Das Konsistorium entscheidet hier von Fall zu Fall, und es existiert keine bestimmte Regel, sondern es geben immer nur die jedesmaligen Verhältnisse den Ausschlag. Gegen die Anträge solcher Personen, die bald für sich oder ihre Familie nach zeitiger Lage ihrer wirtschaftlichen Verhältnisse vielleicht die Hilfe der kolonistischen Wohlthätigkeitsanstalten in Anspruch nehmen könnten, verhält sich das Konsistorium, so weit uns bekannt geworden, ablehnend, wogegen die Anträge angesehener und reicher Familien wohl fast ohne Anstand genehmigt werden, sofern Einwendungen gegen ihren sittlichen Ruf nicht erhoben werden können. Solche Personen können auch ins Konsistorium berufen werden, es geschieht dies auch vielfach und oft gar nicht so lange nach der Aufnahme; daher die merkwürdige, vielen befremdliche Erscheinung, dafs unsere Behörde in den Namen ihrer Mitglieder mehr den deutschen Charakter zeigt, als die grofse Masse der Gemeinde).

Les Églises du Refuge, par F. de Schickler. (Extrait de l'encyclopédie des sciences religieuses.) Paris, Librairie Fischbacher, Rue de Seine 33. 1882.
Herr Baron Ferdinand von Schickler in Paris hat das Ergebnis seiner eingehenden und gewissenhaften Studien über die Gemeinden der Refugierten zu einer umfangreichen Arbeit vereinigt und dieselbe in oben genanntem Sammelwerke veröffentlicht. Es ist von derselben ein besonderer Abdruck in Buchform in einer beschränkten Anzahl von Exemplaren hergestellt worden, die im Buchhandel nicht käuflich, vielmehr als Dedikation für Geistliche und solche Mitglieder unserer Kirche bestimmt sind, bei denen eine Förderung der weiteren Studien

zu erwarten steht. Der geehrte Herr Verfasser betrachtet diese Arbeit eben nur als Vorläufer einer noch größeren, umfassenderen, welche im Jahre 1885 vollendet sein soll. — Mit großer Sorgfalt und emsigem Fleiße hat H. v. Sch. die Grundlagen seines Aufsatzes zusammen getragen, gesichtet, und schließlich zu einer jetzt schon umfangreichen Geschichte der französisch-reformierten Gemeinden geordnet. Bei der Fülle des Stoffes, bei der häufigen Unsicherheit und Unvollständigkeit der Quellen ist in dem Bereiche unserer Geschichte wohl kaum eine ganz irrtumslose, lückenfreie Darstellung möglich. Vermöge der sehr opulenten Hilfsmittel ist hier freilich ein ziemlich vollständiges Zusammentragen des Stoffes geglückt, auch unser Staatsarchiv ist für die Arbeit zugänglich gewesen, doch ist H. v. Sch. sich der Unsicherheit mancher Grundlagen selbst recht wohl bewußt und bittet alle, die an seiner Arbeit Anteil nehmen, um Berichtigung der aufstoßenden Irrtümer. Wir selbst haben von dem Werke des Herrn Verfassers mit aufrichtiger Freude Kenntnis genommen, haben seinen Fleiß bewundert und können der Umsicht, mit der er das schwierige Material geordnet und verwertet hat, nur die aufrichtigste Anerkennung zollen. Eine Geschichte unserer französischen Kolonieen ist immerhin eins der schwierigsten Probleme, und wer weiß, ob es jemals vollkommen gelöst werden wird. Diese uns vorliegende Studie aber zeugt von liebevollem Eingehen in die Sache und bringt eine solche Fülle von Daten und Mitteilungen, daß uns mit einem Male ein schätzenswertes Compendium in die Hand gegeben ist. Eine Vervollständigung der Arbeit ist nur durch allseitige Teilnahme und Unterstützung möglich, diese wünschen wir dem Verfasser. Möge ihm bis zur Vollendung des größeren Werkes Lust und Kraft zur Arbeit verbleiben.

Gemeinde-Angelegenheiten.

Vom 5. November an beginnt der Nachmittags-Gottesdienst in der Friedrichstädtischen Kirche abends 6 Uhr. — Die Kollekte zu Gunsten der Studierenden der Theologie hat ergeben: 14,40 M., die für die innere Mission sogar nur 7,50 M. Auf das Ergebnis der Kollekte am letzten Sonntage für Kantoren und Schulmeister dürfen wir gespannt sein.

Vereinsnachrichten der Réunion.

Der Vortrag am 3. November fällt aus, weil das Lokal nicht zur Verfügung steht.
Freitag, den 10. und Freitag, den 24. November, Sitzungen im Vereinslokale, Restaurant Gärtner, Mittelstr. 65, 8½ Uhr abends.
Freitag, den 17. November, Familien-Abend, Mohrenstr. 28, 1 Tr., bei Büttner. Anfang gegen 9 Uhr. Der Vorstand bittet um rege Beteiligung.

Briefkasten.

Da für eine Extra-Beilage eine nicht ausreichende Anzahl von Annoncen eingelaufen ist, müssen wir zu unserm Bedauern auf dieses Unternehmen Verzicht leisten.

Anzeige.

Im Verlage des Reformierten Schriftenvereins ist soeben erschienen und von der Expedition desselben (Fr. Wilh. Vogt in Barmen, Westkotterstr.) zu beziehen:

Die 150 Psalmen der reformierten Kirche.
Choralbuch,

enthaltend die Psalmenmelodieen des Elberfelder Reformierten Gesangbuches, nebst den Original-Melodieen von Goudimel und Jorissen, vierstimmig bearbeitet für Orgel, Harmonium oder Klavier, von

Richard Lindner,
Organist an der I. reformierten Kirche in Elberfeld.

Preis Mark 7,50.

In diesem Choralbuche sind die alten Hugenottenweisen nach den Originalen enthalten; es ist nicht nur für den kirchlichen, sondern auch für den Hausgottesdienst praktisch und brauchbar eingerichtet. Es dürfte doch wohl sicherlich unter den Kolonisten noch solche geben, die für diese Sammlung ein Interesse beweisen, zumal es ein Werk ist, welches der reformierten Kirche aller Länder zu gute kommt.

Verantwortlicher Redakteur und Verleger: W. Bonnell, Schwedterstr. 257. — Druck von M. Driesner, Berlin, Klosterstr. 50.

www.ingramcontent.com/pod-product-compliance
Lightning Source LLC
Chambersburg PA
CBHW021155230426
43667CB00006B/404